华章国际经典教材

Organizational Behavior
(7th Edition)

组织行为学
（原书第7版）

中国版

[美] 史蒂文 L. 麦克沙恩（Steven L. McShane）
西澳大利亚大学
玛丽·安·冯·格利诺（Mary Ann Von Glinow） 著
佛罗里达国际大学
[中] 吴培冠
中山大学

机械工业出版社
China Machine Press

图书在版编目（CIP）数据

组织行为学（原书第 7 版）/（美）史蒂文 L. 麦克沙恩（Steven L. McShane）等著 . —北京：机械工业出版社，2017.9（2023.1 重印）

（华章国际经典教材）

书名原文：Organizational Behavior (7th edition)

ISBN 978-7-111-58271-7

I. 组… II. 史… III. 组织行为学 - 高等学校 - 教材 IV. C936

中国版本图书馆 CIP 数据核字（2017）第 260190 号

北京市版权局著作权合同登记　图字：01-2017-4117 号。

Steven L. McShane, Mary Ann Von Glinow. Organizational Behavior, 7th Edition.

ISBN 978-0-07-786258-9

Copyright © 2015 by McGraw-Hill Education.

All Rights reserved. No part of this publication may be reproduced or transmitted in any form or by any means, electronic or mechanical, including without limitation photocopying, recording, taping, or any database, information or retrieval system, without the prior written permission of the publisher.

This authorized Chinese adaptation is jointly published by McGraw-Hill Education and China Machine Press. This edition is authorized for sale in the Chinese mainland (excluding Hong Kong SAR, Macao SAR and Taiwan).

Copyright © 2018 by McGraw-Hill Education and China Machine Press.

版权所有。未经出版人事先书面许可，对本出版物的任何部分不得以任何方式或途径复制或传播，包括但不限于复印、录制、录音，或通过任何数据库、信息或可检索的系统。

本授权中文简体字改编版由麦格劳 - 希尔教育出版公司和机械工业出版社合作出版。此版本经授权仅限在中国大陆地区（不包括香港、澳门特别行政区及台湾地区）销售。

版权 © 2018 由麦格劳 - 希尔教育出版公司与机械工业出版社所有。

本书封面贴有 McGraw-Hill Education 公司防伪标签，无标签者不得销售。

本书是全球范围内 140 多位学者和教师们在过去 3 年间共同努力的结晶，他们持续不断地检索文献和反复推敲促成了日臻完善的教材体系和内容。本书涵盖组织行为学领域传统的基础内容，如社会认知、激励理论、工作团队、领导行为、组织文化、组织变革等，也引进了众多刚刚出现甚至正在形成的概念和理论，如心理契约、情绪智力、高阶教练、工作狂、价值探索、受雇能力等。本书精选的案例和大量的团队练习，有助于读者更好地将概念应用于管理实践。

出版发行：机械工业出版社（北京市西城区百万庄大街 22 号　邮政编码：100037）			
责任编辑：程天祥		责任校对：殷　虹	
印　　刷：北京建宏印刷有限公司		版　　次：2023 年 1 月第 1 版第 2 次印刷	
开　　本：185mm×260mm　1/16		印　　张：24	
书　　号：ISBN 978-7-111-58271-7		定　　价：65.00 元	

客服电话：(010) 88361066　68326294

版权所有・侵权必究

封底无防伪标均为盗版

总　　序

改革开放30年，是中国日益融入全球经济的30年，也是中国管理教育获得最大发展的30年。从引入MBA、EMBA、EDP等管理教育项目的实践中，我们意识到，我国管理教育事业已站在新的历史起点上，进入到改革发展的关键阶段。管理教育的国际化仍是今后管理教育的普遍趋势，但它由引进为主的阶段，进入了与本土化相结合的阶段。教材建设作为管理教育的先行者，则首先承载着这种发展变化。

早在10多年前，根据管理教育国际化的需要，我们与机械工业出版社一起，把世界上最新的、一流的或被广泛使用与研读的经典教材以最优的质量和最快的速度系统地引入中国，介绍给国内广大读者。在管理学科的发展史上，影响深远的管理学说、耳熟能详的管理大师大多出自美国，为使读者能迅速有效地了解与掌握管理科学的最新理论和发展趋势，因此，在选择列入"21世纪管理经典教材系列"的教材时，我们当时提出了一个要求，即"与美国同步"，也就是与国际前沿同步。当时，我们也一直思考着这样一个问题：国外的管理理论和管理教材如何与中国的管理实践和管理教育相结合，这是"与中国同步"的问题。现在提出这个要求的条件已经成熟。"与中国同步"是因为30年来的经济发展，中国取得了举世瞩目的成就，也逐步证明了中国式管理实践的作用。"与中国同步"，意味着我们必须在国外优秀管理教材的基础上融入中国的管理理论和实践，这是中国读者乃至世界读者对我们管理学者的期盼。为此，在教育部高等学校工商管理类学科专业教学指导委员会的指导与支持下，我们引进国外一流管理教材，聘请中外一流学者根据中国管理实践和案例，共同改编形成了"华章国际经典教材"系列呈现给广大读者。

在甄选、引进并翻译改编本系列教材时，我们提出并遵循以下原则，即代表最新现代管理思想的权威之作，代表世界一流水平并被全球广泛使用的教科书的最新版本，融入中国管理思想、理论与实践。本系列教材既保留了先进的国外管理理论和实践经验，又体现了我国的管理思想、理论与实践。这样既满足了国内广大师生了解、学习和借鉴国外先进管理理论、实践经验，加快与国际教学相接轨的迫切需求，又有机结合了中国管理实践。这是提高我国管理教育水平的重要措施。

在坚持上述原则的基础上，本系列教材还具有以下几个特点：（1）注重系统性。首批以工商管理（本科）专业教材为主，兼顾MBA教材，基本涵盖了教育部高等学校工商管理类学科专业教学指导委员会建议的工商管理专业核心课程以及我国目前MBA教学大纲中的所有核心课程。（2）强调权威性。所选的原著大多数为各学科领域著名教授所著、在全球广为采用的教材，同时，在翻译改编上，邀请国内各学科领域中的著名教授、专家学者合作。(3) 突出中西方管理理论与实践的融合。在西方先进管理理论与实践的基础上，融入中国管理思想、理论与实践。同时，根据国内教学需要，对教学大纲要求的知识点进行整合，对国外教材进行适当的增删，精选保留原书中经典案例，适量补充中国本土案例，这样既保留国外经典教材的原汁原味，又更符合中国管理教育的教学需要。(4) 关注学科新动态，方便教学使用。大多数教材配有成套的教学辅助材料，其中，部分教材还提供中文 PPT 材料等。

此外，本系列教材还特别注重其良好的适用范围。该系列教材可以作为工商管理（本科）专业和 MBA 的学习用书，还可作为大学教师、科研人员的参考书。对那些运筹帷幄、决战商场的企业家们和创业者们来说，也可以从本系列教材中汲取丰富的营养。

我们组织翻译改编这套"华章国际经典教材"，还出于对我国高等管理教育改革和学科建设的密切关注。在建设一流的管理学科方面，一流的教材建设是最基本、最重要的内容之一。而高质量、迅速地引进国外最新的一流教材，则是教材建设中十分必要和有效的途径。根据教育部高等学校工商管理类学科专业教学指导委员会最新制定的《工商管理专业（本科）育人指南》，并应广大师生的要求，该系列教材精选国际经典畅销教材，邀请国内各学科领域中的著名专家学者合作，精心制作而成。为适应经济全球化的挑战，培养现代社会需要的高级管理人才，推进高校"教育面向现代化、面向世界、面向未来"的发展，同时，立足国内需求，体现中国特色，我们愿意与我们的合作伙伴一道，为我国的高等管理教育乃至我国的经济建设做出自己的贡献。

管理教育事业的发展需要全社会的关心和支持。该系列教材从引进到定稿出版，得到了教育部高等学校工商管理类学科专业教学指导委员会专家学者和其他相关学科专家学者的大力支持与帮助，在此，对他们的辛勤劳动和精益求精的工作态度深表谢意！为中国管理学科的理论教育和实践发展以及推动中国高等教育事业略尽绵薄之力，这也是我们出版该系列教材的初衷。

管理学博士、经济学博士
南开大学商学院院长
首批管理学科长江学者特聘教授
教育部高等学校工商管理类学科专业教学指导委员会副主任委员

前　言

组织行为学是研究组织中人的行为的科学，它用科学的方法去描述和测量组织中人的行为，研究这些行为的规律并进行合理的解释，根据行为的规律对组织中的行为进行预测和控制，目的是提高组织的生产力和组织成员的满意度。传统上，组织行为学在个体、群体和组织的层面对行为进行研究，组织行为学教材的架构一般也是按照这三个层面去展开。

本书的特点

本书基本上传承了麦克沙恩和格利诺《组织行为学》之前各版的架构和特点，这些特点归纳如下：

1. 理论联系实际。在每一章的开篇案例、全球链接、篇末应用案例中，都出现了大量的真人真事，通过这些管理实践中的真实故事，帮助读者更直观地理解组织行为学的概念和理论，便于在工作中运用组织行为学的知识去解决实际的管理问题。

2. 全球视野。随着经济全球化的不断推进，组织中多元化、跨文化管理等问题日益突出。本书不仅在各章节中讨论与全球化有关的组织行为问题，也通过不同国家的管理案例来剖析各类组织行为问题，比如通过美国、中国、巴西、英国、俄罗斯等国家的管理案例，讨论领导风格变迁、组织价值观培养、员工参与及创新、员工敬业度提升等主题。

3. 最新研究成果的呈现。本书尽量将最新的组织行为学研究成果呈现给读者，比如，书中较为系统和全面地介绍了完整的自我概念模型、工作场所情绪、社会认同理论、全球思维、四驱动力理论、社会网络中的特殊因素、肯定式探询、虚拟团队、施瓦茨个人价值观模型、员工敬业度、学习取向、工作狂、网络组织、学习型组织等内容。

4. 惠及所有人的组织行为学。本书并不是专门为组织中的管理者所写，组织里的所有人都应该懂得和运用组织行为学的知识和工具，因为在授权越来越普遍的当今组织中，无论你是系统分析员、生产线员工还是财务专业人员，你都会有越来越多的自主权和责任，你必须去管理自己，必须学会和各类同事或顾客打交道。因此，本书以普通员工为读者对象，为普通员工提供组织行为学的知识，帮助普通员工运用组织行为学的知识解决日常工作中遇到的问题。

5. 为主动学习和批判性思维提供素材和支持。教科书不仅仅是提供理论和知识，还应该为学生或读者的主动学习和批判性思维提供支持。本书通过大量的中外管理案例，帮助读者提高发现问题、分析问题和解决问题的能力。书中还提供了许多自我测评工具、小组活动素材等，为学生和读者自我学习或小组学习提供支持和指导。

本书结构和内容

本书共分 14 章。第 1 章是绪论，主要介绍组织行为学和组织的概念，阐述和比较当前有关组织效能的不同观点，论述全球化、劳动力多样性以及新兴雇用关系给组织带来的机遇和挑战，介绍组织行为学知识的根基。

第 2 章介绍个体行为、人格、态度和价值观。探讨直接影响个体行为与业绩的四个因素，讨论"大五"人格特质和 MBTI 四种类型对组织中个体行为的影响，介绍施瓦茨的个人价值观模型，并讨论这些价值观在何种条件下影响行为。此外，还介绍了衡量文化差异的工作价值观测量工具。

第 3 章探讨知觉。本章探讨知觉过程，并讨论在这一过程中分类思维和心理模型的作用；介绍了刻板印象、归因理论、自我实现预言、晕轮效应、虚假同感、首因效应和近因效应，以及这些效应如何影响知觉过程；结合组织中的实际情况，探讨改善认知的方法；最后讨论了全球化思维的主要特征。

第 4 章探讨员工激励的理论和实践。本章介绍和讨论了员工敬业度，解释了人的驱动力和情感在员工的激励和行为上的作用；介绍了众多的激励理论如马斯洛的需求层次理论、麦克利兰的学习需要理论、期望理论、四驱动力理论、组织行为修正（OB Mod）和社会认知理论、公平理论等，以及讨论这些理论在激励员工方面的影响。此外，还讨论了各种提高奖励有效性的方法。

第 5 章的内容是决策与创新。在本章中，介绍了决策的理性选择范式，分析为什么人们在识别问题和机遇、评估和选择方案、评价决策结果时，与理性选择范式会有所不同；讨论了决策过程中情绪和直觉所起的作用，支持创新的员工特征、工作环境和支持创新的具体活动；最后讨论了员工参与决策的好处以及四个影响员工参与程度的因素。

第 6 章的主题是群体和团队。探讨了团队的优势和局限，分析人们被激发参加非正式群体的原因，描绘了团队效力模型；讨论任务特征、团队规模、团队构成如何影响到团队效力；探讨团队过程——团队成长、规范准则、凝聚力、信任以及这个过程如何影响团队效力；分析成功的自我管理团队和虚拟团队所要具备的特点和要素，讨论团队决策制定当中面临的约束，以及改善团队决策制定能力的结构因素。

第 7 章是关于组织中的沟通。讨论了沟通在组织中的重要性，分析影响有效沟通的编码解码方法，比较电子邮件沟通、语言沟通、非语言沟通的优缺点；探讨群体接受程度和媒介丰富程度这两个因素如何影响沟通渠道偏好；讨论有效沟通的障碍，分析沟通中跨文化和跨性别的差异现象；讨论有效传递信息以及影响有效倾听的要素；探讨不同组织层级下的有效沟通策略。

第 8 章探讨组织里的权力与影响力。讨论权力依赖模型和组织中权力的来源，四种权力的权变因素；分析个人或工作单位如何通过社交网络获得权力，探讨八种组织影响战略，以及选择影响战略时需要考虑的权变因素；最后讨论了影响组织政治的组织条件和个人特征，以及如何将组织政治的负面影响降低。

第 9 章探讨组织里的冲突管理。不同的文化对冲突的理解和偏好差异很大，本章首先对冲突的概念进行讨论，讨论冲突在工作场所中的积极影响和消极影响；讨论组织里的建设性冲突和关系冲突，以及在建设性冲突事件中如何消除关系冲突的负面作用；阐述冲突过程模型，以及讨论组织里结构性冲突的来源；介绍经典的五种冲突处理风格以及它们适用于何种情景。最后探讨了还价区域模型，并讨论谈判者如何在沟通中强调价值和创造价值。

第 10 章探讨组织里的领导。首先对领导和共同领导的概念进行了讨论，描述变革型领导的四个要素并分析它们在组织变革中的重要性；比较了管理型领导与变革型领导，探讨以人为本型和工作导向型，以及公仆式领导的领导风格；本章还讨论了领导力的路径—目标理论、费德勒的权变理论以及领导替代理论的要素；其后介绍了内隐领导力的两个构成要素，与有效领导相关的能力。此外还讨论了文化和性别因素在领导力中的影响。

第 11 章探讨组织结构及其设计。首先介绍了组织结构的三种协调机制；介绍管理幅度、集权化及规范化的角色和影响，这些元素与有机组织和机械组织的联系；分析了识别和评估六种部门化的类型，探讨外部环境、组织规模、技术和战略对组织结构的影响。

第 12 章探讨组织文化。首先是描述组织文化的要素，以及讨论组织子文化的重要性；分析组织文化里不同种类的文化制品；讨论组织文化的重要性，以及在什么情况下组织文化的力量能够提升组织绩效；探讨融合组织文化、改变和加强组织文化的策略。最后部分讨论了组织社会化的过程，以及确定促进社会化过程的策略。

第 13 章探讨组织变革与组织发展。首先描述勒温力场分析模型中的各个要素，讨论人们抵制组织变革的原因，以及变革者如何应对变革的抵制力量；分析六种将变革阻力减到最低的策略，讨论如何提升组织里变革的紧迫性；讨论如何利用领导力、结盟、社交网络和试探性尝试去促进组织变革。最后讨论行动研究、肯定式探询、大型团体干预、并行学习结构等组织变革方法，以及组织变革中的跨文化和道德问题。

第 14 章是新型组织。首先是比较传统组织和新型组织的特征，通过比较，讨论传统组织和新型组织的异同；探讨学习型组织的概念和特征，以及如何建立学习型组织；探讨虚拟组织的特征以及讨论虚拟组织的四种基本模式；最后探讨网络组织的特征及其运行方式。

致谢

本书的翻译和编写由中山大学的吴培冠和张璐斐统筹。福建师范大学的施小菊、福建泉州第一医院的张琦光参与了编写。在翻译和编写的过程中，中山大学的研究生侯权洪、范杨娟、张哲楠、谢嘉碧、胡晓、庄莹莹、陈丽颖、韦笑、周靖山、费燕、钟梓允、王金铭、马浩、卢思奇、车志阳、徐文娟做了大量的收集资料和初稿翻译工作，在此对他们的辛勤付出表示衷心感谢。

吴培冠
2017 年 7 月 17 日于中山大学

目 录

总序
前言

第1章 绪论 / 1
开篇案例：速贷公司的高招 / 1
1.1 欢迎进入组织行为学领域 / 1
1.2 组织行为学领域 / 2
1.3 组织行为学的创建 / 3
1.4 组织效能的观点 / 6
1.5 当今世界组织面临的挑战 / 15
1.6 组织行为学知识的根基 / 19
1.7 旅程开始 / 22
本章概要 / 22
关键术语 / 23
复习思考题 / 23
应用案例：柳传志、任正非之后，中国企业家如何传承换代 / 24
网络练习：判断组织利益相关者 / 26
自我评估：这些都合理吗？ / 27

第2章 个体行为、人格、态度和价值观 / 28
开篇案例：华为的人才用留之道 / 28
2.1 个体行为与业绩的 MARS 模型 / 29
2.2 个体行为的类型 / 31
2.3 组织中的人格 / 34
2.4 工作场所中的价值观 / 39
2.5 道德价值观与行为 / 45
2.6 跨文化价值观 / 47

本章概要 / 51
关键术语 / 52
复习思考题 / 53
应用案例：催文书也可以很有趣 / 53
应用案例：何总的烦恼 / 54
课堂练习：测试你的人格知识 / 56
课堂练习：个人价值观测验 / 57
小组练习：道德困境示例 / 57

第3章 感知自己和他人 / 59
开篇案例：个人的成功源于正确的自我认知 / 59
3.1 自我概念：我们如何感知自己 / 59
3.2 感知我们周围的世界 / 65
3.3 具体的知觉过程和问题 / 67
3.4 改善知觉 / 74
3.5 全球化思维：培养无国界的观念 / 77
3.6 感知和人力资源管理的关系 / 78
本章概要 / 79
关键术语 / 80
复习思考题 / 80
应用案例：HY 牛奶有限公司 / 81
网络练习：企业网站中的多样性与刻板印象 / 82
团队练习：个人和组织发展全球化思维的策略 / 82
自我评估：工作定义你的自我概念的比重有多大 / 83

第 4 章　员工激励 / 84

开篇案例：海尔经验——OEC
激励机制 / 84
4.1 员工敬业度 / 85
4.2 员工的驱动力和需要 / 86
4.3 马斯洛需求层次理论 / 88
4.4 习得需要理论 / 89
4.5 四驱动力理论 / 90
4.6 激励的期望理论 / 93
4.7 行为改变理论和社会认知理论 / 95
4.8 目标设定及反馈 / 98
4.9 组织公平 / 102
4.10 程序公正 / 105
4.11 金钱在工作中的意义 / 106

本章概要 / 114
关键术语 / 116
复习思考题 / 117
应用案例：预测哈里的工作成果 / 117
应用案例：从人"心"出发，激活员工
效能 40% / 118
课堂练习：需要的排序练习 / 119
课堂练习：学习练习 / 120
小组练习：奖金决策练习 / 120
自我评估：需要强度问卷 / 122

第 5 章　决策与创新 / 123

开篇案例：彭尼百货复制苹果销售
模式 / 123
5.1 决策的理性选择范式 / 124
5.2 识别问题和机遇 / 126
5.3 搜寻、评估与选择备选方案 / 128
5.4 执行决策 / 133
5.5 评估决策后果 / 134
5.6 创新 / 135
5.7 决策中的员工参与 / 140

本章概要 / 143

关键术语 / 144
复习思考题 / 144
应用案例：员工参与案例 / 145
应用案例：联想亏损 vs. 华为称王：
中国两条对外开放道路
胜负已分 / 147
课堂练习：蹦蹦跳跳的橘子 / 150
课堂练习：创新的大脑破坏者 / 150
自我评估：测量你的创新个性 / 151

第 6 章　群体和团队 / 152

开篇案例：团队合作的黄金时代 / 152
6.1 团队和非正式群体 / 153
6.2 团队的优点和缺点 / 155
6.3 团队效力模型 / 156
6.4 团队设计要素 / 158
6.5 团队发展过程 / 161
6.6 自我管理团队 / 168
6.7 虚拟团队 / 169
6.8 团队决策制定 / 171

本章概要 / 174
关键术语 / 175
复习思考题 / 175
应用案例：别把自己隔离在圈外 / 176
小组练习：团队搭建高楼 / 177
团队练习：人体检查器 / 178
团队练习：雾岭 / 178
自我评价：你更喜欢哪种团队角色 / 180

第 7 章　组织中的沟通 / 181

开篇案例：印孚瑟斯的内部沟通
新渠道 / 181
7.1 沟通的重要性 / 182
7.2 沟通模型 / 182
7.3 沟通渠道 / 184
7.4 选择最好的沟通渠道 / 189

7.5 沟通障碍（噪声）/ 192
7.6 跨文化和跨性别沟通 / 193
7.7 改善人际间的沟通 / 195
7.8 改善层级间的沟通 / 197
7.9 通过小道消息进行沟通 / 198
7.10 网络平台环境的沟通 / 200
7.11 中国含蓄式的沟通 / 201
本章概要 / 204
关键术语 / 205
复习思考题 / 206
应用案例：与 20 世纪年轻一代的沟通 / 206
小组练习：积极倾听的练习 / 207
小组练习：跨文化沟通知识竞赛 / 209
自我评价：你是积极倾听者吗 / 209

第 8 章　组织里的权力与影响力 / 211
开篇案例：摩根大通的金融巨损 / 211
8.1 权力依赖模型和组织中五种权力来源 / 212
8.2 权力的权变因素 / 216
8.3 社交网络和权力 / 219
8.4 影响战略 / 222
8.5 影响策略和组织政治 / 227
本章概要 / 228
关键术语 / 229
复习思考题 / 230
小组练习：影响你的上司 / 230
小组练习：破译社交网络 / 231
自我评估：你是怎么影响同事的 / 231

第 9 章　组织里的冲突管理 / 233
开篇案例：在冲突中成长的顺德汽运公司 / 233
9.1 冲突的含义和后果 / 234
9.2 冲突过程模型 / 237

9.3 组织中的冲突结构来源 / 238
9.4 人际间的冲突处理风格 / 240
9.5 结构性的冲突管理方法 / 243
9.6 第三方冲突解决 / 245
9.7 通过谈判解决冲突 / 246
本章概要 / 251
关键术语 / 253
复习思考题 / 253
应用案例：远大公司的组织冲突管理 / 254
课堂练习：突发事件的冲突处理 / 255
小组练习：丑橙子角色扮演 / 259
自主作业 / 259

第 10 章　领导力 / 261
开篇案例：索迪的领导力作用 / 261
10.1 什么是领导力 / 262
10.2 变革型领导观点 / 263
10.3 管理型领导观点 / 267
10.4 路径—目标领导理论 / 270
10.5 内隐领导力观点 / 273
10.6 领导力胜任观点 / 274
10.7 领导力的跨文化和性别问题 / 278
10.8 中国式领导力——家长型领导理论 / 279
本章概要 / 280
关键术语 / 281
复习思考题 / 282
应用案例：王石的成功和"中国式老板"的失败 / 282
小组练习　领导力诊断分析 / 284
自我评估　领导者发挥作用了吗 / 284

第 11 章　组织结构的设计 / 286
开篇案例：Valve 公司的组织结构 / 286
11.1 劳动分工和协调 / 287
11.2 组织结构的要素 / 290

11.3 部门化的形式 / 295

11.4 组织设计中的权变因素 / 303

本章概要 / 305

关键术语 / 306

复习思考题 / 306

应用案例：中国电信运营商组织结构
　　　　　创新 / 307

小组练习：ED Club 练习 / 308

个人评估：你更喜欢哪种组织结构 / 308

第 12 章　组织文化 / 310

开篇案例：贯穿于 Zappos 的组织
　　　　　文化 / 310

12.1 组织文化的要素 / 311

12.2 通过文化制品解读组织文化 / 314

12.3 组织文化重要吗 / 316

12.4 融合组织文化 / 319

12.5 变革和强化组织文化 / 321

12.6 组织社会化 / 323

12.7 中国家族式组织文化 / 327

本章概要 / 330

关键术语 / 331

复习思考题 / 331

应用案例：西安杨森 / 332

团队作业：组织文化隐喻 / 334

课堂作业：诊断组织文化 / 335

自我评估：你的企业文化偏好是什么 / 335

第 13 章　组织变革与发展 / 337

开篇案例：LG 的变革——从三星的跟随者
　　　　　变为市场的领导者 / 337

13.1 勒温的力场分析模型 / 338

13.2 理解变革的阻力 / 339

13.3 解冻、变革与再冻结 / 341

13.4 领导、结盟及试探性尝试 / 346

13.5 组织变革的四种方法 / 349

13.6 组织变革中的跨文化和道德
　　　问题 / 353

13.7 组织行为：进程仍在继续 / 354

本章概要 / 354

关键术语 / 355

复习思考题 / 355

应用案例：陈春花与新希望六和 / 356

小组练习：战略变革事件 / 357

自我评估：你能容忍变革吗 / 358

第 14 章　新型组织 / 359

14.1 传统组织与新型组织 / 359

14.2 学习型组织 / 360

14.3 虚拟组织 / 362

14.4 网络组织 / 363

本章概要 / 365

应用案例 14-1：中国科学院高能物理研究
　　　　　　　所创建学习型组织 / 365

应用案例 14-2：斯德恩斯公司的虚拟
　　　　　　　团队 / 367

应用案例 14-3：微软的网络型组织结
　　　　　　　构 / 369

应用案例 14-4：华为的"学习型组织"是
　　　　　　　如何炼成的 / 369

第1章 CHAPTER 1

绪 论

学习目标

阅读完本章，你应该能够：
- 定义组织行为学和组织的概念，并且讨论对该领域进行探索的重要性。
- 比较当前四种有关组织效能的不同观点。
- 讨论全球化、劳动力多样性以及新兴雇用关系给组织带来的机遇和挑战。
- 了解组织行为学知识的根基。

开篇案例：速贷公司的高招

速贷公司（Quicken Loans）是美国第三大住房抵押贷款机构。然而，不同于传统的金融机构，其底特律分公司完全在网上开展业务。公司推崇"高参与度、富有创新、顾客导向、有趣"的企业文化。"我们鼓励员工保持好奇心，不断寻求新的方式改善流程，进而采取行动将其实现。"一位管理者说道。信息技术小组提出的"子弹时间"概念推进了公司的创新进程。子弹时间是指每周一半天的例行时间。在此期间，公司的信息技术人员在平时工作以外的地方自由工作学习，这更有利于公司的发展。公司的创新文化工程师比尔·帕克（Bill Parker）解释道："我们给员工一定的自由和激励去创造'差异化'。"

速贷公司在员工发展方面投入了大量的资金。"员工发展"以为期两天的迎新活动开始。在此期间，主席丹·吉尔伯特（Dan Gilbert）和 CEO 比尔·爱默生（Bill Emerson）亲自介绍公司的文化和 18 条用于指导员工行为的原则（称为"ISM"）。爱默生还公开了个人电子邮件地址和手机号码，以对外开放通信交流。"我希望员工们可以方便地联系上领导，这样的文化更富有包容性。"爱默生表示。

速贷公司的工作环境体现了其注重劳逸结合的企业文化。公司在底特律市中心的办事处（类似的还有位于其他六个城市的办事处）的装饰别具一格：色彩鲜艳的墙壁和家具、涂鸦手绘的混凝土地板、即兴聚会和工作休息的专有空间。墙上贴满了进度表以及凸显公司"员工行为指导准则"的海报。员工们抽出时间参加乒乓球比赛、篮球比赛、碰碰球比赛和化妆晚会。"我们做了很多疯狂的事情，但反响很好，"速贷公司设备主管梅丽莎·普瑞斯（Melissa Price）说道，"它们创造了一个充满活力的工作环境。"

速贷公司也因其突出的社区支持而出名，比如帮助底特律的中央商务区恢复繁荣，捐赠资源给慈善机构，帮助员工服务于国民警卫队。虽然速贷公司并非完美，但据多种渠道调查，它不仅被公认为美国数一数二的金融机构，更被认为是美国最好的工作地方之一。"这里有很好的发展空间，"速贷公司员工里卡多·威廉姆斯（Ricardo Williams）说："在公司里，没有人会限制你的发展。"

1.1 欢迎进入组织行为学领域

开篇案例反映了组织在当今瞬息多变的环境下取得成功的一些重要因素。经济体任一部门中的组织都需要熟练、富有积极性、善于创新的人才。组织要求人们适应团队工作，保持健康的生活方式。组织还需要支持创新工作并富有远见卓识的领导者，他们能做出兼顾多方利益的决策。换句话说，那些最好的公司正是通过本书所讨论的组织行为的相关概念和实践取得成功的。

我们的目的是帮助你理解组织中发生的事情，包括员工和团队的思想和行为。我们研究提升公司效率、提高员工的幸福感和促进同事间合作的各种因素。我们从不同的视角研究组织：从员工思想和行为的深层基础方面（个性、自我概念、承诺）到组织结构、文化与外部环境的复杂互动方面。此次知识旅程中，我们注重分析事情发生的原因，以及可以做些什么来预测和管理组织的活动。

我们通过介绍组织行为的范畴以及其对组织和个人职业生涯的重要性开始本章节。紧接着，本章将阐述四个关于组织效能这一被认为是组织行为"最终因变量"的概念的主要观点，还会讲述企业正面临的三个挑战——全球化、劳动力多样化的加剧和正突显的雇用关系。最后，通过介绍组织行为知识的根基结束本章。

1.2　组织行为学领域

组织行为学（organizational behavior）是对人们在一个组织中或组织周围所想、所感、所为的研究。它关注雇员的行为、决定、感知以及情感反应。它观察组织中的个体和团队，以及他们与其他组织中的对手之间是如何相互联结。组织行为学还包括了对组织机构如何与它的外部环境相互作用的研究，尤其是对员工行为和决定的影响。组织行为学的研究者们对这些主题开展系统的研究，并进行了多层次分析，即在个体、团队（包括人际）以及组织机构等层次进行分析。

对组织行为学的定义引出了一个问题：什么是组织？**组织**（organizations）即是人们互相依赖地朝着共同的目的工作的一个团体。请注意组织并不是什么高楼大厦或是在政府注册的实体。实际上，许多组织并没有实体或者政府文件来授予它们合法的地位。组织自人类开始共同工作时就存在。回到公元前3500年，大量的寺院都是通过很多人有组织的行动得以建成。古罗马的工匠和商人，与严加挑选的管理人员一起组成了公会。而1000多年前，中国的工厂每年就能够生产约2万吨铁。

纵观历史，组织都聚集了这样一群人，他们相互交流、协调、合作，最终实现了共同的目标。组织的一个重要特征是，它们是集合实体。它们由人组成（通常是雇员形式，但并不全是），并且这些人以一种有组织的方式相互作用。这种有组织的关系需要一些最低程度的交流、协调和合作以实现组织的目标。正因如此，组织内的所有成员都或多或少地与别人相互依赖；他们通过与同事分享资料、信息或者专业知识来完成最终目标。

组织的第二个重要特征是它们的成员有着集体的目标意识，不过组织行为学的专家们对是否所有的组织都有集体的目标意识仍存在争论。集体目标并没有被很好地定义和被一致认同。而且，虽然大多数组织都有愿景和使命宣言，不过这些文件有时候会过时，或者没有描述清楚员工和领导究竟要在现实中取得什么样的成就。这些观点可能也没错，但试想一个组织没有了目标时的情况：一群人漫无目标地游荡，毫无方向感。所以，无论是提供房屋贷款的速贷公司，还是致力于设计更好飞机的波音公司，组织中的人们都需要有一些共同的目标。时任苹果公司 CEO，同时也是皮克斯动画工作室 CEO 的史蒂芬·乔布斯（Steven Jobs）说："公司是人类历史上最惊人的发明，它基本上是抽象的。当然你必须要用钢筋水泥砌成一个实体使人们可以在这里工作，但是从根本来说，公司是我们所创造出的抽象组织，并且它的力量无与伦比。"

1.3 组织行为学的创建

大约在 20 世纪 40 年代，组织行为学作为一个独立的学科范畴诞生了，不过在此之前，组织机构已被许多其他领域的专家研究了很多个世纪。例如，古希腊哲学家柏拉图（Plato）写过关于领导精髓的著作。大约在同一个时期，中国古代思想家孔子对道德准则和领导的优点给予了高度的赞美。1776 年，亚当·斯密（Adam Smith）倡导新的基于劳动分工的组织机构形式。而 100 年后，德国社会学家马克斯·韦伯（Max Weber）针对理性组织、职业伦理和魅力型领袖发表了有关著作。不久之后，工业工程师弗雷德里克·温斯洛·泰勒（Frederick Winslow Taylor）提供了通过制定目标和奖励措施来激励员工的几个崭新的方法。总的来说，组织行为学的发展历史主要分为三个阶段：古典科学管理阶段、人际关系学说阶段和当代组织行为学阶段。

1.3.1 组织行为学的发展历史

1. 古典科学管理阶段（1895～1930 年）

早在 19 世纪末到 20 世纪初，以美国的泰勒为代表的一批研究者创立了科学管理的理论。这些理论是人类第一次把管理作为一个科学领域来进行研究的成果，其某些观点至今还被管理学界所公认，因此，泰勒被人们称为"科学管理之父"。

2. 人际关系学说阶段（1930～1960 年）

在这个时期，管理心理学茁壮成长，成为一门独立的科学并服务于管理实践。

这个时期主要代表人物是美国的梅奥、马斯洛和麦克雷戈。

（1）梅奥的"霍桑实验"。梅奥在 1924～1932 年期间主持了一次著名的霍桑实验，其中包括照明实验、群体实验、谈话实验。通过实验，梅奥提出了一套"人际关系"理论，为管理心理奠定了坚实的理论基础。

（2）马斯洛的需求层次理论。马斯洛是一位美国心理学家，1943 年他出版了《人类动机理论》一书，提出了人的基本需求可以分为五类：生理需求、安全需求、社交需求、尊重需求、自我实现需求。1954 年，他出版了《动机与人格》一书，全面发展了他的需要理论。

（3）麦克雷戈的"X-Y"理论。麦克雷戈也是一位美国心理学家，长期在哈佛大学和麻省理工学院从事心理学的教学工作。1957 年，他发表了一篇重要论文——《企业的人性面》，他认为：真正的问题在于管理者的宇宙观和价值观的改变，这个问题解决了，如何执行的问题就只是细枝末节而已。

3. 当代组织行为学阶段（1960 年以来）

第二次世界大战以后，西方工业国家的科学技术有了飞速的发展，一些先进的科学手段和科学工具也被应用到企业管理中来了，于是出现了一种强调科学技术、忽视人的心理活动的倾向。其中一种主要学派被称为管理科学学派，也有人称之为数量学派，其主要观点是：提高经济效率的主要途径是运用计算机、制定数学模型、运用数学原理和公式来进行计划、决策，并解决管理中的问题。然而，由于不能很好地了解、解释员工的心理活动和行为，不能预见员工的行为倾向，使许多数学模型无法在实践中运用。因此，Z理论应运而生了。Z理论是由美籍日本人威廉·大内在1981年提出来的。大内经过长期的研究发现，美国式管理是以X理论为基础的，而日本式管理是以Y理论为基础的，而要在美国照搬日本式管理又行不通，所以，他就写了《Z理论——美国企业如何迎接日本的挑战》这本书。Z理论结合了X理论和Y理论的长处，要求管理者根据具体个体的不同情况，灵活地采取不同的管理方法。Z理论受到了西方管理人员的广泛欢迎，但也有一些学者对它持有异议。因此，Z理论还有待于今后的管理实践来证明。

虽然中国传统文化蕴含着丰富的管理心理学思想，但这些思想基本上停留在经验和朴素的认识上。因此组织行为学在中国的发展，是作为一门独立的学科从西方引进的。1935~1937年，周先庚在中央研究院心理研究所与陈立合作，在北平南口机车厂进行了关于职工提合理化建议的调查研究，试图从心理学的角度摸索调动职工积极性的途径。这是中国最早的工业心理实验研究。1935年，中国著名心理学家陈立撰写并出版了《工业心理学概观》一书，第一次从环境、疲劳、休息、工作方法、事故与效率，以及工业组织、激励与动机等重要方面，系统论述了中国工业心理学和管理心理学的基本问题。从20世纪50年代开始，中国已逐步开展工程心理学和劳动心理学的研究，但管理心理学的起步较晚。由于"文化大革命"的影响，在20世纪60年代中国学术界对西方正在迅速发展的工业与组织心理学知之甚少。直到70年代末，我国转向以经济建设为中心，工业部门感到需要运用心理学的知识调动企业管理者和职工的积极性，心理学界也感到需要开展有关生产管理中心理学问题的研究，正是在这种改革和开放的形势下，管理心理学才逐步得到发展。1980年中国心理学会工业心理专业委员会的成立，标志着中国组织行为学的起步。中国行为科学学会成立于1985年，实际上是组织行为学会，迄今为止各省市基本上都成立了行为科学学会。

从20世纪80年代开始，中国有两个工业心理学的专门研究机构从事组织行为学的研究。一个是中国科学院心理研究所社会经济与心理行为研究中心（原工业心理研究室），另一个是浙江大学的工程心理学（原杭州大学的工业心理专业）。90年代之后，随着中国人力资源管理热的兴起，中国许多高校的管理学院的部分教师开始从事组织行为学的教学和研究，一批硕士生和博士生以组织行为学领域作为学位论文的课题。从80年代起，中国翻译出版了一批国外较有影响的著作，如沙因（Schein）的《组织心理学》（1987）、马斯洛（Maslow）的《动机与人格》（2005），麦考密克（McCormick）等人的《工业与组织心理学》（1991），以及一些以"管理心理学"和"组织行为学"命名的其他著作。1985年中国出版了第一部由本土学者卢盛忠编写的《管理心理学》教材，随后，又出版了许多管理心理学和组织行为学的著作。其中，比较有影响的有俞文钊的《管理心理学》（甘肃人民出版社，1988）、陈立的《工业管理心理学》（上海人民出版社，1988）、徐联仓、陈龙的《管理心理学》（光明日报出版社，1988）和王重鸣的《劳动人事心理学》（浙江教育出版社，1988）等。据不完全统计，目前这类著作逾百种。在这个领域内，也开展了多方面的研究，包括激励、人员测评、岗位胜任特征、工作业绩评价、管理培训与发展、领导的 CPM 理论、变革型领导、管理决策、跨文化研究、组织气氛和组织文化、组织公民行为等，取得了可喜的成绩。但是，与西方发达国家特别是美国相比，中国组织行为学在研究人员的数量、成果数量和创新性、社会影响等方面仍存在较大的差距。

1.3.2　为什么要学习组织行为学

组织行为学的教师面临着挑战：一方面，那些刚踏入职业生涯的学生倾向于重视与特定工作职位相关的课程，如会计或者营销。但组织行为学并没有与其相关的特定的工作——并没有"组织行为副总裁"这个职位，因此这些学生有时会很难发觉组织行为学知识可以为他们的未来提供帮助。另一方面，拥有几年工作经验的学生又会将组织行为学置于重要课程名单的顶端。这是为什么？因为他们已经直接发现了组织行为学确实会对他们职业生涯的成功起到一定的作用。首先，他们已经知道组织行为学理论可以帮助人们理解工作环境。这些理论还会给予我们质疑并且重塑个人心智的机会，这通常是随着我们认识和经验的积累而提高的。因此，组织行为学十分重要，它可以满足我们理解并预期我们所生存的世界的需要。

其次，组织行为学知识的最大价值，可能在于帮助人们在工作场所更好地完成工作。根据定义，组织是一群一起完成事情的人，所以我们需要一个知识和技能的工具来促进与他人成功的合作。建设高效团队、激励员工、处理工作间的矛盾、影响上司，以及改变员工的行为，只是组织行为学所内含的一小块知识和技能的领域。无论你选择什么样的职业道路，你会发现，组织行为学的概念在工作中发挥着重要的作用。它使得工作更有效地进行。

1. 组织行为学对所有人都有用

我们在解释为什么组织行为学对各位的职业生涯成功很重要时，并没有假设你已成为或你打算成为管理人员。实际上，本书创新性地提出了组织行为学知识对所有人都有用的观点。不管你是地理学家、金融分析师、客户服务代表，还是首席执行官，你都需要理解并应用许多本书中讨论到的组织行为学领域的观点。组织虽然一直都需要管理人员，可他们所扮演的角色已经改变，而其余的人们越来越希望在工作场所管理好自身。多年前，一位富有远见的组织行为学作者曾如此写道："人人都是管理者。"

2. 组织行为学的重要性

迄今为止，我们对于"为什么学习组织行为学"的回答，集中在组织行为学知识是如何为企业增加权益。不过，组织行为学知识对组织的财务状况也同样重要。速贷公司的成功得益于强大的公司文化、个人奖励和发展、团队工作、创造性决策的制定以及富有远见的领导等方面的组织行为实践。

许多研究已证实，组织行为学实践在很大程度上决定着组织的存续与成功。一项调查发现，具有较高水平的组织行为学实践（例如，培训、员工参与、奖励和表彰）的医院，其患者死亡率较低。另一项研究发现，被评为"最佳雇主"的公司，在财务和股市上都有明显更好的表现，有高水平员工参与度的公司也有显著更好的业绩和盈利表现（见第 5 章）。

组织行为中最重要的价值得到了人力资本和投资组合方面研究的支持。相关调查表明，在选择最佳的长期股票增值的公司时，特定的组织行为特征（员工的态度、工作与生活的平衡、绩效奖励制度、领导、员工培训与发展）均是重要的预测因素。例如，不同的研究表明，首席执行官的素质对公司业绩有重大的影响。很多事件反映了这点，比如彭尼百货和SNC Lavalin集团有关领导力失灵导致重大问题的事件。

1.4 组织效能的观点

根据《财富》杂志年度排名，苹果公司和谷歌公司是世界上最受推崇的两家公司。然而，十几年前，这两家公司很少受到别人的关注。20世纪90年代晚期，苹果在电脑产业上的可怜份额仍然让其挣扎在生死边缘；谷歌甚至还没注册成为一家公司，它只不过是由斯坦福大学的两个博士生在他们宿舍设计并快速成长的电脑项目而已。苹果和谷歌是如何取得如此难以置信的成就的？那就是因为他们持续地运用了组织效能的四个方面，接下来我们就将谈论这个问题。

几乎所有的组织行为学理论都或明或暗地把使组织更加有效作为目标。确实，**组织效能**（organizational effectiveness）被认为是组织行为学中的"最终因变量"。但是我们面临的第一个挑战就是如何定义组织效能。专家们认为这一主题被贴上过多的标签，组织业绩、成功、美德、健康、竞争、优秀等，却没有在每一个标签的意义上达成一致。然而，他们为我们帮助组织变得更有效提供了基础的模型和建议。

多年以前，组织效能被定义为组织达到所述目标的程度。根据这个定义，德尔塔航空公司如果能实现甚至是超过它每年的销售和利润目标，就是有效的组织。然而，达成目标的观点已不再被人所认同，因为一家公司只要设定一个简单的目标就可以很简单地被认为是有效的；更糟糕的状况，可能一些目标会把组织带到错误的方向。因而，本书中我们所提到的组织效能模型并不包含"实现目标"。

最好的衡量组织效能的观点有四个：开放系统观点、组织学习观点、高绩效工作实务观点和利益相关者观点。当一个组织很适应外部环境，其内部子系统高效而有良好适应度，注重组织学习，能满足主要利益相关者的需要时，我们就认为组织是有效的。接下来，我们将逐个对组织效能的四个角度进行细致的讨论。

1.4.1 开放系统观点

组织效能的**开放系统**（open systems）观点是最早的，同时也是一种关于组织的牢固的思维方法。实际上，其他一些主要的组织效能观点可以认为是开放系统模型细节上的延伸。如图1-1所示，开放系统观点将组织看作复杂的有机体，它"生存"于一定的外部环境中。"开放"这个词描述了这种相互依赖、相互渗透的关系。相反，"封闭"系统则可以不依靠外部环境而生存。

根据开放系统观点，组织依靠其外部环境提供其所需资源，包括原材料、员工、资金、信息以及设备。外部环境同时也包括规则和对组织的期望，如法律、文化规范。一些环境资源（如原材料）可以被转化为产出向外部环境输出，而一些资源（如应聘者、设备）是转换过程中的子系统。

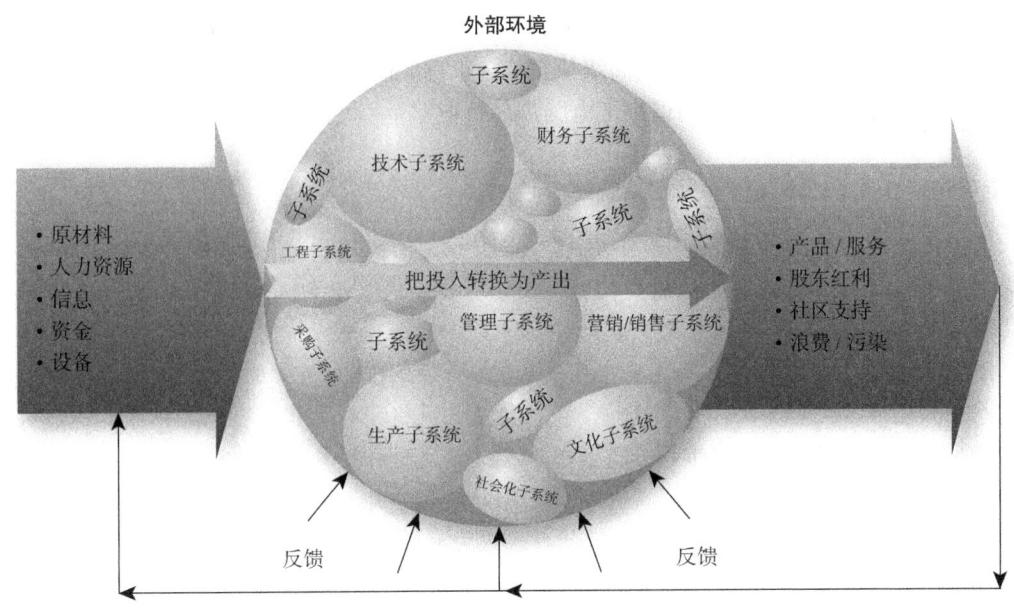

图 1-1　组织的开放系统

开放系统观点同时描述了组织中的许多子系统，如进度、部门（生产、营销）和非正式群体、团队、技术诊断等要素。并非像相互嵌套的俄罗斯娃娃，组织子系统都有自己的子系统。例如在华盛顿州斯波坎市的 Nordstrom 百货公司，它不仅是 Nordstrom 连锁店的一个子系统，还设有一个自己的子系统——部门、团队和工作流程。组织子系统内部互相依赖，相互作用，将输入转化为各种输出（如产品、服务、社区支持）。一些输出可以通过外部环境反馈出价值，而输出的一些副产品（如裁员、污染）可能对环境或组织与环境的关系产生不利影响。在这个过程中，外部环境向企业提供对其产品或可用于未来投入的价值的反馈。

1. 组织与环境的匹配

根据开放系统观点，有效的组织能够与不断变化的外部条件保持紧密的一致。当组织的投入、流程和产出紧密结合外部环境的需求和期望时，组织便与环境保持了良好的一致。组织主要有三种方式来实现一致，最常见的方法是对产品或服务进行重新设计，或者改进生产过程以满足外界需求。Zara，世界上最大的服装零售商，通过持续的修正从而与高波动的外部环境保持紧密一致。正如全球链接 1-1 描述的，这家西班牙公司接收来自 6 000 个门店的持续反馈，再加上一些创新，以快速设计、生产和交付产品。作为对比，不能与环境变化保持紧密一致的服装零售商就会因为对不断变化的偏好响应缓慢而大量积压产品。

第二种方法是积极地管理它们的外部环境。许多组织通过增加其产品或服务的需求的营销手段来管理环境。也可以采用其他手段，譬如获得独家代理权（例如，某知名品牌）或限制竞争对手获得宝贵的资源，还有一些人游说增强其市场地位的立法，或者拖延扰乱其业务活动的立法。

组织保持与环境良好的契合的第三种方式是改变它们的业务和市场位置。换句话说，如果外部环境太具有挑战性，组织可以移动到一个新的、更适宜生存的环境。Nucor 公司，美国市值最高的钢铁企业,一开始是汽车和卡车制造商,然后成为一个钢桁架梁制造商,最后才涉足当前的业务。当 IBM 的高级执行官(正确)预测到卖电脑将远不及快速增长的技术服务业务繁荣时,便让公司退出了电脑产品行业。

全球链接 1-1　ZARA 依赖开放系统思考快时尚

　　Zara,世界上最大的服装零售商,在世界上变化最急剧的产业之一里茁壮成长。成功的秘密是什么?西班牙的旗舰品牌 Inditex(旗下还有 Pull & Bear, Stradivarius 等品牌)的商业模式应用了开放系统观点。在时尚行业,客户偏好变化迅速,其可预测性有限。Zara 尝试设计出许多新风格,并基于接收到的迅速和持续的反馈进行小幅修改。这些反馈包括最受欢迎式样等。这种流程不仅使其风格式样更有吸引力,并保证了公司快速生产和交付产品来匹配市场当前需求。Zara 通过这种模式紧密跟踪并适应了变化迅速的外部环境。Zara 几乎开创了"快时尚"这个概念,即公司快速响应客户的偏好和时尚潮流。相反,大多数其他零售商生产的样式极为有限,每年只进行两到三批新的设计,这些设计需要长达六个月的时间才能变成橱窗里的商品。

　　这个开放系统模式的核心是在西班牙拉科鲁尼亚 Zara 总部的一个飞机库大小的房间。房间的中间是一长排桌子。在这里,24 个国家的地区经理每天与 86 个国家 6 000 多家公司门店保持紧密联系。同样重要的是,公司训练销售人员询问客户购买原因或是需要做何种改进才能更合胃口,然后再将这些客户意见很快地传达至总部。这个房间的两边分别是设计师和提供持续反馈及新设计思路的其他员工。

　　假设几个地区管理者收到反映新系列女式白色夹克销售缓慢的报告。然而,顾客告诉销售人员她们会购买同款奶油色、丝织材质的夹克。设计师收到此消息后就会迅速开始设计新的奶油色、顾客所偏好材质的夹克。据报告,虽然存在一些地区差异,但 Zara 大部分产品在全球范围内都很受欢迎。Zara 也保持了每种样式一定量的存货,因而公司能在最小化库存风险的同时,广泛尝试不同的样式来试探市场的偏好。其实,当知道 Zara 的产品更新快时,顾客也会受到吸引而更频繁地光顾门店。

　　来自门店快速及丰富的反馈非常重要,但 Zara 的蓬勃发展也源于它对反馈的快速反应。大多数时装零售商要靠遥远国家的第三方制造商生产服装,往往生产一件衣服需要几个月的时间。而 Zara 选用低成本制造商,它一半的衣物由邻近的西班牙企业或葡萄牙、摩洛哥和土耳其的厂家生产。虽然在附近制造成本更高,但一件新衣服从这些网点到店里往往只需要不到三个星期的时间。这些门店差不多可以每周到货两次。

2. 内部子系统效能

开放系统观点不仅认为组织要适应其外部环境，还检验了组织内部运转的状况，即它将投入转换为产出这个过程运转得如何。衡量这一内部转换过程最常用的指标就是**组织效率**（organizational efficiency，也被称为生产力），即相对于投入的产出的量。本章开篇介绍的速贷公司，通过网络技术（最初是网页，最近已开发出智能手机的应用程序）提高了办理住房贷款的效率，从而形成了强大的竞争优势。

然而，成功的组织并不只是需要一个有效率的传递机制，它们还需要能提高适应度和孕育创新的传递机制，能保持好的适应度的组织传递机制，能更好地应对消费者和环境的变化。创新使得公司设计出远优于竞争者的工作流程。Zara 的成功来自于它的适应性，因为其内部的子系统能保证它根据客户的喜好不断修改风格。该公司内部子系统与外部承包商的关系也比竞争对手更有效，新的时尚理念可以在短短几周内（而大多数服装企业需要几个月）反映在店内货架上面。

另外一个在转换过程中的重要问题是组织的子系统之间的协调问题。各个子系统之间相互依赖程度越高，则转换过程的潜在风险会更大。这些挑战会随着组织的壮大而放大，造成信息丢失、想法没有得到及时共享、材料闲置、信息误解，资源和奖励不公平分配。工作实践中一个子系统的一个小小的变动，会通过组织传到其他子系统，产生不利的影响。因此，组织需要通过工作程序、信息交流等协调机制来保证转化过程的有效性和灵活性（见第 13 章）。

1.4.2 组织学习观点

开放系统观点传统上关注的是进入组织并参与物质产品（产出）生产的物质资源。这是工业经济的代表而不是"新经济"。新经济认为最有价值的投入要素是知识。根据**组织学习**（organizational learning）观点（也被称作知识管理），组织效能依赖于知识的共享、使用、存储的能力。

1. 智力资本：组织知识的存量

组织学习观点把知识当作一种资源。知识存量以三种形式存在，统称为**智力资本**（intellectual capital）。最显而易见的形式就是**人力资本**（human capital）——员工所带进组织的知识、技能和能力。人力资本是有价值的、稀有的、难模仿的、不可替代的。人力资本帮助组织发现机遇或者最小化外部环境所带来的威胁。人力资本是稀有的、难以复制的，找到出色的人才并不容易，这些人才也不能像克隆羊一样被复制出来。最后，人力资本是不可替代的，它不能被技术替代。

正因为这些特性，人力资本既是公司的竞争优势，又是一个巨大的风险：当关键人员离开时，他们会带走使公司富有效率的某些知识。幸运的是，即使每个员工都离开了组织，智力资本仍会以**结构性资本**（structural capital，也称组织资本）的形式存在。这其中包括了于组织系统以及结构内获取并保留的知识，例如记录工作步骤的文档以及生产线的物理布局。结构性资本还包括组织已完成的产品，因为相关的知识可以通过拆解这些产品，研究它们是如何运作以及构成的来获得（如逆向工程）。

最后，智力资本还包括**关系资本**（relationship capital），这是从组织与顾客、供应商以及彼此互惠的其他人之间的关系中获得的价值。它涵盖了组织的商誉、品牌形象，组织成员与外部环境的关系等各个方面。

2. 组织学习过程

组织依靠四个学习过程培养智力资本：知识获取、分享、运用以及储存（见图1-2）。

（1）知识获取。知识获取是从外部环境提取信息和想法，包括对外界的洞察。最快捷的方式之一是直接雇用人员、兼并企业。知识也可以通过监测和解读外部环境的趋势而获得。正如在前面所描述的，Zara在很大程度上依赖于门店的反馈监测环境（同时关注竞争对手），生产顾客想要的衣服。速贷公司也密切关注客户的反馈意见，从而开发出更好的产品并提供更好的客户服务体验。"客户反馈帮助我们更

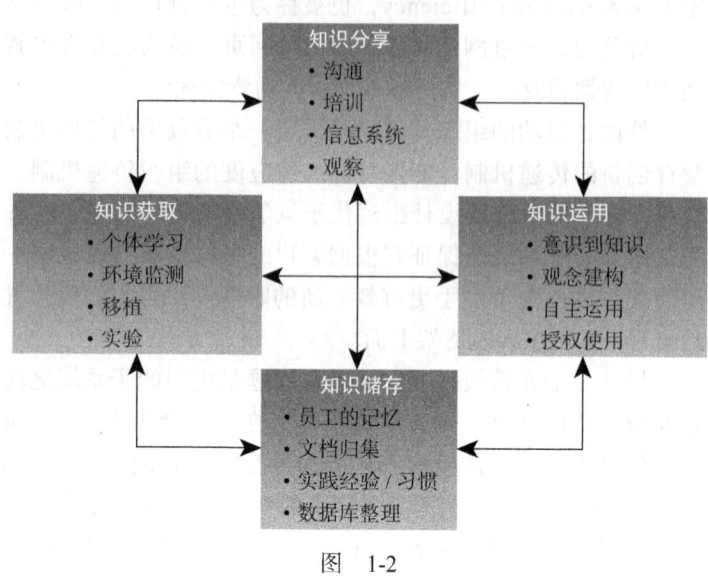

图 1-2

好地洞察我们需要改进的地方。"速贷公司首席执行官如是说。第三种知识的获取策略是试验。企业通过研究和其他创新过程获得洞察，从而得到知识。

（2）知识分享。它指的是知识在组织中的分配。知识分享在通常意义上等同于计算机联网和数据库使用，它主要通过结构化的和非正式的沟通以及各种形式的学习（如观察、体验、培训、实践）来实现共享。组织结构、公司的实践和文化价值观影响员工与同事分享知识的程度。例如，世界最大的矿业公司必和必拓的镍、铝、石油和铁矿石事业部的员工广泛地分散在澳大利亚和海外，为了打破知识隔离，必和必拓公司组织成千上万的员工聚集在澳大利亚珀斯市区的一栋大厦。摩天大厦工作的员工们甚至会因为在自己的办公桌吃午餐而感到气馁，相反地，他们在自助餐厅会和同事打成一片。

（3）知识运用。知识最终的竞争优势产生于将知识应用到组织的工作进程中的各个方面，以此来提高组织和利益相关者的价值。为了做到这点，雇员必须能意识到知识，并有足够的自由来运用。这要求公司有一个鼓励试验和开放式交流、鼓励积极试错的文化。

（4）知识储存与组织记忆。知识储存指的是公司将有价值的知识保存下来以备之后使用。换句话说，它涉及保留组织的智力资本（知识存量）。知识的这种存储通常被称为组织记忆。它包括了员工拥有的知识以及嵌入组织系统和结构中的知识，其中有文档、物体以及其他任何可以提供关于组织应如何运作的信息的东西。

组织如何保持智力资本？方法之一就是激励那些留任员工。速贷公司等进步企业通过兼顾改变雇用体验以与员工期望更加协调来实现目标。另外一个组织记忆策略则是系统地转移知识到其他的员工。这发生在新员工接受老员工的指导时，这里获得的知识不会记录在文档中。第三个策略是将知识转换为结构性资本，包括将那些隐秘的知识提取出来，加以组织，并转换成其他人可获得的形式（例如写成指南或者以视频剪辑的形式）。印度最大

的企业、Reliance 工业公司这样应用此策略：鼓励员工在一个特殊的内联网知识门户记录他们的成功和失败。其中一份报告提供的信息避免了之后一个工厂的停工。

组织学习观点不仅关注那些有效组织是如何学习的，它还关注它们如何抛弃不被认可的陈旧惯例以及不再合适的行为方式。扬弃可以将那些无法再增值、甚至事实上也许会给组织的效能带来危险的知识移除。扬弃的形式包括替换已失去功用的政策、步骤和惯例，另一些扬弃的形式则是消除某些态度、信仰以及假设。例如，员工对完成任务的"最佳方法"以及如何服务客户所进行的再思考。加拿大 RIM 公司坚持手机必须有实体键盘的想法，其实践失败的结果就是其主要产品——黑莓手机，这主要是因为该公司对触摸屏技术响应缓慢。组织忘却对于组织改变尤其重要，我们会在第 13 章讨论。

软件行业高度依赖雇员应用到工作中的知识。统计软件开发商 SAS 的 CEO 吉姆·古德奈特（Jim Goodnight，图片正中）深谙此理地说道："每天傍晚我 95% 的资产从这扇大门开车出去了。所以我的工作就是提供一个好的环境，让他们每天早上愿意回来。他们所带来的创新正是 SAS 的竞争优势。"

1.4.3　高绩效工作实务观点

虽然开放系统观点认为成功的企业善于将投入转换为产出，但它没有考虑有效组织中最重要的子系统特征。因此，围绕着能够提升竞争优势的特定组织实务"组合"这一目标，一场全领域的研究展开了。这一研究已在过去多年被贴上了各种各样的标签，如今大多数人称它为**高绩效工作实务**（high-performance work practices，HPWP）。

类似于组织学习观点，高绩效工作实务观点始于人力资本（员工所拥有的知识、技能以及能力）是组织竞争优势的重要来源的观点。高绩效工作实务观点的最显著的特质是组织努力通过引入一系列的系统和结构，充分实现人力资本的价值。

近几年，人们对高绩效工作实务进行了许多研究。四种拥有坚实研究支持的实务分别是员工参与、工作自主性、员工能力发展以及基于绩效和能力发展的奖励。开篇提到的速贷公司，正是运用了这些工作实务来提高客户服务。这四种实务的每一种单独应用都能提高组织绩效，若能组合起来，会产生协同效应。

前两种实务——涉及员工决策制定，并给予他们工作活动中更多的自主权，趋于强化员工的动机，并且提高他们的决策水平、组织灵敏度以及变革承诺。在高绩效的工作场所，员工参与以及工作自主性经常以自主团队的形式出现。第三种实务——员工能力发展，指的是组织招募、甄选和训练从而保证公司雇用了拥有相关技能、知识、价值以及其他个人特性的员工。第四种高绩效工作实务将绩效和能力发展与员工重视的资金形式与非资金形式的奖励联系在一起。

汽车制造业是瑞典工业中的一个重要领域，而沃尔沃（Volvo）汽车公司又是其中的佼佼者。按全世界标准，它算不上大公司。从20世纪60年代中期起，它的汽车出口翻了一番，占它全部销售额的70%，虽仅占世界汽车市场的2.5%，却已占瑞典全年出口总额的8%以上，可称举足轻重了。该公司的管理本来一直沿用传统方法，重技术、重效率、重监控。但到1969年，工人的劳动态度问题已变得十分尖锐，使该公司不得不考虑改革管理方法了。

  沃尔沃公司管理者分析了传统汽车制造工作设计，认为它最大的问题是将人变成了机器的附庸。所谓装配线不过是一条传送带穿过一座充斥着零部件和材料的大仓库罢了。这套生产系统的着眼点是那些零部件，而不是人。人分别站在各自的装配点上，被动地跟在工作件后面，疲于奔命地去照样画葫芦而已。这套制度的另一个问题，是形成了一种反社交接触的气氛。工人们被分别安置在分离的岗位上，每个岗位的作业周期又那样短（一般为30～60秒），哪容他们偷闲片刻去交往谈话？

  沃尔沃先是设法用自动机器来取代较繁重艰苦的工作，不能自动化的岗位则使那里的工作丰富化一些，又下些本钱，将厂房环境装饰得整洁美观。目的是想向工人表明，公司是尊重人的。但随即发现这些办法治标未治本。公司觉得在工作方面要治本，必须进行彻底的再设计。他们在当时正在兴建的卡尔玛新轿车厂，进行了一次著名的试验。

  卡尔玛轿车厂总的设计原则，希望体现以人而不是以物为主的精神，因而取消了传统的装配传送带。以人为中心来布置工作，就是要使人能在行动中互相合作、讨论，自己确定如何来组织。管理要从激励着眼，而不是从限制入手。对孩子才需要限制，对成熟而自主的成人则宜用勉励而不是监控。所以，该厂工人都自愿组成15～25人的作业组，每组分管一定的工作，如车门安装、电器接线、车内装潢等。组内可以彼此换工，也允许自行跳组。作业组可自行决定工作节奏，只要跟上总的生产进程，何时暂歇、何时加快可以自定。每组各设有进、出车体缓冲存放区。

  这家厂的建筑也颇独特，由三栋两层及一栋单层的六边形厂房拼凑成十字形。建筑的窗户特别大，分隔成明亮、安静而有相对独立性的小车间。

  没有了传送带，底盘和车身是由专门的电动车传送来的。这种车沿地面敷设的导电铜带运动，由计算机按既定程序控制。不过当发现问题时，工人可以手工操作，使它离开主传送流程。例如见漆面上有一道划痕，工人便可把它转回喷漆作业组，修复后再重返主流程，仍归计算机制导。车身在电动车上可做90度滚动，以消除传统作业中因姿势长期固定而引起的疲劳。

  各作业组自己检验质量并承担责任。每辆车要经过三个作业组，才会抵达检验站由专职检验员检查，将结果输向中央计算机。当发现某质量问题一再出现时，这个情况立即在相应作业组终端屏幕上显示出来，并附有以前对同类问题如何排除的资料。这屏幕不仅报忧，也同时报喜，质量优秀稳定的信息也及时得到反馈。产量、生产率、进度数据则定期显示。

  据1976年的调查，几乎所有员工都表示喜欢新方法。沃尔沃公司便又陆续按这种非传统方式，建造了另外四家新厂，各厂规模都不到600名员工。这一改革当然冒了颇大的风险，因为一旦失败，不仅经济上代价高昂，公司内外信誉也会遭受巨大损失。卡尔玛的成功鼓励他们再进一步。

  卡尔玛改革的核心是群体协作，工人以作业组为单元活动。但这是在另起炉灶的新建小厂，它是否也能用于按传统观点设计并运转多年的大型老厂呢？这是一种颇为不同而风险更大的改革尝试。沃尔沃在西海岸哥德堡市建有一家 8 000 人的托斯兰达汽车厂,是 1964 年完全按传统装配线设计建造的。它生产的汽车构成沃尔沃公司产品的主体,改造稍有不慎而影响了生产,损失将是极为巨大的。然而事实证明了这个改革是成功的。尽管瑞典的劳动力成本一直是全世界最高的,但沃尔沃却能保持一直盈利,利润占销售额的百分比仍属汽车业中的三甲。

为什么说高绩效工作实务与组织的效能紧密相关?组织行为学专家一直在争论,主要给出了以下三个解释。第一,高绩效工作实务有助于培养人力资本。这些实务提高了员工的技能和知识水平,从而提高了工作绩效。第二,卓越的人力资本可以帮助企业更好地响应快速变化的环境。员工拥有广泛的技能来处理复杂的事情,有充足的信心处理不熟悉的状况。他们能更快更好地适应环境的变化。第三,高绩效工作实务能强化员工激励,并改善员工对雇主的态度。这些实务反映了公司对雇员的重视和投资,雇员因而受到激励更努力工作,更乐于帮助同事。

高绩效工作实务观点仍在不断发展。它呈现了改善投入产出转换过程的一些具体实践的重要信息。不过,这种观点一直被批评为注重股东和客户的需求而牺牲员工福利。这种过分关注表明 HPWP 观点并不能完整地阐释组织效能。而这剩下的缺口将主要由组织效能的权益相关者观点来填充。

1.4.4 利益相关者观点

迄今为止所描述的三种组织效能的观点主要是考虑生产进程以及资源问题,而很少考虑到组织与利益相关者之间关系的重要性。**利益相关者**(stakeholders)包括个人、团体以及其他可以影响组织目标和行为,或者受组织目标和行为影响的实体,包括任何与公司有着权益关系的人——员工、股东、供应商、工会、政府、社会团体、顾客以及外部权益集团等(见图 1-3)。利益相关者观点将开放系统观点个体化,它找出了外部以及内部环境中的特定的个人和社会实体。它同时也发现利益相关者关系是动态的;它们可协商以及管理,而不仅仅是固定不变的状态。利益相关者观点的本质就是说公司必须考虑其行为将会怎样影响他人,而

美国运通公司已翻开了高绩效工作实务剧本的第一页。这家金融服务公司鼓励员工"去脚本",意味着他们可以自定制他们的"对话",而不是依靠简单背诵语句。雇员也可以自主地在现场解决实际问题,如计划一个电话会议来解决与供应商的纠纷。"我们越来越有能力在我们的层面上做出决定",菲尼克斯的一个客户服务雇员 Teresa Tate 说。

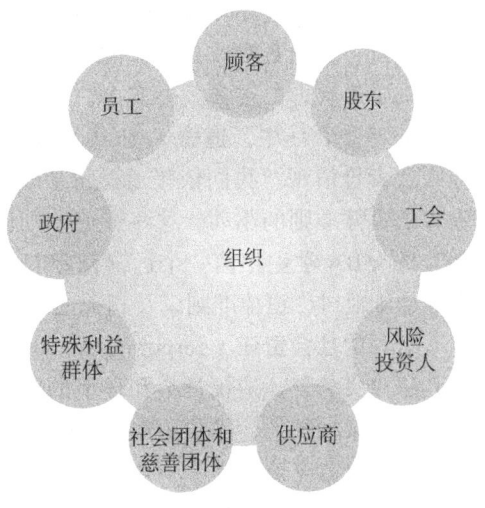

图 1-3 组织的利益相关者

这就要求公司理解、管理和满足利益相关者的权益。

理解、管理和满足利益相关者的权益比听起来更有挑战性，因为利益相关者的权益经常冲突，并且组织也没有那么多资源来满足所有利益相关者的权益。因此，组织的管理者就需要决定应该给予每个集团多大的优先度。一个经常使用的方法是关注那些最有权力的集团。当认为最有权力的利益相关者会给组织的生存带来最大的威胁和机会时，这是有道理的。然而利益相关者的权力并不是制定组织策略和资源分配时唯一考虑的标准，忽视一些权力较小的利益相关者可能会刺激他们结成同盟，或是通过向政府求助来变得比以前更强大。同时，如果无视弱势者的权益而违背了社会的标准和规范，可能会激怒那些更有权力的利益相关者。

价值观、道德以及公司的社会责任

这些概念将我们引到利益相关者观点的一个主要优点，也就是，它将价值观、道德以及公司的社会责任结合到组织效能等式中。利益相关者观点认为，管理不同利益相关者的权益，管理者最终需要依赖个人以及组织的价值观来作为指导。**价值观**（values）是相对稳定并可估的信念，能够引导个人在不同情况下对结果或行动过程的偏好。价值观使我们明白世界上何为正确和错误，或者好与坏。第2章将会解释价值观是如何成为我们自我意识以及激励自身行动的重要部分。虽然价值观存在于个体中，但是一个团体里的人经常有着类似的价值观，所以我们会将这些价值观归于一个团队、部门、组织、行业以及整个社会的共有价值观。例如，第14章讨论了组织文化的重要性以及动态学，包括贯穿整个公司或者各个子系统间的共有价值观。

许多公司已经采取了价值观驱动的组织模式。在这种模式下，公司的价值观，而不是旧有的命令—控制管理（例如，严格管理员工的自上而下的决定）更能引导员工的决策和行为。例如，信托能源（TrustPower），是一家完全依靠可再生能源（水力发电和风力涡轮机）的新西兰电力公司。这家公司推崇六个核心价值观，强调了员工的重要性。"我们是一个基于价值观的企业。"信托能源CEO文斯·霍克斯沃思（Vince Hawksworth）说，"因此，我们有我们的PRIIDE价值观——热情（passion）、尊重（respect）、诚信（integrity）、创新（innovation）、传递（delivery）和授权（empowerment）。这是我们言行的基础。"

通过将价值观吸收到组织的效能中去，权益相关者观点还为组织道德和公司的社会责任提供了最有力的主张。事实上，权益相关者观点出现于早期的关于道德以及公司的社会责任的一些著作中。**道德**（ethics）指的是学习那些决定行为的对错以及结果好坏的道德准则或者价值观。我们依赖道德价值观决定"去做正确的事"。道德行为受我们用于做出决定的道德准则的驱动。这些道德准则代表了最基本的价值观。根据一项全球调查，几乎80%的MBA学生相信一个运营良好的公司会依照其价值观和道德准则运作。第2章将会更加详细地讨论道德准则以及相关的道德推理的影响。

公司的社会责任（corporate social responsibility，CSR）由那些除了公司当前经济权益及其法律义务外，造福社会和环境的组织活动组成。它是这样一种观点，认为公司与整个社会具有某种契约，除了股东和顾客外，公司必须服务于权益相关者。在某些情况下，公司股东的权益应该要让位于其他利益相关者的权益。作为CSR的一部分，许多公司都应用了三重底线的哲学思想：人们试图对经济、社会以及环境可持续领域进行支持或"取得正的收益"。那些采用了三重底线的公司立志在市场中存活并取得利润（经济），但它们还要保持或者改善社会水平（社会的）以及自然环境。企业希望通过最小化对环境的负面效应而变得更加"绿色"。这些活动既包括生产过程中减少和再利用废品，又包括用山羊修理草坪（谷歌发起的许多环境倡议中的一项）。

不是每个人都同意，当组织迎合了大多数利益相关者的权益时会更有效。多年前，经济学家米尔顿·弗里德曼（Milton Friedman）指出："对于企业，它唯一的社会责任就是使用它的资源并且参与经设计的活动来增加其利润。"虽然如今很少有专家还持这种极端的观点，但有人指出，只有当公司把那些与公司有着经济权益关系的利益相关者放在首位时，才可以使得其他利益相关者也获益。然而，一些人认为虽然公司应该把股东放在首位，但社会责任、公司成功、股东之间的关系远比想象的复杂。现有的一些证据显示，有着好的社会责任声誉的公司倾向于有更好的财务表现、更高的员工忠诚度和顾客满意度（强组织认同），并且能与客户，求职者和其他利益相关者维持更好的关系。"对社会和环境问题的承诺，是我们公司吸引求职者的一个重要的因素。"加拿大连锁百货、北美最古老的商业公司哈德逊湾公司（Hudson's Bay Co.）的高管说。总之，管理者对广泛的社会责任的忽视，将会给组织带来风险。

1.4.5 把组织效能与组织行为联系起来

以上描述的组织效能的四种观点——开放系统观点、组织学习观点、高绩效工作实务观点以及利益相关者观点，提供了公司效率来源的多元视角。它们还把本书中讨论的主题关联在了一起。开放系统的观点强调的适应度直接与领导力和组织变革相关。开放式系统涉及的转换过程与工作设计、组织结构、在冲突方面亚群体之间的关系、影响力相关。

组织学习的观点强调了沟通以及创造力、员工的参与、决策主题的重要性。高绩效工作实务让我们关注到团队动力、员工的积极性、奖励和个体层面的一些主题。利益相关者观点与价值观和道德、组织文化以及决策制定直接相关。

MTN 移动通信网集团是非洲最大的移动通信公司，也是行业企业社会责任方面的领袖。通过每年的"21天 Y'ello 关怀"计划，公司的 34 000 名员工为企业社会责任的活动志愿服务三周。这张照片展现了最新的一项社会责任倡议：在 MTN 运营的 21 个非洲和中东国家的学校和医院里开展粉刷活动。该关怀项目的主题还包括对抗疟疾、植树、减少交通事故、扶助孤儿院等。

1.5 当今世界组织面临的挑战

组织深受外部环境影响是前面所进行的对组织效能的讨论中暗藏的主题。为了与其外部环境保持协调，组织需要不断监视环境的变化并且做出相应的调整。外部环境会一直变化下去，但过去十年以及即将到来的十年里的某些变化，有着更加深远的影响。这些新的变化要求公司的管理者以及所有的员工做出调整。在这一节，我们强调组织面临的三种主要的挑战：全球化、劳动力多元化以及新兴雇用关系。

1.5.1 全球化

Maja Baiocco是普华永道会计师事务所加拿大多伦多分所的一名资产管理审计师。她正因为公司将安排她前往苏黎世进行为期两年的国际任务而兴奋不已。这个项目对于她的职业生涯发展非常有利，因为它能增长她的全球经验。她说道："普华永道是全球化的企业，所带来的机会也是全球化的。这项经历可以帮助我积累国际经验，发现进步的新机遇。"Maja正在一个全球化程度越来越高的世界里发展她的职业生涯。**全球化**（globalization）是指同世界其他地方的人们所进行的在经济、社会以及文化上的联系。当组织积极参与到其他的国家地区或文化中时，它们就全球化了。虽然商品在不同国界之间的贸易已进行了几个世纪，但是如今全球化的程度仍是空前的，因为信息技术和交通系统的发展使得不同国家和地区之间的联系以及相互依赖程度更加紧密。

全球化为组织带来了无尽的权益，更大的市场、更低的成本以及更便利地获取知识和创新的渠道。同时，针对全球化是否为发展中国家带来好处，以及是不是发达国家目前越来越大的工作强度、越来越低的工作安全感以及工作—生活失衡的主要原因，还存在着全面的辩论。

全球化已是大势所趋，因此组织行为学所关注的真正问题是公司领导以及员工两者如何可以在这种新兴的环境下有效地领导和工作。本书中，我们将探讨全球化对团队工作、多元化、文化价值观、组织结构和领导力等主题带来的影响。每个主题都强调了全球化既使工作场所的情况变得更复杂，同时也为组织和个人带来了更多的机遇和潜在的裨益。全球化要求个人掌握更多的知识和技巧，例如，情商、全球视野、非语言沟通和冲突处理。我们将在本书对其进行讨论。

1.5.2 劳动力多元化

一旦走进威瑞森（Verizon）通信公司的办公室，你很快就会发现这个通信服务巨头非常重视劳动力多样化。妇女和少数民族占了威瑞森公司195 000名员工中的60%和将近一半的董事会席位。非裔美国人占了全体员工的20%（在全美劳动力中的占比为11%）。妇女占了超过25%的高管职位（副总裁及以上）。公司在选择供应商的时候也注重多元化。公司包容性的文化赢得了许多组织和同性恋者、残疾人等其他群体的赞誉。"一个多元化的工作团体是我们公司作为全球创新领袖的最大优势之一。"威瑞森CEO洛厄尔·麦克亚当（Lowell McAdam）如此宣称。

威瑞森通信公司是模范雇主，它反映了日益增长的居住于美国以及其他国家的居民多元化程度。在这里描述的威瑞森公司的多元化是指它的**表层多元化**（surface-level diversity）——那些可观察的人口状况以及其他公开的差异，例如人种、种族渊源、性别、年龄以及肢体能力。表层多元化在美国过去几十年间发生了显著的变化。西班牙裔以及非白种人口占据着美国人口总量的1/3，并且这一比例还将在未来的几十年内继续上升。在未来50年内，每四个美国人中就会有一个西班牙裔，而14%的美国人将是非裔美国人，8%将有亚洲血统。到2060年，拥有非西班牙血统的欧洲人将会成为少数民族。而别的一些国家同样经历着水平逐渐增加的种族多元化进程。

多元化还包括员工心理特征上的差异，例如个性、信仰、价值观以及态度。我们无法直接看出这一**深层多元化**(deep-level diversity),但是在个人的选择、措辞以及行为上表现得很明显。一个典型的例子是来自不同时代的雇员存在明显的深层多元化。图1-4展现了美国劳动力的出生时代分布状况:婴儿潮时期出生的人,即出生于1946～1964年间的人占37%;新生代员工(X一代),即出生于1965～1979年的人占28%,千禧一代员工(1979年之后出生的人,Y一代)占26%。

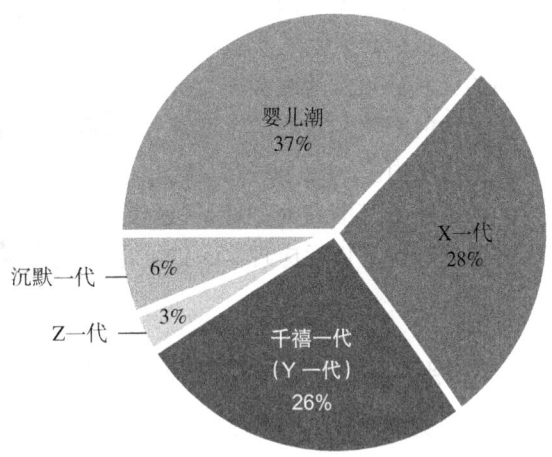

图1-4 美国劳动力的代际构成

注:根据美国劳工统计局的数据,本图将美国劳动力分布比例按照年龄进行划分。"无记载"代表着1946年前出生的雇员,Z一代员工是指出生于1990年之后的雇员,虽然有信息认为这是千禧一代的一部分。

这些差异是否真的存在?当然。有些代际差异比大众媒体所描绘的更小,因为其中一些差异源于年龄,而不是代际差异,比如婴儿潮和千禧一代在相似的年龄有很多类似的态度。近期对近2.3万名大学本科生的一项调查发现,千禧一代更期望快速晋升和涨工资。这些观察结果符合其他的研究发现——比起婴儿潮一代,千禧一代更自信、更自恋(以自我为中心),较少程度地以工作为生活中心。X一代的员工在这点上介于前二者之间。

一个大型的代际研究调查了三个不同年代的高中生群体。结果表明千禧一代最偏爱休闲,其次是X一代和婴儿潮一代。千禧和X一代比婴儿潮一代明显更看重外在的奖励。同时,千禧一代显然没有婴儿潮一代或者X一代那么重视社会交往。当然,这些言论并不适用于每个世代的所有人,但是它们的确反映了不同世代间深层多元化差异的存在。

多元化的后果

多元化给组织带来了机遇和挑战。在某些情况下以及一定程度上,多元化可以通过在复杂任务中改善决策以及团队绩效而变成一个竞争优势。研究显示,具有某种形式多元化的团队(尤其是职业多元化),在复杂的问题上会比那些没有相似背景员工的团队做出更好的决策。一些研究同时表明,那些有着多元化美誉的企业也会有更高的经济回报,至少在短期如此。这与许多公司领袖的事实证据是一致的,即拥有多元化劳动力的队伍会提高对顾客的服务以及创新。"当一个公司服务于全球的客户时,我们非常看重多元化和包容性的劳动力带来的多元化的观点和经验。"威瑞森总裁说道。这家美国的电信公司在包容性实践方面获得了很多奖项。

基于这些证据,经常会听到劳动力多元化是一个合理的经营论调。不幸的是,事实没有那么简单。越来越多的证据表明大多数的多元化同时带来好处和坏处。拥有多元化员工的团队通常会花更长的时间来有效地运营。多元化还会带来许多交流方面的问题以及在非正式团队变动中的"断层"。多元化同样是冲突的源泉,可能导致缺乏信息交流,在极端情况下将造成士气不足和员工流动率的提高。

不管劳动力多元化是不是一个经营优势,企业都要把它放到优先的位置,因为表层多元化是道德以及法律上的要求。从道德上讲，提供更加包容的工作场所的公司大体上会就雇用、晋升、奖励等做出公平和适当的决定。公平是一个被广泛认同的会对员工忠诚度和满意度产生影响的因素。我们的主要观点是，劳动力多元化是现实，为了生存和感受其潜在的益处，组织需要进行调整以适应现实，进而取得成功。

1.5.3 新兴的雇用关系

将全球化和新兴的劳动力多元化结合起来，再加上崭新的信息技术，其结果给雇用关系带来了难以想象的改变。几十年前，

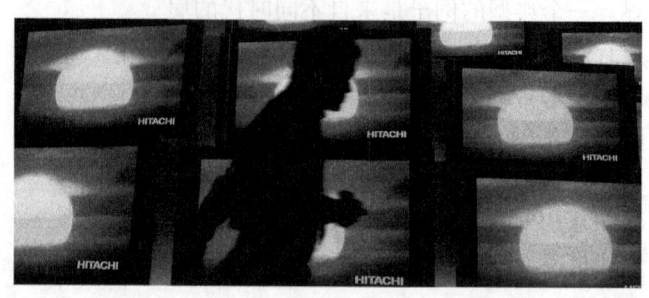

大多数日本企业的董事会通常由老一辈日本男性组成。唯一的多样性体现在董事会成员是否接受过工程或非工程教育。日立董事会主席河村隆认识到这种多样性的缺乏制约了企业的潜力。"由具有相似想法的日本男性来负责管理不是很好。"河村隆说。"全球化需要公司管理的多样化。"日立已经开始了董事会的多样化进程，现已包括3名外籍和1名女性董事。

美国大部分（虽然不是全部）或有着相近文化的员工每天工作八九个小时，并且能够把工作时间与他们的私人时间区分开。他们没有黑莓手机，也没有因特网将他们拴在7天24小时的工作表上。即使是商务旅程也由于其高昂的成本而成为一个特例。大部分的竞争者都在同一国家，所以他们有着相似的工作实务以及劳动成本。如今，工作时间变得更长（虽然比100年前要短），员工承受着更多与工作相关的压力，并且越来越多的证据表明家庭和个人关系正受到伤害。

毫无疑问，新世纪的其中一个新议题就是要更好地**平衡工作—生活**（work–life balance），即最小化工作和非工作需要之间的冲突。当人们能够最大限度地减少他们的工作和非工作之间的需求冲突时，人们便实现了工作和生活之间的良好平衡。大多数人没有实现这种平衡，他们每星期花太多时间思考、执行他们的工作，无论是在工作场所、家，还是度假途中。他们没有太多时间关注非工作的需要。第4章中我们对工作压力的讨论将帮助我们更详细地审视工作与生活的平衡问题。

另一个雇用关系的趋势就是**虚拟工作**（virtual work），即员工运用信息技术来完成他们的工作，而不是在传统的工作场所。最普遍的虚拟工作的形式，称为远程办公或电子办公，在家可以完成工作而不用到办公室。在虚拟工作的另一种形式中，员工无论是在马路上还是在客户的办公室里都可以与组织保持联系。根据一项估计，每月至少在家工作一天的美国员工数量从2004年的760万增加到今天的1 700万。据美国政府的报告，32%的员工可以选择远程办公，但实际上只有17万的雇员这样做。超过一半的加拿大雇员表示他们愿意在家工作，然而这些人当中只有少于10%的人真的这样做。当前日本有超过10%的雇员每星期至少有一天在家工作，日本政府希望在未来几年这个数量翻倍。

已有很多研究讨论了虚拟工作（尤其是在家工作）的利弊。有证据表明，远程工作吸引求职者，促进员工的工作—生活平衡并提高效率。对于IBM的25 000名员工的一项研究发现，在家带孩子工作的女性能够每周工作40小时，而非远程情况下，最多30小时工

作就开始感受到维持工作与生活平衡的压力了。

远程办公对环境有益。思科系统估计，全世界范围内员工的远程办公，每年减少了近 5 万吨的温室气体排放，并节省燃料费用 1 000 万美元。当德勤的员工在家工作时，德勤由于减少办公空间每年可以节省 3 000 万美元。远程办公通常会提高效率。一项研究发现，员工耗费了 60% 的时间于通勤，其中 40% 的时间用于个人活动。当暴风雪导致华盛顿联邦政府机关中断工作时，如果有 30% 的雇员远程工作，将每年为政府节省 3 000 万美元。

与这些潜在权益相对的是，虚拟工作者面对着一系列现实或是潜在的挑战。如果员工没有足够的空间和资源来建立家庭办公室，那么其家庭关系不仅不会改善，还可能会受到损害。一些虚拟工作者抱怨他们与社会隔离了，并且升职机会也减低了。为减少社会隔离的问题，许多公司要求雇员每周到访办公室一两次。

虚拟工作明显更适合于那些自我激励并且自律的人，他们可以在当代信息技术的帮助下有效地工作，并且生活其他方面的社会需要也得到充分的满足。"他们更倾向于那种在办公室需要很久才能完成的工作。他们有责任心和目标。"马萨诸塞州一家广告与营销公司的董事长米歇尔·冯·斯考温（Michelle van Schouwen）说道。它同样适合于那些通过员工的绩效而不是"露脸时间"来评价员工的组织。

在几年前，克里斯·基恩在家里和位于芝加哥市中心德勤有限公司的办公室往返通勤时间为 3 个小时。大多数日子里，当他早上离开时女儿还在睡觉，当他回家时已是晚上。他通过成为一位每周 4 天在家里完成远程工作的高级税务会计解决了这个问题，让基恩有更多时间送他的女儿去学校和参加她的篮球比赛。基恩甚至发现他与团队交流更加频繁，"我现在与他们交谈更多"，他解释说，"那天我去办公室，我确认与每个人联系了。"

1.6 组织行为学知识的根基

全球化、劳动力多元化以及新兴雇用关系仅仅只是挑战组织并且使组织行为学知识比以前更加相关的一部分趋势。为了理解这些以及其他一些话题，组织行为学领域以一套基本信仰或者知识结构为基础（见图 1-5）。这些根基代表了组织行为学知识发展以及完善的原则。

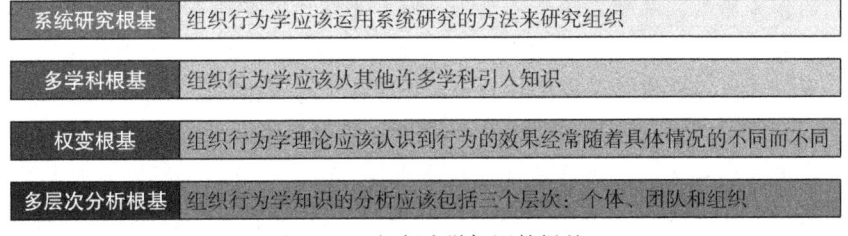

图 1-5　组织行为学知识的根基

1.6.1 系统研究根基

组织行为学的一个非常重要的特征是，它应该基于系统研究，通常涉及形成研究问题、系统收集数据以及根据数据来检验假设。当研究是基于理论并且系统地进行时，我们就可以对结果的意义以及实用性更有信心。这就是人们所说的**循证管理**（evidence-based management)——在研究成果的基础上做出选择并付诸行动。循证管理是有意义的,但组织行为学专家们经常惊讶于企业领导是多么频繁地拥护新思潮、咨询模型及其自身的信仰,而不肯费心思去弄清楚它们是否真的奏效。

人们难以应用循证管理的原因有许多。其中一个解释是企业决策者受到报纸、书本、咨询报告以及其他来源的众多想法的轰炸,很难弄清楚究竟哪一个是基于有力的证据。人们忽视实证而拥护新潮思想的另一个原因是,优秀的组织行为学研究必然是通用的,而不是局限在特定组织中的特定问题中。因此,管理者有个严峻的任务,就是弄清楚哪一个理论与其独有的情形相联系。第三个原因是,许多顾问和畅销书作者受到激励去推广他们的理念,而不是检验它们是否真的奏效。确实,一些管理概念正变得十分流行,(甚至出现在一些组织行为学教材里!)那是由于大力推广,而不是因为任何证据证实它们是有效的。最后,正如各位将在第 3 章学习到的,人们很快就会形成自己的见解以及信仰,并倾向于无视那些证明他们的信仰不准确的证据。

组织行为学专家提出了一些简单的建议来创建一个更加基于循证管理的组织。首先,当所谓的专家说这个想法是"新的""革命的"和"能被证明的"时,要保持怀疑的态度。在现实中,大多数管理理念具有进化适应性而不能被证明(比如,科学能够反证,但从来不能证明,只能找到证据来支撑实践)。其次,组织应该接纳集体的智慧知识而不是只依靠具有个人魅力的少数几个明星和管理大师。再次,故事可能会为一个实践提供有用的例证和初步的证据,但是它们不应该成为支持管理行动的主要基础。相反,管理者必须依靠更加系统化和大样本的调查。 最后,组织面对流行趋势和意识应该采取一个关键和中性的方法。高管往往过分关注同行竞争公司正在做的事情,没有去分析那些跟风实践的有效性以及与他们自己有着不同特性的公司的相关性。

> **争论点** 是否有足够的证据来支持循证管理
>
> 组织行为学的核心点之一是知识必须建立在基于科学研究的坚实基础上。这种循证管理(EBM)方法对科学方法——相关的措施、合理的抽样、系统的实验设计等极其信奉,因为它们产生了更多有效的理论来指导管理决策。学者们还建议管理者意识到这些研究的因果原则,并使用诊断工具(例如:调查和检查列表)更加有效地应用这些原则到工作中。不约而同的是,循证管理运动的支持者们将这种系统的方法与信赖管理潮流、大肆宣传咨询或者未经检验的个人心理模型进行比较。
>
> 很明显的是在工作场所中,相比差的证据(或者根本没有证据),我们应该信赖好的证据做出有效的决策。然而这是这场辩论的另一面。问题不是好的证据是否有价值,而是关于好的证据的定义。人们的其中一个担忧是,学者们可能提倡一种解释很好但是太狭窄的证据。他们通常会把证据限制在实证研究上,并认为定性研究是"传闻"。阿尔伯特·爱因斯坦试图通过在墙上挂上这段话来避免这个问题观点:不是所有计数都可以清点,并不是所有事物可以清点数量。
>
> 另外一个问题是管理者尤其在他们所面临的相关问题上不认同组织研究。这是因为学术期刊通常设定很高的研究标准,要求未被污染,在控制其他要素的环境中具有可量化措施。但是管理者并不在这样原始的条件下经营。他们的世界更加复杂,有着

更多模糊指标的关键变量。这个研究—实践差距的一个指标与大多数组织研究是相关的，而管理者通常需要行为干预措施的知识。只有约1%的组织研究具有现实世界的干预措施。

对以证据为基础的管理活动的第三种批评是组织研究的系统要素（比如样本大小、测量可靠性、先进的数据分析方法）有时掩盖了其他潜在的严重缺点。例如，跨文化研究经常使用大学生样本代表某个文化。关于学生的实验室研究认可为他们复制的工作环境，没有考虑到技能差异和团队动力这两个设置的本质区别。事实上，一些元分析报告研究中使用学生与员工的本质区别结果。最后，即使发表的研究是有效的，它通常是有偏见的，因为研究无意义的结果不太可能发表。

1.6.2 多学科根基

组织行为学基于这样的观点，这一领域应该从其他学科的知识中发展而来，而不仅仅是自身孤立的学科研究基础。例如，心理学研究帮助我们理解个体以及人际间行为，而社会学家让我们拥有团队动力学、组织社会化、组织权力以及社会系统的其他方面的知识。组织行为学知识同时也受益于新兴领域的知识，如通信、营销以及信息系统。一些组织行为学专家最近发表了言论，声称这个领域目前受到了"贸易赤字"的伤害——它从其他学科引进的知识比它贡献给别的学科的知识要多得多。虽然这是一种担忧，但组织行为学通过引入其他领域研究的知识使其多元化，从而实现了这个学科的繁荣。对其他领域发展的理论的依赖性，使得组织行为学知识必然会存在一定滞后，而不是引导知识的创造。作为对比，组织行为学发展的理论使研究人员更加专注于理论的质量和实用性方面。

最后，对其他学科理论的严重依赖可能会导致组织行为学难以得到普遍性认同。这块领域可能会成为这样一群人——被其他学科培养或被认定为其他学科（心理学、社会学等）而不是组织行为学的人才——研究的地方。被视为组织行为学学者的认同感缺乏，可能会进一步挑战该领域发展自有理论的能力，并弱化其实践导向。

1.6.3 权变根基

人们以及他们的工作环境是复杂的，组织行为学领域认识到这一点，并认为特定的行为在不同的情况下会产生不同的结果。换句话说，没有一个对所有情形来说都是最佳的解决方案。当然，如果我们可以依赖"最佳方法"理论，事情将会非常简单，在这种情况下，一个特定的概念或者实务将会在所有情形中产生相同的结果。组织行为学专家确实在找寻更简单的理论，但是他们也对这种"一定会成功"的建议抱怀疑态度，可能在未来的某个地方会出现特例。因此，当我们面对特定的问题或机会时，我们需要理解并且分析状况，选择在那些条件下最合适的策略。

1.6.4 多层次分析根基

本书将组织行为学的主题划分为三个层次的分析：个体、团队以及组织。个体层次包括员工特质和行为以及属于他们的特有的思维过程，如动机、感知、个性、态度以及价值观。团队层次分析关注人们相互作用的方式。这包括了团队动力学、交流、权力、组织政治、冲突和领导。在组织层次上，我们关注人们如何构建他们的工作关系以及组织与外部环境是如何相互影响的。

虽然一个组织行为学议题通常限定在一个层次的分析，但是它常常与多个层次相关联。例如，沟通作为团队（人际）进程出现于本书，但我们也认为它包括了个体以及组织进程。因此，你应该尝试在个体、团队以及组织层次思考组织行为学的议题，而不仅仅局限于其中一个层次。

1.7 旅程开始

本章为你展现了一些关于组织行为学领域的背景。然而，这仅仅是我们旅程的开始。在本书中，我们将使你学习到一些新的思考方式，帮助你理解人们如何在组织里和组织周围工作。我们首先在第2章介绍了个人行为的基本模型，然后在接下来的几章介绍，作为个体行为模型中要素的个体的各种稳定、善变的特性。然后，本书进入到团队层面的分析。我们研究一个团队效能的模型和高绩效团队的具体特征。我们也关注决策制定和创新、沟通和影响力以及冲突和领导力。最后，我们将重点转移到组织层面的分析，那时我们将讨论组织结构、组织文化和组织变革的主题。

本章概要

1-1 定义组织行为和组织，并讨论探究这一领域的重要性。

组织行为学是研究人们如何在组织中思考、感知以及行为的学科。组织是朝着一定目标而相互依赖工作的群体。组织行为学帮助人们理解工作场所，质疑和提高心智模式，在组织中更好地完成工作。组织行为学不仅仅是针对管理者，它对所有人都有用。组织行为学知识对保持组织的财务状况的健康有重要的作用。

1-2 比较和对比当今组织效能的四个观点。

开放系统观点将组织看作复杂的有机体，它"生存"于一定的外部环境中。组织依靠其外部环境提供其资源，包括原材料、人力资源、资金、信息以及设备，并通过子系统将投入转换成各种各样的产出。这些产出将会回到环境中去，组织通过监测从环境中得到的反馈与不断变化的外部环境保持紧密的一致。它需要与它所处的外部环境相适应，并进行管理或者转换到另一种环境。组织学习观点认为组织效能依赖于组织获取、分享、运用以及储存有价值知识的能力。智力资本包括人力资本、结构资本以及关系资本。知识被储存在组织记忆中，有效的组织还会进行选择性的忘却学习，即移除那些不再创造价值的知识。

高绩效工作实务观点认为有效的组织可以通过一系列机制和结构来利用并激发其员工的人力资本潜质。被广泛认可的实务分别是员工参与、工作自主性、员工能力发展以及基于绩效和能力发展的奖励。高绩效工作实务通过提高适应度、强化员工动机和端正员工态度来创造更有价值的人力资本，从而提高组织效能。利益相关者观点认为有效的组织会考虑他们个人的和组织的价值来管理利益相关者的利益。道德以及企业社会责任会影响基于价值观念管理的组织，因为它们依靠价值观来决定涉及利益相关者的决策。公司的社会责任（CSR）由那些除了公司当前经济权益及其法律义务外，造福社会和环境的组织活动组成。

1-3 讨论全球化、劳动力的多样性以及新兴雇用关系给组织带来的机会和挑战。

全球化指的是与世界其他地区人们的经济、社会以及文化联系。它会带来经济效益和社会效益，但也可能造成工作强度加大、就业保障降低、工作和生活平衡的失调。劳动力的多样性包括表层多元化（人们观察到的人口和外显的差异）和深层多元化（不同的性格、信仰、价值观和态度）。有证据表明在同代群体也会存在深层多元化。在完成复杂任务时，多元化可能会提高决策和团队绩效的竞争优势，但也带来诸多挑战，如功能失调性团队冲突，并导致更低的团队绩效。新兴的雇用关系的一个趋势是要求更好的工作与生活的平衡（最大限度地减少工作和不工作需求之间的冲突）。另外一个趋势是虚拟工作，尤其指在家里工作。在家工作可能会提高员工的工作效率，并减轻员工的压力，但同时也可能导致与社会的隔离、晋升机会的减少和紧张的家庭关系。

1-4 探讨组织行为学知识的根基。

多学科根基认为组织行为学基于这样的观点，这一领域应该从其他学科（例如心理学、社会学、经济学）的知识中发展而来，而不仅仅是自身孤立的学科研究基础。系统研究根基认为组织行为学知识应该基于系统研究，符合循证管理。权变根基认为组织行为学理论需要考虑在不同的情况下的不同结果。多层次根基认为组织行为学的话题应该从个体、团队以及组织的层次进行分析。

关键术语

企业社会责任
深层多元化
道德
循证管理
全球化
高绩效工作实务
人力资本
智力资本
开放系统
组织行为
组织效力

组织效率
组织学习
组织
关系资本
利益相关者
结构资本
表层多元化
价值观
虚拟工作
工作—生活平衡

复习思考题

1. 有人认为组织行为学课程只对那些将来会从事管理的人才有用。讨论这番话的准确性。

2. 一名来自美国的年轻学生对于在中国、印度、巴西以及俄罗斯的跨国商业很感兴趣。讨论组织行为学知识对这位学生

3. 在参加了关于组织学习的研讨班后，一个采矿公司的执行官认为，相关观点忽视了采矿公司无法只依赖知识去维持经营，他们还需要物质资本（例如挖掘机和矿石处理装备）以及土地（埋有丰富矿产资源的地方）。实际上，这两个因素可能会比员工所带来的知识更加重要。请评价这位执行官的观点。
4. 据说CEO和其他公司领导是一个组织记忆的管理人，试讨论这句话。
5. 执行官们经常说道："人是我们最重要的资产。"把这个观点与本章所讲的四种关于组织效能观点中的任意两个联系起来。思考这一说法是否更加适用于某些观点，并说出原因。
6. 企业社会责任是当今企业会议室里面最热门的话题之一，部分由于它对员工以及利益相关者来说越来越重要了。你认为利益相关者最近为什么更加关注企业社会责任？在某些情况下，遵循企业责任标准可能会引起企业与利益相关者间的目标冲突吗？
7. 请看一下本书各章的目录，并讨论全球化是如何影响各个组织行为学议题的。
8. "组织理论应该遵循权变方法。"请评价这一说法的准确性。
9. 循证管理是什么意思？请描述你听说过的关于企业实践循证管理以及企业盲从缺乏充分有价值的证据的流行观点的情形。

应用案例：柳传志、任正非之后，中国企业家如何传承换代

最近两年，异常低调的任正非频频发声，不但主动接受海外媒体的访谈，还不吝时间多次与国内媒体恳谈，至于间或发布的内部信函，频次更是有明显的提升。所作所为，皆为立言乎？当然不是。如果你留心一点就会发现，1944年出生的任正非马上就要72岁了，接班人问题，企业文化的传承问题不得不提上议事日程。

这不仅仅是任正非的问题，还暗示了一个时代的结束，另一个时代的到来。

如果你再去对比一下，联想的柳传志也是1944年出生，十年前就筹备退出了，但是，在2008年历经PC危机的时候又不得不出来力挺联想；最近，联想手机遇到困境之后，他虽然也多有暗示，但是二次复出的可能性已然不大——终究是要放手的。

与他们相比，1949年出生的张瑞敏还战斗在一线，希望重塑海尔，甚至"去公司化"；1954年出生的董明珠还保持了几十年一贯的战斗精神，不断发声，和张瑞敏一样希望再推动企业新一次转型，但是作为有国企背景的企业掌门人，距离自己退休的年龄也不过是最后的时光；1951年出生的王石，除了在娱乐版出现，也不常谈论地产行业了。

其实，还有更老的一批人：1942年出生的何亨健走得最为顺畅，纯民企背景的他早早把公司交给职业经理人打理——其实也是持有比较多股份的职业经理人；而同样是1942年出生的侯为贵，在把中兴带到全球前4之后，距离交棒也为期不远了；而1940年出生的万隆，在双汇内部问题解决之后恐怕也没有恋战的必要了。

换一个角度，看那些纯粹的国企，中移动原董事长王建宙出生在1948年；招商银行原董事长马蔚华出生于1949年，早已退休；广受赞誉的中海地产原主席孔庆平出生在1957年，也已离开职场；1958年出生，先后主政华润、中粮的宁高宁可能是这一代人里比较年轻的一位了……

正因为20世纪80年代是一个变革的时代，也是一个囤积了几代人共同从体制内发轫创业的时代，所以，这也是中国优秀企业的一个密集创办期。以1949年为主

轴，这前后的十年左右出生的一代企业家，几乎创办了中国八成以上的全球500强和准500强企业，也是中国得以工业化的主力军，主宰了20世纪80年代到21世纪前十年，整整30年。如果更准确地说，他们很多都发端于1984～1986年的中国城市商品化改革时期，到2014～2016年或将成为他们的密集退出期。这一代人，张扬也好，低调也好，传统也好，西化也好，多多少少身上都有一些英雄情结、家国情怀。加上几乎所有这些企业都是体制内的，或者脱胎于体制内的，其中就包含着各种纠葛，都是充满故事的人——尽管，这故事也不再那么受到新一代人的膜拜和关注。

当我们来到2015年，国家在面临大转型的时候，我们也应该意识到，一个时代结束了；下一个时代谁可以承担转型的重任，谁才是未来的王者？他们的接班人又如何？

中国是否会面临企业家的断层？我们可以对比一下港、台地区的华人企业家，甚至是欧美的华人，从中会有新的发现。

以香港地区为例，李嘉诚、郭得胜、李兆基、郑裕彤四大家族也好，还是更宽泛的十大家族也好，除了祖宗基业之外，又出现过几个年轻的企业家？闻名者寥寥。不仅如此，四大家族创办的产业也无外乎地产、基建、零售，在新产业面前，其实香港也并无太大建树。1928年出生的李嘉诚，同年出生的李兆基，1925年出生的郑裕彤，都已垂垂老矣，至于已经去世的郭得胜，三个儿子兄弟阋墙还不够，又卷入贿赂官司……

台湾地区可能好一点，但是，也存在着巨大的断层：1931年出生的张仲谋依然是台积电的灵魂人物，1950年出生的郭台铭算是其中年轻的一位了，加上联发科的创办人蔡明介，在部分领域还算得上"后继有人"，加上康师傅、统一企业和旺旺三家企业，因为很早在大陆生根还可一战；但是，在更大的背景下，1917年出生、已经仙逝的台塑经营之神王永庆之后，女儿王雪红已经乏力驾驭HTC；1944年出生的宏碁创始人的施振荣，1952年出生的华硕领军人施崇棠即使亲自出马，也难以完全扭转公司的前途了，因为PC产业的大势不再；至于张荣发所创办的船运行业，蔡万才所开创的金融事业，由于台湾市场本身比较狭小，很难有更大的发展了……

从中，我们不难看出，企业家终究是大时代、大市场的产物，时势造英雄。

与之相比，大陆的企业家们要幸福得多：改革开放是一个大时代，因此造就了80年代中后期崛起的一大批企业、一大批企业家，这些企业家也与时代相得益彰，促进了中国经济的第一波长达30年的发展浪潮；而在此之后，出生于"文革"前、成长于"文革"中的企业家本来有一个断层，但是，自1994年市场化改革之后，加之信息产业的大发展，又出现了新一波的浪潮，也密集造就了中国新一代的企业家：1968年出生的李彦宏，1971年出生的马化腾等，他们创办的BAT共同主宰了中国的互联网时代，他们与1971年出生的丁磊、1974年出生的刘强东、1978年出生的傅盛……都可以算作同一批人，共同成就了中国互联网行业的繁荣。

70后企业家多数崇尚成功学，很多理念也更加符合市场框架，因此也会少了很多纠结；当然，在市场经济的初级阶段，还有一批不那么显性的人，也会大肆利用资本市场等条件牟利，是这一代企业家相伴相生的另一面。

但是，我们面向未来的30年，可能还是要回答三大疑问：第一，既然大浪潮是企业密集出现的关键驱动力，下一波大浪潮是什么？第二，中国下一波企业家的瓶颈又在哪里，如何超越前代？第三，原有的企业家又是否能顺利交接，不会面临台湾、香港地区的难题？

未来中国企业家有"三条道路"。如果

我们说到传承，很少有企业能穿越几个时代，你是时代的骄子，也往往被时代所淘汰，IBM这样的百年老店毕竟是少数。那么，那些得以传承的企业精神，就是可资学习的对象，也是少数可资借鉴的样本：

第一种是所谓日韩德模式。日本人拥有全球最古老的家族企业，三菱、三井的大财团更是源远流长，这是不是一种成功的模式？至少对于大型集团企业是这样。相比之下，韩国的企业，三星、现代也好，LG、SK也好，年头还远没有日本的企业那么长，但是，从模式上与日本接近。而欧洲的德国、意大利也与此有相近之处。

它们的特点是：家族企业控制企业方向，但是股权更为分散，这样能避免企业失去固有的文化，关注长期利益，避免被职业经理人的急功近利所主导，也能避免股权过于集中在家族之内、失去了开放性和活力的问题，核心是文化和股权设置。你仔细去对比，我国香港、台湾地区的家族企业，甚至是马来西亚、印度尼西亚等华人企业，家族往往控制权过大，一代创始人之后多数就会衰落，二代之后依然能处于引领地位的更少。对于华人特别是传统儒家文化来说，在家族之外分享权益一直是一种重大挑战。除此之外，对于中国企业家来说，很少有能高度全球化的，也是一个文化陷阱，目前除了华为、中兴等少数之外，这是一个待完成的任务。

第二种模式是所谓的美国模式。美国的模式是高度关注创新的，兼顾家族企业的股权分散化，其中更值得一提的是创新。近100年来，美国人在全球的主要产业里都是引领者地位，只要有大的产业浪潮，总有新的一批企业冒出——与守成相比，这往往意味着更好的进化、迭代。在技术更迭迅速的产业，美国模式的优势无疑更加明显，因为在这里颠覆重于打磨，创新重于管理。

有没有第三种模式？或者说未来世界所需要的模式？应该会有，因为未来的企业规模会越来越大，占有的资本会越来越多，全世界的寡头趋势不可逆转，企业正在变成"超级社会化大生产"，也就是说具备了社会主义的部分经济条件；但是，资本所有者却往往集中在个体手中，资本的权力已经大到了可以左右政治、舆论、文化的程度，成为一种超级资本主义。这种财富创造、运营层面的社会主义客体与财富分配、所有层面的资本主义主体是构成当代全球经济的核心矛盾之一，内在的矛盾所产生的张力正在撕裂这个社会，旧模式很难继续驾驭如此大的张力。

最近，扎克伯格给我们创造了一种可能，把个人财富捐出去，重新纳入经济大循环，但是，它也造就了另两种可能，即，这种分配方式可能更低效，或者更黑箱，暂时没有答案。抑或像张瑞敏自问的，企业这种经济组织方式注定在未来30年消亡？这是待解的谜题。

回到中国的语境，中国建国之后的第三个30年，正在面临一个转型的巨大当口。什么才是大浪潮？大浪潮下会有什么新的企业、新的企业家来推动经济发展？而这种发展又是否能普惠于民，是否公平而不损害增量，将最终决定它的可持续性，也最终决定我们的经济未来。

资料来源：21世纪经济网，略有修改。

讨论题：未来的组织面临哪些挑战？

网络练习：判断组织利益相关者

目的：这个练习目的是帮助理解利益相关者作为组织开放系统的锚是如何影响组织的。

材料：学生需要在上课之前就选择一

家公司，搜索并分析关于这家公司过去一两年公布的信息。这其中可能包括年度报告，通常可以在上市公司的官网上找到。可以的话，学生应该还要浏览一下近几年报纸以及杂志资料库中关于这家公司的文章全文。

说明： 教师可以让学生独立或者以团队为单位开展这项活动。学生将选择一家公司并调查利益相关者对于组织的关联程度以及影响度。权益相关者可以从年度报告、报纸文章、网站评论以及其他可得来源中找出来。学生要根据察觉到的利益相关者对组织的重要程度来对其进行排序。

学生应该准备陈述或者讨论他们对组织利益相关者排序的情况，包括他们排序的依据。

问题讨论：
1. 在组织中有些利益相关者会比其他的利益相关者更加重要的主要原因是什么？
2. 根据你关于组织环境状况的知识，对利益相关者的排序是否对组织最有利，或者是否某个其他的利益相关者应该排在更前面？
3. 如果有的话，还有哪些社会团体没有被列为组织的利益相关者？这对未被提及的团体的忽略是否合理？

自我评估：这些都合理吗？

目的： 这个练习帮助你理解组织行为学知识是如何有助于你认知组织中的生活。

说明：（注意：这个活动既可以作为学生自我评定，也可以作为团队活动来进行。）根据你的看法，阅读下面每一条论述并且判断其正误。全班将思考每个问题的答案并且讨论组织行为学的学习启示。

1. 一个愉快的员工是一名有生产效率的员工。　　　　　　　　　　对　错
2. 决策制定者会继续支持一系列行动，即使信息显示决策并非有效。　　　　　　　　　　对　错
3. 当避免了员工间冲突时，组织更加有效。　　　　　　　　　　对　错
4. 个人协商比小组协商更好。　　　　　　　　　　对　错
5. 如果公司拥有浓厚的公司文化，那么它会更加成功。　　　　　　　　　　对　错
6. 员工在没有压力的情况下将表现得更好。　　　　　　　　　　对　错
7. 改变个人以及组织最好的方式是准确指出他们现有问题的根源。　　　　　　　　　　对　错
8. 女性领导使员工参与决策的程度高于男性领导。　　　　　　　　　　对　错
9. 最好的决定是在没有感情因素的情况下做出的。　　　　　　　　　　对　错
10. 如果员工觉得获得的薪酬不公平，那么除了改变他们的报酬外没有其他方法可以减轻他们的不公平感。　　　　　　　　　　对　错

读完本章后，如果你需要更多信息，请登录：www.mhhe.com/mcshane7e 获得更多关于本章的深度信息和互动。

第 2 章

个体行为、人格、态度和价值观

学习目标

阅读完本章，你应该能够：
- 描述直接影响个体行为与业绩的四个因素。
- 总结组织中个体行为的五种类型。
- 描述人格，并讨论五因素模型里的"大五"人格特质和MBIT四种类型对组织中个体行为的影响。
- 归纳施瓦茨的个人价值观模型，并讨论这些价值观在何种条件下影响行为。
- 描述三种道德原则，并解释其如何影响道德行为。
- 描述五种受到普遍研究的跨文化价值观。

开篇案例：华为的人才用留之道

华为技术有限公司成立于1988年，总部设在深圳，是一家专门从事通信网络技术与产品研发、生产及销售的公司。2009年华为公司全球销售收入达1 492亿元人民币，同比增长19%，净利润183亿元人民币，净利润率12.2%。根据收入规模计算，华为已经成功跃升为全球第二大设备商。它的产品与解决问题方案已经应用于全球100多个国家和地区，全球用户超过10亿。目前华为员工8万多人。如此众多的员工，华为是如何进行激励的？

华为"1+1+1"的激励之道

华为有1+1+1的说法，即员工收入中工资、奖金、股票分红的比例是相当的，这三部分组成员工的收入。其中股票分红是当员工进入公司一年以后，依据员工的职位、季度业绩、任职资格状况等因素进行派发。

华为向来实行的是"三高"政策，即高效率、高压力、高工资。华为的工资相对于同类公司是比较高的，应届本科生起薪4 000元，硕士生税前5 000元，一般进公司后3～5个月一次加薪，200～3 000元不等，这主要取决于部门业绩和员工自身表现。同时，华为实行货币化福利，一是工资卡里的补助，根据工作地点不同为800～1 000元；二是占每月基本工资15%的退休基金。

华为有句话叫"决不让雷锋吃亏"，华为专门设立了精神激励，如荣誉奖、职权激励等。华为成立过荣誉部，专门为员工进行考核、奖评等。只要员工有某个方面的进步就予以一定的奖励。

华为员工历年获得的高分红源于从成立之初就实现的员工持股计划。红利的多少完全取决于企业的效益，这就使得全体员工都关心企业的发展，而不只是一味地关心个人的得失利益。这种有付出就有回报的立竿见影效果，极大促进了员工的积极性，创造了华为高速增长的奇迹。对于一个刚工作两年，本科毕业的技术或市场人员往往可以派发8万股左右；对于一个总监级员工来说，拥有300万股股票是很正常的，而且股票随着职位上升也不断上升。华为员工普遍持有公司股份。"坚持人力资本的升值大于财务资本的增值"是任正非的重要理念。

此外,华为打通了技术人员的上升通道和管理人员的上升通道,实施双通道管理,使得技术人员的职业生涯规划具有了持续性和美好的前景。于是有了30岁的李一南神话。他进入华为两周后成为高级工程师,半年后成为中央研究部副总经理,一年后成为中央研究部经理,第二年成为华为最年轻的副总裁。

资料来源:张岩松,周宏波.组织行为学案例教程[M].北京:清华大学出版社,北京交通大学出版社,2011.

首先,我们以华为公司所应用到的影响个体行为与业绩的四个直接驱动因素为开篇案例。紧接着,我们将评价在大多数组织行为研究中发现的象征着个体层面因变量的五种类型的个体行为。本章的第二节将阐释人格和价值观的话题,包括道德和跨文化价值观。

2.1 个体行为与业绩的 MARS 模型

过去的几个世纪里,专家们探索了个体行为与业绩的直接预测因素。其中最早提出的公式是:

$$业绩 = 人 \times 环境$$

这里的人包括个体特征,环境代表影响个体行为的外部因素。另外一个经常被提到的公式是:

$$业绩 = 能力 \times 激励$$

这个公式被称为"技能与决心"模型,它描述了个人内部的影响个体业绩的两个具体特征。能力、激励和环境是到现在为止最常提到的个体行为与业绩的直接预测因素,但在20世纪60年代,研究人员定义了第四个因素:角色认知(个人期望的角色职责)。

图2-1说明了这四个变量——激励、能力、角色认知、环境,取其首字母MARS来表示。这四个因素都对个体自发行为和业绩有重要影响,如果其中之一处于低水平,雇员会表现得不尽人意。例如,一个受到激励、有清晰角色认知和足够资源(环境因素)的推销员,如果缺乏推销技巧和相关知识(能力)的话,其表现不会很好。激励、能力和角色认知是相互关联的,因为它们都是个体内在的部分。环境因素是影响个体行为和表现的外在因素。接下来,我们将详细分析这四个因素。

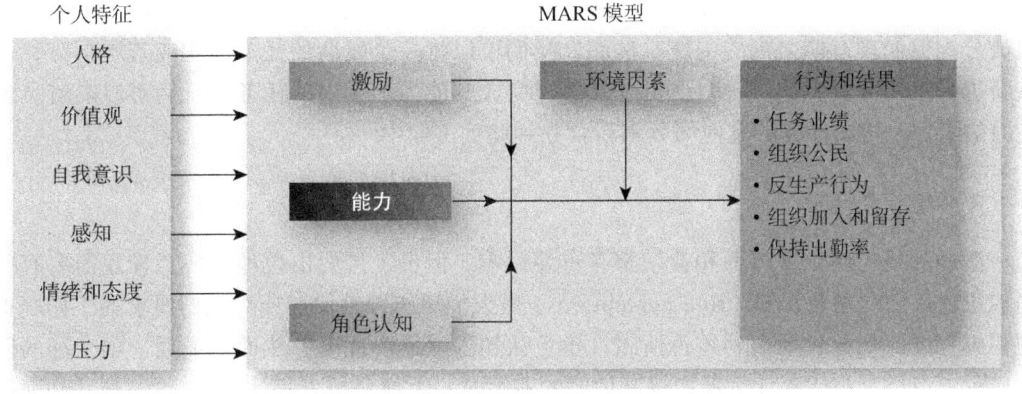

图 2-1 个人行为和业绩的 MARS 模型

2.1.1 员工激励

激励（motivation）是指个人内在的影响其自发行为的目标、强度和坚毅程度的力量。目标代表人们努力的方向，即人们可以选择在什么方面付出努力，他们知道自己想要获得的是什么，包括数量和质量等。换句话说，激励是具有目标导向的，而不是随意的。激励的第二个要素是强度，指为完成目标付出的努力的程度。例如，两个雇员同时被激励提早几个小时完成项目（目标），但是在实际工作中可能只有一个人付出了足够的努力（强度）去完成这个目标。最后，激励涉及不同程度的毅力（持续努力的时间长度）。员工可能坚持努力直到完成目标，也可能提前放弃。为了便于记忆，我们把这种努力比喻成驾驶汽车时引擎的带动力。目标代表着汽车前进的方向，强度表示脚踩油门的深度，坚毅程度意味着将朝向目的地开多久。请记住，这些激励存在于个体内部，并不是真实的行为。因此，目标、强度和毅力是直接影响我们行动的认知（思考）和感性条件。

2.1.2 能力

员工能力也会对行为和工作效能产生影响。能力（ability）包括成功完成任务必须具备的先天禀赋和习得的才能。禀赋是帮助雇员更快了解并更好完成具体任务的先天才能。生理上和心理上的禀赋有很多种，这些禀赋将影响我们获取技能的能力。例如，手指灵敏度是一种禀赋，灵敏度高的人能更快学会并更好地完成用手指捡起和传递小物品的任务。习得的能力是指已拥有的技能和知识。这些能力包括身体上和智力上的技能和知识。习得的能力如果不使用的话通常会随着时间而消逝。禀赋和习得的能力与职业能力素质（competencies）密切相关。职业能力素质已经成为商业上一个常用的词汇，通常是指业绩优秀的人拥有的特质。很多专家把这些特质描述为人格特征，包括知识、技巧、禀赋、人格、自我意识、价值观。另一些专家认为，职业能力素质代表由个人特质所产生的行动，如服务顾客，适应大工作量，提供有创意的点子。

不管是哪种定义，都要使个人的职业能力素质与工作的要求相匹配。人与工作的匹配度高不仅能够产生更好的业绩，通常也会增加员工的幸福感。将个人的职业能力素质与工作要求相匹配的第一个策略是挑选已经掌握工作要求的具有职业能力素质的候选人。例如，公司可以要求候选人提供作品样板，提供代表他们过去业绩的参考资料并要求候选人完成不同的选择测试。第二个策略是通过培训帮助员工获得工作所需的技能和知识。目前的研究也表明了培训对个人业绩和组织效率有着重大影响。第三个策略是重新分配工作，只给雇员分配他们现有能力内的工作。例如，我们可以将一个复杂的任务简化成若干部分，再重新进行工作分配，这样一个新员工就只需完成其能力范围内的任务。日后可以随着员工能力的增加，再将任务的其他部分重新合并到此项工作中。

2.1.3 角色认知

激励和能力对个人行为和业绩都有重要影响，但员工想要出色地完成工作还需要有准确的角色认知。**角色认知**（role perceptions）是人们对布置给他们或对他们要求的工作职责的了解程度。从角色模糊到角色清晰，角色认知程度逐步提高。然而，最近一项全球的调查显示，当员工被问到什么最能提高他们的业绩时，大部分员工都认为，"更清晰地知道组织期望从我这里获得什么"是首要或次要的因素。

角色认知的概念包括三个部分。第一，准确的角色认知要求员工知道布置给他们的具体任务是什么。也就是说，要求员工知道自己的具体职责或其需要承担的后果。这虽然看上去显而易见，但是员工会（不仅仅）因为没有完成自己未意识到的职责范围内的任务而被解雇。第二，准确的角色认知要求员工明确不同任务和业绩期望之间的优先顺序。这包括"质量 vs. 数量"的困境，例如一小时服务多少顾客（数量）和给予每个顾客多好的服务（质量）。同时也要求员工针对不同的任务合理地安排时间和资源，例如一个管理者应该能够合理地分配训练下级与联系顾客、供应商之间的时间。角色认知的第三个要素是明确完成任务的首选方法。这适用于有多种方法可以完成任务的情况，具有清晰角色认知的员工知道哪种方法对组织而言较优。

角色认知的重要性在于它代表员工是否清楚地知道应该在哪些方面付出努力。具有清晰角色认知的员工其工作效率更高，而对角色认知不清晰的员工可能会浪费可观的时间和能力去做错误的工作，或者选用错误的方式。更进一步，清晰的角色认知有助于同事之间或与其他利益相关者的协作。例如，两个马戏团演员在半空对接表演杂技，他们依赖于彼此，拥有清晰的角色认知才能确保预期相合，在准确的时间完成精准的动作。最后，清晰的角色认知富有激励性，因为员工会更相信他们的努力都会产生预期的结果。换句话说，当人们知道他们被期待做什么的时候，会更自信地做出正确的努力。

2.1.4 环境因素

员工的行为与业绩也依赖于环境对他们任务目标的支持或干扰。环境因素包括超出员工直接控制的条件，这些条件会约束或者促进他们的行为与业绩。例如，一个富有积极性的、技能娴熟的、清晰自己角色职责的员工，也会因为时间、预算、物质设施以及其他环境条件而表现不佳。环境因素也包括指导员工行为的环境线索。例如，如果风险被清晰识别，工作场所会更安全，这些风险是影响员工安全的环境因素。同时，那些限制或警告标识也是使员工避免这些危险的环境因素。

2.2 个体行为的类型

MARS 模型的四个要素：激励、能力、角色认知和环境因素会影响所有自发的工作环境行为和业绩。个体行为有很多种类，大体可以被归纳为 5 大类：任务业绩、组织公民行为、反生产行为、组织加入和留存、保持出勤率。我们将在接下来的篇幅详细描述。

2.2.1 任务业绩

任务业绩（task performance）指在个人控制下用于支持组织目标达成的目标导向性行为。大多数职位要求任职者必须有能力完成一些任务。例如，摩根士丹利的外汇交易员必须能够识别并执行有利可图的交易，与客户和同事合作，协助培训新员工，准确地运行特殊的通信设备。这些任务涉及不同的人、数据、事务和想法。外汇交易员几乎要持续地与数据打交道，如进行趋势的技术分析工作，全天协调同事与客户并分享信息，经常需要解释并整合来自图表、新闻和其他来源的信息。除了偶尔运行设备，外汇交易员还需要花一些时间与"事情"打交道，如制造、设计、安排。

当讨论任务业绩时，主要的衡量指标是能否有效率、准确地完成工作。然而，熟练度仅仅是组织目标导向行为的一个方面。第二个方面是适应能力，它是指员工响应、处理并支持新的环境和工作模式的良好程度。第三个方面是积极性，是指员工预见环境变化并发起应对新改变的工作模式的能力。

2.2.2 组织公民

员工行为不限于特定任务的执行，还包括以各种形式与在社会或心理层面支持组织的人进行合作，或对其提供帮助。这些活动被称为**组织公民行为**（organizational citizenship behaviors，OCB）。一些组织公民行为直接针对个人，例如协助同事处理工作问题，调整作息时间以配合同事，对同事表达真挚的善意，并与同事分享工作资源（物资、技术、人员）等。其他组织公民行为表现为利于组织的合作与帮助，如维护公司的公众形象，采取自由裁量的行为帮助企业避免潜在问题，提供超出本职工作要求的想法，参加支持组织的志愿职能部门，跟上组织的新发展。

基于组织公民行为是员工的工作职责之外的行为，一些专家将其定义为自由裁量行为（员工并非必须要执行）。然而，一些研究却发现了与此相悖的观点。许多员工认为，参与组织公民行为是他们的本职工作。此外，公司有时（不总是）把帮助同事和维护公司的公众形象等其他组织公民行为作为雇用的一些条件。事实上，有的员工因为没有参与一些组织公民行为而丢失了他们的工作。因此，对组织公民行为最好的定义是：通过与他人合作或提供帮助以支持组织的社会和心理方面行为。这种行为可能是被要求的，也可能是自发的。

组织公民行为对个人、团队和组织有效性作用显著。在组织公民行为个人导向较多的环境里，员工往往具有更高的任务业绩，因为他们得到来自同事更多的支持，组织公民行为也增加了互相依赖的团体业绩。然而，从事组织公民行为也可能带来负面效应。践行较多组织公民行为的员工往往面临着更高程度的工作与家庭的冲突。另外，执行组织公民行为需要从原有的任务中分散一定的时间和精力，因此在注重任务业绩的公司中，关注组织公民行为的员工可能会在职业发展面临更多的风险。

2.2.3 反生产行为

组织行为学关注所有发生在工作场所的行为，这其中也包括那些"黑暗面"，我们将其称之为**反生产行为**（counterproductive work behaviors，CWB）。反生产行为是员工自发的行为，它们直接或间接地对组织产生潜在的危害。这其中包括诽谤他人（如辱骂以及恶语相向），偏离首选的工作方法（如冒着降低工作质量的风险偷工减料），不诚实，浪费资源威胁（如胁迫性的伤害），逃避工作（如拖拖拉拉），破坏性工作（如不正确地做事）以及犯罪（如偷盗等）。反生产行为不容忽视，已有研究表明，它们会严重损害组织效率。

2.2.4 组织加入和留存

组织是具有共同目标而聚集在一起进行工作的一个群体，所以雇用和留住人才也是重要的行为。尽管经济疲软使得求职者数量增加，工作流动率降低，但管理者仍面临着为具体的工作寻找合适求职者的挑战。据最近的一份报告显示，59%的美国公司中，某些需要特殊技能的工作很难吸引到合适的人才。这一现象在卫生保健行业中非常明显，由于缺乏护工，有些医院只能减少床位或缩减服务事项。

在劳动力短缺的情况下，即使企业能够聘请到有资质的员工，他们也需要确保这些员工能稳定地留在公司。人才高流失率的公司将承担更高的成本来寻找替补员工。更重要的是，正如在前面的章节所提到的，企业的智力资本大部分是员工头脑里的知识。当员工离开时，一些重要知识的丢失往往会导致生产力低下、客户服务较差等。

西农集团（Wesfarmers）已经从一个世纪前的农民合作社，成长为澳大利亚最大的企业。它是世界前20名零售商之一，也是亚太地区最受人瞩目的组织之一。当要求列出企业如此成功的五个关键原因时，公司CEO Richard Goyder果断地回答说："人，人，人，人和人。"寻找和留存优秀员工是一个相当大的挑战。同时理查德也发出警告："吸引、留住和培养人才是西农集团在未来10年里要面临的最重要的问题。"

2.2.5 保持出勤率

除了吸引和留住员工，企业需要员工在预定的时间内工作。美国员工平均每年只有5天缺勤。低出勤会扰乱其他员工的工作流程，并间接地损害客户服务，而慢性旷工会产生更多的破坏性影响。例如，据一项研究显示，在印度、乌干达和印度尼西亚，任何一个法定的工作日中，都有超过25%的小学和初中老师缺勤。该报告警示，这种高程度的缺勤率严重威胁了儿童的教育质量，从而威胁到所在国家的经济发展。

员工为什么缺勤或迟到？员工往往将此归因于环境因素，如恶劣天气、交通问题、个人疾病或家庭的需求（如孩子生病）。这些通常是很重要的因素，然而有些人在稍有不好的天气或者出现轻微的疾病迹象时就请假，而有些人则因为其强大的自我激励继续参加工作。对于工作不满意，或经历过工作场所不文明行为，或感受到较大工作压力的员工更有可能缺席或迟到，因为缺勤是暂时逃避困境的方式之一。缺勤也常发生在对病假较宽容的组织，因为这种情况下，缺勤的经济损失相对较低。导致缺勤的另一个因素是个人的价值观和人格。最后，据研究报告显示，旷工在具有较强的缺勤共识的团队中发生的频率更高，这意味着团队成员能够容忍，甚至期望同事请假。

假性出席 "缺勤"虽然是组织管理者担心的问题，然而较之"缺勤"，**假性出席**（presenteeism）可能在某些情形下更为严重。假性出席发生在员工受到疾病、疲劳、个人问题或其他因素的困扰时，虽然继续参加工作但其工作能力却显著下降。身体不适的员工参加工作，可能会恶化自己的病情，同时也可能会增加同事的健康安全风险。此外，这些员工的工作效率往往较低，并可能影响到其他同事的工作效率。

用来解释人们在某些状况下不适宜工作的原因有很多。相较而言，由于缺少病假工资或类似的财务方面的保障,假性出席在低工作保障的员工(如新员工、临时员工)中出现的频率更高。假性出席也发生在较为核心的员工身上,因为他们的缺勤可能会直接影响很多人。公司或团队规章制度也能解释部分的假性出席。同样地,人格也是重要的影响因素,同等状况下,当其他人乐于在家里休养时,有些人具备激励他人去工作的人格特质。人格特质是解释个体行为时应用最广泛的因素,它也是最稳定的个人特征,所以接下来我们将介绍这个话题。

2.3 组织中的人格

在申请出版业的一些工作时,克里斯蒂娜感到惊讶的是:三个申请职位都需要候选者完成一个性格测试。"一个页面列举了各种特征——多愁善感、喜欢冒险、有吸引力、有说服力、乐于助人等——请你勾选出那些最能描述别人对你的期望的词。"克里斯蒂娜回忆其中一个性格测试,"第二页是一样的名单,你需要勾选出你认为真正描述你的词汇。"第一家公司在克里斯蒂娜完成它的个性测试后就杳无音讯了,因此对于第二家公司,她按照销售的特质完成了性格测试(因为这一份工作是销售岗)。当进行第三家公司的性格测试时,她在回答问题时遵循了"一个好人,但并不诚实的人"进行作答。但最终并没有一个测试让她得到工作,这使得克里斯蒂娜怀疑用她所猜测的最佳答案应答的策略是否正确。

这些公司正在试图衡量她的人格。**人格**(personality)是每个人特有的持久的思想、情绪和行为模式,包括它们背后的心理活动过程。它是使得我们相似于或区别于其他人的一类特征。我们通过人们的话语和行事来判断其人格,然后根据这些观察到的行为推断人们的内心状态,包括思想和情绪。人格理论的一个基本前提是人们有与生俱来的特质,并能通过它们在不同时间、环境下的稳定一致的行为而识别出来。例如,你大概会有一些十分健谈的朋友;你可能认识一些喜爱冒险的人,而另一些人是风险厌恶者。一致性是人格理论的一个重要条件,因为它把一个人的行为归因于他的内在:人格,而不是仅仅归因于环境影响。事实上,研究发现,童年测量的个人人格特质预测了成年后的结果,包括教育程度、就业成功、婚姻关系、非法活动和健康风险。

当然,人们并不是在所有环境下都表现如一。事实上,这种一致性被认为是不正常的,因为这意味着一个人对社会规范、奖励系统和其他外在因素的麻木。人们改变他们的行为以适应环境,即使这些行为与他的人格有冲突。例如,话多的人在图书馆这种明确规定"不准说话"的地方表现得相对安静。然而,即使在这些环境下,人格差异仍然明显,因为话多的人相较话少的人还是会说更多的话。

2.3.1 人格的决定:先天与后天

是什么决定一个人的人格?大多数专家同意人格是由先天和后天共同决定,不过这两者的相对重要性一直都处在辩论和研究中。先天指基因或遗传,即我们自父母遗传的基因。对于完全相同的双胞胎,尤其是一出生就分开的双胞胎的研究表明,遗传对人格有很大的影响。50%的行为变化和30%的性格倾向可以归因于人的基因特征。换句话说,基因密码不仅决定我们眼睛的颜色、皮肤色调和身体状况,还对我们的态度、决定和行为产生重要的影响。

尽管性格受遗传影响很大,但它同样在某种程度上受后天影响。例如,社交、生活经验和同社会接触的方式都会影响一个人的人格。研究发现，个人性格的稳定度会一直持续到 30 岁甚至 50 岁，这意味着一些性格发展和改变发生在青年时期。性格随着时间变得稳定的一个主要原因是，人们在成长的同时形成了更加清晰严格的自我意识。执行功能（也就是大脑管理有意识行为的部分）会使我们的行为与自我意识保持一致。随着自我意识在成长过程中变得更加清晰和稳定，行为和人格也因此变得更稳定和一致。我们在第 3 章会更详细地讨论自我意识。需要关注的重点是，人格不是完全由遗传决定的，生活经验尤其是早年的生活经验同样会对人格特征的形成造成影响。

2.3.2 人格的五要素模型

过去多年来，人们描述了丰富多样的人格特征（诸如爱交际、抑郁、健谈）。很多专家将其进行了细分的归类。其中，人格特征最受推崇的模型是**五要素模型**（five-factor model，FFM）。几十年前，人格专家曾识别出描述人格的 17 000 多个词语。这些词语被归类为 171 个范畴，再进一步缩减到五个抽象的人格维度。最近，研究人员用更复杂的技术识别出五个同样的维度。在另外几个其他语言的特征词汇分析中也产生了惊人相似的结果，意味着这样的分类在不同的文化里都站得住脚。"大五"维度由首字母 CANOE 代表，概括在图 2-2 中，以下是详细的描述：

人格维度	在这个维度上得分高的人倾向于
责任感	有条理的、可信赖的、目标导向的、谨慎、可靠、周密、自律、勤奋
随和型	可信赖的、乐于助人的、有良好教养的、体贴的、能忍耐的、无私的、慷慨的、灵活的
神经质	焦虑、缺乏安全感、自觉的、压抑、喜怒无常
开放型	富有想象力的、有创造性的、不遵循常规、不易屈从的、独立自主的、好奇、敏感
外向型	外向、健谈、精力旺盛、爱交际、坚定的

图 2-2 五要素模型的大五人格维度

（1）**责任感**。责任感（conscientiousness）描述有条理的、可信赖的、目标导向的、谨慎、可靠、周密、自律、勤奋的人。一些学者认为这个维度同时包括达成目标的愿望。责任感水平低的人倾向于粗心大意，缺乏条理，不够周密。

（2）**随和型**。随和型这个维度包括可信赖的、乐于助人的、有良好教养的、体贴的、能忍耐的、无私的、慷慨的、灵活的。低随和性的人倾向于是不合作的，对他人需求不能容忍，多疑，自我。

（3）**神经质**。神经质（neuroticism）描述焦虑、缺乏安全感、自觉的、压抑、喜怒无常程度高的人。相反，神经质程度低的人（高情绪稳定度）是镇定的、无虑的和冷静的。

（4）**开放型**。这一维度最为复杂，学者在这一维度很难达成一致的意见。开放型通常指人们的想象力、创造力、好奇心、不遵循常规、独立自主、不易屈从以及审美敏感的程度。在这一维度得分较低的人往往拒绝改变，不易接受新想法，行为上更加固守成规。

（5）**外向型**。外向型（extraversion）描述外向、健谈、精力旺盛、爱交际、坚定的人。它的反面"内向型"描述的是安静、害羞、谨慎的人。外向型的人从外部世界（周围的人和事物）获取能量，然而内向型的人从内部世界获取能量，例如对概念和想法的个人反思。内向型的人并不意味着必然缺乏社交技能，而是他们倾向于把兴趣放在想法而不是社交上。内向型的人独处时感觉很舒适，然而外向型的人不这样觉得。

  这五个人格维度与先前描述的五种行为有着紧密的联系。责任感、随和型与低神经质（高情绪稳定度）代表一种被普遍称为"好相处"的常见潜在特质，这与许多组织公民行为有关。具有高度亲和力的人对他人的情绪更加敏感（更多同理心和较少的冲突），具有高度责任感的人更加可靠，而情绪更稳定的人更为积极乐观。一些学者认为，外向性格也与易相处特质有关，因为外向的人更愿意与他人互动。另一种称为"进取型"的大类特征，与一个人对经验的开放性、外向性、责任感和情绪的稳定性有关。对经验具有更高包容和开放态度的人，会更急切地表达新的观点，外向者则会更坚决果断，责任感强的人通常是目标导向的，而情绪稳定的人对于他们的能力更有自信。大多数性格维度与相处性和进取性有关，因为这些维度中的具体特性具有不同的效应。例如，责任感包含了可信赖这一激发相处性的特性，也包含了目标导向这一激发进取性的特性。

  研究发现，人格和既定工作环境中的行为与成果之间有强烈的联系，尤其是在排除员工能力和其他因素后。责任感和情绪稳定度（低神经质）是在工作团队中预测个人业绩时最突出的维度。它们都是人格中激发性的组成要素，因为它们激励人们心甘情愿地按规矩完成任务（责任心）并分配资源以完成任务（情绪稳定性）。不同的研究表明，有责任感的员工相较于责任感不强的员工有更高的个人目标，积极性更强，也有更高的业绩期望。他们同时倾向于有更高的组织公民性，在相对自由的组织环境中比在传统的命令—控制的工作环境下，这些员工的工作表现更加出色。情绪稳定的人具有更为积极（我能行）的信念，并且更擅长将精力投入手头的任务上。

  另外三个人格维度能够对更确切的员工类型的行为和业绩做出预测。外向型与从事销售和管理工作的员工的业绩相关，这类工作要求员工与人互动并影响他们。随和型与要求有合作性、协作性的工作的员工业绩有关，例如团队工作、协调顾客关系和处理其他冲突的情况，对经验更为开放的人群表现得更有创造性，并能够更好地适应变化。最后，性格影响着身心健康，包括对环境的情绪反应和偏好的处理方式等。然而，大五性格维度聚焦于集中具体的特性，并且每种特性对于不同类型工作产生影响的表现有很大的区别。同样，性格特性与表现之间的关系有时候（或经常）是非线性的。例如，具有非常高或者非常低水平亲和力的人也许并不如适当的亲和力更加有效。

2.3.3　荣格人格理论和迈尔斯—布里格斯性格分类法

  人格五要素模型虽然在理论研究领域最受推崇和支持，但在实践中并不是最常用的。最常用的是用迈尔斯—布里格斯性格分类法（Myers-Briggs Type Indicator，MBTI）描绘的荣格人格理论（图2-3）。大约一个世纪以前，瑞士心理学家卡尔·荣格（Carl Jung）提出人格主要由收集和判断信息的个人偏好来体现。荣格认为感知（包含人们偏好怎样收集信息或者感知周围的世界）有两个相互抵触的来源：感觉（S）和直觉（N）。感觉直接从五个感官获取信息，它依赖于一个组织好的架构去获取事实和相对大量的细节。另一方面，直觉则更依赖于洞察力和主观经验去发现不同事物的关系。感觉型更注重此时此刻的现实，而直觉型更注重未来的可能性。

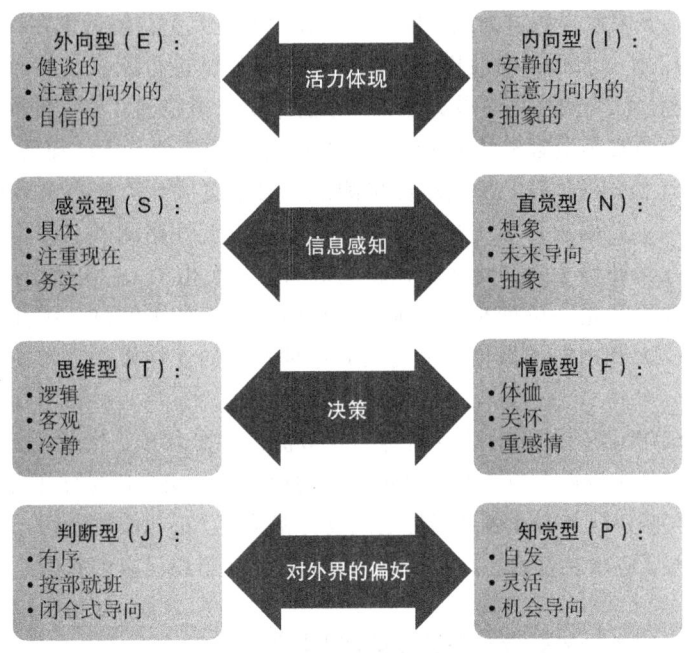

图 2-3 荣格和迈尔斯—布里格斯性格分类法

如果你在美国联邦政府工作，那你很可能在职业生涯中经历过迈尔斯—布里格斯性格分类指标测试（MBTI）。超过 200 家联邦机构使用 MBTI 测试。至少 25% 的环境保护局员工知道自己的 MBTI 类型，无论是一线员工还是行政领导。环保局培训负责人布赖恩·特威曼（Brian Twillman）表示，了解员工的 MBTI 分数能够帮助其建立更好的工作关系。特威曼说，如果没有引入 MBIT，环保局在管理上就会出现很多盲点。他还说自己属于 INFR 类型，但环保局的员工却是 INTJ 类型占多数。

荣格也提出，判断（人们如何根据感知来获得信息并做出决策）由两个相互矛盾的方法组成：思维（T）和情感（F）。思维导向型的人依赖于理智的"原因—结果"逻辑和系统化的数据收集来做出决策；而情感导向型的人依赖于他们对不同选择和这些选择之间的相互影响的情绪反应来进行决策。

举例来说，尽管有研究发现，相比底层管理者，直觉型在高层管理者中更为普遍。其他研究却发现 MBTI 类型与领导力之间没有关系。最近一项大规模研究显示，管理团队成员的 MBTI 类型对于预测团队发展并没有作用。

2.3.4 组织中的性格测试

性格在组织行为研究和实际工作中都获得了相当程度的关注。MBTI 工具主要用于团队建设和职业发展。五因素模型过去更多的是运用在学术研究上，但近来在评价求职者方面获得了越来越多的应用。求职者的性格特性通常是通过笔试进行测试。然而，也有一些公司通过求职者的博客、社交网络主页及其他公共信息来源来考察其性格。外向型、对经验的开放性以及亲和力等通常是最容易从网络内容中判断的，而神经质特性却是最难从中考察的。

全美铁路客运公司（美铁）是使用性格测试的典型案例。美铁在拿到南加州铁路连接通勤客运合同之后，就要求列车工程师和售票员完成大五性格测试，并将完成测试作为未来雇用的条件。在美铁接手南加州通勤铁路的前两年，发生了一件可怕的事故，夺走了24人的生命。究其原因，是一位列车工程师因发短信分心而闯了红灯。因此，美铁希望列车运营人员具有集中力和内向的性格，因为具有这种性格的人在操作火车或其他重复性活动时不容易分心。

以前性格测试在组织中的应用并不如今日这般流行。20年前，因为对其预测职业表现能力的怀疑，以及对可能歧视少数族裔和其他族群的担忧，公司都避免使用性格测试。随着学术研究表明特定性格特征与职业表现指标之间具有相关性（正如前文介绍），性格测试被重新接受。现在性格测试应用之普遍，以致一些专家警告其在组织设定中有遭滥用的风险。

争论点　公司在选择求职者时是否应该使用性格测试

性格理论在过去20年中有了巨大的进步，特别是在展示特定性格特性与具体工作行为和业绩的相关性方面。大量的研究表明，大五维度能够预测总体工作业绩、组织公民行为、领导力、反生产行为、培训业绩、团队业绩和其他一系列重要结果。这些学术上的发现对于性格测试在工作环境下的应用起到了极大的推动作用。

然而，一些杰出的性格研究专家主张谨慎使用性格测试。他们认为，尽管性格特征在一定程度上与工作行为有关，但是其他指标，如工作样本或过去的业绩，能够更好地预测未来的工作表现。此外，对候选人的选择过程一般假设某种性格特征越多越好，然而一些（尽管不是全部）研究表明，最好的候选人可能是接近范围的中值，而不是极端值。比如，随着责任心的加强，工作业绩会明显地上升，但是责任感强的员工可能会是完美主义者，这会遏制而不是改善工作表现。第三个疑虑在于性格测试可能会不公平地歧视特定群体，这取决于遴选时如何采用测试结果。

这些专家提出的第四类担忧在于被测试者可能会提供虚假的答案，因为大多数性格测试都是基于候选人自己的回答。更糟的是，由于接受测试者并不知道公司究竟寻找的是何种性格特质，测试的结果可能并不能够代表个人的性格或者其他任何有意义的信息。研究发现，试图作假而表现出好品质的候选人会改变公司遴选的结果。性格测试的支持者则提出了相反的观点，认为很少有被测试者会试图作假。近来一个重要的研究发现，相对于本人对自己的评价，大多数性格维度特征根据他人的观察可以得到更好的衡量，但是很少有公司会依赖他人评价来测试候选人。

最后一点，性格测试可能不会给公司带来好的形象。美铁引入性格测试导致了与铁路工会的冲突。普华永道在英国的经营中发现该公司的性格测试阻碍了女性求职者，因为她们认为这种测试太没人情味，还有可能是虚假的。该公司多元化部门主管表示，"我们的测试显然疏远了女性求职者，因此我们必须对此做出回应。"

态度（attitudes）是人们对人、事物或事件（统称为态度对象）的信念、情感和行为倾向的集合体。态度是一种判断。换句话说，态度需要运用有意识的逻辑推理能力，态度也可能以意识不到的方式发生，对人或事的态度的持续时间更稳定、持久。

直到最近，专家们才使用信念、情感和行为倾向这三种认知成分来描述态度，如图2-4的左侧所示。下面我们以对并购的态度为例来仔细分析这个模型，首先从对态度的传统认识开始分析。

（1）信念。它是指你对态度对象已存在的观念，即你对态度对象所拥有的知识和信息。打个比方，你也许会认为并购将降低被兼并的公司的员工的工作安全感，你也可能认为并购会提高公司在全球化时代的竞争力。这些信念是从你过去的经验和其他形式的学习中获得的。这些信念都有效价；就是说，我们对每个信念都有积极或消极的态度（例如更好的工作安全感是好的）。

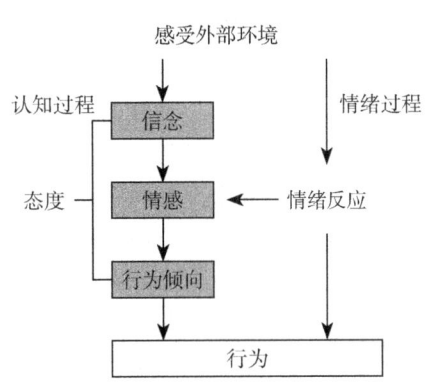

图2-4 情绪、态度和行为的模型

（2）情感。它是指你对态度对象的积极或消极的评价。有的人认为并购是一件好事，有的人却反对并购。你是否赞成并购代表着你对并购的看法。根据对态度的传统认识（模型的左侧），情感是从你对并购的信念中衍生出来的。如果你认为并购通常会带来诸如失业或组织人事动荡等不好的结果，那你将对一般的公司并购或者对你公司某次计划好的并购形成负面的情感态度。然而，最近的证据表明相反的事情也会发生：你对某件事的感受会导致你改变目标相关的具体信念。例如，你通常喜欢困难工作的挑战，但是如果你不喜欢你的老板，同时他有高的业绩期望，然后你可能对困难工作有消极的情感感受。

（3）行为倾向。倾向是指你对态度对象采取某种行动的动机。当你知道公司将与另一个公司合并的消息后，你可能开始积极地寻找新工作或者向管理层抱怨并购这个决定。你对并购的情感激发你的行为倾向，而你所采取的行动取决于过去的经验、自我概念（价值观与性格）和行为的合法性。

一些可能事件削弱了信念—情感—意图—行为的关系。第一，有相同信念的人们可能对态度对象产生不同的情感，因为信念的效价不同。两个员工可能有相同的信念，他们的老板推动员工业绩，但是他们对老板形成不同的情感，因为一个员工不喜欢被强推着工作，而另一个欣赏这样的领导风格。第二，人们对态度对象有相同的情感可能发展出不同的行为意图。假设两个员工同样地不喜欢老板，一个员工向工会或者上级管理者抱怨，而另外一个去寻找其他工作。他们反应不同，缘于他们的独特经历、个人价值观、自我概念等类似的东西。本章稍后会描述不满意和其他消极态度的四个主要反应。第三，相同行为意图的人也可能表现不同。例如，两个人可能因为不喜欢老板而想辞职，但是只有一个这样做了，因为另一个找不到更好的工作机会。

2.4 工作场所中的价值观

柯林·阿布多拉（Colleen Abcloulah）在成长过程中被父母培养出很强的个人价值观，

特别是注重平等（你不高于人，人亦不高于你），勇敢地坚持正义，让人在关系中树立主人翁意识等。阿布多拉不仅身体力行，她作为 Wide Open West（一家坐落于丹佛的网络电信设备提供商）的 CEO，也将这些价值观逐渐渗透给公司的 1 300 名雇员。"公司的员工展现了坚持正义的勇气，以人道的方式对待同事和顾客，并且以优雅的方式庆祝学习和成功。"她说，"任何人都可以设定价值观，但我们已经将价值观日常化，因此它影响我们做的每一件事。"

柯林·阿布多拉和其他成功者经常将他们价值观的形成归功于早年的重要事件。价值观（第 1 章引入的概念）是稳定、可评估的信念，这种信念引导着我们对结果的偏好，或引导我们在不同情况下的行动过程。价值观是有关孰好孰坏、孰对孰错的观念，它告诉我们应该去做什么。价值观也是道德上的指南针，指导着我们的动机，并潜在地影响我们的决定和行动。

人们把价值观按照偏好层次排列，形成价值观体系。一些人认为新挑战比一致性更重要，一些人认为慷慨比节俭重要。每个人独一无二的价值观体系是在与父母、宗教组织、朋友、个人经验及社会的接触中发展和巩固起来的。因此，一个人的价值观体系是稳定持久的。例如，研究发现一个以青少年为样本的价值观体系在其成人后经历 20 年还是有着显著的相似。

需要注意的是，我们关于价值观的描述是针对个人的，然而管理者经常把价值观描述为组织的。现实生活中，价值观只存在于个人，我们将其称为个人价值观。然而，一群人可能持有相同或相似的价值观，我们将其称为这个团队、组织、职业或整个社会的共享价值观。被一个组织共享的价值观（组织价值观）是组织文化的重要组成部分。社会共享的价值观（文化价值观）会在本章进一步讨论。

价值观和性格特征总是彼此相关的概念，但是在很多方面相异。最显著的区别是价值观是可以评估的，它告诉我们应该做什么，而个性只是描述我们自然地倾向于做什么。第二个区别在于，性格的不同特征彼此并不冲突（比如你可以同时具有亲和力和内向性），然而价值观却存在相对立的面。例如，一个重视刺激和挑战的人，会很难认同稳定和克制。第三个区别在于，尽管性格和价值观都部分地决定于遗传，但价值观更多地被社会影响，而性格更多是天生的。

2.4.1 价值观的类型

价值观有很多形式，该领域的专家花费很多精力将其整理归类。几十年前，社会心理学家米尔顿·洛克奇（Milton Rokeach）提出了两列价值观，把方法（工具性价值观）和最终目标（终极性价值观）区分开来。虽然洛克奇的分类在一些组织行为资料中仍有提及，但这种分类已不再被认可。工具—终极价值观的区别不准确也没有实践意义。专家已经识别出洛克奇列表以外的价值观。

到目前为止，最受推崇且被广泛研究的价值观是社会心理学家沙洛姆·施瓦茨（Shalom Schwartz）和他的同事发展并测试出的模型。施瓦茨列出的 57 个价值观建立在洛克奇早期工作成果的基础上，但是并不区分工具性和终极性价值观。取而代之的是，经过复杂的实证研究，施瓦茨报告称人类的价值观可以被归类纳入图 2-5 的圆形模型（圆图）里。这个模型把价值观分成十大类，每一类代表几种具体的价值观。例如，遵从包括四个价值观：有礼貌、给父母和他人带来荣耀、自律、服从。

这十大类价值观可以进一步归集为四个象限。第一象限，称为对变化的开放态度，指的是一个人在多大程度上追求创新的方式。这一象限包含的价值观有自我定向（创新、独立思考）、刺激（激动和挑战）以及享乐主义（追求快感、享受、满足欲望）。相反的象限是保守，即一个人在何种程度上愿意保持现状。这一象限涵盖的价值观包括服从（遵守社会规则和预期）、安全（人身安全和稳定性）及传统（克制以及保持现状）。在施瓦茨的价值模型中的第三个象限是自我提升，指的是一个人能够被自我兴趣所激励的程度。这一象限包含成就价值观（追求个人成功）、权力价值观（对他人的支配）以及享乐主义价值观。第四象限是自我超

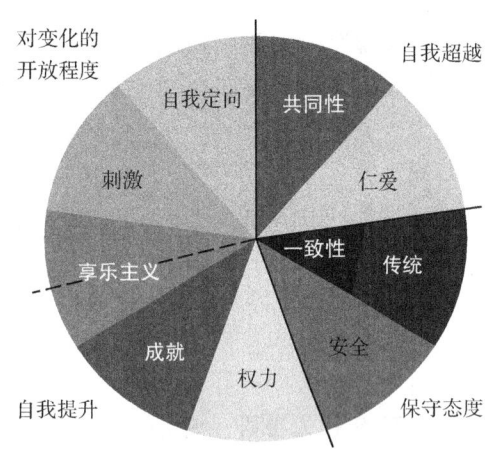

图 2-5 施瓦茨的价值圆图

越，它是指对提高他人的福利和大自然待遇的渴求，包括的价值观有仁爱（关心其他人的生活）和共同性（对全人类和大自然的关心）。

不同年代的主流价值观　　普通人眼中的不同年代

20世纪60、70、80年代，中国三代人构成了现今职场最美丽的风景。三代人三代工作价值观构成了五彩缤纷的职场图，"60年代"自言辛苦，因为他们有太多的压力；"80年代"自言辛苦，因为他们承受了太多的误解；"70年代"呢？要在"60年代"和"80年代"的夹缝中寻求发展，他们也很无奈。

60年代旁观：后生可畏对60年代而言，80年代的新新人类离自己远了些，真正的"威胁"还是来自这群70年代的职场人。对着他们，60年代沉吟半晌，只一句"后生可畏"，却不乏羡慕与欣赏。

60年代人自语：我们是辛苦的一代！60年代职场人常用"辛苦""压力巨大"来形容自己的生活。他们成长于计划经济之下，吃过不少苦，肩扛各种责任，也正因如此，他们少了很多自我。"圆滑""胆小谨慎"，60年代职场人认为，这就是他们给后辈的印象。

关键词：压力　解读者：晋先生，企业管理者

60年代的职场人，大都上有老下有小，孩子教育、老人健康……一系列问题随之而来，肩上的负担很重。工作中，老板的期望、新人的追赶也让人不得喘息。重压之下，有的人的健康亮起红灯。60年代的人不常将"老了"挂在嘴边，但工作压力、生活负担、健康状况又让人感叹："岁月不饶人！"

关键词：困惑　解读者：李先生，公司老板

60年代的职场人常会感到疲惫和力不从心，如何应对中年危机？如何坚定事业的方向？如何让生活更有品质？许多同龄人都有这样的困惑。有时你会对现在拥有的一

切厌倦，有时你会为错过和失去的感到遗憾，有时你期待在生活的转弯处能有另一片新奇的风景，而机会真的来到时你又瞻前顾后。

关键词：学习　解读者：马小姐，财务总监

他们大多是在90年代以前进入高校读书的。经历过多年的职场生涯，他们的阅历不断增加，知识技能却未必能与社会发展需求相符合，但他们从不讳言自己的不足。虽然笑言"三岁一个代沟，我们之间已是千沟万壑"，但他们也毫不介意向后辈学习。看看那些EMBA班，里面有不少学员都出生于60年代。

70年代旁观：他们是幸福的一代！提起60年代的哥哥姐姐，70年代职场人的脸上顿现羡慕的神情。有蒸蒸日上的事业，有美满幸福的家庭，有难得一遇的学习机会，这成了大多数出生于70年代的职场人对60年代的评价。在他们眼中，压力与困惑与60年代并不沾边。

70年代人自语：尴尬的一代。一个生于70年代的人这样说过："我们有着太多的双重，在时尚和传统、进取和保守、张扬和稳重之间徘徊，在工作和生活中既勇于尝试新鲜的东西，又始终恪守着一些规矩。"

关键词：尴尬　解读者：汤小姐，广告策划

在喜欢稳扎稳打的60年代人眼里，70年代人是叛逆的一代；在初生牛犊不怕虎的80年代人眼里，70年代人是落伍的一代。70年代人苦干实干加蛮干挤进大学后，却发现高考录取率已由10:1变成2:1；好不容易毕业了，却发现国家不包分配了；费尽周折捧了个铁饭碗，却发现在激情创业的时代，工薪族实在太可怜。70年代人大锅饭的滋味没尝过，福利分房的好事没赶上，八九十年代经济热潮时个人奋斗的大好机会也错过了。职场上前有60年代坐镇，后有80年代追赶。

关键词：白骨精　解读者：胡先生，大学教师

似乎是不经意间，这群年龄在"三张"上下晃悠的人成了人们常说的"白骨精"——白领、骨干、精英分子。看看他们，我和身边的朋友总会觉得羡慕。有时提起他们，我们的语气中还有那么点"醋味儿"。他们大都有着不错的职业，工作中备受器重，这也让他们有足够的money担当起"消费的中流砥柱"的称号。于是，衣服是给70年代设计的，房子是给70年代盖的，车子是给70年代开的，"中产""BOBO""小资""新富"等称号也是给70年代准备的……

关键词：牛人　解读者：加加，自由职业者

和朋友聊天，发现大家有一个共识，如果60年代在工作中没做出什么成绩，人们会认为是因为他们没赶上好时候，而要是换成70年代，人们一准儿认为是他们不够努力。也许是生于70年代的牛人太多，以至于人们对他们这个整体都寄予厚望。随便数一数，一群"大牛"的名字奔涌而出，中国最年轻的富翁丁磊、盛大网络陈天桥、易趣网创始人邵亦波、国美老总黄光裕……

80年代旁观：榜样力量在新新人类眼中，70年代可谓牛人辈出。提起60年代，新新人类言语尊敬，却透着一种距离感。而说到70年代，新新人类言语轻快，更有不少人将其中的佼佼者作为自己的"偶像"。

80年代人自语：崇尚自我的80年代职场人，他们玩着电子宠物，听着小虎队、张信哲和周杰伦的歌，看着《流星花园》一路走来。他们出生时碰到独生子女生育高峰，上学时赶上高校改革，工作时遭遇大学生就业难。他们初涉职场，甚至还带着稚气。对于这样的群体，无论是职场前辈，还是他们自己，都有话要说。

眼高手低 vs. 志向远大 非80年代发言：Joe，部门主管

他们自视甚高，有时却找不到自己的定位。他们有向上冲的劲头，却找不到实现的途径。他们每个人都觉得是"天生我材必有用"，却忽略了天将降大任于斯人也，必先苦其心志，劳其筋骨，饿其体肤。他们认为只有进入大企业、做领导者才能体现出自己的价值，却丝毫不理解从基层做起才是真正的锻炼。

80年代自辩：Mona，公司职员

这不是80年代人特有的问题，而是所有年轻人都可能经历的阶段。每个人都有梦想，而梦想总有超出实际的地方，也因此才更有诱惑力。我们敢于直言梦想，寒窗苦读，谁不希望梦想早日实现？

不安分 vs. 自由 非80年代发言：李先生，老板

很多80年代的人现在所找的只是一份养活自己的工作，而不是要做出成就的事业。他们三天没有达到自己预想的目标，便怀疑自己是不是选错了单位；6个月没有提升，便怀疑自己受了亏待；一年没有致富，便怀疑自己是不是已经没有前途。

80年代自辩：Susan，媒体人

如果说60年代和70年代的人在选择工作时更渴求稳定，那么，我们则更喜欢接受挑战，有更强的自主择业意识。"我们期冀着真正的自由，去我们想去的地方，做我们想做的工作，拥有我们想要的朋友。"这就是我们的宣言。有人说不安分、频繁跳槽的我们缺乏责任感，其实，正是因为有了责任感，我们才不会在一份没有热情和激情的工作上害人害己。

脆弱 vs. 敏感 非80年代发言：张女士，教师

这是脆弱的一代。工作中，他们稍有不满就走人，稍遇挫折就放弃。他们缺乏足够的心理承受力，往往遇到打击后就陷在失落、迷茫中难以自拔。他们自我标榜不追风流俗，却掀起哈韩、哈日风潮。他们追求个性，但有时分不清个性与耍酷的界限。

80年代自辩：Philip，公司职员

从小到大的孤独感、如影随形的压力感，让我们更加敏感。对80年代的职场新人来说，千军万马挤独木桥的高考、求职大军抢企业的就业、职场前辈的"另眼"看待，都让我们练就了很好的心理承受力和适应力。我们年轻，不怕犯错，因为我们有输得起的资本。

2.4.2 价值观和个人行为

个人价值观在某种程度上指引我们的决策和行动。习惯性的行为倾向于同价值观一致，但我们每天有意识的决策和行动并不能一贯地执行我们的价值观。举例来说，一项基于学生团队的研究表明，成就、仁慈和自我指导价值与具体形式的组织公民行为有关。造成这种个人价值观和个人行为"脱节"的主要原因是，价值观属于抽象的概念，实践与理论之间存在差异。环境会影响价值观与行为之间的关联，工作环境至少在短期内影响我们的行为，因而必然鼓励或者阻止与价值观一致的行为。虽然有时候我们并不能意识到这种影响，但是却经常会把不能遵守价值观归咎于环境。另一个原因是，当我们积极思考并试图理解价值观与环境的关联性时，通常也会应用价值观。一些情境容易触发我们对价值观的意识。比如，当你被要求执行一项危险的任务时，你会意识到你对安全性的看重。价值观是抽象的概念，所以很多时候它与具体环境的关联并不明显。在这些情境中，我们有时需要这些个人价值观的提醒来确保按照价值观行事。除此之外，我们需要理解与环境（如做决定、态度等）相关的价值观。

以下研究凸显了价值观意识对行为的效应。对三组学生进行有奖问答的数学测试。第一组学生需要向实验员提交试卷，根据评分得到奖励；第二组学生采取自评方式，因而他们可以谎报分数；第三组与第二组类似，采取自评分数形式，但是要求他们对试卷上的陈述签字。这些陈述是：我理解这个小测试与学校的荣誉系统（这个大学并无所谓的荣誉系统）挂钩。研究人员预测一些试卷上没有"荣誉系统"条款的学生谎报了得分；而在有"荣誉系统"条款的情况下，没有一个人谎报得分。当第三组学生测试时被要求回忆"十诫"，出现了类似的结果。这些信息告诉我们，当人们被明显提醒那些价值观和展现它们与环境的关联时，人们会更倾向于应用这些价值观。

2.4.3 价值观一致性

价值观使我们明白世界上何为正确和错误，并告诉我们应该怎么做。它也会影响一个人在组织中与其他人一起工作的舒适度。这里的关键概念是**价值观一致性**（value congruence），它指的是一个人的价值体系与组织、同事或其他同伴的价值观体系的相似程度。个人—组织价值观的一致性指的是员工与组织的主要价值观是相似的。价值观是路标，因此个人价值观与组织主要价值观相似的员工更有可能做出与组织愿景和目标一致的决策。个人—组织价值观的一致性还能造就更高的工作满意度、忠诚度、组织人性化、低压力和低人员流动率。美国生物制药公司 Optimer Pharmaceuticals 的高管辛西娅·施瓦姆（Cynthia Schwalm）说："最高难度又最有回报的职业成就是忠于自己的价值观，并找到一家公司——在那里你能做出很大贡献的同时做真实的自己。对我来说没有什么比那更重要的了。"

是不是最成功的组织有最高的个人—组织价值观一致度？答案是否定的！虽然个人—组织价值观一致性达到舒适程度（由于前述的原因）是必要的，但组织也会从一定程度的价值观不一致中得到好处。有不同价值观的员工能提供不同的观点，这可能有助于做出更好的决策。同样，太多一致性会产生"集体狂热"，这可能会降低创造性、组织灵活性和商业道德。

另一种价值观一致性包括表现在行动上的价值观（行动价值观）与信仰（信仰价值观）的一致性。这种信仰—行动价值观的一致性对身处领导位置的人尤其重要。因为任何信仰和行动的明显鸿沟都会降低他们的感知完整性，而这对于领导者而言是十分关键的特质。

一份最近的全球调查报告称，55%的员工认为高级管理人员的行为与公司核心价值观一致。一些公司试图通过调查下属和同级来衡量管理者的决策和行动是否与公司支持的价值观一致，以此来维持高水平的信仰—行动价值观一致性。

第三种价值观一致性是组织核心价值观与组织身处的社会主流价值观的兼容性。例如，一个组织总部所在的国家试图把它的价值系统灌输给员工，而（企业的）身处不同文化地区的其他利益相关者可能有较高的员工流动率，它们与公司经营地社区的交往就会更加困难。因此，全球化需要行为的微妙平衡：公司依赖共享价值观来维持规矩和行为的一致性。然而它们也需要适应全球不同的文化。接下来我们将更深入地分析不同文化的价值观有怎样的差异。

2.5 道德价值观与行为

当员工被要求列出他们认为的领导者应当具备的最重要的特质时，出现频率最高的不是聪明、勇气或鼓舞人心，虽然这些特质也很重要，但在大部分调查中，诚实和道德被认为是最重要的因素。道德代表道德原则或者价值观的标准，它是对行为对错和结果好坏的判断（见第1章）。人们依赖于他们的道德价值观来决定什么是"正确的事"。

2.5.1 三个道德原则

为了更好地了解商业道德，我们需要分析三种不同类型的道德原则：功利主义、个人权利和分配公平。尽管人们可能基于个人的价值观而偏好其中的某个原则，但是为了检验重要的道德争论，我们应当积极地考虑这三个原则。

（1）**功利主义**（utilitarianism）。这个原则认为最大多数人追求最优利益。换句话说，我们应该选择给予受影响的人最高程度的满足。这个原则有时被称作结果原则，因为它注重行动的结果而不是过程。功利主义的一个问题是，有时候估量决定的得失几乎是不可能的，尤其是利益相关者存在不同的需求和价值观的情况下。另一个问题是，即使根据功利主义我们的行动目标是道德的，但是达到目标的手段有时候也会被认为是不道德的。

（2）**个人权利**（individual rights）。这个原则指在社会中的基本权益，反映的是每个人都有权利在某种程度上自主行动。一些被广泛引用的权利有行动自由、人身安全、言论自由、公平交易和免受迫害。个人权利不仅包括法律权利，也包括根据社会道德标准而被赋予的人权。个人权利存在的一个问题是，不同个体间的权利有可能会发生冲突。例如，股东对公司活动的知情权最终可能会与执行者的隐私权相冲突。

（3）**分配公平**（distributive justice）。这个原则认为相似的人应当有相似的利益和责任；不相似的人应当根据他们的差异程度被赋予不同的利益和责任。例如，我们期望两个对工作有相同贡献的人得到相似的奖励，而那些贡献较少的人应该得到较少的奖励。分配公平原则也潜在地认为，让社会贫困者获益的"不公平"是可以接受的。因此，从事高风险工作的人，如果他们的工作让较贫困的人获益，那么他们应该得到更多的报酬。分配公平存在的一个困扰是，在"哪些人是相似的，哪些因素是相关的"这一问题上很难达成共识。我们将在后面的章节深入讨论公平问题。

2.5.2 道德强度、道德敏感度和环境因素

除了道德原则和其潜在的价值观之外，还有三个因素对工作环境中的道德行为产生影响：问题的道德强度、个人的道德敏感度和环境因素。

1. 道德强度

道德强度（moral intensity）是在处理事件时需要运用道德原则的程度。高道德强度的决策是十分重要的，因此决策者需要更小心地运用道德原则。影响事件道德强度的因素有多个方面，包括表2-1所列的内容。需要注意的是，这里所列的因素是人们容易考虑到的，其中一些当人们真正进行道德决策时可能会认为是不道德的。

表2-1 影响感知的道德强度因素

道德强度因素	道德强度问题	高道德强度的情形
结果的重要性	行动结果导致的伤害或收益程度	伤害或收益很大
社会舆论	同意这个行动是道德的或是不道德的人数	很多人同意
影响的可能性	1. 行动发生的概率 2. 行动会导致好的或坏的后果的概率	
时间紧迫性	行动过后多久出现后果	后果是即时的而不是延后的
亲近程度	受决策影响的人跟我在社会关系上、文化上、生理或心理上的距离	那些受影响的人距离很近
影响的集中度	1. 行动影响的人数多少 2. 被影响的人是否能简单地定义为一个群体	那些受影响的人很容易被定义为一个群体

注：这些是人们在判断一个事件的道德强度时可能会考虑的因素。这些问题是否有关，本身就是一个道德问题。

资料来源：Based on information in T. J. Jones, "Ethical Decision Making by Individuals in Organizations: An Issue Contingent Model," *Academy of Management Review* 16 (1991), pp. 366–395; J. Tsalikis, B. Seaton, and P. Shepherd. "Relative Importance Measurement of the Moral Intensity Dimensions." *Journal of Business Ethics* 80, no. 3 (2008), pp. 613–626.

2. 道德敏感度

道德敏感度（ethical sensitivity）是一个使得人们意识到一个道德事件并判断其相对重要性的人格特征。道德敏感的人并不表示其行为必然更加遵循道德，而是指他们更易于意识到一个事件是否需要道德考量，也就是说他们能够更准确地估计事件的道德强度。这种意识既包括知觉（逻辑思考），也包括对事物作道德判断的情绪层面的意识。一些因素可以预测和改变一个人的道德敏感度，其中同理心是一个关键因素，它使得人们对他人的需求更加敏感，因而更能意识到他人的道德困境。女性比男性的道德敏感度更高，这可能源于她们更高程度的同理心。另一个因素是具有某种相关的知识和技能。例如，与没接受过专业训练的人相比，会计对于具体会计程序的妥当性有更高的道德敏感度。第三个因素是道德困境的经历，这些经验可能会让当事人在将来面临相似的道德困境时起到提醒作用。最后一个因素是个人警觉，**警觉**（mindfulness）是指一个人对于当前环境和自我思考、情绪包容性的关注和意识。个人警觉使我们能积极监测环境变化，并对所作的响应保持敏感。因而，道德敏感度随着个人的警觉而提高。这种警觉不仅需要我们思考和情绪上的技能，也要求我们做出相应的努力。

3. 环境因素

环境因素用来解释好人涉嫌不道德决策和行为的重要因素是行为发生时的环境。员工

认为他们经常受到来自高层管理人员的压力，而促使他们对顾客说谎、违反规则或者做其他不道德的行为。在一次调查中，几乎一半的员工遭遇了涉嫌不道德行为的处境。1/4 的雇员认为工作场所提高了不道德行为的出现。然而环境因素并不能替不道德行为辩护，我们需要识别出这些因素，从而帮助组织减少它们未来的影响。

2.5.3 对道德行为支持

大多数大中型公司会采取一个或多个策略鼓励道德的行为。建立行为伦理规章是最常见的一种方式。美国《财富》500 强和英国规模最大的前 500 家公司现在几乎都制定了伦理规章。这些陈述向员工传达了组织的道德标准和公司严肃看待道德行为的信号。然而，有批评指出，单靠伦理规章对减少不道德行为所起的作用甚微。

一些公司同时引进了监督程序，即员工可以秘密地揭发可能的不道德行为。Celestica 公司有一条道德热线和一个网站，供全球电子工厂的员工秘密地报告不道德、不合法和不安全的活动。一些公司雇用监察专员，他们可私下接收来自员工的信息并对不道德行为进行调查。在某些公司里也会进行道德审查，不过还没有公司进行大范围的社会责任评估实践。

当威廉·奥卢克（William O'Rourke）就任美国铝业俄罗斯分公司的第一任 CEO 时，他知道行贿在这个国家是非常严重的问题。因此他十分明确地表达了自己的立场：不容忍、不参与、不作恶。很快地，当警察停止运送昂贵的熔炉时，这一道德上的命令就受到了考验。警察表示，只有美铝向政府官员支付 25 000 美元后他们才会恢复运送。奥卢克说："我的奖金在很大程度上取决于是否让计划中的投资及时进行"，并表示美国总部的一些高管暗示他应该尽一切可能去让投资按计划完成，"但是我坚持了我的立场"。后来，新的熔炉到达了，没有给任何人行贿。而此时已经是索贿企图之后的 18 个月了。

这些附加的措施在某种程度上支持了道德行为，不过最有效的方式是巩固道德行为的一系列共享价值观。英国通信巨头沃达丰的高管警示道："如果在一开始没有形成道德文化，那么所有设置的控制体系和规则就不一定能阻止不道德行为。"道德行为和公司领导者的警觉支持着这种文化。按照道德行为的最高标准行动，领导者不仅获得追随者的支持和信任，同时也为道德标准做出了行为榜样，因而员工会更加愿意遵守这些标准。

2.6 跨文化价值观

澳大利亚的一个经理在其所在的公司被印孚瑟斯（Infosys）（总部在印度的科技巨头）

收购后,遭遇了一些不同寻常的体验。当他与来自印度的项目组见面时,他向对方描述了这个项目,然后对整个团队如何成功完成项目分享看法。然而,该公司一个熟悉此类事件的高管表示,"他们并不知道是什么意思","然后其中一个人说'我们正在好奇,你什么时候告诉我们具体的计划'。"

这个事件表明,在不同的地方有着不同的角色期望和价值观。印度团队假定经理做出的决定不需要他们的参与,而澳大利亚的经理明显更习惯在平等的关系下,每个人都能为项目计划出力。在接下来的篇幅中,我们将介绍具有跨文化重要性的五种价值观:个体主义、集体主义、权力距离、不确定性规避和成就—培养导向。表2-2总结了这些价值观,并按价值观的重要程度列举了对应的国家。

2.6.1 个人主义与集体主义

个人主义和集体主义是两种密不可分的跨文化价值观。**个人主义**(individualism)是对独立性和个人独特性的重视程度。个人主义者重视个人自由、自足、对自我生活的掌控,喜欢自己区别于他人的特征。如表2-2所示,美国人、智利人、加拿大人和南非人通常比较个人主义,然而中国人和委内瑞拉人倾向于低水平的个人主义。**集体主义**(collectivism)是对所属集体的责任和对集体和谐的重视程度。集体主义者以所属群体定义自己,并重视群体内的和谐关系,重视群体的目标和福祉。美国人、日本人和德国人通常集体主义水平较低,而以色列人和中国人相对较高。

表2-2 五个跨文化价值观

价值观	样本国家	代表性信仰在"高"强度文化中的行为
个人主义	高:美国、智利、加拿大、南非 中:日本、丹麦 低:中国、委内瑞拉	定义自我更多是通过个体的独特性;个人目标优先考虑;决策时较少考虑对他人的影响;关系更多地被视为有助于自己的和不固定的
集体主义	高:以色列、中国 中:印度、丹麦 低:美国、德国、日本	定义自我更多是通过个体在群体中的身份;优先考虑自我奉献与和谐共处的目标;在群体内的规范约束着行为;群体内的成员被视为稳定的,与群体外有很大的差异
权力距离	高:印度、马来西亚 中:美国、日本 低:丹麦、以色列	较小可能不同意或反驳老板的观点;管理者被认为是首选的决策者;对老板有依赖的倾向(与相互依赖相对立)
不确定性规避	高:比利时、希腊 中:美国、挪威 低:丹麦、新加坡	偏好可预测的情形;看重稳定的就业,严格的法律和较低的冲突;不喜欢偏离正常行为
成就—培养导向型	高:奥地利、日本 中:美国、巴西 低:瑞典、荷兰	注重结果(与关系相对);决策以贡献为基础(公平与平等);较少换位思考或者表露情绪(与愿意换位思考和关心相对)

资料来源: Individualism and collectivism descriptions and results are from the meta-analysis reported in D. Oyserman, H. M. Coon, and M. Kemmelmeier, "Rethinking Individualism and Collectivism: Evaluation of Theoretical Assumptions and Meta-Analyses," *Psychological Bulletin*, 128 (2002), pp. 3–72. The other information is from G. Hofstede, *Culture's Consequences*, 2nd ed. (Thousand Oaks, CA: Sage, 2001).

在群体中重视责任,不一定意味着忽视了个人自由度和独特性。通常,来自不同文化的人们，往往是通过他们自身的独特性以及与其他人的关系来定义自我的。这是个人自我概念的固有特性，我们在下一章将予讨论。一些文化可能相较于其他文化更加明显地重视独特性或者群体责任，但是它们在个人价值观和自我概念中均占有一席之地。

还需要注意的是，日本人有着相对较低的集体主义，这与许多跨文化文献上的内容是相反的。许多文献宣称日本是这个星球上最具有集体主义精神的国家之一。对于这个历史误解，从定义和测量集体主义的问题到错误的早期跨文化研究的报告都有不同的解释。不管原因是什么，目前的研究一致认为，日本人拥有相对较低的集体主义观念和较高的个人主义精神（正如表 2-2 所显示的）。

2.6.2　权力距离

权力距离（power distance）指人们接受社会权力不平等分配的程度。那些高权力距离的人能接受并重视不平等的权力。他们重视服从权威，喜欢接受上司没有商量和辩驳余地的命令。他们喜欢通过常规的非直接途径解决分歧而不是直接解决。相反，低权力距离的人期望相对平等地分享权力。他们把与上司的关系看成是相互依赖而不是单向依赖的。换句话说，他们相信上司也同样地依赖他们，因此他们希望在做出影响他们的决策前能够分享权力并且询问他们的意见。印度和马来西亚人倾向于高权力距离，然而丹麦人和以色列人通常有低权力距离。美国人大体上都是中—低权力距离。全球链接 2-1，从一个西方（法国籍）员工的视角进行解读，补充说明了在印度的高权力距离。

2.6.3　不确定性规避

不确定性规避（uncertainty avoidance）是人们能够忍受的模棱两可的程度（低不确定性规避），或者面对不确定性时感受到威胁的程度（高不确定性规避）。高不确定性规避的员工喜欢有结构性的环境，也就是行为规范和做出决策是有清楚的文件指导的，他们通常偏好直接沟通而不是间接或模棱两可的沟通。不确定性规避往往在比利时和希腊较高，在日本非常高。通常，在丹麦和新加坡较低。在美国人全体都处于中—低不确定性规避。

2.6.4　成就—培养导向型

成就—培养导向（achievement-nurturing orientation）代表对人与人之间关系的看法是竞争的还是合作的。高成就导向型的人重视自信、竞争力和物质主义。他们赞赏强硬的人，他们喜欢获得金钱和物质商品。相反地，培养导向型的人强调与他人融洽相处和人际关系。他们关注人际关系和社会关怀多于竞争力和个人成功。瑞典、挪威和丹麦人在成就导向型上得分非常低（就是说他们有高的培养导向度）。相反地，日本和奥地利在成就导向型分数上非常高。美国处于成就—培养导向型分数范围里比中间值稍高的位置。

全球链接 2-1　在高权力距离的中国工作

作为一家从 50 名员工起步的公司中的唯一的西方人，埃米莉·伯尔戈伊斯（Emilie Bourgois）注意到中国老板比欧洲或者美国的老板更直接地使用权力。"当我看到我们的员工在采取行动或者提出意见时，往往会受到粗鲁的质疑或被视为失败的举动，我是非常吃惊的"。法国 Bordeaux 公司的公共关系专家埃米莉说，"在工作时，每个人必须完美地完成他们自己的任务，但是往往老板的命令是源于需求而不是源于期望"。

高权力距离也常常体现在中国老板与员工的交流之间。埃米莉提到："西方的老板喜欢与员工建立更加亲近的关系，而在中国的公司里，权力的等级分化更为明显"。

埃米莉在中国公司与她的同事相处得很好，但是她提出在公司中仍存在很大的文化差异。她目前在公司的北京分部，这里的文化差异并不明显是因为这里的公司会进行团队建设，帮助消除差异，增加联系和理解。

埃米莉，右二，与同事们在北京的安拓国际顾问公司，早先的一份工作是在一个中方控股的公司，这家公司相较于大多数的西方公司有着更高的权力距离。

2.6.5 跨文化知识的附加说明

随着全球化和文化多样性的提高，在过去的 20 年里，跨文化组织研究已经得到了大量的关注。我们对跨文化机制已经有了更多的认识，并且在本书中也会进行大量的讨论，尤其是在领导力、冲突解决和影响力策略方面。然而，我们也需要对跨文化机制的几个问题有所认识。

第一个问题是，大部分的调查依赖于过小或者简单的样本（如一所大学）来代表整个文化。这样的样本选择使得许多跨文化研究得出的结论存在以偏概全的问题。

第二个问题是，跨文化研究经常假设每个国家只存在一种文化。但实际上，许多国家（包括美国）的文化都存在多样性。随着更多的国家加快了全球化和文化融合的进程，假设一个国家只有一种文化是不恰当的。

第三个问题是，在全世界几十个国家中，跨文化研究仍继续依赖着一份40年前关于 116 000 名 IBM 公司员工的研究报告。这项研究引发了后续一系列的跨文化研究，但是文化可能在这些年中发生了改变，它的调查结果显然在有些文化中已经过时。举例说明，随着亚洲国家的员工频繁的交流并更多地采用标准化的商业习惯，使得整个亚洲的价值系统似乎变得更加融合。至少在最近的一项调查中显示，未来的文化调查研究不能再一味地继续将 IBM 公司作为研究的范本，或者说继续将一种特定文化的价值观作为基准。

美国公司的文化多样性

美国的文化多样性是广为人知的，但连美国人都很难知道自己国家文化的多样性究竟到了怎样一种程度。衡量多样性水平的一种形式是考量各个种族之间不同的文化价值。过去的一项研究曾指出，美国非洲裔的个人主义程度，相较于欧洲裔和西班牙裔明显更高，而亚洲裔在这些种族中拥有最低的个人主义。

美国人的文化在地区之间也存在差异。我们使用社会调查因子（独居的百分比、自主创业、有孙辈居住的家庭等）进行调查，发现在美国南部的各州、加州以及夏威夷的集体主义是最高的，而在山区、西北部以及大平原的州集体主义是最低的。新英格兰、大西洋中部地区以及太平洋地区有较高的开放性，而在大平原、中西部以及东南部则最低。神经质调查得分在东北部和东南部是最高的，而在中西部和西部是最低的。同样有证据表明，美国人对这些地区差异有相当明显的刻板印象。

为什么美国人在不同地区的价值观和个人观会不同呢？其中一种解释是地区机构的存在——比如当地的政府、教育机构和重要的地区性组织——会控制社会实践活动，因此改变了个人价值观。对此存在一个相关的争论，即个人的价值观是否会受到自然环境（平坦与多山相对）、气候条件（温带与热带相对）和社会经济条件（低收入和比较富裕相对）的影响。另一种解释是许多移民仍旧坚持自己的价值观和个人观点。例如，一些在中西部长大的人，如果他的价值观强调发现和改变，而不是传统和奉献，他们在搬到加州之后可能会更加激进。

本章概要

2-1 描述直接影响个体行为与业绩的四个因素。

MARS 模型所提出的四个变量：激励、能力、角色认知和环境因素，直接影响个体的行为和业绩。激励指个人内在的影响其自发行为的目标、强度和坚毅程度的力量；能力包括成功完成任务必须具备的天赋和学习能力；角色认知是人们对布置给他们或对他们要求的工作职责的了解程度；环境因素包括超出员工直接控制范围的，能够限制或者促进员工行为和表现的条件。

2-2 总结组织中个体行为的五种类型。

工作场所行为有五种主要类型，分别是任务业绩、组织公民行为、反生产行为、组织加入和留存、保持出勤率。任务业绩是指在个体控制下用于支持组织目标达成的目标导向性行为。组织公民行为包括以不同形式在社会和心理层面上支持组织的合作与帮助行为。反生产行为是一种会直接或间接地对组织产生潜在危害的自发行为。组织加入与留存是指同意成为组织的一员并且与组织并进。保持出勤率指能够工作并且在不合适工作的日程时能够最小化缺席率（也就是低出勤率）。

2-3 描述人格，讨论"大五"人格维度以及四种 MBTI 类型是怎样同组织中的个体行为联系起来的。

人格是描绘个人特征的相对持久的思考、情绪和行为模式，包括这些特征背后的心理过程。人格特质是关于人的广泛概念，以便我们区分和理解个体差异。性格是通过遗传起源（本性）以及社会化（培育）发展起来的。"大五"人格维度包括责任感、随和型、神经质、开放型和外向型。责任感和情绪稳定性（低神经质）在大多数工作团体中预示着个人表现。外向型与销售类和管理类的工作表现相关，而随和型与需要合作的工作表现相关，开放型则与创造性工作表现相关。

基于荣格的性格理论，迈尔斯—布里格斯性格分类法（MBIT）辨别了获得能量的竞争方向（外向性与内向性）、认知信息（感知与引导）、收集信息和进行决策（思考与感觉)以及外部世界的目标(判断与接收)。MBIT 改善了职业发展和互相理解的自我意识,但是从有效性来讲,只是比较流行而已。

2-4 总结施瓦茨的个人价值观模型并讨论这些价值观在何种条件下影响行为。

价值观是稳定的、评价性的看法,它引导我们对不同环境下的结果或行动过程的偏好。与性格特征相较而言,价值观是评价性的(而不是描述性),更有可能会引发冲突,并且其形成的过程中受社会化影响更多,而不是遗传。施瓦茨模型把 57 个价值观归类到有 10 个维度的圆形模型里,伴随着两个有两极的情感维度:面对保守到改变的开放态度和从自我提高到自我超越。当环境促进这些联系,并且我们积极思考它们并理解其与环境的相关性时,价值观会对行为产生影响。价值观一致性指的是,一个人的价值观体系与其他来源(组织、同事等)的价值观体系的相似程度。

2-5 描述中国不同代际的主流价值观。

与西方特别是美国的代际划分不同,中国偏向于以十年为时限描述一代人。以此为划分方法,60、70 和 80 后的主流追求和价值取向重点不太一样。60 后勤奋、谨慎;70 后在时尚和传统、进取和保守、张扬和稳重之间徘徊,在工作和生活中既勇于尝试新鲜的东西,又始终恪守着一些规矩;80 后则崇尚自我,他们无论是升学和就业,都面临巨大的压力,个人的成功对他们非常重要。

2-6 描述三种道德准则,讨论影响道德行为的三种要素。

道德观是指对道德准则的研究,或者判断行为是对是错并且判断结果是好是坏的价值观。三种道德准则分别是功利主义、个人权利和公正分配。三个影响道德行为的因素是该事件需要道德原则的程度(道德强度),个人对道德问题的存在和其相对重要性的敏感程度(道德敏感度),以及环境的力量。道德行为在工作上得到支持的方式有:道德行为准则、违背伦理的沟通机制、组织文化和领导行为。

2-7 描述五种经常研究的跨文化价值观。

在跨文化领域经常被研究的五种价值观是个人主义(重视独立性和个性)、集体主义(重视在群体内的职责和群体的和谐)、权力距离(重视不平等的权力分配)、不确定性规避(对模棱两可和不确定性的忍受力或者感受到的威胁)和成就—培养导向(重视竞争与合作)。

关键术语

能力
成就—培养导向
集体主义
责任心
反生产行为
外向型
迈尔斯—布里格性格分类法
五要素模型

个人主义
警觉
道德强度
道德敏感度
激励
神经质
组织公民行为
性格

权力距离	角色认知
出勤	不确定性规避

复习思考题

1. 某单位办公室员工的旷工率很高。办公室的行政主管认为员工在滥用单位的病假福利。然而,一些员工(大部分是女性)解释家庭责任影响了工作。用MARS模型和你对旷工行为的知识,讨论这种情形下旷工的可能原因以及减少旷工的办法。

2. 据说所有的员工都可以被激励。你同意这种说法吗?

3. 研究表明,遗传对个人的人格有很大影响。这对组织设计有什么启发?

4. 所有参加一个管理培训岗位面试的候选人都会通过五要素模型进行个人水平测试。你认为哪种个人特征是最重要的?并解释原因。

5. 比较个人价值观,在施瓦茨模型中辨别一种或者多种价值观,并解释它与五要素模型中构架的联系。

6. 本章主要讨论了员工个人价值观与组织价值观的一致性。不过价值观一致性也与其他处于并列位置的价值观体系有关系。请解释价值观一致性跟组织价值观与职业价值观(如心理咨询师、会计、药剂师)有什么关系。

7. "所有决策都是道德决策",请联系道德强度和道德敏感度的内容陈述你的看法。

8. 你工作五年的公司面临着全球衰退的问题,这可能会影响到你的薪资或补贴。基于此,讨论一下这个事件中的道德强度、道德敏感度和组织影响力。

9. 某个南美国家的人有高水平的权力距离和集体主义,这意味着什么?当你(一个高级经理)探访公司这名员工时,这个信息有什么含义?

应用案例:催文书也可以很有趣

某地正在为这个城市不同部门的管理者举办一系列研讨会。在其中一个研讨会上,讨论的话题是"激励——我们如何激励公务员做好他们的工作"。一个警官的困境成为讨论关注的焦点:

我的警员真的遇到了问题。他们加入警队的时候是年轻的、没经验的菜鸟,我们派他们上街,或者乘车,或者去巡逻。行动包括防止犯罪和扣押罪犯,他们似乎很喜欢跟群众接触。他们也喜欢在火灾、意外和其他紧急情况下帮助其他人。

当他们回到办公室时,问题就来了。他们讨厌做文档工作,也由于他们不喜欢做这件事,工作常常不能及时完成或者完成得不好。这方面的疏忽使我们后来上庭的时候很吃亏。我们需要清晰、实事求是的报告。它们必须十分详细,毫不模糊。只要报告的一部分被认为不够好或者不正确,其他部分都会受到质疑。差劲的报告造成我们输官司的数量可能比其他因素还要多。

我就是不知道该怎么激励他们更好地完成工作。我们的预算很紧张,我绝对没有可以支配的经济奖励。事实上,我们可能在近期内要解雇一些人员。很难使这种工作变得有挑战性或者有趣,因为它确实不是——它就是无聊的、千篇一律的文书工作,对此你无能为力。

最后,我不能跟他们说他们的升迁会和他们出色的文书工作挂钩。首先,他们知道这不是真的。只要他们的表现良好，大部分的人只要在警队待一段时间就会得到升迁，而不是因为一些特别出众的表现。第二，他们接受训练以完成室外的工作，而不是填表格。在他们的职业生涯中，受关注的是逮捕和武力干涉。

有人提出很多建议，像是用定罪记录作为表现评价标准。然而，我们知道这不公平，也涉及很多其他因素。差的文书增加了你输掉官司的概率，不过好的文书也不必然意味着你会赢。我们尝试设立基于文书质量的团队比赛，不过警员们很快就了解了这是怎么一回事。没有人因为赢得比赛而得到任何形式的奖赏，他们想，"没有回报为什么还要拼命干"。

我真的不知道该怎么做。

资料来源：T. R. Mitchell and J. R. Larson, Jr., *People in Organizations*, 3rd ed. (New York: McGraw-Hill, 1987), p. 184. Used with permission.

讨论题

1. 警官试图纠正什么问题？
2. 运用个人行为和表现的MARS模型诊断导致这不可接受的行为的原因是什么。
3. 警官考虑了所有可能的解决办法没有？如果没有，还有什么可以做的？

应用案例：何总的烦恼

中源公司的何总坐在办公桌前，查看今年的财务报表。公司正在步入一个高速发展的时期，照此情形发展，下一年公司的营业收入有可能达到7亿～8亿元，发展前景乐观。同时他也看到了一份由人事部门做的员工满意度年终调查表，调查表分为几个部分：员工对薪资福利的满意度，对个人职业生涯发展规划的满意度，对知识及各种资源可获得性的满意度等。当看到最后的总结结果时，何总眉头紧锁。表上反映出，目前员工对职业生涯发展规划的满意度仅为15分（总分100分），而与此相联的是公司内高得惊人的人才流失率——40%。何总意识到目前公司的人员激励措施仍不能解决由于晋升机会少而产生的员工流失的问题，这个问题如果不能妥善解决，将有更多的员工流失到竞争对手的公司里去，这将严重影响到公司未来的发展。

公司目前共有员工620名，平均年龄30岁，80%以上的员工为本科学历。公司的组织结构也从最初的两个科室发展到目前的12个部门、30个科室。公平的竞争机制、较大的发展空间以及良好的行业前景吸引了一大批年轻有为的人才。公司的发展为员工施展个人才华提供了一个良好的大舞台，几年时间里，公司涌现出一大批能力出众的员工。公司积极贯彻"竞争、激励、淘汰"三大机制，不拘泥于传统企业中干部提拔的老框框，不论资排辈，不注重职称、年龄等因素，而是看重工作能力和工作绩效。公司成立以来，共提拔了科级以上干部80名，员工的薪资也提高了很多，依同样的学历、经历等条件远远高出市场平均水平。同行对中源公司也刮目相看，认为该公司管理水平高、管理机制好、员工素质强。

2004年年终，就在公司快速发展上升、外界对公司赞誉不绝的时候，公司在员工激励方面的问题浮出水面。2004年一年公司就有35%的员工跳槽到竞争对手那里，究其原因，主要是公司的组织结构相对稳定，各个部门、科室的职务几乎已经没有空缺，员工已经没有什么发展空间。既然机遇与空间很小，工作热情怎能提高，工作质量又如何保障呢？许多员工开始有牢骚和怨气，工作没有以前那么积极主动。而广告设计业的竞争又如此激烈和残酷，竞争对手正虎视眈眈地关注中源。当这一问题产生后，很多员工马上被竞争对手挖走了，吸引他们跳槽的条件就是会给他们提供良好的升迁机会。

公司管理层在意识到这个问题后，会同人力资源部门出台了一系列人员激励措施，以减少公司人才的流失，提高员工的满意度。但是，公司的发展已经进入相对稳定的时期，各个部门的主管和经理人员也已经稳定下来，不可能总是有足够多的空余职位使表现好的员工得到晋升。

公司的管理层也认为员工激励是相当重要的环节。激励工作开展不好，员工很容易产生不公平的感觉，进而影响到其工作状态。公司充分认识到这一点后，就开始坚决贯彻公司的"竞争、激励、淘汰"三大机制，在员工激励方面坚持公开、公平、公正的原则，逐步建立了一整套员工激励、员工发展的制度，包括表彰、旅游、休假、培训、评优、嘉奖、加薪、干部提拔等诸多形式，在薪资、福利方面也已经远远超过市场平均水平。公司的管理层希望通过这一系列措施，补偿由于晋升机会少而带来的激励不足。

但是，事情的发展似乎还是不尽如人意，新措施的出台并没有降低公司的员工流失率。公司管理层也不明白，在这么好的条件下，在这么好的激励机制下，员工为什么还会对公司的激励工作不满意。

何总曾就公司出现的问题进行调查。在对问题进行了缜密的思考后，何总认为主要涉及以下几个方面。以最基本的激励因素——薪资来讲，公司给每位员工开出的薪资都是比较优厚的，高于同业也高于市场，这是基于公司良好的发展给每位员工工作最实际的肯定。而员工对薪资的认识偏差在于：虽然大家薪资都比较高，但也不满意，人人都在想如果我的工资比他的高一截我就满意了，哪怕只高一小部分。因此，员工很希望通过职位的升迁来提高自己薪资的档次，取得较高的个人成就感。

但是，员工没有这样想过：首先，自己的能力是否已经达到了高一级薪资的水平；其次，如果自己当初选择的不是中源公司，而是同行业的其他公司，能够拿到今天的薪资吗？同时员工也没有想到，公司形象的提高也是员工个人价值的提高。当员工所在公司成为行业领先者时，其他公司就会对该公司员工刮目相看，无形中提高了员工在外求职的价码。

公司以前实施的激励方案其实不少，但由于缺乏对广大员工的宣传，所以员工对此感觉不大，印象不深。公司可以通过大会表彰、海报宣传、小会学习、文件通报、内刊宣传等各种形式进行宣传，对员工进行感觉、视觉、听觉三位一体的立体宣传攻势，使其更加详细、深入地了解公司的激励措施。

考虑再三之后，何总拿起电话打给人事部总监，准备召集高层管理人员会议，讨论如何解决公司的这场危机。

注：本案例仅供课堂讨论。其中，公司的真实名称以及涉及的人物真实姓名都被隐去。

资料来源：百度文库案例，略有修改。

讨论题

1. 何总试图纠正什么问题？
2. 何总分析员工对激励理解的角度是否全面？他是否客观地分析了员工的心理和问题产生的原因？
3. 运用个人行为和表现的MARS模型分析中源公司的员工离职率偏高的原因。
4. 请尽可能地提出有效和可行的方案帮助何总解决员工离职的问题，并分析方案的优缺点。

课堂练习：测试你的人格知识

目标： 这个练习的目的是帮助你思考并理解大五人格维度对个人偏好和结果的作用。

说明（大班）：

下面是关于大五人格维度和不同偏好或成果的几个问题。根据你的个人经验或最佳猜测回答每个问题。然后，指导老师会给你根据学术分析得出的答案。你在这个测试中不会被打分，不过它会帮助你更好地理解人格对个体行为和偏好的作用。

说明（小班）：

1. 指导老师会组织学生分组。每个小组的成员一起回答下面关于大五人格维度以及不同偏好和结果的问题。
2. 指导老师会给你根据学术分析得出的答案。（注意：指导老师可能会举行比赛，看哪个组答对的问题最多。）

人格和偏好的问题

你被要求从12份申请在南极研究站完成九个月过冬任务的求职者中挑选出一名候选人。假设所有候选人都具备相同的技能、经验、健康状况和身份。每一项人格维度处于什么水平，什么样人格特质的人最适合在这样偏僻、受限和孤立的条件下工作？

表 2-3

人格维度	低	低于平均值	平均值	高于平均值	高
责任感					
随和型					
神经质					
开放型					
外向型					

下面列出一些职业。请在每一种职业上选择不超过两个与其偏好正相关的人格维度。

表 2-4

职业	人格维度				
	外向型	责任感	随和型	神经质	开放型
预算分析师					
公司行政人员					
工程师					
记者					
人身保险经纪人					
护士					
医生					
产品监督员					
公共关系总监					
研究分析员					
学校教师					
雕刻家					

你认为，团队成员应该在哪两种人格维度上分数最高，才能产出最好的团队业绩？

- 责任感
- 随和型
- 神经质
- 开放型
- 外向型

根据你认为的预测生活满意度的能力，对五个人格维度进行排序（1=最高，5=最低）。
（注：人格维度由它们的绝对作用进行排序，忽略它们的正相关或负相关）

_____ 责任感
_____ 随和型
_____ 神经质
_____ 开放型
_____ 外向型

哪两项大五人格维度与职场幽默氛围是正相关的？

- 责任感
- 随和型
- 神经质
- 开放型
- 外向型

课堂练习：个人价值观测验

目标： 这个练习的目的是帮助你理解施瓦茨价值观模型，并把它的要素与你个人的价值观和班级里其他人的价值观联系起来。

说明： 老师会发一张有44个单词和短语的纸片来代表不同的个人价值观。认真阅读这些单词和短语，然后按照以下步骤进行：

1. 从这些单词或短语中选择对你而言3个代表最重要的价值观的词语。将这三个价值观写在老师发给你的三张黄色便签上。
2. 从你老师发的纸片上剩余的41个价值观中，选择对你而言3个代表最不重要的价值观。将这三个价值观写在老师发给你的三张黄色便签上。
3. 老师会根据你在这六张便签上所写的最重要和最不重要的价值观，给你相关建议。
4. 班级将进行汇报，使用在第三步里得到的信息。

小组练习：道德困境示例

目标： 这个练习的目的是让你了解人们在不同商业环境中会遇到的道德困境和这些环境里相互矛盾的原则和价值观。

说明（大班）：

阅读下面的所有案例，并判断在每个案例中公司的行为在多大程度上是道德的，请独立完成。指导老师会让同学们举手表决学生们认为该案例代表哪种程度的道德困境（高或低道德强度）和各个案例中的主要人物和公司的行为符合道德的程度。

说明（小班）：

指导老师会组织4～5个成员的小组。小组成员会阅读下面的每个案例，并讨论在每个案例中公司的行为在多大程度上是道德的。小组要准备好用道德原则和每个事件中感知到的道德强度来解释他们的评价。

案例1

一个大型欧洲银行要求所有的员工都必须在该银行开设账户，并将员工的工资存入该银行的账户里。银行解释说，这是一项正式的政策，所有员工在入职时都必须同意。此外，若员工在该银行未设立账户则表明他是不忠诚的，这可能会限制该员工的职业发展。直到最近，银行才勉强同意一小部分员工，将他们的工资存到该员工在其他银行的账户中。现在，银行高管想要加强这项政策，他们宣布员工有三个月的时间来开设该银行的账户，否则就要面临纪律处分。

案例2

一家小型进口服务公司聘请的一名16岁的员工开始把她对工作的想法发表在她的Facebook主页上。在工作的第一天后，她写道："第一天的工作。我的天啊！！太无聊了！！"两天后，她抱怨道，"我所做的全部只是用碎纸机处理掉n张有孔的扫描纸！！！我的天啊！"

两周后，她补充道："我已经无聊透顶了！！！"这些评论与她平时生活中的其他玩笑内容都混在一起。她的Facebook主页并没有提及她所工作的公司名称。但在被雇用了三周后，这名员工被叫到了老板的办公室，接着因为在Facebook主页上的评论，她被解雇了。老板认为这些评论对公司不利，并且她"所显示出的不尊重与不满情绪破坏了他们之间的关系，这些都使雇用关系不能再维持下去了。"

案例3

电脑打印机制造商通常以较低利润售

卖打印机，并在随后的打印机耗材——墨水芯的销售中赚取更多利润。某个全球打印机制造商正在将他们的打印机设计成只能使用同一区域的墨水芯的产品。例如，在美国买的墨水芯不能被用于在欧洲的相同打印机。这种墨水芯的"区域编码"并不能提高性能，相反地，它使得消费者和灰色市场交易者不能在另一个区域以较低价格购买商品。公司宣称，这个政策使得他们可以在一个区域内维持稳定的价格，不会因为汇率波动而不断地改变价格。

案例4

朱迪·普瑞斯（Judy Price）是位有个性有见解的电台主持人，她在一个受欢迎的电台主持晨间热线谈话节目。普瑞斯嫁给了身为律师的约翰·特雷姆伯（John Tremble），尽管没有公共部门的工作经验，但他最近当选了市长。电台的董事会担心由于她的丈夫担任着这样一个公共职位，如果普瑞斯继续在广播中做评论员和谈话节目主持人，电台的客观性可能会受到阻碍。例如，电台经理认为普瑞斯尽量不去关注环保团体批评市政府在回收利用方面进程缓慢这件事。但普瑞斯否认她的观点有偏见，并宣称该事件并没有当时的其他事件那么值得关注。为了减轻董事会的担忧，电台经理把普瑞斯从她的谈话节目调到小时新闻播报。在这里，大部分脚本都是由其他人撰写的。虽然，从技术上说调到播报工作是降职了，但普瑞斯的薪水仍维持不变。普瑞斯现在正寻求专业意见，来确定电台的行为是否构成对其婚姻状况的歧视。

案例5

在过去几年，一家小型公司（40个员工）的设计部门一直在使用某个软件程序，三名使用这个软件的员工抱怨软件过时并且会降低他们的表现，这种抱怨超过了一年。该部门同意转用另一个有竞争力的软件，但这会花费数千美元。不过，该软件的新版本在六个月内不会发布，并且购买下个版本时不会因为购买过现在的版本而打很大的折扣。公司已经订购了下一个版本。同时，一个员工可以从公司的一个朋友那里拿到该软件现在版本的一个拷贝。虽然那三名员工没有付钱，但公司允许他们使用现在的版本。

读完本章后，如果你需要更多信息，请登录：www.mhhe.com/mcshane7e获得更多关于本章的深度信息和互动。

第 3 章

CHAPTER 3

感知自己和他人

学习目标

阅读完本章，你应该能够：
- 描述自我概念的元素并解释每一个元素如何影响个体行为和幸福感。
- 概述知觉过程，并讨论在这一过程中分类思维和心理模型的作用。
- 探讨刻板印象、归因理论、自我实现预言、晕轮效应、虚假同感、首因效应和近因效应如何影响知觉过程。
- 结合组织中的实际情况，探讨三种改善认知的方法。
- 理解全球化思维的主要特征并指出它对员工和组织的作用。

开篇案例：个人的成功源于正确的自我认知

小方毕业于南方一所著名大学的管理学院。读大学期间，他最喜欢的是营销管理之类的课，这类课程的成绩很好。他的梦想是当一名出色的营销人员，希望最终能当上大公司的营销副总裁。可是，他讲话都有点结巴，同学们劝他趁早放弃从事营销工作的想法，因为从事营销工作需要口齿伶俐。在暑假实习时，公司营销部的人也劝他最好不要从事营销类的工作。听了这些言论后，他对自己将来从事营销工作的能力开始怀疑，准备放弃找营销类的工作。毕业那年，他向一家大型合资企业的财务部和营销部都投了简历，可能是因为财务类的课程成绩一般，他没有得到财务部的面试机会，但是得到了营销部的面试机会。第一轮面试小方顺利过关。第二轮面试的主考官是该公司营销部的经理。那天，当小方进入面试现场时，心里一直忐忑不安。他努力控制自己，希望自己在面试的过程中说话结巴的缺点不要那么明显。幸运的是，面试过程中，主考官并没有对小方略有结巴的表现太介意，而是注重考查小方的专业知识技能等等。面试临结束时，主考官问小方有没有什么问题想问，小方想了想，大着胆子问主考官："我听说营销部都喜欢招口齿伶俐的人，像我这种说话没那么流利的人能做好营销工作吗？"主考官回答说："谁跟你说做营销工作的人非要口齿伶俐的？当然口齿伶俐对很多工作有帮助，对营销工作也一样。但不是必要条件。不要以为营销工作就是向人推销东西，营销也有不同的岗位。况且，有时候口齿没那么伶俐对说服别人更有利，因为大家通常都认为结巴的人老实，哈哈！"主考官的话对小方触动很大。最终，小方也被该公司录用。那位主考官的说法让小方对自己的能力有了充分的认识，他信心百倍地投入工作，业绩突出，连续两年获得部门之星的称号并得到提拔。

为什么一个人正确认识自己并对自己有信心那么重要呢？认识自己，就突破了迈向成功路上的第一大障碍。

资料来源：根据真实事例改编。

3.1 自我概念：我们如何感知自己

自我概念（self-concept）指的是个体的自信和自我评价。人们通过问自己"我是谁"

以及"我自我感觉如何"来指导他们的决策与行动。考虑自己将来是否成为一名消防员或者是一名金融分析师，我们比较的是现在的自己（自我知觉）和预期的自己（理想自我）。我们同样也评估当前与预期的能力，来确定那份工作是否合适。最近的研究表明，我们每个人都有一个个体自我（我们的个人特征）、关系自我（人际关系）和集体自我（我们在特定的社会群体中的身份）。

3.1.1 自我概念的复杂性、一致性和清晰度

个体的自我概念可以通过三个特点进行描述：复杂性、一致性和清晰度（见图 3-1）。复杂性指的是人们自我感知到的独特且重要的角色或身份。每个人都有一定程度的复杂性，因为他们在不同时期扮演着不同的角色（学生、朋友、女儿、球迷等）。但复杂性不只是个人角色扮演的数量定义，同样也是自我的分离。当个人最重要的身份是高度相互关联时，自我概念具有低复杂性，比如当他们同时具有经理、工程师、家庭收入来源者的身份时。

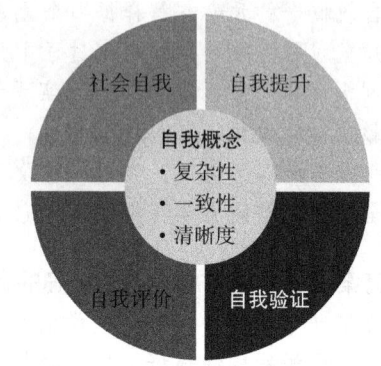

图 3-1 自我概念的特点和过程

自我概念的第二个特点是内部一致性。当大部分个人自我感知的角色需要类似的人格特质、价值观和其他属性时，此时存在较高的内部一致性。当有些自我概念需要的个人特征与特征所需的其他方面自我相冲突时，会存在较低的一致性。如果你认为自己是一个很严格的工程师，同样也认为自己是一个骑士和冒险的滑雪者时，这种情况下自我概念的一致性较低。

海伦妮·乔伊（Hélène Joy）出现在一些受欢迎的电视节目上，但作为一名演员缺乏就业保障，迫使她加入她母亲的房地产业务中。"这个持续了一周，"乔伊回忆起她短暂的房地产事业。"我意识到表演才是我能做的并且我存在的意义。"这样的经历帮助乔伊形成了清晰的自我概念，以及一个全新的实现她理想自我的决心。"我想我直到那以前从来没有承认过，并且一旦我承认了，我就不会停止我的工作。"今天，乔伊是一部受欢迎的电视剧《神探默多克》的主演，并且因为她出众的演技而得到一些奖项。

清晰度是自我概念的第三个特点，是指你拥有的清晰的、笃定的、稳定的自我概念的程度。在关于"我们是谁"的问题上，我们可以自信地向别人描述我们的重要身份，提供相同的自我描述。自我概念的清晰度会伴随着人们的年龄以及人们多重自我的一致性而增长。

自我概念的特征对幸福感和行为的影响

自我概念的复杂性、一致性和清晰度影响着一个人的幸福感、行为和绩效。当多个自我（复杂性）被很好地确立（清晰度）并且与其他个体相似时，也就是与个人特征相兼容

（一致性）时，人们往往有更好的心理健康。当一些角色受到威胁和损害的时候，自我概念的复杂性保护着我们的自尊心。一个复杂的自我很像一艘有几个封锁的隔间的船。如果一个隔间损坏了，其他隔间（自我）仍然是未受损伤的，因而船依然能够在海上漂浮。与此相反的是，当人们的复杂程度较低时，包括那些多重自我是彼此联系的人，他们面对失败的时候往往会遭受更大的损失，因为这些事件影响了他们自身的很大一部分。

当人们的多重自我彼此之间和谐相处，并且与个体的个性和价值观相适应的时候（一致性），人们往往会拥有更好的幸福感。少许自我概念的多样性能帮助人们适应，但是过多的变化会引发内部的不安与冲突。最后，幸福感会伴随着自我概念的清晰度而增长。那些对自我观点不确定的人更容易受其他人的影响，做决策的时候会感受到更大的压力，并且会感受到更多来自社会力量的威胁，而那样的社会力量恰恰会破坏他们的自信心和自尊心。

自我概念的复杂性、一致性和清晰度对行为和绩效有更多不同的影响。一方面，那些主要通过工作评判自己的人（也就是低复杂性）往往会有更少的无故旷工以及工作失误。他们通常会有更好的绩效表现，原因是他们肯在技能培训上花费更多的精力和更长的时间，以及在工作上更集中注意力等。另一方面，低复杂性在主要的自我方面受到损害或威胁的时候，通常会造成更大的压力和沮丧感，这会进一步破坏个体的绩效表现。

自我概念的清晰度往往会提升绩效并且被认为是领导者的重要特质。清晰度同样关注个体的能量，正因如此，员工能把他们的努力更有效率地用在他们的职业目标上面。较高的自我概念清晰度还有另一个好处，那就是在发生人际关系冲突的时候，人们受到的威胁更小，因为他们能够采取更多有建设性的措施去缓解矛盾。然而，那些有很高清晰度的人们也许在角色上缺乏灵活性，以至于他们不能适应改变了的工作职责或者环境条件。

除了这三个自我概念的特点，图3-1还补充说明了形成自我概念和促成个人决策与行为的四个过程。让我们看看这四个"自我"中的具体每一个：自我提升、自我验证、自我评价和社会自我（社会认同感）。

3.1.2 自我提升

一个世纪以前，教育哲学家约翰·杜威（John Dewey）说过，"人性中最深处的欲望是自己变得重要的欲望。"杜威认识到人们天生有动力去感知自己（和被他人所感知）是有能力的、有吸引力的、幸运的、讲道德的和重要的。这种**自我提升**（self-enhancement）在许多方面都能观察到。个体都倾向于认为自己超过平均水平，相信自己有更大的可能性获得成功，并且将成功归因于自身的积极性或者能力，而将他们的失误推给环境因素。人们并没有认为自己在任何情况下都高于平均水平，但这种偏见在通常的情况下是明显的，而不是罕见的，这对他们来说是重要的。

自我提升在组织里的效果既有积极的方面又有消极的方面。从积极的一面来看，当个体增强自我概念的时候，他们倾向于拥有更好的身心健康并易于调整。过分自信同样也会生成一个"能做到"的态度（这一部分我们稍后会讨论到），而这种态度会在困难或者危险的任务面前激励出一种坚持不懈的毅力。从消极的一面来看，自我提升会导致人们在做决策的时候高估未来收益，更少地使用保守的会计实务方式，并且要花更长的时间来承认自己的错误。一些研究同样指出，自我提升是新手司机高事故率的因素之一。不过，一般来说，成功的企业总是帮助员工感受到被重视以及自己是组织中不可或缺的一部分。

图 3-2　自我提升：让大多数人们超过平均水平

3.1.3　自我验证

在自我提升的激励下，人们才有动力去确认并且维持现有的自我概念。这一过程，被称之为**自我验证**（self-verification），使自我观念稳固，为人们的思想和行动提供了指导。员工之间积极沟通他们的自我概念，使得同事们能够提供反馈来加强他们的自我概念。举例来说，你可以让同事知道你是一个非常有条理的人；后来，他们指出你确实非常有条理的情况。与自我提升不同，自我验证包含寻求不一定是奉承性的反馈（例如，我是一个擅长与数字打交道的人，而不是一个擅长与人打交道的人）。社会科学家继续争论是否以及在何种条件下人们更喜欢支持自我提高和自我验证的信息。换句话说，我们是更喜欢赞美，还是一个对我们缺点的准确的批评更让我们欣然承认呢？答案可能是一次情感上的激烈竞争：我们喜欢赞美，但是当赞美与我们的自我观念相矛盾的时候，这种喜欢的程度会减弱。

自我验证对组织行为是有影响的。第一，它影响着知觉过程，因为员工更容易记住与他们自我概念相一致并且无意识所筛选出的信息（尤其是负面信息）。第二，他们的自我概念越明确，越不会有意识地去接受与他们自我概念相矛盾的反馈。第三，员工更愿意与肯定他们自我观念的人们交流，而这种动机会影响他们与老板和团队成员之间相处的好坏。例如，当社会化过程让他们肯定真实的自我的时候，新员工往往更加满意并且会表现得更好——他们可以展示和接受对"他们是谁"的支持，而不是社会化过程主要引导他们成为一名企业理想化模型的员工。

3.1.4 自我评价

几乎每个人都努力地去拥有积极的自我概念,但有些人对自己的评价比对他人的评价更加积极。自我评价主要被三个要素所定义:自尊、自我效能和控制点。

1. 自尊

自尊指的是人们喜欢、尊重和满意自己的程度,代表一个总体的自我评价。一些专家还认为,自尊是一个人评价他在社会包容方面的成功。换句话说,当人们相信他们与其他人相互联系并且被他人所接受的时候,往往有更强的自尊心。有着更强自尊心的人们受他人影响更小,尽管有可能失败也倾向于坚持,思考也更加理性。关于具体方面的自尊(例如,一个好学生,一个好司机,一个好父母)预示着具体的思想和行为。然而,一个人的全部自尊预示着更加一般化的思想和行为(如自我满足)。

2. 自我效能

自我效能(self-efficacy)代表一个人对自己能成功完成一项任务的自信程度。那些有较高自我效能感的人有"能够做"的态度。他们相信自己拥有能量(动机)、能力、明确的预期(角色认知)和资源(环境因素)去完成这项任务。换句话说,自我效能是个人在具体环境下对于 MARS 模型的感知,尽管最初的定义是具体的任务。自我效能也是一个关于自我概念的综合体。综合的自我效能是对一个人在不同环境下的胜任度的感知。综合自我效能水平越高,总体自我评价越高。

3. 控制点

控制点(locus of control)是一个人相信自己对生活中发生的事情的控制程度。内控者相信他们的人格特征(如动机和能力)对生活结果产生主要影响。外控型人相信他们的生活更多受命运、运气、外部环境的影响。控制点是一个被普遍化的信仰,所以外控型人在熟悉的环境会觉得有控制权。

内控型人的自我评价会更加积极。他们在大多数工作环境里也通常会表现得更好,在事业上更成功,赚更多钱,更适合领导岗位。内控型人也倾向于更满意自己的工作,在有压力的环境下适应力更强,会更受表现决定奖励的系统的激励。有一个令人担忧的事实是,在过去四十余年里,年轻人中间的控制点已经由内控型转移至外控型。

3.1.5 社会自我

每个人都有一个自我概念,包含至少几个身份(经理、家长、高尔夫球手),每个身份都被一些属性所定义。这些属性突出人的独特性(个人身份)或者与他人的联系(社会身份)。个人身份(也称为内部自我概念)包括那些使我们在身处的社会团体中显得独一无二的特征。例如,一项使你从群体中间脱颖而出的不寻常的成就就是一个典型的个人身份特征。个人身份指的是关于你作为一个个体的特征,与团体无关。

与此同时,人类是社会性的动物,他们天生有与别人交往,被认同作为社会成员的渴望。这种渴望体现在自我概念中,因为所有人都在某程度上以与他人的关系定义自己。社会身份(也称为外部自我概念)是**社会身份理论**(social identity theory)的中心主题,也就是说人们根据自己身处或有情感联系的团体来定义自己。例如,可能一个人的社会身份是一个中国人、一个某大学的毕业生和一个华为公司的员工(见图 3-3)。

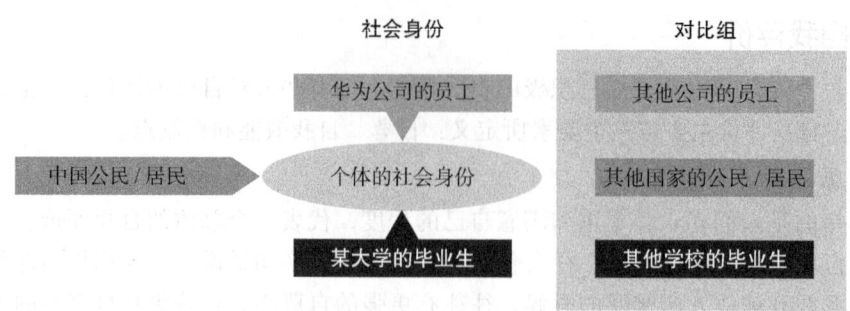

图 3-3　社会身份理论例子

社会身份是一个复杂的、由很多不同重要程度的身份组成的混合体。决定身份重要程度的第一个因素是我们作为一个团体成员，通过某些特征被识别出来的容易程度，如性别、年龄、种族等。第二个因素是你在这个团体中的少数身份地位。如果你班上大多数人都是与你相反的性别，那么你的性别就很突出。这种情况下，性别就成为一个较强的社会身份的决定性因素。而在更广阔的社会环境中，很多人跟你同一性别，性别的重要性就较弱。

群体的地位是社会身份的另一个重要因素，因为和群体的联系会让我们对自己的感觉更好（也就是自我提高）。医生通常用他们的职业定义自己，因为医生地位高。一些人用在哪里工作描述自己（如"我在谷歌工作"），因为他们的雇主在社会上享有良好的声誉。其他人则从来不提他们在哪里工作，因为他们的雇主被认为与雇员关系差，在社会上声誉不好。

每个人都试图平衡他的个人和社会身份，但独特性（个人身份）和关联性（社会身份）之间究竟优先考虑哪个，则因人而异。自我概念主要是被社会身份所定义而不是被个人身份定义，所以那些把重心放在社会身份上的人们更主动地遵守团队规范，并且更容易受同辈压力的影响；而那些把重心放在个人身份上的人们则能说出更多与主流所不同的东西，并且不太积极遵守团队规范。此外，表达与他人的分歧是独特性的标志，特别是当双方的分歧是基于个人价值观的差异，这种情况可以帮助员工形成一个清晰的自我概念。

3.1.6　自我概念和组织行为

自我概念在社会科学中已成为一个热点话题，并且在组织行为的研究领域受到重视。正如本节所指出的，自我概念是感知和决策过程中的一个因素，涉及偏见、员工激励、团队动力学、领导力发展、员工压力和其他组织行为学的主题。这也是在本书引入自我概念的原因。

许多组织的管理者已经充分意识到支持员工的自我观念可以显著地提高绩效和幸福感。员工在关于"他们是谁？他们能给世界带来什么"的问题上渴望得到来自雇主的认可。唐纳·加迪恩（Donna Gadient）解释道，他是来自印第安纳波利斯 R. W. Armstrong 公司的一名高级行政管理人员。"我的工作里最重要的部分是要确保人们能够感受到自身的价值。"洲际酒店集团（IGH）的高管们同样相信，员工的动力可以通过承认和支持他们的自我概念而得到增强。"你在业务上做的每件事都必须让员工觉得他们自己是英雄和女英雄，而且你必须要承认他们做出了巨大的贡献，"一位 IGH 的高管这样建议道。"每个公司都这样说，但是很少有公司能真正这样去做。"

海底捞是中国近年来迅速崛起的一家餐饮连锁企业。海底捞的迅速发展离不开其对员工的授权以及由此引起的对员工自我概念的支持。海底捞提升服务质量的逻辑是让员工快乐，并教育员工如何让客人快乐。海底捞的一线员工拥有比一般餐饮企业员工更高的自主权。他们可以参照制度规定中必须免单和建议免单的情况，自主决定对一桌不满意的客人采取抹零、赠送小菜和捞面、打折、免单等做法，或者自主采取其他方式处理突发事件，不需要事先询问层层经理，而只需要在事后填写表格、解释原因并让领班签字确认。这种制度在很大程度上提高了员工与客人互动过程中的主动权和决策效率。如果员工处理方法不当，海底捞明文规定不得处罚，但必须事后培训。此外，如果是在大堂经理及以上工作岗位工作满6个月的员工，以及当月被评为"功勋"级别的普通员工，他们的父母可以按月领取"父母津贴"。其他福利还包括住房补贴、子女教育等。此外，海底捞还成立了"亲情工作小组"，如果员工父母、（外）祖父母家中有困难，海底捞每年拨出100万～200万元的款项来解决员工家中的问题，让员工家属感到温暖，令他们对子女在海底捞工作感到放心。

资料来源：节选自《海底捞公司》，清华经管学院中国工商管理案例中心编。

3.2 感知我们周围的世界

尽管我们花费了大量的时间来感知自我，但是我们大部分的知觉能量还是给了外部世界。无论是作为一个结构工程师、会计师还是高级主管，我们都需要理解我们周围的世界，包括那些影响知觉准确性的条件。**知觉**（perception）是接收来自我们所处世界的信息并且认识这些信息的过程，包括哪些信息被注意、如何分类这些信息，以及在我们现有的知识框架下如何解读它。

知觉过程基本遵循图3-4的步骤来进行，知觉开始于我们的感官接收到环境刺激。虽然大多数冲击我们感官的刺激都被屏蔽了，但剩下的将会被整理并解读。我们的感官接收一些信息而忽略其他信息的过程被称为**选择性注意**（selective attention）。知觉主体本身的特性和知觉的对象，特别是大小、强度、运动、重复和新鲜度都会影响选择性注意。例如，在护士站呼叫显示器上闪着红光的小灯能被迅速注意到，因为它是明亮的（强度）、闪烁的（运动）、罕见的事件（新鲜度），同时它具有病人的生命体征在下降的象征意义。同时，选择性注意也会被知觉对象所处的背景所影响。选择性注意的过程可能会由不同于背景的事物或人来触发，比如在一个大多数人都操北京口音的情景下听到一个人用东北口音说话。

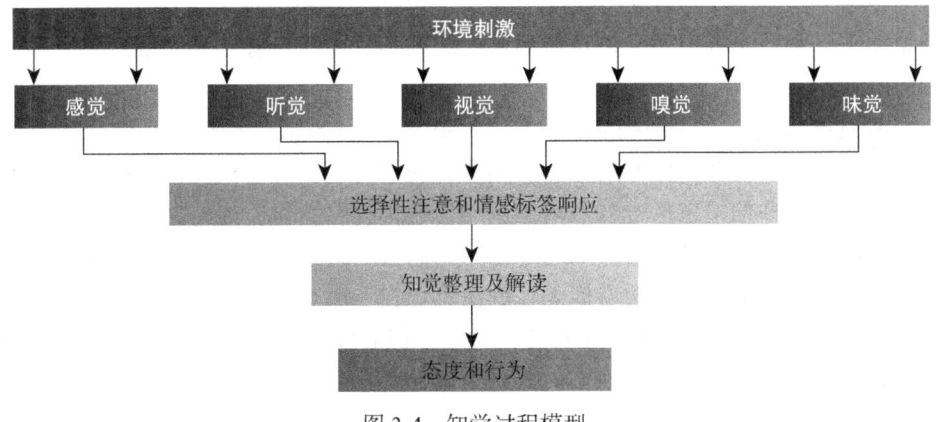

图3-4 知觉过程模型

中国文化中有个"盲人摸象"的典故。从前,有四个盲人很想知道大象是什么样子,可他们看不见,只好用手摸。胖盲人先摸到了大象的牙齿。他就说:"我知道了,大象就像一个又大、又粗、又光滑的大萝卜。"高个子盲人摸到的是大象的耳朵。"不对,不对,大象明明是一把大蒲扇嘛!"他大叫起来。"你们净瞎说,大象只是根大柱子。"原来矮个子盲人摸到了大象的腿。而那位年老的盲人呢,却嘟嘟囔囔:"唉,大象哪有那么大,它只不过是一根草绳。"原来他摸到的是大象的尾巴。四个盲人争吵不休,都说自己摸到的才是大象真正的样子。而实际上呢?他们一个也没说对。因为他们作为知觉主体存在着显著差异(高矮胖瘦各不相同),因而关注度也就不同。

"在你掌握所有证据之前就开始推理,是一个严重的错误,"《血字的研究》中神秘的侦探夏洛克·福尔摩斯(Sherlock Holmes)警告道,"这会使判断产生偏差。"世界各地的执法机构试图遵循福尔摩斯的建议。为了减少错误定罪的风险,侦探在调查中要避免过早接受任何理论。"我们不能只局限于眼前狭窄的视野,否则我们面前发生的一些明显的线索都会被我们遗漏掉",Sean Crosier中尉在调查西弗吉尼亚的失踪人口案时这样说道。

知觉者的特性在选择性注意中起到关键的作用,而这往往是知觉者没有意识到的。当感官接收信息时,我们的大脑迅速且无意识地判断它是否与我们相关,然后赋予其情感标签(担忧、幸福、沉闷等)。这些情感标签有助于我们在记忆中储存信息,并且当我们以后回想起这则信息,则会唤起我们同样的情感。然而,选择性注意的过程远非完美。古希腊哲学家柏拉图很早就认识到这一点,他留下了"只有当阴影反射出墙壁上粗糙的洞的时候,我们才能看到现实"这样的名言。

选择性注意偏差受到我们对未来事件的假设和预期的影响。当你预期会收到同事发来的邮件时(特别是这封邮件非常重要),你会更容易在日常的信息冲击中注意到这封邮件。不幸的是,预期和假设也会使我们屏蔽掉那些可能重要的信息。在一项调查中,学生们被要求观看一段30秒长的几个人互相传递两个篮球的视频,那些仅仅被要求看视频的学生轻易地留意到了一个穿着大猩猩服装的人走到人群中长达9秒,并停下来捶打自己的胸口。但那些被要求仔细数出其中一个篮球被传递次数的学生中,仅有一半人留意到了"这只入侵的猩猩"。

另一种选择性注意问题是**确认性偏差**(confirmation bias),也就是人们会无意识屏蔽掉那些与他们决策、信仰、价值观和假设相违背的信息,然而确认性信息在知觉过程中更加容易被接受。这种偏差包括过分看重积极的信息,只感知积极的信息,限制自己对有利假说的认知注意。当我们做重要决策的时候,我们会倾向于注意那些与这项决策成功相一致的信息,而忽略掉那些相反的看似无关的信息。在一次飞行训练中,飞行员学徒不清楚自己的位置,他们尝试通过一些并不可靠但又与他们的假设一致的信息来找准自己的位置,而不是通过那些更加准确但却与他们的假设相反的信息来找准自己的位置。这种错误的选择性注意还发生在案件调查的时候,比如警探和法医专家过早地得出结论。

知觉整理及解读

人们能够在自己意识到之前理解信息。这种理解包括了**分类思维**（categorical thinking）——把人和事物按照储存在我们长时记忆中的预想分类来整理，而这多是无意识的行为，分类思维依赖于各种各样的自动知觉分组原则。人们按照事物的相似性或接近度进行分组，如果你注意到一群看上去类似的人中有几位教授，你会很容易认为其他那几位也是教授。另一种知觉归类是基于知觉闭合性原则的需要，例如填补你因没有参加会议而缺失的关于该会议的信息（例如，谁参加了，在哪里举行等）。第三种归类就是我们自认为通过模棱两可的信息发现事物的趋势。几个研究都发现了人们自然而然地就把随机的事件看成具有某种规律，例如体育明星的连胜或者赌博的连庄。

理解我们身边的世界包含解读得到的信息，而不仅仅是整理它们。解读信息在选择和整理信息之后迅速进行，因为之前提到的情感标签被联系到了接收的刺激上面，而情感标签能迅速地判断接收到的信息是否对自身有利。那么，这个迅速的判断需要花费多少时间呢？最近的研究估计，我们要对另一个人的诚信做出可靠的判断，只需要花费50毫秒（1/20秒）去观察面相就够了。事实上，我们是用一分钟或仅200毫秒去看一张脸，还是我们是否喜欢或者信任一个人都是一样的。因为总的来说，选择性注意以及知觉的组织整理和解读，在很大程度上都是无意识地飞快地进行的。

心理模型

为了以一定的预见性和理性达到我们的目的，我们需要我们所处环境的路线图。这些叫作**心理模型**（mental models）的路线图，是我们用来描述、解释和预测我们周围世界的知识框架。它由我们心中的视觉或相关图像组成，比如教室是什么样子的，或者在我们的概念中，迟交作业会有什么后果。我们依赖心理模型并借助知觉归类来理解我们的环境；这些模型填充了丢失的信息，包括那些事件之间的随机联系。例如，你有一个关于上讲座课或讨论课的心理模型，包括讲师和学生身处教室的何处，他们怎样提出和回答问题，诸如此类的预想和期待。换句话说，我们就能创造出一个正在上课的心理图像了。

心理模型在理解事物时发挥着重要的作用，但是也使得从不同角度来感知世界这件事变得困难。例如，职业会计师倾向于从会计的角度来审视企业问题，而市场人员从市场的角度来看同一个问题。心理模型也阻碍了我们识别新的机遇。那么如何改变心理模型呢？这是一个很大的挑战。毕竟我们是从若干年的经验中形成和巩固了这些模型。将心理模型知觉问题最小化的一个重要方式就是不断地质疑它们。我们需要质问自己的主观假设。和来自不同背景的人一起工作可以帮助我们打破固有心理模型的桎梏。另外，来自其他文化和专业领域的同事一般会有不同的心理模型，所以和他们一起工作将使我们自己的定见无所遁形。

3.3 具体的知觉过程和问题

一般的知觉过程会包含特定的子流程以及相关的偏差和其他错误。我们将检验这些知觉过程中的偏差以及它们对组织行为的影响，现在从最为人熟知的一种类型开始介绍：刻板印象。

3.3.1 组织中的刻板印象

我们发现很少有女性成为消防员,原因之一在于她们自己以及她们的家人和朋友,通常将消防员描述成粗犷的、有危险的、体格强壮的、男性的职业。虽然这些观点涵盖了事实的核心部分——消防员的确要求高于平均水平的力量以及确实比普通职业更高的危险性——然而有几个重要的职业特性却很少被提及,例如帮助他人、团队合作及安全意识。换句话说,人们对消防员存在刻板印象,对大多数女性来说,这既不准确也不可取。

刻板印象(stereotyping)是在知觉过程中,我们指定一个可识别组别的特征,然后只要是遇到了我们认为是这个组别中的成员时,就自动将这些特征转移到这些人身上。这些指定的特征往往难以观测,例如个性特征和能力。这些特征同样包括生理特征和许多其他特征。举例来说,大多数人对教授的刻板印象都是睿智而又冷漠的。刻板印象在某种程度上是由个人经验所形成的,但主要还是由培育我们的文化和媒体形象(如电影角色)施加给我们的。因此,刻板印象是整个社会的共同信念,有时还跨越不同文化,超出人与人之间不同的信仰。

刻板印象涉及将一个组别中可感知的属性指定给已知的个体或者是被认为属于该组别的成员。如果一个人被认定是具有刻板印象组别的成员时,他就会被认为具备这个组别的特征。如果我们了解到某个人是教授,我们自然会认为这个人也是睿智而冷漠的。从以往的经验来看,刻板印象往往被认为是夸大事实或者不正确的。这通常是正确的,但有些刻板印象还是包含一些真理在里面,因为在有些组别中,成员的一些刻板印象的特征比其他组别要更加普遍。尽管如此,刻板印象还是歪曲丑化了一些事实,包括其他错误的特征。

《三国演义》中,与诸葛亮齐名的庞统去拜见孙权,"权见其人浓眉掀鼻,黑面短髯,形容古怪,心中不喜";庞统又去见刘备,"玄德见统貌陋,心中不悦"。孙权和刘备都认为庞统这样面貌丑陋之人不会有什么才能,因而产生不悦情绪,这是刻板印象的历史案例——孙权和刘备都把长相和才能联系起来。

1. 为什么人们会有刻板印象

人们陷于刻板印象的原因之一是,作为归类思维的一种形式,刻板印象是一种自然的、无意识的(在大多数情况下)"省力"方法,简化了我们对这个世界理解的过程。相比我们遇到的每个人各异的特质,记住刻板印象中的特征较为轻松。原因之二是我们有着理解和预测别人如何行动的内在需要。我们第一次见到某人时不会掌握很多的信息,所以我们倚重于刻板印象去填充不完备的信息。那些有着强烈的认知闭合需求的人们更容易依赖刻板印象。

关于刻板印象的第三种解释是,它受观察者自我提高和社会身份的激发而产生。在前面的章节,我们解释了人们根据自己身处或有情感联系的团体来定义自己的情况,他们同样被激发去保持积极的自我概念。这种社会身份与自我提高的组合,会导致归类化、同质化和差异化的过程。

(1)归类化。社会身份是一个比较的过程,它始于将人们归类到不同的群组中。例如,通过把某人(包括你自己)看作一个广东人,你去除了那个人的个性而把他看作一个"广东"群组的标准代表。这种归类使你能够把广东人与北京和上海的居民区别开来。

(2)同质化。为了简化这个比较的过程,我们通常认为在每个群组中的人们是非常相似的。比如，我们认为广东人总体来说有着相似的态度和特质，而北京人有着他们的一套特质。当然了，每个人都是独特的；但我们倾向于总结我们所在群组的社会身份，并对比与其他群组的社会身份的差异，而无视该事实。

（3）差异化。随着将人们归类化和同质化，我们倾向于将一些更积极的特征分配到我们组别而不是其他组别中。这种差异化是由自我提高所激发的，因为身处一个"更好的"组别中会带来更好的自尊心。差异化往往是微妙的，但当群组之间产生冲突时，它可以升级到一种"好人—坏人"的对抗。换句话说，当其他团体成员威胁到我们的自我概念的时候，我们会被激发（通常是无意识的）将负面的刻板印象分配给他们。一些研究表明，男性相较于女性有更强的差异化偏见，但我们在不同程度上都会有差异化的倾向。

2. 刻板印象的问题

每个人都会有刻板印象，但过程却是以不同的方式改变人们的认知。一种刻板印象的变形是不能准确地描述一个人所在的社会类别。可以参见会计人员在电影和文学作品中的形象，尽管有时被描绘成忠诚的和认真的，但会计人员通常还是会以无聊、单调、谨慎、不浪漫、迟钝、不爱交际、害羞、不正常、狡猾、算计和恶意的形象示人。虽然这些对于某些会计师是正确的，但显然不是所有（甚至不是大部分）会计从业人员的特质。即便如此，一旦我们把某人归于会计师的类别，我们就会想起会计师的一般形象（无趣的、不爱交际的等），即使这个人并没有刻板印象中的很多特质。

刻板印象的另一个问题是，它是产生歧视态度和歧视行为的温床。很多此类知觉偏差以无意歧视（系统歧视）的形式出现。此时决策者依靠固定印象去建立某一角色中"理想"的人物形象。不符合这一形象的人们容易受到不那么好的评价。这种微妙的区别对待经常在年龄歧视索赔中出现，比如大唐贞元三年，16岁的白居易从江南来到京都长安，带着自己的诗稿去拜会名士顾况。顾况见白居易年幼，根本没把他放在心上，看到诗稿上"白居易"的名字，便开玩笑说："长安米正贵，居住不容易啊！"但白居易带着的诗稿中就有那首名垂千古的《赋得古原草送别》。

更加严重的社会刻板印象的形式是故意歧视，或者叫偏见。这时人们对属于某个特定群组的人持有无根据的负面态度。公然的偏见看上去已经比几十年前要少很多了，但是仍然存在。偏见性歧视在就业选择决策中也被报道过。在法国，一个涵盖2 300份求职广告的研究发现，申请者有一个法国的名字比申请者有一个北非或者撒哈拉沙漠以南非洲的名字更有可能获得面试的机会，即使雇主收到的每一个名字的简历是完全相同的！另外，当申请者亲自面见人力资源职员时，那些有着外国名字的人常常被告知那个空缺已经招人补上了，但是很少有法国名字的申请者会收到这样的答复（即使他们之后才去拜访）。

中国国内某著名电商平台 CEO 曾经在《非你莫属》节目招聘时提出，"只招重点大学的，而且只看第一学历。"有一些岗位一定要重点院校的毕业生。之所以产生这个现象，是因为这些企业的招聘者认为重点大学的教学质量比其他大学优越，无论是师资还是设备，国家的投入都非常大，因而其学生相应就比普通高校的学生优秀。

要避免刻板印象并不容易。大多数专家都同意，归类思维（包括刻板印象）是一个自发且无意识的过程。集中的训练能在某种程度上减少刻板印象的活跃度，但这个过程大多还是印在我们的脑细胞里的。另外，如之前所说，刻板印象在某些方面可以帮助我们（虽然不一定可靠）：减少精力耗费、填充缺失信息，以及支撑我们的社会身份。虽然防止刻板印象的产生是非常困难的，但我们可以减少运用社会定型的信息。换句话说，尽管我们会自动给人分类以及将刻板的特征分配给他们，但我们依然可以有意识地减少对刻板信息的依赖程度。本章的稍后部分，我们会指出减少刻板印象和其他知觉偏差的方法。

在许多国家，超过1/3的劳动力人口以及超过20%的中层管理人员是女性，然而，作为公司董事会成员的女性不到10%。一些人说，问题主要是由系统性歧视所引起的，例如在选择董事会成员的候选人时，会无意识地认为男性是这个角色的理想人选。其他人认为董事会缺少女性是由于更加明显的偏见造成的。在四个中东国家和日本，企业的女性董事会成员是稀有的（1%或者更少）；女性在董事会席位比例最高的是挪威（40.1%），然后是瑞典（27.3%）、芬兰（24.5%）、美国（16.1%）。董事会女性代表最近在法国迅速上升是由于政府立法要求在未来几年内女性董事会成员的比例要达到40%。

3.3.2 归因理论

另外一个在组织中被广泛讨论的知觉现象是**归因过程**（attribution process）。归因是对行为或事件的起因做出自己的判断。归因理论最受欢迎的一个版本是判断一项观察到的行为或事件主要是由人（内因）还是环境（外因）引起的。内因包括人的能力或动机，而外因包括资源、同事的支持，或者是运气。举个例子，一个同事没有出席一个重要的会议，我们推断要不就是因为内因（该同事很健忘，缺乏积极性等），要不就是因为外因（交通，家里有急事，或者其他使该同事不能参加会议的状况）。

人们依靠三条归因原则（一致性、区别性、共同性）来判断某人的行为主要由个人特点（内因）还是环境影响（外因）所决定的（见图3-5）。为了说明这三条原则是怎么运作的，现假设一名员工有一天在某台机器上生产出劣质的产品。如果员工一直在这台机器上生产质量差的产品（高一致性），或者该员工用其他机器生产出低质量的产品（低区别性），并且其他员工用这台机器生产出质量好的产品（低共同性），我们大概会认为这个员工在技能或者积极性方面有所欠缺（内因）。与之相对的是，如果该员工以前用这台机器生产出低质量的产品（高一致性），该员工用其他机器生产出高质量的产品（高区别性），并且其他员工用

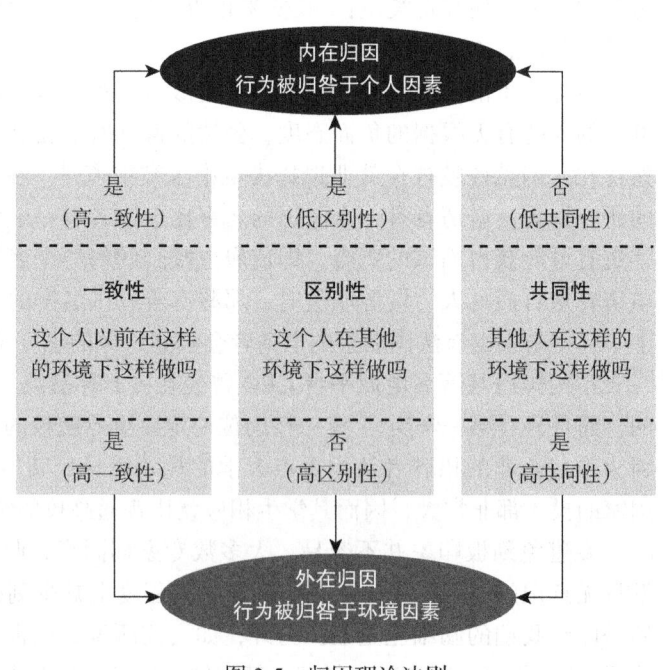

图3-5　归因理论法则

这台机器也生产出低质量的产品（高共同性），我们可能会断定机器出了问题（外因）。需要注意的是，无论是内部归因还是外部归因，一致性都高，这是因为低一致性（在这台机器上人工的产出质量时好时坏）削弱了我们对问题的来源究竟是人还是机器的判断信心。

归因过程是重要的，因为理解因果关系能够使我们与他人在一起工作时更有效率。同时，我们会依据自己的归因来称赞或者责备他人。假设一位同事没有完成他所在团队项目中的任务，你会以不同的方式对待这种情况。其一，你会认为这名同事懒惰或者缺乏足够的技能（内在归因）；其二，你认为糟糕的表现是因为这名同事缺乏可用的时间或者资源（外在归因）。同样地，我们对领导的尊重取决于我们认为他们的举措是因为个人特点还是针对具体的情形所做出的。并且我们会对自己的行为和表现做出不同的归因。例如，对于自己差劲表现做出内在归因的学生相比那些做出外在归因的学生更有可能会中途辍学。

归因错误

我们有强烈的动机将某人的行为分配给内在归因或者外在归因，但这种知觉过程同样会发生错误。有一种归因错误叫作**自我服务偏见**（self-serving bias）——把失败归咎于外因（例如运气不好）而不是内因（例如效率不高）；与

培训员工需要积极倾听和设定支持性的目标，但它也需要重新审视员工感知以便于他们有更强的内在归因。多数情况下员工将过去的错误归咎于环境因素，久而久之，他们会认为好的表现是不受他们控制的（外部归因）。培训将感知往更强的内部归因方向引。通过意见交换，员工能够认识到"他们有能力和资格对他们所处的环境负责并且能够做些什么"，CJ Scarlet 说道，他通过流动培训来指导员工。

此同时，又把成功归咎于内因而不是外因。简单来说，我们把成功归因于自己的功劳，把我们的过失归因于其他人或者环境因素。例如，在年度报告里，管理者会把公司的成功主要归功于他的个人能力，而把公司的失败归咎于外部因素。相似地，在最近一个研究中，企业家普遍将商业上的失败归咎于环境因素（资金、经济），然而却对自己的原因比如缺乏远见或者社交技巧轻描淡写。

为什么人们会有自我服务偏差？小说中的纽约犯罪调查员 Philo Vance 在接近一个世纪以前给了我们答案，他打趣道："坏运气只是对于低效率而言一个防御性和自我安慰的同义词。"换句话说，自我服务偏见与本章早些时候提到的自我提高有关系。通过把自己的失败（例如坏运气）指向外因并把他们的成功指向内因，人们能产生一个更加积极的（并且自我安慰的）自我概念。

另外一个被广泛研究的归因错误是**基本归因错误**（fundamental attribution error，也称对应偏差），就是过分强调他人行为的内因而对他人行为的外因几乎视而不见的倾向。根据这个知觉错误，我们更可能认为同事迟到是因为懒惰而不是环境因素（例如交通拥堵）。对于基本归因错误的解释是，观察者不能轻易看到限制另一个人行为的外部因素。同样，人

们总愿意相信人（而不是环境）才是对他们行为负责的主要因素。然而，基本归因错误可能并不像以前认为的那样普遍或者严重。有证据表明，亚洲国家的人有这样偏见的人可能更少，因为他们国家的文化相比于西方国家的文化更加重视行为所处的环境。最近一篇对过去研究的回顾表明，基本归因错误在一些社会并不是那么引人注意。

3.3.3 自我实现预言

当我们对另一个人的期望使那个人采取与期望一致的行为时，就产生了**自我实现预言**（self-fulfilling prophecy）。换句话说，我们的期望可以影响现实。图3-6用上司和下属的例子展示了自我实现预言（实现）过程的四个步骤。过程开始于上司形成关于员工的未来行为和业绩的期望。这些期望有时是不准确的，因为第一印象通常建立在有限的信息基础上。上司的期望影响他对待员工的方式。具体来说，高期望员工（被寄予厚望有好表现的员工）从非语言暗示里得到更多精神支持（就是更多微笑和眼神接触），得到更多经常性和有价值的信息回馈和强化，更多有挑战性的目标，更好的培训以及更多表现机会来好好表现。

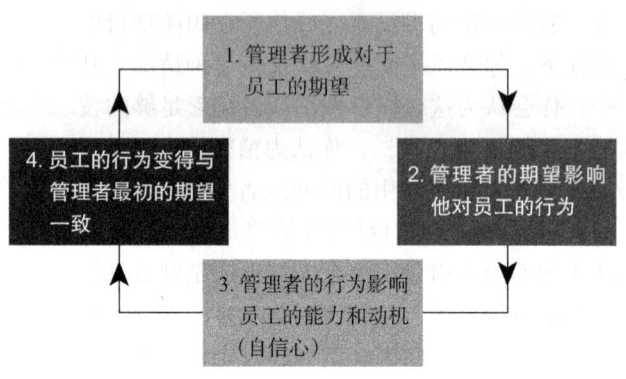

图3-6　自我实现预言循环

自我实现预言的第三步包括上司行为对员工的两个影响。第一，通过较好的培训和更多的练习机会，高期望员工能比低期望员工学习到更多技巧和知识。第二，员工变得更有自信，这会使他更有激励和意愿设定有挑战性的目标。在最后一步，高期望员工有更强的激励和更好的技巧，做出更好的表现，低期望员工则是相反的情况。

自我实现预言在许多环境下都能观察到。有一个最著名的例子发生在以色列自卫队。四位作战指挥课程的指导员被告知新来的学员中1/3有较高的指挥潜力，1/3资质平庸，剩下的人则潜力不明。学员被研究人员随机分组，但是指导员相信他们得到的信息是准确的。与自我实现预言相一致的是，在课程结束的时候，高期望值的士兵比其他组的学员表现明显要更好，他们对课程和领导效果的态度也更加积极。其他研究同样指出，管理者和老师对他们的员工和学生的期望值会对他们的自我感知（尤其是自我效能）产生影响，因此导致或高或低的表现水平。

自我实现预言的权变关系

自我实现预言在某些情况下有更强的效果。在一段关系的开端（例如员工刚被雇用时），自我实现预言的效果更强。当几个人（而不是一个人）对某人持有相同的期望时，自我实现预言的效果也更强。换句话说，我们可能会忽略一个人对我们潜力的怀疑，但是很难忽略几个人的集体怀疑。历来成就较低的人们的自我实现预言的效果也较强。这些人的自尊心较弱，所以他们更容易被别人对自己的观点所影响。

自我实现预言给我们的主要教训是领导者需要发展并维持对所有员工一种积极的、现实的期望。这个建议与新兴的**正面组织行为**（positive organizational behavior）的思想一致。它认为关注生活中正面的东西而不是负面的东西更能使公司成功、个人更幸福。传递希望和积极的想法是如此重要以至于被认为是内科医师和外科医师成功的要素之一。不幸的是，意在使领导者意识到正面期望力量的培训项目作用甚微。反而，正面期望（和希望）的形成依赖于支持和学习的公司文化。聘用一向对下属持乐观看法的管理者是增加正面自我实现预言效果的另一种方法。

3.3.4 其他知觉偏差

自我实现预言、归因和刻板印象是组织环境中最常见的知觉过程的偏差，不过还有四个其他偏差需要引起注意，接下来我们将予简单介绍。

1. 晕轮效应

晕轮效应（halo effect）就是我们对一个人的整体印象，往往以一个突出的特质为基础，扭曲了对那个人其他特质的知觉。如果一个很重视守时的管理者发现一名员工有时上班迟到，管理者可能会对该员工形成负面印象，并对他的其他特质也做出不好的评价。当缺乏被观测对象的具体信息或者我们没有足够的动力去寻找这些信息的时候，就会发生晕轮效应。我们用对那个人的整体印象填充缺失的信息。

2. 虚假同感效应

虚假同感效应（false consensus effect，也被称为与我相似效应）指的是我们会高估他人的信仰和特质与我们自己的信仰和特质的相似程度。例如，想辞职的员工相信很大一部分同事也想辞职。对虚假同感效应有以下几种解释。第一种解释是，我们对其他人和我们有相似的信仰感到舒服，特别是对于那些不太能被接受或者独特的行为。换句话说，我们也用"每个人都这样做"的想法来强化我们对于一些不太正面的行为（辞职、非法停车等）的自我意识。第二种解释是，我们跟与我们有相似观点和行为的人交往更多，这导致我们会高估那些观点或行为在整个组织或者社会中的普遍程度。第三种解释正如本章前面所提到的，我们更可能记住那些与我们自身观点一致的信息，而选择性地屏蔽掉那些与我们信仰相反的交流。最后，我们的社会身份作用会把同一组别的人同质化，所以我们会倾向于认为，这个组别中的每一个人都有相似的观点和行为，包括虚假地达成共识的话题。

3. 首因效应

首因效应（primacy effect）是我们根据从某个人那里接收到的第一个信息迅速形成对他的观点的这种倾向。而往往第一印象将成为一种持续的印象。这种快速知觉整理和解释发生的原因是我们需要理解周围的世界。问题是第一印象——尤其是负面的第一印象——很难发生改变。在对某人归类后，在之后的信息里面我们倾向于选择那些支持我们的第一印象的，而把跟那个印象相反的信息过滤掉。

4. 近因效应

近因效应（recency effect）是指大多数最近的信息控制了我们的知觉。这个知觉误差最常见于人们（尤其是没经验的人）做出涉及复杂信息的评价时。例如，审计员在他们做判断的过程中要处理大量财务文件，而做出决定前收到的最近的信息，比起刚开始审计时收到的信息更受重视。相似地，当管理者评价员工过去这些年绩效的时候，最近的绩效信息会对评价起支配作用，因为它是最容易被回忆起来的。

3.4 改善知觉

尽管我们不能绕开知觉过程，但我们应该尝试尽量最小化知觉偏见和扭曲。三种可以有效改善知觉的方法包括：对知觉偏见的认识、自我认知、有意义的交流。

3.4.1 对知觉偏见的认识

减少知觉偏见最明显也最常用的方法是了解它的存在。例如，多元化意识培训试图通过使人们意识到系统性歧视和在刻板印象中产生的偏见，用这样的方式来最小化歧视。这个培训也试图消除对于来自不同文化和族群的人们的迷思。对知觉误差的了解通过让人们更注意他们的思想和行为，可以在某种程度上减少这些偏见。然而，了解误差的作用是有限的。一个问题是教人们拒绝那些不正确的刻板印象，反倒会无意识地加强对刻板印象的认识而不是减少对它的依赖。另一问题是多元化培训对那些对某一类人群持有很深偏见的人没有效果。

自我实现预言的意识培训也未能达到预期效果。自我实现预言培训让管理者了解自我实现预言作用的存在，并鼓励他们做出积极的而不是消极的自我实现预言。不幸的是，研究发现管理者在完成培训项目后还是继续做出消极的自我实现预言。

> **争论点　我们需要多元化培训项目吗**
>
> 在大多数大型企业中，多元化培训项目是对抗根深蒂固的职场歧视的常用手段。在大多数项目中，参与者被提醒要尊重文化和性别的差异。他们还要了解人们对于其他人群的假想和偏见。当公司在歧视的案例中蒙受损失的时候，管理者的第一个要求就是引入多元化培训。
>
> 尽管有好的动机，但还是有一些声音质疑多元化培训不太有用。人们的一个担忧是，大部分会议是强制性的，因此员工并不服从他们听到的内容。此外，偏见和歧视已经根深蒂固，所以一次半天的多元化讲座和小组讨论是不会改变员工的认知和行为的。即使这些项目鼓励员工对他人要更加包容并且要避免刻板印象，这些善意也很快会因为公司缺乏一种多元化的文化而消失。
>
> 情况越来越越糟糕。有文献报告了多元化培训的存在增加了白人女性在管理岗位的比例，但也相同程度地减少了黑人女性在管理岗位的比例。有一些担忧认为，讨论人种和文化的差异会加强而不是削弱刻板印象。举个例子，在一次研究中，学生们在观看完一个鼓励他们对年长的人应该抱有更少偏见的录像后，反而呈现出更多偏见的态度。多元化培训项目也可能会让参与者产生厌恶感。

3.4.2 改善自我认知

一种将知觉偏差减到最小的更有效方法是增强自我认识。根据这个观点，我们需要更加了解我们的信仰、价值观和态度，以便更好地理解我们决策和行为中的偏见。这种自我认识让人们对他人认识的思想更加开明并且没有偏见，以此来减少知觉偏差。自我认识在其他方面同样重要。一个新兴的关于诚信领导的概念强调自我认识是一个人具备有效领导他人能力的第一步。从本质上讲，我们需要了解自己的价值观、优势和偏见，作为构建愿景的基础，并且领导他人朝向这一愿景。

那么，如何提高自我认识呢？一种方法是完成正式的测试，可以显示出我们对他人可能隐含的偏见。内隐联想测验（implicit association test，IAT）能够明显揭示出这些偏见。尽管 IAT 测验的准确性正在被学者热议，但它仍试图通过把正面或负面词语与具体人群联结起来，以探寻细微的种族、年龄和性别偏见。很多人发现他们的测试结果显示他们对老年人或不同种族抱有个人偏见后，会更加谨慎地对待他们的成见。

另外一个通过增强自我认识来减少知觉偏差的方法是运用**乔哈里资讯窗**（Johari window）。乔哈里资讯窗是一个关于同事如何增加相互间了解的常用模型。这个模型是 Joseph Luft 和 Harry Ingram 提出的，因此叫作"Johari"。这个关于自我认识和相互了解的模型是根据你和其他人是否知道你的价值观、信仰和经历，把关于你的信息分成四个"窗口"——开放区、盲区、隐藏区和未知区（见图 3-7）。开放区包括你和其他人都知道的信息。盲区指的是其他人知道而你不知道的信息。例如，你的同事可能注意到你见到总经理时很拘谨和尴尬，但是你没意识到这个事实。你知道而其他人不知道的信息位于隐藏区。最后，未知区包括你和其他人都不知道的价值观、信仰和经历。

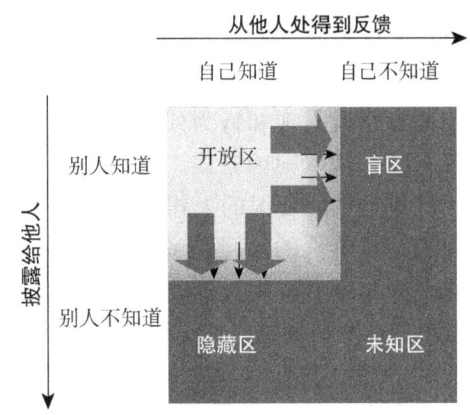

图 3-7　关于自我认识和相互了解的乔哈里资讯窗

资料来源：Based on J. Luft, *Of Human Interaction* (Palo Alto, CA: National Press Books, 1969).

乔哈里资讯窗的主要目的是增加开放区的面积，让你和你的同事知道你的知觉限制。这一目标在一定程度上是通过披露来减少隐藏区域——告诉别人可能会影响工作关系的有关你的信念、情感和经验。其他人对于你的行为的反馈也可以增加开放区。反馈可以减少你的盲区，因为根据最近的研究，你身边的人是你自身许多（但并非全部）特点和行为的好的信息来源。最后，披露和反馈的组合偶尔会产生关于你未知区的启示。

3.4.3　有意义的交流

乔哈里资讯窗依赖于我们和他人之间直接的交流，然而有意义的交流是一种更加委婉、更加有效但又潜在地改善自我认识和相互了解的方法。有意义的交流指人们从事任何有价值（有意义，而不是不重要）的活动。这些活动可能与工作相关，例如高级管理人员与一线员工一起工作；这些活动也有可能发生在工作场所之外，例如一些国家的销售人员参加户外的挑战活动。

有意义的交流是以**交流假说**（contact hypothesis）为基础，该理论认为，在特定的条件下，人们与他人交流的时候知觉性偏见会更少，因为他们对其他人和该人群会有更加个人的解读。因此，与其他人群的成员共度时光在一定程度上会改善这种理解。而当人们紧密地并且经常性地与另一个人朝着相互合作、彼此依靠的共同目标而一起工作的时候，这种有意义的交流的效果是最明显的。此外，每个人都应该地位平等，参与一项有意义的任务，并且应该在那些交流中拥有和他人的正能量体验。全球链接 3-1 描述了几个有意义的交流的例子，发生的场景是在主管与一线员工一起工作或者一线员工与组织里其他部门的员工一起工作的时候。

有意义的交流减少了我们对刻板印象的依赖，因为我们在交流过程中会收获对个体更好的认识并且感受他们独特的个性。有意义的交流同样会潜在地改善我们对他人的换位思考。**换位思考**（empathy）指的是一个人对他人的感受、想法和处境的理解和敏感程度。人们换位思考当自己处在他人的境地会怎么办，就好像他们就是那个人一样。这个知觉体验既是可感知的又是情绪化的，意味着换位思考是关于在该环境下他人感受如何的一种理解和感受。对他人进行换位思考能提升我们对他人表现和行为外因的敏感度，因此可以减少基本归因错误。例如，一个能想象到单身母亲的境况的上司会对单身母亲的迟到和其他事情的外因更敏感。然而，不花时间在别人身上就想对他人进行换位思考反而会增加而不是减少刻板印象和其他知觉偏差。

Herschend 家庭娱乐首席执行官乔尔·曼比（Joel Manby）和其他管理人员与一线员工一起工作，从而保证他们的知觉是准确的。

> 🌐 **全球链接 3-1　在第一线体会有意义的交流**
>
> 沃伦·威斯伯格（Warren Weisberg），PortionPac 化学公司的共同所有人，喜欢参观总部后面的工厂，聆听员工对业务和产品的看法。但在过去 20 年，每年都会有一天，威斯伯格和总部位于芝加哥的清洁剂制造商的所有一线的办公室人员，一起在工厂里工作，执行工厂主管玛丽·贾拉米洛（Mary Jaramillo）交办的任务。玛丽说，"我们希望他们能知道这份工作是多么的辛苦。"
>
> 威斯伯格和一线的办公室人员通过每年和制造部门的同事一起工作，对他们保持着更好的理解。在新加坡连锁商场 FairPrice，所有的管理人员每年中有两天都要做同样的事情，通常是整理货架、收银或者把手推车聚拢。FairPrice 的首席执行官肖恩·基安·彭（Sean Kian Peng）将这种自发性的举动称作"依附性管理"，因为这样的经历能够帮助管理人员更好地对一线员工进行换位思考。
>
> WideOpenWest（WOW），一家丹佛的电信公司，采取了一个相似的举措。它要求其专家和管理人员在前线工作——要么在呼叫中心，要么随同安装人员前往顾客家中——每个季度至少一次。首席执行官科伦·阿布都拉夫（Colleen Abdoulah）说她曾协助安装人员从货车上取梯子并且到指定的地方钻洞。这样的经历是有价值的，即使她的专业技能并不总能达到标准。"有一户人家的夫妇发现我是 WOW 的首席执行官而不是普通的安装人员时依然感到放心，"科伦对最近的一次安装工作这样描述道。
>
> 这些一线工作的经历同样给了高管们在实际情况中检验自己的机会，而不仅仅是

> 通过业务和员工。例如，在参加一个关于一线工作的高管的电视节目时，Herschend家庭娱乐首席执行官乔尔·曼比意识到他在经济危机中的态度有点过于保守了。"与这些员工一起工作帮助我认识到在经济衰退期间，我开始变得退缩，一些困难对我的经营决策影响很大，"曼比承认，"他们向我展现了恢复与人交往的重要性。"

3.5 全球化思维：培养无国界的观念

乐天株式会社是日本最大的电子商务网站，并且是世界上十大互联网公司之一。这家总部在东京的公司很快扩张到日本以外的地方，在全球引起了更多的关注。"在线业务，轻松地跨越国界，国内企业不是我们唯一的竞争对手，"乐天公司首席执行官三木谷浩史解释说。因此，三木谷浩史最近将英语定为办公场所的官方语言。更为重要的是，三木谷浩史寻找的求职者需要具备国际化的经历和思维。"自从我们宣布打算让英语成为官方语言以来，我们有更多具备全球化理念的申请者。"三木谷浩史说道。

乐天与其他公司近来把更多的精力放在培养一群具有全球化思维的员工上面。**全球化思维**（global mindset）指的是一种个体感知，了解并且处理跨文化信息的能力。它包括：①对世界上其他观点和习惯的一种认识、开放性和尊重程度；②跨文化换位思考和有效行动的能力；③在特殊环境里处理复杂信息的能力；④通过多个层面的思考从而理解和协调跨文化问题的能力。

华为作为一个全球化公司，它的产品与解决方案已经应用于全球100多个国家和地区，在海外设立了20个地区部，100多个分支机构；在美国、印度、瑞典、俄罗斯及中国等地设立了12个研究所和31个培训中心。创始人任正非的全球视野使华为构建起"以全球应对全球"的竞争格局。思维上的超越，让华为在进入21世纪之后快速发展成为一家具备全球竞争力的通信设备供应商与服务商。任正非早年在全球各地参观访问，了解他国的实际情况，为他的全球化思维提供了基础。

让我们看看这些特性。首先，全球化思维是人们针对他们的业务以及所处环境而演化出的一个更加全球化而不是局限于地区性的参考标准。具有全球化思维的人也拥有更多的知识，欣赏许多文化，并且不根据他人的国家和种族来评判他们的能力。其次，全球化思维不仅包括理解来自其他文化的同事的心理模型，还包括理解在特定环境下他们的情感体验。这种换位思考将转化成与当地文化更加兼容的文字和行为。再次，具备较强全球化思维的人们在全新和各式各样的环境下有能力去处理和分析大量的信息。最后，全球化思维涉及针对环境快速形成有用的心理模型，该模型既包含地区水平又包含全球化水平的分析。

可以想象的是，当员工具备全球化思维的时候，他们将为组织创造巨大的价值。通过理解和尊重远道而来的同事和伙伴，他们能发展出更好的跨文化关系。他们要从跨国关系里传递的信息中筛选出大量有可能会引发歧义或者异常的信息。他们有能力形成跨国界的网络并且更加迅速地交换资源。他们在面对新兴的全球机遇时，也同样能够培养出更敏锐的嗅觉和更快的反应能力。

3.5.1 培养一种全球化思维

发展全球化思维涉及改善一个人的观念，因而与认识、自我认识和有意义的交流这些字眼联系起来的实践活动都是彼此相关的。与大多数知觉能力相同，全球化思维开始于自我认识——理解一个人的信仰、价值观和态度。通过自我意识，当人们在决定接受和处理复杂信息的时候心态会更开放并且不带偏见。此外，公司让员工将他们的心理模型与那些来自世界其他地区的同事或者伙伴进行比较，通过这种方式来培养全球化思维。例如，员工可能会加入在线论坛来讨论产品设计或者市场营销策略，这在美国、印度或者智利这样的国家能被接受。当公司定期讨论全球竞争者、供应商和其他利益相关者的时候，他们最终将员工意识转向全球范围的层面上。

全球化思维的发展需要通过对人和文化的更好理解来实现。有些理解需要通过正式的项目来获取，比如多元化训练，但更深层的吸收是沉浸在这些文化中。就像管理人员需要一线工作的经历来更好地理解他们的顾客和员工，员工同样也需要与组织中不同文化的同事进行有意义的交流。越多的人将自身投入到当地的环境中（例如，遵循当地的习俗，吃当地的食物，使用当地的语言），他们往往也越了解他们的同事在这些文化中的观点和态度。

3.5.2 通过扎根培养全球化思维

安永会计事务所、IBM、宝洁和一些其他组织都引进了特殊的项目来加速全球化思维的进程，他们派遣员工团队在发展中国家待上一个月或两个月，以完成他们社会责任感的培训任务。"我们需要人们具有全球化思维，哪种是培养全球化思维更好的方式，哪种是更为实际的方式，难道只是人们在足够安全的网络上有一次深入了解的经历吗？"德伯拉夫·霍尔摩斯（Deborah Holmes）这样说道，他是安永全球企业责任主管。

IBM 的企业服务联合会计划就是一个例子。每年大约有 500 名来自几十个国家的 IBM 员工被分成小的团队并被派遣到发展中国家去。在一个月的时间里，这些不同的团队协助当地人完成经济或社会发展项目。"这些人出去实际上是在新兴市场工作，在非政府组织工作，在其他各式各样的环境下工作，因而他们能选择一个视角并且学到……如何从其他视角来思考问题，从其他观点来看问题，"一名 IBM 的管理人员解释道。

3.6 感知和人力资源管理的关系

根据前文对感知的了解，我们发现感知的概念和企业的人力资源管理息息相关，它直接影响着员工的态度，进而影响他们的工作绩效。员工会根据自己所感知的工作环境来做出反应。员工感知到了来自组织对自己工作的支持，如上司的肯定、团队成员的支持、其他福利政策等等，他们会更加努力地工作；同时公平的工作环境对员工的绩效也有一定的影响，员工会根据环境的公平性做出自己的行为反馈，公平的环境更能激发员工的工作积极性。那么对于环境是否公平的问题，员工大多是依据自己的感受来判断的，也就是说环境是否真的公平并不重要，重要的是员工感知到了它是否公平。所以企业的管理者不仅要重视企业本身（如制度、结构等）的公平性，更要重视企业的文化公平性建设和注重员工的感知公平。

本章概要

3-1 描述自我概念的元素并解释每一个元素是如何影响个体行为和幸福感的。

自我概念包括个体的自我信仰和自我评价。它有三个结构特点——复杂性、一致性和清晰度。所有特点都会影响员工的幸福感、行为和表现。人们天生有动力去提升和保护他们的自我概念（自我提高），并且去验证和维持他们的自我概念（自我校验）。自我评价则包括自尊、自我效能和控制点。自我概念同样既包含个人身份又包含社会身份。社会身份理论解释了人们为何根据自己身处或有情感联系的团体来定义自己。

3-2 概述知觉过程，并讨论在这一过程中分类思维和心理模型的作用。

知觉包括选择、组织和阐释信息以理解我们周围的世界。知觉性组织应用分类思维——把人和事物按照储存在我们长时记忆中的预想分类来整理，这常常是无意识的一个过程。心理模型——我们用来描述、解释和预测我们周围世界的知识框架——同样帮助我们理解从外传入的刺激。

3-3 探讨刻板印象、归因理论、自我实现预言、晕轮效应、虚假同感效应、首因效应和近因效应是如何影响知觉过程的。

刻板印象是根据人们在社会类别的身份而将特征指定给他们的行为。这种分配节省了脑力，补充了缺失的信息，并且强化了自我概念，但同样也为偏见和系统性歧视奠定了基础。归因过程涉及的是判断一项观察到的行为或事件主要是由人（内因）还是环境（外因）引起的。归因是由知觉的一致性、区别性和行为的共同性所决定的。这个过程主要有自我服务偏见和基本归因错误。自我实现预言指的是我们对另一个人的期望使得这个人采取与这些期望一致的行为的知觉过程。当历来成就较低的员工刚来工作岗位并且一些人还有所期待的时候，这种效果更明显。另外四种在组织中常常被提到的知觉错误还包括晕轮效应、虚假同感效应、首因效应和近因效应。

3-4 结合组织中的实际情况，探讨三种改善认知的方法。

知觉偏差最小化的一种方法是增强对其存在的认识。对这些偏见的认识使人们更在意他们的想法和行为，但是这样的训练有些时候反倒会无意识地加强人们的刻板印象，而不是减少人们对它的依赖，这对那些对某一类人群持有很深偏见的人没有效果。增强自我认识可以通过像内隐联想测验（IAT）这样的正式测试和运用乔哈里资讯窗，这是别人针对你的行为提供反馈并且你将自己的相关信息披露给他人的一个过程。第三个策略是进行有意义的交流，该理论认为，人们与他人交流的时候成见和知觉性偏见会更少。当人们紧密地并且经常性地与另一个人朝着需要相互合作、彼此依靠的共同目标而一起工作的时候，这种有意义的交流的效果是最明显的。有意义的交流能够帮助改善换位思考的能力，也就是一个人对他人的感受、想法和处境的理解和敏感程度。

3-5 概述全球化思维的主要特征并证明它对员工和组织的有用性。

全球化思维指的是个体感知、了解和处理跨文化信息的能力。它包括：①对世界上其他观点和习惯的一种认识、开放性和尊重程度；②跨文化换位思考和有效行动的能力；③在特殊环境里处理复杂信息的能力；④通过多个层面的思考从而理解和协调跨文化问题的能力。全球化思维使得人们发展出更好地理解大量跨文化信息的跨文化交流关系，并且能够针对新兴的全球机遇做到迅速识别和响应。员工通过自我认识，将自己的心理模型与来自其他文化的人们的心理模型进行比较、正式的跨文化培训和扎根其他文化之中来培养全球化思维。

3-6 简单介绍了感知和人力资源管理的关系。

员工依据自己所感知到的工作环境做出行为反馈，公平的工作环境和组织支持与员工的感知直接相关，并且影响员工绩效，所以管理者要关注员工的感知，实施相应的激励措施，激发员工的工作积极性，提高工作效率。

关键术语

归因过程
分类思维
确认性偏差
交流假说
换位思考
虚假同感效应
基本归因错误
全球化思维
晕轮效应
乔哈里资讯窗
控制点
心理模型
知觉

正面组织行为
首因效应
近因效应
选择性注意
自我概念
自我效能
自我提升
自我实现预言
自我服务偏见
自我验证
社会身份理论
刻板印象

复习思考题

1. 你是一名地区经理，刚刚雇用了几个大学毕业生。大多数人是第一次干全职工作，尽管他们中间的大多数曾经做过兼职或者是暑期岗位。他们对各自的专业领域掌握基本的知识（会计、工程、市场营销等），但是对具体的业务实践和操作了解较少。阐述你将如何培养这些新人的自我概念以加强他们的表现和维护其心理健康，也请阐述你将如何缓和他们自我提升的倾向同时还要防止新员工形成消极的自我评价。

2. 你是否用你所在的学校定义自己？为什么？你的回答对你的学校意味着什么？

3. 想象一个你和老板之间产生冲突的情形。讨论如何理解自我概念的元素，其复杂性、一致性和清晰度在这种情况下可能是有用的。

4. 几年前，CanOil 能源公司的高层想要收购能源公司 AmOil 旗下的一家探测公司 HBOG。为了避免恶意并购和不利的税收，CanOil 的两个高层跟 AmOil 的 CEO 见面，讨论通过友好交换股份实现交易。

AmOil 的总经理事先并不知道 CanOil 的计划，在会议一开始，AmOil 的总经理就提醒说他只是来听的。CanOil 的高层很有信心 AmOil 想卖了 HBOG，因为当时的能源法律使得 HBOG 对于 AmOil 来说是个不赚钱的投资。AmOil 的 CEO 在会议的大部分时间保持沉默，CanOil 的高层把这解读成默认他们在市场上收购 AmOil 的股份。不过，当一个月后 CanOil 发动股份收购时，AmOil 的 CEO 感到惊讶又愤怒。他以为自己已经给了 CanOil 的管理者冷遇，以保持沉默来表示对交易不感兴趣。这个误解几乎使得 CanOil 破产，因为 AmOil 反击来保护自己的股份。在这个误解中可能发生了什么知觉问题？

5. 你在学习大学课程时有什么思维模型？这些思维模型有帮助吗？这些思维模型会不会妨碍你从课程获得最大收益？

6. 在一个多样化管理研讨会上，一个管理者认为刻板印象是跟其他人一起工作的必要部分。她解释：" 我必须假设其他人的脑袋里在想什么，刻板印象帮助我完成这项工作。依赖刻板印象总好过对来自其他文化的工作伙伴的信仰一无所知！" 讨论该管理者陈述的优点和问题。

7. 描述一个管理者或教练如何利用自我实现预言提高个人表现。

8. 自我概念愈发被认为是有效领导的一个重要特质。假设你在一个政府组织中负责创立一个领导力培训项目。你会采取什么样的措施和流程给这个项目的参与者以建设性的指导，帮助他们对自己的个性、价值观和个人偏见有更好的认识？

9. 几乎每一个参加过大学里商业项目培训的人都会在一定程度上培养出某种全球化理念。到目前为止什么事件或活动在你的生活中帮助你培养全球化理念？目前，当你还处于上学阶段，你能采取什么措施来进一步拓展你的全球化理念？

应用案例：HY 牛奶有限公司

HY 牛奶有限公司的营销副总裁塞得·吉尔曼（Syd Gilman）对于最新的销售数字很满意。他很高兴看到 HY 的美味牌冰激凌的营销活动成功地提升了正在下滑的销售量。过去两个季度，产品的销售量和市场份额都比过去几年明显增加了。

美味牌冰激凌销售的改善归功于罗谢尔·博波特（Rochelle Beauport），去年美味牌冰激凌的任务分配给了她。罗谢尔两年前加入 HY，担任品牌管理助理，她之前在一家食品制造公司从事相似的工作。她是 HY 里面为数不多的负责营销管理的黑人女性，并在公司很有前途。吉尔曼对罗谢尔的工作很满意，并想在年度业绩审核中让她知道。他现在有个奖励罗谢尔的绝佳机会，就是给她提供最近空置的市场调查协调员的职位。虽然实际上这只是平行调动，有很少的加薪，但是市场调查协调员可以给罗谢尔参与受瞩目的工作的经验，这对她在 HY 的事业会很有帮助。很少有人注意到吉尔曼自己的事业就是在几年前通过担任市场调查协调员后晋升上去的。

罗谢尔也看到了 HY 的美味牌冰激凌最近的销售数字，那天早上也在等待吉尔曼打电话约她见面。吉尔曼在对话一开始简单地提到可喜的销售数字，然后说他想罗谢尔接受市场调查协调员的工作。罗谢尔听到这消息很惊讶。她喜欢做品牌管理，尤其喜欢控制一个直接影响公司盈利的产品的挑战性。市场调查协调员严格来说是个辅助性的职位——一个远离公司前线活动的"后台"工作。罗谢尔认为，市场调查在大多数公司不是升到高层的道路。她被边缘化了。

在很长的沉默后，罗谢尔终于弱弱地说了一句，"谢谢，吉尔曼先生。"她太困惑以致没有抗议。她想整理思绪，反思自己做错了什么。而且，她也没有和老板熟悉到公开批评她的程度。

吉尔曼察觉到罗谢尔的惊讶。他很自然地以为这是她听到这个绝佳事业机会的正面反应。他在几年前对于暂时调动到市场调查部门以完善他的营销经验也感到非常高兴。在让罗谢尔离开办公室时，吉尔曼说道："这个调动对你和HY都有好处。"

在那个下午，罗谢尔被几项任务分散了注意力，不过在晚上她终于可以考虑白天的事情了。她是HY的品牌管理里一个优秀的少数族群女性之一，她担心她被边缘化是因为公司不想女人或者黑人进入高级管理层。她之前的雇主说得很明白，女人"不能扛起营销管理的担子"，倾向于让她们负责短期的低层品牌管理工作后把她们安排到技术支持的位置。很显然吉尔曼和HY也奉行同样的原则。吉尔曼评论说协调员的工作对她有好处只是婉转的说法。罗谢尔在HY的品牌管理不会再有更高的发展。

罗谢尔正面临困难的抉择，是该跟吉尔曼对峙，尝试改变HY的性别歧视或者可能是种族歧视，还是离开公司。

讨论题

1. 运用你的刻板印象和社会身份理论的知识分析这个案例中哪里出错了。
2. 在这案例中还有哪些其他知觉误差？
3. 组织在这种情况下可以做些什么使知觉误差最小化？

网络练习：企业网站中的多样性与刻板印象

目标：这个练习的目的是帮助诊断企业网站中多样性和刻板印象的证据。

材料：学生需要在上课前完成他们的研究，包括选择一个或多个大型或中型的公共或私人组织，并且检索这个组织网站中的人物图像。

说明：指导老师会让学生们分组或者单独完成这个练习。学生将选择一个或多个大中型规模的公共或私人组织。学生将仔细检查所选择的公司网站图片，看它们究竟是如何描绘女性、有色少数族裔、残疾人、原住民、年长的员工和客户的。具体地说，学生要准备在课堂上讨论，并详细阐述下面的问题：

1. 女性、有色少数族裔、残疾人、原住民以及年长的员工和客户的图像展示（就是视觉再现）的比例。学生也应该关注这些图像在网站和文件中的大小和位置。
2. 对女性、有色少数族裔、残疾人、原住民以及年长的员工和客户的形象描绘。例如，在这些网站中，女性是在传统的还是非传统的职位中出现得更多？
3. 选择一个或多个多样性的例子做展示，找到一个网站上的刻板印象在课堂上展示，可以是打印版，也可以是能在课堂上展示的一个网站链接。

团队练习：个人和组织发展全球化思维的策略

目标：这个练习的目的是帮助你理解和找到提升全球化思维的方法。

材料 无。

说明：

步骤1：学生被分成几个团队，将讨论以下问题。团队将准备一份全球化思维的清单——这种优化活动围绕两个分类来组织：组织上发起的活动和个人发展的活动。

组织上发起的活动： 你曾经经历过或者你知道别人曾经经历过怎样的组织实践——组织有意创造的措施和条件，可以培养一个人全球化思维的有哪些？请具体描述每一个活动，如果可能的话，确认通过该活动得到改善的全球化思维的元素。

个人发展的活动： 假设有人问你他们能够采取什么样的个人行为去培养全球化思维。你会推荐什么？想想你曾亲身经历的（或者了解别人曾经亲身经历的）能够培养全球化思维的方法。

你的建议里应该说明：全球化思维中的哪些具体元素通过每一个活动分别是如何得到改善的。

步骤2： 班级报告部分，团队被要求向班上的其他人去描述具体的个人或者组织上的活动。寻找共同主题，和人们在培养全球化思维的时候可能要面对的挑战。

自我评估：工作定义你的自我概念的比重有多大

工作是我们生活中重要的一部分，有些人认为工作没有生活中的其他兴趣爱好重要，然而其他人认为工作是他们的身份，是他们作为个体的核心组成部分。表3-1估计的是你将工作看成是中心还是不那么中心的生活爱好的程度。阅读下面的每个语句，并判断每个语句描述你生活里焦点的准确程度。请记住，这些问题并没有正确或者错误的答案。同样，这份自我评估需要单独完成，以确保你是在不受社会比较的影响的前提下诚实地评价自己。小组讨论将会聚焦在这份量表的意义上，以及它与自我概念和感知的相关性上。

表3-1　工作重心量表

请指出你对以下描述你生活重心的陈述的同意程度	非常不同意	适度不同意	轻微不同意	轻微同意	适度同意	非常同意
1. 生活中最重要的事情是与工作相关的	□	□	□	□	□	□
2. 工作是人们需要花费大量时间的事情	□	□	□	□	□	□
3. 工作应该只是生活中很小的一部分	□	□	□	□	□	□
4. 工作应被视作生活中的中心部分	□	□	□	□	□	□
5. 在我看来，一个人的个人生活目标应该以工作为导向	□	□	□	□	□	□
6. 只有当人们投入到工作中去的时候，生活才是有价值的	□	□	□	□	□	□

资料来源：R.N.Kanungo, *Work Alienation: An Intergrative Approach* (New York: Praeger, 1982).

读完本章后，如果你需要更多信息，请登录 www.mhhe.com/mcshane7e 获得更多关于本章的深度信息和互动。

CHAPTER4 第**4**章

员工激励

学习目标：

阅读完本章，你应该能够：

- 定义员工敬业度。
- 解释人的驱动力和情感在员工的激励和行为上的作用。
- 阐述马斯洛的需要层次理论，以及麦克利兰的学习需要理论和四驱动力理论，并讨论它们在激励员工方面的影响。
- 讨论期望理论模型，包括它的实际影响。
- 概述组织行为修正和社会认知理论，并解释它们与员工激励的相关性。
- 描述有效的目标设置和反馈的特征。
- 归纳公平理论并描述改善程序公正的方法。
- 讨论薪酬的含义并识别几种团队层面或者组织层面的基于绩效的奖励方法。
- 描述五种提高奖励有效性的方法。

开篇案例：海尔经验——OEC 激励机制

海尔认为，人力资源是企业最宝贵的资源，如果人的潜能发挥出来，每个人都是一个太平洋，都是一座喜马拉雅山，要多大有多大，要多深有多深，要多高有多高。所以，盘活企业，首先是盘活人。盘活人重要的是激励和约束，只有机制到位，才能充分发挥人的积极性和潜能。海尔集团从一个名不见经传的濒临破产的小企业成为世界一流的大企业，得益于激励机制的运用，充分调动了员工的积极性，催化了创新的组织文化。

"生于忧患，死于安乐。"这是海尔总裁张瑞敏经常告诫员工的一句话。海尔非常重视在企业内部为员工创造公平竞争的环境，充分的上升渠道，让员工工作起来更加有盼头，有奔头，加强员工的自主管理意识，进而创造更大的价值。轮岗、竞争上岗等制度提高了工作的丰富度，激发了员工对工作的激情。同时，灵活多样的奖罚规则与物质、精神待遇挂钩，持续量化考评员工的工作绩效，实现及时反馈。公司推行"三工并存，动态转换"制度，即在全员合同制基础上把员工的身份分为优秀员工、合格员工、试用员工（临时工）三种，根据工作态度和效果，三种身份之间可以进行动态转化。"今天工作不努力，明天努力找工作。"海尔生产车间里还有一个S形的大脚印，每天下班时，班组长做工作总结，当天表现不好的职工都要当着大家的面站在S形的大脚印上，直到下班。

另外，在海尔的奖励制度中有一项叫"命名工具"。这些新工具的发明者都是一线的普通工人。例如，工人李启明发明的焊枪被命名为"启明焊枪"，杨晓玲发明的扳手被命名为"晓玲扳手"。当海尔把一个普通工人发明的一项技术革新成果以这位工人的名字命名，并且由企业文化中心登在《海尔人》报上时，在所有员工中传开之后，工人中很快就兴起了技术革新之风。对员工创造价值的认可，是对他们最好的激励。

近几年，海尔集团实施了业务流程重组，把原来直线职能式的管理变为对市场负责的机制，实行内部"市场链"机制，把外部市场竞争效应内部化，所有员工对上级负责转化为对市场负责，使得企业效益和员工绩效融为一体，给予员工自治权，极大地调动了员工的积极性和他们的创造热情。海尔OEC管理的精神内核，要求大家从我做起，从现在做起，从我出成果。从今天出成果，全方位地对每天、每人、每件事进行清理、控制。日事日毕，日清日高。制定建立在员工需要基础上的鼓舞人心而又切实可行的奋斗目标，既表明企业的努力方向，也代表职工对未来的憧憬和追求，增强员工的认同感与责任感。企业共同奋斗目标的方向感、使命感和职工个人理想目标的荣誉感、追求感融为一体，能够形成激励员工奋发进取的内在动力，员工就会把企业的需要转化为个人的需要，充分发挥主人翁的自觉性、创造性，进而敬业、乐业。

1995年7月，在青岛市政府的支持下，海尔接手经营每况愈下的红星电器。在海尔看来，彼时红星厂属于"休克鱼"：企业的硬件很好——鱼的肌体没有腐烂，但却处于休克状态，企业的人没有被带动起来，导致企业停滞不前。海尔采用公开监督、披露信息、学习提高、加强自觉的办法，将OEC管理模式在红星全面推行，加盟海尔的红星电器很快出现了蒸蒸日上的新气象：三个月扭亏，第五个月就赢利150多万元。短短两年时间，海尔洗衣机已成为同行业第一名牌。被兼并的企业在海尔的海洋里自由地遨游、成长。因管理不善而"休克"的鱼被催醒，重新参与市场搏击，如今它已成长为同行业的"巨鲸"！

高水平的员工激励效果极大地促进了组织绩效。激励是指影响个人自愿行为的方向、强度和持续性的个人内在动力。受激励的员工愿意为一个特定的目标（方向）发挥更多的努力（强度）并持续更长的时间（持续性）。激励是个人行为和表现的四个必要的驱动力之一。

资料来源：摘自哈佛案例《海尔激活休克鱼》。

本章将介绍员工激励的核心理论。首先介绍员工敬业度，一个与激励相关的越来越受欢迎的概念。接下来，我们将解释驱动力和情绪是如何成为员工激励的原动力的。三种关于驱动力和需要的理论（马斯洛的需求层次理论、麦克利兰的学习需求理论以及四驱动理论）将会被介绍和评价。接下来，我们将注意力转移到员工激励的理性决策模型：期望理论。随后，我们会接触到组织行为修正和社会认知理论，并通过期望理论模型学习期望是如何激励员工的。接着，我们将关注目标设置和反馈，这两个通常被认为是组织中最为有效的激励概念和措施。在本章最后，我们将关注组织公平，包括公平理论的维度和动态，以及程序公正。

4.1 员工敬业度

现在，当高管讨论员工激励的时候，他们很可能会用到**员工敬业度**（employee engagement）这个词。虽然员工敬业度的定义仍在讨论中，我们暂时把它定义为一个个体情感和认知（逻辑）的激励，以及高度集中、强烈、持久和有目的性地朝着工作目标的努力。它通常被描述为一种对工作的情感参与、恪守承诺和满意程度。员工敬业度还包括对工作的高度专心致志——集中注意力在任务本身，而对工作之外的事情尽量不分心。最后，员工敬业度通常被描述为自我效能——你对自己的能力、角色清晰度和以现有的资源去完成工作的信心。

员工敬业度近来成为许多商业领袖考虑的因素，因为它似乎是员工和公司绩效的一项重要的预测指标。一份英国政府的重要报告得出的结论是，员工敬业度对于国家的国际竞争力是非常重要的，以至于政府需要在所有的经济领域立即加强对员工敬业度培训的重视和支持。渣打银行发现，有着更高员工敬业度的分行相较于那些敬业度较低的分行，提供的顾客服务质量显著更高：员工出错率要低46%，利润增长率要高16%。电子产品零售商百思买（Best Buy）指出，一个商场员工敬业度得分每增加0.1（在一份5.0分制的量表中），与之相关的是每年100 000美元的商场利润的增长。这些研究并不能让我们清楚地看到是员工敬业让公司更加成功，还是公司的成功让员工更加敬业。然而，这些在百思买、渣打银行和其他公司的举措表明，员工敬业度会造成公司的产出，反之亦然。

你怎样建立一个成功的公司？约翰·德拉诺（John De Lano），这位在领英担任首席执行官长达十年之久的管理者，最近刚刚任满离职，他推荐了一个不松懈的驱动机制来提升员工敬业度。在澳大利亚，Flexirent资本公司的消费者租赁部门的员工敬业度分数从十年前的32%上升到今天的75%，这使得其在最佳雇主榜上独树一帜。同一时期，Flexirent的盈利增加了900个百分点。"如果没有一个敬业的团队的话，我们不可能有今天的成就，"德拉诺说道，"在我们为提高员工敬业度做出一致努力后出现一个连续的加速增长，这绝不是巧合。"

组织的领导者面临的挑战是，大部分员工并不十分敬业。具体数据有各种版本，但根据其中一份具有代表性的调查的估计，只有30%的美国员工是敬业的，52%是不敬业的，还有18%是非常不敬业的。非常不敬业的员工倾向于在工作中展露破坏性，而不仅仅是脱离工作。一些亚洲国家（尤其是日本和韩国）及少数欧洲国家（尤其是意大利、荷兰和法国）的员工敬业度最低，然而最高的分数通常能在美国、巴西和印度这些国家中出现。

这就引发了一个问题：究竟什么是员工敬业度的驱动力？目标设置、员工参与度、组织公平、组织理解（知道公司发生了什么）、员工发展机会、充足的资源和一个更吸引人的公司愿景，这些都是常被提到的影响因素。换句话说，构建一支敬业的员工队伍与本书的大多数主题相呼应，例如MARS模型和领导力。

4.2 员工的驱动力和需要

要了解如何培育出一支更加敬业和积极进取的员工队伍，我们首先需要理解人们激励性的"力量"或者说员工行为的原动力。我们的出发点就是**驱动力**（drives，也叫作基本需求），我们把它定义为大脑的一种固有特征，它尝试通过改进不足让我们保持均衡。驱动力通过产生情绪来激励我们在环境中采取行动。驱动力正在受到越来越多的关注，因为最近神经科学（大脑）的研究强调了情感在人们决策和行为中的核心作用。关于人的驱动力，目前还没有一致结论，但研究已经一致确认了其中的几个，例如社交的驱动力，对于竞争力或者地位的驱动力，去了解在我们身边发生了什么的驱动力和保护自己免受生理和心理伤害的驱动力。

驱动力是天生的而普遍的，这意味着驱动力每个人都会有且从一出生就存在。此外，驱动力是行为的"原动力"，因为驱动力能产生情绪，能够使人处于随时准备做出反应的一种状态。情绪在激励中起着重要的作用。实际上，情绪和激励这两个词语都来源于同一个拉丁语 movere，意思是"移动"。

图 4-1 说明了驱动力和情绪是怎样转化成可感知的需要和行为的。驱动力以及由驱动力所产生的情绪，共同产生人们的需要。我们将**需要**（needs）定义为人们所经历的目标导

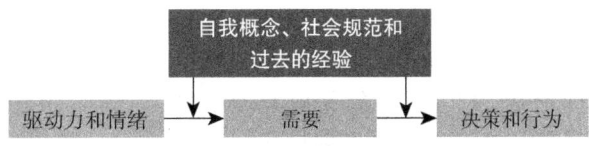

图 4-1　驱动力、需要和行为

向的动力。需要是对改进不足或不平衡的特定目标的情绪激励动力。正如一个权威的神经科学家所解释的那样："驱动力直接表达了人们背后的情绪，我们最终通过背后的感觉意识到它们（驱动力）的存在。"换句话说，需要是我们最终自觉意识到的情绪。

想象一下这个例子：你去上班时发现一个陌生人坐在你的位置上。这种情形会产生情绪（焦虑、好奇）激励你做出反应。这些情绪是由驱动力产生的，例如自我保护的驱动力和理解的驱动力。当足够强烈的时候，这些情绪将会激励你去做一些事情，例如弄清楚这人是谁，并且可能从同事那里再度确认你的工作是安全的。在这种情况下，你有了解发生了什么、感到安全和可能改变违背个人意愿的感受的需要。注意，当你看到陌生人坐在你的位置上的情绪反应代表了驱动你的内在力量，但对于特定的目标，是你自己选择某些情绪进行表达。

需要的个体差异

所有人都有相同的驱动力，这是我们通过进化得到的天性。图 4-1 解释了产生这种差异的原因。模型的左侧表明了个人的自我概念（包括性格和价值观）、社会规范和过去的经验放大或压抑以驱动力为基础的情绪，因此导致更强或更弱的需要。当热爱交际的人独处一段时间后，通常有更强烈的社交需要，而不爱好交际的人的社交需求则小得多。正如你在本章后面所学习到的一样，这种个体差异解释了为什么需要在一定程度上可以"学习"。社会化和强化在一定程度上可能使得人们改变自我概念，导致对社会互动、成就感更强或更弱的需要。

如图 4-1 的右侧表明，自我概念、社会规范和过去的经验调节个人的目标和行为。回想前文中一个陌生人坐在你座位上的例子，你可能并不会走到跟前要求那位陌生人离开你的座位；因为这种行为违背了大多数（并不是全部）文化中的社会规范。那些认为自己是直率性格的员工可能直接与陌生人交涉，而那些对直接交涉持负面态度的员工则更可能在与侵入者交涉前先从同事那里收集信息。简而言之，个人的驱动力（理解的驱动力，防御的驱动力，联合的驱动力等）都将强化个人的行为、自我概念和社会规范，而过去的经验将把强化物指向目标导向的行为中。

图 4-1 对于理解为何驱动力和情绪是员工激励的最初来源，以及理解个人特征（如自我概念、经历、价值）是如何影响目标导向行为提供了有用模板。本章介绍四驱动理论、期望理论、权益理论和其他概念时，你将看到这个理论的影子。本章的剩余部分将用理论解释驱动力和需求的动态变化。

4.3 马斯洛需求层次理论

到目前为止，最广为人知的激励理论就是**马斯洛需求层次理论**（Maslow's needs hierarchy theory）（见图 4-2）。这个理论在 20 世纪 40 年代由心理学家亚伯拉罕·马斯洛发展而成，这个模型将之前研究的一长串的需求浓缩和整合成为五个层次的需求（从低到高排列）：生理需求（对食物、空气、水、住所以及其他方面的身体需要），安全需求（对安全和稳定的环境，免受疼痛、威胁和疾病折磨的需要），社交需求（对爱情、友情和与他人交往的需求），尊重需求（对个人成就感的自尊以及获得他人认同和尊重的社会尊重的需求），自我实现需求（对实现理想、发挥自身潜能的需求）。

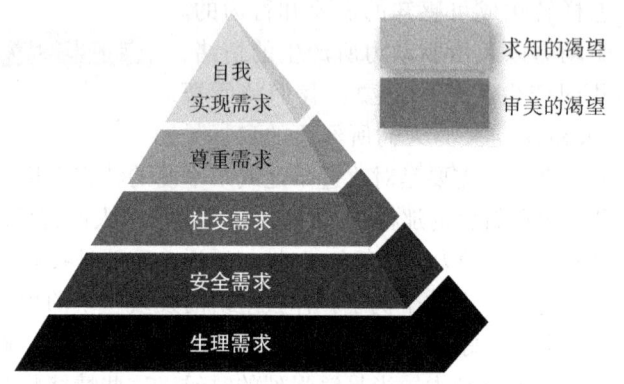

图 4-2 马斯洛的需求层次理论

资料来源：Based on information in A. H. Maslow, "A Theory of Human Motivation," *Psychological Review* 50 (1943), pp.370-396.

除了形成这五个层次的需求，马斯洛还将求知的渴望和审美的渴望视为不在等级内的两种与生俱来的驱动力。根据马斯洛的需求层次理论，我们同时被几种需求激励着，但最强烈的来源是最底层的未满足的需求。当低级的需求被满足后，下一个层级的需求成为主要的激励因素，直到它被满足为止。

1. 马斯洛理论的局限

尽管马斯洛的需求层次理论备受欢迎，但大多数的激励专家并不支持。其他需求层次理论模型也不能很好地描绘人类激励。研究表明人类的行为并不如马斯洛需求层次理论预测的那般进行，并且有证据显示需求满足存在的时间比马斯洛研究表明的要短得多。

马斯洛及其他需求层次理论模型的主要问题在于其并不能对所有人适用，实际上每个人的需求层次都是存在差异的。某些人认为社会地位是处于其需求层次的顶层；然而另外一些人会认为个人发展和成长位于社会地位与关系的上层。员工的需求是受自我概念、个人价值观和人格强烈影响的。人的价值层次是相异的，因此每个人对应的平行需求层次也是相异的。如果你的价值观倾向于刺激和自我导向，那你可能更注重自我实现需求。如果权力和成就感处于你的价值体系的最高层次，那地位需求将很可能处于你的需求层次的最高级。一个人的价值层次是会变化的，因此随着时间的改变一个人的价值层次也有可能随之变化。

2. 马斯洛理论的贡献

虽然需求层次理论没有得到现实的验证，但马斯洛为人们带来一种更全面、更人性的和更积极的研究人类激励的方法。

- 全面的观点。马斯洛带来一种更全面的观点，他主张整体性地研究需求和驱动力，因为人类行为一般是由多个需求同时引起的。在此之前，激励理论的专家将需求和驱动力细分成许多类型去单独研究。
- 人性的观点。马斯洛用一种更人性的观点来研究激励。尤其是他认为高层次的需求是受个人和社会影响，而不仅仅是本能。换句话说，他是首先认识到人类思维（包括自我概念、社会规范和过去的经验）对激励有重要作用的人之一。在此之前，激励理论的专家几乎全都关注于人类本能，并没有考虑过激励可能由人类思维所塑造。
- 积极的观点。马斯洛带来一种更积极的员工激励的观点，关注于需求满足而不只是留意需求剥夺。尤其是他使得之前发展的自我实现需求的概念逐渐普及，并认为人会自然地受到激励发挥自己的潜能，而组织和社会需求帮助人们保持和发展这种激励。由于提出了自我实现需求以及需求满足的理论，马斯洛是积极组织行为学的先驱者。积极组织行为学认为生活的积极方面而不是消极方面促进组织和个人的成功。换句话说，这种方法主张个人和组织形成积极的品质和特点，而反对只留意那些对于他们来说是错误的事情。

喜力啤酒（Heineken）在美国一直在丢失市场份额，新上任的CEO多夫·冯·登·布林克（Dolf van den Brink）随即发现了此现象的主要原因：喜力的员工需要更多的成就激励。为了鼓励风险导向的、具有创业精神的思维，布林克在公司里为全体员工举行了海盗主题的活动，以庆祝公司将具备新的带有进攻性的价值观，如"以团队的方式进攻"以及"只要是合理的，可用尽一切办法取胜"等。布林克解释说："我们需要重新成为一个灵活的、谦逊的、敏捷的、具有创业精神的公司"。另一位喜力的高管附和道："为了拥有一个挑战者的思维定式，我们必须把每位员工内心的海盗解放出来。"布林克就是高成就激励的模范。尽管刚果共和国处于激进的暴动中，布林克仍旧在过去四年中将喜力在刚果的市场份额翻倍。同样，喜力在美国的市场份额也在持续上升，喜力的员工都认为他们现在更加倾向于风险导向。

4.4 习得需要理论

在本章的前面说过，驱动力（第一需要）是天生的，而需要是通过自我概念、社会规范和过去的经验所形成、放大或压抑的。马斯洛指出，个人特征影响高层次需要如社交需要的强度。心理学家戴维·麦克利兰（David McClelland）研究了需要的强度可能因社会影响而改变。尤其是他认为一个人的需要可以通过强化、学习和社会环境来加强。麦克利兰检验了三种"学习所得"的需要：成就需要、合群需要和权力需要。

1. 成就需要

具有高**成就需要**（need for achievement, nAch）的人希望通过自己的努力完成具有适度挑战性的目标。他们宁愿独自工作而不愿团队工作，并且选择具有一定风险的任务（即既不十分容易也不非常困难完成的工作）。高成就需要者希望得到明确的关于自己成就的反馈和认可。金钱对于他们而言激励作用很小，除非金钱能够提供反馈和认可。相反，当以金钱作为激励物时，低成就需要者能带来更好的工作绩效。成功的企业家通常有高的成就需要，可能是因为他们给自己确立挑战性的目标，并在竞争中成长。

2. 合群需要

合群需要（need for affiliation，nAff）是指寻求他人赞同，顺从他人的希望和期待，避免冲突和对抗的需要。高合群需要者试图为自己设计讨人喜欢的形象。他们喜欢积极地支持他人，并努力消除工作场所的冲突。高合群需要的员工通常适合调节冲突的协调角色以及销售职位，因为销售职位的主要任务是培养长期的关系。然而，他们在分配稀缺资源以及做出可能产生冲突的决定时并不十分有效。处于决策职位的人必须要有相对低的合群需要，这样他们的选择和行动才不会因为高合群需要而有偏差。

3. 权力需要

高权力需要（need for power，nPow）的人希望能够控制他人，并关心如何维持自己的领导地位。他们经常进行劝说性的沟通，在会议上提出更多的建议，以及经常公开评论形势。麦克利兰认为有两种权力需要类型。为了自己而享受权力，利用权力满足个人利益，并将权力视为地位的象征的人行使的是个人权力。另外一种人主要有很高的社会权力需要，因为他们将权力视为帮助他人的方式。麦克利兰认为，有效的领导者应该是高社会权力需要者而不是个人权力需要者。他们必须有高程度的利他主义和社会责任感，并考虑到自己的行为对他人的后果。

4. 学习需要

麦克利兰的研究支持了他的理论——需要可以被学习（更准确地说是被强化或弱化）；因此，他为达成该目标设立了培训计划。在他的成就激励计划中，受训者写下成就导向的故事，并在商业游戏中练习成就导向的行为。他们要在未来的两年内完成一个详细的成就计划，并和其他的受训者成立了一个参照组，让其维持自己的成就激励方式。参与成就需要课程的受训者随后创办了更多的企业，提高了社会参与度，并更多地投资扩张他们的企业，员工数量是没有参与课程的雇主其员工数量的两倍。这些训练课程通过提醒受训者的自我概念以及强化他们的成功经验来提升成就激励。例如，当被要求写下成就计划时，参与者会被鼓励（以及被其他参与者支持）去体验预期而来的成功和兴奋。

4.5 四驱动力理论

本章中一个核心的信息就是情绪对于员工激励有重要作用。根据社会科学的研究，学者现在越来越认同人类有几种固有的驱动力，包括社会交往、学习和支配的驱动力。这些驱动将影响情绪，而情绪恰恰能代表人类个体行为的源驱动。多数组织行为激励理论都专注于人类激励的认知层面；**四驱动力理论**（four-drive theory）则是少数能识别人类情绪在激励过程中扮演中心角色的理论。

根据四驱动力理论，每个人都有四种驱动力：获取的驱动力、联系的驱动力、学习的驱动力、防御的驱动力。这四种驱动力都是天生的和普遍的，它们是固存于我们大脑中，并且在所有人的身上都具备，它们是相互独立的。驱动力没有层级，因此每种驱动力并不依赖于其他驱动力，也不天生地优于或劣于其他驱动力。四驱动力理论认为，这四种驱动力是完整的集合，基本的驱动力全都包含在模型中。另外一个重要特征是，其中三种驱动力是积极主动的，我们需要定期满足这些驱动力。只有防御的驱动力是反应性的，它被危险激发出来。因此，任何驱动力的满足充其量也是暂时性的。

（1）获取的驱动力。这是寻找、获得、控制和保留获取对象和个人经历的驱动力。获取的驱动力的对象不仅是基本的食物和水，还包括通过相关的社会地位和社会认知度来提高个人的自我概念。因此，这是竞争和尊重需要的基础。四驱动力理论认为，获取的驱动力是不知足的，因为人类激励的目的是获取比别人更高的地位，而不只是满足个人的生理需要。

（2）联系的驱动力。这是形成社会关系以及与他人建立相互关爱承诺的驱动力。它解释了为什么人们通过与不同社会阶层结盟来建立社会认同。它也解释了为什么缺乏社会接触的人更容易患有严重的健康问题。联系的驱动力激励人们与他人合作，因而是组织成功和社会发展的基本要素。

（3）学习的驱动力。这是满足我们的好奇心，认识和了解自己以及周围环境的驱动力。当观察到与我们现有知识不一致或者超过现有知识的东西时，我们会产生一种紧张感，激励我们去弥补这种信息鸿沟。实际上，研究发现，被剥夺新信息知情权的人热切渴求信息，甚至是无聊的信息；学习的驱动力产生如此强烈的情绪，以至于研究的参与者到最后连一个月前的股市情况都想了解！学习的驱动力与高层次的成长需要和自我实现需要相关。

（4）防御的驱动力。这是身体和社会层面保护自己的驱动力。这可能是当面对危险时最先产生的驱动力，它产生一种"战斗或逃跑"的反应。防御的驱动力不仅仅是保护自己免受身体上的伤害，还包括保卫我们的关系、所获得的东西和信念系统。

4.5.1 驱动力如何影响员工激励和行为

四驱动力理论利用现有的神经科学知识，解释了情绪的处理过程以及情绪是如何影响行为和决策的。回忆之前的章节，我们接受周围的信息时迅速且无意识地与情绪标签相联系。根据四驱动力理论，四种驱动力决定哪种情绪与外部刺激相联系。如果某一天你到达公司，发现一个陌生人坐在你的座位上，你可能迅速地经历焦虑、好奇的情绪。这些情绪是自发地由四驱动力中的一个或若干个所激发的。在这个例子中，产生的情绪可能足够强烈，以至于会引起你的注意力并激发你对这件事情产生反应。

大部分时间里，我们并没有意识到我们的情绪经历，因为它们是微妙且短暂的。然而，当情绪足够强烈或者我们经历冲突的情绪时，情绪可以被意识到。在这种情况下，我们的智力技能系统依赖于社会规范、过去的经验以及个人价值观，将情绪的推动力引向关注于这些情绪来源的有用且可接受的目标（见图4-3）。换句话说，由四种驱动力所产生的情绪刺激，我们的智力技能选择那些符合社会和我们自己道德标准的行为反应，并有很大可能达到目标。这就是本章开头所描述的过程，驱动力产生情绪，某些个人特征（自我概念、社会规范和过去的经验）将这些情绪转化为目标导向的需要，个人特征将需要转化为决策和行为。

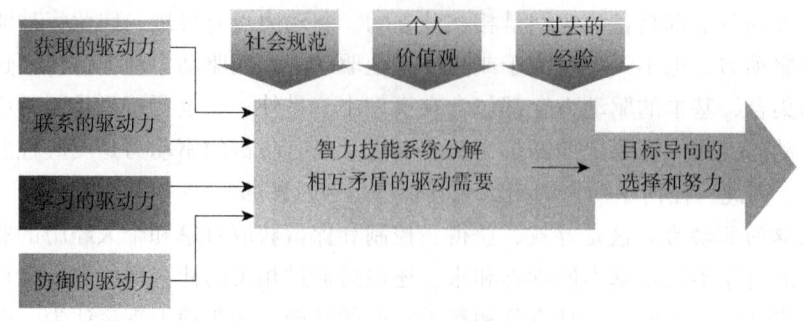

图 4-3 四驱动力的激励理论

资料来源：Based on information in P. R. Lawrence and N. Nohria, *Driven: How Human Nature Shapes Our Choices* (San Francisco: Jossey-Bass, 2002).

4.5.2 评价四驱动力理论

虽然四驱动力理论在最近才形成，但它是根据三十多年的数据深入研究发展而成。这些驱动力是从心理学和人类学的研究中发展而来。进一步，施瓦茨声称四驱动力理论与他提出的个人价值环形结构模型中的十个维度相匹配（详见第 2 章）。把驱动转化为目标导向行为是来源于对情绪处理的研究。这个理论避开了每个人都有相同的需要层级的假设，解释了为什么每个人的需要都与其他人不同。要注意的是，四驱动力理论满足了马斯洛对任何激励理论的两条标准：它是全面的（它与所有的驱动力有关，而不只是研究一两种驱动力）和人性化的（它承认人类思维和社会影响的作用，而不只与本能有关）。四驱动力理论让我们更清晰地理解情绪智力在员工激励和行为中的作用。高情绪智力的员工对四种驱动力的要求更敏感，能更好地回避四驱动力带来的冲动行为，并能够判断在社交场合中满足驱动力要求的最佳方法。

即使四驱动力理论经过深入的研究，但是它远未臻完善。第一，大多数专家认为还有一两种驱动力没有纳入理论当中。第二，社会规范、个人价值观和过去的经验，很可能不完全代表将情绪转化为目标导向的努力的个人特征。例如，除了个人价值观之外的其他自我概念的要素，如人格和社会认同度，可能在将驱动力转化为需要，以及将需要转化为决策和行为的过程中起到重要作用。

4.5.3 四驱动力理论的实际运用

四驱动力理论的主要建议是组织要保证个人的工作和工作环境提供满足四种驱动力的充足的机会。这里有两个建议。第一，激励员工的最佳工作场所要帮助员工满足四种驱动力。员工持续地寻求如何满足自己固有的驱动力，因此，成功的公司需要为所有员工提供足够的奖励、学习机会、社交活动等。

第二，四种驱动力的满足必须保持在合理范围内，即组织应当避免提供过多或过少的满足各种驱动力的机会。这个建议的原因在于四种驱动力能够相互调整平衡。联系的驱动力弥补获取的驱动力，防御的驱动力弥补学习的驱动力。激励获取而忽视联系驱动力的公司可能最终承受组织政治和功能不正常的冲突。变化和新颖能够帮助学习的驱动力，但是过多的变化和新颖在一定程度上引发防御的驱动力，以致员工变得不愿意接受改变。因此，工作场所应该给予员工足够的机会保持四种驱动力的平衡。

B&Q 是全球第三大家居零售商，正试图保持满足获取、联系、学习三种驱动力之间的平衡（同时把防御驱动力最小化）。例如，英国的零售商特别善于通过举办有趣的活动让员工获得联系驱动的满足。举个例子，全英 330 间 B&Q 门店的全体员工在工作时间都有一个 5 分钟的例行跳舞快闪活动。这个慈善事件可能会打破世界快闪纪录。一位 B&Q 的经理评论快闪活动："这个活动可以让员工带着微笑工作，并给客户提供更好的服务。"

4.6　激励的期望理论

迄今为止所介绍的理论主要解释了员工激励的内在来源。但这些驱动力和需要如何转化为具体的努力和行为呢？四驱动力理论认为社会规范、个人价值观和过去的经验影响我们的努力，但并没有给出更具体的解释。另一方面，**期望理论**（expectancy theory）是基于理性逻辑，预期所选择的激励的方向、水平和持续度的模型。实际上，这个理论认为，人们之所以努力工作是因为相信努力会带来合意的结果。换句话说，我们被激励去完成能带来最高预期回报的目标。如图 4-4 所示，个人的努力程度取决于三个要素：努力—绩效的期望、绩效—奖赏的期望、奖赏的效价。员工激励由这三个期望理论模型的三个要素共同影响。如果任何一个环节被削弱，激励就被减弱了。

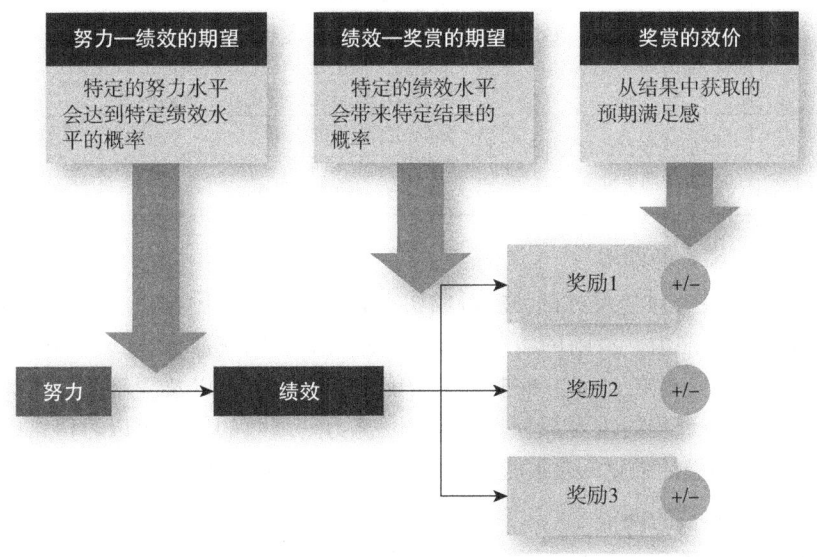

图 4-4　激励的期望理论

（1）努力—绩效的期望。这是指个人感到通过自己的努力可以达到某种工作绩效水平。在一些情况下，员工相信他们可以毫无疑问地完成工作（可能性为 1.0）。在另一些情况下，他们预测即使尽最大的努力都无法达到理想的绩效水平（可能性为 0.0）。大多情况下，努力—绩效的期望介于以上两种极端情况之间。

（2）绩效—奖赏的期望。这是指个人相信达到某一行为或绩效水平将获得某种奖赏的可能性。在极端的情况下，员工可能相信完成一个特定的任务（绩效）将决定可以获得某种奖励（可能性为 1.0），或者他们相信成功地达到某种绩效将得不到任何奖励（可能性为 0.0）。绩效—奖赏期望更经常的情况是在这两种极端的情况之间。

（3）奖赏的效价。效价（valence）是指个人对获得的奖赏的满意或不满意的预期。它的变化范围从负值到正值（具体的范围并不重要；它可能从 -1 到 $+1$ 或者从 -100 到 $+100$）。奖赏的效价代表个人对奖赏的期望满意度。当奖赏与我们的期望一致且满足我们的需要，奖赏有正的效价；当奖赏与我们的期望不一致且无法满足需要，奖赏有负的效价。

实践中的期望理论

期望理论其中一项很好的特征是它为增加员工激励提供了清晰的指引。期望理论的一些实际运用如表 4-1 所示。

表 4-1 期望理论的实际运用

预期理论的要素	目标	运用
努力—绩效的期望	增加"员工能够成功地完成工作"的信念	• 选择具备所需技巧和知识的员工 • 提供所需的培训且明确工作要求 • 提供充足的时间和资源 • 在员工能够应付相应工作之前委派较简单和更少量的工作 • 提供类似的员工成功完成任务的例子 • 为缺乏自信的员工提供辅导
绩效—奖赏的期望	增加"好的工作绩效将得到相应奖赏"的信念	• 准确地测量工作绩效 • 清楚地表明只有成功地完成绩效才能获得奖赏 • 描述如何根据过去的绩效评估员工的奖赏 • 提供高绩效员工获得更高奖赏的例子
奖赏的效价	增加达到目标绩效而得到的奖赏的期望价值	• 分配员工应得的报酬 • 奖赏应当因人而异 • 减少负效价的奖赏

1. 提高努力—绩效的期望

努力—绩效期望受到个人对自己能否成功完成任务的信念影响。一些公司通过使员工相信自己具备必需的能力、清晰的角色认知以及拥有必需的资源去达到预期的绩效水平这个方法来增加"我可以"的态度。根据员工的能力匹配职位，以及清楚地告知员工职位所需完成的任务是这个过程的重要部分。同样地，努力—绩效的期望可以习得，因此行为模型和支持性反馈（积极的强化）通常能增强个人完成任务的信念。

2. 提高绩效—奖赏的期望

提高绩效—奖赏期望的最显著的方法是准确地测量员工绩效以及确保高绩效员工获得更多的奖赏。绩效—奖赏期望属于感知，因此员工需要知道高绩效将获得高奖赏，且要知道这种联系是如何实现的。公司通过解释具体的奖赏如何与过去的绩效挂钩，利用例子、趣闻轶事，以及在员工获得奖赏时举行公开的仪式等方式满足以上的需要。

3. 提高奖赏的效价

当激励和奖赏员工的时候，一套标准并不能在所有人身上适用。同时组织的领导者需要制定个性化而非标准化的奖励，从而确定这个奖励不会对员工产生负效评价。思考这个案例：在组织里表现最好的员工可以获得与公司高管团队到加勒比海岸度假一周的奖励。大多数员工都被这个奖励鼓舞了，但也有至少一位表现优秀的员工被和高管团队出去度假这个奖励吓呆了。她抱怨道："我不喜欢拉关系，我觉得被困住了。为什么他们不能直接奖励我奖金呢？"员工尽管去度假了，但把大部分时间都花在头等舱里办公了。

另一个关于提高奖赏评价的例子是观察负效评价的结果是如何抵消正效评价结果的。例如，在一个工作小组工作的几位员工都分别受到了激励，希望表现良好，原因是取得成就会让他们有满足感并且获得很好的报酬。但当他们在一起工作时他们的表现变差了，原因是他们受到同辈压力的影响。在这个情况下，正效评价的结果（成就满足感，高回报薪酬）被同辈压力这种负效评价的结果抵消了。

总而言之，期望理论是一个有用的模型，解释人们如何理性地判断努力的最佳方向、强度和持续程度。它接受了许多不同情况的检验，并能预测不同文化下员工的激励水平。然而，批评者对于如何检验理论存在不少疑问。还有个问题是，期望理论忽视了情绪对于员工的努力和行为的重要影响。虽然期望理论中的效价部分与一些情绪过程有关，但只是略有涉及。最终，期望理论对期望（结果的概率）是如何影响激励的做出了展示，但其并未解释员工如何才能发展这些期望。接下来我们将介绍两种理论能解释员工如何发展这些期望。

4.7 行为改变理论和社会认知理论

期望理论表明激励是由员工对期望的表现及结果的信念所决定的。但员工是如何学习这些期望的呢？为了回答这个问题我们需要两个理论：行为改变理论和社会认知理论。尽管这些理论解释了人是如何从他们的行动中学习应该期望什么，但同时这些也是关于激励的理论，因为在期望理论中，习得的期望会影响人对努力的导向、强度和持久度。

4.7.1 行为改变理论

在 20 世纪中叶之前，对于管理个人行为的主流学派是行为学派，行为学派认为好的理论应该专注于行为和环境而忽略不可观测的认知和情绪。尽管行为学家不否认人类存在想法和态度，但由于这些是不可观测的，因此被认为与科学研究无关。这个学派的变异称为**行为改变理论**（organizational behavior modification，OB Mod），最终进入了组织研究的激励和学习领域。

1. 行为改变理论的 A-B-C

行为改变理论的核心元素在图 4-5 中的 A-B-C 模型中得到了描述。本质上，行为改变理论通过管理过往前例（antecedents，A）和后果（consequences，C）来改变行为（behavior，B）。后果是伴随着能影响未来产出的特定行为的事件，例如员工穿戴了护目镜从而获得了同事的赞赏是一种后果。后果也可能是不包含任何结果的，例如没有人会说其实你刚刚把客户服务得很好。

前例是在行为之前的事件，将告知员工一个特定的行为会导致一个特定的后果。前例可能是当你收到短信时你的智能手机发出的提示音，或者是你的上级要求你在明天之前必须完成一项特定的任务。需要注意前例并不会引发行为——你的智能手

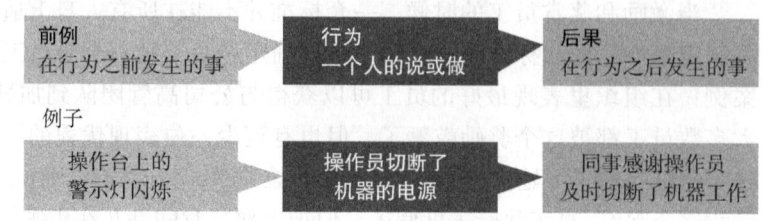

图4-5 行为改变理论的A-B-C

机发出的提示音并不会导致我们打开该短信。然而，那个提示音（前例）是一条线索，它告知我们如果我们查看手机的未读短信列表（行为），我们会发现有一条新的短信（后果）。

行为改变理论定义了四种类型的后果（称为强化的相倚关系）。正向强化存在于一个能提升或维持某特定行为的频率或未来的后果。一个例子就是完成了一个项目之后可以得到奖赏。惩罚存在于一个能降低一个特定行为的频率或未来的后果。我们大多会认为被同事差评或降级是一个惩罚。第三种后果类型是灭绝。灭绝会发生是因为没有后续后果，所以特定行为会被降低。例如，研究表明当管理者停止对员工的优秀工作进行表扬时员工的工作表现倾向于下降。

第四种行为改变理论的后果是负向强化，这是一个与惩罚经常混淆的后果。它是恰恰相反的，当移除或者避免一种后果时会增加或维持某特定行为的频率或未来的后果。例如当管理者停止对员工的批评后员工的表现有所提升，这就是负向强化。

这四种后果哪种表现最优？在大多数情况下，正向强化是紧随着被渴望的行为的，而灭绝（什么都不做）是紧随着不被渴望的行为的。对比而言上述路径是更优的选择，因为负向强化和惩罚都会令受罚者对施罚者或组织产生负面的情绪或态度。然而对于一些特殊行为，如伤害同事或偷盗公司存货，某种类型的惩罚（如解雇、停职、降级等）是必要的。事实上研究表明在某种特定情况下惩罚可以维持公平。

伴随着这四种类型的后果，行为改变理论需考虑强化的频率和时机（称为强化的时间表）。对学习新任务而言最有效的强化时间表是持续强化——当被渴望的表现出现时即提供正向强化。对于激励员工而言最佳的时间表是可变比时间表，即当员工行为在数次发生后便得到强化。当销售人员在打通了几个顾客电话后便销售成功（强化）则为销售人员经历了可变比强化。可变比时间表让行为不可能发展为灭绝，因为这项强化并不要求一个特定的时间频率，也不需要若干个完成表现。

2. 评价行为改变理论

所有人都用行为改变理论的一种或多种原则去激励他人。当别人把工作做好时我们会感谢他人，当被激怒时我们会沉默，当他人完全违背我们的意愿时我们可能会惩罚他们。行为改变理论通常在各种正规程序下发生，以减少旷工、提升工作表现、鼓励安全生产以及拥有更为健康的生活方式。Burger Boat 公司是位于威斯康星州的豪华游艇制造公司，它拥有一个安全刺激程序用于强化安全生产行为。Ochsner 健康系统是一家在路易斯安那州运营医院和诊所的公司，它有一个以现金奖励为形式（每年300美元现金奖励和2 000美元的健康保险折扣）的正向强化福利刺激程序用于鼓励健康的行为。全球链接4-1描述了一个创新的、最近广受欢迎的行为矫正策略，称之为"游戏矫正"，即通过一种线上游戏来

强化行为，在游戏中玩家通过赢取"徽章"竞逐榜单前列。

尽管行为改变理论广为应用，但其仍具有若干局限。第一个局限称之为"奖赏通胀"，即强化最终被认为是一种应享权利。因此大多数行为改变理论程序都不定期进行并且每次不会有过长的周期。另一局限在于强化的可变比时间表会创造一个彩票风格的奖赏机制，相较于正常的奖赏机制，这是不规则的，同时对于不喜爱风险的人来说，这也是不受欢迎的。行为改变理论最关键的问题在于，其认为行为是通过人与环境的互动来学习的。这一视角已经不再被认可；取而代之的是，专家认为人既会学习，也会通过观测他人以及推断他人行为的后果而受到激励。这一学习过程被解释为社会认知理论。

全球链接 4-1　通过游戏矫正来强化工作行为

作为德勤的经理，詹姆斯·桑德斯（James Sanders）会见客户时会记录下客户的姓名、会面地点及会面主题。这类信息将被刊发在公司内部的社交信息网上，这是可以与其他员工分享的。记录会面避免了其他同事重复拜访客户的麻烦，同时也可让大家知道是哪位同事在跟进客户。德勤的员工都认为这种分享是有益的，但他们的正向强化是通过一个游戏实现的。

与社交网站 Foursquare 类似，德勤的员工通过记录他们与客户的会面来赢取"徽章"，当拥有足够的徽章时可以成为该名客户的"市长"（市长拥有协调服务该客户的其他同事的权力）。如果发布了关于社交网的新点子，或者完成了线上的培训项目，或者做出了其他被渴望的行为，公司则会奖励徽章。拥有最多徽章的员工将被安排到管理岗位上。员工也可以把他们的徽章成绩展示在领英或其他社交网站上。

德勤也在它的领导力俱乐部中引入了这个以游戏为基础的正向强化。学员每完成一个学习章节则会获得一个相应的徽章。他们也能赢取惊喜神秘徽章（称之为雪花徽章）。例如，同一个部门的所有同事在同一周内观看了同一个教学视频，则大家都能获得一个雪花徽章。领导力俱乐部管理层会公告俱乐部中三个年级各自徽章数量排前十名的学员。管理层会每周把徽章清零，故所有人都有机会在下周成为最顶尖的徽章收集者。这个以游戏为基础的强化看起来是有效的。领导力俱乐部学员的回头率增长到37%，学员都愿意花更多的时间来完成更多的学习模块。

德勤首席合伙人弗兰克·法拉尔（Frank Farrall）说道，"领导力俱乐部管理层对于有竞争性的员工提供了高强度的强化，这意味着把你推到了同辈的竞争中，一旦你建立了领导力俱乐部，活动的增加是显著的。"并且他认为德勤的游戏基础正向强化把每个人的本性激励和被强化的行为联系了起来。他解释道："如果你能玩好这个游戏，你的受赏行为会让你在大脑中得到更多的多巴胺释放，人生就像游戏，不是吗？"

4.7.2　社会认知理论

社会认知理论（social cognitive theory）认为学习和激励是通过对他人的观察和效仿以及参与我们自身行为的后果而发生的。尽管观察和效仿已经被认为是激励和学习的来源而被研究了多年，社会学家阿尔伯特·班杜拉（Albert Bandura）从认知层面（内心想法）把这些想法重整为通向行动主义者的变量。社会认知理论由若干部分构成，但是对员工激励最为相关的三个部分分别是学习行为后果、行为效仿和自我管制。

1. 学习行为后果

人们通过观察和听说他人身上正在发生的事情来学习行为的后果，而并不是仅仅通过亲身经历来学习后果。听说一位同事由于对客户粗鲁而被解雇了，你由此会产生一种观念，即对客户粗鲁是会导致解雇的。用期望理论的话说，学习行为后果会改变一个人理解绩效—奖赏的期望的概率。进一步说，对于相关的情况人会合乎逻辑地参与。举个例子，那个被解雇的同事的故事会让你增强绩效—奖赏期望，即对待同事、供应商（不仅仅是客户）粗鲁会让你遭到解雇。

2. 行为效仿

伴随着观察他人，人也会模仿他人的行为。直接的感官经验可以帮助人们获取隐性知识和技能，例如微妙的人机互动，如驾驶汽车。行为修正也会增加自我效能，因为通过学习他人后自己实施获得成功可以增加人的自信心。当观察模范时，自我效能可以得到显著提升，例如观察年龄、经历、性别及其他特征都相似的人。

3. 自我管制

关于社会认知理论的重要特征是人会设定目标并实施各种有意为之的行动。他们会建立短期或长期的目标，选择成就的标准，制订行动计划，考虑后备方案，并预见他们目标导向行为的后果。进一步说，人的自我管制是通过**自我强化**（self-reinforcement）实现的；他们会因为自己超过预设目标而奖励自己，反之则惩罚自己。例如，你的目标是完成本章的余下部分，完成后你会奖励自己一个小零食。把冰箱里好吃的东西清空是对完成阅读任务的自我诱导下的正向强化。

自我管制已经成为社会科学领域重要的话题，成为了通过目标设定和反馈完成激励的奠基石，接下来我们会讨论这个话题。

4.8 目标设定及反馈

CalPERS（加利福尼亚州公共员工退休系统，位于萨克拉门托的客户服务中心）正在为它的员工挑战目标。该组织的目标是95%的客户致电都能在两分半钟内得到回答。同样他们希望客户等待的时间也不超过两分半钟。另一个目标是，在客户挂电话前仍为得到服务中心应答的概率（称为放弃比率）需控制在5%以下。为了达成这些特定目标，组织持续追踪有多少电话打进来（每年大约65万个电话），多少致电者在等待，每通电话花费多长时间（大约平均是6～7分钟）。CalPERS的员工不仅仅知道这些目标，他们还能得到某种形式的视觉反馈。许多

杰夫·格罗斯（Jeff Gross）是目标设定的粉丝。这位GOH的总裁说道："设定目标是建立和维持一个成功商业的最重要层面。"格罗斯解释道，目标是想法和成就之间的桥梁。他说："对于商业而言，设定目标是观测哪些部分正在推进，哪些地方需要加大推进的最好方法。"格罗斯也认为目标可以增强表现。他最近的目标是在一年内在不增加租赁需求的情况下把加州办公室的业务扩增一倍。

其他相似的服务中心都有巨大的显示屏幕用于实时公布这些关键指标的统计数据。

顾客服务中心通过**目标设定**（goal setting）来激励员工，这也是激励员工以及通过设立绩效目标阐明员工角色认知的过程。它可以通过两种方法提高员工的绩效：放大努力的强度和持续时间，以及给予员工更清晰的角色认知，使他们的努力转化为提高工作绩效的行为。目标设置比单纯地告知他人要"尽自己最大努力"复杂得多。它需要几种特殊的特征。缩写 SMARTER 把关键成分捕捉得非常好：

（1）具体的（specific）。目标应具体地指明需要完成什么任务，应该怎样完成，何时何地与谁完成。具体的目标阐述清楚了表现的期待，因此员工能把他们的努力变得更有效率和可靠。

（2）可测量的（measurable）。如果你并不知道目标是否得到了完成，那么这个目标设定是没有太大价值的。这是为何目标需要被测量的原因。这种测量应包含数量、质量，以及在何种成本下这个目标可被完成。因为人们通常聚焦在容易被测量的目标上，因此测量的度量也可能产生问题。

（3）可完成的（achievable）。在理想的情况下，目标应该是具有挑战性的，但不能十分困难以致员工丧失完成目标的动力。这个道理与在期望理论学习的努力—奖赏期望相同。目标能够推进并完成的努力—奖赏期望越低，员工对目标的承诺（激励）就越低。

（4）相关的（relevant）。目标必须与个人工作相关并且在其能力范围内。举个例子，假如员工在生产过程中并未浪费原料或无法降低原料使用量，那么让员工减少原料使用的目标是没有价值的。

（5）时间结构（time-framed）。目标需要一个完成时间。应该设定一个目标完成的时间，或何时工作成果需被检验。

（6）兴奋的（exciting）。当员工承诺完成而不是遵从时，目标会变得更有效。具有挑战性的目标对于大多数员工而言（而非全部员工）是更令人兴奋的，原因在于这种目标完成的时候更能满足人的成就需求。当员工参与目标设定时，目标承诺会增加。

（7）反馈的（reviewed）。目标设定有多大激励价值取决于员工获得了多少关于达到目标的反馈。测量是反馈的一部分，但查看目标取得过程（过程）和目标完成（之后）也是反馈的部分。回顾目标的实现过程和取得成果有助于员工调整他们的努力方向。这也是满足成长需要的另一个潜在来源。

4.8.1 平衡计分卡

组织目标设定的一种常见的形式是**平衡计分卡**（balanced scorecard，BSC），其可以在各种利益相关者和过程中代表目标。平衡计分卡将组织的愿景和使命转化为与财务、客户、内部流程以及学习/成长（即人力资本）过程相关的、具体的且可衡量的绩效目标。这些目标被分解到各个部门并保持在其部门内。例如，一家航空公司将航班准点作为一项客户服务的目标，将每个员工安全培训的时长作为一项学习和成长过程的目标。这些特定目标都与若干工作单元和员工联系起来。平衡计分卡通常通过加权法计算这些具体的目标，以了解组织每年的综合表现。

一些组织正在引进平衡计分卡，包括巴西大众工厂、加拿大皇家警察、美国弗吉尼亚州里奇满（Richmond）学校。该校董事会利用平衡计分卡来帮助自己达到六个目标（例如学习经验、社区参与度），每一项都有数个产出测量方式，每个目标都有几种测量方法。例如，学习经验的目标有 11 种测量方法，如学生对网上课程的参与率，毕业生对 SAT 或 ACT 考试的参与率，学生在一个或多个州立标准测试中（SOL）获得先进的数目。里奇满公立学校的负责人说，"我们的平衡计分卡包含了一系列挑战性的目标以及衡量方法，它使我们负责任地完成我们的目标。"

虽然平衡计分卡的方法很流行，但其仍面对着一些挑战。与大多数目标设定和反馈的系统一样，平衡计分卡的实施质量取决于目标设定和信息反馈的质量。一些公司更倾向于选择可测量的目标而非有价值的目标。另一些公司对内部过程的测量过于细致，这些文书大大增加了办公成本，并且把员工的精力从公司主营业务中分散出来。加拿大皇家警察是高度关注平衡计分卡的，其报告显示在经测量被判不及格的人中，经受警告后会更遵守纪律以满足平衡计分卡的目标。同时报告表明，平衡计分卡并不适合设定太多指标，否则过多的指标难以引起员工共鸣从而导致平衡计分卡失效。

4.8.2 有效反馈的特征

反馈是一种可让我们知道目标是否达成或努力方向是否正确的信息，是目标设定的重要伙伴。伴随着角色观念和提升员工技能和知识的过程，只有当反馈是具有建设性的，且员工是具有强自我效能的时候，反馈激励才能发挥作用。有效的反馈如有效的目标设定，一般具有许多相同的特征。反馈应该是具体的、相关的，例如该信息应设定为具体的指标（如上月销售增长了 5%），而且其应该是员工个人可控范围内的。反馈同时应该是及时的；反馈应该及时在行为或结果产生后发生，员工可就此明晰人事到行为和后果之间的关系。有效的反馈同时应该是可靠的，员工倾向于从值得信赖的渠道来源得到反馈。

有效的反馈应当是足够频繁的。反馈的频率要怎样才算得上"足够"呢？答案至少取决于两点内容。首先要考虑员工对任务的了解和经验程度。反馈是一种强化的形式，因此员工面对一项新工作时应当接受更频繁的纠正性反馈，因为员工需要更多的行为指导和强化。接受重复性和类似工作的员工接受反馈的频率可以减少。第二个因素是员工完成任务的时间（循环周期）。周期较长的工作（如经理和科学家）比周期短的工作（如杂货店的收银员）接受反馈的频率要低。

4.8.3 优点反馈和练习

40 年前，彼得·德鲁克认为，当领导者关注优点而不是弱点时，领导者更有效。这位近代管理学大师这样说，"有效的领导者依赖于优点——他们自身的优点、上司、同事以及下属的优点；以及来自于环境的优势。"Rox 是众多从优点练习中给员工提供反馈的公司之一。基罗恩·基奥（Kyron Keogh）是这家总部位于苏格兰的奢侈珠宝零售连锁公司的联合创始人，他说道："鼓励和奖赏优点是非常重要的。与其寻找劣势，不如寻找可以改进的地方。在销售环境中保持员工受到激励并保持积极的态度是非常重要的。"

这就是**优点练习**（strength-based coaching），也称为赏识练习的本质——通过关注优点而不是弱点，最大化个人的潜能。在优点练习中，员工描述自己工作中最出色的部分。教练通过询问探索性问题以及帮助员工寻找发挥自身优点的方式来引导讨论。例如，学员与教练一起探索阻碍学员发挥优点的情景壁垒，并寻找需要进一步发展的优势。

因为人们本能地寻找关于自身优点而不是缺点的反馈，所以优点练习是可以激励员工的。其次优点练习与自我提升的过程是一致的。优点练习是有意义的，因为性格在职业中期之前已变得稳定，这种稳定性限制了个人兴趣、偏好和能力的弹性。尽管许多调查研究支持这个观点，但是大部分公司的目标设定和反馈依然集中在员工表现得差的工作上。在开场时的礼貌性表扬之后，许多培训或绩效反馈会议就开始分析员工的缺点，包括判断员工做错的事情以及需要改进的部分。这种会议有时会产生太多的负面反馈，以致让员工产生抵抗心理；同时，这种会议会减少员工的自我效能，因此使员工的绩效变得更差。如果以缺点为焦点，公司将无法发挥员工优点的全部潜能。

渣打银行非常提倡员工优点反馈和练习。渣打银行总部位于伦敦，业务主要在亚洲和非洲地区，它培训其经理必须关注每一位员工的优点和天赋，并且了解每位员工做得最好的是什么。渣打银行一位行政人员说道："我们的文化是给予积极的心理状况去发挥优点，我们知道当人正在做他们喜欢的事情时，相比起做他们不感兴趣的事情，他们的生产效率会更高。"优点练习反馈让渣打银行获得了较高的满意度并且被评为最佳的工作场所之一。

4.8.4 反馈的来源

反馈能从非社交以及社交渠道得到。非社交来源提供的反馈没有经过人的沟通。客服中心的员工将电子显示屏显示的等待客户数量以及客户平均等待时间作为自己工作的反馈。诺瓦（Nova）化学公司的操作员从电脑屏幕中得到反馈，电脑监控以一条绿色直线表示实时的工厂业务能力，以一条红色波浪线表示实际产量。在诺瓦化学公司安装了反馈系统后不久，员工们进行良性的竞争，看谁能使实际产量最接近工厂的最大生产力。

公司内部网使得许多管理者通过电脑及时得到反馈，通常是以图形输出的形式出现在管理者的仪表板上。几乎一半的微软员工使用仪表板监控项目的截止时间、销量以及其他度量值。微软的 CEO 史蒂夫·鲍尔默定期与部门经理进行一对一的会议，回顾仪表板的结果。"每次我与鲍尔默会谈，就意味着我要随身带着仪表板"，微软办公室主管这样说。

1. 多渠道（360度）反馈

这是在组织中被广泛应用的信息反馈的社会形式。顾名思义，**多渠道（360度）反馈**（multisource（360-degree）feedback）是指从不同层面的人员中收集关于员工绩效的信息，包括下属、同级、上级以及客户。多渠道反馈比单纯从上级处得到反馈能提供更完整和更准确的信息。当上级无法全年观察员工的行为和绩效时，多渠道反馈尤其有效。当低层的员工能够参与上级的绩效反馈时，他们会感到彼此的交流更公平、更公开。

然而，多渠道反馈也面临挑战。让一些人去评价很多人成本会很昂贵且耗时。360度调查的过程得到来自不同渠道的信息，反馈意见可能会模棱两可及矛盾，因此需要指导员工去解读结果。第三个问题是同级可能提供过高的而不是准确的反馈，以避免未来一年的冲突。最后一个问题是，当员工从很多人那里而不是一个人那里（如上司）得到批评性的反馈时，员工会经历更强烈的情绪反应。"起初你并不介意，"美国软件公司 Autodesk 公司的一位经理承认，"360度反馈意味着有建设性的意见，但你可能会在内心很抵触它。"

2. 选择反馈来源

反馈有许多来源——多渠道反馈、经理的仪表板、客户调查、设备标准、从上司处得到的非语言交流，等等。在什么情况下用哪种来源最有效呢？最优的反馈来源取决于反馈信息的目的。了解目标完成度的进程，员工通常偏好于非社交的反馈来源，如电脑打印输出或者直接从工作中得到的反馈。这是因为非社交来源的反馈比社交来源的反馈更准确，非社交来源的纠正性反馈对员工自尊心的伤害更低。相反，社交来源的反馈一般会延迟负面信息，遗漏一些负面信息，将一些不好的反馈曲解为正面信息。当员工希望改善自己的个人形象时，他们会从社交来源中寻求正面的反馈——从同事口中得知自己的工作表现很好比从电脑屏幕中得知结果更让人感到愉快。

3. 对目标设定和反馈的评价

目标设定是组织行为学中一种经过实践检验的理论，因此许多学者认为目标设定理论是组织行为学最有效以及最实用的理论之一。与目标设定一样，反馈在提高员工激励和绩效方面有极好的声誉。但与此同时，将目标设定付诸实践时也会产生一些问题。目标设定倾向于关注小范围的可衡量的绩效指标，而忽略了工作绩效中难以衡量的方面。"量化的工作能做好"这句名言就是这个意思。

第二个问题是，当目标与财务奖励挂钩时，许多员工会受到激励去完成容易的目标（同时会让上司觉得他们很辛苦才完成这些目标），因此他们得到奖励和加薪的概率更高。正如福特汽车公司的前 CEO 曾经幽默地说，"福特公司聘请的都是非常聪明的员工。他们迅速地学习到如何将十分简单的目标变得看起来很困难！"

第三，为已存在的职位设定绩效目标是有效的，但是这似乎干扰了新的复杂的职位学习过程。因此，当涉及紧迫的学习进程时，我们要小心，不要进行目标设定。

4.9　组织公平

前几年富士康由于其工厂的恶劣工作环境而受到了社会的关注。近日，这家总部位于中国台湾的苹果代工厂正面临着另一个员工激励问题。富士康在其甲工厂付给工人较低的工资，而其他省份的工厂则面临缺少工人的问题。近日，富士康暂时把部分工人转移到工资较高的工厂，如离香港很近的乙工厂，以培训其工人或者让其承担更多的工作。来自甲工厂的低工资收入工人很快就发现了乙工厂的工友比他们赚的多，这让他们产生了不公的感觉。

对大多数组织的领导者而言，他们都非常清楚公平地对待员工不仅仅从道德上是正确的，对员工激励、员工忠诚度以及员工表现都是有益的。但仍有富士康的员工感到不公平的现象在工厂时有发生。为了最小化这些状况，首先我们必须明白组织公平有两种形式：分配公平和程序公平。**分配公平**（distributive justice）是指与他人的回报和投入比率相比，个人的回报和投入比率的公平性。**程序公正**（procedural justice）是指决定资源分配的程序的公平性。

> **◎ 争论点　公平比平等更能激励人吗**
>
> 似乎拥有更好绩效、更高技能、对组织贡献更大的员工应该获得更高的报酬和其他奖励。在贡献大小不同的员工中扩大薪酬差距理应可以激励员工取得更好的绩效。同样，这还可以激励绩效好的员工继续保持以及辞退绩效差的员工从而提升公司绩效。大的工资差距同样包含了公平和公正。根据员工的绩效、技能和其他贡献来区分奖励

与精英原则是一致的。同样这符合公正原则，即多劳多得。进一步而言，以工作绩效发放薪酬是好的工作绩效的支柱。

但有巨大薪酬差距的组织可能并未收到其预期的绩效分红。几个学生（不是全部学生）发现薪酬差距较小的运动队比薪酬差距较大的运动队有更好的表现。那些付给明星球员高薪水的球队并不能赢得更多的积分或者赢取比赛。同样，薪酬差距越大，球员和经理人的流失率越高。最近的一项研究表明这些观察适用于所有行业。拥有差别涨薪的公司（高薪酬者涨薪更多）比同比涨薪的公司绩效更差。另一项研究表明，有较大薪水差异的科技公司比薪水较为公平的科技公司在股东回报和账目价值上有更差的表现。

为什么较大的薪酬差距会降低组织绩效而不是提升呢？一个原因是薪酬差距会产生地位差距，这让员工不能很好地合作。第二个原因是较大的薪酬差距会增加不公平的感觉（而不是减少）。大多数人认为他们的贡献是高于平均水平的，因此较大的薪酬差距表明很多员工是低于他们的自我评价的。同样，员工都倾向于低估高薪酬的同事所做出的贡献并且假定那些高收入的同事还受到了其他的奖励（如优先对待）。总而言之，低薪水的员工通常认为高薪水的员工是得多于劳，这会降低低薪水员工的激励和绩效。

4.9.1 公平理论

从最基础的层面而言，雇用关系是指员工以他们的时间、技能、表现来换取报酬、满意的工作和技能发展的机会等。什么是公平对于每个人和每种情形来说各不相同。当我们相信组织里每个人都应该获得相同的报酬时，如每个员工都可以和同事免费享用晚餐，我们使用了平等原则。当我们相信有更大需要的人应当比需要小的人获得更多，我们使用了需要原则。公平原则认为个人所得应当与个人贡献成比例。公平原则是组织体系中最常见的分配法则，因此让我们详细地进行分析。

公平理论（equity theory）解释了是否感到公平，其认为员工会将自己的回报/投入比率与他人的回报/投入比率相比较，由此得出是否公平的结论。如图4-6所示，回报/投入比率是指在交换中将你所获得的回报的价值除以你所投入的价值的比值。投入包括技巧、努力、声誉、绩效、经历以及工作的时间等。回报是指员工从组织中所获得的作为投入交换的东西，如报酬、晋升、认同、优惠待遇以及未来的工作机会等。

公平理论认为我们将自己的回报/投入比率与比较对象进行比较。在其他情形下，比较对象可能是其他工作（如将你的薪水与CEO的薪水相比）或其他组织的个人或群体。一些研究显示，员工经常收集相关信息形成一个普遍的比较对象。一般来说，比较对象可以是一个人或是其他难以识别的东西。

人们从自己和他人的回报/投入比率的比较中感受到公平或不公平，分别是公平、所得过低的不公平和所得过高的不公平。在公平的情况下，人们认为自己的回报/投入比率与比较对象相近。在所得过低的不公平的情况下，人们认为自己的回报/投入比率低于比较对象。在所得过高的不公平的情况下，人们认为自己的回报/投入比率高于比较对象。然而，所得过高的不公平并不如所得过低的情况普遍，因为人们通常会改变他们对合意所得的看法。

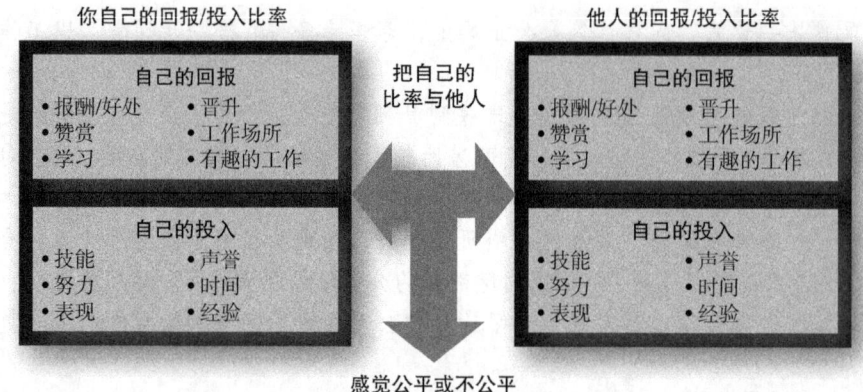

图 4-6 公平理论模型

公平的评价与员工激励的关系是怎样的呢？当人们处于所得过低或所得过高的不公平时，他们正经历消极情绪（称之为不公平紧张）。正如我们整章所说的，情绪是激励的引擎。在不公平的情况下，人们会试图降低情绪紧张。想想看富士康来自甲工厂的低工资工人和在乙工厂的高工资工人做着同样的事情。大部分人会有强烈的情绪反应，这种情绪会困扰他们直到他们修正了不公平的感觉。

4.9.2 不公平与员工激励

有几种常用的方法可减少情绪紧张。让我们在所得过低不公平的框架下来讨论这些方法。第一个行为是减少投入。工作的速度变慢，提出更少的有用建议，组织公民行为减少。第二个行为是增加自己的回报。直接要求或通过工会要求增加薪水，未经授权使用公司资源。第三个行为是增加比较对象的投入。巧妙地要求待遇更好的同事承担更多的工作份额，与他们更高的薪水或其他回报相符合。第四个行为是减少比较对象的回报。在同事得到更少渴望的工作或在不喜欢的环境中工作时有可能发生。另一种不常见的方法是要求公司减少同事的薪水。

第五个行为是观念层面的而非行为层面的。它涉及对于某种情况我们改变自己的想法，例如相信获得更高报酬的同事的确做得更多（如工作更长时间）。相似地，我们可以改变对于某些回报的价值观。如一开始你可能认为同事有更多的公务出差，你感到不公平，但过后你发现出差带来的不便比出差的渴望要多得多。第六个行为是改变比较对象。与一些和自己情况（工作职责、薪水水平）相似的朋友或邻居比较，而不是和薪水比自己高的同事比较。最终，如果

"好吧，如果你实在不能给我涨薪水，那能不能减帕克森的薪水？"

不公平情绪过于强烈以致上述方法都无法缓解，那么可能你要离开不公平的地方。为了避免想起不公平，让自己远离所得过高的人的工作地点，请更多的病假、调职到其他部门或者辞掉现在的工作。

认为处于所得过高不公平的人把上述措施反着做就可以了。一些所得过高的人通过更努力地工作来减少自己的不公平感觉；或者一些人可能鼓动所得过低的员工更悠闲地工作。一种更常见的应对是，所得过高的员工会改变自己的看法认为自己的过高收入是应得的，例如认为自己所分配的工作更难或者自己比低薪水的同事有更具价值的技能。作家皮埃尔·伯顿（Pierre Burton）曾经说过："我的前半生所得报酬过低，我不介意我的后半生所得报酬过高。"

4.9.3 公平敏感性的个体差异

然而实际上，每个人的公平敏感性（equity sensitivity）各不相同。公平敏感性是指个人对各种回报/投入的偏好和反应。公平敏感性的一端是"大公无私的人"——人们能够容忍自己所得过低的境遇。他们可能仍然偏好公平的回报/投入比率，但是他们不介意别人与自己有相同的投入却能够获得更多。处于中间段的人符合标准的公平理论模型。他们的公平敏感性希望自己的回报/投入比率与比较对象的相同。当比率不相同时，这种敏感性会让他们感到很不公平。公平敏感性的另一端是"自私自利的人"。这些人只有当自己获得的比别人多时才觉得舒服。他们也许接受与别人相同的回报/投入比率，但他们偏好于工作量与别人一样，但获得的比别人多。

4.9.4 对公平理论的评价

公平理论被广泛研究，对涉及工作场所不公平的各种情形的预测十分成功。然而，公平理论并不容易付诸实践，因为它没有研究比较对象以及没有研究哪种投入或回报才最适合每个员工。领导者的最佳解决方案是要足够了解员工，尽量减少产生不公平的风险。公开的交流是关键，确保当员工感到决策不公平时能让决策者知道。第二个问题是公平理论只解释了几种我们在工作场所产生的公平和正义的感觉。现在专家们认为，程序公正至少与分配公平同等重要。

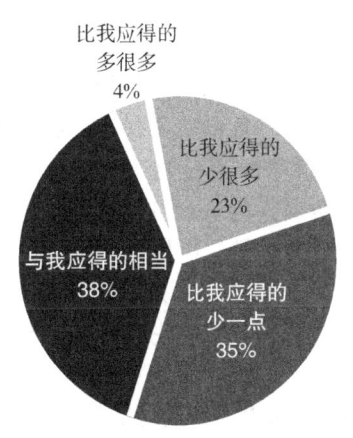

图 4-7　他们并未获得应有的报酬

注：在受访的 1 000 位美国员工中，58% 声称他们的报酬比他们应得的少一点或少很多，只有 4% 声称他们的报酬比应得的要多得多。

4.10　程序公正

在本节开头，我们提到公正有两个来源：分配和程序。程序公正是指决定分配资源的程序的公平性。换而言之，人们评价分配资源的公正性（分配公正），也评价决定分配和可能选项的情景（程序公正）。

有若干种途径可提升程序公正。其中一个好方法是给予员工在过程中的发言权，鼓励他们说出自己的情况和发表对于问题的观点。发言还有"价值表达"的功能：当员工有机会说出他们的想法，他们会感觉更好。当决策者被视为没有偏见、采用完整和准确的信息、持续执行现有的政策方针且倾听各方面的意见时，程序公正也会更高。当员工仍然觉得在资源分配上不公平，而公司允许员工将有关的决策向更高的管理层反映，则员工的不公平感会降低。

最后，当人们得到关于决策的完整解释以及他们的疑惑得到尊重的对待，人们通常会觉得更公平。如果员工认为决策是不公平的，公司拒绝解释决策是如何制定的，将加重员工的不公平感。例如，一项研究发现，受到种族歧视的非白人护士只有当她们试图解决被歧视的问题而受到不尊重的对待时，才会发起诉讼。另一项研究指出，重复性劳损的员工在受到管理层不尊重的行为后才要求索赔。最近的一项研究指出，当管理者有经常不公平地对待人的坏名声时，员工有更强烈的不公平感。

程序不公正的后果

程序公正对个人的情绪和激励有巨大的影响。员工会对不公正的来源产生愤怒，并进一步带来各种应对行为，学者称之为退缩或攻击性的应对行为。我们会发现，当情况激发了我们的防御驱动力时，这些应对行为与在前几章描述的战斗或逃跑的反应十分相似。研究表明，被不公平地对待会威胁我们的自我概念和社会地位，尤其当其他人看到我们被不公平地对待时。员工通过报复不公平的制造者来恢复自我概念、社会地位和权力。员工也会使用针锋相对的行为来教育决策者，以此来试图减少未来发生不公平的概率。

4.11 金钱在工作中的意义

用金钱奖励人是一种最古老的而且最被广泛应用的绩效实践。在最基本的层面上，金钱和其他财务性的奖励代表一种交换的形式：员工提供劳力、技能和知识，以换取组织提供的金钱和福利。从这个角度看，金钱和相关的奖励方式使员工的目标和组织的目标一致。这个经济交换的观念可以在不同的文化中找到。例如，支付这个词在马来西亚语和斯洛伐克语中的意思是"代替一个损失"；在希伯来语和瑞典语中的意思是"取得平等"。

然而，金钱的意义远远大于报答一个员工对组织做出的贡献。金钱与我们的需要、心情和自我认知相关。它是成就和地位的象征，是一种强化和激励的手段，是加深或者减低忧虑的源头，是一种影响我们做出有违道德或有风险决策的补偿。正如一个文献所述的："在现代生活中，金钱可能是在情感上最有意思的事物：只有食物和性是它的直接竞争者。它们都是强烈的而且多样的感觉、意义和斗争的常见载体。"

金钱的意义因人而差距巨大。研究显示金钱可能被视为地位和特权的象征，作为一种安全感的来源，作为一种邪恶的来源，或者作为忧虑或不满足感的来源。它甚至在一些社会场合中被视为"禁忌"的话题。最近的研究显示，金钱既是一个"工具"（也就是说，金钱是有价值的，因为它是获得其他东西价值的工具）又是一种"毒品"（金钱本身具有令人上瘾的特性）。

一项大型的研究发现，金钱导致不同的情绪，其中大部分是消极的，例如焦虑、忧郁、生气和无助。一个被广泛研究的关于人们对金钱态度的模型显示：当人们认为金钱不是罪恶的时候，人们会有强烈的"金钱伦理"。它是成就、尊重和权力的象征，人们应该谨慎预算。这些对金钱的态度影响一个人的道德行为、组织公民行为和许多其他的行为和态度。

金钱的意义似乎因为性别而异。一项最近的调查显示，男性倾向于视金钱为权力和地位的象征，而女性则认为金钱的价值在于其可用于交换其他有用的东西。一项较早的调查显示，几乎在全部43个被调查的国家里面，男性给金钱赋予的重要性和价值比女性高。金钱的意义似乎因不同的文化而异。高权力距离的国家（例如日本）的人倾向于尊重并高度重视金钱，但是在平等主义强的国家（例如丹麦、奥地利和爱尔兰）的人对公开谈论金钱或者展示自己的财富感到不快。研究表明，瑞士文化重视储蓄金钱，但是意大利文化重视花费金钱。

金钱的激励效应比以前估计的要多许多，原因更多是其固有的或者象征性的价值，而不是它的购买力。哲学家约翰·斯图尔特·穆勒（John Stuart Mill）150年前写下这样的观察："对金钱的爱慕不仅是人类生活最强大的动力之一，而且在大部分情况下，金钱本身就会内生一种欲望。"收入高的人的工作绩效更高，因为更高的收入让他们在组织中感受到更大的自我价值。其他的研究指出，金钱的象征价值取决于金钱在组织中是如何分配的以及有多少人获得了这个金钱奖励。

总而言之，现代的组织行为学研究结果表明，金钱不仅仅是一种雇主和雇员之间的交换手段。它满足许多不同的需求，影响人的情绪，以及构建或代表人的自我认知。记住这一点非常重要，特别是当雇主在分配财务性奖励的时候。接下来，我们将讲述不同的奖励手段，以及怎么去改进基于绩效的奖励。

4.11.1 财务类奖励手段

财务奖励有许多形式，我们可以根据表4-2所定义的四种具体的目标进行组织：身份和资历、工作地位、竞争力（胜任力）以及绩效。

俄亥俄健康公司（Ohio Health）给了在公司长期服务的员工红地毯待遇。俄亥俄健康公司的员工在受雇满20年后，每满五年则可以得到一天假期。在享用了一顿免费早餐后，长期服务的员工被送到购物商场消费特别奖金，特别奖金是根据工龄计算的，一年工龄折算为15美元。紧接着他们前往会议中心参加午餐庆祝会，在走过一条红地毯后，长期服务的员工会受到公司高管和同事的祝贺和感谢。毫无疑问，俄亥俄健康公司比同业的其他公司有更低的员工流失率。俄亥俄健康公司的CEO戴维·布鲁姆（David Blom）说道："这个奖励和庆祝过程能把人的热情和情绪调动起来。"

表 4-2 奖励手段、优点和缺点

奖励手段	奖励示范	优点	缺点
身份/资历	• 固定工资 • 大部分员工福利 • 休假工资	• 可能吸引应聘者 • 最小化不安全感带来的压力 • 减少离职	• 不能直接激励绩效 • 可能导致绩效低下者不离开 • 金手铐可能降低绩效
工作地位	• 基于晋升的薪酬提升 • 基于地位的奖金	• 试图维持内部公平 • 最小化薪酬歧视 • 激励员工通过竞争晋升	• 助长官僚架构，增加成本和降低响应性 • 增加地位差别 • 激励工作竞争与夸大工作价值
胜任力	• 基于胜任力的薪酬提升 • 基于技术的薪酬	• 提高劳动队伍的灵活性 • 有助于提高质量 • 受雇就业能力一致	• 主观的胜任力测量 • 基于技能的薪酬计划是昂贵的
任务绩效	• 佣金 • 绩效奖 • 收益分享 • 利润分享 • 股票期权	• 激励任务绩效 • 吸引绩效导向的应聘者 • 基于组织的奖励创建主人翁文化 • 薪酬的弹性可以在萧条时期避免离职	• 可能削弱工作内容激励 • 可能疏远授奖者与受奖者 • 可能削弱创新 • 倾向于只陈述行为症状而忽略潜在的原因

4.11.2 基于身份和资历的奖励

基于身份和资历的奖励（有时叫作"脉冲工资"（pay for pulse））占薪水支出的最大部分。有些员工福利，例如免费或打折餐饮，对于每一位员工都是一样的，但有些员工福利却随着资历的增加而增加。例如，在瑞士苏黎世的保罗·谢尔研究院，对于长期服务的员工有忠诚奖金。那些在自然与工程科学研究中心工作十年或以上的员工可以每年获得约等于半个月薪水的忠诚奖金；那些工作 20 年或以上的员工可每年获得约等于一个月薪水的忠诚奖金。丰田汽车公司以及其他日本企业的工资增长幅度是依据员工的年龄来增长的。

基于身份和资历的奖励可能会吸引应聘者（特别是那些期待可预测性工资的人），以及减少员工流动性。但是，这些手段不能直接激励工作绩效；相反，它们让绩效低下的人不愿寻求与他们能力更匹配的工作。事实上，工作绩效好的员工被吸引至高报酬的工作。这种奖励的某些手段也被称为"金手铐"（golden handcuffs）——它们使员工不愿辞职，因为其中延时性的奖金和慷慨的奖赏是其他地方所没有的。然而，金手铐有可能会削弱工作绩效，因为它产生的是连贯性而不是积极承诺（见表 4-2）。

4.11.3 基于岗位地位的奖励

大部分组织都在某程度上基于岗位地位来奖励员工。某些公司通过**岗位评估**（job evaluation）来评估每一个工作。大部分岗位评估对需要更多知识和精力、需要更多责任心、工作环境更恶劣的工作赋予更高的价值。除了收到更高的薪酬之外，拥有更高价值工作的员工有时享用更大的办公室、公司代为支付的交通工具，以及其他津贴。

基于岗位地位的奖励试图通过为从事更高价值工作的员工支付更高薪酬，从而增强公平感。这些奖励也激励着员工通过竞争去晋升。但是，当企业试图削减成本或者对外部环境采取积极反应时，基于岗位地位的奖励效果可能会适得其反——鼓励官僚层级架构。这种奖励也强化了地位的观念，而 X 代和 Y 代员工却期待一个更公平的工作环境。再者，基于地位的薪酬可能会激励雇员为更高地位的工作而竞争，而且通过夸大工作的职责和隐藏资源来提高自己工作的价值。

4.11.4 基于能力的奖励

在过去的 20 年里，许多公司把奖励的重点手段从基于工作地位，转向技术、能力和其他能够创造良好绩效的能力因素。最常见的基于能力的奖励手段定义了一系列的能力因素，以与广大员工所从事的所有工作相关；员工基于他们各项能力的表现，领取在工资幅度内的薪酬。

基于技术的奖励是一种基于能力奖励的更具体种类，在这种奖励手段中，薪酬是基于人对可衡量的技术的掌握程度。例如，City of Flagstaff 公司的技术人员，以他们掌握的技术种类数获得薪酬。新员工务必在实习期间掌握第一种技能，并且他们需要进一步掌握其他五种技术才能把基本工资翻一番。这里的技术员通过内部训练测试或者专业资格证书认证来衡量技术的熟练程度。

基于能力的奖励手段激励员工去学习新的技能。这有助于通过创建灵活的工作队伍提高组织的效率，更多的员工通过从事不同的工作获得多种技能，并且能够更快地适应多变的环境，从而掌握新技术。因为有多种技能的员工更了解工作过程并且知道提高质量的方法，奖励能力也有助于提高产品和服务的质量。但是，基于能力的奖酬方法不会总是跟预计的那样有效。它们有时会被设计得过于复杂，使得员工很难理解它们的内容。能力的定义有时是模糊的，这样当雇主依赖这个定义来提高薪酬时，便会引出公平问题。基于技术的薪酬系统衡量的是具体的技术，因此它经常是客观的。但是，它的成本也会高，因为员工要花费更多的时间去了解新任务。

4.11.5 基于绩效的奖励

基于绩效的奖励手段从 4 000 年前的巴比伦时代就已经存在，但是这一手段在过去的 20 年里迅速流行起来。下面是对几种基于绩效的奖励手段的综述：个人层面、团队层面和组织层面。

1. 个人层面

当雇员完成了一项具体的任务或者超越了年度的绩效目标时，他们会收到属于个人的奖金或者奖品。在很多酒店，清洁工人都会按照每间房打扫干净的收入获得一定比例的佣金提成。另一些酒店则按照时薪加上每打扫一间房的奖金。房地产中介和其他销售人员通常会赚取佣金，佣金是根据他们的销售收入决定的。PortionPac 化学鼓励更多的销售但并不使用销售佣金的方法，这家位于芝加哥的清洁品生产商希望他们的顾客可以更安全地使用更少的清洁品。PortionPac 的合伙创始人及董事长马尔文·科林（Marvin Klein）解释道："高佣金的销售人员都倾向于向顾客尽可能多地销售产品，但我们只希望顾客使用正确的剂量就可以了。"取而代之，PortionPac 公司的销售人员若能遵守合同，令顾客从公司购买合适剂量的清洁剂，则可以获得额外的奖金。

2. 团队层面

在过去 20 年里，许多组织已经把目光从个人层面转向团队层面，并以此作为更多团队层面奖励的基础（见图 4-8）。纽柯钢铁公司（Nucor Corporation）非常倚重基于团队的奖励。这家钢铁公司的员工基于团队生产的钢铁量最多可获得超过他们薪水一半的奖金。这个基于团队的奖金体制同样伴随着惩罚。如果员工在次品钢铁离开钢厂时被发现问题，则会丧失这批货的奖金。如果这批次品钢铁运到了客户手里，则团队会丧失他们通常奖金的三倍奖励。

还有另一种基于团队的表现奖励形式，称为**收益分享计划**（gainsharing plan），其依照工作单位节省成本和生产力提高来计算奖金。全食超市（Whole Foods Market）运用了这种团队激励手段鼓励在店铺里降低成本。店铺里的每一个柜位都由一个团队经营，拥有月度的支出预算。如果部分支出预算没有被花费，剩余的部分将分发给团队的每一个人。部分医院谨慎地引进了收益分享计划，在这个计划里医生和药剂师被分配到一个团队里（心脏病科或者外科等），如果手术和护理的成本下降，团队将得到奖金。成本的下降主要是通过在采购设备和药物时通过谈判取得折扣而实现的。收益分享计划有助于提高团队的活力、知识的分享与薪酬的满意度。该计划也在努力和绩效之间建立强有力的联结，因为大部分的成本削减和劳动效率的提高是在团队的控制之中。

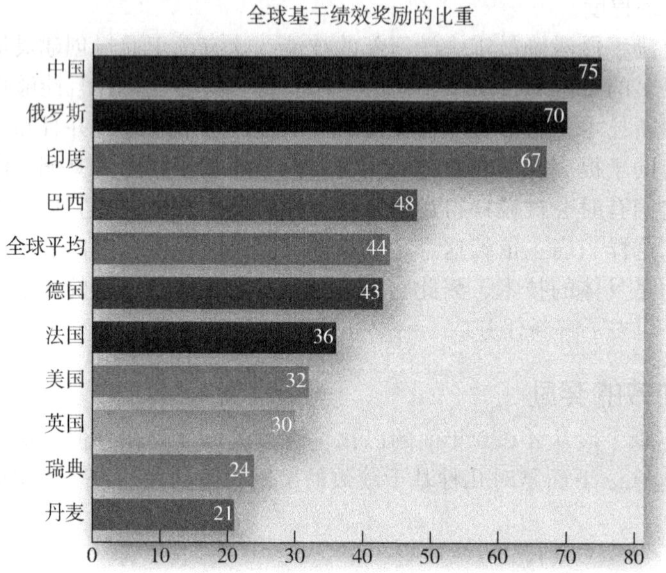

全球基于绩效奖励的比重

国家	比重
中国	75
俄罗斯	70
印度	67
巴西	48
全球平均	44
德国	43
法国	36
美国	32
英国	30
瑞典	24
丹麦	21

图 4-8　全球基于绩效奖励的比重

注：在被选中的国家里，受访的员工这样描述他们的薪水："基于个人的表现或者生产目标，薪水中有一部分是可变的。"数据是由凯利服务公司于 2013 年从 31 个国家超过 120 000 个受访者中获取的。全球平均的数据是来源于所有受调查的 31 个国家，而不仅仅是图 4-8 所示的若干国家。

3. 组织层面

除了运用个人层面和团队层面的奖励，许多公司依赖组织层面的奖励去激励员工。Hilcorp 能源公司，位于得克萨斯州的石油和天然气公司，员工达到了年度目标或五年目标或其他组织绩效的既定目标时可获得奖励。

员工持股计划（employee stock ownership plan，ESOP）是通常以优惠的价格鼓励员工购买公司股权的组织层面奖励。财务性的激励通过分红和股权升值达成。由于美国和其他国家的税收特许，大部分 ESOP 都是为退休计划而设计的。现在，超过 20% 在私人领域工作的美国人拥有他们所在公司的股权。Publix 超级市场拥有美国最悠久和最大的员工持股计划系统。佛罗里达州一家食品连锁公司以股权的形式把利润的一部分分给员工。员工还可从私营公司中购买额外的股权。

ESOP 是关于公司股权的安排，而**股票期权**（stock option）则赋予员工在到期日前，以固定的价格购买公司股票的权利。例如，雇主可能为雇员提供以 50 美元，从现在开始 2～6 年之间，购买 100 股的权利。假如两年后的股票价格是 60 美元，雇员可以从期权中赚取每股 10 美元，或者他们可能等到第 6 年让股票价格上升更多从而获得更多收益。如果股票在这期间从未超过 50 美元，期权处于价外情况（out of the money），雇员会让期权自动过期。股票期权的目的在于激励雇员使公司更有盈利能力，以便提高公司股票的价格，使雇员能够赚取股票价格的上升部分。

另一种组织层面的奖励手段是**利润分享计划**（profit-sharing plan），即基于公司过去一年的利润计算奖金。最近这个有趣的奖励正在 Svenska Handelsbanken AB 发生。最近几年瑞典的银行盈利水平比同行业的竞争者都要好，因此把高于其他银行平均利润部分的 1/3 分发到员工基金中。每位员工在银行多服务一年则可以多分到基金的一股，当他们 60 岁时这些股票就可以兑现（即使他们 60 岁后仍在银行服务这些股票亦可兑现）。

对组织层面奖励的评价

组织层面奖励的效率如何？研究显示，ESOP 和股票期权有助于创建"主人翁文化"（ownership culture）——员工感到自己和组织的成功紧密相联。利润分享计划会削弱主人翁文化，但是它有根据组织的经济情况自动调节员工报酬的优点，因此，在经济萧条时期组织减少了临时解雇或对减薪进行谈判的需要。

ESOP、股票期权和利润分享计划的主要问题在于，员工通常认为个人努力与公司股价或者公司价值关系不大。尤其在小公司，公司股价或盈利能力受到经济状况、竞争程度和其他在员工控制之外因素的影响。这种低的个人的努力—结果关系期望削弱了员工的激励。另一个问题是，一些公司用实施 ESOP 来替代员工退休计划。这是一个富有风险的计划，因为这种退休基金把鸡蛋放在一个篮子里，如果公司倒闭了，员工既失去了工作又失去了大部分的退休金。

4.11.6 提高奖励的有效性

这些年来，由于基于绩效的奖励会削弱创新性、拉大管理层和员工的距离、使员工忽视了工作的有趣性，以及让人忽略低绩效的真正原因等问题，从而受到诟病。最近的研究发现大部分奖励（与基本收入相关联的）会导致更差的绩效，而不是更好的绩效。虽然这些问题在一定的情况下是事实，但这不意味着我们必须放弃基于绩效的薪酬。相反，高绩效的公司更有可能采取基于绩效的奖励。在适当的条件下，奖励系统确实激励着大部分员工。以下是一些用于提高奖励有效性的更重要的策略。

1. 把奖励与绩效相联

行为改变理论和期望理论都告诉我们，绩效更高的员工应该获得比低绩效员工更多的奖励。不幸的是，这个简单的法则通常在应用中显得异常困难。很少员工会看到工作绩效与他们自己以及同事的收入之间的关系。最近一项全球调查表明，世界范围内有 42% 的员工认为在收入和工作表现之间存在明确的联系，仅有 25% 的瑞典员工和 36% 的美国员工能发现收入和工作表现之间的关系。

公司应该怎么提高薪酬—绩效的联系呢？不一致性和偏差性可以通过引进收益分享计划、ESOP 和其他运用客观绩效指标的方法，从而被最小化。当主观绩效指标是必需的时候，公司应该依靠多种的信息来源。公司也需要在绩效出现之后的不久就实施奖励，并且奖励的数额应该足够大（例如应该是奖金而不是提高工资），以使员工在受到奖励时产生积极的心情。

> **争论点** **是时候舍弃绩效评估了吗**
>
> 超过90%的《财富》500强公司对大多数或部分员工采取绩效评估的方式把他们的工作表现和奖励联系起来。支持者声称这些评估提供了标准的文件、沟通方式以及为奖励有贡献的人提供了必要性证明，同时为解雇不能达标的员工提供了支持。事实上，对表现不好的员工予以开除超出了公司权限，除非公司能用文件说明该员工犯了哪些错误。评估对工作表现提供了清晰的反馈，因此员工能清晰地知道他们的表现水平并且知道有哪些改进空间。绩效评估也有它的缺陷，但支持者声称这些缺点可通过使用客观的信息而非主观信息（例如目标设定和360度评价）来解决，同时通过评估可提供建设性的和有支撑性的意见，并为全年的工作表现提供评估。
>
> 部分专家和大部分员工对此持否定意见。除了一年中会有数量如山的意见让你改进工作表现外，这种评估似乎弊大于利。苹果公司在10年前就舍弃了绩效评估的方法。Zappos和其他公司都跟随苹果的步伐舍弃了这一评估方式。大部分舍弃了绩效评估的公司之后也没有再次启用这一方法。
>
> 通过一部分研究，绩效评估被认为在办公室政治中是有压力、不道德和功能失常的。管理者即使在一年中都教导支持这名员工，在年终晋升会议上也会陷入最有权力和最深知评价者的尴尬境地中。另一个问题是在评价员工的过程中，即使有若干指标，对大多数工作复杂性的评价还是草率扭曲的。例如，在客户服务方面的评价得分，会隐藏着关于服务的知识、共鸣、效率和其他元素。HOOD集团的CEO唐·奎斯特（Don Quist）问道："我如何解释为何他们是五人中最优秀的三个人？"唐对绩效评估是持反对意见的，他所在的工程公司的员工也对员工评价有着大大的"差评"。
>
> 很多观念偏误，诸如光环、时效性、主导型、老规矩、基础贡献错误，都在绩效评估中很常见，而且这些都很难通过培训来去除。似乎客观的实践（如目标设定和360度评估）都受到偏误和主观性的威胁。数项研究表明，在组织中经理对评估不同员工的表现会采用多重标准。一项研究发现，在对5 000名员工对客户服务的评价中，经理的评价和顾客的评价是不同的。一名调查者说："经理好像替顾客操心操过了头，连员工鞋码都评估了。"
>
> 是否存在绩效评估的替代品呢？一项建议是采取表现预评或者前馈这一着重于未来目标的事件。与其在员工失误后检讨，经理不如采用过去的表现作为未来发展的基础。同样，持续性的奖励不应该以绩效评估或者类似的评估作为基础。取而代之，奖励应该和团队或者组织层面可测量的结果联系起来，或者采用个人指标（销售量、项目完成度等），这样才是明智和合适的。

2. 确保奖励是相关联的

公司需要确保奖励的绩效是在员工的能力范围内的。如果员工看到更多每日的努力与奖励之间的联系，他们就更有动力去提高绩效。BHP Billiton基于这一原则提供了奖金计划，高层行政人员基于公司的整体表现给予奖金，而前线主要员工则基于生产率、安全生产表现以及其他指标来确定是否获得奖金。奖励系统也需要考虑具体的个别因素。例如，如果一个地方的销售量大是因为这个地方的经济状况好，那么这里的销售人员的销售奖金应该根据这个经济的因素加以调整。

3. 对相互依赖性强的工作采用基于团队的奖励

当员工从事的工作的相互依赖性很强的时候，应该采用基于团队的奖励而不是基于个人的奖励，因为在这些工作中很难单独衡量个人的绩效。纽柯钢铁公司采用基于团队的奖金制度，是因为生产钢铁的工作是一种团队的合作，所以员工基于团队的绩效取得奖金。基于团队的奖励也鼓励合作，而合作在相互依赖性高的工作中是非常重要的。基于团队的奖励的第三个优点在于，在团队合作的基础上，它能够支持个体员工的偏好。然而，其中一个问题是，在美国和其他集体主义文化弱的国家，员工（特别是最有效率的员工）对基于个人绩效奖励的好感大于对基于团队绩效奖励的好感。

4. 确保奖励是有价值的

当奖励有价值的时候它的作用最好，这一点似乎很明显。但是有些公司有时对员工想要的东西估计错误，从而造成不良后果。例如一位经理为了表彰一位员工为公司服务了25年，为其买了一盒甜甜圈和全体员工分享，但员工觉得受到了侮辱。她稍后私下和同事抱怨说，与其收到一盒甜甜圈，不如收不到任何东西。其解决办法当然是询问员工他们看重什么。金宝汤公司（Campbell Soup）几年前在加拿大的分销中心做过这种尝试。管理人员以为员工希望通过一个特殊的基于团队奖励的项目中取得更多的金钱。然而，负责分销的员工最看重的却是印有金宝汤商标的皮夹克。这种皮夹克比公司打算分发的奖金便宜，但是其意义却更大。

5. 注意意外的后果

基于绩效的奖励系统有时会对员工的行为产生意想不到的和不理想的后果。考虑一下这个情况，一家比萨饼公司打算奖励及时送货的司机。这个计划有助于提高比萨的及时送抵率，但是也提高了司机的交通事故发生率，因为这个计划激励他们去鲁莽驾驶。全球链接描述了其他奖励系统存在不良后果的例子。这里的解决办法是仔细地思考奖励的后果，如果有可能，在实施奖励之前通过小规模试验方案（pilot project）测试员工的反应。

🌐 全球链接 **当奖励出错时**

有句谚语说："有钱能使鬼推磨"（what gets rewarded gets done）。但是，公司的奖励并非永远可以达到它们的目的。这里是一些关于基于绩效的奖励产生意料之外的结果的生动例子。

- 直到最近几年前，在智利圣地亚哥运营的大多数公共巴士的司机都是由乘客支付薪水的。这个动因激励系统让司机开始确保路线准点，休息更少的时间，开车更有效率，但也带来了意想不到的可怕后果。为了载上更多的乘客，巴士司机会和其他的巴士竞速开往下一个公交站，有时甚至会拿自己车内乘客和别的巴士乘客的安全来冒险。司机在每站的停靠时间缩短，以致有时乘客并未安全上车。他们还保持车门常开，以致乘客会在这个过程中受伤或死亡。有时如果公交站只有一个乘客候车，司机会飞速跳站而不接纳这位乘客。研究表明，圣地亚哥的公共运输系统每三年会发生一起致命事故，同时司机以乘客数支付薪酬比工时支付薪酬所引发的事故多一倍。圣地亚哥现在以司机的行驶里程数来支付薪水。不幸的是，司机不再有激励去确保乘客支付了乘车费（约1/3的乘客是搭便车的），当他们落后于里程进度时他们会选择不在部分站点停靠。

- 一个干洗店最近推出了出勤奖励计划，有着全勤记录的员工（没有无故缺勤以及迟到超过5分钟的记录）则每月可获得价值75美元的礼品卡。连续6个月保持全勤的员工可以获得额外100美元的礼品卡。但出勤奖励的效果与预期相反。之前经常迟到的员工现在把迟到控制在受允许的5分钟以内。那些之前有着全勤记录的员工则在此计划开始后生产率下降了6%。这些员工明显是受到出勤计划的刺激了，有可能是觉得公司并没有意识到之前他们的表现是多么好，以及不公平地奖励了那些仍然迟到的人（迟到时间控制在5分钟以内）。另一个效应是已经迟到或缺勤一次的员工对出勤奖励计划变得不积极了，他们的迟到大幅增加，使生产率急剧下降。第三个效应是员工更倾向于打电话请病假，这样他们就不会被记录为缺勤，这样就有正当的理由获得月度出勤奖励。

- 数年前一家食品工厂发现在冷冻豌豆的处理中总有些昆虫混了进去。为了解决这个严重的问题，经理决定奖励能找到在豌豆中的昆虫的员工。这个激励起作用了！员工发现了很多昆虫的小尸体因此获得了奖励。问题是很多昆虫是员工自己掺进去的，而不是来自于生产线上。

- 经营复合钢材的公司经常因为提高了劳动效率而奖励经理们。生产1吨钢铁需要的劳动小时数越少，经理的奖金越多。不幸的是，钢铁公司通常不计算承包商的数量，所以这个奖励机制激励经理们在生产过程中聘请昂贵的承包商。通过聘请更多承包商，真实的生产成本提高了，而不是降低了。

当智利圣地亚哥的公共巴士司机按照乘客数支付薪水时，他们更倾向于危险驾驶以便载获更多的乘客。

本章概要

4-1 定义员工敬业度。

员工敬业度被定义为个人的情绪或认知激励，特别是与工作目标相关的专注、紧张、持续、有目的的努力。这种情绪是对工作有承诺、牺牲的，是一种对工作高层次的专注以及工作中自我效能的实现。

4-2 解释人类驱动和情绪在员工激励和行为中的角色。

激励由影响个人在工作场所的自愿性行为的方向、强度和持续性的个人内在驱动力组成。驱动力（也称为第一需要）是神经系统的一种状态，激励个人改进不足以及维持个人内部均衡。驱动力是行为的"原动力"，激发人处于随时准备做出反应状态的情绪。需要——即人们所经历的目标导向的动力，是由自我概念（包括人格和价值观），社会规范和过去的经验所操控。

4-3 总结马斯洛需求层次理论，麦克利兰的学习需要理论，四驱动力理论，讨论它们对激励员工的影响。

马斯洛的需求层次理论将需求分为五个层次等级，并认为最低级需求在初始的时候是最重要的，当低级的需求被满足后，高级的需求才变得最重要。虽然马斯洛的需求层次理论十分受欢迎，但是缺乏研究结果的支持。试图克服马斯洛需求层次理论局限的ERG理论也是如此，两种理论都假设每个人有相同的需求层次。而最近的证据表明，每个人的价值观不同，需求层次也因人而异。

麦克利兰的学习需要理论认为需要可以通过学习来加强。该理论认为的三种需要是成就需要、权力需要和归属需要。四驱动力理论认为每个人都有获取、联系、学习和防御这四种与生俱来的驱动力。这些驱动力激发情绪，我们通过由社会规范、过去的经验以及个人价值观影响的智力技能系统来调节情绪。四驱动力理论的主要建议是，保证个人的职位和工作环境能提供满足四种驱动力的充足的机会。

4-4 讨论期望理论模型，包括其实践含义。

期望理论认为工作的努力是由三个因素决定的：个人感到通过自己的努力可以达到某种工作绩效水平（努力—绩效的期望），个人相信达到某一行为或绩效水平将获得某种奖赏的可能性（绩效—奖赏的期望）以及个人对奖赏的效价。提高员工的能力以及增强他们能够完成工作的信心能够提高努力—绩效的期望。准确地测量员工绩效，确保高绩效员工获得更多的奖赏，以及让员工知道奖赏是与绩效挂钩的能够提高绩效—奖赏的期望。了解员工最需要的东西并以此作为奖励能够提高奖赏的效价。

4-5 总结行为改变理论和社会认知理论并解释它们与员工激励的关系。

行为改变理论吸取了组织行为专家的观点，认为环境会提醒人的行为，使他们会最大化正向后果而最小化负向后果。之前的经历就是阻止行为的环境刺激（不是必需的诱因）。后果是伴随着行为并可影响此行为未来发生频率的事件。后果包含正向强化、惩罚、负向强化和灭绝。强化的时间表同样会影响行为。

社会认知理论认为通过观察、效仿他人，以及预测我们行为的后果可产生学习和激励。这个理论认为人类倾向于推断事情的因果关系（比起自己亲身经历），预测行为的后果，发展表现中的自我效能，练习自我控制，并反映到自身经验上。这一理论强调了个人行为的自我管制，包括了自我强化这一被认为是作为人们奖励或惩罚自己行为的后果的趋势。

4-6 描述有效的目标设定和反馈的特征。

目标设定是激励员工以及通过设立绩效目标阐明员工角色认知的过程。当目标是具体的、相关的、具有挑战性的，有员工承诺以及伴随着有效的反馈时，目标会更加有效。在一些情况下，让员工参与目标设定很重要。有效的反馈应当是具体的、相关的、及时的、可靠的，并且足够频繁。

4-7 总结公平理论并描述提升程序公平的途径。

组织公平包括分配公平（与他人的回报和投入比率相比，个人的回报和投入比率的公平性）以及程序公正（决定资源分配的程序的公平性）。公平理论有四个要素：回报/投入比率、比较对象、公平评价以及不公平的后果。这个理论还解释了人们在受到不公平对待后的应对行为。组织不仅要考虑资源分配的公平，还要考虑资源分配决策过程的公正。

4-8 讨论金钱的意义，并且识别个人层面的、团队层面的、组织层面的绩效奖励。

金钱和其他财务的奖励是雇用关系的一个基础部分，但是它们的价值和意义与我们的需要、情绪和自我概念相关。它被认为是权力和地位的象征，安全感和邪恶的源泉，或者是紧张和不足的来源。

组织根据成员身份和资历、工作地位、竞争力和绩效去奖励员工。基于身份的奖励可能吸引工作应聘者，基于资历的奖励可能降低离职率，但是这些奖励手段可能会降低低绩效员工的离职率。基于工作地位的奖励试图维持内部公平和激励员工竞争取得晋升。但是，它可能促使官僚阶级形成，支持地位的差异，以及激励员工竞争同时隐藏资源。基于能力的奖励正变得越来越流行，因为它能提高劳动队伍的弹性，并与新兴的概念"就业能力"一致。但是，它倾向于运用主观的衡量指标，并且可能造成更高的成本：员工花费更多时间去学习新的技能。

奖励和奖金、佣金以及其他基于个人绩效的奖励已经存在了几个世纪而且正被广泛运用。许多公司正在向基于团队的奖励转变，例如收益分享计划；也在向组织性的激励转变，例如员工股权计划、股票期权以及利润分享计划。尽管员工股权计划和股票期权有利于创建主人翁文化，但是员工经常觉得个人绩效和组织奖励的关系很弱。

4-9 描述五种提升奖励有效性的方法。

财务性奖励有一些限制性，不过奖励的有效性可以通过许多途径得到提高。组织的领导者应该确保奖励和工作绩效相联、奖励的绩效目标在员工的控制之内、基于团队的奖励被运用在相互依赖的工作中、奖励被员工所看重，以及奖励没有意外的后果。

关键术语

平衡计分卡
分配公平
驱动力
员工敬业度
岗位评估
股票期权
公平理论
ERG 理论
期望理论
四驱动力理论
目标设定
马斯洛需求层次理论
激励

多渠道（360度）反馈
成就需要（nAch）
合群需要（nAff）
权力需要（nPow）
需要
程序公正
优点练习
自主性
员工持股计划
授权
收益分享计划
利润分享计划

复习思考题

1. 四驱动力理论与马斯洛的需求层次理论（以及 ERG 理论）有许多不同。描述这些理论的差异。同时，需要以驱动力为基础，那么四种驱动力应当对应马斯洛的七种需要（五种需要层级的需要以及两种附加的需要）。将马斯洛的需要与四驱动力理论的四种驱动力对应起来。

2. 学习需要理论认为，需要可以强化或者弱化。公司应当如何强化管理团队的成就需要呢？

3. 在另一个学校刚刚完成组织行为学课程的两个朋友告诉你，员工必须要满足他们的自我尊重和社会尊重需要，才能通过自我实现需要发挥自身的全部潜能。他们在谈论什么理论？他们的论述与你在本章所学的理论有什么不同？

4. 你刚刚与组织的客户完成了交易，这是你的工作单元之前为你设定的目标，现在你很好地完成了。用期望理论来讨论在这件事之后的何种事件可以提升你的激励和表现。

5. 描述一个你可以用行为改变理论去激励某人行为的情景。你具体会怎么做？这会导致什么后果？

6. 运用你所学的关于有效目标的特征的知识，为你在班级的表现设立两个有意义的目标。

7. 大多数人认为他们的"应得"比他们的所得（报酬）要高。进一步而言，大多数员工认为他们比其他员工表现出了更好的领导技能和沟通技能。请评价这种人类倾向。

8. 一个大型组织雇用你作为顾问去识别中层经理的每日表现并最小化分配和程序不公。公司解释说员工已经抱怨分配不公很久了，因为他们对什么是公平（公平、公正、需要）以及最佳投入产出比有着不同的看法。他们也正因为错误的观念和不同的预期而经历着程序不公。基于这些含糊的解释，你对中层经理有什么建议？

应用案例：预测哈里的工作成果

康考迪亚大学 Robert J. Oppenheimer

目的：这个练习旨在让你理解期望理论并且明白其元素是如何影响一个人对他工作表现的努力程度的。

指引：这个练习可独自完成或在四至五人的小组内完成。当个人（或团队）完成此练习时，可把结果与班内其他同学进行讨论和比较。

阅读下文的面试案例，然后计算在当前状况下哈里会被认为是"好"工作表现还是"可接受"工作表现。分数从 −1.0 至 +1.0，所有期望概率的值从 0(绝不可能) 到 1(绝对会发生)。成果的分数通过恰当的表现—成果预期进行计算，加总各项结果，最后对努力—表现期望进行求和。

哈里的面试

面试官：你好，哈里。我想和你聊聊你的工作。你介意我问你几个问题吗？

哈里：没问题。

面试官：谢谢哈里。作为你工作的结果，哪些是你愿意去参与并能从中获得满足的？

哈里：这个问题是什么意思呢？

面试官：就是说对你的工作而言什么是重要的呢？

哈里：我认为最重要的是工作的安全。实话说，我想不出什么比这个更重要了。我觉得能得到加薪是不错的，如果职位能得到晋升就更好了。

面试官：你想得到的都很好，有别的东西是你想避免的吗?

哈里: 我不想我的同事取笑我。我们应该是很友好的,这对我很重要。

面试官: 还有别的吗?

哈里: 没有了,应该就是这些。

面试官: 对于这些你觉得你的满意度如何?

哈里: 什么意思呢?

面试官: 就是说假设你最喜欢的东西值是 +1.0,你最不喜欢的东西值是 −1.0,对你无所谓的事情值是 0。

哈里: 好的,我觉得加薪是 0.5,晋升更加重要,我认为是 0.7,我的同事取笑我是 0.9。

面试官: 但是,我以为你不想你的同事取笑你。

哈里: 我不想。

面试官: 但是你给了 0.9 的赋值。

哈里: 噢,那应该是 −0.9。

面试官: 好的,我只是想确定我理解了你的意思。哈里,你觉得这些事情发生的概率是怎样?

哈里: 看情况。

面试官: 看什么情况呢?

哈里: 看我的表现是好的还是仅仅可接受的。

面试官: 如果表现是好的呢?

哈里: 我猜我有一半一半的可能获得加薪或者升职,但我猜有 90% 可能我的同事会取笑我。

面试官: 那么工作安全呢?

哈里: 我相信无论我的工作表现是好还是一般般可接受,我在这儿的工作都是安全的。我记不清有谁是做这项工作然后被解雇了。但如果我的表现只是一般般,我相信我加薪或者升职的可能性只有 10%。但是同事就不会嘲讽我了,我非常确定。

面试官: 那么你工作表现好的可能性是怎样的呢?

哈里: 这要看情况。如果我工作非常努力,我相信我工作成果好的可能性有九成。但如果我不是很努力,就是如果我随意对待,那么我猜我有八成的可能性工作成果是一般般。

面试官: 好的,那么你会怎么做,很努力还是随意对待?

哈里: 根据你对我的面试,你可以告诉我这个答案。

面试官: 是的,你是对的!

哈里: 真吗?那太好了。如果你还有别的问题,我很乐意和大家一起喝咖啡。

面试官: 好的,谢谢你的时间。

哈里: 不客气。

讨论题

用期望理论模型去预测哈里的工作表现是好或者一般般的激励,识别并讨论那些影响激励的因素。

应用案例:从人"心"出发,激活员工效能 40%

"如今企业成功的标志不再是客户的忠诚度,而是员工的忠诚度。我们都知道,如果我们照顾好我们的员工,他们也会照顾好我们的客户。但是员工的忠诚度却更难实现,因为员工和雇主之间的心理契约远不止一桩交易。过去十年中,它有了显著的变化。"

——理查德·贝克(Richard Baker),
英国嘉士伯内部沟通负责人

以上这段话告诉我们这个世界正在发生变化,这些变化趋势正从根本上改变人们的工作方式和他们想要从雇主那里获得什么。

员工的敬业度、对企业的承诺都有了不同的考量,增添了许多个性化。怎么才能让员工更加激情投入,从人"心"出发,激活员工的效能?

1. 为什么人们要为我们工作？

我们希望获得员工的全力以赴和激情投入，来收获员工的高效能与高绩效。那我们首先要明白，为什么人们要为我们工作？他们的需求点、干劲的来源、他们在我们平台施展才华的追求与目的是什么？然后看我们可以提供哪些支持，为他们的动力池提供源源不断的能量。当然，这一切都要以团队目标与企业效益为基本指南。

2. 告诉人们如何聪明地工作

为员工提供一些人性化的指导和建议，不仅能解决员工的问题，提高他们的工作效率，还能增加他们对企业的信任感和幸福度，提升管理者的亲和力。就像最近时常出现在员工意见问卷中的问题：对工作与生活平衡的强烈愿望。如果企业能提供建议和经验，告诉人们应如何聪明地工作，员工效能也会翻一番。

3. 合作文化与主人翁意识

在员工的心理中构建起真正的主人翁意识。这不仅体现在允许各个层级间自由包容的交流，还包括鼓励员工积极维护深厚的与客户之间的关系。同心协力的合作文化，需要被传递在整个组织中。

4. 领导力优势

培养训练有素的领导者。优秀而杰出的领导者能够积极地与员工建立良好关系，他们善于激发员工对他以及组织的忠诚度，同时还创建了一个能够激发员工最大潜能的组织气氛。

5. 人才宝地

当员工看到未来有清晰、可实现的职业发展路径，或者是能在岗位上发挥所长时，他们会更有动力，并且表现得更好。为员工提供完善且符合他个人特质的职业规划与发展机会，员工也会对未来的工作更有信心和目标。

你是否有到位的职业发展路径框架？是否足够清楚？它是否适用于每一个员工？最重要的是，员工是否知道这件事？

6. 掌握员工调研的正确打开方式

员工调研是我们能够了解到员工内心的想法、在组织工作中的感受、他们的价值主张等的主要途径。这反映了他们的真实经历。你知道吗，员工对薪酬和晋升的体验是否和我们对外传递的，特别是在招聘过程中所传递的信息是一致的？这一系列问题都在我们的掌握之中，才能够以此"对症下药"。

7. 激发感恩

在软性方面，培养员工的感恩情怀，能让他们从内心认可自己的工作，这是一种脱开"契约"关系的深层情感。这会帮助他们找到工作积极的一面，比如说，他们的工作是否接近他们的理想，他们是否在某种程度上帮助过他人或者受到过同事的支持，这份工作是否增强了他的某种技能。这种积极的思想，会向员工传递正向的情绪因子，为他们展现了一个新视角来看待现有的工作。

不只是这些，还有许多一点一滴的举措能够让员工激情投入，在工作中找到自信、热情、信任、勇气和幸福感。让我们从人"心"出发，激活员工的无穷效能。

资料来源：选编自合益集团 Hay Group 的案例。

1. 员工激励的关键点是什么？
2. 如何评价这种从人"心"出发的员工激励方法？

课堂练习：需要的排序练习

目的： 这个课堂练习的目的是帮助你理解工作场所中员工需要的特征以及偶然性。

具体步骤（小班）：

1. 表 4-3 按字母顺序表列明了 16 种工作或

工作场所的特征。根据这些特征对你的重要程度进行排序,你要独立去完成。最重要的特征用"1"表示,第二重要的特征用"2"表示,依次排序,最不重要的特征用"16"表示。

2. 挑选出你认为在你国家中新生代同学(1980年后出生的)中男性和女性得分差异最大的前三个属性。表明你认为哪个性别会认为哪个属性是最重要的。

3. 学生被分成若干小组,他们可以比较其他小组的结果并看出性别差异。写出排序差异的原因并与班里其他同学讨论。学生应该给不同的需要、自我概念、多样性(道德感、专业性、年龄等)足够的关心。在你班内给出在学生中结果存在差异的原因。

4. 老师给出最近对新生代学生的大规模调查。展示结果后,找出任何明显差异的原因。将这些差异与你对工作领域中新兴的需要和驱动力知识的理解联系起来。对于性别差异,讨论男性和女性为何对工作相关属性存在差异。

具体步骤(大班):
前两步同上。

3. 老师向学生提问,识别出学生排序最高的选项,以及找出两性差异最大的选项。

4. 与上述第4步相同。

表 4-3　对 16 种工作场所特征的排序

工作属性	对你的重要性(1是最重要)
有挑战的工作	
社会责任的承诺	
好的健康计划	
好的起薪	
可以很好汇报的上级	
可以很好工作的同事	
好的培训和发展技能机会	
好的工作变化	
工作安全	
职位晋升的机会	
拥有个人影响的机会	
拥有社会影响的机会	
旅游的机会	
组织在行业里属于领导者地位	
对员工多样性具有承诺	
生活和工作的平衡	

课堂练习:学习练习

目的: 这次练习的目的是帮助你理解学习和激励是如何受行为改变理论中强化认知的影响的。

材料: 在教室中可得的材料均可。

具体步骤(小班或大班):
老师会在教室外向三位志愿者提问。老师会花几分钟时间向班内的学生描述这个练习中他们的职责。然后三位志愿者中的一位会进入房间参与练习。待第一位志愿者结束后,第二位志愿者进入房间参与练习。待第二位志愿者结束后,第三位志愿者进入房间参与练习。

为了使学生可从这个练习中获得更多,没有其他信息会在此提及。然而,在这个有趣的活动开始之前老师可以有更多的细节向大家介绍。

小组练习:奖金决策练习

西澳大利亚大学 史蒂文 L. 麦克沙恩

目标: 这个练习的目的是帮助你理解公平理论的元素以及人们的公平观念存在何种差异。

具体步骤: 在一家大型国有保险公司中,四位经理的描述如下。这家公司的全国销售总监给你的咨询团队(一开始是个人,最后是一起)下达了向四位经理分发

10万元奖金的任务。如何分发奖金完全由你的团队来决定。唯一的要求是，所有奖金必须发完，而且不能有经理的奖金数额一致。名字和信息并未按特定顺序排列。你可以认为这些经理的经济状况、客户数量以及其他外部特征都是相似的（见表4-4和表4-5）。

表4-4 奖金分配表

姓名	个人决策	团队决策
鲍勃		
爱德华		
李		
桑迪		
总和	100 000	100 000

表4-5 投入权益表

投入因素①	投入比重②
	%
	%
	%
总和	100%

① 按重要次序排列因素，最重要的放在第一行。
② 因素的权重按百分比从1～100，所有权重的比重总和应为100%。

第一步：独自阅读这四位经理的信息。然后在"个人决策"一栏填下你认为该分给各经理的奖金数额。

第二步：独自填写"公平投入表格"。首先在"投入因素"一栏填写你按重要性排列的考虑因素（如级别、表现、年龄）。最重要的因素放在最前，最不重要的因素放在最后。紧接着在"投入比重"一栏填写你认为该因素所占的比重。这一栏的总和应为100%。

第三步：组成小组（通常4～6人）。每个小组组员把他们的结果进行比较并标明差异。因此组员将对每位经理应得奖金数额达成一致。这个金额写在"团队决策"一栏。

第四步：老师把学生都召集起来，把团队决策的金额和个人决策的因素权重进行比较。班级会用公平理论来讨论这次的结果。

具体步骤（大班）：

第一步和第二步：和上述方法一致。

第三步：老师向学生提问，识别出哪位经理将获得最高的奖金，以及具体金额是多少。同样对获得最低奖金的经理情况进行提问。班级采用公平理论对上述结果进行讨论。

奖金决策中四位经理的资料

鲍勃 鲍勃在这家公司服务了21年，已经有27年的保险从业经验。数年前，鲍勃所在的分公司对区域利润做出了巨大贡献。最近他引进了几个新客户，但是从贡献程度而言仍低于公司平均水平。鲍勃在分公司已居高位，已经失去了曾经对工作的热情。鲍勃今年56岁，已婚，并且有5个孩子。3位孩子仍然在家住，并未成年。鲍勃拥有高中毕业文凭并且有保险管理的专业认证。

爱德华 在这两年间爱德华成为分公司的经理，他所在的分公司最近引进了几位重要客户并且成为国内顶尖的分公司。爱德华很受他的员工尊敬。在29岁时他已成为了区域内和国内最年轻的经理。区域总监一开始因为爱德华过于年轻以及缺乏保险行业的经验而对升其为分公司经理存有顾虑。爱德华在加入本公司之前有五年销售代表的工作经验，并且拥有本地一所大学的商科学士文凭。爱德华现在单身并且没有子女。

李 李在公司已经工作7年了。头两年她在现在工作的办公室做销售代表。根据区域总监的评价，李作为分公司经理的表现是一般般。她在加入这家公司之前在别的公司做了4年的销售代表，并且拥有著名大学地理学士文凭。李今年40岁，离婚，没有孩子。她是非常有野心的人，但有时和同事以及其他分公司经理在合作中会产生矛盾和问题。

桑迪 桑迪今年47岁，已经担任这个分公司经理17年了。7年前她所在的分公司对区域的利润贡献最低，但她通过努力让利润水平稳步提升，现在已经略高于区域平均水平了。桑迪对她的工作态度一般般，但很受她的员工和其他分公司经理喜欢。她在保险行业的经验全部来自这家公司。她之前并无销售经验，现在证明她没有销售经验也可以做分公司的经理。桑迪已婚并且有3个正在上学的孩子。几年前桑迪通过上夜校的方式在社区大学获得了商科文凭。

自我评估：需要强度问卷

虽然每个人都有相同的内在驱动力，但次一级的需要或者学习需要则因个人的自我概念不同而大相径庭。这次自我评估对你的次一级需要的强度进行评估。阅读表4-6中的各项描述，选择最符合你的反应的选项。为了得到对于你的需要强度的真实评估，你要根据自己的个人经验诚实地回答各个问题。班级讨论将重点讨论这次自我评估中所测量的需要的意义以及它们在工作场所中的运用。

表4-6 个人需要问卷

下列关于你的描述是否准确？	十分准确	比较准确	中立	比较不准确	十分不准确
1. 我希望做自己而不是凡事都要再三考虑才去行动	□	□	□	□	□
2. 我是从不放弃的人	□	□	□	□	□
3. 当机会到来时，我希望能抓住机会	□	□	□	□	□
4. 我不会说别人不想听到的话	□	□	□	□	□
5. 当自己的意见与团队意见相反时，我觉得提出自己的看法很困难	□	□	□	□	□
6. 我喜欢控制事情	□	□	□	□	□
7. 我并不十分追求成功	□	□	□	□	□
8. 我通常只有在知道我的朋友会支持我的时候才不同意别人的观点	□	□	□	□	□
9. 我尝试将我做的事情做到最好	□	□	□	□	□
10. 我很少为我的行为找借口或道歉	□	□	□	□	□
11. 如果有人批评我，我可以接受	□	□	□	□	□
12. 我努力地做到比别人好	□	□	□	□	□
13. 当别人反对我时，我很少改变自己的看法	□	□	□	□	□
14. 别人能做到的事情，我努力地比别人做得更多	□	□	□	□	□
15. 为了与人相处以及让别人喜欢，我希望成为别人希望我成为的样子	□	□	□	□	□

资料来源：Adapted from instruments described and/or presented in L. R. Goldberg, J. A. Johnson, H. W. Eber, R. Hogan, M. C. Ashton, C. R. Cloninger, and H. C. Gough, "The International Personality Item Pool and the Future of Public-Domain Personality Measures," *Journal of Research in Personality* 40 (2006), pp. 84-96; H. J. Martin, "A Revised Measure of Approval Motivation and its Relationship to Social Desirability," *Journal of Personality Assessment* 84 (1984), pp. 508-519.

读完本章后，如果你需要更多信息，请登录：www.mhhe.com/mcshane7e 获得更多关于本章的深度信息和互动。

第5章

CHAPTER 5

决策与创新

学习目标

阅读完本章，你应该能够：
- 描述决策的理性选择范式。
- 解释为什么人们在识别问题和机遇、评估和选择方案、评价决策结果时与理性选择范式会有所不同。
- 讨论在决策过程中情绪和直觉所起的作用。
- 描述支持创新的员工特征、工作环境和支持创新的具体活动。
- 描述员工参与决策的好处以及四个影响员工参与程度的因素。

开篇案例：彭尼百货复制苹果销售模式

当瑞安·约翰森（Ryan Johnson）成为彭尼百货（JCPenny）的CEO时，公司最大的股东威廉·阿克曼（William Ackman）感到非常高兴，因为约翰森曾带领苹果零售店的发展并获得了成功，此前约翰森也在Target公司制定了"廉价别致"的理念。而彭尼百货在同行业的零售商中正处于劣势地位，约翰森承诺他可以在彭尼百货上演同样的"魔法"。阿克曼说道："瑞安·约翰森在零售方面的成功经验让他成为彭尼百货最理想的领导者。"

可是，在不到两年的时间里，彭尼百货的销售量暴跌了32%，约翰森被彭尼百货的前任CEO所取代，他扭转了约翰森众多影响公司命运的不利决策。阿克曼在卖掉彭尼百货的大部分股票前，公开表态指责约翰森犯了许多"严重错误"，其结果都是灾难性的。

哪儿出错了呢？最主要的原因是约翰森和他的管理团队对于彭尼百货问题的诊断以及预想的解决方案都过于自信。事实上约翰森针对彭尼百货存在的问题的解决方案是：彭尼百货需要更像苹果公司。约翰森经常通过引用苹果公司的实践来证明他的决策，在他的管理团队中至少有六人曾经就职于苹果。

苹果很少对它的产品打折，因此约翰森用"光明正大"的每日低价来代替彭尼百货最受大众喜欢的优惠券和店内特价（约翰森统计了一下，发现每年有590件特价）。在交通繁忙地段的彭尼百货中，他尝试用"城市广场"来模仿苹果的"天才酒吧"。约翰森解释道："就像苹果商店一样，你必须穿过所有产品才能到达城市广场。"约翰森还缩减每家店铺的公司内部产品规模来给外部品牌专卖店腾出空间（如丝芙兰、玛莎·斯图沃特）。这些改变对于苹果商店是适用的，但顾客不再认为他们在彭尼百货中能买到划算的东西。

许多行业专家对约翰森实行的彭尼百货改变计划感到震惊，这项计划少有甚至没有员工和顾客的参与，也没有先在小范围的某些店铺试行，但这些措施在时尚零售行业中都是标准做法，因为顾客如果看到他们不喜欢的东西就会轻易地转投竞争对手的怀抱。无论是决策过于自信还是过于依赖苹果的成功经验，约翰森在不知道顾客反应的情况下做出了以上的改变。当一位同事提出不打折的策略应该先在几个门店进行试验时，约翰森回应道："在苹果我们从来不用做试验。"

"成功的高管经常先入为主地认为他们是对的",在约翰森被取代之前,行业咨询专家史蒂文·斯奈德(Steven Snyder)已经提出过警告。"当约翰森拒绝在全面推行之前先在彭尼百货少数门店试行时,我们已经预见了这个结果。"

彭尼百货所遇到的问题说明了决策过程中所存在的几个挑战。彭尼百货需要改变,虽然瑞安·约翰森和他的管理团队知道这家零售商的潜在问题,但他们对问题的诊断和解决方案都受到了苹果公司成功经验的蒙蔽。此外,他们没有让彭尼百货的员工和顾客参与到决策的过程中。参与的缺失不仅不利于开发更好的解决方案,同时也妨碍了约翰森决策的实施。

本章将从三个视角和范式来探讨决策过程。首先从理性选择范式开始,这在传统上(但被误导了)被认为是决策的理想模式。紧接着我们从"不完美理性"范式来认识理性决策——这是一套在完美理性决策中用来认识人类局限性的理论。本章还将探索双理性情绪范式,这一范式认为情绪(好情绪和坏情绪)在决策过程中扮演重要角色。本章最后一部分将介绍与决策相关的两个重要主题:创新和员工参与。

5.1 决策的理性选择范式

决策制定(decision making)是在备选方案间做出选择以达到事物期望状态的理性过程。决策的制定对一个组织的健康而言十分重要,正如呼吸对人一样重要。事实上,越来越多的领导者将自己看作是心理专家,通过鼓励和教导员工在各个层面上更快、更有效、更具创新性地进行决策来使组织重获生机。所有的企业、政府、非营利组织机构都依赖员工去预测和正确地识别问题,并根据不同利益相关者的利益来研究备选方案,通过选择最佳方案来有效地执行这些决策。

人们应该怎么在组织中决策呢?大部分的商业领导者可能会回答,有效的决策包括识别、选择和应用最佳的可能备选方案。换言之,最佳的决策是利用单纯的逻辑和所有可利用的信息,去选择最有价值的备选方案——例如最高的期望收益、顾客满意度、员工福利或者这些变量的一些组合。这些决策有时会利用复杂的数据计算得到一个公式,从而指出最优的选择。

这种计算性的决策观点代表**理性选择范式**(rational choice paradigm)的极端形式,它统治了西方社会关于决策的哲学和学术研究的大部分有记载的历史。它建立于 2 500 年前,当时柏拉图和古希腊同时代的人提出了逻辑辩论和美术推理。大约 400 年前,笛卡尔和其他欧洲哲学家强调,做出逻辑决策的能力是人类最重要的成就之一。在 18 世纪,苏格兰哲学家们提出,最优的选择是提供"为最多人谋求最大好处"或"效用"的选择。

理性选择范式是选择最高**主观期望效用**(subjective expected utility,SEU)的备选方案。主观期望效用是每一个具体的备选方案所产生的满意度(或效用)的可能性(或期望)。主观期望效用是一些组织行为理论的基础,包括属性模型和期望激励理论。

为了更好地理解主观期望效用,我们用例子来说明:假设你需要从若干供应商中挑选一个作为公司的原材料供应商,理性而言,你会选择那个能对你公司提供最高综合满意度的供应商。期望满意度取决于每项指标的期望满意度（或效用），以及每个供应商能达到这个指标的可能性（对主观期望效用的"预期"）。其中一项指标可能是原材料交付的准时性。你可能会估计某个供应商能持续地准时送货，而其他供应商能准时送货的概率会稍低。另外一个指标可能是原材料的质量。同理，你发现供应商能持续提供优质原材料的能力是不同的。按概率把每项指标的效用加总，你就能发现哪个供应商能提供最高的主观期望效用。这个例子的关键在于所有决策都依赖于：①可能结果（或效用）所产生的价值；②好或坏结果发生的可能性（或期望）。

5.1.1 理性选择决策过程

除了关于主观期望效用的决策原则，理性选择范式还假设决策者遵循图 5-1 所示的系统过程。第一步是识别问题或机遇。问题（problem）是现在情形和理想情形的差异——"是什么"和"应该是什么"的差距。这个差距是许多需要纠正的根本原因的表现。"应该是什么"对应的是目标，这些目标之后有助于评价被选中的方案。例如，如果目标是在 30 秒内回应客户来电，问题就是目标时间和现实中客服中心回应大多数客户来电的时间的差距。机遇（opportunity）是现在预期到的与之前未被预期到的潜在更好情形的差异。换言之，决策者意识到，一些决策可能会产生超越现在目标或期望的结果。

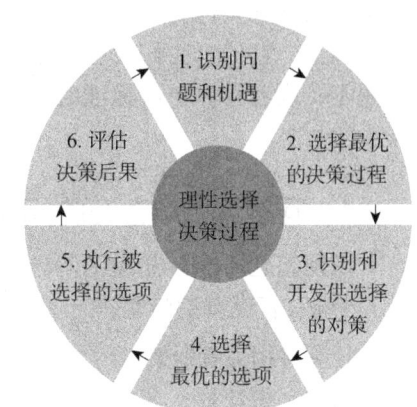

图 5-1 理性选择决策过程

第二步是选择最优的决策过程。这一步其实是元决策——即决定如何做决策，因为它对应的是在不同的路径和过程中选择一个去做决策。一个元决策的问题是决策者是否有足够的信息或者是否需要在决策过程中考虑其他东西。本章稍后也会分析员工参与决策的问题。另一个元决策的问题是，决策是程序性的还是非程序性的。程序性决策（programmed decision）遵循标准的操作程序；人们在过去已将这些程序加以分解，识别并记录了最优对策。相反，非程序性决策（non-programmed decision）需要遵循决策模型中的所有步骤，因为这些问题都是新的、复杂的或者没有被很好定义的。

第三步是识别和开发一列可能的对策。这通常从搜索已有对策开始，例如在类似问题上良好运作的实践。如果没有发现一个可接受的对策，决策者就需要设计制定对策或者修改已有的对策。第四步是选择具有最大主观期望效用的备选方案。这要求知道所有关于备选方案的可能信息及其后果。但是理性选择范式假设这可以轻易实现。

第五步是执行被选中的方案。理性选择专家对这一点没有什么评论，因为他们假设执行不存在任何问题。最后，第六步是评估"是什么"和"应该是什么"的差距是否缩小了。理想情况下，这些信息应该来自系统性的基准，因此相关的反馈是客观的而且易于观察的。

5.1.2 理性选择范式存在的问题

理性选择范式似乎是非常有逻辑的，但是它不可能应用在现实中，因为人是不可能完全理性的。相反，我们需要理论去解释为什么人们会不完全理性。接下来，我们将通过更多现实中的细节,从"不完全理性"的视角来重新看一下理性选择决策过程中的每一步。

5.2 识别问题和机遇

当阿尔伯特·爱因斯坦被问及他怎么在1小时内拯救世界时,他回答说,前55分钟应该用来定义问题,最后5分钟应该用来解决问题。爱因斯坦的意思是,问题的识别不仅是决策的第一步,而且是最重要的一步。但是问题和机遇不会像贴好标签的物品一样出现在货架上;相反,它们是我们在有些事情上出问题了,或者存在更高标准的可能时所形成的结论。

清晨5:30一场小雨开始下了起来。加拿大多伦多GO运输公司一趟火车离开市中心,驶向郊区目的地。在紧接着的15分钟里,雨下得更大了,附近的河水暴涨冲毁了前路的铁轨。司机及时停住了列车,但河水涨得太快了,司机来不及掉头河水就已经把列车包围了。乘客爬向了双层列车的上层并站着等了7个小时。GO运输公司稍后发表官方声明,称对目前是否发生洪灾很难做出判断。GO运输公司的一名官方人员说道:"我们知道有一场雷暴雨正要来临,但并无证据表明这是不同寻常的暴雨。"一位高管补充道,对于在低洼地区有可能发生的洪灾的建议一般是不改变行驶计划。他说:"生活并不是非黑即白的,我们的挑战就是管理灰色地带。"

5.2.1 问题识别中存在的问题

识别问题本身就充满了问题。下面是五个被广泛认知的问题。

1. 利益相关者框架

员工、供应商、客户和其他利益相关者提供(或隐藏)信息导致决策者认为某一情况下这是问题(或者机遇,或者是一帆风顺没有任何意义)。员工指责生产延误的原因是外部因素而不是自己的失误。供应商把他们的新产品认为是独特的机遇,而把竞争者的产品看成是避之则吉的问题。利益相关者也会发布简短声明,声称当前的情况是一个问题或者是别的麻烦,以此希望决策者会不加分析地采取他们的建议。决策者在这些刻意制造的事实面前会头昏脑胀,因为他们需要简化这些复杂且模棱两可的信息轰炸。

2. 果断领导

研究表明,对领导者的评价往往是基于其果断力,果断力包括领导者能否迅速判断出某事件是存在问题还是机遇抑或是不值一提的小事。因此,很多迫切希望表现果断力的领导者,往往会在未经逻辑评估某一情形时便迅速地宣布是问题还是机遇,结果通常是在解决没有被很好定义的问题上付出了努力或者在糟糕的机会上浪费了资源。

3. 解决方案导向问题

当决策者意识到某个情况下需要进行决策时,他们通常把问题定义成隐蔽的解决方案。例如,有人可能会说:"这个问题是,我们需要增加对供应商的控制。"这种表述没有描述问题,只是轻微地改述了某一不确定问题的解决方案。正如我们在本章开篇所说的那样,罗恩·约翰森和他的管理团队倾向于解决方案导向的问题识别,因为他们把彭尼百货的问题看作是在苹果的可行解决方案（例如，彭尼百货的问题是成功的公司不应该依赖优惠券和店铺销售）。这种解决方案导向的问题识别可以巧妙地掩盖问题的模糊性和不确定性，但无法完全诊断出需要解决的问题的根本原因。

4. 知觉性防御

人们有时会把阻止坏消息外泄作为一种处理问题的机制。他们的大脑拒绝威胁其自我认知的信息。每个决策者的知觉性防御倾向是不同的。研究表明，当决策者对问题解决仅有有限选择时，知觉性防御更为普遍。

5. 心智模型

在现有的心智模型下，决策者会成为他们自己问题框架中的受害者。心智模型是我们心中对外部世界形成的视觉或者相关印象，它们填补了我们没有直接看见的信息，这有助于我们理解与操纵周围的环境。许多心像也是原型——它们代表了关于事物本来面目的模型。不幸的是，这些心智模型也蒙蔽了我们，使我们看不到特定的问题或机遇，因为它们会对与心智模型不相似的事物产生一种负面的评价。如果一个想法与已经存在的关于工作应该怎么做的心智模型不一致时，这个想法就将被视为不能实现或者结果不理想而被抛弃。全球链接 5-1 描述了几个例子，是关于心智模型如何导致错失了机会的。

全球链接 5-1　著名的错失机会例子

心智模型为我们的决策创建了路径图。而不幸的是，这些图也潜在地妨碍了我们发现新问题和机会的能力。以下是一些著名的例子：

在 20 世纪 90 年代中期，两位斯坦福的博士生决定以 100 万美元把他们的全新搜索引擎卖掉，以供他们可以继续学业。Excite 公司，一个当时非常流行的搜索公司，它的执行官对此并不感兴趣，因为他们正在打造一个传媒公司。即使两位博士把售价降到 75 万美元，Excite 的 CEO 仍明确地说："即使我们的搜索并不够好，但也足够了。"雅虎和 Infoseek 的执行官同样决定不购买这个搜索引擎。在遭受数次拒绝后，拉里·佩奇（Larry Page）和谢尔盖·布林（Sergey Brin）决定创立他们自己的公司——谷歌，以实现他们这项新发明的潜力。数年后，Excite 公司的合伙创立人乔·克罗斯（Joe Kraus）意识到当时的决策是错误的，他错失了拥有让谷歌一夜成名的核心技术："我承认我们错了。我会第一个站出来为犯这错误而叹息。"

史上最著名的商业广告之一是苹果公司（Apple Inc.）1984 年的麦金塔计算机（Macintosh）广告，当时几乎无法播出，因为苹果的外聘董事会成员很不认同这个广告。他们抱怨说这个广告只在最后几秒提及了产品跟公司。苹果公司要求广告创作方出售苹果公司的两个超级碗大赛的广告时段，但广告方 CEO 声称他无法找到 60 秒时段的买家。这个超级碗大赛期间播放的 60 秒广告有着巨大的影响力，接下来数天的

心智模型中，商业成功的先入为主思维模式使 Excite 公司的高管们没有意识到谷歌搜索引擎的潜力。

晚间新闻也播放了这段广告。一个月以后，苹果的董事会成员为麦金塔计算机成功推广的团队喝彩，同时为自己对"1984"广告的误判道歉。

尽管哈利·波特书籍在全球大卖，好莱坞制片人仍然不愿意拍摄电影版本，除非霍格沃茨（Hogwarts）飞行学校在美国本土建立，或者哈利是个美国人。部分制片人甚至坚持如果这部电影想要取得成功，所有主要角色必须是美国人。幸运的是经过考虑后，好莱坞决策者同意保留地点和人物都是英国的。

图形用户界面、鼠标、视窗、下拉菜单、激光打印、分布式计算、以太网技术都不是由苹果、微软或者IBM发明的。这些现代个人计算机的基本元素是20世纪70年代富士施乐复印机帕洛阿尔托研究中心（PARC）的研究人员发明的。不幸的是，富士施乐的高层都专注于他们的复印机而没有意识到这些发明的价值，其中大多数都没有获得专利。富士施乐帕洛阿尔托研究中心丢失的计算机发明的价值如今比整个复印机行业的价值都要高。

5.2.2 更有效地识别问题和机遇

识别问题和机遇永远是一个挑战，但是意识到上述五个问题识别偏差有助于改善这一过程。例如，认识到心智模型限制了一个人的世界观，决策者就应该更多地考虑其他关于事实的看法。当某一情形需要深思熟虑时，领导者除了更加注意问题识别缺陷外，还需下大决心抵抗"貌似果断"的诱惑。

第三个改善问题识别的途径是为领导者创建一个"神圣的不满"的规范。他们永远不会满足于现状，而且这种不满足产生的心理状态使得他们更积极地寻找问题和机遇。最后，员工可以通过与同事讨论所处的情形来实现问题识别缺陷的最小化。通过聆听其他人怎么看待某些信息和诊断问题，可以更容易地发现问题识别的盲点。当局外人从不同的心智模型分析这些信息时，机遇也会变得明显。

5.3 搜寻、评估与选择备选方案

根据决策的理性选择范式，人们会依靠逻辑来评估与选择备选方案。这个范式假设决策者拥有良好表达能力和被认同的组织目标，假设他们能够有效地同时处理关于所有备选方案的事实及其后果，并会选择有最高收益的备选方案。

诺贝尔经济学奖得主、组织学学者赫伯特·西蒙（Herbert Simon）在半个世纪前质疑了以上的假设。他争辩说，人们是**有限理性**（bounded rationality）的，因为他们处理着有限的和不完美的信息，同时很少选择最优的备选方案。西蒙和其他组织行为学的专家指出，理性选择范式在许多方面不同于人们真实地评估和选择备选方案。这些差异，如图5-2所示，是非常显著的，经济学家已经把他们的理论从理性选择转向有限理性假设。让我们从目标、信息处理与最大化方面看看其中的差异。

5.3.1 目标存在的问题

理性选择范式假设，组织目标是清晰的和被认同的。事实上，这些条件在识别"应该做什么"时是必需的，因此，它们提供了评价每个备选方案的标准。不幸的是，组织目标经常是模糊的或者相互矛盾的。

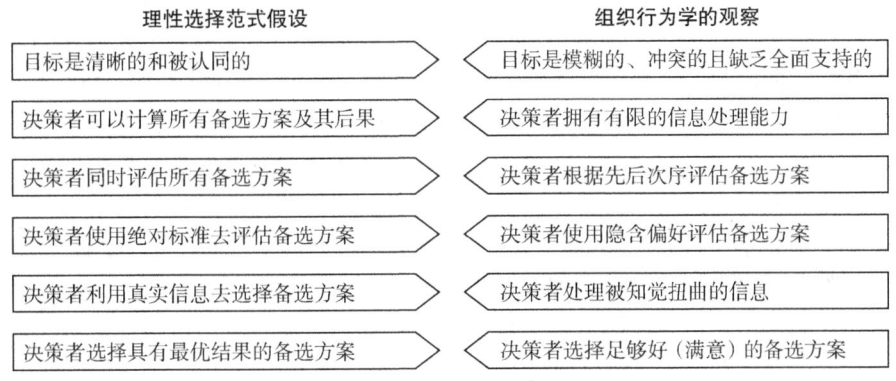

图 5-2　理性选择范式假设与组织行为学的观察的备选方案对比

5.3.2　信息处理存在的问题

理性选择范式也做出了许多关于人类处理信息能力的假设。它假设决策者可以处理关于所有备选方案及其后果的信息，但是这在现实中是不可能的。现实中，人们只会评估几个备选方案以及这些备选方案的几个主要的后果。例如，可能有许多的计算机品牌可供选择，许多的特征可供考虑，但是人们通常只重点评估几个品牌和几个特征。

相关的问题是，决策者通常会有先后次序而不是同时评估备选方案。因为所有的备选方案不可能同时提供给决策者。随着一个新的备选方案的加入，人们立即把新加入的备选方案与**隐含偏好**（implicit favorite）——备受决策者青睐，作为与其他方案相比较时的备用方案——相比较。例如，当选择一套新计算机系统时，人们在头脑中通常会有隐含偏好的品牌。决策者甚至还未意识到将备选项与隐含偏好做比较时，这一有先后次序的比较过程便已发生。

尽管这种与隐含偏好做比较的过程似乎根植于人类做决策的过程之中（也就是说人们会自然而然地比较事物），但这并不利于我们做出有效决策，因为人们会歪曲信息从而倾向隐含偏好而不是其他备选方案。他们倾向于忽视隐含偏好方案的问题和其他备选方案的优点。决策者也会重视隐含偏好优于其他备选方案的因素，并轻视其他备选方案更优的因素。

决策启发性偏差

根据理性选择范式，最优的选择具有最高的主观期望效用。但是心理学家阿莫斯·特沃斯基（Amos Tversky）和丹尼尔·卡尼曼（Daniel Kahneman）发现，人类有内置的决策启发性（decision heuristics）——无意识地使个人对具体结果的发生概率及结果的价值（效应）做出有偏差的估计。最受广泛研究的三个启发性偏误是锚定和调整性启发、可获得性启发以及代表性启发。

- **锚定和调整性启发**（anchoring and adjustment heuristic）。这种启发性表示，人们受初始锚定点影响的自然倾向，在接收新信息时无法完全摆脱这一影响。这个锚定点可能是初始报价、某人的初始观点或某事将要发生的初始估计概率。这一倾向会影响我们对备选方案及其结果的价值分配。例如，你问某人智利的人口是多于5 000万还是少于5 000万，然后你请那个人去估计智利的人口数量。紧接着你问另一个人智利的人口是多于1 000万还是少于1 000万，同样你再请那个人去估计智利的人口数量。假设这两个人都不知道智利的人口情况，那么第一个人估计的人口数量很有可能会比第二个人估计的要大得多——初始锚定（5 000万和1 000万）影响了他们的估计。

- **可获得性启发**（availability heuristic）。如果某些事物或事件更容易被回忆，那么它们就会被赋予更大的发生概率。但不幸的是，回忆某件事的容易性不仅仅是取决于其发生的频率（概率）。例如，我们很容易记住一些能引起情绪的事件（例如地震、鲨鱼袭击），所以我们会过高估计这些事情发生的频率。对于最近发生的事件也更容易被我们回忆。如果媒体播报了数则空气污染的新闻，我们对空气质量污染的估计会比最近没有听到新闻播报的情况下更高。

- **代表性启发**（representativeness heuristic）。这一启发表明人们倾向于依赖事物或事件的相似度（或代表度）而非精确的概率统计信息来判断事物或事件的发生概率。想象一下在你班上20%的同学是工程学专业，其余是商科专业。在统计概率上，班上的任一个人有20%的可能是工程学专业。但是，如果有位学生的行为举止非常符合你对工程师的刻板印象，尽管在统计概率上他更有可能是商科的学生，我们仍然倾向于认为他是一名工程学学生。另一种代表性启发的形式被称为聚集性幻觉（clustering illusion），是一种基于事件的一个小样本（事实上是随机的）看待事情的倾向。例如，许多运动员和教练相信，当运动员的前两或三次击球都是成功的，这一次更可能会成功击球。代表性启发在这里起作用了，因为运动员和教练相信这样的先后顺序是有因果关系的（代表性的），尽管事实上是它是随机事件。

5.3.3 最大化的问题

理性选择范式的主要假设之一是人们希望（并且能够）选择有最大回报的备选方案（例如，最大的主观期望效用）。然而，人们寻求的不是最大化，而是**满意度**（satisficing）——人们会选择令其满意的或者"足够好的"备选方案。人们会根据自己的需求和偏好，选择第一个被视为高于可接受标准的备选方案。满意度产生的原因之一是决策者有按先后次序而非同时评估备选方案的自然倾向。考虑一下雇用新员工的过程。选出最优秀的求职者是不可能的，因为人们都是在某段时间内求职，最优秀的求职者可能下个月才提交求职申请，而最早的求职者此时可能已经找到了别的工作。因此正如我们所说的，决策者把新的备选方案依次与隐含偏好进行比较。这是一种寻求满意度的决策原则：选择第一个"足够好的"备选方案。

人们寻求满意度而不是效用最大化的另一个原因是，选择最优的备选方案需要更大的信息处理能力，这种能力是人们所不具备的或者不愿意使用的。研究发现，人们喜欢有选择，但是当有太多选择时，他们在认知和情绪上都会筋疲力尽。因此当面对过多选择时，决策者会变成认知的吝啬鬼从而去寻求满意度。当面对一大堆选择时，人们会通过使用一些易于识别的因素（如颜色、尺寸）来排除备选方案，或者采用一些简单的标准来评价备选方案。

当面对一大堆选择时，人们通常选择一个在认知上更容易而不是满意度更高的决策方案，他们根本没有做出任何决策！一项研究表明，当员工面对许多投资选择时，员工反而会推迟参加退休计划，尽管参加退休金计划能给他们带来税收优惠、公司对该计划的投资以及长期的资金安全。当员工一开始只有两三种投资选择时，如增长基金、平衡基金和稳定的资本投资，公司退休金计划的参加率会得到极大的提高。当员工确立了基本的投资选择后，公司会陆续提出其他的投资选择。

当人被给予更多备选方案时，他们更不可能做出任何选择。在一项研究中，消费者在杂货店里的两个果酱试食摊进行试吃。30%的购物者在展示了6种果酱口味的试食摊前停下来并购买了一些。而只有3%的购物者在展示24种口味的试食摊前停下来并购买了一些。更多的选择削弱了消费者的购买决策。这些结果与其他研究人们对巧克力、学期论文和退休投资计划的选择的结论相似。

5.3.4 评估机遇

机遇如问题一样重要，但是发现机遇与解决问题会导致截然不同的事情发生。当决策者发现机遇时，他们不会对许多备选方案进行评估；毕竟，机遇就是解决方案，所以为什么还要寻找其他的呢！人们通常会像体验令人激动的罕见发现一样去体验机遇，所以决策者倾向于把某种情绪附加到机遇上。不幸的是，这种情绪的偏好激励了决策者去应用机遇，同时使任何详细的评估失效。

5.3.5 情绪与选择

赫伯特·西蒙和许多其他专家指出，大量数据表明，人们几乎不会像理性选择范式假设的那样去评估备选方案。但是，他们没有提到理性选择的另一个明显的弱点：它完全忽视了情绪在人类决策中的作用。正如大脑的理性中枢和情感中枢都会提醒我们警觉问题一样，情绪也会影响我们对备选方案的选择。情绪在三个方面影响对备选方案的评估。

1. 早期偏好来自情绪

本章的前一节讲述了情感标签在我们评估备选方案前就决定了我们对每个备选方案的偏好。我们的大脑非常迅速地对每个备选方案的信息赋予具体的情绪，并且我们所偏好的备选方案深受早期情感标签的影响。当然，逻辑分析也影响我们选择的备选方案，但是它要求强的逻辑证据去改变我们的初始偏好（初始情绪标签）。但是，即使逻辑分析也依赖情绪去支配决策。具体地，神经科学的证据表明，逻辑分析出的信息也被贴上了情绪标签，而后激励我们去选择或者避免一些特殊的备选方案。最终，是情绪，而不是理性的逻辑，鼓励我们选择所偏好的备选方案。事实上，大脑情绪中枢受损的人就存在选择困难。

2. 情绪改变决策评估过程

大量的文献表明，情绪和具体的情感会影响评估备选方案的过程。例如，我们在情绪消极的时候，会更多地关注细节，原因可能是消极的情绪预示着某件事情出了问题，因此要更加留心。相反，当我们情绪积极时，我们不会那么关注细节，并且依赖于程序化的决策路径。这个现象解释了为什么成功公司的管理团队对竞争者和其他环境威胁会表现出更低的警觉。研究也表明，当决策者生气时，他们会依赖刻板的程序和其他捷径去提高选择过程的速度。生气也使得他们对风险备选方案的成功率更为乐观，但是害怕的情绪可能会使得他们没那么乐观。总体而言，情绪影响了我们如何评估信息，而不仅仅是选择什么备选方案。

3. 评估备选方案时情绪充当了信息

情绪影响备选方案评估的第三个途径是通过一个叫"情绪作为信息"的过程。营销专家发现，当我们在做决策时，会暗中依靠情绪来帮助我们做出选择。这个过程和情绪智力的暂时提高很类似。人们尚不能意识到大部分情感体验，但是当做决策时，人们会积极地试图使这些细微情绪更敏感。

例如，当你买一辆新车时，你不仅很有逻辑地评估每一种车型的特点，而且会想象拥有其中的一辆车感觉会如何。甚至当你对每一款车的关键特点和质量有充分的信息（价格、耗油率、维修费用、转售价值等），你还是会受到对每一款车的情绪反应影响，并且当你考虑这件事情时，你会积极地尝试感受情绪的反应。有些人更关注内在的感觉和个性测试，例如 MBTI 职业性格测试结果，识别那些听取自己的情绪而非他人情绪的个人。但是在某种程度上，全部人都会把我们的情绪作为信息。这种状况与我们下一个话题紧密相联——直觉。

5.3.6 直觉和选择

当情况不妙时你是否有过一种直觉或感觉？或者当你面对一个眼前的机会时你是否感到有异样的情绪经历在发生？这些情绪经历潜在地（并不是必须地）在暗示着你的**直觉**（intuition）——知道问题或机遇存在的时间，并在无意识的推理指导下选择最佳做法的能力。直觉既是一种情绪经历，也是快速的无意识分析过程。正如前面部分提到的，我们感受到的内在感觉是情绪的信号，这些信号具有足够的强度使我们意识到它们。这些信号警告我们危险正要来临或激励我们把握机遇。有些直觉也指引我们在不同的备选方案中选出我们所偏好的。

所有的内在感觉都是情绪信号，但不是所有的情绪信号都是直觉。关键区别是，直觉能够快速地把我们观察到的与通过经验学到的内心深处的模式进行比较。这些模式代表着长期以来暗中获取的隐性知识。它们是心智模型，根据现在的情况是否符合我们的心智模型，来帮助我们理解现在的情况是好还是坏。当一个模式符合或者不符合现在的情况时，就会产生激励我们行动的情绪。研究也发现，当棋手通过快速地观察棋盘感觉到机遇时，他们会接收到情绪的信号。他们不能立即分析为何会存在机会，但如果给他们时间去思考局势的话，棋手也可以解释为什么他们看见了棋盘上的妙招。但是，他们直觉发出的信号显示机遇的出现，远远早于理性分析的开始。

正如前面所提到的，有些情绪信号不是直觉，所以内在感觉不应总是指导我们的决策。问题是，情绪反应并非永远基于有良好基础的心智模型。相反，它们发生在当我们把现在的情形与遥远的相关或者不相关的模板相比时。一位新的员工可能会对与供应商的关系有信心，但是一位有经验的员工则会感受到潜在的问题。存在这个差异是因为，新员工依赖于来自其他经历或行业的模板，这可能在现在的情形中是行不通的。因此，我们在一个情形中感受到的情绪是否代表直觉，很大程度地取决于我们在这类情形中的经验水平。

迄今为止，我们已经描述过作为情绪经历（内在感受）的直觉，以及我们将现在情形与确定的心理模板相比较的过程。直觉也依赖行动程式（action script）——程序化的决策路径，使我们对匹配的或非匹配模式的反应提速。从问题识别直接跳到对策选择，行动程式大大缩短了决策过程。换言之，行动程式是程序化决策的一种形式。行动程式是普遍通用的，所以我们需要有意识地针对具体情形进行调整。

5.3.7 更有效地选择

规避人类选择的局限性是非常困难的，但是一些策略可以帮助我们把缺陷最小化。一项重大的研究发现表明，与深思熟虑的领导者相比，果断的领导者往往会导致更高的失败率。当然，当领导者在做出选择时花费过长的时间，决策也可能是无效的，但是研究表明，缺乏逻辑的评估是更大的问题。通过系统地按照相关因素评估备选方案，决策者可以最小化隐含偏好和满意度带来的问题，这两个问题都是由于决策者依赖大概的主观判断所导致的。这个建议并不意味着我们应该忽略直觉，相反，它建议，我们应该运用直觉，并与谨慎分析相关信息相结合。

第二个建议是，我们需要记住决策受到理性过程和情绪过程的共同影响。意识到这一点，有些决策者就会深思熟虑地重新看待重要的事件，所以他们会在不同的心情下分析同样的信息，从而平息初始情绪。例如，当做重要的有竞争性的决策时，如果你觉得你的团队有点太自信了，你可以决定让团队成员在几天后重新讨论决策，他们会更辩证地考虑。

另一个策略是**情景规划**（scenario planning），即想象所有可能的未来情形的严谨方法。通常考虑改变重要的环境条件会发生什么，以及组织应该做什么去预测和应对这些后果。情景规划是在未来还没有发生的可能情景下选择最优对策的有用工具，因为对做法的评估没有受到真正紧急情况下的压力和情绪的影响。

情景规划有助于决策者在危机发生前找出最佳解决方案。Whatif AS，一家挪威公司，创造了"Whatif"，一种可用于船运、IT 安全和其他行业的情景规划板面游戏。参与者首先回顾几种场景并选出最高风险的事件。例如，一个场景是在船运过程中，大火摧毁了所有引擎，导致与其他船只相撞。团队为公司和船队应对这种高风险场景制定了预案。

5.4 执行决策

大部分关于决策过程的著作都会忽略执行决策部分。但是领先的商业作家强调，执行——将决策转化成行动——是最重要和最富有挑战性的领导者任务之一。例如，当比尔成为 KBR 公司（《财富》300 强的工程公司）的 CEO 时，他和他的管理团队迅速为公司前景制定了三个策略。然而执行这些决策花费了更长的时间。他说："我期望花两年去完成这三个挑战。在我的职业生涯中我学到的是，制定一个发展战略并找出组织的不足是容易的，然而最困难的是拥有专注力、决心和恒心去执行决策直至成功。"执行决策通常和组织变化相关，我们将在后面的章节进行讨论，同时也和领导力和本书的其他话题相关。

5.5 评估决策后果

与理性选择范式相反，当评估决策的有效性时，决策者对自己并不是完全诚实的。其中一个问题是确认偏误（在决策中也称为后决策辩护（post-decisional justification）），这是一种"对证据的获取和使用上不成文的选择"。当评估决策时，拥有确认偏误的人会忘记或者忽视所选方案的消极特点并且强调它的积极特点。确认偏误在接收到清晰明了且不容否认的消极信息之前，后决策辩护会使人们对决策做出过度乐观的评估。不幸的是，它也会使决策者对决策的初始评估膨胀，因此当收到客观反馈时，往往会受到现实的沉痛打击。

5.5.1 承诺升级

人们没有很好地评估决策后果的另一个原因是**承诺升级**（escalation of commitment）——重复明显错误的决策或者把更多的资源分配给失败的做法的倾向。关于这种决策问题有很多例子。例如，爱尔兰健康委员会的五位管理人员决定开发一个常用的支付系统，叫作 PPARS（薪水、支出和相关系统）。利用成熟的 SAP 软件，这个项目可以在三年内完成并预估耗资 1 200 万美元。但四年后该系统仍远远未能完工，且费用已经高达 2 500 万美元。几年后，一家咨询公司确定 PPARS 是值得继续进行的，但政府还需要投资 1.2 亿美元。在项目启动若干年后，PPARS 被正式停止，沉没成本已经超过 2.5 亿美元。

为什么决策者会在失败的项目上越陷越深？这些年有几个原因被确定并讨论，四个主要的原因是自我辩护效应、自我增强效应、期望理论效应和沉没成本效应。

1. 自我辩护效应

人们通常会向公众传递他们自身积极的形象。在决策过程中，自我辩护是理性的和有能力的体现。人们有动机去展示他们的决定会是成功的，即便当现实表明这个决策并未达到预期结果时，他们仍会继续支持这个决定。因为如果停止支持这个项目意味着项目的失败和决策者的无能。当决策者与项目已经混在一起并且在某程度上把自己的名声押在项目的成功上时，自我辩护会特别明显且伴随着较低的自尊。

2. 自我增强效应

人们总是有自我感觉良好的天性——认为自己更幸运、更有能力、比众人更加成功，在那些对自身特别重要的领域。这种对自我增强的渴望支撑了积极的自我概念，但同时它也增加了承诺升级的风险。当有证据显示这个项目有隐患时，自我增强会让我们对信息的解读产生偏误，认为这只是暂时偏离正确轨道。当我们最终意识到项目并没有按既定方案运行时，我们会对项目持续投资，因为我们相信能挽救项目的概率是高于平均水平的。自我辩护和自我增强通常是同时发生的，但它们的发生机制是不同的。自我辩护是为了维持良好的公众形象，而自我增强则通常是无意地扭曲了信息，以致我们无法短时间内发现问题所在，并且误导了我们对成功概率的估计。从而使我们持续投资在失败的项目上。

3. 期望理论效应

期望理论效应（prospect theory effect）是一种倾向，即失去一个价值量的东西时我们所感受到的消极情绪要大于当得到一个同等价值量的东西时所感受的积极情绪。这个期望理论效应激励我们规避损失，特别是在失败的项目上通过冒更多的风险从而规避损失。对于大多数人而言，确定的损失比向项目投入更多资金的成功的不确定性更令人痛苦。在给定选择的情况下，决策者选择了没那么痛苦的备选方案。

4. 沉没成本效应

另一个阻碍终止失败项目的原因是沉没成本——已经投入到项目中的资源。理性选择理论表明投入多少资源应该取决于未来的收益和风险，而不是已经投入到项目中的资源的多少。但人们仍然倾向于对已经有较大沉没成本的项目继续投资。沉没成本变相也是时间投资。时间也是一种资源，所以如果决策者对这个项目投入了更多的时间，他们就更会选择对这个项目进行持续投资。最终，沉没成本变成终止成本，即用以关停项目的财务或非财务损失。沉没成本还有其他形式，终止成本越高，决策者更有可能参与承诺升级。

承诺升级通常被认为是糟糕的决策，但一部分专家辩解称，向失败的项目投入更多资金有时是理解模糊情形的逻辑尝试，这个策略本质上是一种探索未知水域的方法。通过增加更多的资源，决策者可以得到关于这些资金有效性的新信息，这可以提供关于项目未来成功的更多反馈。这一策略常见于终止成本很高的项目上。

5.5.2 更有效地评估决策后果

最小化承诺升级和后决策辩护的最有效的方法之一是确保做出决策者与之后评估决策者不是同一个人。这种角色的分离可以使自我辩护程度最小化，因为负责评估决策的人与当初的决策没有关系。然而，假如第二个人和第一个人有交情，有相同的思维方式，有其他相似的属性例如年龄，那么他可能也会承诺升级。第二个方法是公开发布放弃或者重估决策的预设准则。这与股票市场中的止损命令是类似的，在止损命令中，如果一只股票的价格低于某个价格时，这只股票将被卖出。该解决方案存在的问题是，在复杂的情形下难以确定放弃某一项目的合适阶段。

第三个方法是寻找清晰的系统性反馈源。当有强烈清晰的证据表明项目正走向失败时，即使是最强的升级和确认偏误都会被削弱。改善决策评估过程的第四个方法是多人参与评估。同事们持续地互相监视比一个人独自工作能更快地意识到问题的存在。

5.6 创新

在前面所描述的整个决策过程都是取决于**创新**（creativity）——提出能做出社会公认贡献的原创想法。当面对机会时创新也是奏效的，例如公司的专业知识如何重新在未开发的新市场中运用。当开发备选方案时创新也是有用的，例如在新的条件下找出解决方案或者为客户提出解决方案的设计思想。创新也有助于我们选择备选方案，因为我们需要想象这些方案未来的可能表现并在这些场景中找出哪个方案可能是有用的或者可靠的。总而言之，创新是决策过程的核心部分，也是公司竞争优势和个人职业发展中的有力的资源。

创新在决策中的价值在谷歌这家网络搜索引擎公司中是显而易见的。谷歌的创新文化包含了尝试新的想法以及为科技寻找不同的使用途径。最著名的可能就是公司的一项政策，它给予工程师20%的工作时间用于开发自己选择的研究项目。谷歌的一名高管说道："几乎谷歌做的每一件有趣的事情都源于这个20%时间的想法。"与谷歌地图相连的谷歌资信和谷歌图片就是两个从20%时间规则中开发出来的项目。

5.6.1 创新过程

创新是如何发生的？这个问题已经困扰专家数百年了，在爱因斯坦、庞加莱（Poincaré）及其他科学家的重要发明中，创新都发挥了作用。一个多世纪之前，德国物理学家赫尔曼·冯·赫尔姆霍兹（Hermann von Helmholtz）在公开演说中描述了他创新的过程（能源物理学、检查眼睛的仪器以及其他许多方面）。几十年后，伦敦经济学院的教授格雷厄姆·沃拉斯（Graharn Wallas）基于赫尔曼·冯·赫尔姆霍兹的想法构建了图5-3所示的四阶段模型。在随后的一个世纪里，这个模型都是最具声誉和最有影响力的。

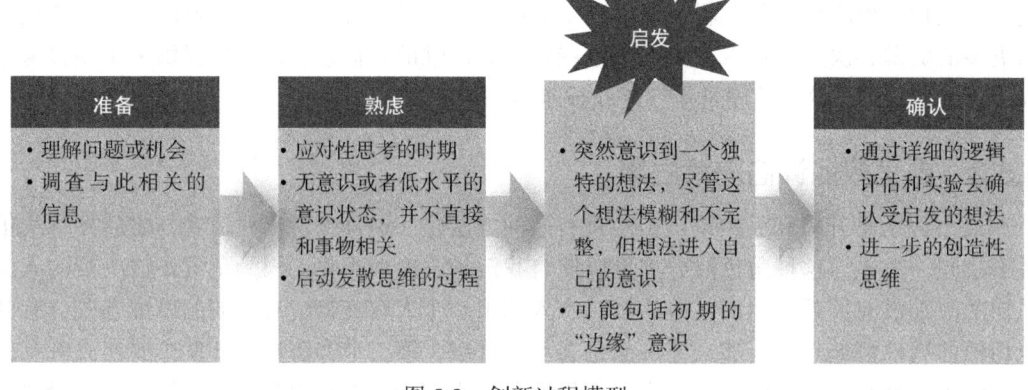

图5-3 创新过程模型

资料来源：Based on G. Wallas, *The Art of Thought* (London: Jonathan Cape, 1926, Ch. 4).

第一个步骤是准备（preparation）——个人或团队努力获取关于某一问题或技能的相关知识，也包括明晰创新的目的。这是一个发展知识与技能以及可能要注意的相关事项的过程。第二步，被称为**熟虑**（incubation），是应对性思考的时期。我们把问题放在一边，但是我们的思考还是建立在问题背景上的。在此，重要的是要频繁地重新审视问题以保持低水平的意识状态。熟虑并不意味着你忘记了问题或者事件。

熟虑有助于**发散思维**（divergent thinking）——用独特的方法重构问题，并且产生解决问题的不同方案。这与聚合思维（convergent thinking）恰恰相反——通过计算方法得出某一逻辑问题常规上能被人接受的"正确答案"。发散思维使我们远离既定的心智模型，以使我们可以应用来自完全不同的生活领域中的概念或过程。维克罗（Velcro）的发明就是其中一个例子。20世纪40年代，瑞士工程师乔治斯·德·梅斯特劳（Georges de Mestral）刚和他的狗从郊外散步回家，他发现他的衣服和狗毛都沾上了毛刺。在艰难地去除毛刺时，梅斯特劳通过发散思维发现毛刺的黏附力可以把其他东西粘起来。通过若干年的努力，最终他发明了快速尼龙搭扣，称之为维克罗。

创新的第三步是启发（illumination，也称为顿悟（insight）），是指突然意识到一个独特想法的经历。沃拉斯和其他专家认为这个阶段是从"边缘"意识开始的，且启发是发生在这一独特想法完全进入我们意识之前。启发经常被比喻成一个灯泡，但是更准确的比喻是一束短暂的光线或者一支短暂闪烁的蜡烛，因为这些点点的灵感是短暂的，并且如果不赶紧记录的话会很快消失。基于这个理由，许多创新人才任何时候都会在身边备有一个日记本或记事本，以便在它们消失之前可以粗略记下自己的想法。而且，短暂想法的出现没有特殊的规律，它们可能在任何时间（白天或夜晚）造访你。

启发的想法通常是粗糙的、模糊的、未经测试的。因此确认（verification）是创新的最后一步，需要通过详细的逻辑评估、实验来进一步对启发的想法加以确认。在这一步中想法最终成为产品和服务时仍需要投入更多的创新。因此，虽然被认为是创新的最后一步，但它是通往创意产品或服务开发的创新决策漫长过程的开始。

"这是新的金融世界，银行需要跳出盒子来思考，有人有新的想法吗？"

资料来源：US Banker, 2010. Reprinted with permission of Kevin Pope.

5.6.2 创新人才的特征

每个人都可以创新，但是只有一些人有很高的创新潜质。给人以更大创新潜质的四个主要特征是智力、毅力、知识与经验，以及一系列的代表独立想象力的个性特点与价值观。（详见图 5-4）

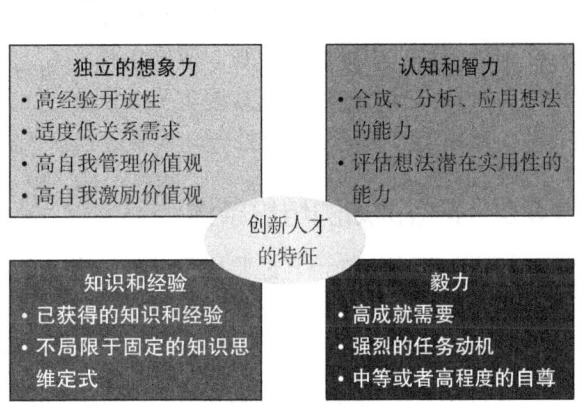

图 5-4 创新人才特征

- 认知和智力。创新人才拥有高于平均水平的智力，以此更容易地合成信息、分析想法和应用想法。正如科幻侦探福尔摩斯一样，创新人才可以意识到微小信息的重要性，并且能够通过别人无法想象的方式把它们联系起来。然后他们可以评估想法的潜在实用性。
- 毅力。创新人才具有毅力，毅力来自更高的成就需要、更强烈的任务动机以及中等或者高程度的自尊。毅力是重要的，因为毅力激励着人们在不管是失败还是收到别人劝退的建议时都能坚持于一个项目或为其进行持续投资。事实上，人们倾向于忽视或批评创新的想法，因此创新人才需要毅力来对抗这些消极的社会力量。
- 知识和经验。创新人才需要基础知识和经验来发现或者获取新的知识。然而，知识和经验也可能是一把双刃剑。当人们在一个特定领域获取知识和经验时，他们的心智模型会倾向于变得死板，从而使他们对于新知识的接受度变低。部分作者认为专业知识会增加"无意识行为"同时会削弱对问题发生的质疑。为了克服这一局限，一些公司的领导者喜欢聘用来自不同行业与不同专业领域的人。例如，乔弗里·巴拉德（Geoffrey Ballard），巴拉德能源公司（Ballard Power System）的创建者，聘用了一位化学家去开发更好的电池。当这位化学家反对说他根本一点都不了解电池时，巴拉德回应说："没有问题。我不想要懂得电池的人。他们知道什么样的电池行不通。"

- 独立的想象力。创新人才拥有能支持独立想象力的一系列个性特点和价值观：对经验的高度开放性、对关系的低需求以及自我管理与激励的强烈价值观。高经验开放性是五大人格维度之一，这代表了一个人的想象力、好奇心、敏感性、开放性与原创性的程度。创新人才有适度低关系需求，当他们犯错误时不会显得那么尴尬。自我管理包括创新与独立思考的价值观，激励包括兴奋与挑战的价值。这些价值共同形成了对变革的开放性——代表着追求创新方式的动机。

当谈及发散思维时，亚历克斯·贝姆（Alex Beim）看到了曙光。作为在加拿大温哥华Tangible Interaction的创始人和首席创意科技执行官，亚历克斯设计了纽约香奈儿卖场和阿姆斯特丹康维斯的墙上涂鸦，还设计了温哥华奥林匹克运动会上的彩灯变化球。亚历克斯现在雇用了一批员工，他说道："我一直为我的设计寻找新的想法，我喜欢搜寻想法，并希望看到想法变为现实，为他人带来幸福和欢乐。"

5.6.3 支持创新的组织条件

智力、毅力、知识与经验以及独立想象力代表了一个人的创新潜质，但是一个人创新产出的多少取决于支持创新过程的工作环境。文献著作中提到了很多不同的工作环境，而且不同的环境组合可能同等地支持创新，不存在最好的工作环境。

支持创新实践的最重要的条件之一是，组织要以学习为导向，也就是说，领导者要意识到员工犯合理错误是创新过程的一部分。"创新来自失败，"三星电子的高管说道。"我们应该改革我们的企业文化，如果员工做到最好，要包容失败。"来自工作本身的激励是另一个重要的创新条件。当员工相信他们的工作对组织甚至更大的社区有利（即任务重要性）时，以及当他们拥有自由去追求新想法而无须受到官僚的延误（即自主性）时，他们会倾向于更有创新性。创新的内容是改变事物，而只有当员工拥有实验的授权时，改变才是可能的。更一般地讲，当工作具有挑战性并且在员工能力范围之内，工作才会促进创新。

除了支持性的学习导向和内在的激励性工作之外，公司还可以通过开放的沟通与充足的资源来培养创新。它们也可以提供合理的工作安全感，这解释了为什么当裁员和企业重组时创新会遭受打击。有些公司通过设计非传统的工作环境来支持创新，例如独特的建筑设计或反惯例的工作区域。谷歌就是其中一个例子，这个互联网的创新企业在不同的国家有着千奇百怪的办公室，包括吊床、小船型与蜂窝型的私人空间、滑梯，以及鲜艳明亮的墙壁。

在某种程度上，创新也因为领导者和同事的支持而得以提高。研究指出，高效的产品带头人会为新想法提供积极的支持。其他研究指出，同事的支持在一些情景下可以促进创新，同时同事间的竞争在一些情景下也可以促进创新。同样地，对于应该在员工身上施加多大压力去产生创新想法，这一点并不明显。极端的时间压力是一种著名的创新抑制剂，但是缺乏压力似乎也不能产生最高程度的创新。

85% 对1 461名美国管理者和咨询师进行调查，85%认为创新对他们的职业发展有着强烈的影响

60% 对600名全球高级人力资源领导者进行调查，60%把创新看作是未来五年最重要的领导特质之一。（排名第一，第二是真诚）

66% 对1 461名美国管理者和咨询师进行调查，66%认为他们组织的管理者在"某种程度"上或者是"完全"珍视有创造力的人

57% 受访的1 966名美国员工中有57%认为，创新/创造力/创造性思维被证明是未来几年中最实用的

41% 受访的251 507名美国联邦政府员工中，41%同意或非常同意创造力和创新在组织中是可以得到回报的

图 5-5　创新优势

5.6.4　鼓励创新的活动

聘请拥有强烈创新潜质的人才与提供支持创新的工作环境是创新工作地点的两块基石。第三块基石包括许多有助于员工创造性思考的活动。其中一组活动涉及重新定义问题。员工可能被鼓励去重新思考被搁置的旧项目。在忽略了几个月之后，人们或许会用新的方式看待这些问题。另一个策略包括要求不熟悉事件（最好具有不同专业知识）的人跟你一起探讨问题。你可以把目标和一些事实阐述一下，然后让他提问题，以取得对情况的更深入理解。通过陈述问题、聆听问题以及了解别人的想法，你更可能形成对事件的新视角。

第二组创新活动，被称作联合游戏（associative play），联合游戏试图通过参加娱乐性活动来产生创新。例如，英国传媒巨头OMD公司让员工到乡村消遣两天，在那里他们玩葡萄柚门球游戏，像中世纪的僧侣一样咏唱，以及假装成狗项圈。"创新有一点像某种情绪，我们需要被刺激，"Harriet Frost，OMD公司的创意营造专员解释道，"这同样适用于我们的想象力与想出新想法的能力。你不可能仅仅坐在房间里修改许多的想法。"另一种联合游戏的活动，被称为形态分析（morphological analysis），包括列举某个系统的不同维度以及每个维度的要素，然后考察每种组合。这鼓励人们去小心谨慎地分析本来看似毫无意义的组合。

第三组促进创新思维的活动叫作杂交授粉（cross-pollination）。杂交授粉发生在来自组织不同领域的人交换意见或当新人进入一个组织时。母亲公司（Mother）是一家总部在伦敦的创意公司，其不寻常的政策和工作环境促进其创新活动的开展。这家公司大约 100 名员工在一张极其巨大的桌子周围从事着日常的工作，这张办公桌其实是一块 8 英尺①宽、300 英尺长、像滑板的加固平板。每三个星期，员工被要求在桌子的另一个地方重新放置自己的笔记本电脑、手机和手推车。为什么进行换位置活动呢？"这会鼓励杂交授粉"，母亲公司的创始合伙人史特夫·卡尔克拉夫（Stef Calcraft）解释道。"员工从不同的视角解决相同的问题。这会让问题的解决更有效。"

杂交授粉强调创意很少单独出现。有些创新人才可能是个人主义的，但是大部分创新的想法是通过团队与非正式的社交互动产生的。"我认为孤独折磨着艺术家的说法是荒谬的"，《快乐的大脚》和《怒海争锋》的编剧约翰·科利（John Collee）这样说道。"我所认识的伟大的创新人才变得更为伟大，是因为他们知道怎样与人相处并在公共场合表现得游刃有余。"通过社交互动来提高创造力的概念引出本章的最后一节：决策中的员工参与。

5.7　决策中的员工参与

NDA 不是你印象中典型的法律公司。在这个总部设在印度孟买的 100 人的公司，60% 的决策是通过共识决定的，25% 是由合伙人投票决定的，剩下的部分是由执行委员会或 CEO 决定。这家法律公司还有一些代表性委员会。例如赔偿金委员会，由通过投票进入的员工以及拥有三年及以上专业经验的人士组成。总而言之，通过不同层次和方式的员工参与决策，NDA 致力于成为一个公民组织。

> **💬 讨论话题**　**组织应不应该实行全员参与**
>
> 大多数组织行为学专家建议一定程度的员工参与，但是只有少数专家进一步提出组织应该以全员参与方式运行，而不是划分等级制度。组织全员参与是最高形式的员工参与，员工在组织决策上拥有真正的制度化控制——不论是直接的还是通过代表。此外，全员参与企业里没有人拥有比他人更高的权威，除非那些权力是被他人明确赋予的（如通过选举产生的公司领导）。全员参与也使所有组织成员避免遭受任意的或不公正的决策（例如保护遭受无故解雇的员工）。
>
> 一些读者可能认为工作场所的全员参与是运行组织的极端方式，但是支持者指出全员参与是几个世纪以来社会运行的原则，也是大多数人所追求的。一些成功的知名公司已经建立起了全员管理，例如赛氏公司、戈尔公司，还有许多员工持股的公司和工人合作组织。一些国家（尤其是欧洲国家）立法要求公司通过工作委员会或者董事会赋予员工一些组织决策的控制权。
>
> 支持者指出，员工参与可以提高组织决策的质量，以及员工对这些决策的承诺。事实上，全员参与在本质上支持共享领导（每个人都是不同形式的领导），越来越受到推崇，因为可以提高决策和组织效能。全员参与的公司也可能更灵活和更具创新。在

---

① 1 英尺 =0.305 米。

全员参与组织的员工有机会，也有可能期望——随着环境变化去适应和实验新的工作实践，而不是服从管理的标准操作程序。这种组织形式也鼓励更多的组织学习。

最后一个论点是，全员参与企业在道德上优于传统官僚化组织。它尊重个人的权利和尊严，更充分地满足道德行为的标准，而且比传统管理更有可能采取关注多利益相关者的社会所期望的方法。事实上，一些欧洲国家的政府一直在争论，组织全员参与是最小化公司不道德行为的潜在有效方法，因为它会积极监督高级决策者，并使他们对自己的行为负责。

全员参与企业模型有很多支持者，却鲜有实践者。与几十年前相比，今天的员工参与程度有所提高，但是远没有达到全员参与的理想。大多数公司还是采用传统模式，即管理者保留控制权而员工权利很少。这样的不妥协可能有几个原因。反对组织全员参与的一个原因是，员工与组织之间是契约关系而不是所有权关系。法律上（也可能是道德上），他们没有权利取得对公司的公民权或控制权。第二个原因是，员工可能会关注自身利益而损害其他利益相关者的利益。相反，传统组织给予管理者明确的义务，以服务多个利益相关者并确保组织的生存和成功。

另一个原因是工作场所的全员参与可能会削弱责任感。尽管适度的员工参与可以提高决策的质量和承诺，但是存在一个风险，就是当每个人都参与了决策，就没有一个人会为决策负责。另外，全员参与会导致决策过程进行缓慢，这可能导致公司对外部环境的变化反应迟钝。最后，全员参与企业模型假设员工想控制他们的组织，但是一些研究表明，员工更喜欢适度的工作场所参与。因为这个原因（还有以上提到的原因），即使是员工持股公司也会经常会保持一个更传统的员工—管理者层级关系。

员工参与（employee involvement）（也称为参与管理（participative management））是指员工影响其工作的组织方式和实施方式的程度。员工参与在每个组织都有，但是员工参与的水平各有不同。在像 NDA 这样的组织，几乎每个人在某年的公司决策上都有高度的参与，然而其他组织可能只给予员工低水平的参与。

低水平的参与是只向员工询问特定信息，但是不向他们描述问题的内容。较高水平的参与则会描述问题的内容，向员工单独地或集体地询问相关信息。更高水平的参与不仅描述问题，而且员工集体为提出建议负责。然而决策者不一定接受这些建议。最高水平的员工参与是整个决策过程都移交给员工。他们识别问题，发现可行方案，选择最优的备选方案，以及实施选择。原来的决策者只作为一个促进者来引导决策过程，并保证每个人都在参与。

全球链接 5-2　Brasilata 鼓励创意

易拉罐制造业可能是成熟行业，但是 Brasilata 的人不这么看。Brasilata 公司依赖员工参与来激发非凡的生产力和创造力。它几乎每年都赢得业内最佳和供应商奖项，包括令人垂涎的 Sherwin-Williams "最佳包装供应商"奖项。在巴西，它被评为 20 个最具有创造力的公司之一，也是最佳工作场所之一。

Brasilata 商业模式的核心是简化项目，这个项目鼓励全公司四个生产线的 900 名员工尽可能多地提出建议。"简化项目就像在收集创意（渐进式创新），从而刺激内部创新环境和企业家精神",Brasilata 的 CEO、商业专家 Antonio 解释道。

创意是很重要的,所以 Brasilata 的雇员都被称为"发明家",每个人都签署了"创新合同",强化了他们持续改进和研发的承诺。经过 20 年前的缓慢起步(每年一个人只提出一个创意),现在公司每年收到超过 150 000 个创意——平均每个员工超过 150 个创意。Brasilata 每六个月举行一次聚会,所有的员工都被邀请,为提出了最佳创意的个人和团队庆祝。公司将每年净利润的 15% 作为津贴奖金奖励给员工。

一些员工的建议播下了创新产品的种子,例如获奖的能够承受摔落重创的油漆罐。也有其他创意极大地提高了生产力,使得有些工作变成了多余。但是员工并不担心被解雇,因为 Brasilata 即使在最低迷的时期也坚持不解雇政策。

Brasilata 通过让员工参与公司决策,已经成为巴西最具创意和生产力的制造企业之一。

5.7.1 员工参与的优点

在过去的半个世纪中,组织行为学学者指出,员工参与潜在地提高了决策的质量和承诺。但是最近的全球调查表明企业领导者并没有认识到这一点。只有 39% 的员工认为组织的高级管理者在让员工参与决策的方面做得很好,只有 38% 的员工认为公司针对这些建议采取了有效行动。员工认为他们的公司尚未达到低水平的员工参与:有 42% 的人认为组织在征集员工的观点和建议方面做得很好。正如全球链接 5-2 中所说的,员工参与决策对公司和员工都有好处。

员工参与从多个方面促进决策。首先,员工参与有助于识别问题和机会。在许多方面,员工是组织环境中的感应器。当组织的行动偏离了客户期望时,员工经常是最先知道的。员工参与确保了组织里的每个人对这些问题的快速警觉。员工参与也可以潜在地提高解决方案产生的数量和质量。在一个管理良好的会议中,团队成员可以形成协同力,通过汇集所有人的知识来形成新的备选方案。换言之,许多人在一起工作可以潜在地产生比相同的人独自工作时更多和更好的解决方案。

员工参与的第三个优点是,在具体的条件下,它可以改善对备选方案的评估。大量关于参与性决策、建设性冲突与团队动力学的研究发现,参与带来更多样化的视角、测试不同的想法,以及提供更有价值的知识,这些都有助于决策者选择最优的备选方案。马奎斯·德·孔多塞(Marquis de Condorcet)在 1785 年引入的一个数学定理也支持了这样一个观点:当在两个备选方案中做出选择时,多人决策胜过独自决策。

除了提高决策质量,员工参与有助于强化员工对决策的承诺。不是把自己视为其他人决策的中介,员工感受到个人对决策成功的负责。参与也对员工激励、满意度和离职产生积极的效应。最近的研究指出,员工参与也会增加技能多样性、自主性和任务同一性,这些都增加了工作丰富性和潜在的员工激励。参与也是组织变革中的关键手段,因为员工更有动力去执行决策,也不太可能抵触决策造成的变革。

5.7.2 员工参与的问题

如果员工参与是那么完美,为什么领导者不把决策全部交给员工呢?答案是,员工参与的最佳水平取决于情景。员工参与模型,如图5-6所示,列出了四个问题:决策结构、决策知识来源、决策承诺,以及决策过程冲突的风险。

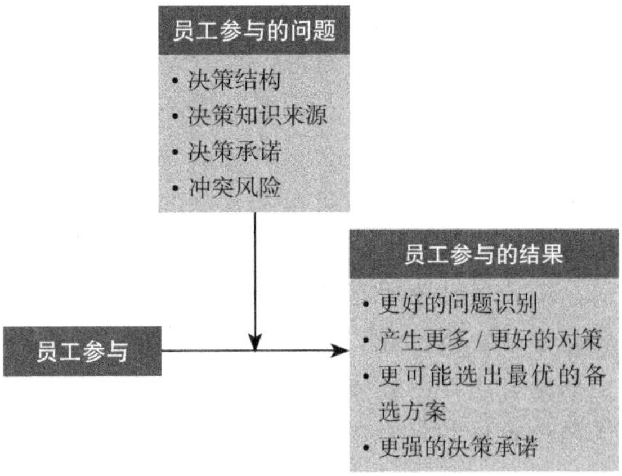

- 决策结构(decision structure)。在本章的开头,我们描述了有些决策是程序化的,有些是非程序化的。程序化的决策不太需要员工参与,因为人们已经从以往的事件中得到了对策。换言之,员工参与的优点会随着问题或机遇的新颖性和复杂性的增加而增加。

图 5-6 员工参与决策模型

- 决策知识来源(source of decision knowledge)。下属应该参与在一定水平的决策中,当领导者缺乏足够的知识,而下属的附加信息有助于提高决策质量。在许多案例中,员工更加贴近顾客和生产活动,所以他们通常都知道公司可以怎么节省费用,提高产品或服务的质量,以及识别机遇。这尤其适用于员工掌握相关信息的复杂决策。
- 决策承诺(decision commitment)。参与有助于提高员工对决策的承诺。如果员工不能接受没有自己参与的决策,那么某种程度上的员工参与是有必要的。
- 冲突风险(risk of conflict)。有两类冲突会削弱员工参与的优点。第一类,如果员工的目标与组织的目标相冲突,建议实施低水平的员工参与。第二类,参与的程度取决于员工是否能在偏好方案上达成共识。如果有可能发生冲突,那么高水平的员工参与(也就是员工集体做出决策)将难以实施。

员工参与是决策过程的一个重要组成部分。为了做出最优的决策,我们需要把拥有最有价值信息的员工和可以强化承诺去执行决策的员工纳入决策中。员工参与是团队动力的形成阶段,所以它为团队工作带来许多好处和挑战。下一章将进一步观察团队动力,包括团队决策过程。

> **本章概要**
>
> **5-1 描述决策的理性选择范式。**
>
> 决策是为了达到理想状态,在多个备选方案中进行的有意识选择的过程。决策的理性选择范式依赖于主观期望效用去识别最佳选择。决策遵循一个逻辑过程,识别问题与机遇、选择最优决策风格、开发备选方案,选择最佳方案,执行选中的备选方案以及评估决策结果。
>
> **5-2 当识别问题/机遇、评估/选择备选方案、评估决策结果时,人们与理性选择范式有所不同,请解释原因。**
>
> 利益相关者的防御、知觉性防卫、心智模型、果断领导和解决方案导向问题影响了我们识别问题与机遇的能力,我们可以通过正视人类的局限性以及与同事讨论问题,去尽量把这些挑战最小化。

评估与选择备选方案经常是具有挑战性的，因为组织的目标是含糊的或者冲突的，人类处理信息的过程是不完整的和主观的，人类也倾向于满意而不是最大化。当面对机遇而不是问题时，在评估过程中决策者也会出现差错。人们通常会通过系统性评估备选方案做出更好的决策。情景规划有助于在没有真实紧急事件的压力与情绪下做出未来的决策。

确认偏见和承诺升级使得决策者难以准确评估决策后果。承诺升级产生的原因主要是自我辩护效应、自我增强效应、期望理论效应和沉没成本。通过把决策者与决策评估者分离，建立预定的决策抛弃或重新评估标准，依赖更系统和清晰的关于项目成果的反馈，以及让更多人参与决策可以把这些问题最小化。

5-3 讨论决策中情绪和直觉的作用。

情绪塑造了我们对备选方案的偏好与我们评估备选方案的过程。当决策时，我们也聆听来自自己情绪的指引。这个行为与直觉有关——当出现问题和机遇时，下意识地选择最优的行动路径的能力。直觉既是一种情绪经历，也是一个快速的无意识的分析过程，其包括模式匹配与行动程式。

5-4 描述员工特征、工作场所环境和支持创新的具体活动。

创新是提出能够做出社会公认贡献的想法。创新的四个阶段是准备、熟虑、启发和确认。熟虑有助于发散思维，发散思维包括通过独特的方法重构问题以及产生解决问题的不同方法。

创新人才的四个主要的特征是智力、毅力、知识与经验，以及独立想象力的个性特点与价值观。当工作环境支持学习导向，工作具有高内在激励，组织提供合理水平的工作安全感，以及项目领导者提供恰当的目标、时间压力与资源时，创新也会被强化。三种鼓励创新的活动是重新定义问题、联合游戏与杂交授粉。

5-5 描述员工参与的好处并识别影响员工参与最佳水平的四个因素。

员工参与是员工影响其工作的组织方式和实施方式的程度。参与的水平可以从一个员工向管理层提供具体的信息但不知道问题或事件，到参与决策过程的所有环节。员工参与可能会带来更高的决策质量与承诺，但是必须注意许多问题，包括决策结构、决策知识来源、决策承诺与冲突风险。

关键术语

锚定和调整性启发
可获得性启发
有限理性
创新
决策
发散性思维
员工参与
承诺升级

隐含偏好
直觉
期望理论
理性选择范式
代表性启发
满意
情景规划
主观期望效用

复习思考题

1. 一位管理咨询师受一家生产企业聘用，去决定下一个生产工厂的最佳地址。该咨询师已经与公司的高级管理者开过几次会议了，在初步推荐前讨论需要考虑的因素。讨论可能会阻碍咨询师选择最佳地址的决策问题。

2. 你被要求以个人名义推荐一名旅游中介去处理所有的机票、住宿和你所在组织的500名员工相关的旅游需要。你的一个负责公司财务计划的同事，建议通过输入每名中介的相关要素以及每个要素的权重，以数学方式选出最佳的旅游中介。你的同事推荐了什么决策方法？在这个情景下，这个推荐是好的吗？为什么是或为什么不是？

3. 直觉既是一种情绪经历也是一个无意识的分析过程。但问题是，不是所有显示问题或机遇存在的情绪都是直觉。解释我们如何感知我们的"内在感觉"是否是直觉，如果不是直觉，指出哪些因素会产生"内在感觉"。

4. 一个开发商收到一份沿着临水地区的一个荒废区域开发新商业金融中心的资金支持，这个区域距离某个大城市的市中心很近。开发商的想法是建立若干高耸的建筑，吸引当地需要大型合约的享有盛名的租客，依赖可达市中心的城市延伸交通系统。在之后的十年里，该开发商相信，其他人也会在这个区域落户，因此可以吸引许多金融机构的区域性或国家性的办公室。然而，潜在的租客的兴趣远远低于原先预期，而且这个城市并没有像预期那么快速地建设交通系统。开发商仍旧继续着原来的计划，直到知道资金支持被削减以后，开发商才开始重新思考这个项目。利用你对承诺升级的知识，讨论开发商被激励继续项目的三个可能的原因。

5. 远古书籍公司对于新的出版项目存在一个问题，甚至当其他人意识到一本书远远迟于计划出版且可能无法引起公众多少兴趣时，书籍的编辑者仍拒绝终止与作者已经签订的合同。结果是，编辑者在这些项目上比更受欢迎的项目花费了更多时间。描述远古书籍公司可以用来最小化这个问题（承诺升级的一种形式）的两个方法。

6. 一位刚毕业的学生在开始找工作之前，有一名雇主向他提供了一份其梦寐以求的工作，这名学生认为这是一次机会并投奔于这份工作。你认为情绪在这名学生的决策过程中有发挥作用吗？

7. 想一下你经历创新过程的体验。可能你在醒来的时候想出一个绝妙的（但是通常是粗略的和不完整的）想法，或者当你在做其他事情的时候解决了一个令人困惑的问题。向你的同学描述这个事件，并且解释这个经历怎么样符合创新的过程。

8. 创新人才的两个特征是，拥有相关的经验以及他们坚持于自身的追求。这意味着有最多经验和最高成就需求的人是最创新的吗？解释你的答案。

9. 员工参与可以很好地应用办公室或工厂中，它也可以应用在课堂中。解释在典型的由老师单独做出决策的课堂中，学生参与将如何提高决策的质量。这个过程中会出现哪些潜在的问题？

应用案例：员工参与案例

案例1：生产力红利决策

作为城市自来水公司传输分配部门的领导，你需要在不牺牲服务质量的条件下，明年至少降低3%的成本。你的部门雇用了300人左右来负责建设和维修自来水设备。虽然你有工程学的背景，但是这项工作很复杂，涉及多项专业和行业知识。即使是传输分配部门的一级管理者（比你低一级或两级），也没有全方位的商业知识。

你相信大多数员工支持或至少接受减少成本的指示（叫作"生产力红利首创"），城市的领导者已经声明这项举措在今年不会解雇任何人。但是自来水公司的工会（代表多数非管理者的普通员工）担心生产力红利首创以后会减少员工数目、增加员工工作量。尽管传输分配部门是自来水公司的独立部门，但是对公司其他工作单元影响很大。例如，传输分配部门减少成本的主意可能会增加其他地方的成本。传输分配部门的员工可能不知道或不关心这些影响，因为不同部门之间的员工交往和接触较少。

案例2：代糖研究决策

你是一家大型啤酒公司研究开发部门的主管。当设计一个新啤酒产品时，你的团队里的一个科学家似乎初步发现了一种新的化合物，该化合物含的卡路里更低但是比现有的代糖的味道更接近真实糖。该公司对该产品没有可以预见的需求，但是它可以取得专利和许可证从而在食品公司生产。

这种代糖的发现正处于试验性阶段，所以在它具有商业用途之前需要大量的时间和资源，这意味着它可能会占用实验室里其他项目的资源。这个代糖项目不在你的技术专业知识的范围之内，但是研发实验室里的一些研究员对这个化学领域比较熟悉。正如大部分研究一样，进一步识别与完善这种代糖所需要的研究量是难以决定的。你不知道这个产品的预期需求有多大。你的部门对于落后于时间表的项目的投资有一个决策过程。然而，对于可能取得许可证的但不会被组织使用的项目投资，没有规定也没有先例。

公司的研发资金预算是有限的，而且你团队里的其他科学家最近在抱怨，要求得到更多的资源与资金支持，以使自己的项目得以完成。这些项目里有一些是基于未来啤酒销售情况来假设的。你相信研发部门里的大部分研究员忠诚于实现公司的利益。

案例3：海岸警卫队快艇决策问题

你是一艘海岸警卫队快艇的长官，艇上有16人，包括官员。你的任务是常规近海搜索与营救。一天凌晨2时，当时你们在完成一次常规的28天巡逻任务后正在返港的路上，你听到了海岸警卫中心传来的消息，发现一架小型飞机坠毁在离岸60里处。你得到了源于坠毁位置的所有可获得的信息，把这件事通知了你的队伍，并且设定了新的航线，高速前往事发地点，以开始对幸存者和残骸的搜索。

你们已经搜索了20个小时。你们的搜索任务正越来越艰难，因为严峻的海面情况，而且有证据表明一个强大的风暴正在生成。大气的干扰与破坏性的天气已经造成了与海岸警卫中心的通信中断。你必须尽快做出决策，决定是否放弃搜救以及把你们的船行驶到不受风暴影响的航线上，如果这样做将抛弃任何可能的生还者，让他们消失于风暴之中。或者你可以继续做可能是无用的救援同时承担相应的风险。

在通信中断之前，你接收到了一个最新的关于风暴强度与持续时间的报告。虽然你的队伍对自己的责任极端忠诚，但是你相信他们会在或去或留的决定上出现分歧。

案例4：公共媒体政策决策

工业策划部由120位专家组成，负责将你们州变成公司选址和经营的最佳地点，你的直接上司是就业和商务部门的领导，你的部门是总部下设部门，在政策和实践上拥有半自主权。你负责为部门招聘和保留高学历、高潜能的员工。最近在大学和理工专科学校的招聘会期间，一些申请者坦白地表示州政府似乎和年轻一代脱轨，尤其是在技术应用方面。一些人还说你们的网站没有提供太多招聘信息，他们也有找到部门的 Facebook 和推特账号。

这些评论使你想到在工业策划部开展公共媒体政策，尤其是能否允许甚至鼓励员工拥有与工作相关的 Facebook 账号、个人博客、推特账号或者上班期间登录这些网站。你并不了解新兴的社交媒体，但是你的下级（经理和团队领导）对社交媒体有不同程度的了解。一些人甚至有自己的 Facebook，一位经理有她自己的旅游博客。一些下属反对在工作场所使用社交媒体，另一些则表示支持。你相信他们所有的意见都是出于公司利益的考虑。

社交媒体政策将在你的授权范围内，无论是州政府还是就业和商务部门都对你的部门下达的政策没有约束力。然而，一些府部门禁止上班期间登录 Facebook 和发短信，因为这些活动破坏保密原则和雇主名誉，雇员不准在社交媒体上提到工作相关事宜。你的决策是，是否应该允许或鼓励部门员工在工作期间登录社交媒体网站，如果允许，你该决定允许使用社交媒体到什么程度。

问题讨论（四个案例）

1. 在该决策中，你的下属的参与程度该有多大？选择以下的其中一个参与程度：

- **单独决策**。别人不参与，你独自做出决策。
- **从其他人那里获取信息**。你询问一个或更多下属，取得问题相关的信息，但是你不要求他们做出建议，而且不向他们提及问题的内容。
- **咨询他人**。你向别人询问相关的信息及他们对事情的建议，你做出最后决策，你可能考虑也可能不考虑他们的建议。
- **咨询群体**。你把群体聚集起来（所有员工或员工代表），你向他们描述问题、询问相关的信息及他们对事情的建议，你做出最后决策，可能反映也可能不反映群体的信息。
- **团队决策**。整个决策过程被移交给由下属组成的团队或委员会。你只扮演引导决策过程并保证每个人在做自己分内的促进者角色。整个团队负责识别问题，选择最优的备选方案，以及执行决策。

2. 影响你选择该员工参与水平的因素是什么？
3. 如果更低或更高的员工参与发生在本案例中，可能会出现什么问题？

应用案例：联想亏损 vs. 华为称王：中国两条对外开放道路胜负已分

在 2015 年年底，中国两家标志性的制造企业——华为与联想高下已分，一家已经称王世界，并正蒸蒸日上，另一家亏损严重，已近强弩之末。

11 月中旬，联想集团终于发布第二季度报告，巨亏 7.14 亿美元，销售收入为 122 亿美元。联想给出的解释是重组费用 5.99 亿美元及清除智能手机库存费用 3.24 亿美元，然而难以令投资者满意，因为一季度联想集团销售收入 107 亿美元，净利润仅 1.05 亿美元，利润率仅 1%。即上半年联想集团合计销售收入 229 亿美元，约合 1 419 亿人民币，亏损约 37 亿元人民币。

而华为集团上半年财报在 7 月中旬即公布，上半年销售收入 1 794 亿元人民币，同比增长 30%，营业利润率 18%，即 323 亿元人民币。在电信设备商中，爱立信的 607 亿元人民币销售收入已经被甩得很远，华为的电信设备业世界王者地位更加牢固。而在手机的移动终端上，华为更是突飞猛进，已经跻身世界第三，仅次于三星和苹果。

如果说从销售额上看，华为超过联

想有限；在利润上，联想如算有特殊原因，也尚可理解。但国内第三季度的手机销售令联想无话可说，根据权威调查机构Trendforce统计，华为在国内手机销售（出货量）市场份额为18.7%，联想则排在第三，为12.7%。鉴于华为33%的手机是2 000元以上的中高档手机，联想手机绝大多数是2 000元以下的中低档机，联想手机对华为的销售额差距更大。

要知道，联想进入手机行业已经超过十年，手机是联想最重要的根据地市场之一，而华为进军手机市场也就仅仅四五年的时间。与联想手机的并购重组之路不同，华为走了一条自主创新的道路，已经后来居上，特别是Mate7和Mate8手机已经初步奠定了全球男士商务手机第一品牌的地位。

平心而论，华为与联想都是中国制造企业中的佼佼者，不仅年销售收入都超过400亿美元，而且都已成为跨国公司，海外销售占比都超过60%。两个经营团队都可谓精英荟萃，也都十分拼搏努力，在战术能力上并没有天壤之别。但如今华为蒸蒸日上，越来越强大，而联想明显后劲不足，包袱日见沉重；一个向上再度腾飞，另一个盈利都相当艰难，更重要的差别是战略道路的选择不同。

"跟在IBM后面吃土" vs. 自主创新

联想选择的是一条"跟在IBM后面吃土"的战略。联想集团创始人柳传志曾说：

这是一场赛跑。跑在前面的人说："你在后面吃土吧。"他跑得快，我在后面吃土，这没错。咱们现在必须狠下心来，踏踏实实在后面"吃土"，但心里的希望是做"领跑"。

联想对这条道路执行得很坚决：从跟在IBM后面组装电脑，到12.5亿美元收购IBM认为是负累的个人电脑部门；再到29亿美元巨资收购摩托罗拉移动；23亿美元收购IBM X86服务器业务。这三次跨国收购，联想不仅付出了巨额现金流，而且后续重组费用也非常高昂，两者合计当不下百亿美元。而付出如此巨大的代价仅是获得了一流跨国公司的三流技术，比如IBM的个人电脑和低端服务器，是即将被淘汰的"鸡肋"；或者是竞争失败已经被淘汰的技术，如摩托罗拉移动。这些技术在日新月异的技术进步中已大势已去，比如智能手机平板对传统电脑的替代和挤出；云端存储技术对传统低端服务器的替代。客观而言，联想花了巨资买下了外资跨国公司的落后和准淘汰技术，其技术的未来实用性较低。比如摩托罗拉手机买下后，其传统手机已经被淘汰，联想推出的还是基于安卓智能平台的手机。更何况收购摩托罗拉后，谷歌将继续持有摩托罗拉大部分专利组合，包括现有专利申请及发明披露，而联想只是获得了相关专利组合的授权许可证。

而华为则走了一条自主研发和创新的新路。根据世界知识产权组织最新报告显示：华为以3 442件的申请数超越日本松下公司，成为2014年申请国际专利冠军！其实华为此次取得世界第一也在情理之中，据不完全数据统计，在过去10年中，华为研发投入累计达到1 880亿元人民币（约合200亿美元），2014年研发投入约395亿～405亿元人民币，在销售收入中占比高达14.2%；而联想集团过去十年累计研发投入为44.05亿美元，不及华为2014年一年的投入，其中仅2015财年研发占比收入达到2.6%，其余年份均低于1.9%。同时，在华为17万员工中，研发人员占到45%。如此巨大的人力、物力投入，必然会研发出更多创新性技术以及科技成果。特别值得一提的是，2015年11月，华为推出了全球领先的麒麟950手机芯片。这不仅标志着华为已经成为全球电信设备业的领导者,也站到了智能手机芯片的山顶。

华为对国家信息安全贡献巨大 vs. 联想PHC较大贡献

从对国家安全的角度看,华为的贡献可谓居功至伟。对此,美国政府对华为的高度警惕就颇说明问题。而在国内,由于华为和中兴通信等共同努力,中国民族通信企业已经掌控了国内电信业的主导权,包括通信标准和通信设备等等,为国家信息安全立下汗马功劳。而信息安全是一切国家安全的前提,如果国家的通信标准和设备由外国企业控制,就像苹果手机那样留有后门,则国家在大国博弈中,企业在跨国竞争中都可能无密可保,失败便是难免。不仅如此,华为最新的Mate8手机,更实施了华为手机的个人商务保密措施,从芯片上对手机进行了最高级别的保密锁定,使得手机遗失后,刷机者窃取信息难度极大。华为手机之间的通话也可以加密。这对商务人士的个人保密也具备里程碑价值。

联想在其主要产品领域,如电脑、手机和低端服务器上,基本没有对国家安全起到支柱性的作用。有着较大贡献的是联想的PHC,即超级计算机业务。联想的PHC2014年登顶中国超级计算TOP100之后,在IDC公布的2015年Q1全球HPC报告中,联想HPC也斩获佳绩:营收接近3.8亿美元,占比15%,排名全球第三。

与其他主要产品不同,联想的PHC恰恰走的是一条自主创新的道路,联想集团较早参加了这个国家863项目,在得到国家财力智力的支持下,通过几度努力,在国内成为领先者,为国家超级计算领域做出了较大贡献。

华为和联想道路是中国两条对外开放道路的企业代表

华为走上了股份合作制自主创新的道路,除了是任正非和华为人对中国人创造力和艰苦奋斗能力的自信,他们更愿意立足于中国价值立场之外,还与中国对外开放中电信业的特殊保护政策有关,1999~2001年的中外各种力量围绕中国加入WTO超级博弈时,当时的信息产业部部长吴基传顶住了主流意见,坚决反对电信业过度开放,强调如果丧失信息安全则国家安全毫无保障,坚持认为不能允许外资绝对控股(超过50%)国内电信设备商,国内电信设备采购必须给民族电信设备企业留下一定份额,不允许外资垄断。由此,华为、中兴通信等才能在起步之初不被跨国公司一口吞并,民族电信设备业的萌芽才不至于被连根拔起。其后,华为在发展中匮乏资金,早期阶段还得到了电信企业的融资支持。这才使华为积累了第一桶金;有了这个基础,才能进入亚非拉地区,积累了挑战跨国巨头的实力。如今,华为一家的利润已经远超爱立信、朗讯和诺基亚之和!这个天翻地覆的变化才经历了短短十几年的时间,怎么能不让人唏嘘感叹。

联想则没有这么好的外部环境。电脑领域,无论是市场还是投资,从一开始就彻底放开,由于芯片、主板、硬盘和操作系统都已经被跨国公司垄断,外资公司也可在国内设立全资组装厂,联想能做的就是依靠熟悉国内市场渠道,以大规模采购组装降低单台成本,积累菲薄的利润。其间,杨元庆也试图在IT信息化管理等方面创新,但是由于相关领域开放太快,产业成熟速度太快,联想的努力很快被IBM、SAP、甲骨文、惠普等公司截断了出路,根本没有时间进行技术和财力积累,很快就宣告了失败。

因此,在中国对电脑、手机等领域民族资本毫无保护,联想试图进行技术升级和产业创新的空间被极大挤压,常常被截断去路的情况下。联想在某种程度上认了命——跟在 IBM 后面吃土。客观上成为 IBM 等跨国公司在技术升级后，对于落后技术尾部风险的承受者。在这种交易中，IBM 和 Google 将严重亏损的部门卖出巨额的现金，可谓最大的赢家。

资料来源：经理人网站，略有修改。

问题：分别讨论联想亏损、华为称王的原因各是什么？

课堂练习：蹦蹦跳跳的橘子

目的：这个练习旨在帮助学生理解创新的动态过程与团队问题的解决。

说明：

你将被分在一个六个人的小组里。一个同学担任官方的小组计时员而且需要有一个手表。老师会给每个小组一个橘子（或者类似物件），然后用橘子去完成某项任务。目标是易于理解的而且没有威胁性的，老师在练习开始之前把目标描述一下。每个小组有若干机会去更有效率地实现目标。为实现本练习的最大有效性，这里不再提供更多的信息。

课堂练习：创新的大脑破坏者

目的：本练习旨在帮助学生理解创新的动态过程与团队问题的解决。

说明：

老师描述一个问题，然后要求学生独自提出对策。经过足够的时间以后，然后老师要求想出对策的学生描述他们的答案。老师将重复这些对策然后与学生讨论本练习说明什么。特别是准备讨论你需要什么去解决问题，以及什么阻碍你能更快速地解决问题。

1. 双圈问题。画两个圆圈，一个在里面一个在外面，它们不相交，而且要一笔画成。换言之，你画这两个圆圈时不能让笔离开纸。

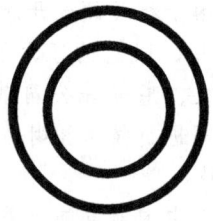

2. 九点问题。下图包括了九个点。要求笔不能离开纸，画不超过四条直线段，穿过所有九个点。

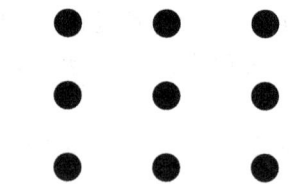

3. 还是九点问题。还是上面的九点图，要求笔不能离开纸，用三根或者更少的直线段穿过所有点。

4. 单词搜索。在下面一列字母中，删除五个字母，在不改变其余字母的条件下，拼写出一个熟悉的英语单词。

CFRIVEELATETITEVRSE

5. 烧绳子。你有两条不同长度的绳子和一盒火柴。尽管它们的长度不一样，但是每条绳子都可以烧一个小时；但是，同一绳子的每个部位的燃烧速度不一样。例如，一条绳子的前半部分只能持续燃烧 10 分钟。利用这些材料，准确地计算 45 分钟。

自我评估：测量你的创新个性

目标：本自我评估旨在帮助你测量你拥有创新个性的程度。

说明：表5-1展示了30个形容词，这些词也许能或不能正确描述你。如果你觉得某个词可以准确描述你的话，在该词的旁边的方格中标记一下。请不要在不能描述你的词的方格中做标记。本测试应该独立完成，以免于受到群体比较的影响。全班应重点讨论如何将这一评分表应用到组织中去，以及如何克服测量工作地点创新的局限。

表 5-1　创新个性测量

形容词表					
容易受影响的	☐	诚实的	☐	深思熟虑的	☐
有能力的	☐	幽默的	☐	资源丰富的	☐
小心谨慎的	☐	个人主义的	☐	自信的	☐
聪明的	☐	不正式的	☐	性感的	☐
平凡的	☐	有洞察力的	☐	真诚的	☐
有信心的	☐	智慧的	☐	势利眼的	☐
保守的	☐	善于创造的	☐	顺从的	☐
常规的	☐	有礼貌的	☐	怀疑的	☐
不满意的	☐	兴趣狭窄的	☐	非常规的	☐
任性的	☐	原创的	☐	兴趣广泛的	☐

读完本章后，如果你需要更多信息，请登录：www.mhhe.com/mcshane7e 获得更多关于本章的深度信息和互动。

第 6 章

群体和团队

学习目标

阅读完本章，你应该能够：

- 讨论团队的优势和局限，解释人们被激发参加非正式群体的原因。
- 简要地描绘出团队效力模型，说出任务特征、团队规模、团队构成是如何影响团队效力的。
- 讨论四项团队过程——团队成长、规范准则、凝聚力、信任——如何影响团队效力。
- 讨论成功的自我管理团队和虚拟团队所要具备的特点和要素。
- 识别出团队决策制定所面临的四大约束，针对能极大地改善团队决策制定能力的四大结构，讨论它们的优缺点。

开篇案例：团队合作的黄金时代

团队合作是 HTF 投资管理有限公司的竞争优势之一。中国上海的这家投资基金公司的所有决策都是团队决策。这家公司表示："基于员工的执行和合作能力，HTF 投资管理公司坚持'价值来自团队合作'的准则。"瑞士苏黎世的医疗保健投资公司 Nextech 也相信团队的价值："我们的判断是基于团队精神的，决策也被看作是团队的集体决策。"

在自行管理投资基金还是直接向客户提供理财建议的决策上，理财服务行业已经从个人"明星"转变成团队。最近《金融时报》的研究发现，在美国 400 家顶级理财公司中，超过 80% 的公司以团队的形式工作。这些团队平均有 11 个人，包括分析师、销售助理、客户关系经理。根据最近另一份的调查，美国 79% 的退休计划建议师都是用团队的方法来服务顾客。

组织人们进入团队的主要原因是投资和财富管理变得越来越复杂。"许多成功团队拥有不同背景的人，所以他们能满足不同的客户需求。"司科特·马格尼森（Scott Magnesen）说道，他在芝加哥领导一支摩根士丹利财富管理团队，他认为为了更好地满足富有客户不断增长的期望值和积极参与值，团队是必要的。

然而，一些行业老手警示团队也会产生问题。"以委员会的形式运作也不总是那么好"，加利福尼亚圣何塞的富国银行管理咨询公司主管费恩·奥珀曼（Fane Opperman）说。彼得·罗尔（Perter Rohr）表示同意。"我开车的时候从来不想共享方向盘"，费城的美林公司主管说。另外一个忧虑是，为保证工作效力，团队需要更多的催化剂来维持正确的化学反应。美林的副主席承认，商业中的伙伴关系"每天"破裂一次。

米歇尔·威克姆（Mitchell Wickham）是北卡罗来纳州夏洛特的美林公司的威克姆现金合伙人团队的一员，认识到了团队合作的危险，但依然认为团队成员之间的良好关系是他们成功的关键。"信任无疑是最关键的，"威克姆解释，"如果你信任你的队友，那么积极的结果就会发生。"

大多数投资和理财咨询公司已经认识到，把人们组织到团队的形式中能够更好地服务顾客、做出更好的决策。团队合作的趋势在各行各业逐渐普及。在一项调查中，超过半数的美国组织很大程度上使用团队来完成日常工作。形成对比的是，10 年前 50% 的高管说他们的工作是通过团队完成，20 年前只有 20% 的高管说他们以团队形式工作。团队合作在科学研究中也越来越重要。一个针对将近 2 000 万篇已经发表的论文的调研表明，在过去 50 年时间内，相对于由个人写作的文章数量而言，由团队写作的文章数量大大增加了。而且，由团队写作的文章享有更高的引用频率，而这一现象也表明了由团队发表的文章比由个人写作的文章质量更高。

为什么团队变得如此重要，组织怎样巩固组织效力的潜能？我们在本章的团队动力中发现了这些问题和其他问题的答案。这一章开篇将定义团队的概念，探讨组织机构依赖团队的原因，并探讨为什么人们在组织机构的背景下会加入非正式的群体。接着本章的大部分内容将详细讲述团队效力模型，这个模型的内容包括团队和组织所在的周围环境、团队计划目的、团队发展成长的过程、规范准则、凝聚力和信任。然后，我们将把注意力放在两个特定的团队类型当中：自我管理团队和虚拟团队。在本章最后部分，我们将探讨团队在制定更好的决策时所要面对的挑战，以及应对这些挑战的方法和策略。

6.1 团队和非正式群体

团队（teams）是一个由两个或更多互相协助、互相影响的人组成的群体，团队中每个人都承担着实现组织目标的责任；同时，这些人还会将自己看作是组织内部的一个社会实体。这个定义中的几个要点是值得我们再一次强调的。第一，每个团队的存在都是为了实现某个目标，例如组装某项产品、提供某项服务、设计某台新的生产设备，或者做出某项重要的决定。第二，团队成员凝聚在一起是由于团队成员是互相依存的，他们需要为实现共同的目标而相互合作。所有的团队都需要某种有效的沟通方式，这样才能使团队成员互相协调和分摊共同的任务目标。第三，考虑到团队的目标和活动，团队中某些成员的影响力可能会较其他成员大一些，但团队中成员间的影响还是相互的。第四，只有当团队中的成员把他们自己看作是一个团队时，这时团队才是真正意义上存在的。

表 6-1 简要地描述了组织机构中存在的多种团队类型，以及三个不同特性：持久性、技能差异、权力差异。团队持久性指团队通常存在多久。尽管员工所在的团队大多是永久性的（例如部门团队），但是临时性的团队是个趋势，它们存在时间非常短，有时只是八小时轮班的时间。例如任务团队，几天或几周后就解散。第二个不同的特性——技能差异，指个人把不同的能力和知识带到团队的程度，例如咨询团队有很高的技能差异，因为公司尝试把组织中不同的职业群组代表都包含进来。相反，职能部门大多由相似技能的员工组成（例如销售部门员工倾向于有相似的技能）。

权力差异，团队的第三个不同特性，指把决策权分配给整个团队的每个成员（低差异）还是授予团队的一个或少数几个成员。部门团队有高的权力差异，因为他们通常有一位正式的管理者。自我导向型团队权力差异低，因为他们整个团队制定关键决策，即使有团队领导者，他们也没有最终决策权。

表 6-1 组织中的团队类型

团队类型	类型描述	持久性	技能差异	权力差异
部门团队	这种团队是由具有相似的或者技能互补的员工组成的，而且这些员工在职能架构中处于同一个单位；这些团队成员往往从事互相依存的小任务，因为他们每个人都需要和其他部门的员工合作	高	低到中等	高
生产/服务/领导团队	一般拥有多种技能（员工拥有多种不同的能力），团队成员共同生产一种产品、提供一项服务或制定一项持续性的决策	高	中到高	低
自我导向型团队	与生产/服务型团队相似，只在以下几方面有所不同：①它们是围绕整个项目的工作过程来组织团队的，而每个工作过程又由几个互相依存的小任务组成；②它们在执行任务时拥有足够的自主权（例如，他们常常在没有监督之下，由团队自身来控制投入、流量和产出）	高	中到高	低
任务导向（项目）团队	常常是多技能的，为解决特定问题、抓住发展契机或者设计产品及服务而组建来的临时性团队	低	中	中
行动团队	类似于任务团队，这些高技能团队存在时间短，是为了解决如紧急情况或危机等紧急问题或机遇而被给予一定自治权	低	中	低
咨询团队	为决策制定者提供建议的团队，包括委员会、咨询委员会、劳工委员会和检查小组；这种团队有可能是临时性的，但常常是永久性的，有一些这种类型的团队会比较频繁地轮换它的内部成员	低到中	中到高	中
臭鼬工作室型团队	多技能团队，常常与组织机构分别处于不同的地方，它的阶级性相对较弱，成员间比较自由；常常是由那些需要人力和资源去设计一项产品或服务的团队领导者发起的	中	中到高	
虚拟团队	这种团队的成员往往是跨空间、跨时间和跨组织边界进行操作的，他们通过信息技术联系在一起完成组织任务；可能是一个临时性的项目团队，也可能是一个永久性的服务团队	多种	中到高	中
实践社区	团队（但常常是非正式群体）出于相同的专业和对某项活动或爱好的热情而组建起来的；这种团队的主要目的是为了分享信息；通常依赖信息技术来进行互动	中	低到中	低

非正式群体

虽然本章我们主要是集中了解正式团队，但公司的员工往往也会属于某些非正式的群体。所有的团队都是群体，但很多群体并不符合团队的定义。群体包含那些聚合在一起的人，而不考虑这些人是否具有相互依赖性或组织的任务目标性。那些聚在一起为了吃午餐的朋友就是一个非正式群体（informal group），显然这样的群体不能称之为"团队"，因为他们之间几乎没有什么相互依存性（每一个人都能轻松地独自享受午餐），他们当中也不存在组织上授权的任务目标。与之相反，这样的群体主要是为了群体内部各个成员自身的利益而存在的。虽然"团队"与"群体"这两个名词经常会互换使用，但在商业用语上，当我们向那些为完成组织任务而一起工作的员工进行说明时，群体这个名词已经基本上被团体取代了。

为什么非正式群体会存在呢？其中一个原因是，人类是一种社会性的生物。人类的进化发展让我们建立了隶属于某个非正式群体的需要。这些都已经被生活的事实所证明了，这些事实就是，在没有任何特定的环境条件或隐晦的目的的动机下，人们会投入大量的时间和精力去建立和维系那些社会关系。第二个非正式群体存在的原因是根据社会身份理论提出来的。这个理论指出，个体是通过他们所在的群体来定义他们自身的（见第3章）。因此我们加入群体——尤其是那些被别人推崇的或是与我们价值观相似的群体——是因为这些群体能帮助我们建立并加强对自身的认识。

第三个激励人们成立非正式群体的原因是，通过这些群体我们能取得那些只通过个人单独工作无法取得的成果。例如，员工们会建立一个群体去反对组织的某些变化，因为群体比个人单独的投诉更有力量。这些非正式团体，称作联合，将在别的章节讨论。第四个有关成立非正式群体的解释是，在倍感压力的情形中，同伴简单的露面都能让我们感到宽慰和释怀，正是这个原因激发我们去靠近这些同伴。当我们面对危险时，即便起不到保护的作用，人们还是会聚集在一起并彼此靠近。相似地，当员工们听到有关公司会被竞争对手吞并的谣言时，他们会更加频繁地聚集在一起。正如你在第4章中所学的，通过提供情感、信息等社会支持，能有效地帮助个体减轻压力。

非正式群体和组织结果

虽然非正式群体并不是为了服务组织机构的任务目标而建立的，但它们对组织和个体员工都有极大的影响。非正式群体潜在减轻员工的压力，因为，正如上文所说的，群体能给它的成员提供情感和社会信息的支持。非正式群体能减轻成员压力，从而使员工在工作中感觉更愉快，间接地提高组织效力。非正式群体还是社会关系网建立的核心成分，而社会关系网又是建立信任，分享信息、权力，影响员工愉快工作的重要根源。一些公司已经建立了类似 Facebook 和 MySpace 这样的网络社区，鼓励非正式群体和交流社群的建立。而那些加入了强大的非正式群体的员工，他们相对而言会比其他人更有权力和影响力，因为他们能从别人那里得到更多的信息和更好的待遇，而且他们的能力和天赋也更容易被决策者注意到。

6.2 团队的优点和缺点

团队是 Ergon 能源工作的基础。这家澳大利亚昆士兰的电力分配公司将员工以团队形式组织起来，以团队表现计算薪酬。团队合作是 Ergon 六项核心价值之一。"团队合作是一种生活方式，这是你第一天上岗就能感受到的"，Ergon 的职业网站如是说。

为什么团队是 Ergon 及许多其他公司"成功的关键"？这个问题的答案有很长的历史。早期是对 20 世纪 40 年代有关英国采矿业和 70 年代有关日本经济奇迹的调查研究。从那时起这些早期的研究报告和大量的调查结果表明，在正确的条件下，团队能比个人做出更好的决定，生产出更好的产品，提供更好的服务，激发出更大的参与工作的激情。相似地，团队成员在团队中能迅速地分享信息和互相协作地完成任务，而不像由管理者领导的传统部门那样，信息传递非常缓慢而且容易出错。一般而言，团队能够为顾客提供更好的服务，因为他们能比作为"服务之星"的个人提供更广的知识和专业技能。

在很多情况下，团队合作比个人单独工作更能激起工作热情。原因之一是，正如我们在前文提过的，员工有联结在一起的冲动，而且他们会更容易地被激发去实现他们所在群体的目标。当团队已经成为员工社会身份的一部分时，这种激发的能量是更加强烈的。

团队成员的工作热情会更容易被激发的第二个原因是，他们对团队的其他伙伴都负有责任，而这些伙伴也会比传统的管理者更能紧密地监督彼此的表现，尤其当团队的表现由团队表现最差的成员决定时，例如装配线——产品组装的快慢取决于装配线上速度最慢的那名员工。第三，在一定的情况下，当员工们彼此离得很近地工作时，员工的表现会得到改善，因为同事们会成为比较的标杆。当员工们知道他们的表现会与其他员工进行比较时，他们也会被激励去更努力地工作。

团队的挑战

虽然团队合作有很多好处，但它们也不是一直像个人单独工作那样有效。团队存在的主要问题在于**过程损失**（process losses）的附加成本。这种损失是指资源（包括时间和精力）会被花费在团队的发展和关系的维系上，而不是在项目本身。个人单独去解决一个问题比化解团队成员间观点上的差异有效得多。团队要表现得好，团队成员就要对他们的目标、完成这些目标的策略、他们独特的角色以及非正式的管理规则等达成一致并且相互理解。一个员工单独工作没有不一致、误解、分歧、合作问题（即使有，至少也比与他人一起工作时少）。当工作很复杂，需要多人的技能和知识时，团队是必要的。但是当任务可以一个人单独完成时，过程损失使团队合作没有个人单独完成有效。

当团队吸纳更多的新员工或者有更多的新员工替换原来的员工时，过程损失的问题会特别明显。新的团队成员花费时间和精力弄清楚怎样和其他团队成员进行合作；现有团队成员的绩效也受到影响，因为他们要分出精力去容纳和整合新的成员。过程损失在新成员融入团队后也会发生，因为大的团队需要更多的配合和时间来解决冲突，等等。软件制造业还给这种情况起了个名字：**布鲁克斯定律**（Brooks's Law），它是说更多的人加入到延期的项目中只会使这个项目更加延期。尽管这些问题人尽皆知，研究发现管理者还是会低估把更多人加入到既有团队的过程损失。

群体懈怠

也许，团队中最为人熟悉的缺陷就是由于群体懈怠而导致的生产力损失。当人们在团队工作时付出的努力比独自工作减少（而且往往处于低水平）时，**群体懈怠**（social loafing）便发生了。这种情况更倾向于发生在个人的成果被隐藏或者很难识别的时候。个人成果在大团体中容易被隐藏，尤其当团队只产出单一的产品时，例如解决客户问题，员工就会投入更少的努力。当团队中每个成员的贡献变得明显时，这种群体懈怠的情况就会减少。为达到减少群体懈怠的目的，我们可以采用减小团队规模或者衡量每位团队成员的表现等方式。"当群体变小时，便无处可藏"，战略投资公司的负责人戴维·泽布罗（David Zebro）说，"你不得不努力做好自己的工作"。

当工作任务有趣时，群体懈怠发生的概率也会减少，因为个人会被工作本身所激发，从而认真地去完成自己的任务。当团队的目标非常重要时，群体懈怠的情况也会减少，这很可能是因为个体从同事们良好的表现中感受到了较大的压力。最后，在一群重视团队成员资格以及坚信努力工作才能实现团队目标的员工当中，这种群体懈怠发生的频率也会比较少。

总的来说，团队能成为竞争优势中一股强大的力量，同时它也会带来团队自身所内含的许多问题。当员工聚在一起形成团队时，团队面对的问题可能会多到影响团队的工作表现或者使团队士气低落。为了认识什么时候团队协作会比个人独自工作更有优势，我们需要更深入地检验使团队有效或无效的条件。

6.3 团队效力模型

为什么有些团队能有效力而有些团队却没有呢？为了回答这一问题，我们从说明团队效力这一概念开始。当一个团队有利于它的组织机构、它的成员、它的生存，那么这个团队就是有效力的。第一，大部分团队的存在都是为组织机构的某一目标服务的，因此团队的部分效力是由这些目标的实现情况来衡定。第二，团队的效力决定于团队成员的满意度和归属感。人们为满足他们的个人需求而加入团队，因此团队的部分效力由这些需求的实现情况来衡定。最后，团队效力还包括团队为实现目标能生存多久。组织中有越来越多的短命团队，即使是那些"闪光团队"也可能提前解散，无论是实际的（人们拒绝加入或留在团队）还是认知上的（成员情感和认知上脱离团队）。

在过去的几年里，学者们提出了很多有关团队效力的模型，以识别使一些团队比另外一些团队更有效的特征和条件。图 6-1 展示的模型包括了团队效力的主要组成要素，其中每一个元素都将在后文中进行深入的研究学习。这个模型被认为是在这方面研究得很好的一个模板，因为每一个组成元素（团队发展成长、团队凝聚力等）都包含着它们自身的一套理论和模型，通过这些理论和模型再去解释那些元素是如何运作的。

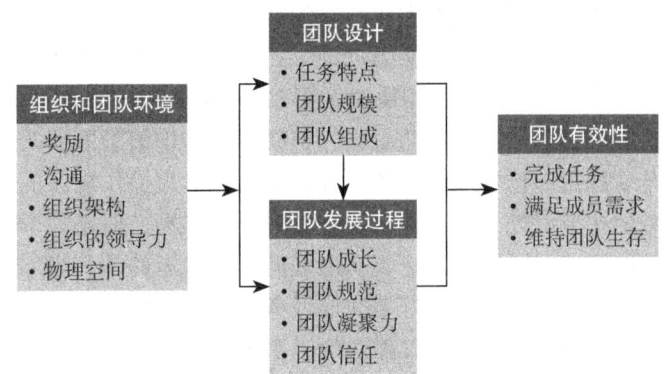

图 6-1　团队效力模型

组织和团队环境

组织和团队环境是指团队外部影响团队效力的所有情况和条件。环境通常被视为致力于实现目标而支持或抑制团队能力的资源库。当团队成员至少能基于团队的表现而获得奖励时，当组织的领导力支持团队导向的工作结构（而不是"明星"个人）时，当组织的结构把团队分配到不同工作活动群组时，当信息系统支持团队合作，当团队工作空间布置鼓励经常性沟通时，他们往往会一起工作得更有效。

除了作为一项资源，环境还为组织变革提供动力。外部竞争是影响组织变化的环境因素，例如增加组织成员一起工作的动力，另外一个环境驱动力是变化的社会期望，例如社会有更高的安全标准期望，组织需要据此改变行为标准。这些变革的外部力量不仅激励团队重新定位和设计自己，而且它们也是团队注意力的焦点。

PSA（标致雪铁龙集团），欧洲第二大汽车制造商，已经设立了"obeya房间"（日语指"大房间"）用来加快团队决策的速度。这个房间的墙上涂上了图表和笔记，这样员工可以形象化地想象关键问题。obeya房间创造了独特的团队环境，这样的环境可以鼓励面对面的交流，快速解决重要的关键决策。例如，在一个会议上，管理者想要找到减少临时工事故的办法。"墙上展示着会议的主题，红色标记错误"，PSA 的主席菲利普·瓦尔（Philippe Varin）解释。"每个人思考着同一个问题，想着怎么解决它。"

例如，团队设计出更好的共同工作的方法，然后他们就能够为顾客提供更好的服务。

6.4 团队设计要素

除了要建立和谐的团队环境外，如果任务特点、团队规模、团队组成成分设计不好，组织效力也会缺乏潜力。

6.4.1 任务特点

正如我们前面说过的，投资和理财公司越来越依赖团队而不是个人。一个原因是制定投资决策或服务拥有大量财富的客户变得越来越复杂，一项复杂的工作对技能和知识的要求远远超过一个人的能力范围。如果一项复杂的工作能被分割成专业的几大部分以及各部分的人员需要经常互相协助，那么针对这样的工作建立团队是非常合适的。

复杂任务需要团队合作，但是工作结构清晰的团队比结构模糊的团队工作更有效。汽车装配由结构清晰的任务组成，而新的医疗操作程序的工作就不那么清晰。结构清晰的任务的主要好处是与其他人配合工作更加容易。但是与个人单独工作相比，当面对模糊的工作结构时，团队工作更容易出现问题。幸运的是，当工作结构模糊的团队有清晰的团队角色时，团队也可以较好地完成任务。医疗团队有足够清晰的团队角色，他们知道彼此做什么——外科医生、伤口擦洗师、手术间护士、麻醉师及其他人——即使在特殊情况时，他们也知道如何解决挑战。

第三个影响团队效力的任务相关要素是**任务的相互依赖性**（task interdependence）——在一定程度上，团队成员为了有更好的工作表现，他们必须互相分享物资、信息或者专业知识。除了完全性的互相依赖之外，正如图6-2说明的，任务的相互依赖性还有三种不同的程度。相互依赖程度最低的是汇集性的相互依存，这种程度的依赖发生于员工或工作单位间分享共有资源时，例如共用机器、行政支出或者预算。如果团队的背景是这样的：每个成员都是独自工作，但是为了更好地执行各自的工作，成员之间必须分享原材料或机器，这时这种程度的任务依赖就会出现。连续性的相互依存是指一个人的产出将会直接成为另外一个人或单位的投入，这种连续的相互依存的关系有更高的相互依赖性。连续性相互依存会出现在团队成员以流水线作业的形式组织工作的情况下。

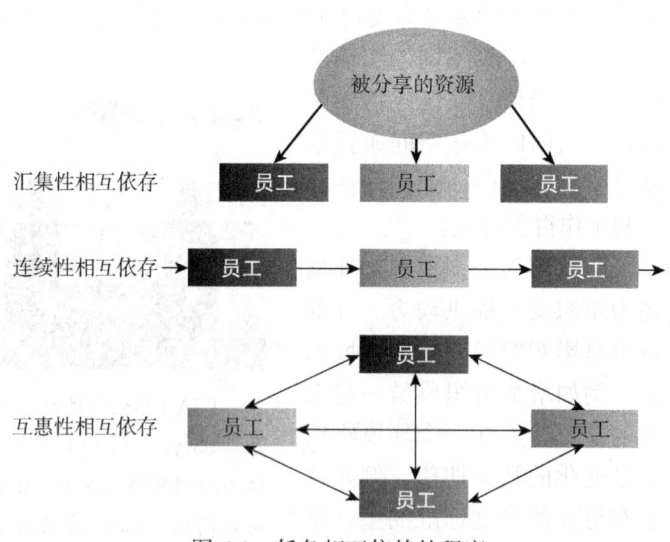

图6-2 任务相互依赖的程度

互惠性的相互依存，是指工作成果要在每个个体间来回不断地交换，这样就会产生最高程度的相互依赖性。从事设计新产品或者新服务的人，他们之间往往会有互惠性的相互依存关系，因为他们的设计会影响到参与工作的其他人。由设计工程师做出的任何决定都会影响到生产工程师和采购专家的工作，反之亦然。有互惠性相互依存关系的员工应该被组建成团队，这样能方便他们错综交织的合作。

这是一个定律——任务相互依赖性的程度越高，越需要将人组建成团队而不是让他们各自为战。团队的架构会改善人际间的交流，从而使团队间的协作更融洽。高的任务相互依赖性也会激起人们成为团队一员的冲动。当员工间有较高的相互依存性时，就应该组建团队，而这一组建团队的定律也适用团队成员拥有相同的任务目标时，例如为同一客户服务或共同生产某一产品。但当团队成员有不同的目标（例如为不同的客户服务），却又必须依赖其他团队成员才能完成各自的目标时，团队合作就可能会遇到极大的冲突。在这样的情况下，公司应减少彼此相互依赖的程度或者依靠管理层作为矛盾和冲突的协调者。

6.4.2 团队规模

什么样的规模对团队来说是最佳的呢？在线零售商亚马逊依赖于"两个比萨团队"准则，就像名字一样，团队规模应该足够小，小到两个比萨对团队成员是足够享用的。一个流行的定律（但是没有被证实）称团队最佳的规模在 5～7 人。但一些观察员最近声称，由于任务变得太复杂了，很多团队需要超过 100 人的成员。不幸的是，前一个观点显得太简单，而后一个观点又没有考虑团队的含义和活力。

一般来说，团队必须足够大，才能提供必要的竞争力和足够的视角去执行工作，但同时团队也要足够小，这样才能保持团队高效的合作以及保证每个员工都能参与任务。正如澳大利亚广播公司 CEO、兼 IBM 和 NBM 公司高管的吉姆·哈塞尔（Jim Hassell）解释说："你需要有足够的人手去完成所有需要做的事情，同时也需要使团队足够小，从而能使团队有强大的凝聚力和高效快速的决策能力，你需要在这两者间取得平衡。"小团队（就是小于12 名成员的团队）的运作是有效力的，因为它们的过程损失会少一些。越小的团队，它的成员的任务参与度就越高，因为他们能了解队友，并且对群体的规则和目标有更大的影响力，同时也会对团队成功或失败承担更大的责任。小团队的成员更了解彼此，这会提高互相信任、支持、帮助的感受。

如果任务确实非常复杂，那么公司真的要建立一个 100 人的团队吗？这个问题的答案是，一个这样庞大的群体基本上就已经不是一个团队了，即便管理者可能还称之为"团队"。只有当团队成员互相联系和影响，互相为实现共同的与组织相关的目标承担责任，以及把自己看作是组织内部一个社会实体时，团队才存在。在一个 100 人的工作单位里，是很难使每个人都能相互影响，也很难使每个人都能体验到足够的凝聚力从而把他们自身看作是团队的成员的。所以，复杂的任务通常可以再划分为更小的组群。

6.4.3 团队组成成分

> **全球链接**　在门洛创意公司寻找具有团队精神的人
>
> 不管怎么看，门洛（Menlo）创意公司都是一家以团队为基础的组织，这家密歇根州的软件公司全部 50 名员工整周都两人一组工作。在"成对项目"中，两个员工共用

一台电脑，一个人（称作司机）书写代码，另一个人（叫作领航员）负责引导及校对工作。两个人每周都转换角色，而且共同讨论下周去哪里工作。每周一，门洛创意公司的员工不仅变换搭档，而且也经常转到一个项目的其他部分或者转到其他项目。

门洛创意公司这种以团队为基础的工作方式花费了更多时间，但是显著减少了系统错误，而且增强了员工的知识和技能。这样的工作安排需要特殊的工作能力，所以门洛创意公司有一个"极端采访"的程序，与名字相反，这个程序不包含任何采访。二十几个申请人被邀请到公司的办公室，他们和另外一个申请人搭档完成一个类似于门洛创意公司真实项目的任务，在活动开始之前，詹姆斯·戈贝尔（James Goebel），门洛创意公司的首席营运主管、合伙创办人，告诉申请人："评判标准不是得到最好的答案，而是你是否能挖掘搭档身上最好的品质。"

每个团队有20分钟用来完成任务，门洛创意公司的一名员工观察他们如何工作和互动。然后，申请人换另外一个搭档用20分钟完成另一个任务，由别的员工观察他们。接下来第三轮搭档工作开始了。每个活动中，观察者观察申请人与搭档工作的效果如何。"你和其他人相处得好吗，你分享吗，你微笑吗，你鼓励别人吗？"门洛创意公司CEO和合伙创办人理查德·谢瑞丹（Richard Sheridan）问道。门洛创意公司将这些团队能力称作"幼儿园能力"，因为这些能力在小孩儿之间很流行。

申请者回家之后，门洛创意公司的员工讨论他们对申请人的观察结果，对谁应该被邀请进行一日试用（带薪）达成一致。这一天中，他们和门洛创意公司的一名员工搭档工作一上午，下午则与另外一个员工一起工作。通过一天试用期的人签署三周的有偿合约，之后才继续聘用。

为了在团队中高效地工作，员工除了技术能力和自我领导力外，还必须拥有更多的能力去执行他们自身的工作，他们也必须能够并且乐意在一个团队的环境下执行他们的任务。一些公司不遗余力地雇用拥有团队能力的员工。全球链接描述了密歇根州的门洛创意公司运用成组工作的形式挑选具有最佳团队能力的候选人。高效的团队成员最常被提及的特点或行为就是图6-3所展示的"5C"，它包括合作、协调、沟通、慰藉和冲突解决。前面三个能力主要（但不是全部）与任务相关，而后两个通常是协助维系团队的：

- 合作（cooperating）高效的团队成员是乐意并且能够与他人一起工作的。这包括分享资源和充分适应团队其他成员的需要和喜好，例如重新安排机器的使用时间，从而使期限比较紧张的其他团队成员能使用到机器。
- 协调（coordination）高效的团队成员会积极管理团队的工作，从而使团队能表现得高效和协调。例如，高效的成员会始终让团队保持在正规上运行，

图6-3 高效团队成员的5C

并且将由不同成员负责的工作整合起来。这往往就要求这些高效的成员不仅要了解各自的工作,还要了解团队其他成员的工作。
- 沟通(communicating)高效的团队成员能自由(而不是隐藏)、有效率(使用最好的渠道和语言)和互相尊重(减少负面情绪)地交流信息。同时,他们也能够积极地倾听同事的想法。
- 慰藉(comforting)高效的团队成员能帮助同事保持积极和健康的心态。他们会对别人的感受表示出理解,给予心理安慰,帮助同事树立自信和建立自我价值。
- 冲突解决(conflict resolving)在社交背景下,冲突是难以避免的,所以高效的团队成员要有解决团队分歧的技巧和主动性。这要求成员能高效地运用各种冲突处理的方法,同时也要掌握诊断的技能去识别和解决各种结构性冲突。

哪些员工更倾向于拥有这些团队能力呢?高效团队成员的这些特点是和他们的觉悟、外在性格特点以及情商相关的。并且,有一句老话可以运用在团队当中,那就是"一个坏苹果会弄坏整桶苹果";一个缺乏这些团队合作能力的成员可能会削弱整个团队的活力。

团队多样性

另一个团队组成成分的重要维度是多样性,它对团队有积极消极双重影响。多样化团队的优势是有时它能比同质团队做出更好的决策。多样化的团队能更加有效的一个原因是:它不同背景的团队成员可以从不同的角度去看待同一个问题或机会。团队成员有不同的心理模型,因此他们更有可能识别出更有效的解决困难和问题的方法。第二个原因是,多样化的团队具备了更广阔的技术能力。本章开篇的案例研究强调了像上海HFT这样的投资基金公司和苏黎世Nextech投资公司依靠团队来做出关键决策。这些团队由专长不同的人组成,例如股票、债券、金融衍生品、现金管理等资产种类。一些团队还有不同的投资哲学(基本原理法、技术法、动力法等等)以及世界不同地方的专家。

除了提高决策质量,多样化团队还能提供团队成分更好的代表性,例如当面对其他类似的多样化部门或客户时,它们具有更强的展示能力。这种展示能力不仅为决策带来不同视角,而且也给利益相关者一种他们能够在决策中发出声音的感觉。就像我们在第5章学到的,发出声音是程序公平的重要因素,当决策团队成员表面相似或者高度不同时,人们觉得决策更公平。

多样化除了具有优势外,也经常会成为团队内部运作的挑战。多元化的员工要花费较长的时间去磨合形成一支表现良好的团队。这种情况出现的一部分原因是,人们要了解那些和他们不一样的人需要花费较长的时间,特别当团队有深层次不同(例如不同的人生观和价值观)时。多元化团队很容易形成"断层线"——一条将团队依据性别、种族、专业或其他方面划分成多个小群体的虚拟分界线。这些断层线通过削弱各虚拟阶层间沟通协作的动力,从而削弱团队的效力。相反,当团队成员间的差异化程度很小时,他们能体验到更高的满足感、更少的冲突和更好的人际关系。因此,在要求高度合作和协调的任务中,多元化程度低的团队往往会更有效力,例如紧急情况反应团队。

6.5 团队发展过程

团队效力模型中的第三个要素总称为团队发展过程,包括团队成长、规范准则、凝聚力和信任。这些元素代表了一个持续发展的团队所具备的特征。

6.5.1 团队成长

团队成员必须一起解决过几个问题，通过几个阶段的发展，才能融合成一个高效的工作团体。他们需要互相认识和彼此信任，需要理解和认同彼此的角色，并发现那些适宜和不适宜的行为，他们还需要学习如何与他人协作。团队成员在一起工作的时间越长，他们就越能建立共同的或互补的心理认知模型，就越能相互了解并建立完成工作的高效途径。

图6-4展示了一个普遍的模型，这个模型包含了许多团队发展的活动。这个模型展示了团队系统性地从一个阶段到另一个阶段的发展过程，而当有新成员加入或者出现其他打断团队发展的情况时，团队将可能沿着虚线倒退至发展的前一个阶段。组建，这是团队成长的第一阶段。在这一阶段中，主要是对团队成员进行测试和培训，成员们也通过这个过程互相了解并衡量持续这种团队关系的好处和成本。人们会表现得有礼貌、遵从领导、尝试了解别人对自己的期望以及他们要如何融入团队。当团队成员变得积极主动并为各种团队角色努力争取时，团队成长就到了攻坚阶段，人际间的冲突是这一阶段的明显特点。在这一阶段中，成员们开始试图建立行为规范和衡量标准。

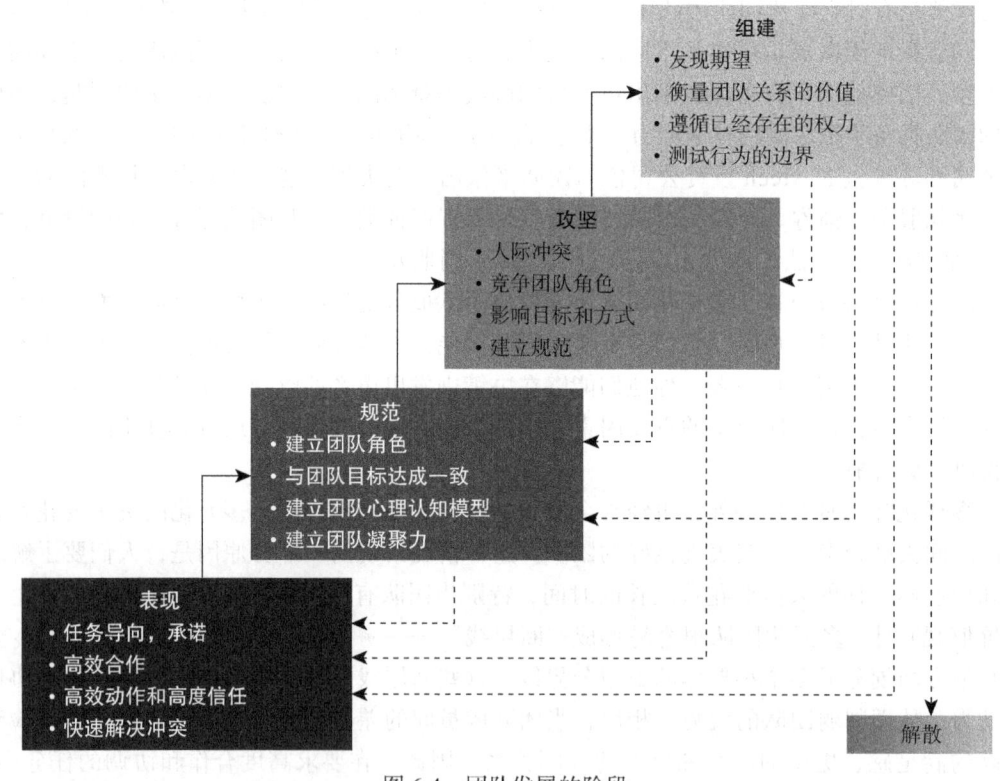

图6-4 团队发展的阶段

在规范阶段，当团队建立起了各种团队角色，围绕群体目标、共同的或互补的以团队为基础的心理模型形成共识时，团队就第一次形成了真正意义上的团队凝聚力。在表现阶段，团队成员已经学会如何高效地合作和解决冲突。在表现良好的团队里，成员们都是高度合作、互相信任的，同时他们也对群体的目标许下承诺，并以团队来定义自己的身份。最后当团队差不多要解散的时候，团队的成长就到了解散阶段。团队成员开始把他们的注意力从工作转移到人际关系的处理上。

6.5.2 发展团队角色和心理模型

尽管这个模型很好地描述了团队成长，但远远不能代表团队成长的过程。例如，它没有展现出有些团队在某一特定的阶段会停留特别长的时间，也没有解释为什么团队成长有时会回到前一个阶段。同时，模型还模糊了团队成长过程中两个截然不同的过程：建立团队身份、心理模型以及整合路线。

建立团队身份意味着个人把团队由"不相关"的东西慢慢看成是自己的一部分。换句话说，当员工对团队成功主动负责，并把团队看成他们社会身份的一部分时，团队就开始了成长。

发展团队心理模型和整合路线包括发展与同事之间习惯的工作路线和分享型的或者互补型的心理模型。团队心理模型可能是可见的或者是关系到内心影像的，它们是被团队成员共同分享的，例如新建立的团队的成员可能对客服有不同的观点。最近的研究指出，当成员分享共同的工作心理模型时，这个团队将更有效。

1. 团队角色

团队成长过程的一个重要部分是形成和加强团队角色。**角色**（role）是指一系列被期望表现出来的行为，因为员工在团队和组织中担当一定的职位。在团队背景下，一些角色是为了帮助团队实现团队目标的，一些角色是为了维系团队内部关系的。一些团队角色是被正式地分配给特定的人选的。例如，人们常期待团队的领导者去激发团队讨论，确保每个人有机会展示他的观点，帮助团队在争论的问题上达成一致。

团队成员往往会根据他们在正式工作中所承担的责任，而被分配去担任特定的角色。但是，在整个持续的团队成长过程中，人们会调整他们的正式角色从而使角色更符合他们的性格、价值观以及其他团队成员的愿望。而且，团队中还存在很多非正式的角色。这些非正式的角色是在团队成长过程中讨论的，从支持他人的观点到首创观点。非正式角色是由团队成员共同担当的，但最终这些角色也会和一个或者两个团队成员联系在一起。

2. 通过团队建设活动加速团队成长

团队建设（team building）由一些正规活动组成，而这些正规活动都是试图改善工作团队的发展和运行。在很大程度上，团队建设试图加快团队成长。团队建设活动可以帮助一支刚组建的新团队，但面对一支组建已有一段时间却由于人员流动或者失去工作重心而面临倒退的团队而言，团队建设活动的运用会更加常见。

一些团队建设是任务导向的。通过一些团队建设活动，能阐明团队努力的目标，增加完成这些目标的团队动力，并建立目标执行过程中的反馈系统。第二种团队建设活动是为了加强团队解决问题的能力的。第三种团队建设活动为团队成员阐明并加强了他们对自身所承担的团队角色的认知，同时也让他们更了解其他成员对自己的期望。角色定义这类型的团队建设活动还能帮助团队形成共同的心理认知模型——即让团队内部对外界的认知达成一致，例如怎样和客户打交道、维护机器、举办会议。研究调查表明，团队的进程和表现由团队成员就怎样一起工作、共享共同的或互补的心理模型的程度决定。第四种——可能是最常见的——团队建设类型的目的在于增进团队成员间的关系。这里面的活动能帮助团队成员更加了解彼此、建立信任，建立处理团队内部冲突的方法。例如团队野外生存活动、彩球大战、障碍挑战课程等都是帮助团队建立信任的非常受欢迎的活动。

团队建设真的提升了团队成长和效力吗？最有效的团队建设策略是员工接受特定的团队能力训练，如协调、矛盾解决和沟通等方面。其中一个问题是，团队建设活动是作为一般的方法去解决团队的一般问题的。因此更好的方法是先准确地诊断团队的发展是否健康，然后才是针对团队中的薄弱部分选择相关的团队建设活动。另一个问题是，团队建设活动常常被当作一个短期的促进团队成长的方法，大部分人都认为团队建设活动只是在每个团队成立的初始时期应该做的。而事实上，团队建设是一个持续的过程，而不是 3 天就迅速启动、迅速结束的活动。最后，我们必须记得团队建设是发生在工作当中的，而不只发生在障碍课程或者国家公园里。组织应多鼓励团队成员去反映他们工作方面的体验，同时也多就刚刚学习的有关团队成长的内容进行试验。

6.5.3　团队规范

规范（norms）是群体为管理团队成员行为而建立的非正式的规则和共同的期望。这些规范只是用来管理团队成员的行为，而不管理个人的想法和感受。此外，这些规范只是为那些对团队重要的行为而存在。加强团队规范有很多不同的方法。例如，当我们开会迟到时，同事们会向我们做鬼脸；或者如果我们没有按时完成自己的任务，同事们会批评讽刺我们。团队规范还可以通过其他方式直接得到加强，例如，职位高的成员对表现良好的成员进行表扬，表现良好的成员可以有更多接触珍贵资源的机会，或者能获得团队性的奖赏。但团队成员一般不需要直接的强化或惩罚，他们都会遵循那些已经流行起来的规范，因为他们以团队来定义自己的身份，也希望能把自己的行为和团队的价值联系在一起。个人社会身份与团队联系得越密切，个人就会越发受到激励去避免来自团队的负面惩罚。

1. 团队规范是如何发展起来的

当团队成立时，团队规范准则也就发展起来了，因为人们需要预测其他人会怎么做。在团队组建期间，即便是像刚开始时队友间会如何问好、第一次会议他们会坐在哪里这样很小的事情都会导致规范的建立，而且这些规范建立以后将很难发生改变。当团队成员发现某些行为能帮助他们高效完成工作时（例如要求迅速回复 e-mail），团队规范也会因此而形成。尤其需要注意的是，团队历史上的某件至关重要的事情会引发团队规范的建立或者使之前已经模糊的规范变得清晰起来。第三种影响团队规范的是，团队成员以往的经历和价值观。如果一支新的团队，它的成员非常重视工作和生活之间的平衡，那么该团队建立的规范往往是反对长时间和超负荷工作的。

2. 防止和改变功能失调的团队规范

团队规范常常会被牢牢地固定住，所以要避免那些阻碍组织成功和员工舒适工作的规范，最好的办法就是在团队刚成立的时候，即建立起令人满意的规范准则。要做到这一点的办法之一是，在团队成立时马上清楚地陈述合意的规范。另外一个方法就是挑选那些拥有合适价值观的人组建团队。例如，如果组织的领导者希望他们的团队拥有强有力的安全规范，那么他们在组建团队时就应该聘用那些已经非常重视安全、同时也能清楚认识到安全的重要性的人。

目前给出的所有建议都是针对新组建的团队的，但是组织的领导者怎样做才能使老团队中的规范始终保持合意呢？第一，正如最近的研究所肯定的，领导者通常拥有改变已有规范的能力。通过演说或者主动引导团队，领导者往往能征服那些功能失调的规范而建立起有用的规范。以团队为基础的奖励机制也能削弱不适宜的规范；但研究报告指出，员工可能会继续追随功能失调的团队规范（例如限制产出），即便这样做会导致他们报酬减少。最后，如果功能失调的规范已经根深蒂固，而且前面的解决办法都不起作用时，这就可能需要解散团队，或者使用更有利于建立适宜规范的员工来进行人员的替代。

6.5.4 团队凝聚力

团队凝聚力（team cohesion）是指团队对人们的吸引力和人们想继续作为该团队成员的动力。这是团队的一个特点，这包括团队成员被团队吸引的程度，他们对团队目标或任务承担责任的程度，以及感受到的团队自豪感的程度。因此，团队凝聚力是一种情感的体验，而不仅仅是通过留下或离开团队来衡量的。团队凝聚力存在于当团队成员把团队看作是他们社会身份的一部分时。而团队凝聚力也与团队成长相关，因为正如我们前面提到的，团队成员把建立团队身份看作是团队成长过程的一部分。

美国海湾运输局的采购和合同部在西雅图提供通勤服务，它是获得优秀公共采购帕累托奖的八家公共机构之一。这项成就使团队更加团结，但是海湾运输局采购和合同部早在几年前为了这个奖励而努力的过程中就感受到了团结。"为获得帕累托奖而努力，使我们变成更好的团队"，April Alexander，海湾运输局的合同部经理说。"获奖过程中做得最好的部分是看着团队在每一天的一起工作中成长、成员在增长才干。"

1. 影响团队凝聚力的因素

有几个因素会对团队凝聚力构成影响：团队成员的相似性、团队规模、成员间的互动、准入难度、团队的成功以及外部的竞争或挑战。这些因素大体上反映了与群体相关的个人社会身份，也反映了人们对团队关系将如何满足个人需求的一种信念。

- 成员相似性。社会科学家一直以来都知道人们被与他们相似的人所吸引。相似相吸效应之所以存在是因为，我们假设看起来和我们相似和与我们有相似背景的人更值得信任，他们也更可能接受我们。我们也希望有更少的负面经历，例如违反我们的期望和信念。因此，当团队成员彼此相似时，团队能拥有更高的凝聚力或者凝聚得更迅速。多样化可能会削弱凝聚力，但是这又决定于团队多样化的类型。由来自不同工作群体的人组成的团队看起来和由相同工作群体的人组成的团队一样，都能相处愉快。
- 团队规模。较小的团队会比较大的团队拥有更强的凝聚力，因为小团队更容易在目标和互助的工作活动中达成一致。然而，当小团队没有足够的人手去应对工作任务时，小团队的凝聚力又会弱一些。
- 成员间的互动。当团队成员经常互动时，团队将会有更强的凝聚力。当团队成员一起执行高度相关的任务以及在相同的环境中工作时，这种由于互动而提升团队凝聚力的情况会时常发生。
- 准入难度。当进入团队需要经过严格限制，这个团队会倾向有更高的凝聚力。越精英的团队，越能给它的成员带来威信，那么它的成员也会更珍惜他们作为队员的资格。同时，研究也表明，过于严苛的起始阶段也会削弱团队的凝聚力，即便对于那些已经成功度过初始阶段的团队也一样，因为太严苛会产生一种屈辱的负面作用。
- 团队的成功。团队凝聚力随着团队成功程度而提高，因为人们被满足他们需要和目标的团队所吸引。而且，人们更喜欢把他们的社会身份与成功的团队而不是与一个失败的团队联系在一起。
- 外部的竞争和挑战。当团队成员面对外部竞争或者受到严重的挑战时，团队凝聚力将会有所提高。这些竞争和挑战包括来自外部竞争者的威胁或者其他团队的良性竞争。因为团队拥有战胜威胁和挑战的能力，以及团队能成为一种社会支柱，因此员工会珍惜他们的团队关系。然而，当外部威胁十分严峻时，团队的凝聚力也可能会被瓦解，因为这些威胁给团队带来了巨大的压力，也令团队做出了一些低效的决策。

2. 团队凝聚力的结果

高凝聚力的团队比低凝聚力的团队表现更好。实际上，每个团队都必须拥有最低程度的凝聚力，这样才能维持团队的生存。那些属于凝聚力高的团队的成员会更有动力去维系他们的团队关系，也更有动力去协助团队高效运作。与凝聚力低的团队相比，凝聚力高的团队的成员会花费更多的时间聚在一起，更常分享信息，对队友也更满意。他们在压力环境下，为把功能失调的冲突最小化，会为同伴提供更好的支持。当冲突发生时，高凝聚力的团队成员倾向于更快速有效地解决分歧。

然而，两个因素使凝聚力—绩效之间的关系变得更复杂。第一，当团队任务相互依赖度低时，团队凝聚力对绩效影响小。高凝聚力激励员工和其他人协调并合作。但是当他们的任务很少依赖于其他团队成员（低任务依赖度）时，他们也就不需要这么多的协调和合作，所以任务依赖度低时，高凝聚力的激励作用与团队的关联度变小。

第二，凝聚能力对团队绩效的影响视团队规范与组织目标兼容还是相反。正如图 6-5 展示的，当团队规范与目标相联系时，高凝聚力团队表现得更好；当规范与目标相反时，高凝聚力反而降低绩效。这种效应的发生是因为凝聚力会激励员工表现得与团队规范更一致。如果团队规范容忍或鼓励缺席，员工就会更多地无故请病假。如果团队规范不鼓励缺席，成员就会避免请病假。

对凝聚力和绩效的最后一个评论是：本节的前面我们说团队绩效（成功）增强凝聚力，现在我们说凝聚力导致好的绩效。两种说法都对，但是有证据表明，团队绩效对凝

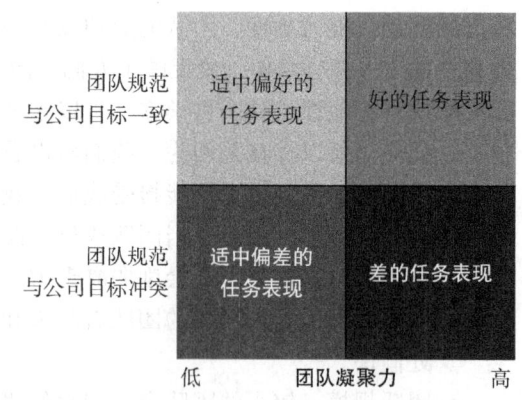

图 6-5　团队凝聚力在任务执行时的影响

聚力的影响比后者更大。换句话说，团队绩效很可能影响凝聚力，然而凝聚力对绩效的影响会弱一些。

6.5.5 团队信任

所有关系（包括团队成员间的关系）都建立在一定程度的信任上。**信任**（trust）是指在某种风险条件下，一个人对另一个人积极的期望（见第4章）。信任最终是可感知的；我们相信别人建立在我们相信他们的能力、真诚、善良的基础上。信任是情感事件；我们对信任的人有积极的感受。信任可以建立在三种不同的基础上，这三种基础分别是积累、了解和认同（见图6-6）。

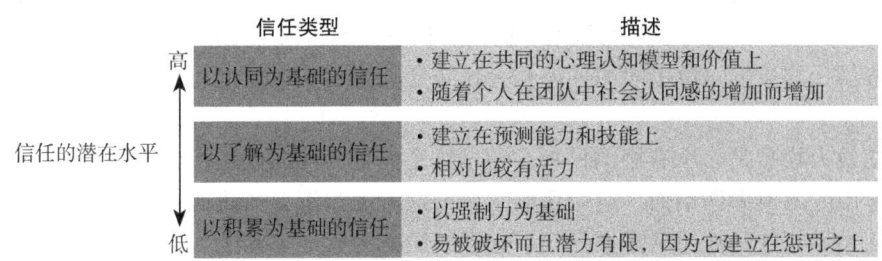

图6-6 团队中三种不同基础的信任

以积累为基础的信任代表了一种理智的推断，即预计队友们的行为将会是合理的，因为如果这些成员的行为偏离了合理的预期，他们将会面临惩罚。这给团队提供了最低程度的信任，而且这种信任很容易被偏离预期的行为所破坏。一般来说，依赖以积累为基础的信任是难以维系团队关系的，因为这种信任只是依靠威慑而建立起来的。以了解为基础的信任建立在对队友行为的预测上。即便我们可能不太认同某个队员的行为，但他行为的一致性还是会让我们产生一定程度的信任。以了解为基础的信任也与我们对其他成员技能和能力的信任有关，例如当我们相信一名内科医生的能力时，我们之间的信任便存在了。以了解为基础的信任为团队提供了更高程度的信任，这种信任也相对更加稳定，因为它是随着时间建立起来的。

以认同为基础的信任是根据团队间的互相了解和情感纽带而形成的。当团队成员的想法、感觉和行为都彼此相像时，这种类型的信任便产生了。表现良好的团队就展示了这种信任，因为他们分享着相同的价值观和心理认知模型。以认同为基础的信任是这三种类型的信任当中最强烈和最有活力的。个人的自我概念在一定程度上是根据团队关系而形成的，而且人们相信团队各成员间的价值观是高度重合的，因此队友们任何违章的行为都会很快得到原谅。而且人们更不愿承认他们与这种高度信任发生了偏离，因为这种信任是沿着他们内心的自我认知在运行的。

全食超市（Whole Foods Market）使用自我管理团队来运营。每个店大概有10支团队，例如食物准备团队、出纳团队、海产团队。团队是"自我导向的"，因为团队成员对自己的工作做出决策，很少受到高层干涉。全食超市的创始人约翰·麦基（John Mackey）说："每个团队都有他们的盈亏报表，每个团队都对他们的存货、劳动力生产率和毛利率负责，同时团队中的成员也对很多产品的安放承担责任。"

团队信任的活力

员工往往都是带着对同事中度或高度的——总之不是低度的——信任感加入团队的。在组织背景下，初始阶段高度的信任感（又叫作快速信任）形成的主要原因是，人们常常相信他们的队友拥有一定的能力（以了解为基础的信任），以及相信他们的队友将会随着团队建立起一定的社会地位（以认同为基础的信任）。即便与陌生人一起工作，我们当中的大部分人也会表现出一定程度的信任，因为这与我们心中与人为善的概念相符。然而，在新建立的关系中，信任也是脆弱的，因为这种信任是建立在假设而非真实的经历之上。因此，最近的研究表明，随着时间流逝，信任会被不断削弱而不是逐渐增强的。这是不幸的，因为随着信任的丧失，员工间的体谅和合作将会越来越少，而这将会有损于团队和组织的效力。

团队效力模型是一个有用的模板。通过这个模板，我们能认识到，在组织中团队是如何发挥作用或不发挥作用的。运用我们掌握的这方面知识，让我们在下文简单地认识一下两种团队类型，这两种团队类型已经引起了组织行为学专家和业者的极大关注。这两种团队类型是：自我管理团队和虚拟团队。

6.6 自我管理团队

自我管理团队（self-directed team，SDT）是跨职能团队，团队完成一项完整的工作，而这项工作又是由几个相互依存的任务组成的，成员对任务执行有很大的自主权。这个定义抓住了自我管理团队的两个突出特点。第一，团队完成一项完整的工作，而这项工作又是由几个相互依存的任务组成的。这种类型的工作会把成员聚集在一起，同时也减少团队与团队外部其他员工的互动、依赖。这样的结果就是营造出一支亲密无间的团队，团队内部彼此依赖去完成各自的任务。SDT 的第二个显著特征是，他们在执行任务时有很大的自治权。特别是，这些团队在计划、组织和控制工作活动中，很少会有高级管理层直接加入其中。

在很多产业中，从石化工厂到飞机零件制造业，都有自我管理团队。在北美所有排名靠前的制造业公司几乎都是依赖自我管理团队的。自我管理团队在工业、服务业、政府工作中很流行，许多公司甚至没有注意到它们的存在。SDT 的普及与调查研究的结果是相符的，这些研究表明 SDT 能大大提高团队生产力和员工工作满意度。例如，一份研究表明，将员工组建成自我管理团队的汽车销售商，他们的盈利率远远高于那些没有团队结构的汽车销售商。另一份研究表明，把德国城市的街道清洁工组建成若干个自我管理团队后，无论是消费者短期的还是长期的满意度都增加了。

自我管理团队的成功因素

自我管理团队的成功依赖于几个因素。当完成整个工作过程，例如生产整个产品或者提供全套服务，SDT 是运行得最好的。围绕着工作进程组建团队，能让每个团队保持充分的独立性，但相对地，它对团队内部相互合作的要求也很高。SDT 也应该拥有足够的组织和协调工作的自主权。自主权使团队能更快更有效地对客户和股东的要求做出回应，同时也通过这种授权来激励团队成员。最后，当工作地点和技术能支持团队内部的沟通合作，能增加工作的收益时，SDT将会更加成功。管理者经常将一群员工称作是一个"团队"，但事实上他们的工作安排、装配线式的架构以及其他科学技术都是在将团队的成员彼此隔离开来，而SDT就能避免这种情况。

6.7 虚拟团队

虚拟团队（virtual team）指成员是跨地域、跨时间和跨组织界限运作的，他们通过信息技术联结在一起去完成组织任务的团队。虚拟团队与传统团队的不同表现在两个方面：①成员常常不在同一地方（他们不在同一个地方工作）；②由于他们常常不在同一地方，因此虚拟团队的成员主要是依靠信息技术而不是面对面的互动来沟通交流和协调他们的工作。团队有不同程度的虚拟度。虚拟度随着组织成员的地理分布分散度、分开工作的成员的比例、分开工作的时间的增加而增加。例如，当所有成员生活在同一城市，只有一个或两个每天离开家工作时，团队虚拟度低。当组织成员分布于世界各地，只有少数成员见过面的团队虚拟程度高。

虚拟团队在大多数组织中越来越流行。2/3的人力资源主管估计虚拟团队在未来几年会迅速成长。在跨国公司，例如IBM，几乎每一个从事技术工作的员工都是虚拟团队的一分子。虚拟团队变得如此普遍的原因之一是，信息技术能让人们比过往更容易地进行远程沟通和协作。由以产品为基础到以知识为基础的工作类型的转变是让虚拟团队变得可行的第二个原因。虽然到目前为止，那些处于不同地方的员工还是不可能共同生产出实体产品，但是目前我们大部分人的主要工作也都只是对知识进行加工处理。

信息技术和以知识为基础的工作类型使虚拟团队变得可能，但是组织学习和全球化是让虚拟团队变得越来越必要的两大原因。在第1章中，我们学到了组织学习是组织效力的四个因素之一。虚拟团队体现了组织学习过程的本质，因为对于那些由于地理因素限制而不能直接合作的员工，虚拟团队鼓励他们互相分享和使用知识。另外，全球化也使得虚拟团队变得越来越必要了，因为员工们分散在全球，而不再局限在某一个城市里。因此，全球性的生意需要依靠虚拟团队去发挥他们的人力资源的作用。

虚拟团队的成功因素

除了有距离和时间的复杂问题外，虚拟团队也面对着和传统团队一样的挑战。团队的虚拟程度越高，挑战越大，尤其是团队存在时间短的时候。幸运的是，组织行为学的研究人员对虚拟团队非常感兴趣，他们研究出了几种提高虚拟团队效力的好方法。第一，除了要拥有在本章前面所描述的一些团队竞争力外，一支成功的虚拟团队，它的成员还必须拥有通过信息技术而轻松沟通的能力；这些成员还必须有强大的自我领导的能力，从而能在没有同伴和老板在身边的情况下，也能激励和引导好自己的行为；这些成员还必须有较高的情商，这样才能让他们从e-mail和其他受限制的沟通媒介中正确地对队友的感觉进行解码。

第二，虚拟团队拥有沟通工具箱（e-mail、虚拟平台、视频会议等），还有选择最佳沟通方式的自由。这听起来很明显，但是不幸的是，高级管理者往往强加给虚拟团队一种沟通技术，这种技术来自外部咨询师的意见，管理者希望团队成员在工作中使用同一种沟通技术。然而，研究指出，特定的沟通渠道重要与否，是由任务和信任程度决定的。

第三，虚拟团队需要很多结构。在最近的有效虚拟团队的回顾中，许多成功的虚拟团队更多地与创建这些结构有关，例如清晰的运作目标、有记录的工作过程、角色和责任的一致协议。最后，虚拟团队的成员应该在团队成立早期面对面。虽然这一观点与虚拟团队的概念相反，但是对于高度联结感和相互了解而言，至今没有其他方法能够代替面对面。

争论点 虚拟团队的麻烦程度比它们的价值大吗

虚拟团队在互联网出现之前比较少见。今天，它们和面对面的团队一样常见。虚拟团队越来越多，因为我们更多的是应聘到知识性工作而不是体力生产中。还有，信息技术使世界各地的同事之间沟通更容易。某种程度上，虚拟团队甚至变得"酷"。这是荣幸，当说起你在一个成员来自几个大洲的远程团队。

无论是时髦的还是司空见惯的，虚拟团队对于组织的竞争优势越来越必要。本章指出我们需要虚拟团队进行有效的组织学习。知识已经成为组织成功的重要因素，全球化使知识分散在世界各地。简而言之，除非使用大量虚拟团队，否则组织将处于劣势。

人们怎么会说虚拟团队不值得呢，尤其是在组织学习是组织效力的四个必要因素之一的情况下？这里有一些争论。大多数情况下，批判者不否认虚拟团队共享知识的潜在价值。然而，他们指出更多的消极方面，认为弊大于利。事实上，当信息主管被问到全球化的最大挑战时，70%的人会将管理虚拟团队列为第一位。

虚拟团队一直以来的问题是缺少面对面的交流。而且至今没有一种信息技术能与共处同一房间的人们所传递的信息量和信息丰富度相媲美。这是丰田、标致－雪铁龙和其他公司安排团队在实体房间面对面的一个原因。与其他方法比，这样他们可以更快速、更准确交换更大量信息。多人视频聊天比面对面更容易实现，但是它需要宽带，而且在交流的信息丰富度上存在不足。

虚拟团队的另一个问题是，当人们距离近的时候更容易相信别人。很多研究表明，虚拟团队的成员不是比现实团队信任度低，就是他们之间的信任更加脆弱。事实上，专家就增强虚拟团队的信任提供了一个建议：让他们和普通团队一样共度时间。"当你设立一个公司时，每个人在什么是重要的问题上必须一致"，伦纳德·斯派泽（Leonard Speiser）警告，他是曾在雅虎和易趣工作过的互联网企业家，"你们必须能够聚到一起而且讨论、了解彼此。虚拟团队做到这些需要更多的努力。"

虚拟团队的第三个缺点是，人们离得越远，他们的经历、信念、文化、期望就越不同。这些不同在某些决策上体现出优势，但也阻碍团队成长和绩效。"每个人对成功的景象描述必须是一致的"，里克·莫勒（Rick Maurer）建议道，他是弗吉尼亚州阿林顿的领导力顾问。"没有高度专注，班加罗尔的人与布鲁塞尔的同事很容易对成功的图像想象不同。当虚拟团队的地点更多时，会更加混乱。"

公司在采用虚拟团队之前需要再三考虑的另一个原因是：人们似乎对距离远的同事比在同一个地方的同事的影响和控制更少。相比于非个人的——甚至激动的——e-mail，一个团队成员停在你的房间前面问你的报告进行得怎么样了有更大的效果。

也许这就是虚拟团队的满意度比现实团队的满意度低的原因。一项调查指出，与

> 在同一个地方的同事相比，远距离的同事会受到2～3倍的关于项目工作三心二意（或者根本不用心）、项目进度落后、没有赶上最后期限、没有及时通知最后期限、在没有告知的情况下做出更改、提供误导信息等等抱怨。当问到花多长时间解决这些问题时，半数以上的人认为在现实团队是几天，大多数人估计远程团队是几周或更久。

6.8 团队决策制定

自我管理团队、虚拟团队和所有其他群体都要制定决策。在某些情况下，团队在识别问题、选择替代方法、评价决策等方面都比个人更有效。为运用好这些好处，我们首先需要了解团队决策制定时将会遇到哪些限制。然后，我们再看一下那些试图战胜这些限制的特定的团队结构。

6.8.1 团队决策制定时将面临的限制

任何一个有足够工作经验的人都能一口气地说出几个阻碍团队制定决策的问题。四个最常见的问题是：时间限制、评价焦虑、遵循压力、和团体思维。

1. 时间限制

有一种说法是："委员会一分钟一分钟地耽搁时间，一小时一小时地浪费时间。"这句话反映了一个事实，那就是团队在制定决策方面花费的时间比个人要长得多。不像个人，团队需要额外的时间去组织、协调和维系团队关系（例如过程损失）。越大的团队，它制定决策所需要的时间就越长。团队成员需要时间去了解彼此和建立和谐融洽的关系。他们还要对那个不完善的交流过程进行管理，这样他们才能充分地了解彼此的想法。

另外一个在很多团队结构中发现的与时间相关的限制是，在团队当中一次只能由一个人发言。这个问题就是人们所熟知的**生产阻碍**（production blocking），这个问题在多方面阻碍创意的萌芽。第一，团队成员需要在对话过程中寻找发言的机会，这样会让成员很难把他们的注意力集中在自己的创意上。第二，创意是一闪而过的，因此他们等待发言的时间越长，那些一闪而过的创意消失的可能性就越大。第三，团队成员也许能够通过把注意力集中在他们的灵感上而记住那些创意，但这样做会导致成员们放在对话内容的注意力减少。如果忽视了其他人的说话内容，团队成员会错过其他有潜力的好想法，同时他们也会错过向团队其他人传递他们想法的好机会。

2. 评价焦虑

人们不情愿提及那些看起来很愚蠢的想法，因为他们相信（常常是准确的）其他团队成员都在默默地评价自己。出现**评价焦虑**（evaluation apprehension）的原因是，人们想建立让人喜欢的形象，以及他们需要保护自己的自尊。当有不同地位或专业水平的人士出席会议，或者当团队成员对彼此全年的表现进行正式的评价（例如360度反馈）时，这种心理就会变得非常常见。然而充满创意的想法在初次展示时，往往都是听起来很奇怪或者不合逻辑，所以评价焦虑会阻碍员工在其他同事面前提及这些创意。

3. 遵循压力

团队凝聚力会引导员工遵循团队规范。这种控制力能让群体始终围绕着共同的目标进行运作,但这也会导致团队成员去压制那些与别人不同的观点,特别是当问题与牢固的团队规范有关联时。当某人真的陈述了一个与大部分人想法相悖的观点时,其他团队成员会惩罚这个违反者,或者试图劝说他认知到自己观点的错误性。遵循也可能是很微妙的。在某种程度上,只有当别人证实了我们自己的观点时,我们才会相信自己的想法。因此如果同事不赞同我们,即便在没有同伴压力的情况下,我们也会开始怀疑自己的观点。

4. 团体思维(膨胀的团队效能感)

当团队成员对他们在一起工作会很好,并对通过团队努力会获得成功具有集体自信时,团队是更成功的。这种**团队效能感**(team efficacy)和在第3章讨论过的自我效能感是相似的。高效能感的团队会设立更高的挑战目标,而且有更大的动力去实现它,两者都提高了团队绩效。不幸的是,团队有时过于自信,并有了团队刀枪不入、坚不可摧的错觉。

换句话说,团队效能感对于团队能力和环境优势的认识超过现实。过于自信的团队在决策时缺乏警惕,一部分原因是他们面对这些事情时积极的情感情绪多于消极的情感情绪。他们也讨论(任务冲突)更少,在团队意外搜寻和接受信息的可能性小,两者都降低了决策质量。

为什么团队会过度自信呢?主要原因是团队级别的自我强化(见第3章)的变化,团队成员很容易相信其团队的能力和情况比平均水平高。过度自信在凝聚力高的团队更常见,因为人们在他们认为重要的事情上(例如有凝聚力的团队)进行自我强化。当团队有外部威胁或竞争时,过度自信也更强烈,因为这些对手引起了"我们—他们"的区别。团队效能感也通过相互加强的团队信念变得更加膨胀。我们会提出更清楚、更崇高的团队观点,当其他团队成员引用了我们的观点时。

6.8.2 提高团队创新性决策制定能力

大量的研究报告揭示了团队在决策制定中遇到的问题,但在这些研究报告中,研究者也提出了几个解决问题的方法。团队成员对他们制定的决策应有充足的信心,但不能过分自信到认为自己是无懈可击的。这也需要鼓励严谨思考的团队规范,同时也需要足够多样化的团队关系。另外,在日常工作中也需要适当的检查和平衡,这样才能防止出现由一两个人控制整个讨论的情况。团队应该足够大,从而能够拥有相关的知识去解决问题;但是团队也要足够小,从而能保证团队不会浪费太多的时间或者限制对个人的投入。

与这些大体建议一起提出的还有,能在团队背景下提高团队创新力的四个组织结构:头脑风暴、电子化的头脑风暴、头脑书写和名义群体法。这四种结构强调创造性(创造力集中焦点),但是其中一些也包含团队备选方案的选择。

1. 头脑风暴

头脑风暴(brainstorming)是参与者尝试着想到尽可能多的主意的团队事件。这个过程是由广告执行商亚历克斯·奥斯本(Alex Osborn)在1939年提出的,指通过建立四个简单的规则,从而最大化提出主意的数量和质量:①发言自由——描述甚至最疯狂的想法;②不要批评别人或别人的想法;③提供尽可能多的想法——想法的质量会随着想法数量的增加而提升;④在其他人展示的想法上继续创作、不断完善。这些规则意在鼓励多样化的想法,同时减少评价焦虑和其他团队活力的问题。

头脑风暴自提出之际就开始风靡，直到 20 世纪 50 年代一篇商业杂志文章歪曲和讽刺了这个过程。而且，过去几十年里，无数的实验室实验总结头脑风暴不能够产生与个人单独工作时一样多的想法。其中的主要原因是，在头脑风暴过程中，生产阻碍和评价焦虑依旧困扰着团队。然而如今，头脑风暴的研究结果更复杂，因为一些最成功的创新型机构和设计公司说头脑风暴是有用的工具。这些公司的领导者可能被误导了，但是更有说服力的解释是，头脑风暴需要在集体学习的文化导向中训练良好的促进者的技能和经历。这些条件都是实验室实验所不具备的，实验室实验中都是由毫无经验而且互相不认识的本科生进行的短期事件。还有，头脑风暴部分更多的是产生创新性想法，实验研究主要是计算想法的数量。

头脑风暴很可能会提高团队的创造力，但是它也有限制。第一，即使由训练过的富有经验的人来操作，头脑风暴也会有生产阻碍。当团队成员聆听他人想法时，出色的建议被忘记；当团队成员不听他人想法时，就提不出新的好建议。第二个问题是固定或从众效应，指聆听另一个人的想法限制了我们随后想法的丰富性。在头脑风暴中，参与者被要求开放性地描述想法，但是前面的想法可能会使后面的参与者想到相似想法而不是其他想法。然而，神经系统科学研究表明，当人们面对其他人的创新想法（不是毫无意义的想法）时，他们会变得更有创新性。

2. 头脑书写

头脑书写（brainwriting）是头脑风暴的变体，可以通过产生想法时不对话而最小化生产阻碍问题。头脑书写有很多种形式，相同的是它们都是把想法写下来而不是说出来。一种形式是，参与者把想法写在卡片上并放到桌子中央。参与者可以随时拿起一张或者多张卡片来活跃思维，或者在这些想法基础上提出进一步的想法（写在背面）。还有一种形式是，每个人在卡片上写一个想法，然后传给右面的人。收到卡片的人在第二张卡片上写下新的想法，两张卡片再传给下一个人，然后一直重复这个过程。关于头脑书写的有限数量的研究指出，由于没有生产阻碍，它会比头脑风暴产生更多更好的想法。

3. 电子化的头脑风暴

电子化的头脑风暴（electronic brainstorming）与头脑书写相似，不过是用电脑技术而不是手写卡片来记录和分享想法。在接到困难或问题后，参与者运用一个特别的电脑软件输入他们的想法。这些想法会匿名地分发给其他参与者，参与者被鼓励在这些想法的基础上进一步提出想法。最后，团队成员会对所有公开的想法进行电子投票，在这之后便是面对面的讨论。电子化的头脑风暴在激发创意方面非常有效，而且它很少会出现生产阻碍、评价焦虑或者从众的问题。它比头脑书写要高级，因为想法是匿名的，而且其他参与者更容易查看想法。虽然电子化的头脑风暴有很多优点，但它太过结构化和技术化了。

4. 名义群体法

名义群体法（nominal group technique）是头脑书写的变异，不过在这个过程中加上言语要素。这一种方法被称为"名义"的原因是：参与者只在它三个阶段中的其中两个建立一个名义上的群体。在问题描述结束后，团队成员将安静地和独立地写下尽量多的解决办法。在第二阶段，参与者通常在一个圆桌会议上，向其他团队成员描述他们的解决办法。

和头脑风暴一样，这阶段没有批评和讨论，但会鼓励成员们去努力解释和阐明他们的想法。在第三阶段，参与者安静和独立地对所有列出的想法进行排序或投票。名义群体法已经应用到实验室和真实情境中，例如提出促进各国旅游的方法。名义群体法看起来会比传统交流或头脑风暴产生更多和创意更好的想法。但是，生产阻碍和评价焦虑在一定程度上还是会出现。适当的训练使这种结构性方法可以运用到团队决策中。

本章概要

6-1 讨论团队的好处和限制，解释为什么员工参加非正式群组。

团队是由两个或更多互相协助、互相影响的人组成的群体，团队中每个人都承担着实现组织目标的责任，同时，这些人还会将他们自己看作是组织内部中的一个社会实体。所有团队都是群体，因为团队是由有统一关系的人组成的；但不是所有群体都是团队，因为有些群体的成立并不是为组织目标服务的。

人们加入非正式群体（或被激发成为正式团队的一部分）有四个原因：人们有想联结在一起的天性；群体关系是个人自我概念中固有的成分；一些个人目标能通过群体完成得更好；在压力情况下，同伴仅仅简单的露面就能让我们感到宽慰和释怀。团队变得越来越普遍了，因为它们能制定出更好的决策、支持组织的学习进程和提供更好的客户服务。在团队中，人们也往往会更主动地工作。但是，团队也不是一直都像个人单独工作那样有效。过程损失和群体懈怠是阻碍团队表现的两个需要特别注意的问题。

6-2 描述团队效力模型，讨论任务特点、团队规模、团队组成对团队效力的影响。

团队效力包括团队实现自身目标的能力，满足它的成员需求的能力和维持团队生存的能力。团队效力模型考虑了团队和组织的环境、团队设计和团队发展过程。团队设计的三个要素分别是：任务特点、团队规模、团队组成成分。团队往往更适宜那些工作复杂或者需要员工高度合作的情况。团队应该要足够大从而能保证完成所有的工作，但团队也要足够小从而保证团队合作的有效性和员工对工作的参与度。有效的团队是由有能力和乐意在组织环境下完成工作的人组成的。团队成员的多样性既是团队的优势也是团队的劣势。

6-3 讨论团队四个发展过程——团队成长、规范、凝聚、信任——对团队效力的影响。

团队的发展过程要经历几个阶段，分别是组建、攻坚、规范、表现和最后的解散。在这些阶段中，有两个截然不同的团队成长过程：建立团队身份和发展团队竞争力。团队能够通过团队建设活动来加快团队成长的速度，团队建设活动是指任何形式的、意在提高一个工作团队成长和功能的活动。团队会建立规范去管理和引导成员的行为。这些规范也许会受到最初的经历、重要的事件、成员带给团队的价值观和经历的影响。

团队凝聚力是团队对人们的吸引力和人们想继续作为团队成员的动力。团员越相似、团队规模越小、互动程度越高、准入难度越大、团队的成功和外部挑战都会使团队凝聚力增强。当团队的规范与组织目标相一致时，团队凝聚力能改善团队的表现。信任是指在面对危险的情况下，一个人对另一个人的想法或行为怀有积极的期望，这是一种心理状态。人们对别人的信任有三个不同的基础：积累、了解和认同。

6-4 讨论自我管理团队和虚拟团队成功的特性和必要因素。

自我管理团队（SDT）完成全部的工作，而这些工作又是由几个相互依存的任务组成的；这样的团队在它们项目执行时具有很强的自治权力。虚拟团队的成员是跨地域、时间和组织边界进行运作的，这些团队的成员是通过信息技术联结在一起去完成组织的任务。当团队成员有一定的竞争力时，虚拟团队会更加有效。虚拟团队还能自由地选择所偏好的沟通渠道，但虚拟团队的成员在团队成长进程的早期必须面对面地认识一下。

6-5 指出团队决策的四个限制，讨论提高团队决策的四种结构的优缺点。

团队决策受到的阻碍来自于：时间限制、评价焦虑、遵循压力和团体思维（特别是在过分自信时）。四种结构能大大改善团队的决策能力：头脑风暴、头脑书写、电子化的头脑风暴和名义群体法。

关键术语

头脑风暴
头脑书写
布鲁克斯定律
电子化的头脑风暴
评价焦虑
名义群体法
规范
过程损失
生产阻碍

角色
自我管理团队
群体懈怠
任务的相互依赖性
团队建设
团队凝聚力
团队效力
团队
虚拟团队

复习思考题

1. 非正式群体几乎存在于所有形式的社会组织中。在你的教室里又存在着何种类型的非正式群体呢？为什么学生们会被激发而成为这些非正式群体的一分子呢？

2. 彼得·德鲁克曾说："团队中的每位成员都从每件事的发端开始一起工作，如今这种流行的团队类型已经让人们感到失望了。"请你陈述三个与团队有关的问题。

3. 你已经掌控了一支多功能工作团队，这个团队会不断完善和加强网络银行对零售客户的服务。这支团队包含了来自市场、信息服务、客户服务和会计等部门的代表。这些代表会搬到位于总部的一间办公室里，并且持续工作三个月。描述你可能会观察到的在团队成长过程中每个阶段的行为。

4. 你公司是一家为开发商和承包商提供电子产品的全国销售机构，你刚刚从该公司堪萨斯州的办公室转到位于丹佛的办公室。在堪萨斯州，团队成员在每次签订销售订单后都会打电话给客户，询问商品是否已准时送到以及客户对公司的商品和服务是否满意。但当你来到丹佛的办公室后，看起来没有人会去打这一类电话。一位最近才被聘用的同事解释说，是其他同事阻止他打这些电话的。后来，另外一位同事解释说，因为拨打那些后期电话会让其他员工看起来好像很懒惰。给出三个可能的原因，解释为什么在客户、产品、销售、承诺和其他工作环境都差不多的情况下，丹佛的规则还会和堪萨斯州的不一样。

5. 美国的一个软件工程师需要与四位在世界不同地方的团队成员合作。团队可能经历什么挑战，这会怎么影响团队设计要素？

6. 你被安排与其他五名同学一起完成一项课堂项目，然而你们以前彼此从未见过，一些人来自不同国家。团队凝聚力会在何种程度上提升你们团队的表现？在这种情况下，你对建立团队凝聚力有什么建议？

7. 假设你现在管理着一个虚拟团队，这个团队的成员目前位于世界各地。你会采用什么策略去建立和维系团队内部的信任？同时你又会采用什么办法减少团队中经常出现的信任流失的问题？

8. 你目前负责举办一个大项目，在这个项目中，几个州政府的高级官员都会出席，并且他们会尝试通过这个项目在一些环境问题上达成共识。但众所周知，有些官员会为了彰显他们的身份而摆架子，而另外一些官员却会积极参与、解决相邻几个州的环境问题。在这种官方论坛中，团队决策制定可能会遇到什么样的问题，你又会采取什么样的措施去减少这些问题呢？

9. Sawgrass Widgets 的首席营销主管希望员工想出产品的新用途。你会推荐促进团队决策创新力的四种团队结构中的哪种？向 Sawgrass 主管描述这个过程。

应用案例：别把自己隔离在圈外

毕业于某知名大学的曹航，毕业后，进入一家外贸公司的业务部上班。公司员工每人都有门卡，为了保证中午大家都出去吃饭的时候公司以及个人的财物安全，大家走出公司的时候，都能做到随手关门。但是，每次曹航都会忘记关门，很多同事提醒过她，她依然不理不睬，认为自己的财物自己看管，跟她无关。

一天中午下班后，曹航又是最晚出去的一个，走出去时再次没有关公司的大门。午饭期间，有小偷溜进了公司，造成部分员工财物被偷，公司也遭受损失。在之后查看监控录像时发现曹航没有关门，让小偷有可乘之机。但曹航个人财物都随身保管，并未遗失。老总对此很恼火，鉴于曹航工作能力还可以，老总忍了忍，就没有处罚曹航。

一天下午，一个国外的老客户发传真急要一批货。为了赶时间，下班后，销售部的全体员工紧急加班包装货物，然后装进公司的卡车上，以备及时运往海关。大家见销售部的同事忙得大汗淋漓，于是都主动过去帮忙。曹航经过销售部的时候，见销售部这么多人在忙活，她好奇地站在门口伸头看了一眼，然后一言不发地继续往电梯处走。一个同事好心地追过来提醒："曹航，大家都在销售部帮忙，你就好意思走？"曹航说道："有什么不好意思的？现在已经下班了，工作外的时间归我自己支配……"曹航所在的公司有个不成文的规定：每个员工过生日时，其他员工每人象征性地出20元钱，公司包揽剩下的不足部分，在这个员工生日那天，公司老总带大家一起去附近的饭店聚餐，算是给这个员工过生日。这个举措能够促进员工之间的团结，又能体现出公司对员工的关心，因此，很受大家的欢迎。

尽管其他员工对这个"不成文规定"非常拥护，但是，曹航却觉得这个规定有些霸道。为了不影响工作，生日聚餐一般安排在下班后，吃饭的时候大家很放松，说说笑笑的，很耗时间，曹航认为会影响自己每天晚上在家练瑜伽。因此，曹航对生日聚餐很抵触。于是，别的同事过生日时，下午下班后，曹航依然照常回家。开始的时候，还有同事提醒："曹航，今天同事某某某过生日，马上大家一起去饭店聚餐，你是忘记了？"曹航摆摆手道："我还有事，我先走了，祝你们吃得开心、玩得开心。"提醒几次后，大家明白曹航是存心不想参加生日聚餐，于是，没人再提醒她了。因为曹航平时根本没有把自己融入公司，一直把自己当成独来独往的"路人甲"，于是就显得很傲、很没有人情味，很快，大家纷纷和她疏远，就连老总都知道"曹航不团结人，没人缘"。曹航工作上需要别的同事支持和配合的时候，大家也是借口忙而不愿意伸出援助之手。渐渐地，曹航的工作陷入了非常被动的状态，工作业绩越来越糟糕。

前不久，曹航被公司辞退了，她黯然离开了公司。职场中，团队精神和集体观念非常重要，很多工作离不开其他同事的热心协助。因此，不管你个人的能力有多强，都不要因为自私而把自己孤立在团队之外，因为你是职场团队中的一员，是集体中的一分子。如果将职场细分，我们每个人都会发现自己在职场中也是在一个圈子内。身为圈内人，特立独行的行为只会让自己难以长久在圈子内立足，不管我们个人能力有多强，无法融入圈内只会让工作寸步难行。圈子很多时候并不会告诉你它的存在，但我们却无时无刻不身处圈子之内。生活圈、工作圈、朋友圈等已经渗入我们身边，学会融入圈内，而不是将自己隔离在圈外。

资料来源：《辽宁青年》2012年12期，略有修改。

讨论题：
1. 你认为曹航最后被辞退的原因是什么？
2. 当圈子文化与自身相悖时，我们要如何处理？

小组练习：团队搭建高楼

目的： 这个练习旨在帮助你了解团队角色、团队成长，以及一个有效团队在发展和维系时所要面对的其他问题。

材料： 老师会给每个团队提供足够的垒高拼装片或类似材料，然后每个团队便要完成分配给他们的任务。所有的团队应有同样（或者几乎相同）数量和类型的原材料。老师将会需要一个记录用的录像带和秒表。学生可能会在设计阶段（即下文所说的第2步）用到一些文具。老师将会给所有团队分发"团队目标表"和"高楼具体的效用表"。

说明： 老师会将班上的同学分成若干个团队。根据班级的规模和活动的空间，每个团队可能会有4～7个成员，但是最终每个团队的规模应该大致一样。

每个团队都有20分钟的时间去用所提供的材料设计一座高楼，这座高楼没有高度的限制，同时还希望这个设计能给投资带来最好的收益。团队成员希望能将他们设计的高楼画在纸上或者活页本上，因为这样能方便他们设计。在这一阶段，团队可以没有限制地练习如何搭建他们的高楼。在条件允许的情况下，最好能给每个团队分配一个单独的房间，这样确保设计的保密性。在这个阶段，每个团队要完成老师分发下去的团队目标表和高楼具体的效用表。

每个团队都要向老师展示他们完成的团队目标表。然后，老师会把所有的团队集中在同一个房间，然后宣布高楼修建阶段正式开始。修建高楼的时间要被严格控制，老师可以时不时地提醒一下学生已经过去了多长时间（特别是在房间里没有时钟的情况下）。

每个团队在建完他们的高楼后,应马上通知老师。团队要记录下他们用时多少,团队也可能会被要求去协助老师,清点一下使用了多少砖块,计量一下大楼的高度。这些信息也会被记录在团队目标表中,然后便要计算出团队的收益。

把结果展示完后,全班同学会讨论一下哪些团队因素会提高团队效力。团队成员会讨论一下他们的战略、分工安排(团队角色)、团队技能以及其他团队活力的因素。

团队练习:人体检查器

目的:这个练习的目的是帮助你理解团队变革和决策的重要性和应用。

材料:无,但是指导者对每个团队的任务掌握更多的信息。

说明:

1. 八个学生一个团队。如果可能的话,每个团队应该有个私密地点,团队成员可以在没有其他团队围观的情况下计划和练习任务。

2. 所有的团队都收到任务的特殊指示。所有团队的任务和时间相同。在计划和练习任务阶段结束时,会计算团队完成的时间。用时最短的团队胜利。

3. 练习中不需要也不允许特殊材料(看下面的规则)。尽管任务没有描述,但是计划执行任务应该遵守下面规则:

    a. 策划执行任务时,你不能使用纸质形式来沟通。

    b. 策划执行任务时,你随时都可以和你的队友交谈。

    c. 一旦执行任务,你只能向前,不能向后(不允许改变主意)。

    d. 执行任务时,你可以向前移动到下一格,但只能是在它为空的情况下。在图a中,一个人(黑点)可以直接移动到空格(白点)。

    e. 执行任务时,你可以向前进两个格,如果它们是空的。换句话说,你可以绕过你前面一格的人跳到下一格,如果那一格是空的。(图b中,两个人占据黑点,白点是空格。后面的人可以绕过前面的人移到前面空格。)

a)   b)

4. 当所有的团队完成任务后,班级会讨论团队变革和决策的练习启示。

问题:

1. 说出完成任务时,团队用到的团队变革和决策的概念。

2. 完成任务时,运用了人和工作团队的什么个人理论?

3. 发生了哪些其他的组织行为问题,应该采取哪些行动来解决?

团队练习:雾岭

由阿尔伯塔大学的理查德·菲尔德(Richard Field)和尼科拉·萨顿(Nicola Sutton)开发

大约是8月23日的上午9点,你和四个朋友将要出发进行一次一天的高山远足,地点在加拿大阿尔伯塔西南的群山。从阿尔伯塔卡尔加里出发,一路向西南行驶,你已经到了坐落在哥伦比亚和阿尔伯塔交界的卡纳纳斯基(Kananaskis)地方性公园。刚刚离开40号高速公路,你进入了雾河区域并停车。你看见一个标志写着雾岭路的开端,这是你选择的开始远足的地方,但是你知道要穿行无标记的小路和断木路。你还看见另外一个标志上写着只在指定空地允许营火。

因为是工作日，雾岭路上人很少。你和朋友们期待一个走过青草和石岭的美好一天，通常一年中此时晴朗干燥，但是几千米以外，穿过山谷，雾山被雨云笼罩着。从停车场走到雾岭上，沿着雾岭走到终点，再走到地面的雾河河畔最少需要八小时。指南上说明了这是一个一整天的远足，总距离23公里，登高808米，最高海拔达到2 515米。

这时的天气微凉但是不冷，太阳光的照射加热了空气。大体上，阿尔伯塔西南部气候寒冷，有很长的严冬，夏天凉爽，尽管也有短暂的炎热。夏天的冰雹达到全年高峰，偶尔发生雷暴。这时的远足者必须防备下雨或者寒冷天气。这一地区8月中旬会下雪众所周知，雪可以从地面堆积到20厘米高。同时，天气也会变化莫测。温暖晴朗的上午很可能转变为寒冷下雪的下午。因此，有经验的远足者都会备好充足的衣服。人们也熟知山岭顶端温度更低，海拔每升高300米，温度降低2度。

当你远足时，有一些危险需要注意。如果你在河中浸湿，身体体温损失导致低体温症。症状发生后没有得到及时治疗的话，低体温症可能会致命。另一方面，筋疲力尽的走路爬行使你出汗。脱水可能会增加你中暑和患上低体温症的概率。至于动物，你可能遇上寻找浆果的熊。熊袭击人的事件不多也不少。你也可能碰上麋鹿。这些大型食草动物对人没有危害，但是在交配季节也应该避着他们。一些昆虫也要注意。扁虱会携带落基山斑疹热，如不及时治疗也会致命。蜜蜂也是危险的，如果被刺的人发生过敏。

你们现在穿得都很温暖，包括毛袜子和远足靴，每个人都带着你认为需要的其他东西。

第一部分：个人决策 下面有15件物品。你远足之前，你的任务是根据远足者的普遍重要性而不是仅对你自己的重要性将物品排序，1代表最重要，15代表最不重要。不允许两种物品一样顺序。你可能会想，"如果远足者只能带一样东西，他会带什么？"这个东西就被排在1。接着，"如果登山者只允许多带一样东西，他会带什么？"这个就排在2。写下你的排序，命名为"你的排序"。牢记你的决策是为集体做出的，而不掺杂任何个人因素（见表6-2）。

表6-2　随身物品的重要性排序

物品	你的排序	小组排序	专家排序	你的分数	小组分数
装满水的水壶					
火柴					
指南针					
帽子					
维修工具箱（包括绳索、线、胶带、鞋带）					
急救箱（水泡保护剂和阿司匹林）					
五个睡袋					
太阳镜					
手电筒					
地形图和卡纳纳斯基路线导航图					
食物					
五个人的带防水两翼的帐篷（帐篷入口带遮帽）					
遮光剂					
雨具					
昆虫防护剂					

第二部分：小组决策 现在形成小组。在排序之前用几分钟讨论你们的假设。用建设性冲突理论引导决策和排序。规则是：①对想法批判，而不是人；②集中在做出做好的决策上，而不是赢；③鼓励每个人都参与讨论；④聆听每个人的想法，即使不同意；⑤如果你不清楚他人想法，请他重申；⑥说出支持两方观点的事实，然后试着整合；⑦试着理解双方；⑧如果证据证明你应该这么做，你本意不是如此，那么你要转变观点。

在"小组排序"一栏写下小组的答案。

第三部分：记分 指导老师会告诉你专家怎么把15个项目排序。把排序写在"专家排序表"中。计算你的个人得分，计算每项物品的排序差别，再计算15项物品总体差别。用同样的方式计算小组的分数。在下面写出分数和总数据。

你的总分数_____
所在小组每人的平均分数_____
你的小组总分数_____
小组中低于小组总分数的人数_____

自我评价：你更喜欢哪种团队角色

目的： 这个自我评价旨在帮助你认识在会议和相似的团队活动中，你喜欢扮演什么样的团队角色。

说明： 阅读表6-3，勾出你认为最能反映你的观点的答案，然后计算出每个团队角色上你所得的分数。这项练习应该是单独完成的，这样在没有比较的情况下，你能对你自己做出诚实的评价。班级会集中讨论几个在团队背景假设下的角色。表6-3只能评价几个团队角色。

表6-3 团队角色偏好表

考虑下面每一个陈述，勾出最能反映你观点的选项	一点也不准确	不是太准确	一定程度上准确	准确	非常准确
1. 我经常负责让团队同意那些应该在会议上完成的东西	1	2	3	4	5
2. 我倾向于向团队的其他成员总结这段时间团队完成任务的情况	1	2	3	4	5
3. 我经常帮助团队其他成员解决分歧	1	2	3	4	5
4. 我试图确保所有人都知道问题、了解情况	1	2	3	4	5
5. 我经常帮助团队决定如何组织讨论	1	2	3	4	5
6. 在会议上，我比别人更常夸奖队友的想法	1	2	3	4	5
7. 人们像是非常依赖我，相信我能让会议回到原来的主题	1	2	3	4	5
8. 一般地，团队都指望我能控制住争论，不让争论出现失控的现象	1	2	3	4	5
9. 我倾向于说一些能鼓舞团队的话语	1	2	3	4	5
10. 团队成员常常指望我给大家提供发言的机会	1	2	3	4	5
11. 在很多会议上，我不像其他人那样常常批评队友的想法	1	2	3	4	5
12. 我在会议上总是很主动地解决队友之间的分歧	1	2	3	4	5
13. 我会主动地鼓励安静的团队成员去描述他们对每个问题的观点	1	2	3	4	5
14. 人们倾向于依赖我去阐明这个会议的意义	1	2	3	4	5
15. 我喜欢做会议记录	1	2	3	4	5

 读完本章后，如果你需要更多信息，请登录：www.mhhe.com/mcshane7e 获得更多关于本章的深度信息和互动。

第 7 章
CHAPTER7

组织中的沟通

学习目标

阅读完本章，你应该能够：
- 解释为什么沟通在组织中如此重要，讲出四种影响有效沟通的编码和解码方法。
- 比较电子邮件沟通、语言沟通、非语言沟通的优势和问题。
- 解释群体接受程度和媒介丰富程度这两个因素如何影响对沟通渠道的偏好。
- 讨论有效沟通的障碍（噪声），包括沟通的跨文化和跨性别的差异。
- 解释如何更有效地传递信息，归纳有效倾听的要素。
- 归纳在组织层级下的有效沟通策略，回顾组织情报网的角色和关联性。

开篇案例：印孚瑟斯的内部沟通新渠道

"InfyBubble 是印孚瑟斯（Infosys）公司自己的网络平台，是 Facebook 和推特在内部背景下的结合体，鼓励员工联系任何他们想联系的人"，公司的内部沟通团队如是说。

通过 InfyBubble，员工可以"跟随"同事的谈话，基于共同的知识领域形成团队，在特定话题上建立收看列表，炫耀自己的信息和照片。与 Facebook 相似，InfyBubble 也有"喜欢"和"分享"功能来挑出最有价值的知识。"有人问员工对'线'（针对特定话题的在线邮递）的看法，整个团队开始给出意见"，印孚瑟斯执行官南蒂塔·格尔加（Nandita Gurjar）说。"如果有人觉得主意好，就会点'喜欢'。基于获得'喜欢'最多的解决方案，我们得到了方案库。"

当印孚瑟斯主管认识到通过社交媒体进行内部沟通的潜力（以及年轻员工希望公司使用这些新媒体）之后，InfyBubble 被引进。一项调查表明，印度印孚瑟斯的员工希望沟通媒体允许他们立刻获得信息、自由通畅地和其他人沟通、表达观点、和印孚瑟斯领导互动、沟通过程严肃的同时不失娱乐性。他们还希望 InfyBubble 和其他沟通渠道能够假设员工与上级是"成人—成人"关系。而传统的上下级关系是"父母—孩子"关系。

"合作是新的管理范式——所有的声音必须被听到"，印孚瑟斯的沟通团队说。"在工作场所，沟通是双向的。印孚瑟斯每个平台都建立在互动模型上。一旦沟通话题被发送，员工被鼓励提出建议。"

最初 Facebook 和其他社交媒体网站流行起来的时候，一些商业公司阻止员工获得和使用它们，声称它们会浪费时间，还会泄露公司的知识资源。现在，印孚瑟斯和其他公司把社交网站作为沟通策略的基石。他们发现这些新媒体为信息分享和社会关系提供了很大潜力，员工越来越多地使用新媒体，而且希望他们的组织能够提供这些沟通方式。即使技术进步迅速，我们可能还处在革命的开端。每一种社交的新方式都给员工间的沟通带来令人欣喜的改变。

沟通（communication）是指信息在两个或更多的人当中传播，并能被别人理解的过程。我们强调"理解"这一关键词是因为，沟通的本质就是要把信息发送者真正要表达的意思传递清楚。本章首先讨论有效沟通的重要性，并简要刻画出一个沟通过程的模型。接着，我们会定义几个沟通渠道的类型，其中包括以计算机为媒介的沟通方式。然后，我们再讨论在选择沟通媒介时要考虑的一些因素。我们还将介绍几种有效沟通的障碍，之后我们会粗略地看一下在不同组织阶层中的沟通方法，以及初步了解一下组织中流行的小道消息。

7.1 沟通的重要性

有效的沟通对所有的组织来说都是极其重要的，没有公司能够在缺乏有效沟通的情况下生存。这其中的原因是什么呢？在第 1 章中，我们把组织定义为一群为实现某一目标而互相合作的人。人们只有通过沟通才能互相有效地合作。尽管组织依赖于各种协调机制，但是频繁的、及时的、准确的沟通是第一位的，因为它意味着员工和组织通过沟通使工作有效而且同步。切斯特·巴纳德（Chester Barnard）是一家通信公司的 CEO，更是在组织行为理论方面受人尊重的先驱学者。他在 1938 年陈述过这样一个观点："只有在个人能够相互沟通交流时，组织才会诞生。"

除了协调工作，沟通也是组织学习的重要工具。它是知识进入组织、分配给员工的渠道。沟通的第三个作用是决策。想象在没有任何决策背景信息、可选方案信息、选择输出结果信息、决策实现目标程度信息的情况下做决策会有多大挑战。所有这些要素都需要与同事、外部环境的利益相关者进行沟通。例如，当机长鼓励下属开放地分享信息时，飞机航班工作人员能够做出更好的决策，因此引起更少的事故。

沟通的第四个作用是改变行为。当和其他人沟通时，我们总是试着改变他们的信念、感受乃至行为。这个影响过程可能是被动的，例如，只是清楚明白地描述情况，也可能是有意地改变一个人的想法和行动。我们将在本章的后面讨论劝说的话题。

最后，沟通支持员工幸福。与同事沟通能获取一些有价值的信息，这样能帮助员工更好地管理他们的工作环境。例如，研究表明当同事与新同事沟通一些过来人的智慧时，如避免办公室政治、正确完成工作流程、寻找有利资源、解决棘手客户等，能令新同事更快地融入组织。在情感上，沟通经历本身就是令人宽慰的。事实上，有更多的社交活动时，人们会减少患有冷漠、心血管疾病和其他生理或心理疾病的可能。本质上，人们内心有相互联结的驱动力，去验证自我价值、维护社会身份。沟通是满足这些驱动力和需要的手段。

7.2 沟通模型

在图 7-1 中展示了沟通过程的模型，这个模型为我们提供了一个形象生动的"管道"比喻，能让我们更好地对沟通过程进行认识和思考。根据这个模型，沟通是在发送者和接收者之间循环转动的。发送者建立信息并把信息编码成语言、手势、音调和其他符号或信号。接着，这个被编码的信息就通过一个或多个沟通渠道（媒介）传递给目标接收者。接收者接收到这些信息，并把这些信息解码成一些有意义的东西。最好的情况就是，解码出来的意思就是发送者想要表达的意思。

在很多情况下，发送者会为了保证其他人已经接收到而且明白他所要表达的信息而寻找证据。这种反馈可能是一个正式的回复，例如"是的，我明白你的意思了"，又或者是接收者通过随后的行为而反映出的非直接的证据。注意一点，反馈也是在重复着沟通的过程。反馈是再一次从接收者开始到原始信息的发送者，重新经过信息编码、传递、接收和解码。这个模型还让我们认识到，沟通不是一个可以自由流动的管道。相反，一个人把信息传递给另外一个人，这个过程会受到噪声干扰。这些噪声包括心理的、社会的、会扭曲或模糊发送者意图的结构。如果这个沟通过程的任何一部分被扭曲或者被破坏了，发送者和接收者都很难就信息达成统一的认识。

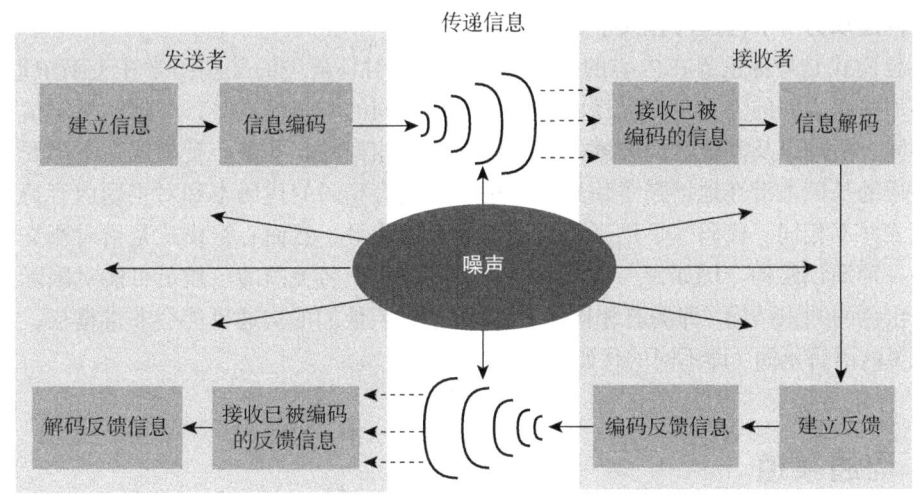

图 7-1 沟通过程模型

影响编码和解码有效性的因素

沟通过程的模型暗示了，沟通的有效性取决于发送者和接收者高效、准确的信息编码和解码能力。编码—解码过程运行得如何取决于发送者和接收者是否有相似的代码本，发送者交流信息的熟练程度，发送者和接收者通过沟通渠道进行沟通的能力和动力，沟通双方对于主题内容在心理模型上达成共识的程度。

1. 相似的代码本

信息发送者和接收者依赖"代码本"，它就是在沟通中所使用的符号、语言、手势、习语以及其他用来传递信息的工具。相似的代码本能够让沟通的参与者更加准确地编码和解码，因为他们拥有具有相同或相似意思的工具。同时，相似的代码本能让他们的语言更加精炼（例如避免用不同的方式说同一件事），也减少了多次确认信息的需要（"所以，你是在说……？"），因此，相似的代码本能提高沟通的效率。

2. 编码熟练程度

即使用同一本代码本，一些人比其他人更擅长沟通信息，因为通过经验，他们知道哪些词和姿势能向听众最好地传递信息。假设你已经向几个新员工介绍了公司的新产品发展方案。每一轮下来，你会知道哪些词汇、符号、声调及其他特征会更好地传达信息。通过经验，你对展示的调整会使听众更快更有效地接收到你的信息。

3. 沟通渠道能力和动力

编码—解码的过程依赖于发送者和接收者通过沟通渠道进行沟通的能力和动力。有些人面对面谈话的沟通效果会比较好，他们会比较倾向使用这种沟通渠道。另一些人在面对面谈话时会变得很笨拙或感觉很尴尬，但他们却非常善于利用手机短信来沟通。一些人擅长用推特沟通，另外一些人擅长通过手写的报告沟通。所以，即使双方有同样的代码本，信息发送者或接收者或者两者对所选的沟通渠道不喜欢或不擅长，信息的编码和解码过程也会受到阻碍。

4. 沟通双方对于沟通内容共享心智模式

心智模式是外部世界在内心的反映，它使我们对环境中的某些因素在头脑中形象化，并理清那些因素间的关系。当发送者和接收者有相同的心智模式时，那他们对于信息的位置、时间、格局以及其他情境因素的想象和期望是相似的。共享心智模式在不需要太多的内容沟通的基础上潜在地增强了信息的准确性。拥有相同的代码本和对主题内容持有相同心智模式并不相同。代码本是用来传递信息内容的代号，然而心智模式是指对所交流主题背景的一种知识结构。例如，一位俄罗斯的宇航员和一名美国的宇航员可能对国际空间站都有着出色的知识结构（即拥有相同的心智模式），但他们的沟通可能会非常糟糕，原因就是他们说的语言不同（即不同的代码本）。

7.3　沟通渠道

沟通模型中至关重要的一部分是信息传播的渠道或者媒介。这里有两种主要的渠道类型：语言的和非语言的。语言沟通是运用语言，出现在口语或书面的渠道上。非语言沟通是指没有使用语言的任何沟通。虽然口语和书面的沟通都属于语言沟通（即都使用了语言），但这两者是非常不一样的，它们在沟通的效力方面也拥有不同的优点和缺点。而且从传统上讲，书面沟通传递信息的速度要比口头沟通慢，但电子邮件、微博和其他以电脑为媒介的沟通渠道却已显著地提高了书面沟通的效率。

7.3.1　以电脑为媒介的沟通

20世纪60年代早期，由美国国防部出资，大学研究者开始讨论怎样通过网络连接电脑从而更好地合作。他们想把电脑连接起来的初步想法在1969年以阿帕网（ARPANET）的形式变成了现实。阿帕网一开始只有十几个左右的连接，而且按照今天的标准来看，速度慢、费用高，但是它标志着网络的诞生。两年后，一个电脑工程师发展了阿帕网，用网络在两台不同电脑间发送了第一封电子邮件。1973年之前，阿帕网的主要沟通是通过电子邮件。阿帕网主要用于国防研究中心，所以1979年，两名杜克大学的大学生发明了公共网络系统，叫作Usenet，Usenet使人们发送的信息能被所有人检索到，这使它成为第一个公共电脑媒体社会网络。

从早期的阿帕网和Usenet到现在已有很长一段历史了。现在流行的发短信、即时信息、社交媒体在十几年前的组织中并不存在。但是电子邮件仍是大多数工作场所的沟通媒介。通过 e-mail，能快速地书写、编辑和传递信息。人们不费力气就能把这些信息发送给很多人。e-mail 不是同步的（信息的发送和接收发生在不同的时间），因此人们不需要协调出一个共同的进行沟通的时间段。随着电脑搜索技术的进步，电子邮件软件已经成为有效的档案柜。

E-mail 有望成为人们所偏好的沟通工具，因为它能为决策发送定义好的信息。它也是协调工作的核心，虽然发短信和推特可以在这一点上代替 e-mail。二十几年前，当 e-mail 被引入工作场所时，它倾向于增加沟通的量，显著改变了群组内部和贯穿组织的信息流量。特别地，它减少了一些面对面谈话和电话的沟通，但它增加了人们与高层沟通的机会。一些社会或组织内部身份地位的差别在 e-mail 中还是存在的，但它已经没有面对面沟通时那样明显了。通过隐藏年龄、种族和其他特征，e-mail 已经减少了很多传统的偏见。然而，当我们意识到这些人的个人特点时，我们传统的观点又会再次萌发（见图 7-2）。

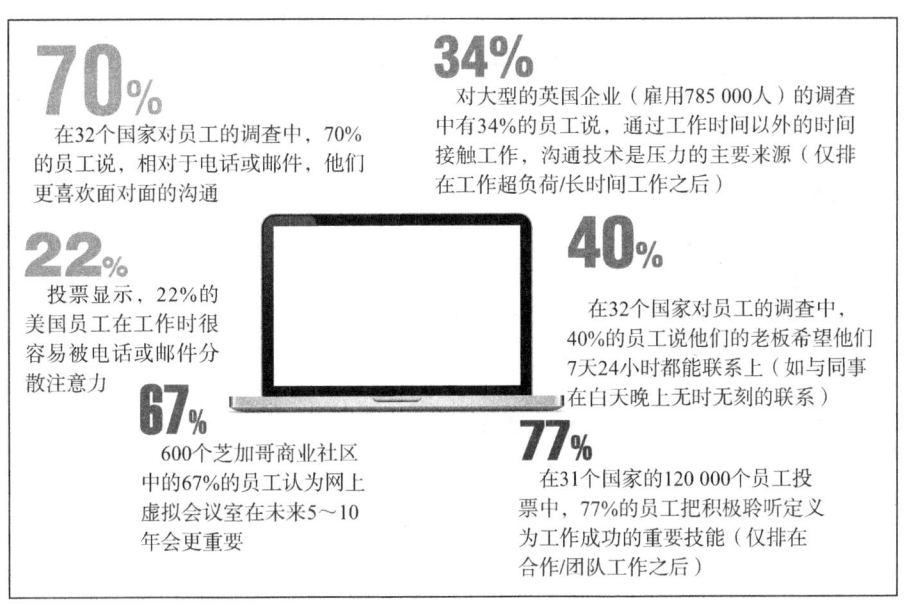

图 7-2　更多的高科技沟通方式，但是高接触度依然被重视

7.3.2　e-mail 存在的问题

e-mail 在很多方面都非常好，但使用这个沟通媒介的人也知道它确实还存在缺陷。这里是有关 e-mail 的四个最大的争议：

1. 糟糕的沟通媒介

在情感沟通方面，这是一个糟糕的沟通媒介。人们通过面部表情和其他非语言的信号来翻译某些语言内蕴含的情感；而 e-mail 缺乏这种类似的沟通能力。事实上，人们一直显著低估了他们理解 e-mail 的情感表达的程度。发送者可以通过使用感叹的语句（能看到你的来信实在太高兴了！），用黑体加粗或者引号进行强调，或加入代表某种情绪的生动形象的表情（叫作表情符号或"微笑符"）去阐明他们信息中所包含的情感。最近的研究表明，信息撰写者越来越擅长使用这些符号，但它们还是不能取代面部表情、音调和手势的完全复杂性。

2. 导致礼貌和尊重的流失

e-mail 的信息往往不如书信那么官方和客套。事实上，"非礼函体"（煽风点火）已成为一个术语，描述 e-mail 和其他电子信息向接收者传达消极情绪。收到 e-mail 的人也有错，因为他们倾向于推测出比发送者本意更消极或中立的解读。即使如此，e-mail 的人身攻击还是时有发生，因为发送者更容易通过 e-mail 而不是其他沟通渠道发送毁谤信息。一个人往往在他们情绪平息之前就把 e-mail 寄出去了，而传统备忘录和信的发送者有时间三思而行。第二个原因是 e-mail 的社会临场感很低（更没有人情味），所以员工很有可能会在 e-mail 中写一些在面对面谈话中很难说出口的东西。幸运的是，研究发现随着团队进一步的成长以及团队建立清晰的规范、沟通准则，"煽风点火"的邮件将会有所减少。

3. 当面对模棱两可、复杂和全新的情况时，e-mail 就是一个糟糕的沟通媒介

e-mail 能很好地处理那些常规的情况，例如给出基本的指导或者展示会议日程，但当面对模棱两可、复杂和全新的情况时，它就显得笨拙、难以适应了。正如我们将在后文中介绍的，这些情况要求沟通渠道能传递更大容量的信息，并且要求得到更加迅速的反馈。也就是说，当问题变得混乱不堪时，你就要停止使用 e-mail，开始使用谈话形式，而且最好是面对面的谈话。

4. e-mail 导致了信息过量

e-mail 导致了信息过量。一项估计表明，如今每年发送的 e-mail 已经从 1998 年的 1.1 万亿上升到了 20 万亿左右（不算 70 万亿垃圾邮件）。e-mail 如此泛滥的原因在于，人们不需要什么努力就可以写信息和把信息复制发给很多人。当人们对 e-mail 越来越熟悉的时候，e-mail 的使用量就有可能会下降，在那之前，e-mail 的使用量依旧往上涨。

🌐 全球链接 7-1　e-mail 再见，你好社交媒体！

法国源讯公司（Atos Origin）正在向 e-mail 开战。这家总部设在巴黎的全球信息技术咨询公司坚信 e-mail 在公司的传播量已经产生了"信息污染"，会扼杀生产力、降低员工幸福感。"我们在产生大量的数据，它们快速污染我们的工作环境，而且侵入我们的个人生活"，源讯公司高管蒂里·布雷顿（Thierry Breton）说。

源讯有证据说明 e-mail 降低了生产力和士气。监视了 e-mail 往来量一周后，300 个源讯员工发现他们一共发送和接收了 85 000 封邮件。源讯的调查报告指出，员工花费了超过 25% 的时间在管理邮件上，大多数员工认为邮件浪费时间。公司估计只有 10% 的 e-mail 是有用的，18% 的是垃圾邮件。

一些公司通过一周中的某天禁止发邮件来防止信息过量。不幸的是，"无邮件周五"经常导致"过多邮件周一"。源讯公司的政策更为彻底：计划几年之内成为一个无邮件的组织。公司将鼓励 50 000 名员工依靠其他的通信媒体——尤其是即时短信、网络会议、企业社交网站——来分享观点、参与社区、召开虚拟团队会议。"我们的工作方式在改变——所以完成工作的工具也在改变"，源讯公司副总李·蒂明斯（Lee Timmins）说。"公司社交网络和软件是鼓励合作的更好方式，这样还可以从一个人的收件箱发现更有价值的信息。"

源讯几年前就戒掉了 e-mail。去年，公司的一些项目的完成没有用任何 e-mail 的沟通方式。"我们不能一夜之间关闭 e-mail，但是我们能逐渐减少使用，通过倡议带来真正的改变"，蒂明斯解释说。源讯副总马克-亨利·德波特思（Marc-Henri Desportes）也指出转变很容易，因为很多年轻员工正从 e-mail 转换到其他方式或者压根就从未用过。"这些人再也不会用 e-mail 了"，德波特思说，"他们使用社交媒体工具"。

7.3.3 社交媒体的沟通

事实上，虽然 e-mail 看起来依旧是最受欢迎的沟通媒介，但它逐渐被不断涌现的社交媒体取代。社交媒体是以网络或手机为基础的渠道，允许使用者产生互动、分享信息。著名的社交媒体包括 Facebook、LinkedIn、Twitter、Wikipedia、Typepad（blogs），但是也有很多其他的，如开篇案例中印孚瑟斯公司对员工开放的社交媒体平台。

与传统网站只是创造者向受众"推送"信息不同，社交媒体是发送者和接收者之间对话性的、相互的互动。社交媒体能使用户通过社交媒体内容产生公众身份定义。社交媒体是"社交的"，因为它们鼓励通过链接、相互对话形成社区，对于某些像维基的平台，通过合作编辑内容形成公共空间。受众可以通过反馈和链接别人的内容到自己的社交媒体空间参与互动。

一个最近的模型表明社交媒体有下面几个功能：代表个人身份、发起对话、分享信息、感受他人在虚拟空间的存在、保持关系、显示名誉或地位、支持社区（见图 7-3）。例如 Facebook 强调保持关系，但是不强调分享信息或者形成社区（群组）。维基关注分享信息或形成社区，但是不关注代表用户的身份或名誉。

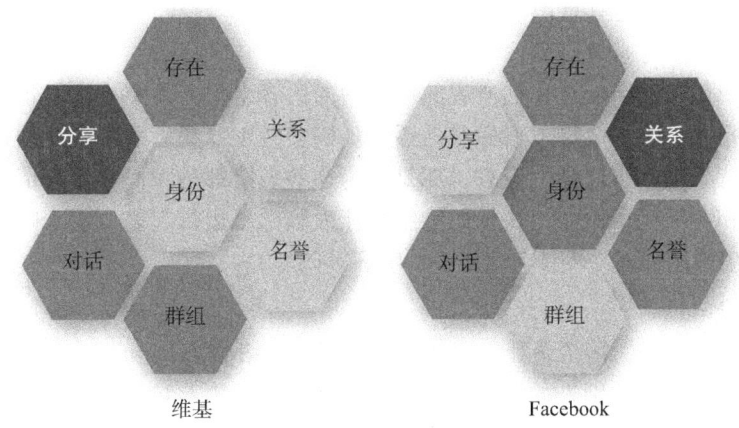

图 7-3 网络平台的沟通

一些研究总结社交媒体为工作场所提供多功能性和潜力。即使如此，公司还是不愿意引入这些沟通工具，主要因为缺乏知识、员工/资源、技术支持去应用它们。事实上，最普遍的做法是简单地禁止员工接触到社交媒体（通常在 Facebook 上发现过多的员工活动后），而不考虑这种沟通渠道的潜力。

7.3.4 非语言沟通

非语言沟通包括面部表情、音调、说话者彼此的距离、甚至沉默。当噪声或者距离阻碍了语言传播的有效性，或者由于需要即时反馈而使书面沟通变得不可行时，非语言沟通渠道就变得相当必要了。但即便是在安静的面对面的会议上，大部分信息的沟通都是非语言的。不像平行的交谈，非语言可以通过信号给沟通双方提供一些微妙的暗示，例如在语言谈话中强调他们的兴趣爱好，或者说明某个关系中他们相对的身份地位。

非语言沟通在某些方面上不同于语言（即书面和口语）沟通。第一，非语言沟通没有语言沟通那么多规则限制。我们在对口语的理解方面接受了很多正规的训练，但是伴随这些口头表达，人们还会发生很多非语言的信号，对理解这些非语言的信号方面，人们却受到较少训练。因此，非语言的暗示往往会模棱两可，也很容易被曲解（参考图7-4）。但同时，有很多面部表情（例如微笑）具有固定意义，而且具有普遍性，从而为跨文化交流提供了唯一可靠的沟通方式。

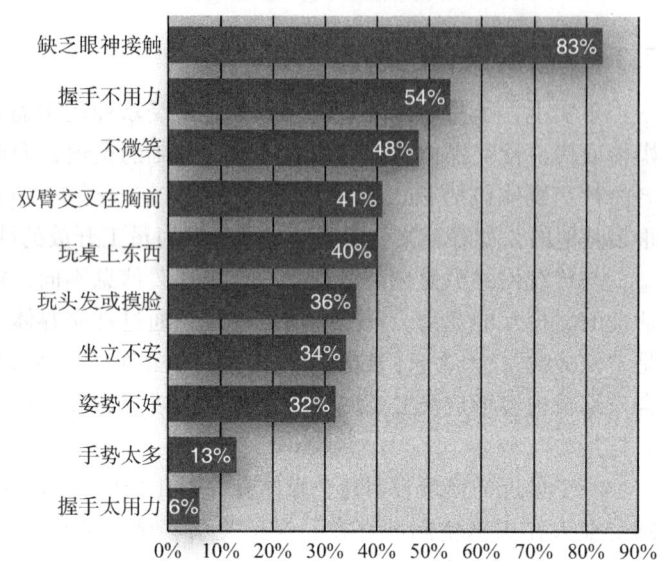

图7-4 工作面试中的身体语言错误前十

注：工作面试中最大身体语言错误的英国员工调查报告。一年之前的美国调查得到相似的结果。

语言与非语言沟通的另一个不同点就是，前者一般是有意识的，而大多数非语言沟通是自发和无意识的。我们一般会针对我们所说的或所写的内容组织一下文字，但却很少会在谈话过程中计划好每次眨眼、微笑或者做其他手势。确实，正如我们刚刚提及的，很多面部表情在不同文化背景下都有同样的意思，那是因为这些表情都是我们对自身情感一种无意识的自我反应，相对固定。例如，快乐的情绪会让大脑中心运行起来，使人咧开嘴巴，而负面的情绪会产生紧绷的面部表情（皱眉头，嘴唇紧闭等）。

情绪的感染

在非语言沟通当中，情绪最让人着迷的影响就是**情绪感染**（emotional contagion）这一现象，即人们会通过模仿别人的面部表情和其他非语言行为，自发地"捕捉"或者分享到别人的情绪。人体有大脑接收器，使得他们模仿所看到的东西。换句话说，某种程度上，我们的大脑导致我们的表现就像我们所看到的人。

当你看到一名同事的头意外地撞到了档案柜，思考一下你会发生什么事情。很大的可能是，你会本能地抽搐面部肌肉，并把你的手放到自己的头上，就好像是你自己撞到了档案柜一样。相似地，当你听到别人描述一些高兴的事情时，你的脸上会浮现笑容和其他高兴的表情。虽然个别非语言沟通是可以提前计划的，但情绪感染代表的却是一种无意识的行为——我们不由自主地同步模仿别人的非语言行为。

情绪感染对沟通和社交关系有三个影响方式。第一，模仿能提供持续、不间断的反馈，告诉信息发送者我们理解并能深刻体会他所表达的内容。为了思考清楚这一点的重要性,可以想象一下在你看到同事撞到头后,你却依旧是面无表情的情形。这种缺乏协同行为的现象反映了你对别人缺乏理解或者关心。第二,模仿别人的非语言行为是感同身受别人情绪的一个好方法。如果一名同事对一名顾客很懊恼,当你在倾听这名同事抱怨的时候,如果你能不时地眉头紧皱、表现出气愤,那么你会更充分地分享到这名同事的情绪。换句话说,我们不但能通过倾听发送者的语言,还能通过表达发送者的情绪去接收沟通的内容。

情绪感染的第三个作用就是,它能满足人与人是彼此关联的需求,这在其他章节中也描述过了。群体的团结是建立一种集体情绪上。通过情绪感染这样的非语言表达,人们看到其他人也能感受着与自己同样的情感。通过这些相似性的迹象,能加强团队成员间的关系,同时也能加强领导与下属的关系。

7.4 选择最好的沟通渠道

在特定的情形中,哪种沟通渠道最合适呢?需要考虑以下两个重要因素:社会接受度和媒介丰富度。

7.4.1 社会接受度

社会接受度是指沟通媒介被组织、团队和个人接纳和支持的程度。影响群体接受程度的一个因素是,组织和团队针对特定沟通渠道使用的规范。这些规范从某些方面解释了为什么在一些公司里面对面会议比较常见,然而另一些公司却以电脑为基础的视频会议(例如网络电话)和推特为主要沟通媒介。研究表明国家文化在选择特定沟通渠道时扮演重要角色。例如与上级沟通时,韩国人比美国人较少地使用 e-mail,因为这个媒介不是很尊重上级的地位。其他研究发现对 e-mail 的偏好依赖于文化对社交关系的内容、时间、空间的强调。

第二个影响社会接受度的因素是,个人对某一沟通渠道的偏好。你可能会发现一些同事忽视(或很少检查)语音信箱,但能很快地回复短信或推特。这些偏好产生的原因与个人的性格特点、以往的经历和某些特定渠道的强化训练有关。

第三个影响社会接受度的因素是渠道的象征意义。一些沟通渠道被视为没有人情味的,然而另一些被视为更有人情味的;一些渠道比较专业,然而另一些却比较随意;一些渠道比较"酷",然而另一些比较过时。例如,打电话与其他同步的沟通渠道比发短信和其他不同步的沟通渠道传递更强烈的紧迫感。渠道象征意义的重要性体现在经理用 e-mail 或者手机短信通知解雇或失业的事例中。这种沟通事件成为头条新闻是因为用这样的方式来传递这种特殊信息是不合适的(无人情味)。

7.4.2 媒介丰富度

除了社会接受度,人们还要根据媒介的丰富度来选择沟通媒介。**媒介丰富度**(media richness)是指媒介的数据传播能力——在特定的时间里能够传播的信息的容量和种类。图 7-5 是按照丰富程度的等级展示了多种沟通渠道,从最高端的面对面的互动到底部的单一的数据报告。当一个沟通渠道能够传递多种信号(例如能同时传递语言和非语言信息),允许接收者向发送者发出即时反馈、允许发送者就接收者的特点编码信息，能够让沟通双方使用多种复杂的符号（例如使用带有多种含义的语句和词组），那么这种沟通渠道便是高度丰富的。

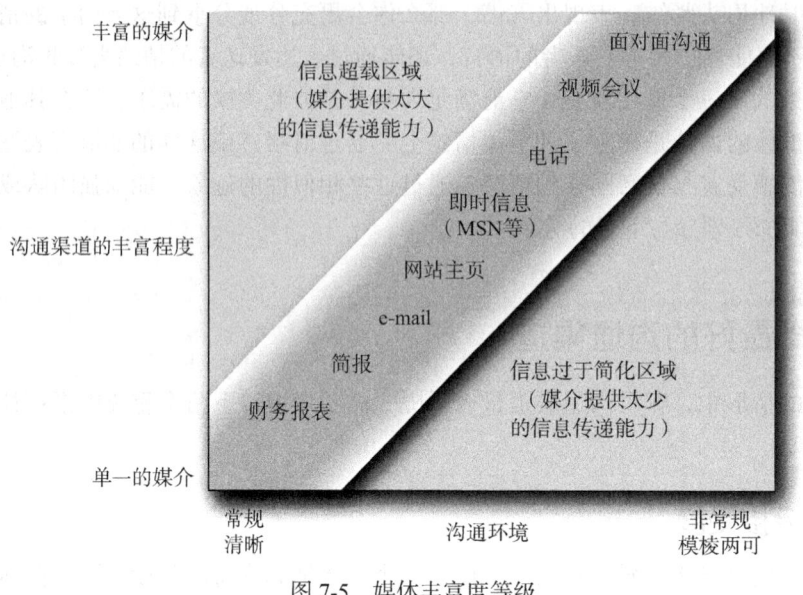

图7-5　媒体丰富度等级

面对面的沟通在媒介丰富程度方面是处于最上方的，因为它能允许我们同时用语言和非语言进行沟通，同时也能够让发送者从接收者那里接收到即时的反馈，也能够让我们迅速地调整我们的信息和沟通风格，还能允许我们使用比喻、习语（例如spilling the beans，即泄露秘密的意思）等复杂的语言。

根据媒介丰富度理论，当沟通的情况是非常规的、模棱两可的时候，丰富程度高的媒介优于丰富程度低的媒介。在非常规的情况下（例如意料之外的和罕有的紧急情况），信息的发送者和接收者几乎对此都没有什么相同的经验，因此他们需要传递大容量的信息，同时还需要彼此即时的反馈。在常规情况下丰富程度低的媒介能工作得很好，这是因为信息的发送者和接收者通过相似的心智模型，会有很多相同预期。在模棱两可的情况下需要使用丰富程度高的媒介，因为沟通双方需要分享大量信息和即时反馈，这样才能解决他们的观察和经历的多种不同。选择错误的沟通媒介会减弱沟通的效力。当情况是常规或者清晰的，使用丰富程度高的媒介——例如举行一个特别的会议——看起来会有点浪费时间。反之，如果一个特别的、模糊的问题只通过e-mail或其他丰富程度低的媒介来处理，那么对这个问题的处理会花费更多的时间，而且也更容易出现误解等情况。

媒介丰富度理论的异议

研究基本上支持传统沟通媒介（面对面、书面备忘录等）的媒体丰富度关联。然而，当研究以计算机为媒介的沟通渠道时，这个模型就不那么贴近现实了。看起来有三个因素模糊了媒介丰富度：

（1）进行多重沟通的能力。当你和某人面对面沟通时，你就很难（也很无礼）再同时利用其他沟通媒介给另外一个人发送信息。然而，很多以计算机为媒介的技术没有很多感官上的要求,因此员工能够很容易地同时参与两个或更多的沟通。换句话说,他们能够进行多重沟通。例如,人们在通过电话进行谈话时,还可以惯例地浏览网页。一些人在倾听大型会议的讨论时还能给客户写短信。虽然人们同时处理多项任务的效率不如料想的那样,但有一些员工已经非常善于进行多重沟通了,他们通过两种或更多种缺乏媒介丰富度的沟通渠道所传递的信息量与他们通过一种丰富程度高的沟通媒介传递的信息量是基本持平的。

(2)沟通熟练程度。在本章前面,我们解释过沟通的效力一部分是由信息发送者对沟通渠道的熟练程度决定的。熟练程度比较高的人能够通过沟通渠道"推"出更多信息,从而增加渠道的信息流量。例如,经验丰富的智能手机使用者能够在眨眼间发送和接受信息,然而新手却在努力地写着短信和整理新收到的信息。相反,人们在普通对话和其他自然渠道上的沟通能力是不会有很大差别的,因为大部分人都通过生活或整个固定的进化发展过程,对这些渠道形成了比较高的熟练程度。

(3)社会临场感效应。丰富程度高的沟通渠道有更多的社会临场感(social presence effects),这就是说,参与者感受到更多的彼此的存在感。然而,社会临场感使沟通双方对他们相对的地位和自我表现变得敏感,而这些会分散他们对信息的注意力。面对面的沟通有非常高的媒体丰富度,然而它的高社会临场感会破坏通过那个媒体的有效信息流。例如,在和公司 CEO 的单独见面中,你可能更关注你说什么会给 CEO 留下深刻印象,而不是 CEO 说了什么。换句话说,丰富度高的沟通媒介的优势,可能会被来自信息内容本身的社会干扰抵消掉,然而丰富度低的媒介拥有更少的社会临场感,不容易分散或扭曲传递的信息。

7.4.3 沟通渠道和劝说

一些沟通渠道比其他渠道在**劝说**(persuasion)上更有效,也就是说,在改变人们的信念和态度上更有效。最近的研究支持我们长期以来的观点,即口语沟通,特别是面对面的互动,比 e-mail、网页和其他形式的书面沟通更具有劝说力。这样的劝说效果存在的原因主要有三个。第一,口语沟通一般情况下都伴随有非语言的沟通。当人们同时接收到情感和理智上的信息时,人们会更容易被说服。而口语和非语言沟通的组合就提供了这样的二重冲击。一个长时间的停顿、扬起的音调、和(面对面互动)模仿的手势等都能增强信息中所带有的情感,从而更能为某些重要问题发出信号。

第二,口语沟通能够给信息发送者提供高质量的即时反馈,让发送者知道信息的接收者是否已经明白并同意这些信息(即接收者已经被说服了)。这些反馈能使发送者更快地调整信息的内容和语气,这个调整速度要比书面的沟通快得多。第三,相较于社会临场感低的环境而言,人们在社会临场感较高的条件下更容易被说服。在面对面的交谈中(高的社会临场感),人们会更加在意在那种社会情境下别人是怎么看待自己的,因此他们会十分注意发送者发送的信息,同时也更愿意积极地考虑发送者的观点。如果人们是通过网站、e-mail 或者其他书面沟通收到劝说,这些信息往往是匿名的而且接收者会与劝说者存在心理距离。这些情况都会让接收者减少考虑和接受这些劝说的动力。

虽然口语沟通会更有说服力,书面沟通在某种程度上也能成功劝服别人。书面信息相对谈话有一个优势,那就是它能展示更多技术上的细节。当问题对于接收者非常重要时,这样具体详尽的信息就变得非常有价值了。同时,当人们与比较亲密的群体通过书面沟通的方式来互换信息时，人们也能体验到适中的社会临场感，因此朋友和同事的书面信息也是具有说服性的。

7.5 沟通障碍（噪声）

虽然发送者和接收者都希望沟通能顺利进行，但还是存在几个障碍（在图 7-1 中又叫"噪声"）阻碍了信息交流的有效性。正如作家乔治·伯纳德·肖（George Bernard Shaw）所写的："沟通中的最大问题就是事先已经形成了的错觉。"其中一个障碍是发送者和接收者两者都不完善的认知过程。就拿接收者来说，我们不像发送者假设的那样认真倾听，而且我们会根据自身的需要和期望选择性地注意或忽略一些信息。而相对而言，发送者也好不到哪里。一些研究表明，我们要走出自身的想法而且理解别人想法是很困难的，因此我们会常常过高地估计了别人对我们表达的信息的理解程度。

语言问题可能是沟通障碍的巨大来源，因为发送者和接收者可能没有相同的代码本。但即使两个人说同一种语言，他们对某些特别的字眼或词组也会有不同的解释。英语（相对于其他语言来说）本身就有很大歧义会导致误解。考虑一下这个问题："你能关一下门吗？"你可能会认为发送者是在询问是否允许关门，而这个问题也可能是在询问你目前的身体状况能不能把门关上，又或者是在问这扇门的设计是不是能够被关上的。又或者事实上，这个问题本身就不是问题，而是别人在礼貌地告诉你，让你去把门关上。

模棱两可的语言不总是功能失调的噪声。公司领导有时故意说模糊的话来反映话题的模糊性或避免更准确的词语带来的情绪反应。他们可能用隐喻代表公司的未来或者使用不明显的短语，例如用"重组"和"调整"去暗示人们可能会被裁员或失业。一项研究表明，人们与拥有不同信念和价值观的人沟通时，人们会更依赖这些模棱两可的语言。在这些情况下，模棱两可能够减少冲突的风险。

行话（jargon）——存在于某些特定职业或群体的特别用语，其设计目的在于，利用它来提升沟通的有效性。然而，当发送者向没有掌握行业术语这种代码的人传达这种术语时，反而会起到负面的效果。而且，过度使用行业术语也会让人觉得反感。例如，在前家得宝CEO 罗伯特·纳德利（Robert Nardelli）执掌克莱斯勒后，他就很骄傲地宣布："我很幸运能有这样一群人和我在一起：他们能在各个领域负起责任，能从整体方案直指细节，保证我们跨职能之间可以水平地对接，使得我们能够纯粹地将视线瞄准我们的客户。"也许商业记者能弄明白这位新掌门想表达的意思，但他们对此的印象并不深刻。

噪声的另一种来源是过滤信息的倾向。所谓过滤就是删除或者延迟某些负面信息，或者减少使用一些刺耳的词句，从而使信息听起来比较讨人喜欢。信息过滤在公司领导创造"坦白文化"时，发生可能性小。当领导自己真诚沟通、寻找不同信息源、保护和奖励诚实坦白的人时，这种文化就建立起来了。

信息超载

从每天雪崩般的 e-mail 开始，再加上语音信息、手机短信、PDF 下载文件、网页、纸质版复印文件、即时信息、博客、维基和其他信息来源，把这些集中起来，你就拥有了创造信息超载的完美配方。就像图 7-6 所描述的，当工作的信息压力超过了个人处理的能力时，**信**

息超载（information overload）便发生了。员工都有一定的信息处理能力——在固定的单位时间里，员工能够处理的信息的容量。同时，工作中也有不同程度的信息压力——单位时间里需要处理的信息量。当人们来不及处理这些信息时，很多信息就会被忽略或者被误解，这样信息超载会造成沟通障碍。而由此导致的结果就是个人会做出不合理的决策并面对高强度的压力。

信息超载的问题可以通过以下一些方法得到减轻：提高我们处理信息的能力，减少工作的信息负载，或者两者相结合。研究表明，员工能够通过加快阅读速度、提高浏览文件

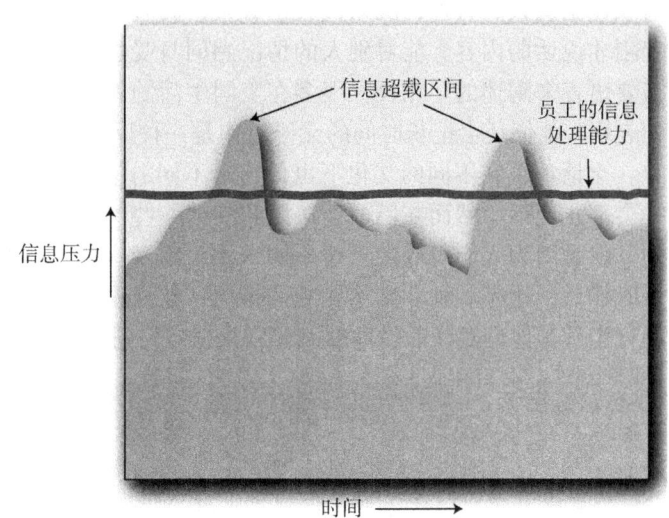

图 7-6　信息超载动态图

的效率以及排除那些会降低信息处理速度的干扰因素来提高他们的信息处理能力。同样地，通过时间管理也能提高信息处理能力。如果信息超载是暂时性的，那么我们可以通过加长工作时间来提升信息处理能力。另外，缓冲、忽略和做总结也能减轻信息压力。缓冲包括过滤掉某些信息，这个工作通常是由助手来完成。当我们决定要忽略某些信息时，忽略便可以发生，例如我们利用某些软件，将 e-mail 从分散的清单中重新安排到那些我们从来不看的文件夹中。有关总结的一个例子是，阅读执行摘要而不是看全篇报道。

7.6　跨文化和跨性别沟通

当国际化和文化多元化程度不断加深时，跨文化沟通的问题也肯定会越来越多。声音语调是跨文化沟通障碍的一种形式。人们会说得多大声、多深沉、多快都会由于文化背景的不同而不同。而这些音调却可能暗含着某些信息，这在不同的文化中所表达的意思可能也是不同的。

就像前文提到的，语言是跨文化交流中一个最明显的挑战。言语在语言沟通中是很容易被误解的，这可能是因为接收者的词汇量有限，也可能是因为发送者的口音使部分词语的发音失真。例如，在一次学术研讨会中，德国西门子电气的参加者提到，一名法国同事把一件事情夸张地称为"大灾难"，而且把这种夸张的修辞手法看作是一件很平常的事情，然而某个在德国的员工却会常常把这个词理解为类似"震动世界"这样的大事件。同样地，英国毕马威会计事务所有时会说另一个人的建议是"有趣的"。他们不得不向德国同事声明"有趣"并不一定是称赞这个建议。

沟通还包含沉默，但沉默的使用和意思在不同的文化背景下也是不同的。一项研究估计，沉默和停顿占据了日本医生和病人谈话时间的 30% 左右，而美国医生和病人间的沉

默和停顿只占据整个谈话时间的 8% 左右。为什么在日本人的对话当中会有这么多的沉默呢？因为在日本文化中，人际和谐和保全面子更重要，沉默是表示不同意，但是不破坏和谐或侵犯别人。另外，沉默代表了尊重，同时也表示聆听者在专心致志地倾听和思考说话者刚才说话的内容。能对别人的情况感同身受，这在日本是非常重要的，而这种理解是不需要语言来阐述的。相反，很多在美国生活的人和很多其他文化都把沉默看作是缺乏沟通的表现，他们还会把长时间的无语看作是一种反对的信号。

会话重叠在不同的文化下也传递出不同的信息。如果日本人在讲话被打断时，他们往往会停止说话，然而在巴西、法国和其他一些国家，在别人的说话过程中插话是非常常见的。就是因为人们对此的理解不同，才会出现这些不同的沟通行为。在日本，你在别人说话时插话，这是一种非常不礼貌的行为，然而这对于巴西人和法国人而言，他们又会把这种行为看作他们对谈话内容感兴趣以及想参与到谈话当中。

全球链接 7-2　礼貌地保持沉默

Miho Aizu 参加了很多用英语交流的会议。直到最近，来自日本的埃森哲咨询公司的管理者认为他在这部分沟通得很好。但是最近在专业服务公司开展的培训项目中，Aizu 认识到日本文化规范阻碍了跨文化商业对话。一个问题是她过于礼貌地等待别人结束对话。"我被告知我应该插话而不是等着别人说完他们想说的"，Aizu 说。北美、南美、中东和大多数欧洲的管理者很少允许沉默发生，所以 Aizu 和其他日本与会者经常难以加入对话。

Aizu 还认识到日本对不完美的语言技巧的过度关注阻碍了她参与会议。"团队讨论时，我想说很多东西，但是我觉得我应该提高我的英语和展示技巧"，Aizu 承认。相反，埃森哲咨询公司的其他非英语母语国家的管理者尽管英语不好也侃侃而谈。

在日本，清晰地表达和等待别人说完是尊重和文雅文化的标志。但是在与来自其他文化的管理者开会时，这样做有可能被别人看成是缺乏沟通。"有很多人和我说，他们不理解日本人在想什么"，埃森哲咨询公司的日本董事长 Chikamoto Hodo 说。"我们的人（在埃森哲咨询公司）比大多数日本人健谈，但是他们在与外国人交流时还是遇到困难。"

埃森哲咨询公司希望培养能够在全球业务中有效沟通的领导者，所以公司举办了特殊项目来指导经理怎样更好地与不同文化的同事和客户沟通。埃森哲咨询公司与会者学习日本沟通实践的同时，Aizu 和其他埃森哲咨询公司的日本员工会接受关于如何在沟通中更积极的指导。"在各种培训项目之后，我更能说出我想说的，不需要担心精确的字句"，埃森哲咨询公司人力资源高级经理 Satoshi Tanaka 说。

7.6.1　跨文化非语言沟通的差异

非语言沟通是另一个跨文化沟通可能会产生误解的领域。很多无意识的或者不由自主的暗号（如微笑）在全世界范围内都有同样的意思，但一些故意的动作手势却常常会有不同的解释。例如，我们当中的很多人会左右摇头来表示"不"，但是对印度人来说，摇头的一个引申意思是"我明白"。菲律宾人通过扬起眉毛来表示他们给出肯定的答复，但是阿拉伯人会把这种表情连同发出的啧啧声解释成一种负面的答复。大多数美国人都被教育要与演讲者保持眼神交流，从而显示出他们对说话的内容感兴趣和对讲者表示尊重，然而对一些北美的原住民而言，在他们很小的时候就学会了，当长者或者地位更高的人对他们说话时，眼睛要向下看以此来表示尊敬。

7.6.2 沟通中的性别差异

男性和女性沟通行为大体上是相似的，但还是存在着微妙的差别，这些差别偶尔会导致误解和冲突（见图7-7）。其中一个差异就是，男性比女性更容易把一场对话看成一场有关地位和权力的谈判。他们通过直接给别人提供建议（即"你应该做以下的事情"）和使用挑衅性的语言来强调他们的权力。还有一些证据证明，男性和女性谈话时，谈话常常是由男性来掌控的，而且他们比女性更常打断对方，而且不像女性那样会常常调整说话风格。

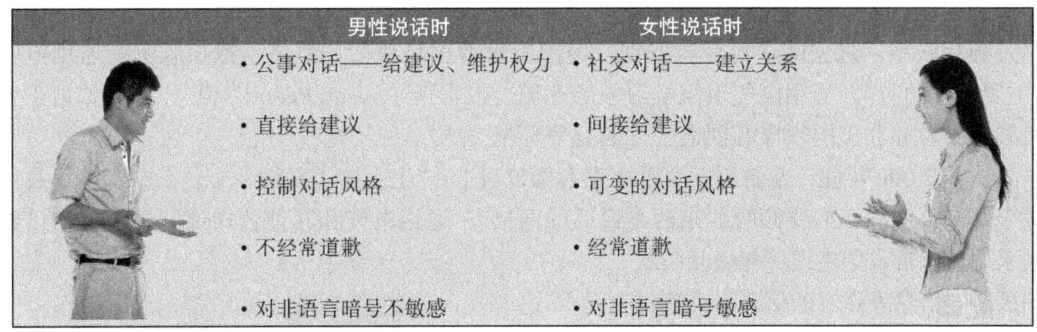

图7-7　沟通中的性别差异

男性会参与更多的"公事对话"，该类型谈话的主要功能就是客观并高效地交换信息。女性也会进行公事对话，尤其是和男性对话时，但女性与女性之间往往通过"亲切交谈"来建立关系，女性会使用更多间接要求的语言，（"你觉得你是不是应该……"），她们道歉的频率也会更高，而且她们征求别人意见的速度也比男性快。最后，研究还是非常公平、一致地认为，在面对面交谈时，女性对非语言暗号的敏感性要比男性强得多。如果把这些情况综合起来，就会引发两性沟通的冲突。遇到问题的女性会觉得很沮丧，因为男性只会给她们提供建议而不会提供安慰，然而男性也会感到失落，因为他们不明白为什么女性不感谢他们的建议。

使用社交媒体沟通时，性别差异也会发生。尤其是，女性更容易访问像Facebook、Twitter这样的社交网站，花更多的时间上网，比她们的男性伴侣点击更多网页。女性在照片分享网站表现更活跃。全球来看，在注册Twitter账号和使用Twitter上，女性比男性活跃。她们使用这类沟通渠道的理由也不同。女性使用Twitter作为对话性而不是功能性媒介。整体来看，女性每月平均上网24.8小时，男性每月平均上网22.9小时。

7.7　改善人际间的沟通

有效的人际沟通需要发送者有让别人理解自己信息的能力，同时接收者也需要积极倾听。本节我们将简要地介绍在有效的人际沟通中的这两个核心特征。

7.7.1 让别人理解你的信息

本章开篇就说明了什么是有效的沟通,当别人接收到并理解那些信息时,有效的沟通才算发生了。这比大多数人相信的要难。为了让别人理解你的信息,第一,你需要向接收者强调,应该注意那些多义或容易引起情感反应的词句。第二,确认你重复信息,用不同的表达方式多次强调那些要点。第三,你的信息与其他信息包括噪声在竞争,所以选择一个接收者不太可能被其他事情打扰的谈话时机。第四,如果你是在沟通坏消息或批评时,关注问题,而不是人。

7.7.2 积极倾听

通用电气(GE)最近修订了它著名的领导力发展项目,使之更好地和员工、领导的文化差异相联系。过去的项目经验发现,美国管理者擅长谈话,但是不擅长倾听。通用电气"主要关注倾听",通用电气组织学习领导苏珊·彼得斯(Susan Peters)说。"我们致力于为美国领导者和非美国领导者创造平等的竞争环境。"

大约2 000年前,希腊哲学家爱比克泰德曾写下:"上天给了我们一个舌头,却给了我们两个耳朵,所以我们要倾听的东西是说话的两倍。"通用电气和其他公司逐渐在领导力培养上采用这位哲人的建议。积极倾听是积极感知信息发送者的信号、准确评估信息、适当回应的过程。倾听的三个要素——感知、评估、回应,反映了本章一开始描述的接收者的沟通模型。倾听者收到发送者的信号,按照意图解码它们,提供合适、及时的反馈(见图7-8)。积极的倾听者在对话中不断地围绕感知、评估、回应循环,并且参加活动改善这些过程。

- **感知** 感知是从发送者处接收信号并注意这些信号的过程。积极的倾听者会通过三个方法来提升感知水平。第一,他们会等讲话者讲完话后才对刚才的说话内容进行

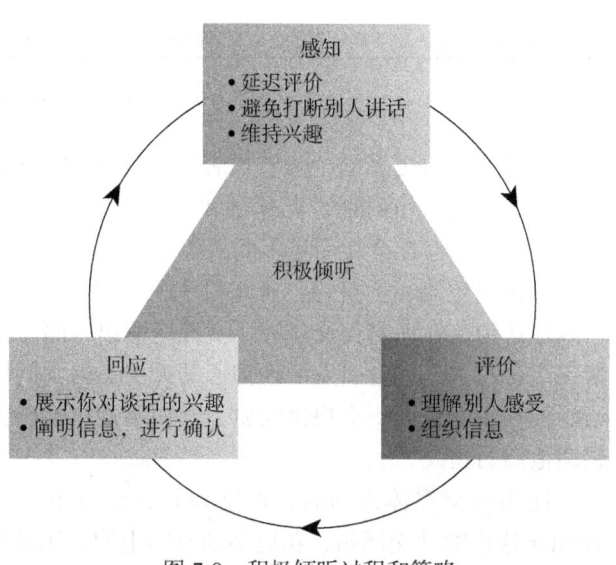

图 7-8 积极倾听过程和策略

评价,他们不会事先就树立一个观点。第二,他们会避免打断别人的讲话。第三,他们会始终饱含热情地去倾听。

- **评价** 这个评价因素包括理解信息的意思、评价信息以及记住信息。为了提高对谈话的评价水平,积极的倾听者会让自己设身处地地体会讲话者的说话内容——他们尝试理解并敏感地感受说话者的感觉、想法和情况。评价也可以在沟通时通过组织讲话者的想法来得到提升。

- **回应** 回应，倾听的第三个组成因素，是指向发送者发出反馈，从而能激发和引导讲话者的沟通。积极的倾听者会通过充分的眼神交流和发送反馈信号（即"我明白了"）来做到这一点，而眼神交流和发送反馈信号都能显示出倾听者对说话内容感兴趣。他们也会通过重新阐明信息来进行回应——在适当的停顿后用另外的方式来陈述说话者的想法（"所以你是在说……"）。

7.8 改善层级间的沟通

目前，我们只是把精力集中在沟通过程中的小问题上，即只考虑两名员工之间或者几个人之间非正式的沟通交流。但在当前这个时代，知识就是一种竞争优势，公司领导者需要保持公司上下级间、整个组织内部间沟通的畅通。在这一节，我们将讨论三种改善沟通的策略：工作地点的设计，以网站为基础的沟通，以及和高级管理层直接沟通。

7.8.1 工作场所的设计

为促进信息分享和创造社交工作环境，英特尔公司已经推倒了俄勒冈州波特兰微芯片设计中心的隔间墙壁。"我们认识到我们变得没有效率，而且并没有像我们想要的那样合作"，企业服务主管 Neil Tunmore 承认。重新装修的建筑包括员工建立临时工作区域的共享空间，还有更多的供员工私下合作的会议房间。

英特尔和其他公司通过重新设计工作空间和员工操作来提升沟通。走廊、办公室、隔间、公共区域（咖啡厅、电梯）的位置和设计都影响了我们与谁谈话以及谈话的频率。尽管这些开放空间安排增加了面对面沟通，但也增加了噪声、分心、隐私损失。eBay 的一个电话中心的员工经历了太多的开放工作区域的分散精力的情况，所以当同事乱拿乱放时，他们宁愿沉默。其他人认为开放工作空间噪声问题很小，因为员工一般会轻声说话，而且白噪声技术阻挡了多数声音。但在没有这些压力的情况下增加社交互动还是个挑战。

另一个工作地点设计的策略是把各个团队的员工安置在周围有回廊的不同的空间中，但同时也鼓励不同团队之间进行互动交流。皮克斯动画工厂就是根据这个想法，在加州的埃默里维尔建造了它的校园。这个建筑的设计是鼓励团队成员互相沟通的。同时，这个校园也鼓励不同团队间的人员多偶遇多沟通。皮克斯的执行官们把这个称为"洗澡房效应"，因为团队成员必须离开他们独立的房间去接收他们

英国葛兰素史克公司（GSK）把它在美国的传统办公室转变成了开放工作空间。这家总部在伦敦的制药公司的美国员工，如今在共享桌子上与做相似工作和同一个项目的同事当"邻居"。在同一个服务器的电子文件代替了大多数硬拷贝文件，电话成为手提电脑的一部分。新工作安排增加了面对面沟通和观点交叉。它也显著减少了工作空间和 e-mail 的沟通。然而新工作安排也出现问题。"这造成很多分心，很难集中精力"，一个在北卡罗来纳州 Raleigh 的搬到新开放工作空间中心的 GSK 的员工抱怨。

的信件、享受午餐或者去洗手间。

7.8.2 以网站为基础的组织沟通

很多年以来，员工都是通过纸质版的简报和杂志了解到公司的官方新闻的。虽然很多公司还仍旧使用这些沟通工具，但却有更多的公司已经完全使用网站来发布消息了，那些传统的方法已经被网络取代了。传统的公司杂志如今一般会发布在网站上或者通过 PDF 格式来派发。这种电子杂志的优点是公司的新闻能被很快地编辑好并很快地散播开去。

但是，员工对那些被管理层筛选和打包过的信息越来越怀疑了，所以像 IBM 一样，一些公司鼓励员工在内部博客和维基上放新闻。维基是一个公共网络空间，在这个空间里，任何一个属于这个群体的人都能够在这个网站上编写、编辑或者删除资料。维基百科，一个非常受欢迎的在线百科全书，它就是维基的一个大型的公开实例。IBM 在数年前以 WikiCentral 的形式引进了维基技术，目前 WikiCentral 包含有 100 000 名员工，他们主持着超过 20 000 个与维基技术相关的项目。维基的精确度依靠参与者的质量，但是 IBM 的专家说 IBM 的网上社区会快速发现错误。另外一个考虑是维基已经不能获得员工的支持，可能因为参与维基花费时间，而公司不奖励也不承认为维基发展花费时间的人。

7.8.3 与高级领导层直接沟通

经济危机期间，美国交通运输部门的员工满意度分数在联邦政府中处于最低水平，交通运输部门部长雷·拉胡德（Ray LaHood）通过更多开放性沟通和其他管理实践改善了状况。"员工满意度的提升不是偶然"，雷说。"自从加入交通运输部门，我首创了与员工的市政厅会议，我也举办开放办公室时间，让员工自由地告诉我他们在想什么。"

雷行动的启示是管理者需要直接与员工和其他利益相关者见面来提升士气，并传递和接收全面的、有意义的信息。市政厅会议大多是上下级的沟通，但是 CEO 的出席比视频记录和手写备忘录更加可靠和亲力亲为，员工也有机会问问题。管理者的另外一个策略是通过圆桌论坛倾听员工代表对各种问题的观点。在部门的层次上，一些公司举行每周制或者每日制的"聚会"——非正式的短会，在这样的会议上，员工和管理者会讨论目标和倾听新故事。一个不太正式的直接沟通的方法是**走动式管理**（management by walking around，MBWA）。40 年前被惠普的人创造出来，这项实践简单来说就是高级管理者走出办公室，每天或者经常性地和员工聊天。在 1-800-Got-Junk，它的创始人和 CEO Brian Scudamore 把这个策略运用得更淋漓尽致。"我没有设立属于我自己的办公室，而且一天中我经常会不定时地在不同的部门间到处走走。"

通过这些直接的沟通能大大地减少信息的过滤，因为管理者直接倾听员工的意见。这些直接的沟通也能使主管更快、更深刻地了解组织内部的问题。直接沟通的第三个好处就是，员工会对公司高层所做的决策有更深的认同感。

7.9 通过小道消息进行沟通

组织领导者可能尽力想通过 e-mail、Twitter 和其他的直接正式渠道来与员工沟通重要的信息，但是员工依旧会在某种程度上依赖公司的**小道消息**（grapevine）。小道消息是建立在社会关系基础之上的非结构化的、非正式的关系网，它不是机构组成表或者企业工作说明。员工是怎么看待小道消息的呢？针对两家企业的员工进行调查——一家位于佛罗里达州，另一家位于加州，我们发现基本上所有的员工都会使用小道消息，但很少人喜欢这种信息来源。加州的调查报告表明，只有 1/3 的员工会选择相信小道消息。换句话说，员工只有在其他选择很少的情况下才会选择采用小道消息。

7.9.1 小道消息的特点

一个很多年前就已经进行的研究表明，小道消息在组织内部各个方向上的传播都是非常快的。最经典的传播方式就是集群连锁，通过这个链，有些人会主动地把一些谣言传播给其他很多人。小道消息是通过非正式的社交网络发挥作用的，因此当员工拥有相似的背景、能够很容易地进行沟通时，小道消息就会更加活跃。很多谣言看起来至少它的核心内容是真实的，因为它们是通过媒介丰富度高的沟通渠道（如面对面）来传递的，而且员工也非常希望沟通能有效地进行。然而，小道消息还是会通过删减某些细节和夸大故事要点来扭曲信息。

以上这些特点可能还是真的，但是伴随着新兴的 e-mail、社交网站和推特已经取代了流言的传统传播通道，小道消息的其他特征基本上都已经改变了。例如，有一些 Facebook 网页上的主题是专门围绕某个特定的公司设立的，通过这个网页员工和客户表达出他们对组织的不满。除了改变了小道消息传播的速度和圈子，信息技术还把小道消息传播的范围扩展到全球，而不仅仅像以前那样只在小隔间之间传播了。

> **争论点** 管理者应该用小道消息与员工沟通吗？
>
> 自从当代组织引入后，小道消息已经成为管理层的诅咒。无声无息地快速传递的信息使得人们很难分辨信息到了哪里、告诉了谁、谁对错误的信息负责。员工为了在困难时期获得知识和社交安慰，自发地涌到小道消息前面，但是小道消息的扭曲有时增加的压力比减少的要多。想象这样的情形是荒谬的：管理者试着系统地传递重要信息——新闻或别的——通过这种不可控制的、古怪的沟通渠道。
>
> 但是一些沟通专家再次审视小道消息，把它看作资源而不是敌人。他们的灵感来自于病毒式营销和口碑传播逐渐成为热点。当信息传播到一些人，基于友谊模式，又传播到其他人，病毒式营销和口碑传播就发生了。换句话说，信息传播到其他人源于收到信息的第一批人的突发奇想。在组织内部，这个过程是工作上小道消息的本质。员工向每天接触到的人传播信息。
>
> 第二个争议是小道消息比从管理者到员工的传统沟通渠道更具有劝说性。小道消息基于社交网络。社交网络是组织权力的重要来源，因为它们建立在信任基础上，信任增强了通过这个社交网络发送的信息的接受度。因此，小道消息比其他沟通渠道更有劝说性。
>
> 当丹麦诺和诺德公司试着改变管理人员的形象时，小道消息作为沟通工具的力量显现出来了。这家欧洲制药公司在用传统沟通方式后一年，业绩没有起色。"我们有广告、会议、竞争，你能想到的一切其他的东西"，沟通建议专家贾各布·沃尔特（Jakob Wolter）说。"结果，我们实现了一些事情——所有人都知道——但是成效很小。"

> 所以诺和诺德公司采取了另外一条路线。在员工的半年聚会中，九个管理员工收到了封蜡的秘密信封，把他们分配到三个"秘密社会"的其中之一。会议期间，员工和管理主管见面，他们签下宣言，包括授权和预算。他们被告知任务要保密，有好奇的同事来打听，就说"我不能告诉你"。
>
> "从那天开始，谣言四起"，沃尔特说。"人们在想到底发生了什么。"秘密社会可以招聘更多员工，接下来几个月他们也确实这么做了。诺和诺德公司的所有员工都很好奇，不断地向他人扩散观点和新闻。同事、秘密社会的成员被授权改善形象和工作流程，他们发明了很多首创，给公司带来了进步。

7.9.2 小道消息的好处和坏处

小道消息是应该鼓励、忍受还是平息掉呢？回答这个问题的困难就在于小道消息既有好处也有缺陷。一个好处，就像前文提到的，就是当信息从正式渠道无法获得时，员工可以依靠小道消息来获取。它也同时是传播组织故事和其他组织文化的渠道。小道消息的第三个好处就是这种社交互动能减轻焦虑。这就解释了为什么在充满不确定因素的期间，小道消息会特别活跃。最后，小道消息与人们建立联系的欲望有关。根据进化心理学家的研究，成为一名流言的接收者是融入某个群体的信号。从某些方面说，试图去打压小道消息就是想破坏自然人性对社交互动的渴望。

虽然小道消息提供了这些好处，但它仍不是一个受人喜欢的沟通媒介。小道消息有时会过分地扭曲信息，这样它就会加大员工的焦虑而不是减轻。而且，管理人员信息沟通的速度如果比小道消息传播的速度还要慢时，员工会对组织产生更负面的态度。因此，公司领导应该要怎样处理小道消息呢？最好的建议可能是，从小道消息中了解员工的焦虑，然后更正这些焦虑的来由。有些公司也会听取这些流言，然后插手更正那些公然的错误和无稽之谈。但最重要的是，公司的领导者需要把小道消息看成一位竞争对手并直面挑战，面对挑战的方法就是，在小道消息还没传开前，直接向员工通告新闻信息。

7.10 网络平台环境的沟通

现代管理学理论奠基人彼得·德鲁克所称的"第四次资讯革命"对组织沟通带来了革命性影响。近年来，组织和我们的日常生活最大的变化之一就是新的沟通技术的巨大发展，基于这些变化的速度和扩张性，伴随着大范围的信息技术的发展和组织沟通中出现的问题，每个人都必须跟上潮流。网络的出现使信息沟通的方式和途径发生了根本性的改变。

局域网、电子邮件系统、数据库等方式成为企业实现内部沟通的重要方式和工具。运用这一方式和工具，企业内部所有人员之间的沟通达到了前所未有的充分和高效。网络的应用不仅改变了信息沟通的方式，还提供了完成高效管理所需要的技术手段，从而根本上改变了传统的管理方式，使得大企业特别是大型跨国公司的内部交流与管理变得更富有成效。可以说，今天的组织沟通已离不开现代信息技术和网络。例如，微软对全球业务高效的管理就与它对信息的采用密切相关。微软公司在全球50多个国家和地区拥有分公司和办事处，比尔·盖茨和史蒂夫·鲍尔默对每个分公司的销售业绩与经营状况了如指掌，并能保证他们制定的全球战略得到有效的执行,依靠的就是信息技术和网络沟通方式。

网络化沟通使企业最大限度地实现了信息资源共享。企业内部数据库的应用大大提高了员工的信息处理与调用速度。原本可能需要花费很长时间来查找的资料,通过调用数据库的存储信息,很快就能解决问题。网络使企业中的各部门能够共享资源,把单个员工的知识变为团队整体的知识,把部门的信息资源变成组织的信息资源。这种资源共享鼓励员工互相学习、相互沟通,促进了员工由单一型人才向复合型人才的转变。值得指出的是,网络化在促进企业内部沟通的同时,也使人力资源呈现虚拟化的倾向。利用网络和终端设备,企业可以在广大的虚拟空间的范围内配置和使用人力资源。据专家预测,在未来五年内,全世界利用计算机终端在家里工作的人将达到2亿或者更多。人力资源的虚拟化将对企业的组织结构设计、人力资源管理和内部信息沟通提出全新的要求和挑战。

网络主要通过文字进行人际沟通的方式,不利于交流信息的准确性和全面性。人际沟通可分为语言沟通和非语言沟通两部分。语言沟通主要是指由具有共同意义的声音和符号、具有系统的沟通思想、感情及话语组合形成的交谈形式等三者所组成的一种人际沟通方式。在语言沟通中,说话与文字的使用都属于语言沟通的范围。而非语言沟通则主要指人际沟通过程中的肢体动作(如眼光的接触、面部表情、手势、姿态等)和环境因素(如交谈时的灯光、气温、地点、衣着、外貌等)等在人际沟通中的作用。这些对人际沟通具有更为重要的意义。我们知道网络上的交谈与聊天,主要是通过输入文字来进行的,无法表达出非语言沟通方面的很多其他信息。这是网络人际沟通与面对面人际沟通的显著差异所在。诚然人们交流中会采用一些表示表情、心情的符号,或者是使用语音聊天,但这也只能是使交谈对方有部分感官察觉,对非语言沟通部分的信息不能完全了解。而由于网络的虚拟化、交流方式的简略化,使得网络沟通信息的准确性更是大打折扣。

网络沟通所建立的人际关系较脆弱和盲目。人的能力是有限的,而人的交际能力同样是有限的。网络的广泛应用,使得人际交往在时间和空间上都得到了突破。无限的虚拟的网络世界,人们可以随意交友、交流,也正因此导致人际关系网的脆弱和盲目。人们在网络上可以随心所欲地展现自我,展现个性,但网络的虚拟性使得彼此之间交流信息无法真实了解,或者说无法彼此信任,这样建立起来的人际关系由于缺少双方之间全面、准确信息的互通,就显得很是脆弱,且不易维持。

网络人际沟通对现实人际沟通带来了冲击。不能否认,虚拟的网络世界是丰富多彩的,是吸引人的。花大量的时间在网络世界寻求精神慰藉,缺少现实交流,这必然会影响到现实的人际沟通。事实上,网络人际沟通对现实的冲击并不仅在于时间这个方面。网络交友是"距离产生美"。现实生活中的人际沟通是面对面的,双方的优缺点很容易显露出来,是要直接面对矛盾的,双方友谊的建立也需要时间的磨砺,有时这种人际沟通就很难建立起来。网络交友的大为盛行,使很多网民对现实生活中的人际沟通缺乏耐心,造成他们的现实人际关系障碍和社会角色错位,沉溺于网络而不能自拔。他们有时在现实生活中以孤僻、冷漠的形象出现,责任感淡薄,易焦虑,显得浮躁,不大合群,下网后感到空虚、失落,不愿与朋友交流,只好又转向互联网寻求虚拟中的健全人际沟通模式,形成一种恶性循环。

7.11 中国含蓄式的沟通

和美国人相比,中国人沟通时非常含蓄,这是众所周知的事。以西方观点来看,清楚而直接的沟通有很大的价值。以中国人的角度来看，沟通是要建立一个好的而且持久的关系，这需要微妙的、柔和的语言来使得其迂回有教养。

高语境与低语境的概念由美国著名人类学家霍尔首次提出。他为我们提供了一种研究文化的工具，即以沟通情境在沟通中所起的作用来区分不同的文化。高语境文化紧密地依靠情境，要么是沟通的实际环境，要么是内化的社会环境，或二者兼具。如果情境在沟通中被清楚地提到了，那么沟通的信息就可以是简略的、间接的和暗指的。反之，信息就会被清楚、直接、完整地以文字表达出来；也就是说，在低语境文化中，信息几乎完全是"说出来"的。日本、中国、阿拉伯以及地中海国家属于高和较高语境的文化，而德裔瑞士区、德国、北欧以及美国属于低和较低语境的文化。

关于中国式的沟通方式，易中天教授是这样解释的，"殊不知，前面那些拐弯抹角的话，如'刚才某某的发言很有道理'，或'阁下果然英明之至'等，既不是假话，也不是废话，而是为了营造一种和谐的气氛。如果开场便说'我不同意'，对方必然会觉得扫了面子，脸上'挂不住'也就是面子会'掉下来'，心中大起反感，对话也就无法进行。可见这种谈话方式，完全是用心良苦，一片好意，而不是耍花招和耍滑头。"

传统上，中国人在日常的沟通里习惯于"不明言"，即"不说得清楚明白"，却喜欢"点到为止"，以免伤感情，听者也比较提倡听言外之意、话外之音，不明言的态度，比较不容易"先说先死"。因为一部分是我们说的，一部分是别人自己猜的，大家都有面子，同时也不容易被别人抓住把柄。

极端的情况是，在我们的文化里，一些人说得含含糊糊的时候，这就是他本来的想法；当说得清清楚楚、明明白白、斩钉截铁的时候，这就未必是真话，有时候只是喊喊口号而已。在跨文化的组织里面，如果以这种隐晦的方式去沟通，可能会造成一些误会。

语言的委婉含蓄

委婉含蓄和简洁精练有关，与明快畅达相对，但也不互相排斥，它们也可共存于一篇文章、一次讲话或一个作家的作品里。语言在平实、明快的主导下，有时在一些交际场合也运用委婉含蓄的表达手段，表现出委婉含蓄的风貌。例如，在商业、服务业的答问和说服、拒绝等口语活动中都有所见，在涉外文书、广告等书面语中也较多见。

委婉含蓄的语言，有人称为语言中的"软化"艺术，这种艺术对于社会组织与公众之间沟通信息有着重要作用。

1. 用于说理、批评、劝阻，能使对方容易接受

常言道："与人善言，暖若锦帛；与人恶言，深于矛戟。"同是真话，"善言"令人笑，"恶言"叫人跳；委婉含蓄的表达大概属于善言，直言不讳的话虽不一定是恶言，但刺激性大的，在某些人听来很逆耳，跟恶言差不多。古人说，"忠言逆耳利于行"，这话没错，但语言交际的事实证明，不逆耳的忠言比逆耳的忠言更容易奏效。

人们向公众叙事说理，使公众相信自己并产生行动，这是一项很重要的工作。叙事说理，语言委婉含蓄往往更容易使人接受。

善用语言交际的人，在说服工作中，碰到难以正面回答的问题时，常常通过委婉含蓄的语言手段，把自己的思想意见暗示给对方。徐州师院历史系副教授李永田一次与本校学生对话，有学生大声问："有人说教师职业是太阳底下最高尚的职业，你不认为这是阿Q

式的自我安慰吗?"这个问题很棘手,如何回答?李永田作了相当巧妙而又含蓄的解释。他说:

> 太阳底下有许多崇高的职业,没有进行过有关大赛,很难评出"高尚之最"。但忠诚于党的教育事业的人,把自己的职业视为最高尚的,也并不为狂。相传古代有个国王,举行了一次最隆重的授奖大会,要把从阿尔卑斯山上采来的一枝并蒂桃花,奖赏给对社会最有贡献的人。将军、诗人、名医、画家都满怀信心地登上领奖台,却又一个个空手而归。国王最后把这枝桃花别在一位满头银发的教师衣襟上,对他说:"你是人类灵魂的工程师,没有你,既没有将军、诗人,也没有名医、画家!"

这段典型话语,先避开正面答问,后用这一个古代传说,巧妙而含蓄地表达了自己的看法,使学生听得饶有兴味,留下了深刻的印象。

2. 用来表现难以启齿或欠雅难言之事

在语言交际中,常常会遇到一些难以启齿的事物,对这类事物如果直截了当地说,就会显得难堪或者引起不快,用委婉含蓄的措辞就能做到既不触忌犯讳,又能表达原意,且能曲体人情,取得良好的效果。例如,有一种消除腋臭的特效药水"西施兰夏露",凡购买的人常抱有一种害羞心理,如果广告中直说"防止腋臭",就会使一些顾客却步。一家广告公司设计者改用一种含蓄的说法去掩饰,其广告是,"使用本商品后,你的秘密将只有西施兰和您本人所知""使用本商品后,将能使您恢复尊严"。语言含蓄文雅,既不触犯购买者忌讳,避免人们难堪,又达到了引导消费者购买的目的。

在语言活动中,对一些欠雅难言之事,用含蓄的说法来暗示它,可以使语言显得文雅而又耐人寻味,收到很好的表达效果。

3. 用于涉外活动,能取得微妙效果

涉外活动错综复杂,既要讲原则又要讲策略性和灵活性。有时需要直言不讳、慷慨陈词,有时又需要委婉含蓄、旁敲侧击。为了使语言表达灵活,缓和矛盾,打破僵局,为了礼貌和避免刺激,或为了回答不能直说的问题,涉外交际场合要经常采用委婉含蓄的表达方式。正如陈原所说:"在政治上和国际社会的交际上广泛使用委婉词语和委婉表现法,是使交际活动能够顺利进行,或者能取得显著效果的途径。"

有一次,我国南方某城市的一个贸易洽谈小组与日本某商团在东京进行初次磋商后,日方代表提出:"我们盼望不久后,在东京机场再次欢迎贵方代表,在春姑娘的陪伴下重返东京。"我方代表回答说:"东京的空气固然是温暖而友好的,但我国南方名城广州的3月似乎更富有南国的春天气息,尤其在珠江碧水之畔跃跃欲飞的白天鹅宾馆纵目眺望,会更使诸位流连忘返。"在这里双方使用的都是婉转含蓄的语言,既暗示了各自对下一次谈判地点的意向,又显得文明友好。再看:

> 中国政府已多次严正表明对光华寮问题的基本立场,但日本驻华大使馆在3月6日致中国外交部的照会中,依然推卸日方应负的责任,中国政府对此深表遗憾……中国政府和中国人民不能不对事态的发展予以严重关注。

这里"深表遗憾"和"严重关注"都是含蓄说法,前者隐含着强烈的不满,后者表示政府的严厉态度,但锋芒都藏而不露。

委婉含蓄的表现形式及其艺术手法多种多样,主要有如下几个方面:

(1) 意在言外法。意在言外,就是说的是"这个",真意指的是"那个",常用反语、比喻、双关、象征等修辞手段,使"义在文外",在出人意料中给人以回味的余地。曾有一位美国记者问总理:"为什么中国人总喜欢弯着腰走路,而美国人总挺着腰走路?"这位记者用的借喻,总理领会了他的真实意图,于是说:"那是中国人民正在努力要攀登上高峰,可惜我们美国朋友在山下!"总理用的也是借喻,回答得很巧妙,不仅针对性强,而且富含不尽之意,令人回味不已。

(2) 婉转曲达法。婉转曲达就是避开事物的本面、正面或整体,而通过说侧面、对面或局部,把所要表达的意思暗示出来,让人透过辞面去理解。其常见艺术手法有反衬、烘托、侧答、引用等,如前文中李永田用古代国王把并蒂桃花奖给教师的古代传说来回答学生的提问,婉转曲折地表达自己对教师是最高尚的职业的看法,便是引用手法。

(3) 妙语回避法。妙语回避就是采用讳饰、婉曲、模糊等修辞手法巧妙地表达不宜、不愿或不便直说的意思。前文说的推销"西施兰夏露"的广告就是用讳饰手法巧妙地传达了不宜直说的信息。

本章概要

7-1 解释为什么沟通在组织里很重要,讨论有效沟通的编码和解码的四个影响。

沟通是指信息在两个或更多的人当中传播,并能被别人理解的过程。沟通对协调合作、组织学习、制定策略和员工愉快工作都有支持作用。沟通的过程包括了组建信息、对信息编码,向接收者传递想表达的信息,而接收者之后便要对信息进行解码,并向发送者发出反馈信息。当发送者的想法传递给目标接收者,并被目标接收者理解时,有效的沟通便发生了。为了提高这个过程,发送者和接收者双方应该拥有相同的代码本、共享的心智模式、熟悉信息主题,以及能熟练地使用所选择的沟通渠道。

7-2 比较电子邮件、语言沟通媒介、非语言沟通的优缺点

沟通渠道的两种主要类型是语言沟通和非语言沟通。不同形式的以计算机为媒介的沟通方式开始在组织中被广泛地使用开来,其中 e-mail 是最受欢迎的。虽然 e-mail 的效率很高而且还能充当一个有用的文件夹,但它在情感表达方面相对较弱,这样会减弱人与人之间的礼貌和尊重,对于模棱两可、复杂和全新的情况,它就不是一个高效的媒介了,而且它会导致信息超载。新出现的沟通渠道是社交媒体,即通过网络或手机,允许用户互动和分享信息的渠道。社交媒体比传统沟通方式更具对话性和互动性。它们是"社交的",因为它们鼓励虚拟社区的合作和形成。非语言的沟通包括面部表情、手势、音调、身体距离甚至沉默。不像语言沟通,非语言沟通基本没有规则限定,而且大部分的非语言信号都是自发和无意识的。一些非语言沟通是通过情绪感染而自发产生的。

7-3 解释社会接受度和媒体丰富度怎样影响沟通媒介的选择。

沟通媒介合适与否一般是由社会接受度决定的。社会接受度指沟通媒介被组织、团队、个人赞同和支持的程度。影响社会

接受度的要素包括组织和团队的规范、个人对某些特别的沟通渠道的喜好和渠道的象征意义。沟通媒介也会因为它的信息负载能力而被选择（媒介丰富度）。非常规的、模棱两可的情况就要求使用丰富度高的媒介。然而，我们也必须认识到：单一的媒介能允许人们进行多重沟通，使用者对计算机媒介不同的熟练程度也会导致该种沟通方式的效力不同，使用丰富度高的沟通媒介时社会干扰会降低沟通过程的有效性。这些可能性也是选择最佳劝说性渠道时要考虑的。

7-4 讨论有效沟通的各种障碍（噪声），包括跨文化差异和性别差异。

在沟通过程中，有几个障碍会引发噪声。由于感知的偏差，人们会错误地解读信息。在向上层管理者传递信息时，有一些信息可能会被过滤掉。当发送者和接收者对使用的语言和符号有不同的解释时，行业术语和模棱两可的语言就会是一个障碍。信息超载会导致人们忽略或者误解某些信息。因为语言障碍和非语言信号所表达的不同意思，上文提及的这些问题在跨文化的沟通中往往会被放大。男性和女性在沟通方面也存在着差异，例如，男性更喜欢在谈话中彰显自己的身份地位，也更倾向于公事对话；而女性却更喜欢"融洽地交谈"，而且她们对非语言暗号比男性敏感得多。

7-5 解释怎样让别人更好地理解自己所传递的信息，并总结积极倾听的要素。

为了让别人理解自己所传递的信息，发送者必须要从接收者的角度去看待问题、重复信息、选择适宜谈话的时机，以及在沟通时要使用描述性的语言而不是评价性的语言。聆听包括感知、评价和回应。积极的聆听者会通过延后评价、避免打断别人谈话、保持对谈话的兴趣、感同身受、组织信息、展示自己对谈话内容的兴趣和阐明信息等方法来支持聆听这个过程。

7-6 总结组织层级中的有效沟通策略，回顾组织小道消息的角色和相关性。

一些公司通过改变工作地点的设计、建立网站等来促进沟通。一些主管还直接会见员工，例如通过四处视察来进行管理（走动式管理），以此来方便整个组织的沟通。

在任何组织中，员工还是会依赖小道消息，特别是在情况不明确的时期。小道消息是建立在社会关系上的非结构化、非正式的人际关系，它不是机构组成表或者企业工作说明。虽然早期的研究识别出了小道消息的一些特性，但是随着网络在小道消息沟通方面扮演着越来越重要的角色，小道消息的某些特性可能已经发生了改变。

7-7 中国式的含蓄沟通。

人类学家霍尔提出了高语境—低语境概念，而中国式属于霍尔所说的高语境国家。在高语境文化里，由于大家遵从的是隐含式沟通，在讲话时，偏向于用婉转的方式去表达，而听的一方也要根据说话者的身份、语境等去解读所听到的。在跨文化的管理情景中，要特别留意来自不同文化的员工所用的沟通方式，是否会影响到沟通时互相之间的理解。

关键术语

沟通
情绪感染
小道消息
劝说

信息超载
走动式管理（MBWA）
媒介丰富度

复习思考题

1. 你已经被聘任为一家大型高科技公司的顾问，你的工作是要改善该公司工程师与市场部员工间的沟通。运用沟通模型和改善沟通过程的四种方法，设计一个能改善这两个部门的员工沟通有效性的策略。
2. "当人们相互沟通时，组织开始存在。"讨论用 e-mail 与团队成员进行沟通的优点和限制。
3. 一个日用品公司的高级管理人员想让你做一项调查，看看是否可以使用虚拟平台（例如 Second Life）来举办每月一次的涉及分布在几个国家和城市的许多销售主管的在线会议。用本章描述的社会接受度和媒介丰富度这两个因素来进行评价。
4. 维基是一个互动合作的网站，群体中的任何人都能够在维基上发表或者编辑、删除任何信息。这项沟通技术在组织内部的哪个位置会最有用？
5. 在什么条件下，你会认为用 e-mail 来通知某个员工他被解雇了是合适的？为什么人们常常会觉得不适宜用 e-mail 来传递这样的信息？
6. 假如你是一个虚拟团队的一员，你必须在某个重要问题上（例如改变供应商或者更改项目期限）劝服其他的团队成员。假设你不能亲自当面地拜访这些成员，你能做什么来使你的说服能力最大化？
7. 解释一下为什么男性和女性有时会对彼此的沟通行为感到失望。
8. 在你的观点里，引进 e-mail 和其他信息技术真的能使公司小道消息的流通量增加或减少吗？解释你的答案。

应用案例：与 20 世纪年轻一代的沟通

20 世纪年轻一代（Y 代，出生在 1980～1995 年间）已经开始进入工作单位了，而且他们带来了新的沟通方式。调查显示手提电话（尤其是智能手机）已经成为年轻一代的沟通媒介。97% 的美国年轻一代用手机发短信，84% 通过网络沟通，73% 用手机收发 e-mail。相反，50 岁以上的手机用户，低于 2/3 的人发短信，有 1/3 的人上网，只有约 1/3 的人用手机收发 e-mail。

千禧一代更加依赖社交媒体来沟通。几乎 90% 的千禧一代经常访问 Facebook、LinkedIn 或者其他社交网络网站，只有一半的超过 50 岁的美国人访问这些网站。30% 的千禧一代使用 Twitter，不到 10% 的超过 50 岁的人使用它。

这些数据发出了清晰的信息：比起那些被组织规定的沟通方式，千禧一代喜欢不同的沟通渠道（电话、社交媒体）以及不同的沟通风格（例如简短、非正式的信息）。公司和个人沟通选择的差距不仅产生了功能失调的冲突和沮丧，而且降低了公司吸引未来人才的能力。"千禧一代会根据社交媒体的实践和政策判断公司，包括公司怎样利用社交媒体，公司的数字化认识，公司是否强制员工在工作时间获得和使用社交媒体"，Cook 医疗亚太地区主管巴里·托马斯（Barry Thomas）警告。

大多数公司没有听到警告。他们依然阻止新生一代喜欢的社交网络、短信和其他渠道。一些公司同意这样的做法妨碍了生产力。其他人以安全风险的理由认为阻止这些沟通渠道是正当的。

这些争论是否有效还不确定，越来越多的专家建议公司需要适应新生代的沟通方式，而不是将它们拒之门外。还有，公司需要更好地利用新生代带来的沟通方式。

"一个每天能够管理 1 000 个 Facebook 好友的新员工进了公司。那是个了不起的技能，我们说的是销售组织"，微软公司的测试主管罗斯·史密斯（Ross Smith）说。他认为问题是公司不知道如何利用沟通潜力。"组织束手无策，很大程度上是因为组织大多由 X 一代出生的管理者运营，他们不懂使用 Facebook。但是 Y 一代或新生代员工很了解如何使用新沟通媒介。"

史密斯认为解决方式是给新生代更多的自由去尝试新的沟通方式。"如果组织的高级管理者能够建立高信任度的文化，然后每个人都有尝试和建议新事物和做事新方法的自由，会发现 Facebook 技能可以应用到销售部门。"

爱达荷州博伊西的圣卢克医疗中心是个合适的案例。医院领导者发现年轻员工把医嘱和病人补充资料发短信给对方。发短信是这些医生和护士最喜欢的沟通方式之一，而且这比正式的打电话和传呼机传呼有效率得多。但是通过公共网络发信息不够安全（可能引来黑客），而且这样违反工业规范。其他的医院可能在没有长远考虑的情况下禁止了这样的做法，但是圣卢克医院则联系 IT 企业设立了安全信息系统。

"我已经听说其他组织（管理者）说，'我们不能这样做'"，圣卢克医院护理服务主管珍妮弗·门西克（Jennifer Mensik）说。"但是当人们想尽可能为病人做到最好时，他们将找到变通方案。老一代的人会警惕地审视好的观点。我们还是不要阻止它了。让我们想出合法正确的做法吧。"

尽管公司需要适应新一代人的沟通选择，反之亦然。新一代人需要适应旧的沟通技术。Halifax 集团的地铁指南出版社的广告销售业绩下滑了，主管 Patty Baxter 发现办公室缺少销售电话的响声。她意识到问题出在新一代员工使用 e-mail 而不是电话向客户兜售广告。

Baxter 解释，在密切关注和快速理解客户需要的关键时刻，e-mail 在商业交易中不起作用。"如果你只是问问题，然后得到答案，你就不是在销售"，她说。Baxter 还建议电话沟通出错更少，她引用了一个销售员工误解了一个潜在广告客户 e-mail 的例子。地铁指南销售员工接受了电话咨询师 Mary Jane Copps 的在职培训，她发现新生代员工（还有其他人）经常遇到电话恐惧症。"他们不相信自己能够在正确时间内用正确的顺序说出正确词语"，她解释。

讨论题

1. 在你们班中（至少，包括 X 代和 Y 代的同学）做一个民意调查。在学校或者工作当中，平常（例如每天或者每间隔几天）有多少信息的发送和接收是通过 ① e-mail、② 即时信息或 Twitter、③ 手机短信、④ 博客、⑤ 社区网站（例如 Facebook、Instagram）、⑥ 在线视频（例如 YouTube）？

2. 即便在同一代人当中，他们对沟通媒介也会有不同的偏好。在完成上面这个民意调查后，挑选那些不是经常使用上述沟通方式的学生，询问他们为什么不喜欢这些沟通媒介。同时也询问那些经常使用这些媒介的学生，希望他们能发表自己的观点。

3. 公司已经不那么愿意采用社区网站、在线视频和其他相似的沟通方式了。如果你是一名高级管理者，你会如何在工作单位中引进这些沟通技术，从而使这些技术在分享信息和知识方面变得更有效？

小组练习：积极倾听的练习

玛丽·甘德（Mary Gander）——威诺纳州立大学（Winona State University）

目的： 这个练习是为了帮助你了解积极倾听在谈话中的活力，以及提高积极倾听的技巧。

说明： 针对下面所展示的短文，学生团队（或者由学生单独完成）要完成三个介绍积极倾听的陈述。特别地，其中一个陈述要表明，你对这个情况已经感同身受了；第二个在不自主判断是非对错的态度下，要求说话人阐明信息和描述信息细节；第三个陈述要陈述人向说话者发出非评价性的反馈。下面是有关这三个类型回应的细节问题：

- 展示你感同身受：表达出你的感受。有时候说话者听起来像是希望你同意他的观点，但是实际上，说话者主要是想你理解他的感受。"表达你的感受"涉及你要通过沟通过程中的整个信息来理解说话者说话的内容。这整个信息包括身体语言、音调、情绪激动程度，以及试图确定说话者想要传递的情绪。然后你就要通过一些语句让说话者知道你已经理解了他的感受。
- 不带自己的判断和观点地要求说话人阐明信息和描述信息细节。这一点表明了，你要试图理解说话者，而不是试图把你的观点强加到说话者身上。为了构想出一个相关的问题，从而使说话者把信息阐述得更明确，你就要仔细地倾听说话者的说话内容。你要像一个试图了解更多细节的人那样去设计你的问题；另外，要求说话者举出具体的例子，这个方法也是非常有效的。这也能帮助说话者对他自己的观点和看法进行评判。
- 提供非评价性的反馈：只是反馈你所听到的信息。这会使说话者决定他是否要把信息传递给你，同时这样做也能避免沟通不畅的发生。这也能帮助说话者更加清楚地认识到，究竟别人已经在多大程度上了解了自己的意思（自我评价）。为做到这一点，我们必须只是考虑说话者所传递的内容；用你自己的语言解

释这些内容，再把它复述给说话者（不带对错和优缺点的判断和评价）；然后问他所表达的意思是不是这样。

在团队（或者个人）针对每个短文完成了这三个陈述后，导师会叫他们展示他们的陈述，而且还会要求他们解释这些陈述是如何满足积极倾听的要求的。

短文1

一个同事在你的桌子旁边停下来并对你说："我已经对这里缺乏领导力的情况感到厌倦了。这个老板经常变来变去，太没原则了，他不能对那些懒散的人严肃、严苛起来。这些懒散的人只是在不断地榨取公司，依赖我们这些剩下的人。为什么管理层就不会对这些人采取一些手段呢？而你对老板总是很支持，但其实他没有你想得那么好。"

构思出三个陈述，对这个短文中的说话者进行回应，要表现出：①展示你感同身受；②寻求更明确的信息说明；③提供非评价性的反馈。

短文2

你的同事在你的工作隔间旁停了下来；她的声音和肢体语言都显示出了压力、失望甚至还有一些恐惧。你知道她一直都在非常努力地工作，而且她非常迫切地需要在规定的时间内很好地完成工作。而你正在试图把精力集中在某项工作上，而且你已经遭遇了一些干扰。她突然打断你并且对你说："这个项目开始变得一团糟了。为什么在我团队里的其他三个人就不能停止彼此间的争斗呢？"

构思出三个陈述，对这个小插曲中的说话者进行回应，要表现出：①展示你感同身受；②寻求更明确的信息说明；③提供非评价性的反馈。

短文3

你的一名下属正在着手一项重要的项目。他是一名拥有良好技术水平和知识的工程师，也是因为他的技术水平和知识，

他成为这个项目团队的一员。他在你的办公室停了下来,而且显得非常激动:他说话的声音很大而且很紧张,看上去一脸迷茫。他说:"我原本是要和来自其他四个部门的四个员工一起合作这个新项目的,但是他们从来不听取我的意见,而且在会议上完全忽略我的存在!"

构思出三个陈述,对这个短文中的说话者进行回应,要表现出:①展示你感同身受;②寻求更明确的信息说明;③提供非评价性的反馈。

短文 4

你的下属激动地闯进了你的办公室,问是否能和你交谈一下。她非常有礼貌地坐下了。她看起来很平静,完全没有生气的表情。然而,她说:"看起来你好像一直都在制定一些非常混乱的日程表;你对你指定的人,包括我,安排的任务非常不公平和不现实。人人对你都很恐惧,因此他们都不敢抱怨,但是我觉得你有必要知道这是不对的,而且你需要对此进行调整和改变。"

构思出三个陈述,对这个短文中的说话者进行回应,要表现出:①展示你感同身受;②寻求更明确的信息说明;③提供非评价性的反馈。

小组练习:跨文化沟通知识竞赛

目的: 这个练习是为了帮助你认识不同的文化背景在沟通和礼节上的差异,同时也测试你对这方面的认识。

材料: 老师会给每个团队提供一查问/答卡。

说明:

1. 班级会被分成若干个团队,团队的数目会是双数。最完美的情况就是,每个团队会有三个学生。(如果能凑成规模一样的团队,两个或者四个学生一组也是可以的。)然后每个团队会和另外一个团队配对,配好对的团队("A"队和"B"队)会被分配到一个独立的空间。

2. 老师会给每组配对的团队分发一些卡片,这些卡片上写有一些多项选择题。这些问题和答案都是关于不同文化背景在沟通和礼节上的差异的。过程中不允许看书或寻求其他帮助。

3. 这个练习由 A 队的成员从卡片顶端抽取一张卡片开始,这名 A 队队员向 B 队队员提问卡片上的问题。提供给 B 队的信息只有卡片上的问题和卡片上所列出的所有备选答案。在 A 队读完问题和备选答案后,B 队有 30 秒的时间回答问题。如果 B 队答对一个问题,它将获得 1 分。如果 B 队的答案不正确,A 队就会获得 1 分。每一道题的正确答案都会在卡片上标示出来,当然这个答案只有在问题被正确回答了或者时间到了的时候才能公开。无论 B 队的回答是否正确,B 队都要抽取下一张卡片,并把这张卡片的内容读给 A 队的成员听。换句话说,这两个团队轮流根据这些卡片内容进行提问和回答。这个过程不断地重复,直到所有的卡片都读完了或者时间到了。获得最高分的团队就获胜。

重要提示: 教科书基本上没有这个练习里所涉及的那些问题的答案。因此,你必须依靠平日所学的知识以及逻辑和运气来赢得比赛。

自我评价:你是积极倾听者吗

目的: 这个自我评价是为了帮助你从积极倾听的不同角度来估测你的优势和劣势。

说明: 回想一下你与同事或者客户在办公室、走道、工厂或其他背景下的面对面的谈话。确定你在这些谈话过程中的行为，针对每个行为写出它的程度，对照表7-1。在给每个行为评等级的时候都要尽可能地诚实，这样你才能准确地估测出你的哪些倾听技巧需要改进。这项练习应该单独完成，这样在没有比较的情况下，你能对你自己做出诚实的评价。班级讨论会集中在积极倾听的重要因素上。

表7-1 积极倾听技巧的鉴定记录

当面对面、电话或类似对话中，听别人讲话时，你做出以下表现的频率是？	从不或几乎不	很少	有时	经常	几乎总是
1. 我对说话者的观点保持开放的心态					
2. 在倾听的时候，我会在心里组织说话者的观点					
3. 我问问题来显示我理解和关注讲话者的信息					
4. 我在讲话者充分表达他的观点前打断他					
5. 聆听的时候，我会对讲话者的观点进行情感分类，所以这对我有意义					
6. 我会通过姿势和语言（点头或同意）来表示我在听					
7. 当听别人说话时，我会想其他东西					
8. 我试着想象和感受说话者的经历，当他描述这件事时					
9. 我总结讲话者的观点，来确认我正确理解了他的话					
10. 我关注说话者说的话，即使在听起来没意思时					
11. 我从我的角度审视观点，而不是从讲话者的角度					
12. 我在听别人说话时，表现出兴趣					

读完本章后，如果你需要更多信息，请登录 www.mhhe.com/mcshane7e 获得更多关于本章的深度信息和互动。

第 8 章

CHAPTER 8

组织里的权力与影响力

学习目标

阅读完本章，你应该能够：

- 描述权力依赖模型和组织中五种权力来源。
- 描述四种权力的权变因素。
- 解释个人或工作单位如何通过社交网络获得权力。
- 描述八种影响战略、三种影响结果，以及选择影响战略时需要考虑的三种权变因素。
- 识别影响组织政治的组织条件和个人特征，以及如何将组织政治降至最低。

开篇案例：摩根大通的金融巨损

由于其伦敦办事处的少数交易员进行了一项高度投机，摩根大通遭受了 70 亿美元的损失。少数员工是怎样使美国最大的银行（按资产算）受到如此之大的损失？表面上看，是因为摩根大通银行没有进行充分的风险性监管，但更深层次的解释涉及其权力与影响的动因。

这项不幸的交易发生在摩根大通银行的首席投资部门（CIO）。CIO 是一个特殊的部门，其最初的目标是运用银行自己的资金做保守对冲，减低其投资风险。但是，由于最高管理层鼓励 CIO 成为一个获利中心，CIO 进行了更大规模与风险的投机。在三年内，这个部门的收益翻了三番，达到了 3 500 亿美元（占摩根大通银行总资产的 15%），并占银行净收益的 10%。CIO 也得到了高级管理层的极大重视。

一般而言，摩根大通银行会对其客户服务交易进行风险防范监控。然而，CIO 的交易员却处于较少的监控下，这可能是因为他们所用的资金来源于银行自身而非客户。一位美国政府调查员讽刺道，"CIO 贸易的监管不过就是例行公事而已。"相较于其他部门而言，CIO 的交易员较少报告其结果，并且由于这些金融产品的复杂性，他们有相当大的自由裁量权来估计收益和损失的大小。甚至一位美国参议员评论道，"那些交易员看上去比上级主管更有权力与责任。"

布鲁诺·伊克希尔（Bruno Iksil）作为 CIO 部门中负责伦敦业务的首席交易商，因其大胆又能获益的决策而广为人知。几年前，交易商们因为伊克希尔激进的投资策略而称呼他为"穴居人"。而后，他又被称为"伏地魔"（Voldemort），由于他的交易在无形中改变了市场的趋势。但伊克希尔最为著名的绰号还是"伦敦巨鲸"，这是源于他高达 1 000 亿美元的信用违约的赌注，并最终导致了银行 70 亿美元的亏损。

即使伊克希尔拥有巨大的权力也救不了他超额的信用违约。对冲基金注意到了他是如何扭曲了交易市场，所以他们对赌这些交易，并最终造成了摩根大通巨大的损失。事发后，伊克希尔的上司涉嫌要求他和他的助手低估这些损失。当伊克希尔最终拒绝时，上司告知他即使他离开，在离开的那天也会有低级交易员提交一份较低的损失报告。摩根大通的首席投资部门随后指责伦敦办事处的一些员工没有珍惜自己的岗位，并且隐瞒了有关投资风险的重要信息。这次损失在银行完成其日常的审查后便被揭露，随后，伊克希尔，他的上司——首席投资主管，还有一些其他人都遭到了解雇。

摩根大通银行最近的金融惨败说明了权力与影响力对员工行为与组织成功有着深远的重要影响。员工和部门是权力的基础，而各种突发事件促进或限制了权力在组织中的应用。虽然这个案例表明了权力和影响力黑暗的一面，但是这些概念同样与道德操守、组织绩效有关。事实上，一些组织行为学专家指出，权力和影响力固有地存在于所有组织中，笼盖了甚至是每一笔交易、每一个决定和行动。

本章将讨论如下内容。首先，给权力下定义和介绍一个基本模型，这一模型描绘了组织设置中权力的动因。然后讨论权力的五种来源，以及作为权力基础的信息。接着，我们关注有利于将这些来源转化为实质权力的偶然事件。接下来是检验组织设置中各种类型的影响力和有效影响策略的偶然事件。最后一节看看影响力变为组织政治的情况，以及最小化功能失调的政治的方法。

8.1 权力依赖模型和组织中五种权力来源

8.1.1 权力的含义

权力（power）是个人、团队或者组织影响其他人、团队或组织的能力。关于这个定义有几个特征。第一，权力不是改变某个人态度或行为的举动，它只是可以这样做的能力。人们往往拥有权力而不用，甚至可能不知道自己拥有权力。第二，权力是基于目标感知上的，这意味着，权力所有人控制一个宝贵的资源，可以帮助实现他的目标。所以人们可以通过劝说他人相信自己有某种价值来获得权力，而不需要真正控制那种资源。这种看法也从权力拥有者的行为中形成，如那些没有被权威与规范所动摇的人。举个例子，一项研究表明，那些有着如将脚搁在桌上等行为的人被认为拥有更大的权力。开篇所提的例子中，Iksil 在穿着上比其他员工更加休闲非正式，这种行为给予他人一种他在摩根大通中拥有很大权力的感觉。但是，权力不是一种主观感受。你可能觉得自己是有权力的，或者认为自己可以影响别人，但是除非你真正有影响他人的能力，否则这不是权力。

第三，权力的最基本前提是一个人（或群体）相信他依赖于其他人（或群体）来获得某种价值资源。如图 8-1 所示，"个人 B" 与 "个人 B 渴望的目标" 间的连线显示了他她认为 "个人 A" 控制的资源能够帮 "个人 B" 达成那个目标。"个人 A"（图中权力拥有者）可能通过控制一份期望工作的分配、有用的信息、重要资源甚至是与其有关的特权，从而有对 "个人 B" 的权力。比如，如果你认为你的同事拥有某项专业知识（资源），能够极大地帮助你写出一篇更好的报告（目标），那么这个同事便对你有权力，因为你看重他的专业知识，来帮助你实现目标。无论那个资源是什么，个人

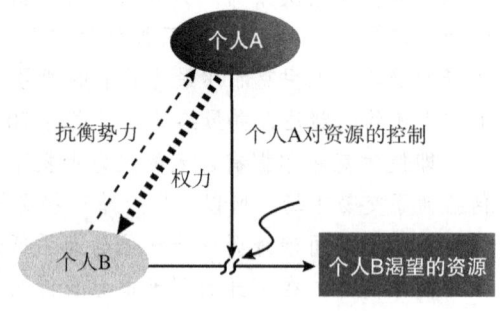

图 8-1　权力关系下的依赖

B 只能依靠于个人 A 来提供资源，使个人 B 可以达成他的目标。

依赖是权力关系中的关键元素，更确切地说，我们会使用"不对称依赖"来描述，这是因为处于弱势的群体仍然有一定程度上的权力，即**抗衡权力**（countervailing power），来对权力拥有者产生影响。在图 8-1 中，个人 A 在权力关系中占支配地位，但是个人 B 也掌握一些**抗衡权力**——一种足够的权力，能使个人 A 保持在交换关系中以及确保个人 A 明智地运用他的支配权力。例如，主管领导通过操控下级的工作保障和晋升机会而拥有对他们的权力；同时，雇员通过具备的技能和知识而拥有抗衡能力，这些技能和知识使生产如火如荼，并使顾客高兴，而这些都不是主管领导能独立完成的。

最后，权力关系取决于一个信任的最低水平。信任是一个期望水平，即期望更有权的一方会兑现承诺交出资源。例如，你信任你的雇主在每一工资结算期末发放薪金给你。即使是极端依赖的情况下，如果他们缺乏对更有权力的人的最低信任水平，那么这一关系通常不成立。

将权力依赖模型应用于员工—管理者关系中，你依靠于你的上司支持你继续就业，提供满意的工作安排，以及授予其他有价值的资源。与此同时，你的上司也依靠你去完成所需任务，并与其他人共同完成他们的工作。通常而言，管理者（以及他们所代表的公司）有着更大的权力，然而员工也有较弱的抗衡权力；但在某些情况下，员工在雇用关系中会比管理者拥有更大的权力。要注意到的是，你在员工—管理者关系中所拥有的权力的大小并不取决于你实际掌控的资源，而是依靠于你的上司与其他人对你拥有资源的感知。最后，信任在这种关系中扮演着重要的角色，即使处在强大的权力下，员工—管理者关系也有可能破裂，尤其是当一部分人不再充分信任其他人的时候。

权力依赖模型仅仅揭示了组织中员工与工作间的权力动因的核心特征，我们仍需了解能够使权力得到有效应用的权力与权变因素的具体原因。如图 8-2 所示，权力来源于五个方面：法定性、奖赏性、强制性、专家性和参照性。这个模型也显示出上述这些来源只有在特定条件下才能形成权力。权力的四种权变因素包括雇员或部门的可替代性、中心性、自主性和可见性。最后，正如你稍后会阅读到，我们将在组织环境中讨论每个权力来源和权变因素。

8.1.2 组织中的权力来源

半个世纪前，社会学家约翰·弗伦奇（John French）和波特兰·雷文（Bertrand Raven）定义了组织中权力的五个来源（见图 8-2）。尽管有了一些变形，但最初的列表仍然令人惊讶地保持完整。其中，三种权力来源——法定性、奖赏性和强制性——大多源于权力所有者的正式职位或非正式的角色。换言之，某人或是被组织正式地授予权力，或是被同事非正式地授予。另外两种权力来源——专家性和参照性——则来自于权力所有者自身的个性，即某人把这些权力基础带到组织中。然而，即使是个人的权力来源也不完全取决

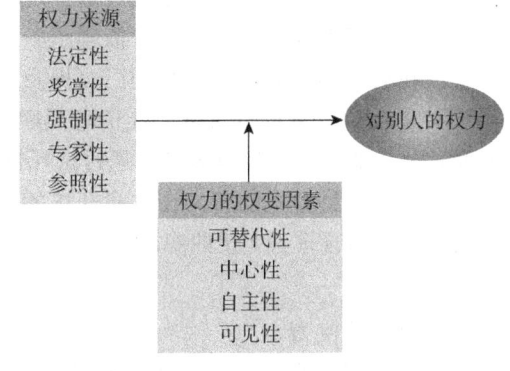

8-2 组织中的权力模型

于个人，因为它们还依赖于其他人如何看待他们。

1. 法定性权力

法定性权力（legitimate power）是组织成员共同达成的一个协议，同意特定角色的人们可以要求别人做出特定行为。这权力正来自于正式的职位描述和非正式的指挥规则。法定性权力最明显的例子便是管理者的权力，他能够要求员工完成什么目标、安排同谁一起工作、以及可以利用哪些办公室资源，等等。员工会遵循上司的要求，因为存在一个共同的协议，这个协议规定员工将遵循来自当权者的一系列指令。员工会遵从权威、服从要求，无论这个行为带来的是奖励或者惩罚。

要注意的是，法定性权力有其限制：它只赋予权力持有者要求其他人做一定范围内的行为的权力。这个范围也被称作"无异议区"——是人们愿意接受别人权威的范围。尽管大多数员工接受上司要求的在上班时间不浏览Facebook的规定，有些员工仍会在额外的加班时间里拒绝遵守这项规定。

这个无异议区的规模（即法定性权力的大小），随着权力所有者被信任的程度而增加。一些价值观和个性特征也使人们更加顺从权威。比如那些重视一致性与传统以及具有强的权力距离感的人（如那些接受不平等权力分配的人们）会更加顺从权威。组织文化代表了另一影响因素。3M公司的一个科学家在上司告知他停止某一项目后，可能还继续进行这一项目。这是由于3M公司的文化宣扬一种企业家精神，这种精神其中就包括不时地忽略上司的权威。

在组织中，管理者并非是法定性权力的唯一拥有者，员工也通过法定权限、管理权限以及非正式规范对其上司与同事拥有法定性权力。比如，一个组织可能给予员工拥有工作所需信息的权力。法律给予员工拒绝在危险环境下工作的权力。还有一种更加精妙的法定性权力的形式：人人会遵守一个**相互性规范**（norm of reciprocity），即知恩图报。如果一个同事之前帮助你应付了一个难缠的顾客，那么同事便有了权力，因为你会觉得有义务在以后为他做一件等值的事情来回报他。相互性规范是法定性权力的一种形式，因为它是一个我们都会遵守的约定俗成的行为规范。

源自信息控制的法定性权力。存在一种特别有效的法定性权力的形式，即人们控制他人所需要的信息。信息拥有者从两个方面得到权力。第一，信息是一种资源，信息需求者只能依靠信息拥有者给他们提供这种资源。比如，当一个矿业公司的其他部门需要用到制图部门所提供的地图进行勘探计划时，制图部门便有了极大的权力。

第二，信息持有者可以通过有选择地发布信息，使那些接受信息的人对情况有不同的认知，从而获得权力。企业高管依赖于中层管理人员和员工提供公司运营的一个准确的描述。但在关于沟通的章节中我们已经提及，信息常常会在层级传递中被过滤。中层管理人员和员工会对信息进行过滤，让信息反映他们积极的一面，并引导高层做出积极的决定。换而言之，那些信息拥有者能够通过选择性地发布信息来改造"事实"，从而极大地影响高层的决策。这种形式的权力在本章开篇的案例中便得到体现。美国政府官员声称摩根大通的交易员（和管理者）扭曲隐藏他们交易损失的信息，企图以此争取时间在高层发现前弥补亏损。

2. 奖赏性权力

奖赏性权力来源于控制别人重视的奖励的分配、免除负面制裁（如负性强化）的个人能力。管理者拥有正式的权威，这使他们有对组织奖赏进行分配的权力，如薪金、晋升、休假、假期时间安排和工作分配。同样地，雇员通过360度反馈系统的应用，也有了对他们上司的奖赏性权力。由于雇员反馈评价对主管的晋升和其他奖励都有影响，所以在采用360度反馈后，主管往往对雇员的行为不一样了。

3. 强制性权力

强制性权力是应用惩罚的能力。对于我们许多人而言，第一反应便是经理用解雇来威胁员工。对于雇员也有强制性权力，从嘲讽到排斥，以确保同事们都符合团队规范。许多公司在组织设置中依靠这种强制性权力来操纵同事的行为。纽柯钢铁公司就是一个例子，Dan Krug说道，"如果你不是为团队贡献，那么他们一定会让你尝到苦头的"，他是位于北卡罗来纳州夏洛特市的人力资源部和组织发展部经理、炼钢工人，"一些可怜的玩家是被他们的同伴清除掉的。"类似地，当问到在马来西亚折扣航线撤走打卡钟后，亚洲航空是如何保证出勤和生产力时，首席执行官托尼·费尔南德斯（Tony Fernandes）回答说："这很简单。是同事之间的压力起的作用。那些努力工作的雇员会对他们的同伴进行监督。"

4. 专家性权力

绝大部分的权力，如法定性、奖赏性和强制性权力，都源于所在职位。相反地，专家性权力源自个体本身。它是个体或作业单元通过具备其他人重视的知识或技能，进而影响其他个体或单位的能力。在开篇案例中，布鲁诺和摩根大通CIO部门的同僚们通过复杂的衍生品交易，建立起他们专业知识的声望。这些专业知识可能阻止了高级管理人员对其进行更加密切的监管。

另一种专家性权力的形成，是在一个人或作业单元拥有或被认为拥有管理环境不确定性的能力时。如果组织能在可预测的环境中管理，组织会更有效，因此那些能应付动荡的消费趋势、社会变化、不稳定补给线等等的人才会受到组织的重视。专家能从三个方面帮助组织应对不确定性。这些应对策略按照重要等级排序，其中第一个是最有效的：

- 预防——最有效的策略是防止环境变化的发生。例如，财务专家通过避免组织出现现金短缺或债务违约而获得权力。
- 预测——次有效的策略师预测环境的变化或变异。就此而言，趋势市场专家和其他营销专家从预测消费者的偏好变化中获得权力。
- 吸收——人们或作业单元还能通过减轻或消除环境变迁发生时形成的影响中获得权力。例如，当机器损坏、生产进程停止时，维修人员进行救援的能力。

在观察人们对权威人物有何反应时，专业知识和技能的权力是最显而易见的。在一些经典研究中，研究员假扮成内科医生打电话给值班护士，吩咐她为一位住院病人配某一特定剂量的药物。没有一位护士认识致电的人，而且医院规定禁止通过电话接受治疗指令。此外，那个药物是不被批准开配的，且配药要求是每日最大用量的两倍。然而，所有22个接电话的护士都遵循那位"医生"的吩咐，直到研究员叫她们停下来。

这个医生—护士实验已经有数十年之久，但其专家性权力的影响至今依然很大，有时还会造成悲剧性后果。加拿大司法系统最近发现它的一个"明星"专家证人——一位儿童法医病理学专家——为至少20个案子提供了不准确的死亡原因诊断，其中许多错误诊断造成了高度争议性或错误的判罚。这位病理学专家的声望与权威是他不充足的证据从未被质疑的原因。"我们在法庭上极大地依从专家。"一位与本案相关的辩护律师承认道。

5. 参照性权力

当其他人认同、喜欢或尊敬某人时，那个人就有了**参照性权力**（referent power）。与专家性权力类似，参照性权力同样来源于个体本身。它大多由人际关系构成，而且发展缓慢。参照性权力通常和领导魅力有关。专家们对**个人魅力**（charisma）的含义的解释各有不同，但是通常将其描述为一种人际吸引，这种吸引力使得跟随者认为魅力拥有者具有不同寻常的能力。一些专家形容个人魅力拥有者的一种特殊的"天赋"或特质。也有另外的说法是，它主要来源于旁观者的看法。然而，所有人都同意，个人魅力能够引发他人对自身的高度信任、尊重和忠诚。

StarHub 在过去的几年中经历了一段快速增长，并成为了新加坡第二大通信公司，但是，这个国家的电话、电报和互联网市场已经接近饱和。所以 StarHub 的新晋 CEO Tan Tong Hai 渴望发掘新的业务。Tan 开创了 I3，一个在未来大有发展的商务智能单元，它能够分析顾客的行为与偏好。"如果你能够了解到顾客的偏好，你便能预知未来。"Tan 如此说。I3 也会同时研发新的技术以及开拓 StarHub 的商业潜能。I3 引导 StarHub 未来发展的能力已经对公司产生了重大的影响。Tan 说道："该项目将会成为 StarHub 公司的探路者，去寻找公司新的利润来源以及探索公司想要拓展的新领域。"

8.2 权力的权变因素

假设在组织环境中，你由于有预测甚至是防止灾难性变化的能力而具有专家性权力，这些专业技能意味着你有影响力吗？这不一定。如我们前面看到的图 8-2，只有在特定的条件下，权力来源才会变成权力。权力的四种重要的偶然性是可替代性、中心性、自主性和可见性。

8.2.1 可替代性

可替代性（substitutability）涉及替代物的可获得性。在某人垄断某一宝贵资源权力时，权力是最强的。相反地，当关键资源的可替代来源数量增加时，权力就变弱。如果你在组织中对一重要事项有专业技能，而公司里的其他人没有，你的权力就会更大。可替代性不仅与其他提供资源的来源有关，还与资源替代物本身有关。例如，当公司引进技术替换掉对工人的需求时，工会的势力就被削弱。这时，技术对生产工人来说是一种潜在的替代物，因而能够减弱工会的权力。

通过控制获取宝贵资源的途径可以增加不可替代性。专业联盟和工会可通过控制重要活动需要的知识、任务或劳动力来获得权力。例如，医学专业很有权力，这是由于它决定谁能够完成特定的医疗手术。有效支配产业的工会都控制着获得关键职位所需的劳动力。当雇员具有知识（如懂得如何操作机器或讨好顾客），而不被他人模仿或轻易获得，则他们是不可替代的。不可替代性也发生在人们使他们的资源区别于其他人时。一些人说顾问就是运用这一策略，他们用其他许多咨询公司也能提供的技能和知识，并把这些技能知识打包（当然运用最新的时髦用语），因此让人看起来他们能够提供别人做不到的服务。

8.2.2 中心性

中心性（centrality）指权力所有者和其他人相互依赖的程度和性质。现在请衡量一下你自己的中心性：如果你决定明天不工作或不学习，有多少人会受到影响，又需要多少时间他们才受到影响？如果你有很强的中心性，那么组织中的大部分人会因你的缺席而受到不利的影响，而且很快就会被影响到。

在当下劳资纠纷中，中心性对权力的影响是明显的。在几年前的圣诞购物旺季期间，纽约市的运输工人罢工同样体现了中心性。三天的非法怠工很快阻塞了道路，使大部分城市工人不能准时或根本不能上班。"（交通运输管理局）对我们说，我们没有权力，但实际上我们是很有权力的"，一位罢工的运输工人说道。"我们有使这座城市停止的权力。"

建立个人品牌是获得职业成功的关键之一。第一步是鉴别你的"基因"：你最显著的特性。这种基因是既独特又有价值的天赋或专长，它能够使你获得不可替代性的权力。"若你保持独特、保持专业、保持知名，你便能达成目标。"德勤会计师事务所CEO巴里·萨尔兹伯格（Barry Salzberg）建议道，"这对于成功管理十分重要，因为世上有天赋的人数不胜数，而你的个人品牌便是你区别于他人的地方。"

8.2.3 可见性

Lucy Shadbolt和她的团队成员大多数工作周都在家或者偏远地区工作。当英国天然气新能源公司的这位经理享受这份自由时，她也深知由于缺乏自主性，在偏远地区工作更是一份责任。"在办公室我们会轮用办公桌，当走进办公室时，我必须努力让自己的位置靠近我的老板。"Shadbolt说道，"别人的关注度不会自然而然发生，你需要有意识地建立关系。"

Lucy Shadbolt明白权力不会流向组织中无知的人。相反，当员工的才能留在老板、同事或者其他人心中时，他才能获得权力。换句话说，当资源是可见时，才会有权力。一种增加可见性的途径是做一份以人为本的工作，负责需要经常和高层领导互动的项目。"你可以一步步实现可见性"，一位制药工业的高官建议道。"你可以从使自己在小群体中可见开始，例如在员工会议中。当你对此很自在后，就可以寻找更大的场所。"

雇员甚至可以做到为可见而可见。一些人（如Lucy Shadbolt）有意地使自身处在更可见的办公室，例如那些最靠近电梯或员工咖啡室的位置。人们经常用公共象征作为微妙的（和不太微妙的）提示来使别人知道他们有权力来源。许多专业人士在办公室墙上展示他们的教育文凭和奖励，提醒客人他们的专业技能。医疗专家穿着白袍，脖子上戴着听诊器就象征着他们在医院体系中的法定性和专家性权力。也有些人进行"会面时间"的游戏，就是用更多的时间工作并展示出他们是有成效地工作。

8.2.4 自主性

做出判断的自由，即不用参考特定规则或获得某人的批准而做决定，是组织中另一种重要的权力的权变因素。自主性是摩根大通CIO部门能拥有权力的一个很重要的因素。如前文所述，CIO部门的员工能够相对自由地进行风险性交易，一方面是因为他们受到了有限的监管，另一方面是因为他们的交易足够复杂，以至于银行依赖他们去估量他们的损失与收益。

相比之下，许多一线监督者却缺少权力。他们可能拥有法定性、奖赏性、强制性权力，但这些权力常常被具体的准则所剥夺。研究显示管理层的自主性根据产业的不同而有巨大差异，而且处在控制的内部核心的管理者通常被认为更有权力，因为他们的行事好像他们在工作中有足够的自主性，即便实际上他们没有。

争论点 CEO们拥有多少权力

人们普遍认为CEO支配着巨大的权力。他们处于组织架构的顶端，因而享有法定性权力。他们同样也拥有极大的奖赏性权力和强制性权力，因为他们管理着与各个员工、工作单位息息相关的预算与其他资源。拒绝附和CEO的意愿对于一个人的职业生涯而言将会是一个不幸的决定。一些CEO也会拥有参照性权力，因为他们高高在上的地位产生了一种受尊敬的光环。即使是在现在这个平等和低权力距离的时代，当高层来访时，低层员工仍还是对其满怀敬畏之心。

CEO的权力也通过各种权变因素体现出来。高层管理人员几乎始终可见；当他们同企业商标相一致时便会放大这种可见性。CEO们也拥有高中心性，很少有战略性决定将会被付诸实施除非CEO们同意。CEO们应该需要继任者的候补，但是他们往往没有足够的时间去指导一个继任者。一些CEO也塑造了独特的形象，从而使他们难以被替换。

以上这些证实了CEO拥有可观的权力是理所应当的……但许多CEO和一些专家并不同意。新CEO们很快发现他们对公司或项目不再具有专业性。相反，他们俯瞰整个组织和整个广泛的外部环境——这个环境太广阔使得CEO们必须成为"万能博士"和"一无所长"。因此，CEO们比其他岗位更依靠他人专长来完成事情。CEO们甚至对公司的发展现状知之甚少。与CEO进行交流时，选择信息变得更加谨慎；下层的雇员精心筛选的信息，以便CEO听到更多的好消息，更少的坏消息。

CEO们最大的弱点是，他们的裁量权比一般人们所认为的要受到更多的限制。首先，CEO们很少在权力金字塔的顶端。相反，他们需要向董事会报告。董事会能够否决他们的策划书，还能够在他们忤逆董事会意愿时解聘他们。董事会会对CEO们有着特别的权力，尤其是公司拥有一两个统治性的股东时。即使公司股权分散，甚至CEO是公司创始人，董事会可能会解雇其CEO！在同一时间，一些CEO通过担任董事会的主席，并亲自挑选董事会成员，从而拥有更多的权力。现在，公司会制定规则和法律来削减这种做法，使得董事会保有更多权力，而CEO拥有更少权力。

CEO的自由裁量权也受到组织内的各种团体的力量的制约。其中一个是CEO自己管理的团队。这些高管不断监视他们的老板，他们的事业和声誉受到他的行动影响，他们其中一些人还渴望去填补高层职位。同样地，医院CEO们的行动一定程度上被限制在医院相关医生的偏好和利益之内。

一项跨文化的研究发现，在有法律保护利益相关者（不仅仅是股东）以及给予员工更多解雇保护的国家中，CEO的裁量权受到限制。研究同时指出，CEO的裁量权在那些有高度不确定性规避的文化中也受到限制，因为这些社会价值观要求高管谨慎行事，而非大胆求变。

你可能认为 CEO 们仍具有一种形式的裁量权，即他们可以驳回他们的副总的决议。理论上说他们是可以这样，但一些专家指出，这样做会造成不利的后果。它会激发怨恨并降低士气。更糟糕的是，这样做会让副总们更早地让 CEO 参与进来，使得 CEO 的日程表变得更紧凑，没有时间考虑更多优先的事。一个相关的评论指出，CEO 们是组织的官方声音，因此他们对他们所说的话有更少的裁量权，无论是对公还是对私的讲话。

最后，尽管说 CEO 们拥有高中心性看上去是合理的，一些高层却不这么认为。"我是这栋建筑中最不重要的人，"伊利诺伊州 Provena United Samaritans 医疗中心的 CEO，迈克·布朗（Mike Brown）如是说，"没有我，这所医院仍会持续运转，在这里最重要的群体是那些照看病人的人。"

8.3 社交网络和权力

"你知道什么不重要，而你认识谁才是关键！"这句耳熟能详的话反映了雇员要想获得成功，不仅要发展他们的职业技能，还要通过**社交网络**（social networking）——这是一个相互依存的个人或社会单位通过一种或多种联结方式所形成的社会结构。一些社交网络通过共同兴趣而形成，例如那些爱好汽车的员工会花更多时间聚在一起。另一种社交网络形成是因为拥有相近的地位、学识、亲属关系等。比如，那些拥有相似学历背景和职业兴趣的员工会更加容易形成社交关系。

社交网络无处不在，因为人们有一种相互联系的倾向。但是，文化差异存在于社交网络中。几位学者指出，在强调"关系"的亚洲文化中，社交网络是生活的中心。关系是一种意味深长的活动，因为成为紧密的亲友圈的一部分有助于强化其自我概念。关系也是一种功利性的活动，人们能通过熟络关系进而从他人那里获得帮助与机会。不管处于何种文化中，人们都会出于这两种目的而依赖于社交网络。

8.3.1 社会资本与权力的来源

社交网络通过社会资本获得权力。**社会资本**（social capital）指的是社交网络成员分享的善意与资源。社交网络为其成员提供信任、支持、同情、宽恕等善意，而这些善意激励并进一步促使成员分享资源。

社交网络项提供多种资源，每一种资源都可能增强成员的权力。最为人所熟知的资源是各成员共享的信息，它能够增强人的专家性权力。善意打开了社交圈中的交流渠道，圈内成员能够轻而易举地从同伴处获得知识，而非圈内成员则不能。有了更快捷的知识来源，该社交圈中的成员相较其他人而言便更加具有权力，因为他们的专业知识是一种稀缺资源。

提高知名度是社交网络对于个人权力的第二个好处。当需要推荐人去一个关键职位时，其他圈内成员会先考虑你而非圈外的人。同样，当被要求推介一位在你的专业领域有专长的人时，他们更有可能提及你的名字。社交网络的第三个好处是能够增强参照性权力。人们倾向于支持和认同社交圈中的伙伴，这种鉴定还增加了社交中人们的参照性权力。参照性权力明显地随着各成员交往的深入，促进了各成员的互利互惠。

一个广泛的误解是社会网络是分散的，不能被一个共有的领导者所管理安排。实际中，公司结构与业务能够将社交网络分成不同的部分。即使一个组织领导者不会试图管理社交网络，他们仍需对其保持关注。事实上，人们能够通过了解身边社交圈而在组织中获得权力。"当你看一个公司内部的组织结构图时，你看到的应该是权力的分配。"汤森路透公司（Thomson Reuters）的一个高级营销主管如此说，"你应该看到社交圈子的变化，它反映了信息的流动——谁才是真正主管事务的人。"

在一个国际油气公司中，生产工人不会使用最好的生产方式，因为他们同其他国家或其他公司的技术专家没有配合练习过。相反，他们主要同熟络的本地同事或技术员工分享信息。这个公司的解决办法是将一部分员工调转到另一区域的团队中。这些调转最终加强了不同地区群体的关系，显著地提高了知识分享与社会资本。在一年中，公司产量上升了10%，而因质量问题导致的损失减少了2/3。

8.3.2 社交网络形成的权力

个人（团队、组织）如何从社交网络中获得最多的社会资本？为了回答这个问题，我们需要从人们联络的数量、深度、多样性和集中性这几个方面考虑。

1. 强关系、弱关系、其他关系

人们从社交圈中获得的信息、帮助以及其他资本的数量通常随着社交圈中人数的增长而增长。一些人拥有令人吃惊的能力来维系他们与许多人的联系。新兴的社交媒体（Facebook、LinkedIn等）进一步放大了维系庞大交际的能力。同时，你认得的人越多，你需要耗费在塑造强关系上的时间与精力便越少。强关系是一种紧密的联系，很明显地从互动频率、分享程度、关系复杂性（例如朋友、同事、队员）等体现出来。相较于弱关系（例如熟人），强关系的主要优势在于能够更快地提供更丰富的资源。

在任意社交网络中，维系最小强度的联系是必要的。较强的联系并不一定是最有价值的。相反，和不同社交圈中的人有着弱关系（仅仅是熟人）比和同一社交圈中的人有强关系（成为密友）更具价值。为什么是这样？强关系——我们最紧密的社交圈——往往是与我们相似的，而同类人分享的资源与信息往往也是相似的，并且有可能是我们已有的。另一方面，弱关系往往是同那些仅仅认识的人，他们通常与我们相异，因此他们提供的资源往往是我们没有的。不仅如此，作为连接不同社交圈的"桥梁"，我们得到的不仅仅是相同的资源，还有来自各个圈中独一无二的资源。

弱关系的长处在寻找工作以及职业发展中体现得最明显。处在多个社交圈中的人更加容易在求职中成功，因为他们有更加广阔的人际网络来寻求就业机会。相反，那些社交圈重叠的人获得的线索较少，大多数还是他们知道的。随着在各个组织和行业中流动成为一种职业需求，你需要和不同行业、专业、生活领域的人建立广泛的关系。

2. 社交网络中心

在前文的章节中，我们提出了中心性是权力的一个重要因素。对于社交也同样如此。一个人（团队、组织）越是处于圈子核心，他能获得的资源与权力也就越多。中心性体现了一个人在组织中的重要性。

三个因素决定了一个圈子里的中心性。第一个因素是"中间性"（betweenness），在字面上指的是你离圈子中其他人有多远。在图8-3中，A拥有高中间性，因为他是掌控信息进出的守门人。G有较低的中间性，而图中类似于F的社交圈成员则完全没有中间性。你越有中间性，你就越能够掌控附近的人的信息和资源分配。

中心性的第二个因素是与圈中成员相互联结的数量或比例（称为"中心度"（degree centrality））。与你建立关系的人越多，你能获得的资源（信息、帮助等）也就越多。中心性也随着

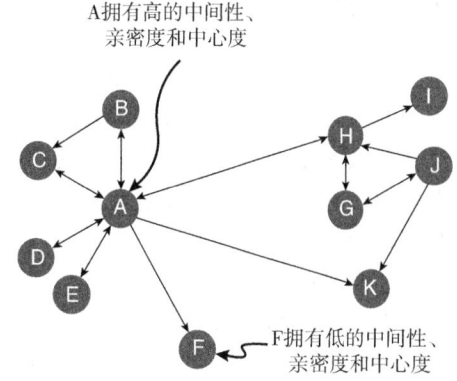

图8-3 社交网络的中心性

联结数的增加而增加，因为你在圈中更具有可见性。尽管加入一个社交圈便能够从中获得资源，但与人建立直接联系能够使资源获取更加顺利。

中心性的第三个因素是和其他成员关系的"亲密度"（closeness）。高亲密度对应着强关系，体现着简短、直接、高效等特点。例如，A很明显地有高亲密度，因为他与绝大多数其他成员有着直接且简短的联系（同时也是高质高效的联系）。你的中心性随着你与其他人亲密度的增加而增加，因为其他人能够更加迅速、更加强烈地影响你。

3. 社交网络不利的一面

社交网络是每个组织自然产生的，尽管组织能够为那些没有活跃联系的群体设置强大的障碍。女士们经常被非正式管理的社交圈排除在外，因为她们通常不参与高尔夫运动和其他男性主导的社交活动。领导赛捷（Sage）软件商务管理部门的妮娜·史密斯（Nina Smith）曾经和女性高管针对这些权力动态有过几次交流。"我仍在尝试关掉男孩俱乐部，而且在赛捷，仍有女士过来跟我说，'妮娜，这是男人的社交圈，我不能进去'。"几年前，德勤华永会计师事务所发现，对有权的社会圈难以接近能部分解释为什么许多初级女性雇员在达到合伙人水平之前会离开会计和咨询公司。瑞士分公司现在依靠辅导制、正式的女士社交群以及职业成果评价来确保女员工有与她们的男同事一样的职业发展机会。

8.3.3 权力的结果

权力怎样影响权力所有者？答案在一定程度上取决于权力的类型。当人们觉得自己得到授权时（即自决权、意义、能力和组织中的影响力），他们会意识到自己已有权力，并不再受到他人影响。授权能够增强他们的积极性、提高工作满意度、加强组织承诺和提升工作表现。但是，这种拥有权力且不接受权威的感觉也会使他们做出不假思索而不是深思熟虑的决定。并且，有权力的人更容易固守成规，更难有同理心，而且相比起有权力更少的人，一般有更少的正确感知。

另一种权力形式是指个人对其他人有权力，比如管理者在工作场所中对员工拥有的法

定性、奖赏性和强制性权力。这种形式的权力能够让人们觉得他们对权力拥有者有义务和责任。因此，那些权力拥有者往往会更加注意自己的行为，并较少成见。

8.4 影响战略

到目前为止，我们关注过权力的来源和权变因素，以及与社交网络。然而，权力只是影响他人的能力。它是指改变某人态度和行为的潜力。而**影响力**（influence）涉及任何企图改变某人态度或行为的行为。影响力是行动中的权力。它运用一个或更多的权力来源去使人们改变他们的信仰、感觉和行动。因此，在本章余下内容中我们感兴趣的是，人们如何利用权力影响其他人。

影响策略贯穿于所有组织的社会结构中。这是因为影响力是人们协调付出和行为以实现组织目标的最基本过程。的确，影响力是领导力含义的核心。影响力在公司的层级结构中的运行方向有自上而下、自下而上和水平运行。高级主管要确保下属完成要求的任务。雇员影响他们的同伴，使他们协助其完成任务。自下而上的影响策略——更显著的说法是管理上司——对双方职业成功以及组织目标实现都很重要。

全球连接 8-1　管理上司的艺术与科学

甲公司某分公司产品经理薛亮和总经理马林在一次因为变动批发商的沟通过程中发生了不愉快，薛亮认为总经理是故意为难自己。薛亮开始寻找让总经理难堪的机会，功夫不负有心人，他终于在与一个经销商沟通的过程中发现其对总经理有不满情绪，两个人很快达成了一个共同的目标，就是给总经理制造一点"意外"。月底开单的时候，薛亮指使该经销商老板打一个在该区域市场包销 A 型号 200 台的报告，虽然当时总经理也犹豫过，但为了当月余下的任务就签字同意了，谁知该经销商拿着这批货就开始往其他区域窜，并放言说是总经理"照顾"的。被窜货的区域经销商集体找到了总经理，要求严惩窜货经销商，否则将集体退货。这件事情也严重影响了月底的回款压货任务。马总处理好经销商的事情之后，不动声色地将薛亮从一个好的区域调去了最差的区域。

薛亮的做法是有预谋的，没有哪个上司会喜欢。那我们来看看另一位李经理制造的"意外"是否真如他所想，能让上司感到惊喜并对自己刮目相看？每个月底都被营销人员称作"黑色日子"，因为月底常常是开单回款完成情况的最后冲刺，其紧张刺激的程度不亚于万米赛跑中的百米冲刺阶段。20 日那天李经理接到了上司的电话，问起一个重点批发商 A 的 100 万回款是否能顺利收回。李经理说了很多困难，上司也给予了耐心的指导。时间很快就到了 29 日，李经理又一次接到了上司询问关于 A 经销商 100 万回款的电话。这时李经理已经拿着汇票在赶往公司的路上，他想给上司一个惊喜，所以说正在进一步努力跟 A 经销商进行沟通。李经理一面想象着其上司见到 100 万汇票的惊喜和对自己的赞赏，一面匆匆地往回赶，甚至还哼上了一段小曲。当李经理赶回公司敲开上司办公室的门并拿出汇票时，上司只问了一句，"你是什么时候拿到的？"李经理没有看到上司脸上的惊喜，也没有得到想要的赞赏，而是发现上司对自己慢慢有了不信任。

薛亮和李经理的悲剧告诉我们，作为一个营销经理，在"管理上司"的过程中千万别自作聪明地为上司制造惊喜，当你有了制造惊喜的想法的时候，你的职业道路就亮起了"红灯"。

如果能够调整你的行为与上司的偏好保持一致，使得上司的工作更加轻松，这样"管理上司"就成为一种宝贵的资源。第一步是做好本职工作，"管理上司是额外的步骤。"

"管理上司"也需要用到印象管理。比如，你需要成为一个"麻烦终结者"而非"麻烦制造者"。"麻烦制造者"将所有事变成了上司需要解决的问题，相反"麻烦终结者"将会提供问题的解决方法给他的上司。管理上司的其中一个策略是，"不要只报告坏消息，也要报告好消息。此外，要避免使自己成为坏消息！"

8.4.1 影响策略的类型

组织行为学家相当关注组织中设置的不同类型的影响策略。他们不认同一个被限定的影响策略列表，但他们大多同意列在表 8-1 中和接下来所描述的策略。前五种被认为是"硬"影响策略，因为它们通过职位性权力（法定性、奖赏性和强制性）来强迫改变行为。后三种——劝说、讨好和印象管理、交换——被称为"软"策略，因为它们更多依赖于个人本身的权力来源（参照性、专家性），且对目标个人的态度和需求有吸引力。

表 8-1 组织中影响策略的类型

影响策略	描述
沉默的权威	通过法定性权力来影响行为，而不用明确地涉及权力基础
独断	通过压力或威胁不断地应用法定性和强制性权力
信息控制	为了改变其他人的态度和/或行为，明显地操纵他们获得信息的途径
形成联盟	形成一个企图通过共用内部成员的资源和权力来影响他人的群体
上诉	用更高的权威和专业技能从一个或多人中获得支持
劝说	用逻辑论证、事实证据和情绪感染来劝服别人肯定某一要求的价值
印象管理（包括讨好）	企图通过自我展示及其他方式来积极塑造改变他人对我们的看法与态度。包括通过讨好来增强某一目标者对其的喜爱
交换	为了目标者的服从，承诺通过交易给予好处和资源

1. 沉默的权威

在某人由于要求者的法定性权力和目标个人的角色期望而服从一个要求时，权威的沉默应用就发生了。这个顺从发生在你服从上司的要求去完成一个特定的任务时。如果这个任务在你的工作范围以内，且你的上司有权分配任务，那么不需要任何辩论、威胁、劝说或其他策略，这个影响策略就可以发生作用。在强权力距离感的文化中，沉默的权威是影响力最常见的形式。

2. 独断

新西兰的 Otago Sheetmetal 公司的管理者并不含蓄地想要努力提高员工绩效。他经常叱责办公室主任"没用"，有时还会恐吓他们。他经常提高音量，并时常咒骂其他员工。以致一位员工通过他的律师向 Otago Sheetmetal 寄信，要求其管理者不要那么带有攻击性。这个职场欺凌事件是独断的极端体现——通过提醒职员其职责以及可遭受的惩罚来影响员工。独断可被称为"有声的权威"，因为它需要应用法定性和强制性权力去影响他人。独断包括持续不断地向目标个体提醒其责任，频繁地检查其工作，与目标个体对峙，并用被允许的威胁去强迫其服从。

3. 信息控制

在前文中，我们揭示了在社交网络中有中心性的人拥有信息控制的权力。当权力拥有者有选择性地分配信息，并导致情况发生变化以及造成他人改变态度或行为时，这种权力便转化为影响力。信息控制可能包含保留有利或不利信息和分配信息给特定的人。根据一个研究可知，接近半数的员工认为同事隐藏了对自己职业有利的信息。另一个研究发现，CEO 通过选择性地提供和保留信息来影响他们的董事会。

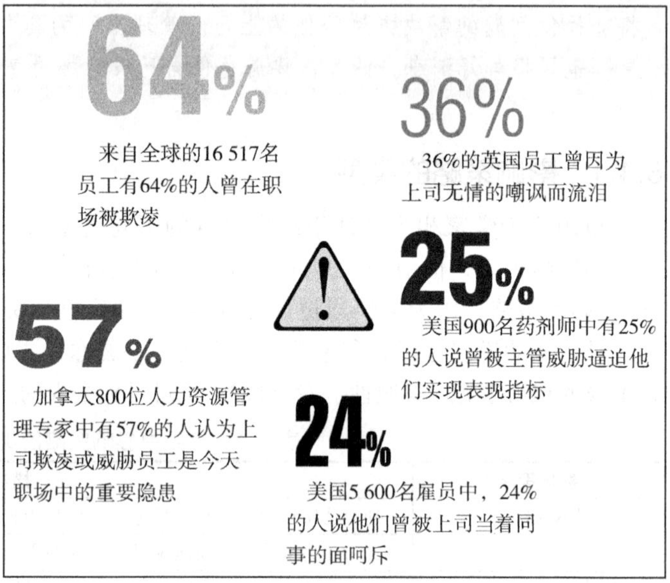

4. 形成联盟

当人们独自缺乏充分的权力去影响组织中的其他人时，他们可能会形成一个**联盟**（coalition），它由支持提议改革的人们组成。联盟的影响会有三个方面。第一，它共用许多人的权力和资源，所以这个联盟潜在地比任何数量的成员单独行动更有影响力。第二，联盟的存在象征着某一事件的合理性，因此它本身就是一种权力的来源。换言之，联盟能够传达一种感觉，就是这件事由于有广泛支持而应受重视。第三，联盟利用了社会认同过程的权力。如果联盟有一个广泛的成员基础（如它的成员来自组织中的不同部分），其他雇员则更会认同那个群体，并因此接受联盟提出的想法。

64% 来自全球的16 517名员工有64%的人曾在职场被欺凌

36% 36%的英国员工曾因为上司无情的嘲讽而流泪

57% 加拿大800位人力资源管理专家中有57%的人认为上司欺凌或威胁员工是今天职场中的重要隐患

25% 美国900名药剂师中有25%的人说曾被主管威胁逼迫他们实现表现指标

24% 美国5 600名雇员中，24%的人说他们曾被上司当着同事的面呵斥

图 8-4 上司欺凌

5. 上诉

上诉（upward appeal）是指要求有更高权威和专业技能的人易于或倾向于支持影响者的地位。当有人说"上司在这个问题上很可能同意我的观点，我们来看看是不是这样"时，上诉便发生了。上诉的另一方面是依靠公司政策或价值的权威。通过提醒他人你的要求符合组织的总体目标，你不用牵涉到高级上司就已在暗示你得到了他们的支持。

6. 劝说

劝说（persuasion）是事业成功的最有效的影响策略之一。通过呈现事实真相、逻辑论证和情绪感染的能力去改变其他人的态度和行为，不只是影响他人的可行方法；在许多社会，它还是成功领导者的一种崇高的艺术和品质。作为一种影响策略，劝说的有效性取决

于劝说者、信息内容、沟通媒介和被劝说者的特征（见表 8-2）。当听者相信他们有专业技能和公信力时，人们更有说服力。例如，劝说者看上去不可以从劝说中获益，以及提到一些不符合职位的观点。

当事情对听者很重要时，信息比传达信息的人更重要。说服性信息会涵盖不同的观点，使听者不觉得被强制灌输信息。这一信息也应该限制在一定的情境下，要重复几次但不要太频繁。这一信息必须要用情绪感染（例如形象地表现由一个不好的决定引起的不幸遭遇），但必须结合克服危险的逻辑论证和特定建议。最后，当听者被反对意见警告时，劝说会更有说服力。这种**接种效应**（inoculation effect）使听者对预期的劝说产生抗辩，从而使对手随后的劝说更无效。

表 8-2　劝说的要素

劝说要素	有效劝说的特征
说服者特征	专业 可靠 没有明显获利动机 表现中立（承认对方观点的优势）
内容	多种观点（不要只支持首选的观点） 有限度的低强度争议（避免过多争论） 重复争论，但不要过度 用情感诉求与逻辑论证相结合 提供具体的解决方案，以克服所述问题 接种效应——向听者警示反对者将会提出的反驳
沟通媒介	用多种渠道往往更有说服力
听者特征	当听者有如下情形时，劝说效果较弱： 　自尊水平高 　有很高智商 　持有相反的立场

另外，劝说人们时还要考虑沟通的媒介和听众的特征。一般来说，劝说工作最好是面对面交谈和其他多媒体沟通渠道。面对面交谈的个人属性增强了劝说者的可信度，而且这种渠道很丰富，为劝说的进行提供更快的反馈信息。至于听者的特征，对于那些有很强自尊心和智商的，以及那些他们原有的态度与自我认同强烈相关的人，劝说他们更困难。

7. 印象管理（包括讨好）

沉默的权威、独断、信息控制、联盟和上诉都在某程度上（或很大程度上）是影响他人的强迫手段。相反地，一种非常柔性的影响策略是**印象管理**（impression management）——积极塑造他人对我们的印象与态度。印象管理通常发生在自我介绍中。我们刻意塑造自己的公共形象，以此给人留下各种印象，如重要性、易受侵犯、威胁、愉悦等。大多数时候，雇员循规蹈矩地进行印象管理去迎合社会行为的基本规范，例如他们穿衣的方式和他们对同事和顾客的举止行为。

印象管理对于那些想要在办公室里取得成功的人来说，是一个常见的策略。事实上，职业专家鼓励人们发展一个个人"品牌"，即表现和象征一个与众不同的竞争优势。再者，熟练于建立个人品牌的人们依靠个人特性来进行印象管理。你会更容易回忆起那些穿衣搭配与众不同的人，如那些穿黑色 T 恤、彩色头发、有着独特签名的人。"在当今经济中，你的个人品牌正被纳入考量之中，"可口可乐公司资深副总裁杰里·威尔逊（Jerry Wilson）说道："无论你如何定位你自己，他人都会定位你。"

印象管理的另一部分被称为讨好，即任何为增加目标者对其喜爱或认同度的方法。讨好有几种形式。雇员可能在别人面前吹捧其上司，以此表明他们与上司有相似的态度看法（如同意上司的提案），或者向上司询问意见。讨好是推进个人事业成功（例如评价反馈、薪金和晋升）中相对有效的影响策略之一。然而，那些过度讨好的人影响力更小（或不多），而且更少得到晋升。产生这个矛盾的事实的原因是那些过度讨好的人被看成是不真诚和自私自利的。"拍马屁"和"阿谀奉承"就用于形容那些过度地谄媚或用体现自私动机的方法来讨好的人。

8. 交换

交换活动是指为了使目标对象服从你的要求，而向其承诺好处和资源。协商是交换影响策略活动中不可或缺的一部分。例如，如果你在未来有一个不太愿意的轮班，你想要求休假一天，那么你就要与你的上司协商。交换还包括前文所提的互惠互利准则，比如提醒目标对象过去的好处和利益，期望他们现在偿还这一债务。在之前我们介绍了人们

"我们的任务是找出管理层认为我们应该做的事，使他们认为我们正在完成它。"

如何通过社交网络获得权力，人们还用互惠准则来影响网络中的其他人。活跃的社交人士会通过在短期帮助同事以求在长期中相互得益，来建立一个"交换信贷"。

8.4.2 影响策略的结果和权变因素

上文描述了主要的影响策略，你应该会问，哪个是最好的？回答这个问题的最好方法是明确当别人试图影响你时，你会做出的三种反应：抵抗、服从和保证。抵抗（resistance）发生在人们或工作单位反对影响者要求的行为，从而拒绝、争论或延迟从事该行为。但是，抵抗是有限度的，当人们尚在履行职责时，他们会通过消极怠工或抱怨强加工作的方式来表明其反对意见。服从（compliance）指人们有动机地去完成影响者的要求。如果没有外部来源作为动力去完成想要完成的行为，这一反应不会发生。此外，服从通常包含那些不需要过多努力的行为。保证（commitment）是最强的影响形式，这时人们赞同影响者的要求，并非常积极地完成它，即使是外部动力来源不复存在。

一般地，与硬策略相比，人们对软策略做出反应更为满意（如图 8-5 所示）。软策略依靠个人权力来源（专家性和参照性权力），因此容易得到对影响者的要求的保证。相反，硬策略依靠职位权力（法定性、奖赏性和强制性权力），所以通常会导致服从，糟糕的话，甚至是抵抗。硬策略往往还会破坏信任并由此伤害未来的关系。

除了对软策略而不是硬策略一般偏好外，最适当的影响策略取决于一些权变因素。一个显而易见的权变因素是权力来源的强度。

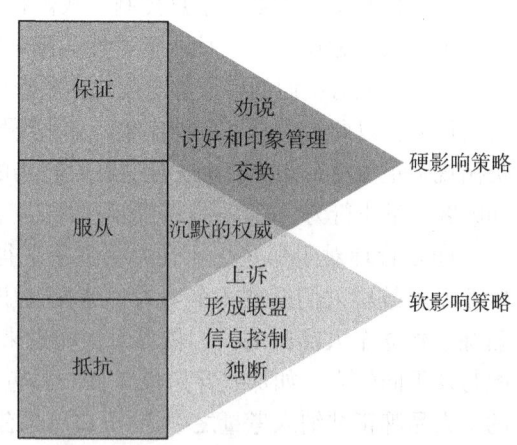

图 8-5 硬影响策略和软影响策略的结果

拥有专业技能的人们趋于用劝说，这样会更有影响力，但是那些有很强法定权力基础的人们通常应用沉默的权威是更成功的。第二个权变因素是，与影响者相比，被影响的个人在组织中是否是更高级、低级或在同一水平上。例如，雇员对上司过度坚持自己主张可能会面对不利的职业后果。同时，采取讨好和印象管理的主管将会失去员工对他的尊敬。

最后，最适当的影响策略取决于个人的、组织的和文化的价值。有强权力取向的人们可能会更适应独断，然而那些看重遵从的人更适应上诉。在组织层次上，拥有竞争性文化的公司可能会鼓励更多的信息控制和形成联盟，而在学习导向的公司，劝说的影响力则会更大。优先的影响策略也会根据不同的社会文化而变化。研究显示，讨好策略在美国比在亚洲更常被管理者采用，可能因为这种策略会扰乱在强权力距离感文化中的管理者和雇员所期望的更加疏远的角色。

8.5 影响策略和组织政治

你可能注意到组织政治还没有被提及，即使在前面几页中描述过的一些实践或例子通常被认为是政治手腕。人们通常避免使用组织政治这个词，因为在很大程度上，这是旁观者的说法。你也许把一个同事影响上司的企图看作平常行为，但是其他人可能认为那位同事的策略是无耻的组织政治。

这一感知问题解释了为什么组织行为学专家越来越多地讨论影响策略是行为，而组织政治是感知。当观察者认为这一行为以其他人为代价，且有时与整个组织或工作单位的利益相悖，是一种自私自利的行为时，前面所描述的影响策略被认为是**组织政治**（organizational politics）。当然，有些策略显然是很自私的，以致几乎所有人都认为它们是政治的。但在其他情况下，一个人的行为是否被视为政治性的或者符合组织最佳利益的取决于观察者的角度。

当员工感知到许多组织政治事件，其结果是更低的工作满意度、组织忠诚度和组织公民身份，同时有更高水平的工作压力以及离开组织的动机。"一个充满政治行为的工作环境可能会阻碍生产力，削弱信任，并导致士气低下和留职问题。"雷南·西尔瓦（Renan Silva）说道。而且由于政治策略服务于个人而不是组织，它们潜在地使资源偏离于组织的有效运作并威胁其生存。

最小化组织政治

有研究证实了组织政治盛行的几个条件，对此，我们可以采取相应的策略来最小化组织政治。首先，稀缺的资源将会导致组织政治盛行。当预算大幅削减，人们只得依靠政治策略来捍卫他们的资源以维持现状。尽管维持或增加资源不是易事，但相较组织政治的后果而言，这样做花费更少。

其次，当资源分配决定明确或简单时，组织政治将会被抑制。在资源分配决定模棱两可时，或非常复杂，或缺乏正式的规则时，办公室政治也会盛行。这是因为政治手段能够在缺乏规范的分配决定下帮助人们获得他们想要的。此外，组织变化会导致政治行为的出现，主要由于变化产生了不明朗性，并对员工已有的权力与资源造成威胁。因此，管理者需要采取组织转型策略，包括沟通、学习和参与。研究表明，那些被告知组织状况和参与组织决策的员工较少参与到组织政治中。

最后，政治行为在那些对其容忍甚至助长的工作单位或组织中更为常见。一些公司似乎通过奖励制度以及领导者榜样来培养利己行为。为了最小化组织政治，组织需要诊断改变整个体系或重塑行为模范。他们需要提倡与政治策略对立的组织价值观，例如无私奉献和客户至上。最重要的策略之一是让领导者成为组织公民身份中的角色楷模，而不是成功组织政治家的象征。

人格特质

一些人格特质会影响个人动机而做出利己行为。这样的特质是一种对个人权力的需求,并且与社会化需求是对立的。对个人权力有需求的人们为了自身利益谋求权力,并努力获得更多权力。一些人有强烈的**马基雅维利价值观**(Machiavellian Values)。马基雅维利主义以尼可罗·马基雅维利(Niccolò Machiavelli)命名的,他是15～16世纪意大利哲学家,所著《君主论》(The Prince)是关于政治行为的名著。有较强马基雅维利价值观的人

休假登记簿是一个稀缺的资源,而资源稀缺造成了最严重的办公室政治。一项最近的调查指出,13%的英国雇员拒绝告诉他人自己的度假时间,因此同事也不会和他们在同一时间休假。另外7%的员工说他们通过向同事撒谎来保护他们的度假计划。5%的人甚至更加马基雅维利主义,他们特意选择休假时间,从而来破坏厌恶的同事的假期。"我知道这是真的,"一位来自威尔士新港的没有参与此调查的员工说道:"我有一位同事知道我的休假习惯,他会选择在每一个我习惯休假的周预订假期。因为他知道我妻子的假期是固定的,并且不可改变。他并不需要在这些天休假,这样做完全是为了泄愤。"

对获得比他们本应得到的更多而产生高满意度,并相信欺诈诡计是一种用于实现目标的正常和可接受的方式。他们从不信任伙伴,趋于用更独断的影响策略,例如绕过自己的上司或者自行决定,走自己的路。

本章概要

8-1 权力依赖模型和组织中五种权力来源。

权力是影响他人的能力。它存在于当一方意识到他依赖于另一方以获得某种价值的时候。然而,依赖者也一定有抗衡势力,即对支配一方的权力,来维持这一关系,并且双方需要一定的信任水平。

权力来源一共有五种。法定性权力是组织成员共同达成的一个协议,同意特定角色的人们可以要求别人某特定行为。这种权力有其局限性的,如目标人的冷漠等。它也包括对等规范(要回报帮助过你的人),以及控制信息的流动。奖赏性权力来源于控制别人重视的奖励的分配、免除负面制裁的能力。强制性权力是应用惩罚的能力。参照性权力是个人或工作单位通过具备其他人重视的知识或技能,从而影响其他人的能力。一种重要的参照性权力便是能够处理商业环境下的不确定性的(感知)能力。当其他人认同、喜欢或尊敬某人时,那个人就具备了专家性权力。

8-2 四种权力的权变因素。

四种权变因素决定了这些权力来源是否能转化为真正的权力。当个人和工作单位不可替代,即缺乏替代物时,他们更有权力。雇员、工作单位和组织通过控制任务、知识和劳动力,以及使自己不同于竞争者,来降低可替代性。第二种权变因素是中心性。当人们有很强的中心性,即一个人的行动影响到的人数很多且这些人很快受到影响时,他们就更有权力。第三种权变因素——可见性,指权力增强到一个程度,这时个人或工作单位的能力为人们所知。自主性,权力的第四种权变因素,是做判断的自由。权力在人们能自由运用

自己的权力时而有所增加。

8-3 个人或工作单位通过社交网络获得权力。

社交网络是一个相互依存的个人或社会单位通过一种或多种联结方式所形成的社会结构。人们通过社会资本从社交网络中获得权力，而社会资本指的是社交网络成员分享的善意与资源。社交网络的三种主要资源是信息、知名度以及参照性权力。

员工通过其在社交圈中的关系来获得社会资本。社会资本会随着网络关系的增加而增加。强关系（亲密联系）可以增加社会资本，因为双方提供更多更快的资源。但是，与不同社交圈中的人拥有弱关系比与同一社交圈中的人拥有强关系更有价值。弱关系提供了更多我们没有的资源。影响社会资本的另一个因素是一个人是否处于圈子中心。社交网络的中心取决于多种因素，包括与其他人的距离（中间性）、有多少直接联系（中心度）以及关系的亲密度等。人们通过弥补结构漏洞，即联系一个网络中的两群人来获得权力。

8-4 八种影响战略，三种影响结果，以及选择影响战略时需要考虑的三种权变因素。

影响力是任何企图改变某人态度或行为的能力。最为广泛研究的影响策略有沉默的权威、独断、信息控制、形成联盟、上诉、劝说、讨好和印象管理、交换。"软"影响策略如友善地劝说和微妙地讨好，比起"硬"策略如上诉和独断更为人们接受。然而，最合适的影响策略也取决于影响者的权力基础；取决于与影响者相比，被影响人是否在组织中更高级、低级或在同一水平；也取决于个人的、组织的和对影响行为的文化价值观。

8-5 识别具有高组织政治相关的组织条件和个人特征，以及最小化组织政治。

组织政治由以其他人利益为代价，且有时与整个组织或工作单位的利益相悖的自私自利行为的影响策略构成。当稀缺资源要按复杂的和模棱两可的原则分配时，以及当组织容忍或奖励政治行为时，组织政治更加盛行。对个人权力有强烈需求的和有很强的马基雅维利价值观的个人，有更高的倾向使用政治策略。通过提供明确的分配资源的规章、建立自由的信息流、在组织转变期运用教育和参与、支持团队规范和限制不良政治的企业文化，并使领导者成为组织公民身份而不是政治角色楷模，组织政治能被最小化。

关键术语

中心性
法定性权力
社会资本
魅力
马基雅维利价值观
社交网络
联盟
相互性规范
结构漏洞
抗衡权力

组织政治
可替代性
印象管理
劝说
上诉
影响
权力
接种效应
参照性权力

复习思考题

1. 抗衡势力在权力关系中扮演什么角色？给出一个你自己在学校或工作中遇到的例子。

2. 一直以来，一家矿业公司的数据保留在专门负责保管该信息的部门。比如，财产数据储存在土地管理部门的电脑中，烃数据是在矿井管理组，地图则在地图部门，等等。高管团队认为这样做是不合理的，于是 CEO 宣布所有的数据都会集合到一个能够被广泛利用的中央服务系统中。若有人需要一份彩色地图，他可以从这个信息中心取得，不必去找地图部门。但这个改变并未受到欢迎，一些部门的员工对此有所抱怨，提供了一些论据来阐明为什么不能让一些团队直接进入他们的数据库。一些部门也尝试退出中央服务系统中。运用权力的权变因素和来源模型来分析，为什么有些团队反对中央信息服务系统。

3. 你刚被聘为一个有庞大消费产品的公司的牙膏品牌经理。你的工作主要是使广告和生产队伍更有效地促销和制造你的产品。这些部门不在你的直接管辖权内，虽然公司章程显示他们必须完成品牌经理要求的固定任务。描述一下你能用的权力，以确保广告和生产部会帮助你更有效地销售和制造牙膏。

4. 社交网络是怎样增强一个人的权力的？你现在能启用什么社交策略来提高事业成功的可能性？

5. 学生们如何应用影响策略来影响他们的授课老师，列出本章描述的八种影响策略。你认为哪种影响策略最常用？哪种影响策略最少用？在什么范围内，每个影响策略都被看作是法定行为或组织政治？

6. 考虑一个这样的情况，在一个六人小组中，只有一名女性成员，并且她在团队集会中经常被排除。对此，她能够采用什么影响策略来改变现状？

7. 在20世纪90年代中期，苹果公司的CEO邀请了史蒂夫·乔布斯（在当时他还没有与这家公司合伙）担任特别顾问，并负责提升苹果员工和顾客的士气。同时，乔布斯花更多时间建议CEO如何减少成本、重绘组织架构图和聘请新人。不久之后，苹果大部分的高端人才成了乔布斯的故旧，他们开始系统地评估并清除苹果老员工。在公开场合支持苹果CEO的乔布斯，私底下却批评他，并卖掉他得到的15亿份苹果股票来表示他的不信任。这一举动引起苹果董事会的注意，他们很快决定替换掉CEO并让乔布斯担任。那个CEO声称乔布斯是一个要阴谋、暗算别人的人，他利用政治策略来达到目的。其他人表示，如果他不接手苹果，苹果今天就会破产。就你而言，乔布斯的行动能否解释组织政治？证明你的答案。

8. 本书经常强调，成功的公司从事组织性学习。组织政治是怎样妨碍组织性学习目标的？

小组练习：影响你的上司

目的：这个练习旨在帮助学生了解社交网络图以及提高对组织效率的理解。

材料

操作指南（仅限于小型教学班）：导师会将学员分组（每组4～7人，取决于班级的规模），每一组都要确定具体的策略来影响在组织层级中高于他们的人员。每组应该考虑每个影响力策略，以确定可能会改变他们上司的态度和行为的具体做法。在小组讨论的过程中，学生应当确定哪一种影响策略是最合适或是最不合适用来影响他们的上司的。每组还应当考虑其他章节中的相关概念，如知觉、情绪与态度、动机以及冲突。最后全班重新集合在一起，每一组轮流展示他们如何影响高层人员的想法。

小组练习：破译社交网络

目的：这个练习旨在帮助学生在真实情况下应用影响力策略，在这种情形下会影响到在组织层级中更高层次的人员。

材料：老师需要分发几份社交网络图给每个学生。

操作指南（仅限于小型教学班）：导师会将学员分组（每组4～7人，取决于班级的规模），每一组都要观察社交网络图并回答以下问题。

1. 这个图的哪些方面体现出这个社交网络不会有效运行？
2. 社交圈中的哪一个人看起来最有权力？最没有权力？图中哪些信息或特征让你做出以上结论？
3. 如果你来负责这群人，你会怎样做以改变现状，使其更有效率？

在每组分析完每一张图后，向全班展示自己组的评估与建议。

操作指南（仅限于大型教学班）：这个活动在大型教学班也同样可行。老师可以将每幅社交网络图用投影展示出来，并给学生一到两分钟进行分析。然后老师可以提出具体的问题，比如指出图中一个具体的个体，问他具有较多或较少权力，处于中心性的哪个阶层，以及这个个体的关系是强关系还是弱关系。老师也可以问图中哪个扇形区域是最中心的，并让学生回答为什么。

自我评估：你是怎么影响同事的

目的：这个练习旨在帮助你理解在与同事（同一层级）一起工作时不同形式的影响力，同时评估在这种情况下你对每一种影响力策略的偏好。

操作指南：想象在一种情形下，你的同事与你的意见相左，与你的喜好不同或是在工作中不愿积极支持你的观点。这些冲突可能会体现在关于公司的政策上、工作职责的分配上、资源的分配上或是其他的方面。你会怎么做来让你的同事支持你？

表8-3描述了人们为了影响同事采用的方法。想想你在过去半年中的行为，你会有多频繁使用这些方法来影响同事（同等层级中），在每一项描述中选最准确的数字并画圈。这一练习要求学生独立完成，因此得出的评价是不受他人影响的。不过，课堂讨论时还是会聚焦在组织中不同类型的影响，以及哪一种策略是最成功（流行）或是最失败的。

注意：如果学生还未进入职场，请将同事的角色改为同学即可。

表 8-3　同事影响力衡量表

过去半年中，你有多频繁使用以下的方法影响同事	几乎没有/没有	很少	有时	经常	几乎总是
1. 给同事一个很有逻辑的解释，为什么这个问题的解决方法用我的更合适	1	2	3	4	5
2. 使我在这一问题上的权威成为已知的	1	2	3	4	5
3. 使用谈判的方式，为了获得同事支持我会有一些妥协	1	2	3	4	5
4. 要求这一问题应该向有利于我的方向解决	1	2	3	4	5
5. 避免同事了解与我的偏好相违背的信息	1	2	3	4	5
6. 在其他职员那里获得更多的支持，因此同事可以看到我的想法更受喜爱	1	2	3	4	5
7. 宣称或证实我的想法获得了管理层的支持	1	2	3	4	5
8. 赞扬同事，并希望他能更支持我的观点	1	2	3	4	5
9. 试图用真实信息和逻辑说服同事	1	2	3	4	5
10. 隐晦地向同事展示我在某一问题上的专长	1	2	3	4	5
11. 如果同事会在这个问题上同意我，便提供支持或协助	1	2	3	4	5
12. 当同事反对我的偏好时展现出不耐烦或者困惑	1	2	3	4	5
13. 以一种有利于我偏好的方式展示信息	1	2	3	4	5
14. 声称其他员工在这个问题上支持我	1	2	3	4	5
15. 建议或威胁让更高层的上司来解决	1	2	3	4	5
16. 对同事更加友好，由此更加赞同我的观点	1	2	3	4	5
17. 让同事看到偏向我的好处以及其他结果的坏处	1	2	3	4	5
18. 隐晦地或间接地向同事展示我的权威、专业或者权力，使我能够主导这个问题	1	2	3	4	5
19. 提醒同事我曾给予的帮助，希望他现在以支持我作为回报	1	2	3	4	5
20. 让同事知道如果他不支持我，我以后可能不赞同他或不与之合作	1	2	3	4	5
21. 选择或表达同我偏好一致的信息（而不是相反的）	1	2	3	4	5
22. 确定至少有一部分人在这个问题上支持我	1	2	3	4	5
23. 指出我的观点同公司价值或政策所一致	1	2	3	4	5
24. 更加尊重我的同事，希望以此鼓励他支持我	1	2	3	4	5

读完本章后，如果你需要更多信息，请登录：www.mhhe.com/mcshane7e 获得更多关于本章的深度信息和互动。

第9章 CHAPTER 9

组织里的冲突管理

学习目标

阅读完本章，你应该能够：
- 定义冲突，并比较冲突在工作场所中的积极影响和消极影响。
- 区别建设性冲突和关系冲突，并描述建设性冲突事件中三种最小化关系冲突的策略。
- 描绘冲突过程模型，并能够辨别组织的六种结构性冲突来源。
- 概述五种冲突处理风格，并讨论它们分别适合于哪些情形。
- 归纳六种解决冲突的结构方法，并对比三种第三方争议解决类型。
- 概述议价区模型，并概括出熟练的谈判者在沟通中强调价值和创造价值的策略。

开篇案例：在冲突中成长的顺德汽运公司

广东顺德汽运公司是一家有着悠长历史的老牌国有企业。根据区政府的工作部署，策划企业转制，并最终于2005年中旬被一家颇具实力的大型民营企业收购。

消息一传出，就引起员工的强烈反应。这个公司老员工多，工龄最长者达四十多年。与大多数国营企业一样，公司存在人员年龄老化、欠缺先进的管理制度、一家几口都在同一企业工作等问题。因此，绝大部分员工都担心企业转制之日就是自己失业之时，对企业转制十分抵触，私下议论纷纷，潜在冲突已有所表现。

经过一段时间的酝酿与筹划，公司转制员工安置草案终于公布。大部分员工的情绪十分激动，认为公司决策层与区政府未能充分考虑广大员工的切身利益。冲突开始加剧：公司近80%的员工联名写信上访，要求区政府修改员工安置方案的相关条款；员工无心工作，劳动纪律松懈，工作效率低下，公交车驾驶员开快车、抢道、飞车过站、不准点发车的情况屡有发生，乘客投诉剧增。

为更好地了解情况、化解冲突，公司决策层主动召集职工代表大会讨论员工安置方案，广泛听取员工意见并积极向区政府有关部门反映；政府有关部门也根据公司的建议对员工安置方案进行了合理修改，并按国家相关政策的规定，重新公选职工代表，并先后两次召集职工代表大会讨论、投票通过了员工安置方案。由于职工代表是由全体员工公平、公正、公开选出的，代表的是全体员工的心声，方案得到了全体员工的认可。在公司决策层的努力下，方案得以实施。员工既得到了买断工龄的补偿金，又与新公司重新签订了为期三年的劳动合同，各项安排也得以落实。公司的运作秩序迅速恢复，各项工作重新走上正轨。为了改善市民出行条件及驾驶员工作环境，新公司投入巨资添置近百辆公交车投放使用，同时加紧跟进公交驾驶员的素质教育及安全教育工作，要求他们安心并珍惜本职工作。驾驶员感受到了公司对他们的人本关怀，士气重新振作，服务质量大大改善，乘客满意度也有所提升。

资料来源：案例根据中国广东省佛山市委宣传部2010年的材料整理改编。

9.1 冲突的含义和后果

生活中的一个事实是组织不断地适应它们的外部环境,并引进更好的方法来将资源转换成产出(详见第 1 章)。没有清晰的路线图告知公司该如何转换,员工和其他利益相关者也很少完全赞成目标或这些调整的形式。员工有着发散式的个人和工作目标,使得他们偏好组织确立的不同目标。

这些不同的目标和观点,以及本章描述的一些其他主要的因素,导致了冲突。**冲突**(conflict)是一方认为他的利益正被另一方阻挠或受到消极影响的过程。当一方用一些方法妨碍或打算妨碍另一个人的目标时,冲突就发生。冲突根本源于感知;它的存在,无关一方认为另一方可能会在何时妨碍他的努力,也无关另一方是否真的这样做。

9.1.1 冲突是好的还是坏的

有关组织行为的最久远的争论之一是:冲突是好的还是坏的。而更新的讨论是:对于组织而言,冲突的形式是好的还是坏的?在大多数的时间里,主流的观点认为冲突是坏的。近乎一个世纪之前,欧洲的行政理论家亨利·法约尔(Henri Fayol)和马克斯·韦伯(Max Weber)强调,组织通过和谐的关系能够最好地工作。埃尔顿·梅奥(Elton Mayo)是哈佛大学人类关系学院的创始人,并被认为是组织行为学的创建者之一。他认为,员工和管理者的冲突破坏了组织的有效性。这些批判警告我们,即使是适度的、低水平的分歧也会破坏办公室关系的结构,并逐渐削弱生产活动的力量。与上司的冲突不仅浪费工作时间,也违反了指挥等级制度并质疑了有效的权威分配(权威之下,经理做决定,且雇员要跟随行事)。

虽然"冲突是坏的"的观点现在被认为是过于简化的,但是在某些场合的冲突确实会带来消极的影响(见表 9-1)。冲突会消磨生产时间。例如,通过调查九个国家的 5 000 名员工,其中有近乎 1/3 的人说他们总是或者频繁地需要处理工作中的冲突。德国超过一半的雇员抱怨冲突充斥着他们的工作日。

表 9-1 工作环境冲突的后果

消极影响	积极影响
耽误其他生产时间 更少的信息共享 更高的压力、不满意度和离职率 增加组织政治斗争 浪费资源 弱化团队凝聚力(导致团队成员间的冲突)	更好地做出决定: • 检测问题逻辑 • 质疑假设 更多对环境改变的回应 更强的团队凝聚力(增加团队和外在竞争者的冲突)

冲突会通过其他的方式影响工作表现。它会使人焦虑紧张,从而消耗个人精力,分散员工工作中的注意力。冲突不利于处在争吵中的人之间的资源共享和相互沟通。它会减低工作满意度,从而造成更高的离职率和更低的客户满意度。冲突会破坏组织规范,比如刺激员工去寻找破坏对手信用的方法。由于人们较少地主动交流有价值的东西,因而做决策会很艰难。具有讽刺意味的是,伴随着缺乏交流,争斗的双方会使得意见冲突升级,因为各方越来越基于扭曲的认知和对对方的刻板印象行事。最终,队员中的冲突也会降低团队的凝聚力和工作表现。

冲突的好处

在 20 世纪 20 年代，当大部分的组织学者认为冲突在本质上是坏的时，教育哲学家和心理学家约翰·杜威（John Dewey）却夸赞冲突的好处："冲突是思想的牛虻。它使得我们去观察和记忆，它煽动创新，它冲击着我们被动服从的做法，并使我们学会注意和设计。"三年后，政治科学和管理理论家玛丽·帕克·福莱特（Mary Parker Follett）同样提出，冲突中的某些部分应该被好好利用，而不是仅仅把它当作分歧的不良后果。

但是直到 20 世纪 70 年代，冲突管理学家才开始接受"最优冲突"（optimal conflict）观点。根据这个观点，当雇员经历某一水平的冲突时，组织是最有效的，但是当他们有高水平的冲突时，组织效率会下降。冲突的好处有哪些？根据杜威所陈述的，冲突激励人们更仔细彻底地争辩事情和评价替代物。人们探测并检验了其他人的思维方式，以便于更好地理解需要被强调的深层问题。这个讨论和争辩检验了论证的逻辑，并鼓励参与者再次考察他们关于该问题的基本假设和可能解决办法。它防止个体和团队做出相对较差的决定，并潜在地帮助他们发现更多合理的和具有创造性的解决办法。

适度冲突的另一个明显好处是，它防止组织停滞不前和对外部环境没有反应。正如之前所提到的，不同的意见会激励员工处在活跃的思考中，这包括持续不断的提问和得到关于组织如何能够达到顾客期望的一些提示。第三个好处是与团队外的人的冲突会潜在地增强团队凝聚力。当人们面临外部威胁时，例如与团队外的人发生冲突，他们更有动机去一起工作。

9.1.2 新兴观点：建设性冲突和关系冲突

尽管许多作者仍然坚持"最优冲突"的观点，但是一个关于思考的新学派，即关于冲突的两种相关类型涌现了：任务冲突和关系冲突。

任务冲突（task conflict），也叫建设性冲突（constructive conflict）发生在，人们在对怀有其他观点的人表示尊敬的同时，将讨论重点放在讨论和事情（例如，任务）上。这种冲突是因为不同职位都被激励，所以观点和提议将得到阐明、修改和测试逻辑合理性。保持辩论专注于事情上可以帮助参与者重新审视自己的假设和信念，且不会引起防御的冲动和相关的消极情绪，以及自我防御机制所引发的其他行为。研究显示，任务冲突将得到比我们先前描述的更好的结果，特别是做出更好的决定。同时，对于建设性冲突水平的强度，似乎也存在着一个最高限制。

与建设性冲突相反，**关系冲突**（relationship conflict）将焦点放在人而不是事情上，它把人的特质作为冲突的来源。各方冲突焦点涉及人际的不相容，例如"人格冲突"而不是对任务或决定的看法的合理差异。关系冲突包括一方询问或批判另一方的个人能力。比如，它尝试（或者企图尝试）质疑另一个人的能力。这些个人攻击影响到自尊或个人进步、自我认证的过程。结果就是，触发防御机制并导致各方之间竞争的开始。关系冲突减少共同的信任，因为它强调个人差异，也就削弱了已存在的与他方的联系。关系冲突相对任务冲突更容易升级，因为对手受到较少的沟通和共享信息的激励，使得他们难以发现更多共同的背景来最终解决冲突。相反，他们依靠更多的扭曲的认知和刻板印象，正如我们之前所提到的，导致冲突的进一步升级。

攻击某人的信誉或对其进行挑衅性的回应，都会引起此人的防御机制和竞争者导向。

口头攻击使人们缺乏沟通和共享信息的动力，使各方更难发现共同点并最终解决冲突。相反，他们更多地依赖扭曲的认知和成见，而且，像我们之前所说，趋于使冲突进一步升级。关系冲突有时被叫作社会情绪冲突（socioemotional conflict）或情感冲突（affective conflict），因为在这种冲突事件中，人们经历并做出强烈的情绪反应。

全球链接 9-1　航线冲突的高成本

2014 年 12 月 11 日晚，由曼谷飞往南京的 FD9101 航班上，四名乘客与机组成员发生冲突，其中最主要是一对情侣。这对情侣上飞机后，发现座位不在一起，要求调换，由于调换时间较长，情侣有些不满。随后，女方准备吃泡面，向空姐要热水，由于亚航为廉价航空，提供热水需收费。因等待热水时间较长，双方再次发生不快。男子称女友晕机，需要热水。男子还向空姐索要购买热水的票据。在拉扯过程中，女子手中的开水泼向了空姐。然后持续激烈争吵并谩骂、恐吓和威胁空姐，一个要炸飞机，一个要跳飞机。机组决定返航，飞机落地后，情侣又哭又闹，说自己有抑郁症。最后二人被泰国警方带走。因为此事航班延误六个多小时，并造成后续航班延误。经泰国警方调查处理，四名乘客向被泼热水的空姐赔偿 50 000 泰铢（约合 1 万元人民币）。此外，因影响公共秩序，泼水女乘客罚款 200 泰铢（约合 37 元人民币），另三名乘客各罚 100 泰铢。

2015 年 5 月 6 日，深圳航空 ZH9525 航班已经离开廊桥，正向起飞跑道滑行。空乘人员发现在靠近应急逃生门的座位上，有一男一女两名乘客把行李放到了应急逃生通道里。空乘人员上前劝阻遭到拒绝。空乘人员又表示，可以为两名乘客调换座位，也未能获得两人的同意。期间，航班上其他乘客对两人的行为表达了不满，认为两人置其他乘客的安全于不顾。双方在交涉时，发生了言语冲突，甚至还曾经打算要动手。两名乘客情绪激动，碰触了打开应急舱门的设施。机组认为如果事态再得不到控制，后果不可预料，当即向机场公安报警，飞机也滑回了登机口。公安民警赶到后，将拒不挪走行李的两名乘客带走协助调查。航班进行了清舱处理，经过安全检查后，乘客们重新登机。在延误一个多小时后最终平安降落大连。

区别建设性冲突和关系冲突

目前，这种涵盖两种冲突类型的观点引致一个逻辑结论，即我们应该鼓励建设性冲突和最小化关系冲突。这个建议从理论上听起来不错，但是最近有证据表明，区分这两种冲突不是一件易事。在建设性辩论期间或在其之后，我们大部分人会经历某种程度上的关系冲突。换言之，任何从事建设性冲突的企图，不管有多冷静和理性，可能仍会播下关系冲突的种子。争论的水平越高，那么涉及自我意识的事情越多，从而建设性冲突演化成（或混杂在）关系冲突的机会就更大。

所幸的是，冲突管理专家已经指出有三种策略可以在建设性冲突事件中，无形中最小化关系冲突的水平：

（1）情绪智力和情绪稳定性（emotional intelligence and emotional stability）。当团队成员有高水平的情绪智力和更好的个人特质即情绪稳定性时，关系冲突更少发生，或更难升级。有情绪智力的雇员能在争论中更好地调整自己的情绪，因此会减少升级人际间的敌对行为的风险。有高情绪智力的人们也更易于把同事的情绪反应看作是反映同事需求和期望的有用信息,而不是对自己的攻击。

(2)团队凝聚力(cohesive team)。当冲突发生在一个高凝聚力的团队中,关系冲突会被抑制。人们一起工作、相互了解以及形成彼此信任的时间越长,他们给予相互之间表达情绪的宽容度会越大,而且不会感觉受到冒犯。这也可以解释为什么任务冲突在最高层管理团队而不是初级员工中更有效。强凝聚力也促使每个人理解和预计队友的行为和情绪。它的另一个好处是凝聚力会形成更强的对群体的社会认同,所以当讨论出现意外的情绪化骚乱时,队员会更积极地去避免关系冲突升级。

(3)支持性团队规范(supportive team norm)。不同的团队规范能在建设性辩论中牵制关系冲突。例如,当团队规范鼓励开放性,团队成员就学会接受坦诚的交流,在有异议时不会对任何情绪化表达有过激的反映。其他规范可能是阻止团队成员对同事表现出消极情绪的。团队规范也鼓励那些在冲突刚刚出现时可以淡化关系冲突的策略。例如,研究发现,有较低关系冲突的团队会运用幽默来保持积极的群体情绪,由此抵消辩论中成员相互之间可能产生的消极情绪。

英特尔公司因鼓励员工积极争论而闻名。为了帮助电脑芯片设计师做出更好的选择,英特尔的合伙人安迪·格鲁夫在很久以前就引进并导入了这种建设性对抗的文化。但是他也重新识别了任务与人际冲突之间的区别。格鲁夫强调说,"建设性对抗并不意味着喧哗、不满与粗鲁。这并不是在批判这种对抗,其精髓在于,以有条不紊的坦率交流来解决问题。"

9.2 冲突过程模型

既然我们已经概述了关于冲突的历史、当前的认识以及冲突所引发的后果,那么现在就让我们来看一下冲突形成的过程,如图9-1所示,这一过程始于冲突源。有时,冲突源能使一方或者双方察觉到冲突的存在,使他们意识到一方的陈述与行动与他们的目标和期望不相融合。在冲突过程中,这些能察觉到的冲突以情感的方式相互作用,冲动的感觉与情感引发明显的冲突,即一方针对另一方的决定与行为。从一些细微的非动词行为到战争般的侵略都可以体现出这种冲突细节,特别是当人们的情绪受到高层次冲突的影响时,他们很难找到不使双方的关系进一步激化的有效交流词汇。各方解决冲突的风格也是相互抵触的,一些人倾向于避开冲突而其他人试图用对立的观点击败他们。

图9-1显示出从明显冲突到冲动的感觉与情感的回环箭头。这些箭头表明冲突的过程是由一系列的冲突事件构成的,这些细小的事件暗暗地循环引起冲突关系的上升。不需要太多,仅仅一个不当的评论、一个误解或者是一个缺乏外交技巧的行为就能使这个冲突不断循环。这些行为使得一方察觉到冲突,即使甲方不想挑明冲突,乙方的行为也会让人察觉到抵触的情绪。

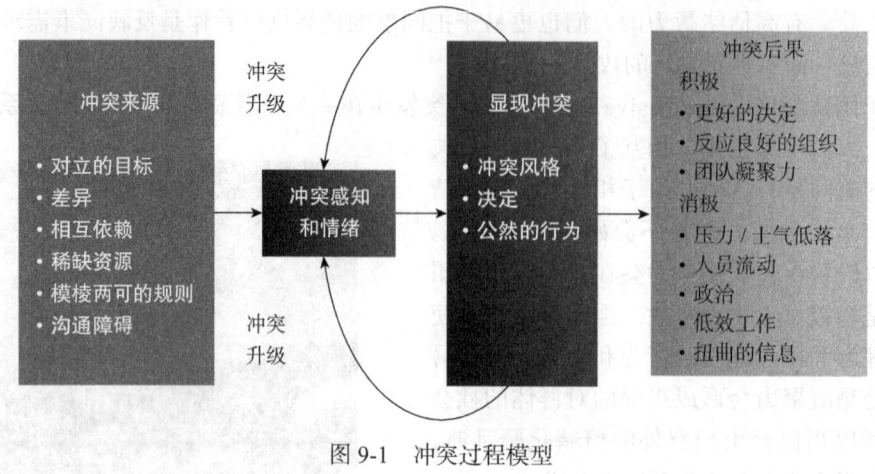

图 9-1 冲突过程模型

9.3 组织中的冲突结构来源

冲突模型是以冲突来源为开始的,所以我们需要理解这些来源,以便有效判断冲突事件进而解决冲突,或当缺少冲突时来制造冲突。在组织设置中引发冲突的六种主要条件是对立的目标、差异、相互依赖、稀缺资源、模棱两可的规则和沟通障碍。

9.3.1 对立的目标

目标的冲突性(goal incompatibility),即一个人或部门的目标似乎干扰或影响到了另一人或部门的目标。例如,生产部门通过安排长期生产以求经济效益,然而销售队伍看重客户服务而希望尽可能快地将产品递到客户的手中。如果这个公司的某一产品都已售完,那么生产部门更希望让客户等到下一次生产,这则会激怒那些希望尽可能快地改变生产来满足客户需要的销售代表。

9.3.2 差异

另一个冲突来源是差异(differentiation),即人员、部门和其他实体在培训、价值观、信仰和经验方面的差异。差异区别于目标对立。两个人或部门可能有一个共同的目标(如更好地服务顾客),但是对于如何实现这一目标却有巨大的差异(例如,标准化员工的行为或给员工与顾客互动交流的自主性)。年轻的和年长的员工有不同的需求、不同的期望和不同的办公室习惯,且有时会形成不同的冲突偏好和行动。最近的研究表明,两代间差异的发生是由于人们在技术进步和不同时代下的重要社会事件中形成了不同的社会身份(见图 9-2)。

随着相互依赖的水平提高,冲突趋于增加。任务的相互依赖性是指雇员必须通过共享物料、信息或专业知识技巧来完成工作的程度。相互依赖发生在当团队成员在个人任务中必须分享共有的资源投入,需要交换工作或客户,或者结果(如奖赏)在一定程度上由别人的表现来决定的时候。相互依赖程度越高,冲突的风险越大,因为如此就会有更大的可能性使一方扰乱或妨碍另一方的目标。

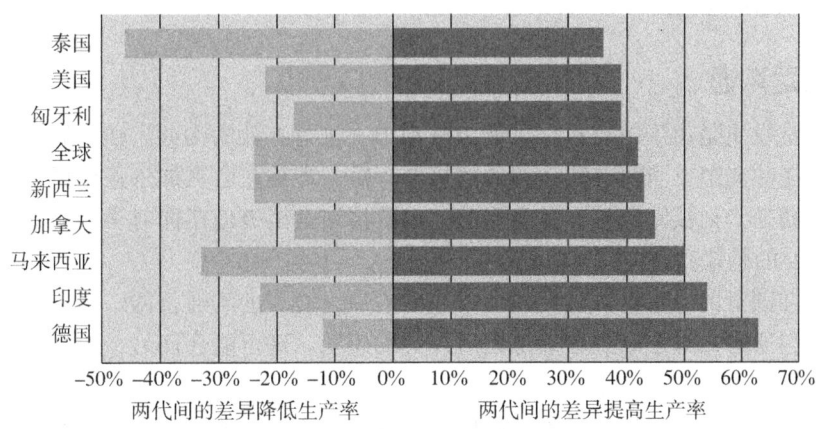

图 9-2　两代间的差异会提高还是降低生产率？

注：差异也会在合并自两个公司的员工之间产生典型的紧张局势。即便当两个公司都希望这个合并的机构能够成功，他们也会就办事的"正确方法"而争执不休。因为他们都有来自原来公司的独特经验。2006 年 7 月，国美电器收购中国永乐时就出现了这种形式的冲突。两家分别代表了南北地域不同的两种价值观，在企业的发展过程中，这两种价值观也在企业中不断强化，并显示出明显的区别。当这两个企业合并后，这两种价值观的冲突也就越来越明显，并且在管理过程中逐渐凸显出来。

除非他们完全独立，否则在一个联营式相互依赖关系中，与其他人一起工作的雇员们倾向于有最低的冲突风险。联营式相互依赖（pooled interdependence）是指，除了依靠一些普遍的资源或权威之外，个体的工作是独立的。当处于连续的相互依赖工作关系时，冲突发生的可能性更大，如生产流水线。最高的冲突风险往往发生在互惠的相互依赖情境中。这种情况下，雇员之间高度依赖，因此相互妨碍对方的工作和个人目标的可能性更高。

9.3.3　稀缺资源

资源的稀缺性会引起冲突，这是因为需要相同资源的每个人或单位会危害其他也需要那种资源来完成目标的人。就像工人罢工的发生，其部分原因是没有足够的财务和其他资源来满足每个人所寻求的结果，例如更高的薪水（对于雇员来说）和更高的投资回报（对于股东来说）。一个组织中的预算审议也会产生冲突，这是因为没有足够的储备资金来满足每个工作单位的目标。一个项目获得的资源越多，另一个项目就只有更少的资源来实现它的目标。幸好这些利益在复杂的谈判中并不会完全冲突，但有限的资源的确是冲突摩擦的主要来源。

9.3.4　模棱两可的规则

模棱两可的规则，或者完全缺乏规则，会引致冲突。它的发生是由于不确定性增加了一方试图妨碍另一方目标的风险。模棱两可也会鼓励政治策略，在一些情况下，还会使员工进入一种秩序混乱的斗争来赢得他们偏好的决定。这解释了为什么冲突在兼并与收购中更加常见。来自两家公司的雇员有相矛盾的习惯和价值观，而且基本没有现成的规则来使权力和资源的争夺最小化。因此，如果存在清晰的规则，雇员就会清楚自己能从对方得到什么，并遵守那些规则。

9.3.5 缺乏沟通

冲突经常发生是由于缺乏机会、能力或动力去进行有效的沟通。让我们看看每一个起因。第一，在冲突中，当两方缺乏沟通的机会，每一方往往会更加依赖刻板印象来理解另一方。不幸的是，刻板印象是非常主观的，以致情绪会消极地扭曲对手行动的意思，因此使人们对冲突的感知升级。

第二，在圆滑的、不对抗的礼仪中，一些人缺乏必要的沟通技能。当一方傲慢地就他的分歧进行沟通时，对手更会增加他们对冲突的感知。这可能会使另一方对等地给予相似的回应，从而使冲突进一步升级。

第三个问题是，关系冲突是不舒服的，所以在一个冲突的关系中，人们避免与别人互动。可惜的是，更少的沟通会进一步升级冲突，因为每一方关于另一方的意图的信息都不太准确。为了填补缺失的信息，对手会更加依靠对另一方的扭曲的形象和刻板印象。由于在冲突情境下，人们会倾向于更多地与他们不同的群体进行区分，知觉会进一步地扭曲。这种分化产生更为积极的自我概念以及对手更负面的形象。我们开始不希望看到竞争者，所以在这些不确定时间内，我们会保持积极的自我概念。

9.4 人际间的冲突处理风格

上述的六种结构条件为冲突打下了基础，并且这些来源导致冲突感知和情绪，它们反过来激励人们采取一定形式的行动来解决冲突。除了开创了冲突是有益的观点，福莱特还指出存在不同的冲突处理风格。冲突管理专家进一步扩大并细化冲突处理风格，但是最普遍的说法是图9-3和下面描述的五级分类模型的变化。

这个模型指出，人们处理冲突情境取决于最大化自身利益和最大化其他方利益的相对重要性。

- 问题解决（problem solving）。问题解决试图找出一种互利的解决分歧的方法。它被称作**双赢取向**（win-win orientation），因为用这种风格的人们相信如果各方合作去找到一种创新的解决方法，危难中的资源就是

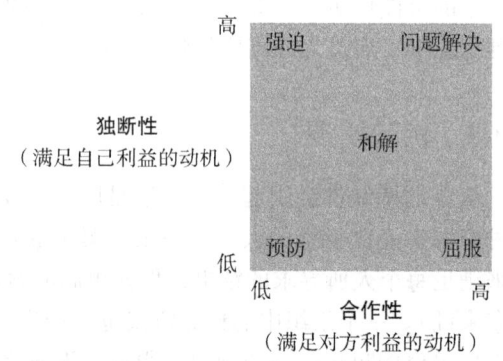

图 9-3　人际间的冲突处理风格

资料来源：C. K. W. de Dreu, A. Evers, B. Beersma, E. S. Kluwer, and A. Nauta, " A Theory-Based Measure of Conflict Management Strategies in the Workplace," *Journal of Organizational Behavior*, 22 (2001), pp. 645–68. For other variations of this model, see T. L. Ruble and K. Thomas, " Support for a Two-Dimensional Model of Conflict Behavior," *Organizational Behavior and Human Performance*, 16 (1976), p. 145; R. R. Blake, H. A. Shepard, and J. S. Mouton. *Managing Intergroup Conflict in Industry*. Houston: Gulf Publishing, 1964; M. A. Rahim, " Toward a Theory of Managing Organizational Conflict," *International Journal of Conflict Management* 13, no. 3 (2002), pp. 206–35.

可膨胀的，而不是固定的。信息分享是这种风格的重要特征。双方通过合作，可以找到大家的共同点，想出令各方都满意的解决办法。
- 强迫（forcing）。强迫试图在冲突中以牺牲别人为代价来取胜。采用这种风格的人们具有典型的**你输我赢取向**（win-lose orientation）——他们相信各方正从一块固定大小的馅饼中获益，所以一方获得越多，则另一方获得越少。因此，这种风格依靠一些"硬"影响策略，尤其是独断，来为所欲为。
- 回避（avoiding）。回避试图完全地消除或避免冲突情境。一个常见的回避策略就是尽量降低与特定合作者的来往。例如，在一份大型的全球调查中，67%的雇员说他们会竭力避免碰见与他们有分歧的合作者，少部分人（14%）曾逃过一天班来避免工作场所中的冲突。第二种回避策略则是在与他人有冲突时避免敏感的话题。这些例子表明回避不一定意味着对自身和他方利益报以较低的关注。相反，我们可能会非常担心但同时也认为至少从短期来说回避可能是最好的解决方法。
- 屈服（yielding）。屈服是指对另一方的要求彻底让步，或至少合作，但自己没有或几乎不会得到任何好处。这种风格涉及做出单方面的妥协和无条件的承诺，以及在不期望有互惠帮助的条件下提供协助。
- 和解（compromising）。和解是指寻找一个立场，在那里你做出某种程度的让步。它涉及与另一方的妥协相匹配、做出有条件的承诺或威胁，以及积极寻找一个介乎两方利益之间的中间立场。

9.4.1 选择最优的冲突处理风格

很有可能，你已经有一个首选的冲突处理风格。你可能有预防或屈服的倾向，因为分歧让你觉得不舒服，且由于有些人喜欢与每个人和睦相处，所以冲突会与你的自我意识不符。又或许你偏好和解和强迫策略，因为它们能反映你对成功和对环境控制的强烈需求。一般来说，人们倾向于一种或两种首选的风格，这些风格符合他们的个性、个人和文化价值观以及过去的经历。然而，最佳的风格取决于情境，所以我们需要理解并发展出在恰当的情况下使用每种风格的能力。

表9-2总结了主要的情境和问题，以及该问题的风格。无论在什么时候，问题解决都被广泛地认可为受偏好的冲突解决办法。为什么？这个方法引发了对话和理智的思考。

表9-2 冲突处理风格的偶然性和问题

冲突处理风格	成为首选风格的情境	该风格的问题
问题解决	• 利益并不完全对立（即不是纯粹的你输我赢） • 各方有信任、坦诚和共享信息的时间 • 事情是复杂的	• 涉及共享信息，另一方可能会用来获得他的利益
回避	• 冲突太受情绪控制 • 试图调解冲突的成本超过了收益	• 经常不能解决冲突 • 可能增加另一方的不满
强迫	• 你坚信你的立场（如相信另一个人的行为是不道德的） • 争论需要一个快速的解决办法 • 如果采用一个更合作的策略会被对方占便宜	• 有关系冲突的最高风险 • 可能破坏长期关系，减少未来问题的解决
屈服	• 另一方确实有更大的权力 • 事情对另一方比对你更加重要 • 你的立场的价值或逻辑不太清晰	• 增加另一方对未来冲突事件的期望

(续)

冲突处理风格	成为首选风格的情境	该风格的问题
和解	• 各方有同等的权力 • 存在解决冲突的时间压力 • 各方缺乏解决冲突的信任和坦诚	• 在共同利益可能达到的情况下导致非最理想的解决办法

表9-2通过应用每一种冲突处理风格，总结了主要的偶然性和问题。问题解决很久之前就被认为是可能情况下首选的冲突处理风格，因为最初双方可选择的方法或资源是相对立的，而对话和好点子帮助人们摆脱这种局限性，找到使双方都得益的相互协调的解决办法。再者，最近的研究报告说，问题解决增进了长期关系、减少压力，并最小化情感防御和关系冲突的其他迹象。

然而，解决问题是建立在存在共同利益这么一个假设上的，诸如当冲突是蕴含多重元素而且是很复杂的。如果冲突只是简单的而且具有很强的对立性（各方都想要在固定的蛋糕中分得更大的部分），那么这种模式将会浪费时间并且增加双方的焦躁。这种提出问题、解决问题的方法同样也需要更多的时间，而且对于信赖度也有一个相当高的要求，因为这里存在一个对方将会利用你公开分享的信息的问题。如同最近一个研究所发现的，这种提出问题、解决问题的模式在人们有非常强的冲突感的时候尤为让人紧张，因为在这种情况下较强的冲突感会暗中磨损我们对于对方的信赖。

回避冲突的方式经常是无效的，因为它没有解决冲突，而且可能会增加另一方的挫败感。然而，当冲突已经变得由情绪主导时，或解决冲突所需的成本大于所获得的收益时，逃避或许是最好的策略。

强迫性的方式经常会因为更快地产生冲突关系或其他冲突方式而显得不合适。然而，在你知道你自己是对的情况下（例如，另一方是不明智的或者是基于很明显的错误逻辑），或者这个争论需要一个快速的解决方案，又或者另一方将会在一个更加合作的冲突处理环境中获利，强迫可能是很必要的。

屈服的态度在对方在本质上有更强的权力，或者这个问题对你而言并不如对另一方而言重要，而且你也不确信你的位置是否处在一个更好的逻辑点或者有正当性的准则之时比较合适。然而，屈服的行为或许会给予对方一种不真实的、过高的期望，并使得他们在未来从你身上索取更多的东西。在长期，屈服将会造成冲突，而不是解决问题。"上扬的音量，面红耳赤或者是捶桌子相对于撤退、被动性或者阴郁地接受而言是一种相对而言不适当的挑衅"这句话讨论了一种冲突管理措施，"这并不意味着人们同意你的观点：他们只是暗中产生疑虑并在组织中传播，这种行为会产生腐蚀性的效果。"

和解的态度在问题解决时可能有一些共同的利益，每一方都有平等的权利并且他们都承受着求同的压力的时候最为适当。然而，我们很少知道各方是否有完全对立的利益，尽管和解的方法假设了这种单赢的导向。因此，用一种和解的方式进入冲突或许会导致各方忽视更好的解决方案，因为他们没有尝试分享足够的信息或创造性地寻求双赢的策略。

9.4.2 在处理冲突时文化和性别的差异

文化差异不仅是冲突的来源，它们也对自身偏好的冲突解决方式产生影响。一些研究表明，从高度合作文化中出来的人们——也就是一种集体目标比个人目标更有价值的文化——有一种保持和谐关系的动机，并且由此相对那些来自低合作文化的人们而言，更有可能采用一种解决问题或者预防问题的方式来消除分歧。然而这种观点从某些方面而言过度简化了。集体主义在组内构建和谐的价值观，但这并不意味着对组外的人也会这么做。当然，研究表明来自集体文化的管理者会更加倾向于在公开场合指责个人主义的组织或个人。文化价值观和文化准则影响解决冲突的方式这一特点经常在社会中用到，但是它们也在外来者选择他们自己偏好的解决方式时成为一种很主要的偶然事件。例如，那些经常使用逃避的方式来解决冲突的人可能会在强迫性方式盛行的文化中遭遇更多的问题。

根据一些作者的观点，男性和女性倾向于不同的冲突解决方案。这表明，相对于男性，女性会在多方关系中倾注更多的精力。最后的结果是，女性会倾向于在商业环境中采取一种和解或者使用偶然的问题解决方式并且更乐意通过和解来维持人际关系。相对于男性而言，她们也会更乐意使用预防的方式。男性倾向于更具有竞争性和短期导向的方式来解决问题。在低集体主义的文化中，相对于女性，男性更加喜欢使用强迫的方式来解决冲突。我们必须要对这些观察结果保持谨慎，因为男性和女性在解决冲突方式上的差异是相当小的。

9.5 结构性的冲突管理方法

冲突解决方式阐述了在与其他团体产生冲突时我们的处理方式。但冲突管理同样也涉及了改变潜在冲突的结构性成因。主要的结构性方式是强调上级目标，减少分歧，增进沟通和理解，减少任务的相互依赖性，增加资源并且阐明规则和流程。

9.5.1 强调主要目标

关于解决冲突的一个最古老的建议就是将团体的注意力集中在上级目标上，并且减少在次要目标上的冲突。**上级目标**（superordinate goals）是那些会造成雇员之间的冲突或部门价值问题或获得兼并性资源以及其他团体的努力方面的问题。这些目标之所以是上级的是因为它们有较高的迫切度，例如是组织的战略性目标而不是单独个体或工作单元的目的。研究表明了那些最有趣的执行团队将上级目标作为框架来提升部门的执行力以及次级目标的完成度。与之相似地，最近的一项研究报道了一些领导通过启发性的视角来整合员工并且使他们降低在次要目标上的差异分歧以此来集中精力于上级目标这样一种解决冲突的方式。

假设营销工作人员希望能够快速地发布一个新产品，然而工程师想要更多的时间进行检测和增加新的性能。领导者可以通过提醒公司的每个部门，他们的使命是服务顾客，或者通过指出当前的竞争会威胁到公司在行业中的领导地位来潜在地减少跨部门冲突。通过增加对广泛协作目标的承诺（顾客中心、竞争性），工程师和营销人员会花更少注意力在竞争的个人或部门水平的目标上，从而减少他们对同事间冲突的感知。强调主要目标也会潜在地减少问题的差异性，因为他们会建立一个共同参照（为同一家公司工作）的框架。

9.5.2 减少差异性

还有一种可以最小化功能失调冲突的方法：减少那些会产生冲突的差异性。在人们逐步形成共同经验与信仰的过程中，他们会变得更有动力去协调自己的活动并通过有建设性的讨论来解决争端。就在 SAP，这家德国办公软件公司最近收购一家在美国存在感很强的法国公司之时就曾采用了这种策略。收购一发生，SAP 就立即开始将两家公司的员工混合起来，有一些 SAP 的高级管理人员被安排进入 Business Objects 公司，而被收购公司的所有管理人员都被编入了 SAP 的共享服务团队。"我们同样鼓励跨边界、跨部门的团队合作来完成像主要产品销售这样的任务"，Business Objects 公司 CEO 约翰·施瓦茨（John Schwarz）这样说道，"在这种情形下，团队成员会变得更依赖彼此。"从根本上来说，通过促进两家公司间的人员流动以及通过促进团队协作来完成共同任务的方式，SAP 公司为被收购公司的管理与技术人员提供了形成与母公司 SAP 的员工共事的机会。

9.5.3 促进沟通与相互理解

第三种解决功能失调冲突的方法是给予双方更多的机会来进行沟通以便实现相互理解，这个建议采用的前述章节中所介绍的两原则与两实践方法。尽管这二者之前都是被用作提升自我意识的方法进行介绍的，但它们在提升他人意识方面同样有很大的价值。

根据接触理论，有意义的互动可以潜在地增进相互理解，接触理论认为我们可以通过与人们的亲密合作来对他们形成更对应与准确的理解。

举个例子，系统资本管理公司（System Capital Management）的超过 18 000 名员工与管理者最近参加了一个"让我们一起把乌克兰变干净"的活动。为了更好地改善环境，每个人都被要求捡起平均 100 公斤的垃圾——这一个志愿者活动有效缓解了乌克兰核心金融与工业集团中员工与管理者的矛盾。

尽管沟通与相互理解的方法可能会奏效，但这里同样存在两个重要的威胁。第一，这些措施都只能在差异性相对较小或者差异已经得到有效控制的情况下才可以采用。如若可感知差异持续在高水平，想要通过对话来管控冲突的尝试反而会激化冲突而不是降低冲突。当我们被强迫着与我们认定与自己非常不同的人互动交流的时候，我们会倾向于增强原来的看法。第二个威胁在于，集体主义与高权力距离文化中的人们更不喜欢通过直接与公开的对话来解决冲突。正如我们之前所言，儒家文化圈的人们更倾向于采用一种避免冲突的方式来解决问题，因为在这种文化当中，和谐与保存颜面都是十分重要的，而直接沟通是一种高风险的策略，因为这会直接威胁到保存颜面与维持和谐的需要。

9.5.4 减少相互依赖

冲突在人们依赖彼此之时尤其容易发生，因此另一种解决功能失调冲突的方法就是最小化一个群体中的个体相互依赖的程度。有三种方法可以减少员工与工作团队之间的相互依赖，分别是制造缓冲器、使用整合者、合并工作。

- 制造缓冲器：缓冲器是使二者或者多人抑或是工作团队间联结关系变松的任意机制。这种减轻关联的方式会降低冲突发生的可能性，因为缓冲器能减少一个群体对另一个群体的影响。例如，在同一条装配流水线上的工人间建立存货储备就是一种缓冲器，因为这种做法使得每个工人在短期内都可以不那么依赖流水线前一个工人的产出。
- 使用整合者：整合者是这样的员工，他们协调不同工作单位的活动以促进共同任务的完成。例如，一个人可能需要负责整合科研、生产、广告以及营销部门的共同努力来推出一条新的产品线。在某些方面，整合者同时也是人力的缓冲器，他们也会造成有着不同目标与观点的工作单位间直接互动合作频率的降低。整合者很少拥有超越他们所整合的部门的直接职权，因此他们必须依靠参考权力以及说服的方法来管控冲突并完成工作。

- **合并工作**：合并工作也是工作改进的一种形式，还是降低工作依赖的一种方法。考虑一个烧烤机装配系统，在这个系统中有一个人专门负责插入发热元件，另外有人负责加固边框，等等。通过将这些任务合并起来，每个人都需要独立装配一个完整的烧烤机，工人们的工作相互依赖水平将变得更低而非有次序性，而且，功能失调冲突发生的概率也降低了。

9.5.5 增加资源

解决因为资源短缺而产生的冲突有另一种明显的方法，那就是增加可供使用的资源总量。公司的决策者很可能会轻易排除这种解决方案，因为这个方案存在成本的问题。然而，他们需要仔细将这些成本与资源短缺所引起的功能失调冲突的成本相衡量才能做出正确的决定。

9.5.6 澄清规则与流程

由模糊权力产生的冲突可以通过建立规则与步骤来实现最小化。如果两个部门都在争夺一个新实验室的使用权，一个时刻表就可以建立规则来分配这一实验室在一天或一周的特定时间段的使用权。

9.6 第三方冲突解决

本章主要关注直接参与到冲突中的人们，但是许多组织设置中的争议是在争执各方的管理者或是第三方的帮助下得到解决的。**第三方冲突解决**（third-party conflict resolution）是指通过一个相对中立的人来协助冲突各方，消除他们的分歧。大体上有三种第三方纠纷解决形式：仲裁、审讯和调解。这些活动可以按照它们对过程的控制水平和对结果的控制水平来分类（如图9-4所示）。

- **仲裁**（arbitration）。仲裁对最后结果有高度控制权，但是对过程控制较弱。在这种方式下，领导层根据以前达成协议的符合正当程序的规则，听取争议员工的论据理由，做出有约束力的裁定。在许多国家，仲裁被用作是工会员工申诉的最后一步，但也在一些非工会员工中越来越普遍。

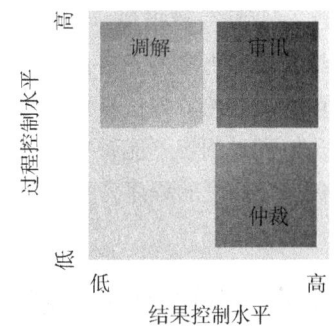

图9-4 第三方干预的类型

- **审讯**（inquisition）。审讯控制所有关于冲突的讨论。与仲裁者类似，审讯者对结果有很大的控制权，因为是他们选择冲突解决的办法。不同的是，他们也有高度的过程控制权，因为他们可以选择检查哪些信息、如何检查，并且他们通常决定应该如何应付冲突解决过程。

- **调解**（mediation）。调解人对干预过程有高度的控制权。事实上，他的主要目的是管理过程和争议双方间互动的环境。但是，是冲突各方做出如何解决他们之间差异的最后决定。所以，调解人对冲突解决结果很少有或没有控制权。

选择最优的第三方干预策略

团队领导、管理层和同事经常介入雇员和部门之间的争议中。有时候，他们担当调解人的角色；而其他时候，他们扮演仲裁者。有时，他们在开始用一种方法，随后又改用另一种方法。然而研究表明，处于权威地位的人们（如管理者）通常用审讯的方法，借以支配干预过程并做出有约束力的判决。

美国邮政服务中心有个创造性的服务过程，就是通过调解解决工作环境中的冲突，叫作REDRESS，即解决雇用冲突，快速找到公平的解决办法——这个项目在这个过程中，通过外部专业的协调者，给了每一方更多的权力和参与度。雇员可以携带一名代表或自己单独参与到这个过程中。现在，USPS的雇员调解计划是世界上最大的，且得到冲突解决专家的赞誉。

由于审讯方法符合管理工作的决策导向性质，给予他们对冲突过程和结果的控制权，并往往能有效解决争论，所以管理者偏爱审讯方法。然而，在组织设置中，第三方解决冲突的审讯方法通常是最无效的。用这个方法会出现一个问题，那些担任审讯人的领导者能够收集到的关于问题的信息往往很有限，所以他们做出的决策可能会形成无效的冲突解决办法。另一个问题是，员工经常认为审讯的过程和结果不公平，因为他们在这个过程中没有控制权。值得注意的是，审讯方法可能会妨碍一些支持程序公平需要的实践。

在组织中，用哪种第三方干预最恰当？其答案部分取决于情境，例如争论的类型、管理者和雇员之间的关系，以及文化价值观，如权力距离感。当第三方代表途径应用于程序化的公平规范中，它会产生更多令人满意的结果。

但是一般来说，上述对于两个员工之间的日常分歧，调解方法通常是最好的，因为它给予员工更多的责任去解决他们自己的争执。第三方代表只是为冲突解决创建一个适当的情境。虽然调解方法不如其他策略有效，但是可以使员工对冲突过程和结果的满意度最高。当员工通过调解不能解决他们的差异时，仲裁似乎很有效，因为证据和其他过程的预设规则会创造出高度的程序公平感。再者，在组织目标优先于个人目标时，也应该采取仲裁方法。

9.7 通过谈判解决冲突

回想一下昨天的事情。也许你必须与其他学生就完成团队项目的任务达成一致意见。又或许你要与某人驾车出行，所以你必须弄清楚出行时间。然后也许会有一些关于谁去做晚饭的问题。每一件类似的日常事件都有可能产生冲突，并且可以通过谈判来解决它们。无论任何时候，当两个或更多的冲突方企图通过重新定义他们相互依赖的方式来消除他们分歧的目标时，**谈判**（negotiation）就发生了。换言之，在商品或服务交易中，当人们认为讨论可以形成更令人满意的安排（至少对他们来说是这样）时，他们就选择谈判。

如你所见，在设计出一个共同的协议时，谈判不是为员工和管理上司专用的鲜为人知的方法。每个人每天都在谈判。大部分时间，你甚至没有意识到你在一个谈判中。谈判在工作场所中尤为明显，因为雇员相互依赖地工作着。他们为了下个月的任务与自己的主管谈判，为了产品的销售和发货时间表与客户谈判，并为了什么时候吃午餐而与同事谈判。当然，他们还会偶尔在劳动纠纷和办公室协议中相互谈判。

9.7.1 谈判的议价区模型

谈判过程使各方沿着一个有潜在重叠区域的连续体移动，这一重叠区域称为议价区（bargaining zone）。图 9-5 展示了一种可能的议价区情境。这幅图说明了纯粹的你输我赢的情境——一方的收益会使另一方受损。然而，议价区模型也能应用在双方都能潜在地从谈判中获益的情境中。如这个模型解释的，各方十分典型地建立三个主要谈判点。初始出价点（initial-offer point）是一方对另一方的最初提议。这可能是他的最优预期或者是天上掉馅饼的起点。目标点（target point）是一方的现实目标或者对最后协议的期望。抵抗点（resistance point）是超出一方不会再做进一步让步的点。

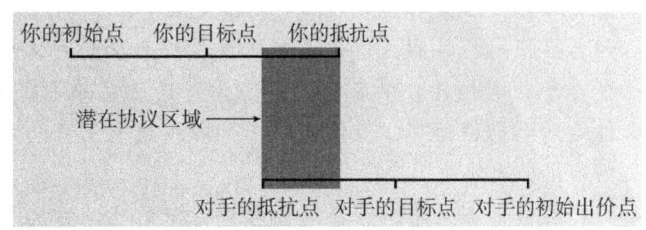

图 9-5　谈判的议价区模型

各方通过描述对日程中每一项的初始出价点，谈判就开始。大多情况下，参与者知道这只是一个起点，它会随着各方的让步而改变。在你输我赢的情况下，无论是目标点还是抵抗点都不会向对方透露。但是，人们试图去发现另一方的抵抗点，因为这个认识可以帮助他们判断，在不使谈判破裂的情况下，他们能得到多少利益。

议价区模型意味着，每一方能够到达他们的目标点。存在不同程度的竞争，因为谈判者会宣称价值，即为了自己能够得到最优可能的结果。

另一方面，当各方有双赢取向的时候，谈判的目的则是找到一个创新的解决办法，使各方都最接近他们的初始出价点。他们希望达成一个协议，通过这个协议，各方在一些事情上牺牲相对少的价值，并在其他事情上获得相对更多的利益。因此，成功谈判者的标志就是竞争与合作的结合。谈判者也需要和其他人一起合作创造价值，即发现一种方法，能为各方创造出各自满意的价值。合作需要保持在双方能够信任地共享信息的基础上。在某种程度来说，这也需要提高让步的程度，所以谈判者才能够快速解决问题，并得到更好的共同结果。

> **◎ 争论点**　**创造价值是一个良好的谈判策略吗**
>
> 冲突管理和沟通的一个最基本的原则就是，各方需要采取问题解决型的方式。在谈判中，双赢的观点被叫作创造价值：发现能为双方实现共同的令人满意的结果的方式。创造价值非常重要，有如下几个原因。第一，创造价值的过程是更值得信任的。一些专家认为，信任在沟通中十分重要，因为它能够使每一方都朝着让步和协商一致前进。

第二，创造价值意味着共享信息，包括更好地理解其他方的需求，所以各方能够达成最优的解决办法。解决方法需要决定每一方就谈判的问题和项目方面的相对价值。通过决定哪一个方面相对哪一方面更重要，资源可以在一定程度上被分配，并使得每一方都获得最多的价值。

专家同意这些和其他一些关于创造价值的观点，但是也提醒，这些学术观点在生活中也未必总是尽如人意。创造价值最有效的问题就是它要求各方分享信息。如果你知道其他方会分享任何能够共同获利的信息，并从信息分享的过程中有所发现，这个分享就是有效的，但是这个现象并不是总是发生。相反，B方可能发现一些有价值的东西，使他自己可能收获更多，同时让A认为他是有所收获的，而B是有巨大损失的。

考虑下面这个真实的例子：在模型T中，车门手柄的供应商要向福特涨价5%。一开始福特是拒绝的，但是之后同意了一个更高的价格，前提是供应商愿意重新配置木桶盖子的螺栓孔。供应商既困惑又高兴：它并不需要花费任何东西就可以做出改变，但是对于福特而言，价值在哪里？回到模型T中用木头做的模板，福特的员工指出了如何用模板修改供应商的箱盖。

在这件事情中，福特可能告诉好奇的供应商为何他愿意出更高的价格，但是这并不经常发生。有时候，一方错误地认为另一方做出了很大的牺牲，但是实际上，另一方已经收到了合理的利益。如果这些所得被揭示出来了，第一方也许会要求更多！

另一个关心点就是，有时候对于每一方，想要区分创造价值和产量是很难的，即给另一方所想要的。在尝试合作的过程中，你在这里给了一方退让然后又在那里退让，以此类推。最终，你所处的境地将会缺乏选择权，因为大多让步的空间都给出了，而另一方只给出了少许。创造价值是获得价值的内在张力，因为你必须使得你的利益等于或高过另一方的利益。

9.7.2 宣称价值的策略

宣称价值包括尝试为你自己和委托人找寻最佳可能的结果。一个纯竞争性的方法，即强有力地影响其他方，并维护你的权力（比如要挟要离开谈判），这会导致失败，因为它产生了负面情绪并影响了信任。即便如此，为了得到有利的结果，一定程度的价值宣称是有必要的。这里给出了四种在谈判中进行有效宣称的技巧。

1. 准备和目标设定

当人们认真地思考议价区模型中的三个要素（初始出价、目标和抵抗点），他们的谈判会更加成功，他们需要考虑替代的策略，并检查这种情况下的基本假设，以防谈判失败。另外，研究另一方想从谈判中获得什么也是同样重要的。庞巴迪公司（Bombardier Inc.）前总裁Paul Tellier建议道，"你必须要处处都准备好，关于人员、问题和你的撤退位置"，他还说，"在进入真正的谈判室之前，我会盼咐我们的同僚抛一些曲线球给我。"

2. 知道你的BATNA

当决定对手提供的信息是否有利时，谈判者需要明白他们可能通过其他的手段实现什么结果（比如与其他人进行沟通）。这个比较就叫作**经过谈判后协商一致的最优可能性**（best alternative to a negotiated agreement，BATNA）。BATNA估测你在谈判中的能力，因为它代表着你离开这段关系的估计成本。如果其他人愿意为你需要的产品或服务与你谈判，你则拥有一个高的 BATNA，并且在谈判中有一个可观的力量；这使得你如果离开当前的谈判，你不会损失太多。然而，谈判中一个常见的问题是，人们倾向于高估他们的 BATNA：他们错误地认为他们有大量的其他方法去实现他们的目标，而不是通过这个谈判。

3. 管理时间

当截止日期临近的时候，谈判者会做出更多的让步。如果你处于时间压力下，这将会妨碍你；如果是对方处于时间压力下，这将会是一个优势。在关系中处于优势地位的谈判者有时候会通过"破坏提议"以施加时间压力，即他们可能通过给对手非常短的时间让之接受自己的议价。在对消费者销售时，通常采用这样的限时议价，如"仅售一天！"或者在一些工作岗位的提供中也常常这样做。他们施加时间压力，这样可以激励另一方接受这个议价，并使他们丧失探索其 BATNA 的机会。其他的时间因素就是，如果他们有更多时间去在谈判中调查，他们更可能为了达成这个协定而有所承诺。这个承诺增加了做出不必要的让步的趋势，以保谈判者不会失败。

4. 管理第一个议价和让步

提出第一个议价的谈判者拥有更多创造有利地位的优势，因为随后的谈判者会被锚定。人们倾向于以初始点为基础调整他们的预期，所以如果你的初始要求很高，对手也许容易沿着议价区很快地走向他们的抵抗点。这也可能使对手降低他们的抵抗点。

在第一议价之后，谈判者需要做出让步。让步至少有三个重要的意图：①使各方步入潜在的协议区域成为可能；②象征各方真诚地进行议价的动机；③告诉另一方有关谈判项目的相对重要性。然而，让步只有在特定条件下才能使各方达成协议。这些条件是：第一，让步需要被标明，即另一方必须要知道你的行动是一种让步，而且这一让步对你来说是昂贵的，并有益于另一方。第二，让步应该伴随一个期望，期望另一方应该回报。事实上，当缺乏信任时，让步应该取决于另一方确切的回报行动。第三，让步应该要部分地给出，不能一次全部给完。其根本原因是人们从两个小的让步中，比起在这两个小让步被合并成一个大让步中，将体会到更多积极的情绪。一般来说，最好的策略是表现出适度的强硬，并给予刚刚足够的让步来表达诚意和解决冲突的动机。

9.7.3 创造价值的策略

在本章的前面部分，我们指出，谈判不仅仅是宣称价值，它也创造价值，或者尝试着为双方创造最优可能的结果。换言之，谈判者需要用问题解决型的途径以解决冲突。信息交换是创造价值的重要特征，但也是潜在的陷阱。信息是谈判中的重要力量，所以如果有这样的机会存在，信息分享会给其他方更多权力来促成更好的交易。有经验的谈判者会通过在一开始采取一个谨慎的问题解决型的方式来强调这样的困境。他们一开始缓慢地分享信息，并决定其他方是否会有回赠。在这种方式中，他们尝试与其他方建立起信任关系。以下是熟练的谈判者从问题解决型和价值创造中收获好处的几种方式。

1. 搜集信息

信息是有效价值创造的基石。因此，熟练的谈判者会听取管理学大师史蒂芬·柯维（Stephen Covey）的意见，"在你试图要被理解前，先设法理解别人"。它意味着，我们应花更多的时间来亲近地聆听另一方，并详细询问细节。注意对手陈述的理由以理解他们主张背后的动机是非常重要的。询问（比如问"为什么"）并有目的性地去听，可以找到对双方都更好的解决办法。非言语的交流也可以传达关于双方优先权的重要信息。团队中的谈判也可以加速信息收集过程，因为一些团队成员将注意到其他人所忽视的信息。

2. 通过议价和让步发现优先权

一些类型的议价和让步比其他类型能够更好地创造价值。关键目标是发现并识别出哪一件事情相比其他更重要或更不重要。假设你被要求让你的第二等（暂时转换）员工去其他部门中做事，因此你需要这些人到现场去工作，并指导初级员工。通过问题解决型的沟通，你发现，其他部门并不需要那些员工到达现场；而部门负责人只是需要这些人是随时可用的。结果就是，对你而言你留住了这些员工（对你比较重要），而对其他部门也有承诺，即这些员工在他们有项目时，在特定的时间，这些员工可以随时调用（对他们比较重要）。

指出对每一方哪件事情相对重要的一种方法就是做多事件议价，而不是同一时间讨论一件事情。比如，你也许会提供给顾客一个特定的价格、传达日期和保证期。另一方会提供各种对他们来说或许更重要、或许相对不重要的事情。你的后续让步同样表现出了每件事情对你团队的重要性。

3. 建立关系

信任对于冲突解决的问题解决型的方式是非常重要的，它对于在谈判中实现价值创造的目标也是非常重要的。你如何在谈判中建立信任？一个途径就是要发现共同的背景和利益，比如你们共同居住的地方、爱好和运动项目，等等。如果各方存在大量差异（年龄、性别，等等），则考虑团队中在背景上与另一方有相似之处的成员。其次，第一印象也是重要的。回想这本书的前面章节，人们在第一秒钟就会有情绪刺激。因此，你需要对你的非言语线索、外观和初始陈述有所敏感。

展示我们的可信任度也能够帮助加强关系。我们通过证明我们是可信的并且愿意遵守承诺，以及确认共享目标和价值来展示可信度。也可以通过共享对谈判过程的理解，包括其对于进程和时间的规范和期待来增加可信度。最终，关系的建立要求高的情绪智力。这包括管理你展示给他人的情绪，特别是要避免展示出居高临下、有侵略性和敏感性的特征。情绪智力也包括管理对方的情绪。我们可以用合适的奉承、幽默和其他方式来使得每个人都处于同一种情绪，并打破不必要的紧张感。

9.7.4 谈判的情境影响

谈判的有效性取决于谈判者所处的情境。最重要的三种谈判因素是地点、实物情景和观众的特征。

1. 地点

你可能在自家的草坪上更容易进行谈判，因为你熟悉谈判的环境，而且能够保持舒适的惯例。同时，不需要应付有关交通的压力或者在谈判中依靠别人来获得信息。当然，在自家的草坪上，你就不再能够轻易地退出谈判，但是这通常是次要的。就在家里草坪上的这些战略性好处而言，许多谈判者赞成去一个中立的地方。电话、视频会议和其他信息技术形式可以潜在地避免地点的选择，但是熟练的谈判者通常会偏爱面对面会议的媒介丰富性。零售地产巨头 Westfield 集团的合伙创始人弗兰克·洛伊（Frank Lowy）说，电话对谈判来说"太冷了"，"透过声音，我完全得不到我需要的暗示。我要触摸、感觉，而且我要看到另一个人。"

2. 实物情景

各方之间的物理距离以及情景设置的礼节、座位的安排，都会影响到人们对对方和争论的事情的取向。对面而坐的人更愿意对冲突情境形成你输我赢的取向。相反，一些谈判谨慎地使参与者散置在谈判桌周围，以此传达一个双赢的取向。其他人则这样安排座位，即各方都面对一堵白墙，反映出一个概念——双方都面对同样的问题或事情。

3. 观众的特征

大部分谈判者都有观众——任何在谈判结果中有既得利益的人，例如管理者、团队其他成员或普通大众。谈判者往往在有观众观察谈判或观众有关于这一过程的详细资料时，采取不同于在观众只看到谈判结果时的行为。当观众对过程进行直接的监督时，谈判者趋于更有竞争性、更不愿意做出让步，并且更倾向用政治策略对付另一方。这种"强硬路线"的行为向观众展示了，谈判者在为他们的利益而努力。由于有观众在看着，谈判者也会更积极地保留面子。

9.7.5 中西文化对冲突的不同看法及处理方式

西方文化更倾向于认为冲突是有利的，更愿意采用直接面对方式。中国文化则认为冲突对和谐关系不利，在遇到冲突时强调避让，不让冲突扩大化。这两种完全相反的看法和方式在美国与中国组织内体现得很清楚。在遇到冲突时，美国的员工很自然地将冲突公开化，将问题暴露在组织其他人员甚至是公众面前，致力于解决问题。西方文化中争议是正常的，不同便要说出来，争议能够促进组织的进步。而中国文化讲究"和谐"，希望人与人之间维持融洽关系，而冲突对人们之间的关系不利，中国文化传统下的人们对冲突更为回避。如果冲突发生在中国组织内部，普通员工会尽量协商，当冲突完全无法避免时，才会将其汇报给上级领导；而上下级爆发冲突时，双方都会避免将冲突扩大化，尽量避免他人知道。

Ting-Toomey 在 *Toward a Theory of Conflict and Culture* 一文中提到，西方文化在公开冲突后会使用直接的方法来处理，如理性的争论、摆事实证据或提建议等。中国文化则更愿意用间接方法来降低冲突的程度。美国的管理者为了尽可能地节约时间，在最短时间内找到最有效的解决冲突的方法，在专制体制下，会采取冲突双方竞争的方法；在较为民主的体制下，会采取双方全力协作的方法解决冲突。而在中国，商议、谈判或妥协、折中都是中国管理者较常采用的方法。此外，Yukl，Falbe 和 Youn 在 1993 年调查时发现，当与另一方发生冲突或争执时，美国的管理者不愿意花费时间和精力向他人、第三方求助帮忙。而 Bond 在 1991 年就发现中国的管理者都愿意由第三方出面来调解冲突。比较两种不同方式之后，我们会发现，直接面对、公开问题、公平竞争使得美国管理者在冲突面前取得主动权；而中国的管理者则相对较为被动地避免与他人正面冲突。

本章概要

9-1 定义冲突，并比较冲突在工作场所中的积极影响和消极影响。

冲突是一方认为他的利益正被另一方阻挠或受到消极影响的过程。在早期的观点中，冲突被认为是起反作用的。即便今天，我们认为冲突在有些时候或者某些程度上，会耗费生产时间、增加紧张感和对工作的不满意度，降低合作、资源共享度，降低顾客服务水平，破坏组织规范，影响团队凝聚力。但是，冲突也是有利的。冲突能改进决策制定，增强对环境的组织责任和团队凝聚力（当冲突来源于团队外时）。

9-2 区别建设性冲突和关系冲突，并描述建设性冲突事件中的三种最小化关系冲突的策略。

当人们的关注点在于讨论问题，并对对方的观点表示尊重时，即为建设性冲突。关系冲突发生在人们关注对方而不是问题本身，并以此为冲突来源，即关注人际间的裂痕和不相容性。区分建设性冲突和关系冲突很难。但是，有三种策略或条件能够减少关系冲突：①参与者的情绪智力和情绪稳定性；②团队凝聚力；③得到积极拥护的团队规范。

9-3 描绘冲突过程模型，并能够辨别组织的六种结构性冲突来源。

冲突过程模型以六种冲突结构来源开始：对立的目标、差异（不同的价值观和信仰）、相互依赖、稀缺资源、模棱两可的规则和沟通障碍。这些来源使一个或更多方感知冲突和产生冲突情绪并相应地产生明显的冲突，如对另一方怀有敌意的行为。冲突过程经常通过一系列事件而升级。

9-4 概述五种冲突处理风格，并讨论它们分别适合于哪些情形。

组织行为专家已经辨别出一些冲突处理风格：问题解决、回避、强迫、屈服及和解。用问题解决办法的人们有双赢的取向。其他风格，尤其是强迫，显露出你输我赢的取向。通常说来，人们倾向一种或两种首选的冲突处理风格，这种风格符合他们的个性、个人和文化价值观以及过去的经历。

然而，最好的风格取决于情境的不同特征。当利益不完全对立、各方都相信彼此，且问题比较复杂的时候，问题解决是最好的办法。当你非常坚持自己的位置、争论需要迅速决定、其他方将充分利用合作的优势时，强迫是最好的办法。当冲突变得情绪化或者解决问题的成本高于其收益时，预防是最好的办法。当其他方不断拥有更多的权力、问题对你而言相对不重要、你对你的观点的逻辑性不自信时，屈服是最好的办法。当各方拥有相等的权力、具有时间压力且缺乏信任时，和解是最好的办法。

9-5 归纳六种解决冲突的结构方法，并对比三种第三方争议解决类型。

冲突处理的结构方法包括强调上级目标、减少差异化、增进沟通与理解、降低任务的相互依赖性、增加资源，以及阐明规则和程序。

第三方冲突解决是指通过一个相对中立的人来协助冲突各方消除他们的分歧。三种主要的第三方争议解决形式是调解、仲裁和审讯。管理者往往用审讯方法，然而调解和仲裁在一些情景中更加合适。

9-6 概述还价区域模型，并概要熟练的谈判者在沟通中强调价值和创造价值的策略。

无论任何时候，当两个或更多的冲突方企图通过重新定义他们相互依赖的方式来消除他们分歧的目标时，谈判就会发生。议价区模型为每一方确定了三个策略位置（初始、目标、抵抗），并告诉每一方如何向潜在重叠区域的反方向连续移动。所有的谈判者都有两个有分歧的目标工程：宣称价值（获得自由的个人结果）和创造价值（发现能实现令双方都感到满意的结果的方式）。熟练的谈判者通过准备设定目标、知道谈判的可能性选择（BATNA）、管理相对于他们成为优势的时间、管理第一议价和让步来宣称更多的价值。有经验的谈判者通过搜集信息、使用议价和让步等方式来发现问题优先权并建立与其他方的联系来创造更多的价值。情境因素在谈判中也是需要考虑的重要因素，包括地点、实物情景和观众。

关键术语

经过谈判后协商一致的最优可能性（BATNA）
关系冲突
第三方冲突解决
冲突

上级目标
一输一赢取向
谈判
任务冲突
双赢取向

复习思考题

1. 区分建设性冲突和关系冲突，并解释如何在最小化后者的前提下应用前者。

2. Creative Toys 公司的 CEO 读到关于日本公司合作的案例，发誓要把同样的哲学运用到自己的公司。其目标是预防所有的冲突，以实现员工合作并为能在 Creative Toys 工作感到兴奋。讨论一下这个 CEO 政策的益处和局限。

3. 在一家法国公司收购一家瑞典公司后，管理者间的冲突很快便发生了。瑞典公司认为法国公司的管理者等级观念严重且傲慢自大，同时法国方觉得瑞典一方幼稚且谨慎，并缺乏成就导向。描述减少这个情景中的不正常冲突的方法。

4. 你刚从一个组织转到另一个组织。在前一个组织的最后一天，你现在的经理打电话给你的新经理，告诉她你是一个坚强的候选者，并且你有自己的观点。新经理打电话给你，提供给你了这些信息，并表达了不安。你该如何处理这些冲突？

5. 你是一个总司令的特别助理，他的任务是在世界上遭受战争破坏的地方维护和平。这一单位是由几千名来自美国、法国、印度和其他四个国家的军人组成的维和部队。这一军队将会一起工作大约一年。你会推荐用什么策略来增进这些军队的相互理解和最小化他们之间的冲突？

6. 首席运营官（COO）已经发现，在公司的墨西哥生产部从事制造运营的员工，对一些由公司芝加哥总部的工程师做出的生产工程决策十分不满。同时，工程师抱怨说，生产部的员工没有正确地采用他们的工程规格且不理解为什么要采用这些规格。COO 相信，解决这一冲突的最好方法是在一些工程师和代表墨西哥生产部全体员工的雇员之间开展一场诚恳并公开的讨论。这个开放对话方法最近在公司芝加哥总部的管理层中取得了不错的效果，所以它在工程师和生产部员工之间应该也会有同样的效果。根据你对沟通和相互理解作为解决冲突的方法的认识，讨论这个 COO 的提议。

7. 描述解决雇员或工作单位之间争议的审讯方法，讨论它在组织设置中的适当性，包括在多代人的工作场所中运用的适用性。

8. Jane 刚刚被委任为 Tacoma Technologies 公司的采购部经理。最近退休的前任采购经理，以他对供应商的"赢者全胜"方法著称。他连续不断地赢得更多折扣，并对任何供应商提出的特别交易表示怀疑。一些供应商拒绝与 Tacoma Technologies 做生意，但是高层确信，前任采购部经理的方法可以最小化公司的成本。Jane 想尝试更合作的方法来对付供应商。她的方法能奏效吗？在未来与供应商的谈判中，她应该怎样采用更合作的方法？

应用案例：远大公司的组织冲突管理

2003 年年底远大公司管理部经理杨子乔走马上任，主要职责首先是健全公司的各项规章制度，要把公司的管理思想贯穿到制度中，并保障制度的贯彻执行。远大公司总经理是江东明，三年来杨子乔几乎有一半的时间用来拟定或修改制度，但是总感觉跟不上江总的节奏，有的制度反复修改数月依然不能达到江总的要求，有时刚刚签署实施的管理规定不到一个月就推倒重来。刚进远大时的锋芒和睿智随着时间的推移，渐渐在大大小小的会议中消耗下去。

2005 年 6 月的一天，会议之前五分钟，杨子乔看着投影仪打在屏幕上的《行政奖惩管理规定》，她已经对反反复复的讨论感到麻木，每次讨论的细节不同，但结果都是无功而返。杨子乔接受修改《行政奖惩管理规定》的任务是在 2005 年 3 月初，江总认为公司应该发挥三大法宝：行政奖惩、奖金激励和绩效考核的作用。而原来的《行政奖惩管理规定》已经不能适应公司的发展，所以要立即修改，并且尽快实施。杨子乔还记得当初振奋的感觉，因为公司自成立以来一向是罚得多、奖得少（事实上几乎没有），公司士气低下，员工的工作被动，作为管理部经理时常和各个部门沟通，她对大家心底的怨气感觉最为深切。看来江总打算彻底改变这种状况，管理部经理作为《行政奖惩管理规定》的执行者，可以不再充当风箱里的老鼠了。

可是事情的进展没有杨子乔想象的乐观。杨子乔牢记江总的指示："你要多了解一下员工是怎么想的。闭门造车是没有用的。"她花了一整天的时间精心设计了一份调查问卷，与公司各个部门反复沟通，经过管理部一个星期的加班加点后，杨子乔交出了一份自认为十分满意的答卷。在第一次专案会议上，杨子乔作为会议主持人首先介绍了《行政奖惩管理规定》修改的重点，主要是增加了对员工的奖励范围，删除了大家认为过于苛刻的惩罚条款，目的是为了奖励先进典型，帮助落后员工，最后谦虚地表示这是大家集体智慧的结晶，然后踌躇满志地等待着江总的赞扬。参会的各个部门经理起初都交口称赞，突然发现江总拉长着脸一言不发，大家面面相觑，会议室一下子安静下来。江总语气缓慢而严厉："你们认为这样就可以了吗？你们总是说公司罚得太多，那为什么不去预防呢？"江总的声调提高，"我就是要每个人都积极去预防，谁要是敢触犯公司制度，我就杀鸡给猴看。"啪的一声把手里的笔摔在桌上，"你们方向偏了，这个方案重做。"第一次专案会议在圆珠笔的滚动声中结束。

接下来的三个月，杨子乔奔波在江总和各部门经理之间，有的问题经过反反复复的讨论，增加后删除，删除后又恢复，大家明显表现出不胜其烦的情绪。技术部经理洪建勤明确表态："每次都要讨论，但哪次不是江总说了算，不用再找我了，你们定下来照着执行就是了。"作为部门经理，每次会议不得无故缺席，而且参会人员必须轮流发言，尽管结果往往是江总个人意见形成的会议纪要，但是，每个参会人员在会议纪要上签名之后，就上升为"集体决议"，用江总的话说，"我们公司不是领导说了算，而是大家说了算。"如此折腾了三个月，杨子乔觉得从头到尾已经找不到自己的文字了。

这时大家陆续就座,在江总进来之前,杨子乔要求大家仔细阅读最新版的《行政奖惩管理规定》,同时提醒大家,第三条"奖惩原则"是新增加的内容。洪建勤把其中一句念了一遍,"公司各部门每月必须执行《行政奖惩管理规定》,是什么意思,是不是每个月都必须有人被处分?"

直到江总走了进来,大家不再作声,江总坐下来很轻松地说:"大家都谈谈自己的看法。"等了片刻江总有些不耐烦,"抓紧时间,我还有很多事情要做。"于是曾副总发言,语气温和:"公司不一定每个月都有典型的、具有模范作用或具有反面教材作用、需引以为戒的事情发生,每个月抓典型容易流于形式。况且一个制度可以约束人的行为,要想靠它控制人的思想就不太可能了。除了制度本身,关键还要看执行,员工的积极性和主动性单靠这个制度是很难调动起来的。"江总渐渐沉了脸,犀利的眼神在眼镜片后熠熠发光,"你们是不是怀疑这套制度的可行性?怎么做不到,关键是我们的管理者能力不够,工作方法不对。这一版和旧制度的主要区别有三点,一是更注重思想意识,二是要大家更积极主动去工作,三是强调预防控制,而不是结果处理。我这次修改这套制度就是要整顿我们的管理层,管人最重要的是管思想,我就是要从公司管理者的思想抓起。"一看抓到自己头上,在座的部门经理都低头不语,听江总继续发话,"我要你们每个月写报告,那么多先进事迹怎么不能写,我可以给他嘉奖嘛。要把重点事项进行评比,还有最重要的是把思想动态给我报上来,我就不信抓不到典型。"曾志伟明白江总的想法,公司一向集权管理,江总对不同意见所持的态度,用他自己的话说就是"解决冲突最好的办法就是令行禁止"。管理人员因不同看法和江总发生争执的结果,通常都是以江总"照我说的做"为结束语,久而久之管理人员私下评论的多,向上汇报的就越来越少。曾志伟由于工作和性格的关系,大家向他倾诉的机会很多,江总也时常透过曾志伟了解大家的想法。曾志伟明白,江总希望通过主管的"小报告"来了解员工的思想动态,从而把危机扼杀在摇篮里,绝不是简单地对结果进行奖惩。但是这个《行政奖惩管理规定》怎样才能成为攻心的利器呢?

资料来源:选自《远大公司高层管理团队组织冲突的案例研究》。

讨论题:
1. 冲突产生的原因是什么?
2. 评价江总解决冲突的方法。

课堂练习:突发事件的冲突处理

目的: 这个练习是为了帮助你理解在组织构建过程中实行冲突处理的突发事件的风格。

说明:
1. 参与者需要阅读以下展示的五个情景并为其选取最合适的处理应对方案。每种情景只对应一个正确选择。
2. (自愿的)导师让每个学生去完成本章的冲突处理风格模型或者相似的作业。这个项目将会提供一个你相对最喜欢的处理风格。
3. 作为一个班级,参与者给出他们对每一个情景的回应的反馈,并在导师的指导下讨论每一个情景的对应因素的表现。对于每一个情景,班级应该确定大多数回应的选择。同时,参与者应该讨论他们是怎样决定这个选择的和他们做出选择时考虑的对应因素。
4. (自愿的)同学们应该比较他们对这五种情景的回应和他们从冲突处理的自我评

估中得出的结果。讨论应该集中于每个人所偏好的冲突处理风格在这项活动中影响他们选择的程度上,以及在组织中这对于管理冲突的处理风格偏好的含义。

情景 1

设定:

你是美国东部一家大银行会计部门的经理。9个被豁免级别的分析师和6个未被豁免的文书听命于你。最近,你的一个分析师,简·威尔森找到了银行,请求批准报销晚间 MBA 组织行为学专业课程的学费成本。银行通常会鼓励员工在空余时间的基础上去获得高等学位。实际上,通过你的努力,几乎你的全部职员都被成功劝说去进行返校学习。你查询公司的日常行为准则并找到了两条对报销批准有利的规则——得到你和培训发展部的管理者凯西·高登的认可,并且规定报销批准只可以在学习是与工作相关的情况下才能获得。然而,凯西·高登直接否决了它,他认为组织行为学的课程与财务分析的工作是不相关的。他说银行只能报销分析师在会计和金融方面的学习经费。然而,你认为,通过组织行为学学习到的人与人之间相处的技巧和洞察力是与工作相关的,并且可以让员工在未来的发展中受益。分析师的工作要求他们在组织中和多种不同层次的个人进行互动,人与人之间相处和交流技巧的水平高低对工作来说很重要的。

进一步讨论过后,你和凯西·高登在这件事上的分歧更加清晰了。因为你们两个处于公司的同一组织层级并且有相同的地位,看上去你们两个走入了死胡同。虽然报销的目的很重要,并且你们面对着时间需求的压力。同时,冲突的存在会引起你们工作组的成员对本职工作的注意力的转移。因为学校的新学期要开始了,你和凯西·高登很有必要尽快达成一致,以让简能够完成他的学业。

情景 1 的对策选择:

请从以下的选项中选取你认为最合适的第一和第二选择,并将合适的数字写在空格中。

对策选择:

1. 你顺从凯西的意见,并让简去选择财务或者金融的 MBA 课程进行进修。_____
2. 你决定从情境中完全抽身,让简自己去和凯西沟通关于进修的事情。_____
3. 你决定去找更高层的管理人员,向他们阐述你的观点。你尽你所能去保证结果向着对你有利的方向发展。_____
4. 你为了达成共识决定中途去会见凯西,你建议简去进修会计和金融方面的 MBA 课程,但也推荐她辅修有关组织行为学的选修课程。_____
5. 你决定和凯西·高登进行更亲密的合作,以试图得到让你们两个人的观点更加明确的书面的弹性政策。当然,这个很浪费你们的时间。_____

情景 2:

设定:

你是一个中型消费品公司的大型分部(80个员工)的副主席。由于近期少数族裔员工的调换,你的分部没能达到公司平等雇用机会(EEO)的目标。由于缺少合格的少数族裔候选人,你可能无法达到 EEO 的目标。

虽然你意识到了这个问题,但你相信低水平的少数族裔雇用取决于少数族裔员工离职的增长,和缺乏切实可行的可替代的候选人。然而,EEO 专员认为你制定的雇用准则太严格,导致你拒绝了基本可以胜任此项工作的少数民族候选人。你支持 EEO 的目标和准则;然而,你关心的是雇用低层次候选人将会降低你们分部的整体绩效。EEO专员认为你没能成功雇用少数民族员工在短期内是一种令公司达不到既定目标的伤害,长期内则抑制了少数族裔候选人的可获得的流动性。你们两个人都认为自己关心的事情是最重要的。并且,你承认你们两个都是把公司的最大利益放在第一位,并且你们在解决冲突的过程中有共同的利益。

情景2的对策选择:

请从以下的选项中选取你认为最合适的第一和第二选择,并将合适的数字写在空格中。

对策选择:

1. 你认为整个问题太过复杂以致你不能在现在亲自解决。你把它放在次要地位并决定过些时日再去考虑。_____
2. 你认为你的观点会胜过EEO专员的预期。你决定更清晰地阐述你的观点并希望可以让EEO认同你。_____
3. 你决定接受EEO专员的观点。你决定用更少的筛选准则和雇用更多的少数族裔候选人。_____
4. 你屈服于EEO专员的观点,或多或少地放松一点你的标准。这将会允许更多的少数族裔员工的雇用(但不足以满足EEO的要求)并且会导致整体上你的分部的绩效有所降低。_____
5. 你尝试并达成一项融入了你们两者意见的共识。你同意在雇用更多少数族裔的申请上做出努力,并要求EEO专员同意协助找到可获得的最合适的少数民族员工候选人。_____

情景3

设定:

你是一个大型保险公司负责财务报表部门的经理。你们团队的职责是做出书面和口头的报告预测,而高层管理者以之作为绩效考核的一部分。公司的高层已经开始依赖你快速精准的财务数据报告来作为其快速制定重要决策的方式。这给了你一个相对较高的组织影响力。你需要各个运营部门根据提前制定的财务报表日程提供给你需要的财务信息。

你需要在两天内向董事长进行季度展示汇报。然而,声明部门没能为你提供几条对你的展示来说尤为重要的信息。你检查汇报的日程表后,发现你本应该两天前就掌握这些信息了。当你打电话给声明部门的经理比尔·琼斯时,他声称不可能在两天之内给你需要的这些信息。他说其他更有压力的工作有更高的优先级。即使你解释了你所需要的数据的重要性,也没能改变他的立场。你相信你的展示对公司的利益来说很重要并把这一点解释给比尔·琼斯听。尽管比尔的地位低于你,但他也不愿意或者不能推翻对他们有个人益处的观点。你的展示只有不到两天时间了,你必须要在接下来的24小时之内完成声明部门的信息收集。

情景3的对策选择:

请从以下的选项中选取你认为最合适的第一和第二选择,并将合适的数字写在空格中。

对策选择:

1. 接受比尔·琼斯的解释并尝试用你绝佳的判断力去避免应用那些未得到的数据。_____
2. 告诉比尔如果你的桌面上在明早还不能出现他们部门的相关数据,你将会去找他的上级强迫他给出数据。_____
3. 和比尔·琼斯见面并同意只需要部分你要求的数据,同时依靠你的判断力补上其他的。_____
4. 如果可能,尝试去将你的展示延期。_____
5. 忽视短期的信息需要并尝试去取得长期的

解决方案,比如去调整报告的日程表以便于更好地迎合你们的共同需要。_____

情景4

设定:

你是一个中型建筑商的产品经理。你控制一个三进制基础的生产线。最近,材料控制经理泰德·史密斯要求你接受不同的原材料打包的生产流程来代替过去的流程。他认为他安装的新机器用100磅(1磅=0.4536公斤)的袋子来代替你最近收到的50磅的袋子会更容易地提供原材料。泰德进一步解释说,提供50磅的袋子来装材料将会给他的运作带来巨大的压力。因此他强烈需要你去接受他的改变。你知道接受新包装的原材料将会对你的生产进程造成小小的干扰,但不会造成长期的三进制问题。然而,你对于他提出的这个改变有些不满,因为泰德在他安装新的设备之前没有和你商量。在过去,你和他都有着顺畅的沟通。你不认为这次没能咨询你的做法代表你们之间情谊的改变。

因为你和泰德的工作很亲密,这对你们维系已经在过去几年保持的和谐稳定的合作关系很重要。同时,你未来可能需要他的一些帮助,因为你已经知道在接下来的两个月中你的运作会用到特别的原料。你也知道泰德在组织中有较高层级的影响力。

情景4的对策选择:

请从以下的选项中选取你认为最合适的第一和第二选择,并将合适的数字写在空格中。

对策选择:

1. 同意接受新的原材料供应方式。_____
2. 拒绝接受新的原材料供应方式,因为这将会给你的运作带来干扰。_____
3. 提出一个解决方案:你在第一阶段接受新的原材料供应方式,但在第二第三阶段不予接受。_____
4. 告诉泰德·史密斯你不希望现在解决这个问题,但是你将会考虑他的请求并在晚一些给他反馈。_____
5. 你决定告诉泰德·史密斯你的想法:即他没能在安装新设备之前和你取得沟通。你告诉他你希望可以找到长期解决你们之间冲突的方法。_____

情景5

设定:

你在一家中型制药公司的人力资源部门主管薪酬和福利。你有三个负责和各种收益的供应商保持联系并回答来自于公司员工的相关问题的员工。最近,一个在你和本斯·汉森之间的不合出现了,他是培训和开发部的主管,在关于所有秘书是否应该有午休时间的问题上,本斯希望秘书员工可以在一个小时后吃午饭,以迎合大多数人吃午饭的时间。你知道秘书不想改变他们的午餐时间。同时,现在的时间对你的员工来说是最方便的。

此时,在解决这个问题上你有很大压力。你和牙科保险的提供者在两天之内有一个重要的会议,你必须为这个会议准备充分,其他任何任务对你来说都会分心。

情景5的对策选择:

请从以下的选项中选取你认为最合适的第一和第二选择,并将合适的数字写在空格中。

对策选择:

1. 在第二天抽出些时间制定一个每周三天秘书人员早些时间吃午饭,但是其他两天晚些吃午饭的解决方案。_____
2. 告诉本斯·汉森你会过几天当你把压力更大的事情处理完之后再处理这个问题。_____
3. 让本斯·汉森用他的方式解决,同意让秘书人员晚一些吃午饭。_____

4. 直白地告诉本斯·汉森你不同意改变秘书的午餐时间。_____
5. 在这个问题上投入更多时间。准备去达到全面共识，既满足本斯·汉森的需要又能满足你和秘书们的想法。_____

小组练习：丑橙子角色扮演

目的：这个练习是为了帮助你理解人与人和组内冲突的动态关系，以及在特殊条件下谈判策略的有效性而设计的。

材料：导师会分配以下几个角色：罗纳德医生、琼斯医生和一些观察员。理想地，每一个探班应该发生在私人环境，远离其他的谈判。

步骤：

1. 导师会把班级划分成许多小组，每个小组三个人。每个团队匹配一个人作为观察员（例如，如果有六个组就有六个观察员），一半的组将会扮演罗纳德医生，另一半小组将扮演琼斯医生。在组分好之后会分配角色。
2. 每组成员有10分钟的时间（或者其他的导师提出的时间限制）去领悟他们的角色并且决定谈判策略。
3. 在了解完他们的角色并讨论出策略之后，每一个琼斯医生组都匹配一个罗纳德医生组去进行谈判。观察员将会从导师那里拿到观察表格，在谈判之前和谈判之后两个观察员将会各自观看配对的组。
4. 尽快让罗纳德和琼斯达成共识或者在分配的时间内结束谈判（以更快的为主），罗纳德和琼斯的组汇报给导师做进一步的指导。
5. 在练习的最后，班级会集中讨论谈判。观察员、谈判者和导师要讨论他们的观察结果和经验以及冲突管理和谈判的含义。

资料来源：G. A. Callanan and D. F. Perri, "Teaching Conflict Management Using a Scenario-Based Approach," *Journal of Education for Business*, 81 (Jan/Feb 2006), pp. 131–139.

资料来源：This exercise was developed by Robert J. House, Wharton Business School, University of Pennsylvania. A variation of this incident involving sisters is also described in R. Fisher, W. Ury, and B. Patton, *Getting to Yes: Negotiating Agreement without Giving In*, 2nd Ed. (New York: Harvard University, 1991).

自主作业

你更喜欢的冲突解决风格是什么？

目的：这个自主作业是为了帮你明确你更喜欢的冲突管理风格而设计的。

步骤：阅读表9-3中每一条陈述并选择一个最能预示着你的冲突处理方式的那一条回应。这个练习需要同学们自己诚实地自主完成。然后，班级讨论会集中在不同的冲突处理风格和每一个最适合的情景上。

表9-3 冲突处理风格测试

过去的六个月内，做下列事情来解决冲突的频率	从不	很少	有时	经常	几乎总是
1. 我对另一方的意愿进行妥协	□	□	□	□	□
2. 我尝试寻找一个中间路线的解决办法	□	□	□	□	□
3. 我尝试找到一个对所有人来说最好的解决办法	□	□	□	□	□
4. 我尽量避免和他人的分歧	□	□	□	□	□
5. 我坚持我的观点	□	□	□	□	□
6. 我试着避免和别人就分歧争论	□	□	□	□	□

过去的六个月内，做下列事情来解决冲突的频率	从不	很少	有时	经常	几乎总是
7. 我会顾及别人的意愿	☐	☐	☐	☐	☐
8. 我会做到最好来得到我想要的	☐	☐	☐	☐	☐
9. 我会尝试想出同时满足我和他人的兴趣的办法	☐	☐	☐	☐	☐
10. 我确信双方都应该让步	☐	☐	☐	☐	☐
11. 我强调我们必须找到一个折中的解决方法	☐	☐	☐	☐	☐
12. 我为自己的位置而奋斗	☐	☐	☐	☐	☐
13. 我会找到一个解决办法，同时满足我和他人的利益	☐	☐	☐	☐	☐
14. 我会延迟我解决分歧的时间	☐	☐	☐	☐	☐
15. 我坚守我的岗位	☐	☐	☐	☐	☐
16. 我会让另一方用自己的方式解决	☐	☐	☐	☐	☐
17. 我尝试中途妥协解决冲突	☐	☐	☐	☐	☐
18. 我尝试找到一个对两边都有好处的办法	☐	☐	☐	☐	☐
19. 我避免和与我有冲突的人交流	☐	☐	☐	☐	☐
20. 我给了其他人他们想要的	☐	☐	☐	☐	☐

资料来源：This scale was created by Steven L. McShane, based on information or previous instruments provided in R. R. Blake, H. A. Shepard, and J. S. Mouton, *Managing Intergroup Conflict in Industry* (Houston, TX: Gulf Publishing, 1964); K. W. Thomas, "Conflict and Negotiation Processes in Organizations," in *Handbook of Industrial and Organizational Psychology*, M. D. Dunnette and L. M. Hough, eds., 2nd ed. (Palo Alto, CA: Consulting Psychologists Press, 1992), pp. 651–718; C. K. W. de Dreu, A. Evers, B. Beersma, E. S. Kluwer, and A. Nauta, "A Theory-Based Measure of Conflict Management Strategies in the Workplace," *Journal of Organizational Behavior*, 22 (2001), pp. 645–68; M. A. Rahim, *Managing Conflict in Organizations*, 4th ed. (New Brunswick, NJ: Transaction Publishers, 2011).

读完本章后，如果你需要更多信息，请登录 www.mhhe.com/mcshane7e 获得更多关于本章的深度信息和互动。

第 10 章 CHAPTER 10

领 导 力

学习目标

阅读完本章，你应该能够：

- 定义领导力和共享领导的概念。
- 描述变革型领导的四个要素并解释为何它们在组织变革中很重要。
- 比较管理型领导与变革型领导，并描述以人为本型、任务导向型以及公仆型领导的领导风格。
- 讨论领导力的路径－目标理论、费德勒的权变理论以及领导力替代理论的要素。
- 描述内隐领导的两个构成要素。
- 分辨与有效领导相关的八个能力并理解领导力。
- 讨论文化和性别因素在领导力中的影响。

开篇案例：索迪的领导力作用

作为澳大利亚最大的电信公司 Telstra 的首席执行官，戴维·索迪（David Thodey）知道他面临着一个巨大的挑战。前任首席执行官在任时，Telstra 公司对大多数股东都很敌对，以致澳大利亚政府威胁公司要限制成长期权。顾客抱怨 Telstra 公司的价格在索迪掌权前的三年里暴涨了 300%；员工的信心和公司的股价一起骤降。只有垄断的铜芯线、下一代移动宽带的投资以及员工的技术能力使公司保持足够的活力。

尽管面对这些难以对付的挑战，索迪自信可以使公司发生惊人的变化。这次变革的核心就是索迪的愿景——公司将会坚定地聚焦于顾客服务上。为了实现这个目标，索迪推出更多的顾客服务，加强技术培训，以及给予员工更大的工作自主性来解决顾客的问题。他还推行绩效奖金，奖金基于顾客调查的结果以及内部顾客服务水平。"这很重要，因为这开始改变公司的文化和力量。"索迪说。

索迪亲自阅读顾客的邮件和信件，定期拜访顾客以及在呼叫中心接听顾客的电话，用以顾客为中心的愿景来塑造自己的形象。索迪解释："我总是强调要确实知道前线发生什么，我之所以和顾客聊那么多，是因为我们不能和日常业务中发生的事情有太远的距离。"

以"新规划"为名推进以顾客为中心的核心策略，"新规划"通过简化以及减少内部工作的成本来持续改善流程。"新规划"推行授权决策、减少等级制度（更少的中层管理者），增加顾客自我服务在线资源。索迪解释说，提高公司的效率是以顾客为中心这一目标的一部分。"如果你变得简单，你会拥有更好的顾客服务。"索迪解释，"你也会拥有更加开心的员工，然后，员工会提供更好的服务给顾客。"

Telstra 公司还要继续改进，但是进步是显而易见的。公司顾客的抱怨和投诉骤降（在其他电信公司抱怨则在增加），而且公司的成本减少超过 10 亿美元。但是，索迪说他的真实目的远远不止顾客服务以及流程的效率问题，"实际上更重要的是改善公司的口碑。"索迪说，"我们必须意识到澳大利亚人的梦想是以 Telstra 公司为骄傲，那是因为我们提供优质的服务和产品，这样也是为股东和员工创造价值。"

Telstra 公司的变化说明了像戴维·索迪一样的领导人是如何在组织的生存及成功中起作用。这个开篇的案例分析也强调了领导的具体内容,例如领导人的愿景、坚持不懈、沟通以及期望行为的示范。领导是组织行为领域中被探索最多并且讨论最多的话题之一。谷歌搜索上有非常庞大的、超过 3 亿个网页提到领导力,谷歌学术库中列出 216 000 篇题目中有领导或领导力的期刊论文以及书籍。亚马逊列出了 27 000 多本书名中含有 "leadership" 的书。与 1990 年美国国会图书馆增加 3 054 项与领导或领导力有关的书目,以及 20 世纪的第一个 10 年只增加 146 项且大多数是在报纸中出现这些词的书目相比,在 2000~2009 年,美国国会图书馆增加了 7 336 本有领导或领导力的词语的书刊。

领导力的话题之所以吸引我们,是因为我们敬畏那些能对别人做出巨大影响或鼓舞的人。这一章从四个方面探索领导力:变革、管理、内隐以及胜任能力。尽管其中的一些观点比其他更被人接受,但是每种观点都能帮助我们更全面地了解领导力这个复杂的话题。这一章的最后部分关注于组织领导中文化的比较以及性别问题。不管怎样,我们要先弄清楚领导力和共享领导的含义。

10.1 什么是领导力

几年前,来自 38 个国家的 54 位领导学专家达成了一致意见:**领导力**(leadership)是影响、激励并使他人能够为了他们所属组织的有效性和成功做出贡献的能力。这个定义中有两个要素。第一,领导者通过劝说以及其他影响手段来激励他人。他们运用自己的沟通技巧、奖赏手段,以及其他资源激励一个集体去实现有挑战性的目标。第二,领导者是使事情能做成的人,他们安排工作环境——例如分配资源、改变工作关系、缓冲外界冲突干扰,以便员工能更容易地实现组织的目标。

共享领导

作为公司员工参与激励的一部分,位于美国加利福尼亚州奥克兰市的劳斯莱斯引擎服务中心安排员工直接面对客户,鼓励员工每周进行信息共享,并且接受员工对减少微观管理的要求。航空引擎维修部门的员工不仅体验了更高水平的参与和授权,而且愿意接受更多的领导责任。劳斯莱斯奥克兰厂的一名机械程序员说:"我看到我身边的很多一线员工都是领导者。他们并没有真正地领导着公司,但是你会听从他们的意见。我们没有头衔,但是人们尊重我们所做的一切。"

劳斯莱斯引擎服务中心鼓励和给予全体员工在不同时间以不同方式非正式地承担领导职责,朝着共享领导迈出了一大步。**共享领导**(shared leadership)基于一个理念:领导不是一

The Palo Verde 核电站是美国最大的核电站,它产生的电足够服务加州、亚利桑那州、新墨西哥州以及得克萨斯州的 400 万人口。凭着广泛技术以及采取和团队有关的训练,Palo Verde 核电站的 3 000 名员工了解了公司强调安全、关注操作、注重长期生产率以及成本效用的领导模型。领导模型的首要原则是:"每个员工都是领导,不重视职位。"换句话说,公司鼓励共享领导,每个人都渴望担任领导来达到公司的主要目标。

个职位,而是一种角色。领导力并不属于工作单位中的个人,而是随着情景变化,员工会相互领导。共享领导存在于当员工领导采用新技术和新产品时,以及员工从事于能够提高同事和整体团队绩效的组织公民行为时。

共享领导是对正式领导的特别补充;也就是说,员工与正式管理者一起领导,而不是代替管理者。然而,戈尔公司(W.L. Gore & Associates)和塞氏公司(Semco SA),维尔福软件公司(Valve Corporation),以及其他一些公司几乎完全依靠共享领导,因为其组织结构中没有任何正式的管理者。实际上,当戈尔公司的员工在年度调查中被问及"你是领导者吗?"50%以上的人回答"是"。

共享领导的理念很快就在商业界得到了普及。例如,菲亚特-克莱斯勒公司的首席执行官 Sergio Marchionne 最近说:"我们摒弃了菲亚特公司长期以来的伟人领导理论,创造了每个人都是领导者的新文化。"但是,人人都扮演一个非正式领导角色的理念经过了很长的历史。约翰·加德纳(John Gardner)是前白宫内阁成员,曾经引进医疗保险制度。20年以前他曾写道,大型机构的"生命力"取决于共享领导。他提出,组织中各层级的员工都需要去寻找机会和解决问题的办法,而不是依赖于正式领导去做这些事。例如,加德纳观察到,在成功的队伍中,负责在冲突发生时填补裂缝或在项目出现糟糕情况时建立信心的人并不是正式领导,而是团队成员。

如果正式领导乐意授权,鼓励员工主动行动,而且不害怕承担失败的风险(即以学习为导向的企业文化),共享领导就会在组织中蓬勃发展。共享领导需要合作型而不是内部竞争型的文化,因为当同事支持员工主动时,他们才会承担共享领导角色。此外,由于共享领导缺少正式的权威,所以当员工学会用热情、逻辑分析以及参与同事的想法去影响他人时,共享领导的效果最好。

10.2 变革型领导观点

前面提到过,领导力研究可大致归纳为四个观点:变革、管理、内隐力和胜任力。目前为止,最受欢迎且可以说是在领导力研究领域最重要的观点就是变革型领导。**变革型领导**(transformational leadership)观点将领导者视为变革推动者。他们为团队或组织创建、交流和塑造共同愿景。他们鼓励试验,这样员工可以找到一条通往未来的更好的途径。通过这样那样的活动,变革型领导也会建立起其下属为实现共同愿景而奋斗的承诺。虽然变革型领导有很多模型,但是大多数包含了以下四个共同要素,且代表了这个领导观点的核心理念:开发和传达战略愿景、示范愿景、鼓励试验、建立愿景承诺(见图 10-1)。

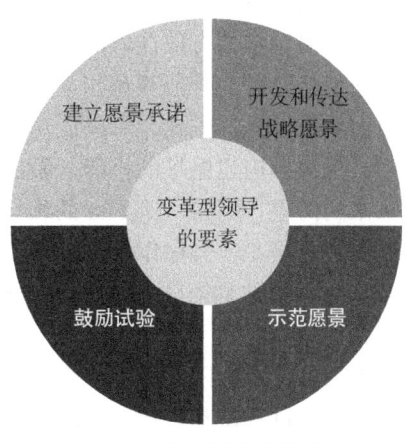

图 10-1 变革型领导的构成要素

10.2.1 开发和传达战略愿景

变革型领导的核心就是战略愿景。愿景(vision)是对未来公司状况的积极描述,可以给予员工力量和团结员工。有时，这个愿景是由领导者创造的；有时，是由员工或者其他利益相关者形成，然后被正式领导者采纳或拥护的。本章的开篇案例分析描述了Telstra公司首席执行官戴维·索迪是怎样为了以顾客为中心的愿景而奋斗的。相似地，密歇根州的绍斯菲尔德微软区域办事处副总裁及总经理约翰·菲凯尼（John Fikany）最近指出，这个软件巨头公司的员工高度敬业，因为他强调公司宗旨中的一个有吸引力的愿景。

"微软不只有软件，也不仅仅为了赚钱，而是为了改变。"菲凯尼热心地讲道，"当你感到自己与更大的愿景联系在一起时，这感觉不像是在工作，而是有更大的意义。"

有效的战略愿景有几个特征。首先，它指向有着更高目标的理想未来情形。这个目标与个人价值相联，直接或间接地满足多个利益相关者的需求。其次，以价值为基础的愿景对员工也是有意义和吸引力的，它能激励员工为目标而奋斗。愿景要能够激励员工，因为它通常是一个长期的目标，具有挑战性和抽象性。最后，愿景是充满挑战的，因为它需要实质性的变革，比如新的工作实践和信仰体系。

战略愿景一定是抽象的，有两个原因。第一，因为这种有吸引力的对未来的想象还没有经历过（至少在这个公司或行业没有），所以不可能详细描述愿景到底是怎样的。更重要的是，抽象的描述使愿景随着时间的推移能够保持稳定，然而又能充分灵活地针对快速变化的外部环境做出适应性调整。例如，Telstra公司以客户为中心的愿景并不是指宽带接入或移动接收这样的具体目标，而是更好地服务客户的持续理想。

有效愿景的另一个特征就是它具有统一性，它把员工和其他利益相关者紧密联系在一起，因为它是一个共同的最高目标，与员工的个人价值和组织价值一致。事实上，一个成功的愿景的确是共享的愿景，因为员工都根据这个未来状态将自己定义为组织认同的一部分。

传达愿景

战略愿景的有效性取决于领导者如何将它传达给追随者和其他利益相关者。语言塑造了我们看待世界的方式，所以成功的变革型领导小心地选择构建愿景的措辞，激起员工对理想未来的渴望。例如，DaVita的领导者把公司比作村庄，员工（被称作队员）是"过桥"的村民，意思是他们对团体做出了承诺。"我们使用的语言虽然简单，但是充满了意义。"美国最大的透析治疗团队的一位管理者解释道。领导者也通过真诚和热情来传达愿景，可以反映他们个人对愿景的信仰以及目标能够实现的乐观。换句话说，领导者通过语言和非语言的方式传达愿景。

领导者传达愿景的第三个手段是通过象

商业无线电台集团（UKRD）是英国人最想为其工作的企业，它因卓越的领导而受到特别的关注。UKRD 17个电台的250名员工中，超过90%说CEO威廉·罗格斯（William Rogers）是一位鼓舞人心的领导者，他以企业的主导价值为生。当被问及什么才是一个好的领导者时，罗格斯指出两个关键特征。一是领导者需要理解员工。另一个是"清晰的愿景，于是人们能够说：'我知道我们要去哪儿，我们要去做什么以及我们为什么要去。'对我们来说，这不仅仅是经营一家无线集团，获得商业的成功，更是为了改变人们的生活，影响社会。"

征、比喻、故事以及其他超越平淡语言的载体。这些工具借助了其他经验的形象，为还没经历的愿景创造了更丰富的内涵。借助于现存的经历也引发渴望的情感，这种情感能够激励人们追求愿景。当乔治·科恩（George Cohen）在莫斯科开麦当劳面临极其困难的挑战的时候，他时常提醒他的团队成员，他们正在建立"汉堡外交"。在18世纪中叶，海上运输很危险，塞缪尔·丘纳德（Samuel Cunard）强调他正在创造一条"海上铁路"。当时，铁路是最安全的交通运输方式之一，丘纳德的比喻加强了员工和乘客对海运的理解——丘纳德轮船航线能够同样安全地穿越大西洋。

10.2.2 示范愿景

变革型领导不仅谈论愿景，还致力实现愿景。他们言行一致，走出高管办公室做能象征该愿景的事情。领导者通过拜访客户、缩小（或扩大）办公室与员工的距离，举行象征着重大变革的仪式等重要事件来示范愿景。然而，他们也改变着日常活动，比如会议议程、着装规范、执行计划等，使这些活动更符合愿景及其隐含的价值观。

示范愿景很重要，因为它展现愿景在实践中是什么样子。示范也很重要，因为它能建立起员工对领导者的信任。领导者越言行一致，就有越多员工信任领导者并且愿意追随。实际上，一项调查显示：以身作则是领导者最重要的特质。"我们对领导者的要求比员工更高。"爱达荷州东部地区医疗中心的人力资源经理内森·比格勒（Nathan Bigler）说，"领导者必须言行一致。"

10.2.3 鼓励试验

变革型领导关乎变革，而任何变革的核心就是发现与所追求的愿景比较一致的新行为和实践。因此，有效的变革型领导鼓励员工质疑现状，并试验可能与愿景更为一致的新举措。换句话说，变革型领导支持学习导向。他们鼓励员工不断质疑目前做事情的方式，积极地试验新的想法和实践，并把合理的错误视为学习过程中一个自然的部分。

变革型领导的这一要素在Telstra公司戴维·索迪的领导中表现得尤为明显。本章开篇案例中提到：索迪给予员工更高的自主权，这样他们就能解决客户的需求，从长期来说，这种自主也能使员工找到更好的方法来实现企业以顾客为中心的愿景。索迪也设立了一个特殊的员工团队来发掘更多有效的方法来服务客户，包括线上系统，客户能在此更自由地管理自己的账户和申请新产品及服务。

10.2.4 建立愿景承诺

将愿景变成事实需要员工的承诺，变革型领导者可以通过几种方式建立这种承诺。他们的言语、符号和故事可以产生一种有感染力的热情，激励人们接纳这种愿景。领导者通过与愿景一致的行为，展示"能够做到"的态度。他们的坚持和言行一致反映了一种诚实、信任和正直的形象。通过鼓励试验，领导者让员工参与到改变过程中来，所以这是一项集体活动。领导者也通过奖励、认可和庆祝来建立承诺，当他们越过了通往愿景之路上的里程碑。

10.2.5 变革型领导和魅力

一些研究者把领导者的魅力看作变革型领导的一个要素。他们将魅力型领导描述为变革型领导的一个基本要素，或者是卓越变革型领导的最高形式。然而，本书采用一种新兴观点，认为魅力与变革型领导截然不同。魅力（charisma）是一种可以提供参照权力的个人特性或相关品质，而变革型领导是使下属走向更好未来的一系列行为。

变革型领导通过说服和获取信任这些行为来激励追随者，而魅力型领导通过领导者固有的参照权力直接激励追随者。例如，传达鼓舞人心的愿景是变革型领导的行为，可以激励追随者为之奋斗，这种激励效果区别于领导者的魅力而存在。如果领导者很有魅力，那么他的魅力会增强追随者的动力。

有魅力本身并不能说好还是不好，但是有部分研究发现魅力型领导会产生消极后果。魅力型领导的一个问题是，它往往会产生依赖型追随者，而变革型领导则相反，它授权给下属，减少了追随者对领导者的依赖。另一个问题是，如果领导者拥有魅力的天赋，他可能沉醉于这种能力，从而导致他对个人利益的关注大于集体利益。"魅力毁灭了领导者。"彼得·德鲁克告诫说，"它使领导者死板，坚信自己一贯正确，不能够有所改变。"100年前这位管理学大师见证了欧洲魅力型政治领导的消极结果，并预言这种个人的或者相关的特征会给组织带来相似的问题。这里的主要观点是，变革型领导不一定是有魅力的，魅力型领导也不一定是变革的。

腾讯公司的创立人和CEO马化腾"Tony"掀起了中国社会媒体的改革，然而他更多地被描述为谦卑的大学生而不是自负的魅力型领导。"马总是笑着，更像是一个刚毕业的害羞大学生，而不是久经世故的魅力型领导。"中国的一家主要报社如此报道。从基础的即时信息服务开始，马化腾扩大了公司的微博（腾讯微博）、社交网络（QQ空间）、在线游戏和在线支付（财付通）。最近腾讯推出了一个对讲机式的文本／语音信息系统（即微信——作者注），在全球已经有了3亿用户。马化腾通过他的变革型领导的行为建立了腾讯，包括不断创新的愿景，鼓励试验和示范创新精神，而不是依靠魅力。

10.2.6 评价变革型领导观点

变革型领导确实有很大的影响力。在变革型领导之下，下属们更加满意并具有较高的情感组织承诺。他们也能更好地工作，参与更多的组织公民行为，做出更好、更有创意的决策。一项关于某银行分行的研究表明，当分行经理完成了变革型领导的培训项目后，组织承诺和财务绩效似乎会增加。

变革型领导是目前最流行的领导力观点，但它面临着很多挑战。其中一个问题是，有些模型存在循环逻辑。他们通过变革型领导在员工身上的效果（如激励员工）来定义和衡量它，然后（毫不例外地）发现这种领导方式是有效的，因为它激励了员工。然而，变革型领导应该单纯地定义为一系列领导员工度过变革过程的行为。第二个问题是，一些变革型领导理论把领导者的行为和领导者的个人特征结合了起来。例如，变革型领导者被形容为有远见的、有创造力的、敏感的且考虑周到的，然而这些个人特征真正地预测变革型领导行为。

第三个问题是，变革型领导通常被描述成一个通用的概念，那就是，它是适用于所有的情形，仅有很少一部分研究调查过，这种领导形式是否在某些情境下比其他情境更有价值。例如，相较于稳定的环境，变革型领导可能在组织需要不断适应快速改变的外部环境时更适用。初步证据表明，变革型领导观点与跨文化相关。然而，可能有变革型领导的特定要素，比如愿景传达和示范的方式，在北美文化比在其他文化更适用。

10.3 管理型领导观点

领导者并不是花所有（或大部分）的时间改革组织或工作单元。他们也参与**管理型领导**（managerial leadership）的日常活动，支持引导员工个人和工作单元整体的幸福感和绩效来支持当前目标和实践。领导专家意识到变革型领导有别于管理型领导。尽管这两种观念间的区别还有点模糊，但是它们都有非常明确的一系列行为和牢固的研究基础。

这两种观点的一个区别是，管理型领导假设一个组织（或部门）的目标是固定的，且与外部环境相匹配。管理型领导关注持续发展，或为了实现既定目标和实践而维持员工和工作单元的效率。相比之下，变革型领导假定了组织当前的方向与外部环境不匹配，因而需要改变。这个区别可以用一句经常被引用的话表述："管理者正确地做事，领导者做正确的事。"管理者（更确切地说，管理型领导行为）通过使员工更有效地实现既定目标来"正确地做事"。领导者（更确切地说，变革型领导行为）通过将组织重新定向到与外部环境更匹配的道路上来"做正确的事"。

第二个区别是管理型领导更关注细节且更具体，因为它与具体绩效、员工和直接工作单元的幸福目标有关。变革型领导更关注整体且更抽象，直接指向整个组织、部门或团队的抽象的战略愿景。

尽管这里讨论的变革型领导和管理型领导是两种分离的领导观念，但将它们描述成相互依赖的观点会更好。变革型领导

星期五餐厅在英国的生意很兴旺，多亏了总裁凯伦·弗雷斯特（Karen Forrester）的愿景和管理技能。弗雷斯特看到了位于得克萨斯的公司在英国经营的巨大潜力，而这个潜力被人们忽视了。她的愿景是"把魔法带回来"，这样顾客就能期待一个基于真诚服务的始终令人享受的用餐经历。但是弗雷斯特把管理型领导行为补充到变革型领导中。她筛选掉缺少承诺的员工，使餐厅重新充满活力。她在培训员工上投资了很多钱，这样员工就能更好且更有自信地服务顾客。弗雷斯特最近被评为英国最以人为本的总裁，因为她也通过自身的共鸣、尊重和热情展示了什么是支持型领导。"毫无疑问这个行业是与人有关的，"弗雷斯特说，"如果你的员工被照顾好了，高兴了，你的客人也会很快乐。"

和管理型领导相互依赖。变革型领导确定方向，传达愿景，建立承诺为团队创造更美好的未来，但是这些行为还不足以使组织获得成功。要获得成功还需要管理型领导把抽象的愿景转化为更具体的操作实践，并不断提高员工绩效，增加追求未来理想的幸福感。

管理型领导依赖于变革型领导设定正确的方向。否则，就算管理者产生运营优势，追求长期目标，但是却与组织长期的生存不匹配，员工对此也会缺少承诺。举个例子，戴尔的领导者依靠管理优势来生产低成本的电脑，然而由于外部环境偏好转向了高价的创新产品，公司后来遭受了困境。成功的管理型领导（快乐的员工工作高效）是不足以使戴尔成功的，还需要变革型领导提出使公司产品与市场更为匹配的愿景，并激励员工为这个愿景而工作。

10.3.1 变革型领导案例

泸州老窖公司始建于 1950 年 3 月，1994 年 5 月在深交所整体挂牌上市，是全国酒类行业中第一家被批准上市的股份制企业。公司曾经的主要领导——总经理张良和董事长谢明在任期间对泸州老窖的业绩做出了突出的贡献。

1994 年上市后，公司开始了多元化经营，产业横跨酒业、宾馆、服务业、矿业、建材业等多个行业，但除酒业外全部亏损。同时，公司的产品还统一由国营糖酒公司销售，出现了大量的产品积压，每年的包材损失都超过 1 000 万元。2004 年，公司每股收益仅 0.05 元。由于经营不善，当时政府差点卖掉公司，因为对方出价稍差一点，没有谈成，公司才侥幸没有被卖掉。

张良和谢明分别接任总经理和董事长后，首先削减了非主营业务，强化了核心产业。公司开始两条腿走路，张良主要负责主业经营，谢明主要负责资本运作，两人相互配合，使公司逐步走上快速发展的道路。2004 年公司主营业务收入仅 12.8 亿元，2010 年营业收入已高达 53.7 亿元，2013 年则实现销售收入 130 亿元。他们在生产经营上进行了大刀阔斧的改革，提出"超一流人才搞营销""大集团小配套"等经营理念，同时，还进行特许经营，将中低端酒的生产和包装外包，深化公司内部体制改制，积极推进股权激励计划，成功进行资本运作等，极大地增强了公司的核心竞争能力。

资料来源：李琳，陈维政：变革型领导对国有企业改革与发展的影响作用分析——基于泸州老窖的案例研究[J]. 经济经纬，2011（6）.

这里有一个重要的信息，即管理型和变革型领导不是呈现在组织中不同的人或者职位上的。你可能会想，高级经理职位比较低层管理职位需要更多的变革型领导行为，因为变革型领导需要更多的自由裁量权来进行宏观层面的变革。然而，每个管理者在不同程度上都需要用到变革型和管理型两种行为，甚至在基层作为共享领导者的员工也可能是管理型的（帮助同事解决困难）或变革型的（支持更加顾客友好的工作单元文化）。

10.3.2 任务导向型领导和以人为本型领导

管理型领导研究始于 20 世纪 40 年代和 50 年代，那时来自于美国三所重点大学的调查团队展开了一次深入的研究调查来回答这个问题——形成有效领导的行为有哪些？他们让下属对他们老板的行为进行评价来研究一线管理者。这些独立的调查团队从上千条条目中总结出了两组领导行为（表 10-1）。

表 10-1 工作导向型和以人为本型领导风格

领导者是以工作为导向的，当他们……	领导者是以人为导向的，当他们……
• 分配工作，明确责任	• 表现对员工的兴趣
• 设置目标和截止期限	• 聆听员工的声音
• 评估工作质量，给予反馈	• 使工作环境更宜人
• 定义最佳工作流程	• 表扬员工的工作
• 计划未来的工作活动	• 关注员工需求

一组称为任务导向型领导，包括定义和构建工作角色。任务导向型领导者给员工分配

具体任务，设置目标和截止期限，明确工作职责和步骤，定义工作流程并计划工作活动。另一组是以人为本型领导，包括倾听员工的意见和建议，创造宜人的工作环境，表现对员工的兴趣，表扬和认可员工的努力，对员工的需求表示关注。

这些早期研究试图发现有效的管理者以工作为导向还是更以人为本。这是一个难以回答的问题，因为每个风格都有它的优缺点。事实上，最近的证据表明，有效的领导者依赖于两种风格，但是方式不同。当领导者很大程度上采用以人为本型领导行为时，他们的员工往往有更积极的态度，更低的缺勤率、抱怨和离职率。一项研究尤其表明，当领导者对员工表示感同身受，他的追随者几乎没有压力。当领导者表现出更加以工作为导向，他们的员工常常有更好的工作绩效。不足为奇的是，员工们通常更喜欢以人为本型领导者，对几乎以工作为导向的领导者持有消极的态度。然而，工作导向型领导者在某种程度上也是令人欣赏的。举个例子，大学生看重以工作为导向的导师，因为他们希望上课内容是经过充分准备的，有明确的目标且与单元目标一致。

10.3.3 公仆型领导

公仆型领导（servant leadership）是以人为本型领导的拓展或者变体，因为它将领导力定义为通过服务满足他人需求和实现个人发展及成长。公仆型领导会问："有什么需要帮忙的吗？"而不是期待员工去为他们服务。公仆型领导者被描述为无私的、平等的、谦逊的、培育性的、体贴的且道德高尚的。公仆型领导的主要目标是帮助利益相关者满足他们的需求和发挥潜能，特别是"变得更健康、更明智、更自由、更自主，更有可能成为服务者"。

公仆型领导的研究难度在于其定义模糊且冲突，但是学者已经在部分特征上达成了共识。第一，公仆型领导有一种天生的服务他人的欲望。这种欲望是对他人成长的深刻承诺，这超越了领导者角色中帮助他人的义务，而不仅仅是为了实现公司的目标。第二，公仆型领导者与他人维持着一种谦逊、平等和赞同的关系。公仆型领导并不认为领导力是一种权力，他们提供服务时注意力不在自身，不居高临下，不对他人随意判断，也不会对别人的批判感到被冒犯。第三，公仆型领导者依据道德原则与惯例进行决策，采取行动。他们表现出对道德价值的敏感和实践，不会因为社会压力和社会期望动摇而偏离价值观。从这个角度看，公仆型领导非常依赖于接下来我们要讨论到的真实性领导。

公仆型领导的概念在40年前被提出，一直稳步发展，尤其是在实践者和宗教领袖中。在过去的几年里，学者对

公仆型领导近年来才开始得到组织行为学者的关注，然而数十年来这个理论在军事领导中已然根深蒂固。"如果你关注我们的军队价值观，就知道它的核心是无私奉献，"加利福尼亚北部布拉格堡第16军空降兵的司令员——少尉丹尼尔·艾伦（Daniel Allyn）解释道。"公仆型领导就是将他人利益置于个人利益之前，这对于我来说就是领导力的固有特质；我们的尚武精神也被阐释为'我永远不会离开一个倒下的同志'，这意味着我们将竭尽所能以确保我们总是在照顾士兵们的需求。"

这个问题的兴趣大增，但公仆型领导仍然面临着一些概念上的混淆。尽管公仆型领导的研究者们普遍认可我们所描述的三个特征，但是在许多其他特征上存在异议，还有可能将这个概念的前因与后果相混淆。事实上，作为服务者的领导在概念上已经得到广泛传播，早在几个世纪前就在许多宗教的重要原则中得以体现。最近一项研究发现，当公司的 CEO 展现出公仆型领导的行为时，公司会有更高的绩效（资产回报率）。

10.4 路径—目标领导理论

公仆型领导模型意味着领导者在任何情境下都应该是服务者。然而，关于任务导向型领导和以人为本型领导的文献认为，最好的领导风格应该是因情况而异的。这种"因情况而定"的观点与我们在第 1 章讨论的组织行为学中的权变锚比较一致。换句话说，最合适的领导风格取决于员工的特征、领导—下属关系以及其他因素。

路径—目标领导理论（path-goal leadership theory）是将权变方法应用于管理型领导的一个主要模型。路径—目标领导理论的前提是，有效的领导者选择一种或多种领导风格来影响与预期效果实现（他们与工作相关的目标）相关的雇员期望（他们的偏好路径）和对这些结果（结果化合价）的感知满意度。换句话说，路径—目标理论认为领导力对激励理论中的期望理论（第 4 章）及其基本公式、主观预期效用理论有重要影响。领导者明确员工行为和结果的联系，影响这些结果的价值，并提供工作环境来完成目标等等。

1. 目标领导风格

图 10-2 展示了路径—目标领导理论。这个模型明确强调了四种领导风格和决定领导有效性三个指标的若干权变因素。这四种领导风格是：

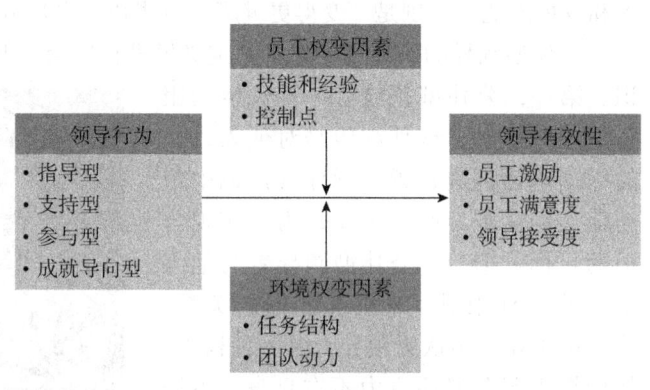

图 10-2　目标领导力理论

- **指导型**。指导型领导与任务导向型领导相似。这种领导风格用明确的行为影响下属的心理结构。领导提出绩效目标、达成目标的方法、判断绩效的标准，还包括奖励和惩戒。
- **支持型**。支持型领导与以人为本型领导相似。这种领导风格为下属提供心理支持。领导者是友好的、亲切的，他们使工作更加惬意，平等对待员工，关心员工状态、需求和福利。
- **参与型**。参与型领导鼓励下属参与常规工作之外的决策。领导者与员工商量问题，向员工询问建议，在决策前充分考虑这些意见。参与型领导使员工参与决策。
- **成就导向型**。这种领导风格注重鼓励员工达成最高绩效。领导者设定具有挑战性的目标，期望员工发挥最高水平，不断地提高员工绩效，表现出对员工会承担责任并完成挑战性目标的高度信心。成就导向型领导同时应用了目标设置理论和自我实现预言中的积极期望。

路径—目标领导模型认为，有效的领导者能够根据不同的情况选择最合适的行为风格。当这些领导风格都适用于情景时，领导者通常会同时运用两个或多种风格。

2. 路径—目标理论的权变因素

作为一种权变理论，路径—目标理论认为以上四种领导风格都只在某些情况下有效，而在其他情况下是无效的。路径—目标模型明确了两组控制领导风格和领导有效性关系的权变变量：①员工特征；②员工工作环境的特点。在目标—路径框架下，一些权变因素已经得到研究，这个模型在未来会引入更多的变量。但是，在此只回顾四种权变因素。

- **技能和经验**。对于缺乏经验和技能（或者是自我感知如此）的员工来说，指导型和支持型领导的结合是最好的。指导型领导给予下属关于如何完成工作的信息，而支持型领导帮助他们解决陌生工作环境中的不确定性。当员工技能成熟、经验丰富时，指导型领导反而会因监控过多而造成负面影响。
- **控制点**。内控型员工相信他们对工作环境有控制力。因此，这些员工倾向于参与型和成就导向型领导风格，而指导型领导风格可能会令他们感到沮丧。相反，外控型员工认为他们的绩效更多取决于幸运和命运，所以他们倾向于对指导型和支持型领导风格有更高的满意度。
- **任务结构**。当任务是非常规的，领导者应该采用指导型领导风格，因为这种领导风格最小化了复杂工作情况下容易产生的角色模糊（尤其是对无经验的员工而言）。当员工有例行和简单任务时，指导型领导风格是无效的，因为管理者的指导可能无济于事，还有可能会被认为是不必要的严密监管。在高度常规化和简单的工作中，员工可能需要支持型领导来减少工作的乏味感和更好地把握工作节奏。对于员工的非常规任务来说，参与型领导是更好的，因为当规则和程序减少时，可以给予员工更多自主权来完成挑战性目标。参与型领导对于常规任务是无效的，因为无须给予员工自主权。
- **团队动力**。具有绩效导向型规范的高凝聚力的团队可以替代大多数领导者的干预。高团队凝聚力可以替代支持型领导，而绩效导向的团队规范可以替代指导型领导或成就导向型领导。因此，当团队凝聚力低时，领导者应该采用支持型领导风格，帮助团队调整阻碍其目标实现的团队规范。例如，如果团队成员形成了松懈而不是及时完成项目的规范，团队领导者可能就需要使用法定权力。

路径—目标权变方法表明，有效的领导者一定是富有洞察力和灵活的。他们必须能改变自己的行为和方式以适应随时变化的环境。然而，这并不容易做到。领导者一般会有首选风格。领导者需花费相当努力去选择和实施不同风格以符合具体情况。领导者必须具有高情感智力，这样他们才能判断环境，并相应地选择他们的行为。

3. 评价路径—目标理论

路径—目标理论比其他权变领导模型得到更多的研究支持。事实上，一个研究报告称路径—目标理论比变革型领导模型更好地解释了有效领导。这个更强的效果可能是因为大多数管理者参与管理型领导的时间比变革型领导更多。即便如此，对路径—目标理论的支持还不够理想。一些权变因素（如任务结构）只有有限的研究支持，路径—目标领导模型中的其他权变和领导风格并没有得到研究。另一个问题是，随着路径—目标理论的扩展，模型的实际应用可能变得过于复杂。很少有人能够记住所有的权变因素以及适合各个权变情景的领导风格。尽管存在这些局限，路径—目标理论仍然是一个相对稳健的权变领导理论。

10.4.1 其他权变理论

近年来，许多领导理论得到了发展，其中一些与路径—目标模型的领导风格有重叠，但是大部分使用了更简单和更为抽象的权变因素。根据它们的流行度和在领导研究领域的重要性，我们在这里简单介绍其中两个理论。

1. 情境领导理论

在实践者中最流行的权变理论之一是**情境领导理论**（situational leadership theory，SLT），由保罗·赫塞（Paul Hersey）和肯·布兰查德（Ken Blanchard）提出。情境领导理论认为，有效领导者根据下属的能力和动力（或承诺）来改变领导风格。最近的版本中使用了四种标签来描述下属，如"热情的新手"（能力低，积极性高）和"醒悟的学习者"（能力中等，积极性低）等。

情境领导理论模型也识别了四种领导风格：告知、推销、参与以及委派。赫塞和布兰查德根据指导型行为和支持型行为的数量对领导风格进行了分类。例如，"告知"风格采取较多的任务导向型行为和较少的支持型行为。这种情境领导模型有四个象限，每一个象限代表在不同环境下最合适的领导风格。

尽管这个理论很流行，但是一些研究和至少三个评论指出：情境领导模型缺乏实证支持。这个模型仅有一部分明显有效，即当员工缺少动力和能力时，领导者应该使用"告知"（即任务导向型风格）的方式。这种关系在路径—目标理论中也有证明。情境领导模型简单明了，十分吸引人且令人愉悦，但是大体上不能很好地代表实际情况。

2. 费德勒权变模型

费德勒权变模型（Fiedler's contingency model）由弗雷德·费德勒（Fred Fiedler）和他的助理提出，是最早的领导权变理论。根据这个模型，领导有效性取决于个体的基本领导风格是否跟环境相匹配。这个理论检验了两种领导风格，分别与之前介绍的以人为本型和任务导向型风格对应。可惜的是，费德勒模型依赖于问卷调查，这对领导风格的测量效果并不好。

费德勒模型认为，最佳领导风格取决于情境控制的水平，即在特定情况下领导者权力和影响力程度。情境控制受三个因素的影响，按照重要性顺序排列分别是：领导—成员关系、任务结构和职位权力。领导者—成员关系指员工信任和尊重领导者的程度，以及听从领导者指导的意愿。任务结构指操作流程的清晰程度。职位权力是指领导者对下属拥有的法定权力、奖赏权力和强制权力。从领导角度来看，这三个权变变量构成八种可能的有利情境组合。良好的领导者—成员关系、高任务结构和职位权力构成对领导者最有利的情境，因为他们在这些条件下拥有最大的权力和影响力。

费德勒理论未能通过研究与逻辑审查，主要是由于领导风格量表的缺陷，它的局限主要在于只有两种领导风格，以及对于单一权变变量（领导者—成员关系）的构建是基于无法解释的三种情景因素的排列顺序。但是，费德勒理论对于领导研究有两个永恒的贡献。第一，它认识到了领导者权力对决定最佳领导风格是至关重要的。在其他管理型领导模型中，领导者权力并没有得到阐明。

第二，不同于大部分领导理论的假设，费德勒权变模型认为，领导者也许不能改变自己的领导风格去适应情境，相反地，他们往往主要依赖与其个人特质和价值观最一致的风格。例如，具有亲和力和仁慈的领导者往往偏好支持型领导，而具有高度责任感和成就导向价值观的领导者则更适应指导型风格。最近更多学者指出，领导风格比大多数权变领导理论假定的更"固定"。领导者们可以暂时改变他们的领导风格，但是他们更倾向于采用与自身人格和价值观最一致的风格。

10.4.2　领导替代理论

目前，我们已经讨论了在不同情境中推荐使用不同领导风格的理论。有一种理论称作**领导替代**（leadership substitutes）理论，指出了导致领导者影响下属的能力受限或特殊领导风格失效的因素，发现了在一些条件下存在代替任务导向型领导和员工导向型领导的可能性。基于绩效的奖励体系引导员工向组织目标前进时，任务导向型领导就可能变得不那么重要。同样，随着员工的技能和经验增长，他们对任务导向型领导的需要也减弱了。这个观点与路径—目标理论一致，后者认为当员工技能成熟、经验丰富时，指导型领导是不必要的，甚至可能是有害的。

一些研究认为，有效的领导者帮助团队成员通过领导替代来学会自我领导；换言之，在高参与的团队结构中同事替代了领导力。老员工指导新员工，从而提供指导型领导。他们也提供社会支持以降低同事间的压力。有支持组织目标规范的团队可能替代成就导向型领导，因为员工之间会互相鼓励（或促使）提升绩效水平。

自我领导——影响建立完成任务所需要的自我引导和自我动机的过程——是另外一种可能的领导替代。具有高自我领导的员工为自己设定目标，强化自己的行为，保持积极的思考过程并控制自己的表现，因而控制个人动机和能力。随着员工更加熟练地自我领导，他们可能会要求更少的监管，以使他们保持对组织目标的注意力和活力。

尽管领导替代模型具有直观吸引力，但是到目前还没得到研究的证实。一些研究发现有些替代确实取代了任务导向型或以人为本型领导的需求，但是其他的没有。原因可能是领导替代的统计性检验有一定难度，但是有一些学者认为有限的支持已经足以证明：在任何情境下，替代领导都发挥关键作用。因此，我们可以认为，在某些情境中领导替代可以减少对领导者的需求，但不能完全取代领导者。

10.5　内隐领导力观点

变革型领导和管理型领导观点都做了一个基本假设，即领导者有很大的影响力。当然，有证据表明领导者影响着其部门和组织的绩效。然而，领导力还涉及下属对领导者特质和影响力的认知。这种领导力感知观点称为**内隐领导力理论**（implicit leadership theory），含有两个组成部分：领导者原型和领导者传奇或归因。

10.5.1　有效领导者的原型

内隐领导力理论一方面认为，每个人都有领导原型，即对有效领导者的特征和行为的预设想法。这些原型通过社会化在家庭和社会中产生，塑造了下属对领导者的期待，以及对他人领导的接受。相反，这又影响了人们作为下属的意愿。领导原型不仅支持一个人作为领导的角色，还影响了我们对领导效率的感知。换言之，如果领导的外表和行为与人们心中的领导原型一致，他们更可能相信领导是有效的。

这种原型比较过程为什么会产生？人们在乐意为领导者工作之前，需要信任他们的领导，但是实际上领导有效性通常要积年累月才能知晓。这种原型对比过程是评价领导效能的一个快速方式（尽管是错误的）。

10.5.2 领导者传奇

除了依赖有效领导者的内隐原型，下属还倾向于扭曲其对领导者影响环境能力的认知。这种"领导者传奇"效应之所以存在，是因为在大多数文化中，人们相信领导者可以改变一切。看看巴西联合大企业塞氏企业（Semco SA）的 CEO 塞姆勒的经历。

人们夸大领导者对环境的影响力有以下两个基本原因。第一，领导可以有效地简化生活事件，将组织的成功或失败归因于领导者的能力，比分析其他复杂因素更容易。第二，在美国和其他西方文化中，人们倾向于相信人类对生活事件的影响大于不可控的自然力量。这种控制错觉是由于人们相信事件的发生是领导者的理性行为所致。换言之，员工相信领导者拥有巨大影响力，因此他们会主动寻求证据来证明这个看法。

在这个公司，不管你是做什么的，人们都会自然而然地创造和培育一个魅力型人物。另一方面，这个魅力型人物以此为生；这不是偶然的，而且人们很难认识到真正的自我。塞氏企业的人看起来和行动起来一点都不像我。在某种程度上，他们不是随声附和的人。然而，剩下的是与对人格自身的狂热崇拜倾向有关的某种感觉。他们因不属于我的成功而相信我，他们忽视我的错误。他们对我所说的过于看重，而且我认为那不会消失。

下属认为领导者可以改变一切，其中一个原因是基本归因错误（见第 3 章）。研究发现，（至少在西方文化中）领导者会因为公司的成败而受到褒贬，因为员工不容易看到影响公司成败的外部因素。领导会由于组织成功而得到积极评价，进而强化了人们的这种信念。

内隐领导力理论为提高领导者接受度提供了宝贵的意见。它强调领导力既来自领导者的实际行动和正式角色，也来自下属的感知。潜在领导者必须对此保持敏感，理解下属的期望，并据此采取行动。对于没有天生适合领导原型的个人，需要提供更多关于他们领导有效性的直接证据。

10.6 领导力胜任观点

自开始记载文明以来，人们就对卓越领导者独特的人格特质产生了兴趣。20 世纪 40 年代后期出现了一个开拓性的观点认为，以往的研究无法概括出伟大领导者普遍的个人特征。十年后，这个观点得到了完善，它认为有些个人特征与有效领导者相关。由于这些发现意义不大，许多学者放弃了对有效领导者人格特质的研究。

在过去的 20 年中，领导力的研究专家回到了原来的观点：有效领导者可能拥有特定的人格特质。早期研究存在方法上的问题，缺乏理论基础和对领导力的定义存在差异。最新的研究工作定义了一些领导力胜任因素，即技能、知识、资质以及其他产生更优绩效的人格特质。表 10-2 列举了领导力胜任的主要分类描述如下。

- **人格**。大五人格维度（Big Five personality dimensions）几乎都与有效领导相关，但是相关性最强的指标是高度外向性（活泼、健谈、社交、决断）和责任性（细心、可靠、自律）。具有高度外向性的有效领导者能适应社会中具有影响力的角色。凭着较强责任心，有效领导者会为自己（和他人）设置更高的目标，并且更积极地实现这些目标。
- **自我概念**。成功的领导者有一个复杂的、内部一致的和清晰的自我概念（见第 3 章）。这种"领导认同"还包括积极的自我评价，如高度的自尊心、自我效能和内部控制点。

表 10-2　有效领导者的能力

领导力胜任特征	描述
人格	领导者较外向（活泼、健谈、社交、决断），具有责任心（细心、可靠、自律）
自我概念	领导者的自我信仰，以及关于其领导能力和达到目标的能力的积极自我评价
驱动力	领导者追求目标的内在动机
正直	领导者的真诚和言出必行的倾向
领导动机	领导者为完成团队或组织目标而运用社会化权力的需要
业务知识	领导者的关于企业环境显性和隐性知识，能够使他做出直觉决策
认知和实践智能	领导者超常的处理信息的感知能力（感知智能）和解决现实问题的能力，如通过适应、塑造或者选择合适的环境（实践智能）
情绪智力	领导者管理自身及他人情绪的能力，辨别情绪并利用所得信息引导其思考和行动

然而许多领导者没有履行其日常的管理领导，却把自己定义成管理者。有效的领导者认为自己兼具变革型和管理型，并自信能够胜任。

- **领导动机**　有效的领导者不仅仅把自己视作领导者，他们还积极地带领他人。他们对社会化权力有强烈的需求，意思是他们想用权力领导他人来完成组织目标和类似的事情。个人权力的需要与社会化权力不同，对个人化权力的追求是为了谋取私利或寻求行使权力的快感（见第 5 章）。领导力动机是必要的，因为即使是在大学社团中，领导者也在争夺更高层的位置。面对这种竞争，有效领导者应迎难而上而不是退缩。
- **驱动力**　成功领导者具有高度责任感和积极的自我概念，对高成就有较高的需求。这种驱动力代表了领导者所追求的目标和鼓励他人共同进步的内在动机。驱动力会激发人们探索未知领域的好奇心、行为导向和勇气。
- **正直**　正直包括真实、言行一致，以及其他与道德行为相关的品质。领导者的道德领悟力强，在面临两难时能够根据适当的价值观采取行动。请注意，正直完全基于领导者的价值观，这是一致性的根源。大量研究表明，正直和诚实是有效领导者最重要的品质特征。可惜的是，最近的调查显示员工不相信他们的领导者是正直的，因此他们并不信任领导。

- **业务知识** 有效领导者具备关于业务开展环境的隐性知识和显性知识,包括观察和理解业务发展新趋势的微妙迹象。业务知识还包括对组织如何有效运作的良好理解。
- **认知和实践智能** 领导者拥有超常的认知能力去处理大量的信息。领导者不一定是天才,但他们拥有出众的能力来分析各种各样复杂的选择和机会。此外,领导者还拥有实践智能。评估认知智能是通过考察以充分的信息处理定向问题时的表现,通常只有一个最佳解决办法。相比之下,实践智能的评估是考察领导者在现实中的表现,他们要利用确实的信息处理不明晰的问题,而且解决方法通常不唯一。
- **情绪智力** 有效领导者拥有高水平的情绪智力。他们能够感知和调节自身和他人的情绪。

10.6.1 真实性领导

上面我们提到,成功的领导者拥有与领导者定位相吻合的清晰的自我概念。这些个人特质是真实性领导的基础,**真实性领导**(authentic leadership)指领导者对自我概念有很好的认识。真实性是了解自己,做真正的自己(见图10-3)。领导者通过对各种情景的反思和经历加深对自己的人格、价值观、思维和习惯的认识。他们还通过所信任的组织内外部人员的反馈来提高自我认识。自我反思和接受他人反馈都需要很高的情绪智力。

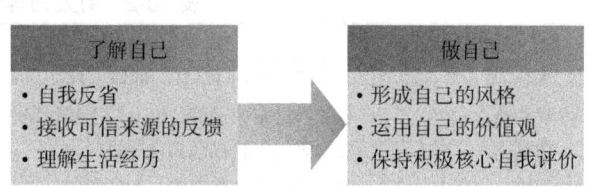

图 10-3 真实性领导

随着人们对自我认识的加深,他们能进一步理解内心的目标,从而激发实现对组织或社会有价值的目标的长期热情。一些领导研究专家认为,这种内在目标源于生活经历,尤其是过去发生的重要事件或经历,它们为领导者事业发展的方向和动力提供了指引。

真实性领导不仅涉及自我认知,还涉及行为表现与自我概念的一致,而不是把自己伪装成他人。做真实的自己,伟大的领导者可以通过许多方式调节决策和行为。第一,他们会形成自己的风格,将自己放在最适合的位置以发挥自身领导风格的最大效果。尽管在某种程度上,有效的领导者会改变行为以适应情景,但是他们总会依赖让自己感觉最舒适的决策方式和人际关系风格。

第二,有效领导者会不断地思考并始终运用个人价值观来做出决策和行动。领导者面临着许多压力和诱惑,比如牺牲长远利益来达到短期股价目标。专家注意到,真实性领导者通过坚守价值观进行自律。第三,领导者通过强大而积极的核心自我评价来保持自我概念的一致,他们具有高度的自尊、自我效能感和内部控制点。

10.6.2 胜任特征观点的局限性和实用性含义

人格、经验、自我概念和其他个人特征在某种程度上影响人成为有效领导者的倾向。然而,领导力的胜任特征观点存在一些局限。第一,该观点假定所有的有效领导者拥有相同的个性特征,这些特征在所有情景下都是同等重要的。这很可能是错误的假设。领导太过于复杂,因此不存在适用于所有情况的普遍特征。有些能力可能并不是一直都重要。第二,不同胜任特征的组合可能同样成功,具有不同胜任特征的人可能都是优秀的领导者。

第三，胜任特征观点把领导力视为个人的内在特征，然而专家强调领导是与他人相关的。领导者与下属的有利关系也是他们成为有效领导者的原因，因此在判定有效领导者时不能忽略这些人际关系的性质。

也请记住我们先前的讨论，即在短期，下属往往基于领导者的个性特征而非领导者对组织成功的影响来判定其有效与否。表现出自信、外向等特点的人被称为领导者，因为他们符合对有效领导者的固有观念。我们可能会将成功人士当成领导者，会把一些难以观察到的个性特征加在他们身上，比如智慧、自信和驱动力。简而言之，个性特征和有效领导者之间的联系会被知觉歪曲。

最后一个重点是：领导力的胜任特征观点不一定代表领导力是一项不能后天形成的天生才能。相反，胜任特征观点代表的只是领导潜能而不是领导的表现。具备这些个性特征的人只有在形成和掌握必要的领导行为后才会成为有效的领导者。领导胜任特征较低的人如果能更充分地利用自身的潜力，也能成为有效的领导者。

荷兰邮政快递（Post NL）是一家荷兰快递和邮政服务公司，领导者所展现的"诚实、真实性领导和真诚与员工沟通"使公司变得强大。其CEO赫尔纳·维哈根（Herna Verhagen）认为真实性是有效领导的本质特征。"你不能够迫使某人变得真实，"赫尔纳说道，"作为同伴，你能做的就是强调真实性领导是关键的和解释需要怎么做。"此外，她相信真实性领导需要"安全基础"，这包括以公司、团队、老板和你自己为荣。

争论点　领导者无时无刻不真实吗？

根据流行的商业书籍和几篇学术文献的记载，真实性领导力是有效领导者的其中一个核心贡献。真实性领导者了解自己并能按照自我概念行动。他们依照自己的价值观来生活，找到与个性相匹配的领导方式。进一步来说，真实性领导者对目标有一种感知，而这感知主要通过危机和生活中的"残酷"事件来产生。

领导者应该真实是有道理的。毕竟正如歌手丽莎·明尼里（Liza Minnelli）经常说的："我宁愿做一个一等的自己，也不愿做一个二等的别人。"换句话说，相对于仿照他人，领导按照天生的信仰和性情行事更好。进一步而言，真实性产生一致性，而一致性是信任的基础。所以通过表现真实性，领导者更可能取得追随者的信任。

但是，领导者需要一直做自己和按照自己的信仰和个性行动吗？根据一些专家的研究，答案是不需要。真实性领导的概念似乎存在争议，在公认的研究上，具备高度而非低层次的自我控制个性的领导者更为有效。

高度"自我控制"的领导者能够很快了解社会环境，并使他们的行动适应环境。换句话说，高度自我控制的人会因应他人对自己的期望而改变其行为。与此相反的是，低自我控制者一味地按照其个性和自我概念行事。他们在社会背景中信仰、风格和行为都一成不变。相反地，他们对自己是谁和所做的事之间的高度一致性感觉更为满意，甚至在他们自然风格不适合环境时仍然如此。

员工更喜欢适应型（也即高度自我控制）的领导，原因在于他们对领导该如何行动有先验范式（本章前面提到的内隐领导力理论）。真诚领导者更容易忽视期望，也因此而被认为不太像领导该有的形象。领导是一种角色，它的任职者要求去扮演而不是完完全全"表现自然"。讽刺的是，领导力大师沃伦·本尼斯（Warren Bennis）一方面赞赏真实性领导的优点，另一方面又承认"领导是一种表演艺术"。他的观点是：领导在自然地做那个角色时表现最好，但是现实是人们永远不能完完全全做自己。

进一步而言，尽管做自己是真实的，但它也可能给人不知变通和感觉迟钝的印象。对于近期服务过一位客户的管理专家和研究者而言这个问题是显然的。这位总经理的下属要求遵照总经理感觉合意而许多下属感觉不适的工作流程。当被要求采纳一种让下属更舒适的流程时，这位总经理回答道："看，这就是我的方法。"这位总经理是真实的，但她的顽固打压了员工的表现和士气。

10.7 领导力的跨文化和性别问题

除了本章所展示的四个领导观点以外，文化价值观和实践影响着领导者的行为。文化塑造了领导者的价值观和规范，从而影响了他们的决策和行为。文化价值观还塑造了下属对其领导者的期望。行为与文化期望不一致的高管更有可能被视为无效的领导者。此外，偏离这些价值观的领导者可能要受到不同影响，迫使他们遵守社会中的领导规范和期望。换言之，上述的内隐领导力理论解释了跨文化中领导实践的差异。

在过去的几年里，来自多个国家的 150 名研究者一起参与了一项名为 GLOBE（全球领导力和组织行为有效性）的研究项目，旨在鉴别文化价值对领导力的影响。这个项目把国家划分为 10 个区域组。其中美国、英国和其他相似的国家被分到"安格鲁"组。大量的调查结果显示，领导力的有些特征具有普遍性，有些在不同文化中存在差异。具体而言，GLOBE 项目报告称"魅力梦想家"是被普遍认同的概念，全世界的中层领导者都相信这是有效领导者的特征。魅力梦想家（charismatic visionary）包含一系列的概念，包括有远见的、鼓舞人心的、绩效导向的、正直的和果断的。

相比之下，在低权力距离文化中，参与型领导被视为有效领导的特征，而在高权力距离文化中则未必如此。例如，一项研究表明，墨西哥员工期望管理者做出影响他们工作的决定。由于墨西哥拥有高权力距离文化，所以下属期望领导者去使用他们的权力而不是经常授权。总而言之，领导力的概念和实践偏好在不同的文化中既有相同点也有不同点。

性别与领导力

在实际工作场景（field settings）的研究普遍发现，男性和女性领导者在任务导向型和以人为本型领导水平上并无差异。主要原因是现实世界的工作对男性和女性的行为要求是相近的。然而，女性比男性更乐意采用参与型领导风格。一个可能的原因是，与男性相比，女性在成长过程中更看重平等，却不那么看重地位，这与参与型领导是一致的。也有一些证据表明，女性比男性有更好的交际能力，这也使得她们更多地采用参与型领导风格。还有一个原因是，由于下属对性别的刻板印象，他们会期望女性领导者具有更高的参与性，所以女性领导者在某种程度上顺应了这种期望。

研究显示，在最新的领导力品质（教导、团队合作和员工授权）评估中，女性领导者的得分比男性高。然而，研究也表明，女性在试图运用一整套领导风格，特别是更具指导性和专制的方法时，她们得到负面的评价。因此有讽刺意味的是，女性可能非常适合现代领导角色，然而由于下属的刻板印象和领导原型，女性领导者还继续面临着领导力的限制。总之，男性和女性领导者都需要对下属期望的领导行为保持敏感，如果领导者偏离了这些期望，领导者会面临负面的评价。

10.8 中国式领导力——家长型领导理论

10.8.1 相关的概念和理论背景

王新怡（2003）认为，中国近几十年的飞速发展受到了全世界的瞩目，当全球经济无论进退的时候，中国经济总能保持高速增长，对中国式领导的关注也日渐增多，尤其是中国的领导方式和领导哲学与西方的领导哲学通常不同。

郑伯熏（2003）将这种中国特色鲜明的领导哲学称为"家长式领导"，并将现存的大量相关研究归纳总结为两大类：客位文化和主位文化研究。顾名思义，客位文化研究就是以非母文化为研究对象，即以西方所盛行的文化传统作为研究主体，对多国的多种客位文化进行对比研究。

Horstede（1980）在价值观调查中做出了卓越贡献，Triandis（1986）在集体主义方面的研究颇受关注，Bond（1996）则对前人的研究进行了汇总，综合众多学者的研究结果表明：中国文化所影响的区域，尤其是台湾、香港等地区，与中国内地的文化价值观惊人相似。华人在领导风格方面，与西方的领导风格既有相似的地方，又有很大的差异。

主位文化研究则是以中华文明作为研究主体，通过对不同华人组织以及各层领导之间的研究，发现中国特色的领导风格很大程度上有别于西方的领导风格。中国文化下孕育出的领导哲学，更多地类似于中国古时候的父权，即权威、慈祥、以身作则等元素有机的结合。由于和家长领导孩子的特征很相似，所以 Pye（1981）、郑伯熏（1990）以及 Fath&Cheng（2000）先后提出了家长式领导的概念。

早在 1976 年，哈佛大学的 Silin 对中国台湾地区的一家企业的领导风格做了长达一年多的研究，后又在 1980 年，开始对中国香港地区、东南亚等地进行系统的领导风格研究。经过大量研究发现，受中国文化影响的国家和地区的领导风格都明显带有父权的色彩，但是 Silin 还没有将其称作家长式领导，但是他的研究成为后来的家长式领导理论研究的前身和基础。

在后期，Redding（1990）概括性地将中国特色的家长式领导方式总结为以下七点：①下属对领导者心悦诚服；②会倾听下属的声音，并适当地采纳下属的建议；③下属对权威有认同感；④等级分明，权力不可逾越；⑤一般企业的章程不能实际上约束领导者的行为；⑥领导者应当亦师亦友；⑦通过某种特定的关系将自己的下属分为自己人和非自己人，对自己人会格外照顾。

10.8.2 家长式领导的研究历程

首先是在该领域做出基础性研究以及卓越贡献的国外学者，Silin（1976）最早开启了家长式领导的研究领域，尽管其当时并未被称作家长式领导。

Redding（1990）在 Silin 的研究基础上，对家长式领导进行了更深一步的探索，在 Silin 的基础上首次提出了"仁慈领导"这一维度，Redding 认为仁慈领导是家长式领导中一个鲜明的特点。另外，Redding 还提到在中国，领导风格中带有明显的个性化色彩，即在领导决策时，领导的个人意愿对决策结果起到了决定性作用，而这种个人意愿所带来的决策并不是对每个人都有利的，即领导会出现偏爱的下属。

Westwood（1997）在前两位学者研究的基础上，针对中国与西方文化底蕴的巨大差异，指出当下的领导哲学是以西方文化为根基发展起来的，在中国的适用性不强，因此其针对中国的领导风格和领导事实，首次提出了华人企业所适用的"家长首脑模式"这一称呼，并通过分析研究得出该模式具有以下特征：首先，团队意志以团队领导者的意志为主，比如权力集中于领导者一人之手，尚未建立完善的制度或者领导者的权力一般都凌驾于制度之上；其次，该领导模式下的领导者将会十分看重亲疏远近，并以此来初步确定下属所处的位置；最后，人治也是其最大的特点之一，并且该特点比较直观，作为下属可以很直接地感受到领导者对"自己人"的偏爱。

其次，在华人学者中，郑伯埙是该领域的开山级教授。郑教授不仅是国内最早开始对家长式领导进行系统研究，并且是持续研究的第一人。郑教授（1995）通过将中国台湾地区的企业作为案例进行领导风格的研究，研究结果与 Silin 和 Redding 所得出的结论基本一致。后来郑教授又对中国台湾地区的 18 家企业的 24 位领导人进行了访谈，结果进一步印证了之前的结论，家长式领导风格在华人组织中确实比较普遍并且比较适用。樊景立（2000）通过对 240 位领导以及其下属进行调查研究，研究结果表明家长式领导在中国大陆企业中普遍适用，其中包括仁慈领导、权威领导以及德行领导；周浩（2005）对家长式领导的领导效能进行初步分析，同样得出了相似的结论。

本章概要

10-1 定义领导和共享领导。

领导被定义为影响、激励组织成员，使其能够为组织的效能和成功做出贡献。领导者用影响力来激励下属和安排工作环境，以便他们能更有效地工作。共享领导把领导视为一个角色而不是一个正式的职务，所以在某些情况下组织里的所有员工都会非正式地充当领导角色。而这些情况包括充当特定想法或者变革的捍卫者，以及当需要时填补领导角色。

10-2 描述变革型领导的四个基本要素，并解释为什么它们对组织变革很重要。

变革型领导始于战略性愿景（strategic vision），这是一种对未来状况的积极呈现，能激励和团结员工。这种愿景是基于价值的长远目标，抽象而又对员工有意义。通过围绕价值建构框架，表现出对愿景的诚意和热忱，使用符号、隐喻和其他载体为愿景赋予更深沉的意义，变革型领导有效地传达了愿景。变革型领导者示范愿景（言行一致）并鼓励员工去尝试潜在的、与预想的未来情况较一致的新行动和实践。他们还通过前面的活动以及庆祝与愿景有关的重要事件来建立员工承诺。一些变革型领导理论把魅力型领导视为变革型领导的基本部分。然而，这个观点与魅力的含义并不一致，并且在领导-下属关系中魅力的动态和结果研究上存在争议。

10-3 比较管理型领导和变革型领导，并描述任务导向型、以人为本型和公仆型领导的特征。

管理型领导包括支持、引导员工和工作单位的绩效及幸福感以达成当前目标和实践的日常活动。变革型领导和管理型领导相互依赖，但在稳定和变革以及微观关注和宏观上两者存在差异。

任务导向行为包括给员工安排具体工作，明确工作职责和流程，确保他们遵守公司的规定，促使他们达成绩效任务。以人为本型行为包括与下属相互信任和尊重，真诚关注下属的需求以及为他们谋求福利。

公仆型领导把领导定义为服务别人，满足他们的需求、个人发展和成长。公仆型领导有一种天生的欲望去服务别人。他们在人际关系中表现谦卑，讲求平等并能包容他人。不仅如此，公仆型领导还把道德准则作为他们决策和行动的准绳。

10-4 讨论路径—目标领导理论的要素，费德勒权变模型和领导替代。

路径-目标领导理论认为有效的管理型领导能够根据场合选择最合适的方式。核心模型识别出四种领导风格——指导型、支持型、参与型和成就导向型，和一些与员工个性和场合有关的权变因素。另外两种权变领导理论包括情境领导理论和费德勒权变理论。针对这两个理论的研究支持还相当薄弱。然而，费德勒权变模型的一个关键要素是领导者拥有特有的方式，公司需要改变环境去适应领导方式。情境领导理论识别出的权变因素是限制领导影响下属的能力，或者是不采用特定的领导风格。

10-5 描述内隐领导力理论的两个概念。

根据内隐领导力理论，人们会有领导原型，用来评价领导者的有效性。此外，人们会建立一种领导传奇，他们相信领导者与众不同，能有很大的影响力，所以他们会有基本归因误差和其他认知扭曲。

10-6 确认有效领导者的八个要素，描述真实性领导。

胜任特征观点识别有效领导者的特性。最近的文献表明，领导者有特定的个人特质，包括积极的自我概念、驱动力、正直、实践智能和情绪智力。真实性领导指的是领导者感知自身的自我概念，并让行动与它们保持一致。这个概念主要包括两部分：自我意识和与自我概念一致的行为。

10-7 讨论领导力的文化和性别差异。

文化价值观影响领导者的个人价值观，反过来又影响领导者的实践。男性领导者和女性领导者在任务导向型领导或以人为本型领导的水平上基本不存在差异。然而，女性领导者比男性领导者更经常采用参与型领导风格。研究也表明，人们基于刻板印象来评价女性领导者，这可能会导致评价偏高或偏低。

关键术语

真实性领导

领导替代

共享领导

费德勒权变模型

管理型领导
情境领导理论
内隐领导力理论
路径—目标领导理论

变革型领导
领导力
公仆型领导

复习思考题

1. 对于高层管理者，为什么重视和支持组织共享领导是重要的？
2. 变革型领导理论是最流行的领导理论。然而，它还不够完美。讨论变革型领导理论的局限性。
3. 本章把魅力型领导与变革型领导进行了区分。然而，大多数员工和经理人把它当作有效领导者的一个特征。为什么魅力常常和领导力联系起来？在你看来，最好的领导者是有魅力的吗？为什么？
4. 想一下你最喜欢的老师，他有效地运用了以人为本型领导和任务导向型领导的哪些行为？通常，你认为学生更喜欢以人为本型的老师还是任务导向型的老师？说明理由。
5. 你的员工是熟练和经验丰富的客户服务代表，他们从事着非常规工作，如解决特殊顾客的问题或者满足公司设备的特殊需要。运用路径－目标理论找出最适合此情形的领导风格。确保充分说明你的理由并说出为什么其他的风格不适合。
6. 找到一个现任的政治领导人（如总统、州长、市长）及其近期业绩。现在，运用内隐领导力理论思考这些成就可能被夸大的途径。换句话说，解释为什么这些成就的实现是因为要素而非领导者本身。
7. 找出两则招聘管理职位的报纸广告。哪些领导的胜任特征在两则广告中被提及？如果你在招聘小组中，你会用什么方法去识别求职者的这些胜任特征？
8. 你觉得情绪智力、认知和实践智能是如何影响真实性领导的？
9. 你听到两人在讨论女性担任领导者的优点。一个人认为女性比男性更能胜任领导者，因为女性对员工的需要更敏感并能让他们参与组织决策。另一个人反驳说，虽然这些领导风格越来越重要，但大多数女性领导者在面对棘手的情形时很难获得认可，而这些情形更需要一种专制的领导风格。讨论其中的观点的准确性。

应用案例：王石的成功和"中国式老板"的失败

王石那本题为《王石说：我的成功是别人不再需要我》的书很有吸引力。通读全书之后再看题目，"意会"出了三层意思：首先，当年万科曾经是需要王石的；其次，现在万科已经不再需要王石了；再次，王石把"不再需要"视为其个人成功的标志。

假如我们认同王石的这一衡量创业者成功与否的标准，那么，我们也许不得不承认，99%以上的中国创业老板都是失败的——他们在自己的企业王国里，基本上还处于"没了我地球就不转"的阶段。换句话说，他们还都是标准的"中国式老板"——三不老板：对下属不放权、不放手、不放心。然而，由于董事长和总裁没有明确的分工，强势的董事长往往又有"拍板"的习惯和爱好，所以，公司里所有脑子发育正常的人都明白，总裁的岗位实际上还是董事长兼着的；而那位顶着总裁虚名的经理人，除非脑子进水，也从来没有哪一天把自己当总裁看待过。当然也有做得好一些的董事长，与总裁界定了"势力范围"，然而可能出于"扶上马，送一程"的"美好愿望"吧，董事长会经常去总裁管辖的"领地"视察、探访。今天在职场里混了多年的高层管理人员没有一位是傻瓜，他们看透了老板的心思，十有八九会积极主动地向董事长请示、汇报。此时，习惯于发号施令的企业创始人，有几位会按照书面规定的职责分工，在下属面前不表态，或不提"参考意见"的？

回到王石，其实当年他也是位"三不老板"，事无巨细，亲力亲为。从"没了我地球就不转"的得意，进化到"没了我地球照样转"的自豪，他曾经历过一个痛苦的"革命过程"。王石在该书中写道，他辞去总经理职务后的第二天，还像往常一样去公司上班。到了办公室后觉得特别冷清，感觉不对劲，问了秘书，才得知大家都在开总经理办公会议。王石才意识到自己已经不是总经理了。大家在开会的那段时间里，王石"在办公室踱来踱去，抓耳挠腮，竟不知该做什么好"。据王石自己交代，他当时有不请自来，冲进会议室去的强烈"冲动"。但考虑这可能不利于新任总经理今后独立自主地开展工作，费了九牛二虎之力，才算把自己给摁住了。但"那种感觉就好像前一天还意气风发、指点江山，第二天就让你拄着个拐棍去公园里散步，拿些老照片追忆似水年华，顺便思考思考人生"一样。对于当时还只有48岁，年富力强的王石来说，这就好比"将驰骋的野兽关进了笼子"。

王石在不适应的状态中度过了三天，难受异常。到了第四天，总经理说要前来汇报那天的会议，王石"扬眉吐气"的机会终于来了。总经理说要报告七个要点，而他刚说到第三点时，王石便断然将他打断，把四至七点反过来给他讲了。总经理当时目瞪口呆，既惊讶又困惑，问王石"是否去偷听了"他主持的首次总经理办公会议。王石这下可把"成就感找回来了"：不参加会议都知道会上讲的是什么，还能毫不犹豫地指出哪些方面有问题，这情形让他顿时"情绪高昂起来了"。于是，到了第二次总经理来汇报的时候，王石如法炮制，没容他说完第三点，王石就自己说了接下来的几点以及相应存在的问题。这样，到第三次总经理再来办公室向他汇报时，总经理的眼睛不再放光，整个状态也不对了。

还好王石是位敏感的"明白人"，他"知道有问题了，而且这个问题还出在我的身上"。王石之后一直反思：既然自己是真心把权力交出去的，为什么还老不放心？刚开始当家，总经理和他的团队肯定会犯些错误，但自己也是从不断地犯错误中成长起来的，为什么就不能允许他们犯错误？"如果还不等他们思考，我就直接指出问题，他们就不会再去花心思、动脑筋；如果我在最初就对问题给予纠正，他们就不会意识到后果的严重性，也不可能有进步。"

冯仑是位对王石很熟悉的人，他在为该书所做的序言中，揭露王石是位好走极端的人："一件事情不做到极端、彻底，他不会收手。"在这个问题上，一旦想通了，王石立刻出手不凡：为了切实有效地"与管理层疏离"，他开始"不务正业"，并"彻月不归"：先是爬高山、走大漠，后又骑车、航海、驾驶滑翔机，一发而不可收。再后来，出乎几乎所有人的意料，他竟变得"彻年不归"了。他把自己"转型"为一名普通的访问学者，干脆常驻哈佛，在校园里潜心研究西方的经济和文化了。两年之后，王石又去了剑桥，按照他的计划，之后还要去以色列！如此，在时间和空间上，王石"极端、彻底"地断了自己"手痒""嘴痒"、越俎代庖的后路，为自己在万科日常经营管理中"不再被需要"创造了既充分又必要的条件。

替代王石在万科"坐镇指挥"的，其实关键还不是郁亮团队，而是配套成龙的整套规章、制度和流程。在万科，"法治"重于"人治""制度大于老板"。王石在该书中，用了相当的篇幅，专门阐述了"现代企业一定是制度化的"，并强调"制度是个不讲权谋的铁腕硬汉"。从一定意义上说，为万科制定了一整套制度并培养了万科人的规则意识和相应的企业文化，是王石对万科的最大贡献。同时，这也是在王石彻底离去之后万科有可能"基业长青"的基本保证。

与"唐骏的成功"不同，王石的成功因为主要靠制度、靠团队，因而是有可复制性的。然而，"中国式老板"要在没有人拿着手枪逼你的情况下，自觉自愿地将自己从昔日的一呼百应"转型"为踽踽独行，绝非易事，更不用说像王石那样把自己一步步逼出局外了。值得欣慰的是，近两年来，有些人已经走上了王石曾经走过的路。

综上，王石的成功，首先是因为他有非常清醒的自知，其次就是他善于通过建立制度去保证企业的良性运转了。

问题：王石是如何实现领导方式的转变的？

资料来源：财富中文网资料，略有修改。

小组练习　领导力诊断分析

目的： 帮助学生了解不同的路径－目标领导风格，以及何时使用每种风格。

说明：

1. 学生各自写下两件事情，其中有一名有效的管理者或领导者。领导者和情形可以来自于一个体育团队、一个学生工作团队或者其他会出现领导的场景。例如，学生可以描述一下在暑假工作中上司是怎样让他们完成比预期更高的业绩目标的。可以陈述一件事情中上司的行为，而不仅仅是做一个笼统的陈述（例如："我的上司和我坐下来，达成具体的工作目标和工作完成期限，然后他强调几次接下来的几周中我能完成这些目标。"）。每件事仅需要两三句话来陈述。
2. 在每个人都写下他的两件事情后，老师会分小组（通常四五个人一组）。每队将针对团队成员写下的事件回答以下问题：
   a. 在这个事件中，领导者运用了哪（几）种路径——目标理论领导风格——指导型、支持型、参与型和成就导向型。
   b. 询问写下这个事件的人使用这种（些）领导风格的环境。在这种情形下它适用吗？团队必须要清楚地列出这些权变因素，可能的话把它们与路径－目标理论中描述的权变因素联系起来。（注意：团队可能会发现书中没有提到的路径－目标领导权变因素。这些因素也应该记录下来并讨论。）
3. 在团队诊断了事件之后，每个队要向全班展示最有趣的事件以及对其的分析。其他组要对此分析做出评价。任何书中没有提到的领导权变因素都要呈现出来并供大家讨论。

自我评估　领导者发挥作用了吗

目的： 这个测试设计的目的是帮助你评估自己对领导者影响力的相信程度

说明： 阅读表10-3的每个陈述并圈出你认为最符合自己想法的一项，然后计算每一个领导维度的得分。完成评估后，准备在课堂中讨论相关问题和内隐领导力理论。

表 10-3　领导者传奇量表

以下说法在何种程度上你同意或不同意	强烈同意	同意	中立	不同意	强烈不同意
1. 即使在经济衰退时期，一个好的领导者也能够避免企业出现不好的状况	☐	☐	☐	☐	☐
2. 领导素质对组织功能的影响最重要	☐	☐	☐	☐	☐
3. CEO 和高管团队对于公司成败的影响相对较小	☐	☐	☐	☐	☐
4. 糟糕的领导迟早会导致组织绩效下降	☐	☐	☐	☐	☐
5. 公司领导者对组织绩效的影响是相当弱的	☐	☐	☐	☐	☐
6. 公司的好坏取决于其领导者的好坏	☐	☐	☐	☐	☐
7. 当经济不好或者竞争激烈时，即使是最好的领导者也不能给组织提供很多帮助	☐	☐	☐	☐	☐
8. 如果领导者很普通，组织是不可能做得很好的	☐	☐	☐	☐	☐
9. 与经济形势、竞争和其他外因相比，领导人对企业的绩效影响甚微	☐	☐	☐	☐	☐
10. 公司的高层管理者有权创造和打破组织	☐	☐	☐	☐	☐

读完本章后，如果你需要更多信息，请登录：www.mhhe.com/mcshane7e 获得更多关于本章的深度信息和互动。

第 11 章

组织结构的设计

学习目标

阅读完本章,你应该能够:

- 描述组织结构的三种协调机制。
- 讨论管理幅度、集权化及规范化的角色和影响,并把这些元素与有机组织和机械组织联系起来。
- 识别和评估六种部门化的类型。
- 解释外部环境、组织规模、技术和战略对组织结构的影响。

开篇案例:Valve 公司的组织结构

Valve 公司的组织结构确实做得很好。这是坐落于华盛顿的一家软件和娱乐公司,里面的员工并没有老板或者部门来决定他们的工作任务和工作场所。相反,他们自己发掘出自己的特长最适用于公司的哪个部分,然后搬动他们的桌子(带有轮子)去加入那个队伍中。"把那些轮子看作是一种象征,来提醒你应该永远思考你把自己挪到哪里能使自己更有价值,"Valve 公司的神奇手册里面写道,"没有一种组织结构能够阻止你去靠近那些你将会帮助的人和那些帮助你最多的人"。

Valve 的员工将他们自己编进自我指导小组中。"人们承担项目,而项目是自我组织的,"迈克尔·阿布拉什(Michael Abrash)最近作为一个游戏编程员和技术编写员加入了 Valve,他这样解释道。每个小组商定自己的目标、截止日期、工作规则、工作任务和其他内容。每个小组有一个领导成员来帮助协调小组成员,但他并非传统意义上的管理者。项目角色是通过共同商议来决定的,工资则根据同伴的互评和对 Valve 的贡献所做的评估来确定。

另一个关于 Valve 的扁平组织结构的指示是,雇员通过一致同意来进行公司层面的决策,"每个人都在不断为公司做很重要的决策,并决定我们应该去哪里及我们应该生产什么商品,等等",格雷格·库默(Greg Coomer)这样说道。他是 Valve 的最早期成员之一,创立者盖布·纽厄尔(Gabe Newell)严格来说是 Valve 的首席执行官,但是他尽量不被视为高层人员。"当你明白我们说什么的时候,这个公司的所有人都不是你的上司,盖布尤其不是你的上司,"在手册上,雇员是这样被建议的。

也许和你的想法相反,Valve 不是一个只有几名员工的新公司,它是一个价值几十亿美元,雇用着 300 多名工程师、艺术家和其他专业人员的实力派。但是在接近 20 年的时间里,Valve 这种貌似无序的结构已经抑制了官僚结构并授权员工去发掘和生产创新性的产品,"等级制度对于保持可预测性和可复制性很重要",Valve 的员工手册中写道,"但是当你是一个娱乐公司,并已经花费了 10 年时间去走出自己的道路,雇用了世界上最智慧、最有创新力、最杰出的人,然后要求他们坐在桌子前面做他们被告知要做的事,却忘掉了他们 99% 的价值!"

Valve公司的组织结构与其他大多数公司不同，它的这种设计貌似非常有助于游戏开发者和娱乐公司的战略性目标。**组织结构**（organizational structure）指的是劳动力的分工和协调合作模式、沟通、工作流程、正式权力去指导组织活动。它正式明确了最应该关注什么活动，它的财政状况、权力和信息来源。例如，在Valve，权力和资源主要流向那些几乎自主地完成了工作目标和工作流程的团队。

尽管组织结构这个话题通常会映射出组织图标，这些示意图也仅仅是这个智力游戏的一部分。组织结构包括上下级关系，但它也关系到职位设计、信息流、工作标准和规则、团队热情和权力关系。因此，组织结构是总经理的工具箱中的一个重要的工具，用来应对组织变化，因为它建立了新的沟通模式，使员工行为与公司愿景一致。

本章始于引入组织结构的两个基本流程：劳动力分工和协调。紧接着是关于组织结构的四个主要元素的详细调查，这四个元素分别是管理幅度、组织规模、技术和战略。

11.1 劳动分工和协调

所有的组织结构都包括了两个基本要求：不同任务间的劳动分工以及完成共同目标所需的员工之间的协调。组织是为了特定的目的而进行相互依存工作的一群人。为了更高效地实现目标，尤其当许多困难的任务要执行时，组织将工作分割成容易处理的模块。组织还引进多种多样的协调工具来保证每个成员最高效率地去完成共同的目标。

11.1.1 劳动分工

劳动分工指的是将任务再细分成独立的工作，并指派给不同的人。工作细分带来了工作专业化，因为每项工作只包含了完成一个产品或者服务的某个狭窄子集，而这些子集都是完成产品和服务必不可少的。尽管Valve公司的领导没有做这个组织工作，员工们自己组织成项目小组，每个小组的成员就他们应该执行的任务达成一致。Valve鼓励员工变得多才多艺，但大多数人被吸引到某一个专业领域或者其他领域。当公司规模变大，这个水平的劳动分工通常伴随着垂直的劳动力分工：一些人被任命去监督雇员，其他人负责管理那些监察员等。Valve通过依赖员工的自我管理和相互管理，已经能够避免（或者限制）这种垂直的劳动分工。而更甚者，Valve有小组领导来协调工作，有市场和战略领导来引导和支持员工们在这些事情上的决策。

为什么组织要将任务分为几个工作呢？正如我们在前面的章节讲到的，工作专门化提高了工作的效率。员工能够更快地掌握他们的任务，因为工作周期更短了。更少的时间会被浪费在从一个任务转换到另外一个任务中。训练费用将会被减少，因为员工需要更少的身体上和精神上的技巧来完成被指派的任务。最后，工作专门化更易将有专门才能和技巧的人们和与他们最适合的工作之间匹配起来。尽管一个人独自工作也可以设计出一个新的网络游戏，但是，与将工作细分给不同的带有所需的技能的人相比，前者显然要花费更多的时间。一些员工擅长想出创新性的故事情节，而其他人更擅长网络绘图或者处理财务费用。

11.1.2 与协调相关的工作活动

当人们将工作分割时，他们需要运用协调机制来确保每个人工作的一致性。协调和劳动分工的联系是如此紧密，以至于最高水平的专业化分工都受限于工作协调的可行性。换句话说，一个组织的分工能力取决于这些人能在多大程度上相互协调。否则，工作划分的努力将会由于错位、重叠和工作时机延误而被浪费掉。由于劳动分工的增加，协调也趋向于变得更贵和更困难。因此，专业化分工的程度必须保证分工后团队工作的协调费用不是很高，而且协作的挑战不是很大。

每个组织——从一家只有两名员工的街角便利店到最大型的企业集团，都会使用以下协调机制中的一种或者几种：非正式沟通、正式层级和标准化（见表11-1）。这些沟通形式可以配合应用于同一部门或跨工作单元的员工的工作，在几个组织共同工作的过程中也很关键，如合资企业和人道主义援助方案。

1. 通过非正式沟通的协调

非正式沟通作为一种协调机制，存在于任何组织中。它包括了在共同的任务中分享信息，形成共同的思维模式，使用同一心理路线图保证工作的同步进行。非正式沟通在非程序化和模糊的情景下至关重要，因为员工需要通过面对面沟通和其他多媒体渠道，交换大量的信息。Valve公司非常依赖于

表 11-1　组织结构中的协调机制

协调的形式	描述	子类型/策略
非正式沟通	就共同的任务共享信息，形成共同的心智模型来同步工作活动	直接沟通 联络人角色 综合者角色 临时团队
正式等级	分派合理的权力给个人，然后个人用这个权力去指导工作进程和分配资源	直接管理 正式沟通渠道
标准化	创建行为和产出的例行模式	标准化技能 标准化过程 标准化产出

非正式沟通，并把它作为一种协调机制。员工把自己组织到团队中，身体上彼此靠近直接沟通，所谈论的通常是那些进入新领域的项目。

利用非正式沟通的协调在小公司中是最容易的，但是在大型组织中，信息技术可以进一步促进非正式沟通。雇用几千人的组织也可以划分为小的生产单位以支持非正式沟通。麦格纳国际是全球汽车零部件制造商，它最大的工厂维持在200人左右。麦格纳的领导者认为，工厂规模的再扩大会使员工很难记住其他员工的名字，在这种状态下，作为一种协调机制的非正式沟通会很难进行。大型组织也鼓励将非正式沟通作为协调方式，它们通过指派联络员，达到不同工作单元之间的沟通和信息共享。由于几个工作单元需要协作，因此公司创造了整合的角色。这些人通过不同工作单元的人共享信息和非正式的协调，负责工作进程的协调。整合者并没有比参加这一进程的人拥有更高的权力，他们必须借助于劝说和承诺。高级香水的品牌管理者拥有综合者角色，因为他们要确保香气开发者、瓶子设计者、广告创造者、生产商以及其他团队的工作是与品牌的形象和含义相一致的。

大组织鼓励通过非正式沟通而进行协调的另一种方法是将不同部门的员工编制到临时的团队中。临时的跨职能团队给予员工更多的自主性和机会来通过非正式沟通进行协调。这个过程在现在的交通工具设计行业很普遍。当设计工程师开始着手于产品规格设置时，来自生产部门、工程设计部门、市场营销部门、采购部门和其他部门的团队成员可以提供及时的反馈，同时开始他们对工序的贡献。如果没有来自团队的非正式协调，最初的汽车设计将会从一个部门传到一个部门再传到下一个部门，这将会是一个更慢的过程。

2. 通过正式等级制度进行协调

非正式沟通是协调中最灵活的形式，但它可能会由于员工数量的增加而变得无效。因此，随着组织的壮大，它们越来越依赖于另一个协调机制：正式等级制度。等级制度可以给个人分配合法权力，以此进行工作进程的指导和资源的分配。换句话说，工作是通过直接监督即指挥链进行协调的。

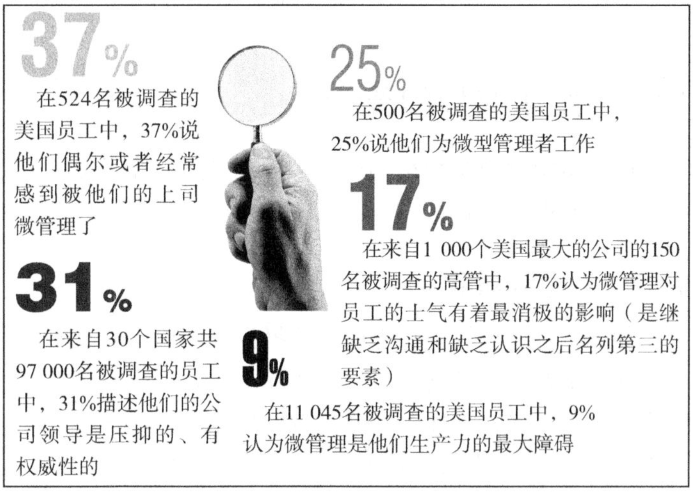

正式等级传统上被认为是大型组织的最优协调机制。一个世纪以前，行政管理学者认为，当管理者行使他们的权力和员工接受一个上级的监督时，组织的效率是最高的。仅仅通过监督者和管理者在工作单元间传递的信息流被视为组织优势的支柱。

37% 在524名被调查的美国员工中，37%说他们偶尔或者经常感到被他们的上司微管理了

25% 在500名被调查的美国员工中，25%说他们为微型管理者工作

17% 在来自1 000个美国最大的公司的150名被调查的高管中，17%认为微管理对员工的士气有着最消极的影响（是继缺乏沟通和缺乏认识之后名列第三的要素）

31% 在来自30个国家共97 000名被调查的员工中，31%描述他们的公司领导是压抑的、有权威性的

9% 在11 045名被调查的美国员工中，9%认为微管理是他们生产力的最大障碍

图11-1　通过微管理（micromanagement）的协调

尽管仍然重要，但正式等级如今已经不那么受欢迎了。Valve 的联合创始人曾经试图回避的问题是，正式等级在复杂的和非常规的情形下就不那么敏捷了。通过指挥链进行沟通不如雇员之间的直接沟通来得快速和准确。另一个有关正式等级的困扰之处是，管理者只能监督有限数量的雇员。随着业务的扩大，监督者和监督层级会增加，就会产生花费巨大的官僚作风。最后，如今的劳动力要求在工作中有多的自主权和在公司决策中有更多的参与。正式等级这一协调形式趋向于同雇员自主权和参与权相冲突。

3. 用标准化去协调

标准化，第三种协调方式，涉及创建常规的行为或产品。这种协调机制带来了三种不同的形式：

（1）标准化流程。一种产品或服务的质量和一致性通常会通过职位描述和程序被标准化的工作活动所改进。当工作非常常规（比如大规模生产）或简单（比如摆放货架）时，这种协调机制会非常有用，但是在非常规和复杂的工作中就会效率低下，比如产品设计（Valve 的雇员所做的工作）。

（2）标准化产出。这种形式的标准化涉及保证个人和团队工作有清晰的目标和产出的衡量（例如顾客满意度、生产效率）。例如，为了协调销售人员，公司会设定销售目标而不是其他行为。

（3）标准化技能。如果工作活动太复杂而不能通过程序和目标进行标准化，公司通常会通过额外地培训雇员或者招聘一些具有这项专业技术的人员进行协调。Valve 公司依赖标准化技能进行协调。它谨慎地雇用那些在软件工程、动画和相关领域有技术的人，因此这些人能够在没有职位描述和明确指导的情况下开展工作。培训也是通过技能进行标准化的一种形式。许多企业有内部培训项目，通过这些项目，雇员学会如何配合企业的期望开展工作。

劳动分工和工作协调是作为两个基本元素存在于每个组织之中的。但是工作怎么划

分，哪种协调机制应该被重视，谁是决策者以及其他的问题同组织结构的四要素相关，而我们也将在本章的接下来两个小节中讨论它。

11.2 组织结构的要素

所有组织都由组织结构的四要素组成。本节我们介绍三个：控制幅度、集权和分权、规范化。第四个要素——部门化，将会在下一节介绍。

11.2.1 控制幅度

如今，首席执行官在管理直接报告方面比二三十年前更繁忙。在20世纪80年代，全球500强企业中，平均5名人员（特别是副总裁）直接向首席执行官汇报。在20世纪90年代末之前，这一管理幅度增大到6.5个直接汇报者。如今，美国最大的企业的首席执行官平均接受10个人的直接汇报，这是几十年前的两倍。这一增长反映了如今大多数全球500强企业变得更为复杂的这一事实。这些超大公司活跃在许多市场上，有种类丰富的产品，并雇用掌握一系列科学技能的人才。每个方面的多样化要求高级别的监督，因此就有了更多人直接向首席执行官汇报。

控制幅度（span of control，也称为管理幅度）是指直接向上级汇报的人数。如果向上级汇报的人数较少，则控制的幅度较小；相反，向上级汇报的人数较多，则控制的幅度较大。100年前法国的工程师和管理学者亨利·法约尔强烈建议相对小的控制幅度，每个监督者监管的雇员不能超过20个，每个管理者不能管理超过6名监督者。法约尔倡导将正式等级作为主要的协调机制，他认为监督者应密切监督和指导雇员。他的观点和拿破仑那一派的人大致相同，他们宣称军队首脑应该接受不超过5名下属的直接汇报。这些惯常说法是基于相信管理者根本没有办法监控更多下属。

今天，我们更清楚，目前表现最佳的生产工厂每个监管者平均管理38个雇员（见图11-2）。秘诀是什么呢？难道法约尔、拿破仑和其他人搞错了最佳的控制幅度？答案就是那些支持等级控制的人认为，雇员应该执行体力工作，而监管者和其他管理者就应该进行决策并指导员工保证他们执行工作。相反地，表现最佳的生产运作团队是自我导向团队，所以直接监督（正式等级）就成了其他协调机制的补充。

自我导向团队的协调主要通过非正式沟通和多种形式的标准化（培训和流程），因此正式的等级更多的是扮演支撑的角色。

很多聘用医生、律师和其他专业人员的公司同样具有非常大的控制幅度，因为这些员工主要通过标准化技能协调他们的工作。例如，超过几十个人向辛迪·佐林格（Cindy Zollinger，总部位于波士顿的诉讼咨询公司Cornerstone Research的创始人和总裁）直接汇报。佐林格解释道，能够实现这么宽的控制幅度是因为她所领导的专业人才是不需要密切监督的。佐林格说："他们在很大程度上是自我管理。我帮助他们解决他们所面对的困难，或者是最大限度地帮助他们抓住他们找到的机会。"

另外一个影响最佳控制幅度的因素是雇员执行的工作是否常规。当雇员从事的工作较为常规，他所需要的上级的指导和建议就比较少，较宽的控制幅度便有可能实现。当雇员从事的工作比较新颖或复杂时，需要上级更多的决策和指导，那么较窄的控制幅度就是必需的。美国的一项财产和人身意外伤害保险调查阐明了这一个原则。商业保单处理部门的平均控制幅度是一个管理者管理 15 个下属，但是索赔服务部门是 6.1 个，商业承保部门是 5.5 个。后两个部门的员工从事的工作为技术性工作，所以他们的工作较为新颖和复杂，要求更多的监督干涉。换句话说，商业保单处理部门的工作是就像是生产工作。他们的工作是常规的，要求较少，所以管理者不太需要协调每个雇用者。

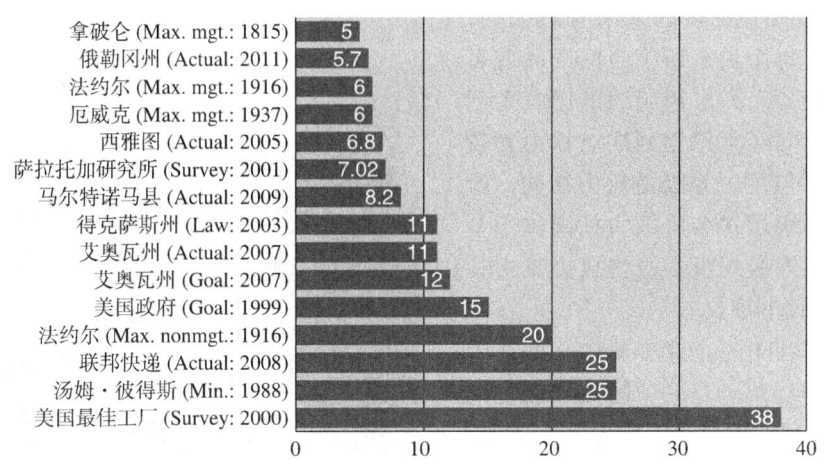

图 11-2　推荐的、真正的以及强制执行的控制幅度

注：数据显示了平均每个管理者所接受的直接汇报人数。"Max"数据显示了拿破仑、法约尔和林德尔·厄威克（Lindall Urwick）所推荐的最大控制幅度。"Min"数据显示了汤姆·彼得斯（Tom Peters）所推荐的最小控制幅度。"Goal"数据显示了美国政府和艾奥瓦州曾经想要达到的控制幅度。得克萨斯州的数据反映了法律所要求的控制幅度。萨拉托加研究所的数据是受调查的美国企业的平均控制幅度。最好的美国工厂的数据是由《每周工业》杂志所认可的在美国的生产设施中最有效率的平均控制幅度。"Actual"数据是西雅图、俄勒冈州、艾奥瓦州和联邦快递公司多年来所表明的控制幅度。

第三个影响因素是部门成员或者团队成员工作相互依存程度的高低。一般地，雇员的工作相互依存度高，则需要较窄的控制幅度。相互依存度较高的工作，员工之间经历的冲突会较多，就需要更多的管理者花更多的时间解决这些冲突。同样地，在相互依存度较高的工作中，雇员不是很清楚个人工作绩效，所以需要监督者花更多的时间去指导和反馈。

多层级结构 vs. 扁平结构

在组织等级中，控制幅度与组织规模（雇员人数）和组织中的层级数是相联系的。假设两个公司拥有相同的员工数量，如果 A 相对 B 拥有较宽的控制幅度（单个上级管辖人数较多），那么 A 拥有比 B 更少的管理层级（更扁平的结构）。因为在拥有较宽的控制幅度的企业，每个监管者拥有的下属较多，每个中间管理者管理更多的监管者。对于较窄的控制幅度，要有大量的直接汇报者，唯一的可能是消除管理层级。

控制幅度与组织规模（雇员人数）和管理层次的内在联系对于企业有着重要的指导意义。随着组织的成长，需要雇用更多的人，就需要拓宽管理幅度，或者增加管理层级，或者双管齐下。很多企业最终增加层级，因为在某些程度上，他们依赖直接汇报作为协调机制，而且每个管理者所能协调的人数有限制。

不幸的是，建立一个高层次结构（较多管理层级）将会出现问题。首先，高层管理者往往获得较低质量和延误时机的信息。在信息传递到更高层级之前，人们趋向于过滤、扭曲和简化信息，因为他们被刺激着去过滤掉负面信息或者更有效率地概括它。相反，相比高层级的组织，在扁平组织结构中，信息多样化减少并且信息获取更迅速。"任何试图通过多层级向上传递的新想法最终都无法到达……或者到达时已经太晚了，"克莱斯勒公司的首席执行官 Sergio Marchionne 在重组公司的时候警告道。

第二个问题是多层次的结构导致过高的开销。随着每个雇员受更多的管理者监督，高层级组织必然有更多的人来管理公司，结果减少了每个员工所生产的产品或者所提供的服务。高层级组织的第三个问题是，雇员们经常感觉到缺乏权力和较弱的工作参与度。等级是权力结构，所以更多的等级层次会将权力抽离位于基层的人员。等级规模本身将权力集中在管理者手中而非雇员。

这些问题迫使企业去减少一层或者更多的管理层级。这一"削减层级"的措施最近出现在瑞典山特维克（Sandvik）为矿业和其他行业提供工具和设施的工业者中。山特维克的首席执行官 Olof Faxander 说："在作为首席执行官的我和最低级的工人之间有多达 13 个管理层级。我们已经对管理层级进行削减，因此我们公司如今仅拥有 7 个管理层级。"同时，批评者们警告道，比起好处，削减中间管理有可能造成更大的坏处。

肯尼亚发电公司，肯尼亚的领头电力企业，多年前拥有超过 15 个管理层级。如今，企业的 1 500 名雇员被安排在一个等级下，而公司仅有 6 个层级，包括首席执行官、执行董事、高级经理人、行政人员、前线管理员和非管理人员。"这一扁平化的组织结构减少了官僚主义，也提高了团队工作质量，"肯尼亚电力公司的执行官西蒙·恩格尔（Simon Ngure）解释道。

争论点　组织是否应该削减中间管理？

业务经理面临着阻止他们的组织因为过多的中间管理层而像吹气球般趋向严重的官僚主义的持续挑战。事实上，它已经成为新到任的、忠勇地宣称他们将会削减企业层级或者说扁平化企业层级的首席执行官们的口头禅，通常地，这也会作为使员工更有权力的一项更高要求。

正如我们在本章中所描述的，有多种关于最小化企业层级的争论，特别是通过削减中间管理。随着企业雇用更多的管理者，他们会增加开销，并使真正从事产品生产和提供服务的人们所实际获得的收入百分比降低。多层级组织结构也会破坏前线工作人员（那些能够获得有关外部环境的有价值知识的人）与高级行政组织之间的有效沟通。中间管理者在将信息传递给企业上级时趋向于扭曲、简单化和过滤信息。削减中间管理层的第三个原因是他们会集中组织权力。随着企业层级的增加，他们会将更多的本来或许属于前线雇员的权力抽离他们。换句话说，高层级组织潜在性地破坏雇员的权力。

这些考虑看似符合逻辑，但是削减层级有可能会导致意想不到的、足以抹杀其好处的严重后果。事实上，越来越多的管理专家异口同声地提醒，长期性地削减太多中间管理层会造成多个消极后果。

批评削减层级的专家指出，每个企业都需要管理者将企业策略转化为连贯的日常生产活动。某医院的一名高管说："中间管理者是任务与执行之间的联系，他们将我们的策略转化为行动并且让每个人在同一战线上。"更重要的是，我们需要管理者来做出及时的决策，指导雇员和帮助解决冲突。当控制幅度过宽的时候，这些有价值的功能将被削弱。

削减层级会增加直接向管理者汇报的人数，从而严重地增加管理工作量和沟通压力。通过给予下级更多的自主权而不是细微地操控他们，管理者在一定程度上能够减少工作量。但是，这一角色适应本身是压力巨大的（同样的责任，但是拥有更少的权威的控制力）。企业经常增大控制幅度，以至于超过许多管理者所能指导的和领导的直接汇报人员的限度。

第三个问题是削减层级会导致管理职位减少，也就减少了管理技能开发的动力。相比多层级的组织结构，在较扁平的组织中，晋升的风险也是很大的，因为晋升意味着在承担责任方面的一个巨大跳跃。此外，更少的升迁机会意味着管理者会经历更大的职业稳定性，而这会减少他们的积极性和忠诚度。砍掉管理岗位也传递了管理者不再受重视的这一信号。政府的一位高级行政长官声称："削减层级会给士气、生产效率和业绩造成不利的影响。削减中间管理者会导致负面看法和较低的组织承诺，结果便会不情愿承担责任。"

新秀丽（Samsonite），总部位于瑞士的行李箱公司，最近通过给予区域经理更多的权力抛弃了集权化的组织结构。原因是什么呢？新秀丽的首席财务官 Kyle Gendreau 解释道："我们已经认识到我们的消费者越来越多元化而非相似化。"区域经理被赋予更多的权力去采取能够最好地服务于当地市场的举措，而不是追随全球市场和由总公司所指定的配送措施。Gendreau 说："让人们在当地创新性地推动公司成长对于我们来说是很有意义的。"

11.2.2 集权和分权

集权（centralization）意味着组织中只有极少数人拥有决策的权力，通常是处于最高层级的首脑人物。大多数组织都是从集权化结构开始的，组织的创建者做出大部分的决策，并且尝试按照自己的看法去指导业务。但是随着组织的发展，组织所处的环境变得多样化和复杂化，最高决策者不能解决所有对业务产生重大影响的问题。因此，大型组织倾向于分权，也就是说，决策者将决策权和权力分散到整个组织中。

分权和集权的最优选择水平依赖于一些权变因素，这些权变因素我们将在本章后面涉及。不过，不同程度的分权可以同时存在于组织的不同部分。例如，谷歌的销售、市场和生产单位是较为集权化的，但是在开发领域却是极为分权化的，因此他们可以在没有上级控制的情况下开发新产品。同样地，7-Eleven 公司依靠集权和分权两者来运行不同的部分。这个连锁便利店通过对信息技术和供应商采购的集中决策，来提高购买能力，增加成本效益，最小化组织的复杂性。如今它将地方开发决策权力赋予商店经理，因为他们拥有关于当地消费者的最佳信息，能够最快速地响应当地市场需求。"我们永远无法预测星期五晚上足球运动员的负载量，但是商店经理能"，7-Eleven 的领导者解释。

11.2.3 规范化

规范化（formalization）就是组织标准化行为在多大程度上通过规则、程序、正式的培训和相关机制来实现。换句话说，公司越依赖于各种标准去协调工作，公司就变得越标准化。麦当劳和其他快餐连锁店通常都具有较高的标准化，因为它们依赖于将标准化工作程序作为协调机制。员工的角色有精确定义，精确到应该放多少芥末、多少咸菜才合适，以及制作一个汉堡包需要多长时间。

存在时间越长的公司越倾向于标准化，因为工作活动变得常规，使它们更容易进入标准化作业。大公司也更倾向于标准化，因为涉及的人太多，直接监督和非正式沟通不是那么容易实现。外部影响，如国家安全法规和会计准则也鼓励标准化。

标准化会增加效率和合法性，但是同样也会产生问题。规则和程序降低了组织的灵活性，因此雇员只能按照规定工作，即使当时的情况需要他根据顾客要求做出反应。高度的标准化会降低组织的学习性和创造性。一些工作标准变得如此复杂，如果还按照原来的规定去做，将会降低组织效率。标准化也是工作不满和压力的来源之一。最后，在某些组织中，规则和程序占了主导。它们成为关注的焦点，而不是企业的最终目标——生产产品或者服务和服务于主要的利益相关者。

11.2.4 机械结构 vs. 有机结构

我们将控制幅度、集权和规范化放在一起讨论是因为它们集中围绕着两个广泛的组织形式：机械和有机组织（见表 11-2）。一个**机械组织结构**（mechanistic structure）的特点是较窄的控制幅度、高标准化、集权化。机械组织结构有很多规范和程序，低层级的决策权力受到限制，雇员在高层级结构里负责专门化的工作，垂直沟通而不是水平沟通。工作被严格定义，只有上级批准才能改变。

表 11-2 机械组织结构和有机组织结构的对比

机械组织结构	有机组织结构
控制幅度窄	控制幅度宽
集权度高	分权度高
规范程度高	规范程度低

有机组织机构（organic structure）的企业拥有相反的组织特征。它们具有较宽的控制幅度，分散决策权力和低标准化。为了适应新的环境和组织需要，工作是不固定的。开篇的 Valve 公司，即拥有高度有机的组织结构。在最多只有两个层级（有些人声称只有一个，并认为因此而没有层级）的情况下，Valve 的控制幅度尽可能地达到一个企业所能达到的水平，决策制定被分散到团队和个人中。"在公司中，三个人便可以指导一切。" Valve 早期的一名雇员格雷格·库默说。他解释道，任何一名员工都可以在没有允许的情况下发布产品，但是公司鼓励最少三人共同决策，因为"如果在你决定按下按钮之前先让另外两个人审查一下，工作会变得更好。" Valve 也拥有最小化的规范化。企业没有工作职责的规定，看似也无须经

历太多关于雇用、购买或者其他活动的步骤。

按照一般的原则，机械组织结构比较适用于稳定的组织结构，因为它依赖于效率和常规活动；有机组织结构则比较适用于不断变化的环境，因为有机组织结构更加灵活，更能够适应环境的变化。有机组织与组织学习、高绩效工作场所以及质量管理更加兼容，因为它们都强调信息的共享和授权工作而不是等级和地位。在动态环境中，只有当雇员拥有发展完善的职能和专长时，有机组织结构的优点才能发挥出来。没有这些条件，雇员之间不能进行高效率的协调，会导致错误和低效率。

11.3 部门化的形式

管理幅度、集权和标准化是重要的组织结构元素，但是当我们讨论到组织结构的时候，大部分的人会想到组织结构图。组织结构图是组织架构的第四个因素，称为部门化。部门化决定了雇员和他们的活动怎样组合在一起。部门化是协调组织活动的根本之策，它从以下几个方面影响了组织的行为：

- 部门化建立了指挥链——监督组织中的职位和工作组的制度。它是正式工作团队的框架，通常决定了哪个职位和哪个工作组必须分享资源，所以部门化建立了雇员和工作组之间相互依赖的关系。
- 部门化使雇员专注于共同的心智模式或者共同的思考方式，如客户服务、产品开发或者特定的技术支持。通常这一重点是围绕着分配给这一职位或者工作组共同的预算和绩效措施。
- 部门化鼓励雇员和工作单元通过非正式沟通进行协调。在共同的监督和资源下，拥有不同配置的雇员在彼此附近工作，所以他们用频繁和非正式的沟通完成工作。

可以说有多少家企业就有多少种组织架构图，但是有六种最常见的部门化类型：直线型、职能型、事业部制、团队式、矩阵式、网络型。

11.3.1 直线型组织结构

很多公司以直线型组织结构开始。它们雇用很少的员工，往往只生产一种产品或者服务。层级最少——雇员通常只向雇主汇报。雇员执行的是广泛定义的角色，因为组织的经济规模不足以让他们从事专门的工作。相比其他组织结构类型，直线型组织结构具有最高的灵活性和最低的层级数。不过直线型组织结构工作活动的协调依赖于雇主的直接监督，当组织逐渐成长和变得复杂以后，它们的运行会非常困难。

11.3.2 职能型组织结构

随着组织的成长，它们通常会从直线型组织结构转变为**职能型组织结构**（functional structure）。即便在之后它们将采用更复杂的组织结构（将在后面谈到），也会在某个层级运用职能型组织结构。职能型组织结构围绕着专业知识和其他资源组织其雇员（见图11-3）。

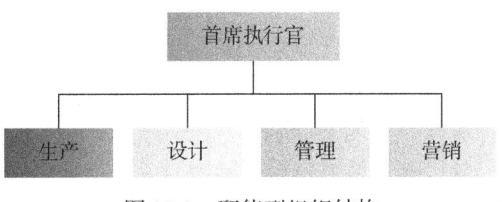

图 11-3　职能型组织结构

有营销专长的雇员组成营销小组，有生产技能的雇员被安排到生产部门，工程师在产品研发部门工作，诸如此类。具有职能型结构的组织通常专注于有效协调员工的活动。

评价职能型组织结构

职能型组织结构创建了专门的人才库，通常可以服务到每个人。如果职能专家遍布在组织的各个不同部分，可能会提供更大的经济规模。专家或者职业人员的地位就会上升。因为管理者所监督的雇员拥有共同的问题和专业知识，所以直接管理比较容易。

职能型组织结构也有局限性。按技能分组的雇员往往只对他们技能和相关专业感兴趣，而不是企业的产品、服务和客户需求。除非经过轮岗，否则他们不会对业务有更多的理解。相比其他组织结构类型，职能型组织结构经常会在服务客户和研发产品的过程中引起更高的功能失调的冲突和协调的缺乏。这种问题的出现是因为不同部门之间的雇员要合作完成整个组织的目标，但是他们有各自的部门目标和不同的思维模式。综合起来，在职能型组织结构中，这些问题的解决需要大量的正式管理和协调。

全球链接 11-1　丰田将传动装置部门从职能型结构转变为地域事业部结构

在过去的几年，丰田汽车公司因为无法控制汽车突然加速的问题而备受批评。有的司机说丰田公司设计的地毯压到了油门，导致车辆突然加速；有的说是油门的电子系统出错。丰田的工程师无法解决这些错误，于是忽视这些投诉，或者认为是驾驶员的误操作导致的。

美国高速公路安全管理局（NHTSA）因丰田的否认而逐渐感到困惑，但更多的是因为这家公司迟缓的回应。管理局在这几年内四次对丰田罚款（有的罚款达到了允许的最大数额），因为丰田没有向美国政府报告这一问题，或者因为太慢召回问题车辆。当管理局要求丰田召回所有有问题的汽车时，矛盾变得非常紧张。丰田公司宣布了召回，但是声明说美国高速公路安全管理局得出"这批召回车辆没有存在缺陷"的结论。声明发表的第二天，NHTSA发布了自己的声明，声称丰田的声明是"不准确的和有误导性的"。

为什么这个世界上最大的且最受尊重的汽车制造商陷入如此困境呢？在内外部的压力下，丰田任命了一个独立的专家陪审团来调查这个问题。陪审团给丰田公司提了包括机械电子工程、原料质量以及加强质量和安全的建议。但是陪审团主要的结论是，丰田的缓慢以及不恰当的回应应该归咎于其组织结构。

陪审团专门指出，丰田的组织主要围绕它的职能（销售、工程、制造）并且这些单位的领导直接向日本的总部汇报。丰田在地域上并没有结构的整合，所以它的中心化职能型组织结构导致了知识筒仓并且减慢了决策的进程。陪审团总结道："丰田全球严格的管控阻碍了信息共享且导致了沟通的缺乏，延缓了质量和安全的回应，放大了对丰田无法响应规则和消费者的批判。"

CEO丰田章男承认丰田的职能型组织结构应该被地域事业部结构替换。"在地域的基础上而不是职能的基础上处理海外事务，将让我们能够在更综合的基础上做出决策。"在陪审团提交报告两年后，丰田引入了一个新的组织结构来将公司的注意力集中在地域而不是职能上面。"在一个更统一更流线型的管理结构下整合丰田的北美事务，将能够很大地提高运营中的本地反应，让决策变得更清晰，且增强我们的客户至上的理念。"丰田北美事业部总裁詹姆斯·伦茨（James Lentz）说道。

11.3.3 事业部制组织结构

事业部制组织结构((divisional structure)有时称为多部门或者 M 型组织结构)中,雇员围绕地域、产出(产品或者服务)或者客户等分组。图 11-4 展示了三种不同的事业部制组织结构。区域事业部组织结构是围绕不同的国家或者地区组织员工。图 11-4a 说明了世界上最大的黄金开采企业,巴里克(Barrick)黄金公司所采用的区域事业部组织结构。产品事业部制组织结构围绕产出(产品或者服务)将雇员分组。图 11-4b 展示了飞利浦将这一结构简化的版本。这家荷兰电子公司将其员工分为三个部门:保健类产品、照明产品、消费类产品(飞利浦的第四个部门负责的是研究和设计)。客户事业部组织结构是将雇员围绕消费群体进行分组。图 11-4c 展示了一个类似于美国国内税收署所采用的以客户为中心的组织结构。

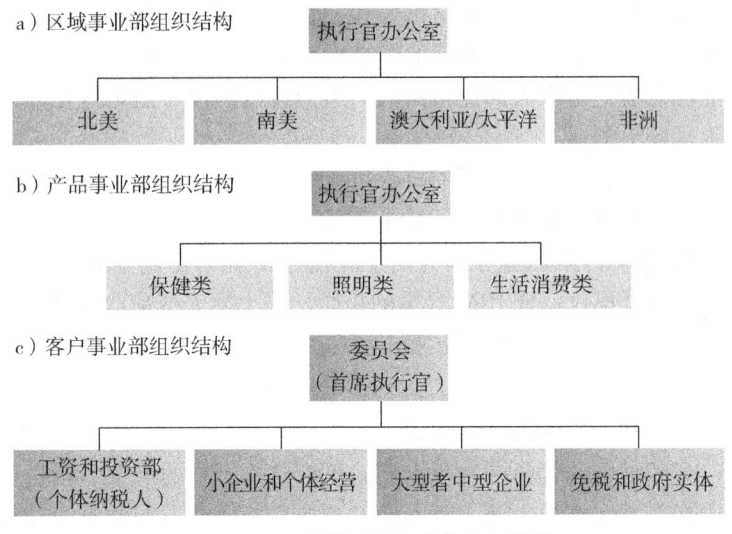

图 11-4　三种类型的事业部组织结构

注:图 a)展示了类似于巴里克黄金公司的黄金开采企业的地域事业部组织结构;图 b)展示了类似于飞利浦的产品事业部组织结构;图 c)类似于美国国内税收署的客户事业部组织结构。

大型组织结构应该选择哪种类型的事业部组织结构呢?这个问题的答案主要取决于环境的多样性和不确定性的首要来源。假设有一个组织在全国范围内只销售一种产品,如果在不同的区域中顾客的需求是不同的,或者说如果不同州政府对产品适用不同的规定,那么地域事业部组织结构将是能够最好地警惕这种多样性的结构。相反,如果公司销售几种不同的产品,但各地的消费者偏好和政府规定相似,那么产品事业部组织结构将可能最好。

可口可乐、雀巢和其他很多食品和饮料企业主要按照地域划分事业部,因为世界不同地方的消费者的口味和营销策略不同。尽管麦当劳在世界各地生产的巨无霸是一样的,但是在中国香港会提供更多的鱼类食品,在印度则会提供更多的蔬菜类产品,与当地传统的饮食习惯保持一致。另一方面,飞利浦公司采用了产品事业部制组织结构,因为全世界消费者对相同的产品的消费偏好大致相似。日内瓦、瑞士、圣地亚哥的医院从飞利浦购买相似的医疗器械,这些产品的制造和销售与飞利浦消费电子业务完全不同。

很多公司正在从以地域来聚集员工的组织结构中走出来,其中一个原因就是顾客可以在线购买商品,并且能够在世界上的大部分地方与企业沟通,所以当地代理变得没那么重要。地域差异的降低是地域结构转变的另外一个原因;还有自由贸易减少了政府的干预;世界各地的消费者对很多产品和服务的偏好越来越相似(偏好会慢慢地汇聚)。第三个原因就是越来越多的全球化大公司在全球范围内只需要一个采购点,而不是每个国家或者地区都有一个。

1. 企业的全球整合

事业部组织结构从地域事业部转向产品或者客户事业部，反映了**全球整合企业**（globally integrated enterprise，GIE）的趋势。这标志着，全球整合企业联合了全球各地的工作流程，而不是在每个国家进行复制。这种类型的组织往往围绕产出或者客户组织雇员。即使是职能单位——生产、设计、人力资源等等，也在全球范围服务公司，而不是一个国家或者地区。这些功能对市场和文化的差异比较敏感，有当地的代表来消除这种差异，但是当地的代表是全球职能的联结物，而不是当地子公司的复制。实际上，一个全球整合企业标志着一个巨大的虚拟团队，因为雇员的项目是全球化的，现在负责的工作单元跨越了地理的界限。

全球整合企业模型的核心是企业应该将它们的运营转移到拥有最佳的技术以及最好的成本效益所在地的理念。IBM高管迈克尔·加农-布鲁克斯（Michael Cannon-Brookes）举了IBM在日本的业务作为例子，描述了全球整合企业的结构："在全球整合企业模型下，我们在马里拉完成IBM日本的招聘，在上海完成应收账款，在吉隆坡完成会计，在深圳完成采购，在布里斯班设立客户服务帮助台。这就是真正的全球整合企业，对日本业务来说也是最优的。"

2. 评价事业部组织结构

事业部结构是一种积木式的组织结构；它的调节、增长相对容易；将雇员的关注点集中在产品和客户上面，而不是工作本身。成立不同的事业部就能提供不同的产品，服务和面向不同的客户。同时，这种结构将雇员的注意力放在顾客和产品上面，而不是他们的专业技能。不过这种优势会被几种限制抵消。首先，它导致了资源的重复，如生产设备、工程或者信息技术专业知识。同样地，在职能型组织结构中资源能够为整个组织中所用，所以除非事业部足够大，否则资源的利用效率还不如职能型组织结构。事业部制也会造成筒仓知识，专业知识分散在几个自治的业务单元中，这样会降低一个事业部向其他事业部的同行分享知识的能力和动机。相反地，职能型组织结构的专家在一起工作，有利于促进知识共享。

最后，事业部制组织结构的选择依赖于公司所处环境的多样性和不确定性。这个原则似乎足够容易就运用到麦当劳、可口可乐和飞利浦公司。但是很多全球化组织在地域、产品和客户方面经历了多样性和不确定性。结果，很多组织企图达到三个方面平衡的状态，就来回修改它们的组织结构或者制造出更复杂的组织结构。这样优柔寡断和错综复杂的状态会产生进一步的并发症，因为组织结构的转变涉及执行者的地位和权力。如果组织从区域事业部制突然转变为产品事业部，带领这一区域事业部的领导者的地位将低于产品部门领导者。总而言之，在寻找哪种事业部适合组织的时候，总是伴随着一些领导者的离开和一些仍然要经历挫折的人。

11.3.4 基于团队的组织结构

开篇案例引入了Valve的创办者决定迅速扩大业务所面临的组织结构困境。他们考虑到一种完全基于团队的组织形式。这种团队式组织结构将Valve的员工围绕几个项目分组，每个项目拥有自主的团队。

一个**团队式组织结构**（team-based organizational structure）围绕完成整块工作的自我指

导团队而建立，如生产一个产品或者开发一款电子游戏。这种组织一般是有机组织，拥有较宽的管理幅度，因为团队的运作要求最少的监督。极端的情况是，没有一个正式的领导，仅仅是一个人被要求去协助工作和联络最高管理层。团队式组织结构是高度分权的，因为所有的决策都是由团队成员做出的，而不是进一步的组织等级。最后，团队式组织结构是低标准化的，因为团队成员很少接收到怎么样去做工作的规则。而领导会给每个小组分配产出目标的质量和数量、生产率提高的目标，鼓励团队利用现有的资源和自己的积极性去实现目标。

团队式组织结构经常会出现在大型事业部制的制造和服务的运营中。例如，GE 的飞机发动机厂就是使用团队式组织结构，但是这些厂在 GE 的大事业部中运行。不过，一些小型的组织从上到下都是用团队式组织结构，包括戈尔公司（W. L. Gore & Associates）和塞氏公司（Semco SA），所有的工作都是以团队形式进行的。

戈尔公司雇用了 9 500 个员工但是其中没有领导者。这是因为其纤维织物的制造商（Gore-Tex®）、电子产品、工业和医药产品已经采用了一种组织结构。这种组织结构里，大多数员工（叫作"同伴"）都处在自我指导的团队里。每天的决策被分散在这些团队里，而这些团队都是由支持想法、共同领导的人组成。"在你团队里你就是上级，因为你不想让他们失望。每个人都是可以是你的上级，也没有人是你的上级"，黛安娜·戴维森（Diane Davidson）说道。

评价团队式组织结构

团队式组织结构代表了组织结构的潮流，因为它能够更加灵活地应对环境。团队式组织结构更少依赖组织正式等级（直接监管），开销相对较少。一个跨职能团队结构跨越了传统界限，提高了沟通和协调水平。这种组织结构具有更高的自主性，鼓励更快和更多非正式的决策制定。因为这个原因，一些医院的组织结构从职能型转变为跨职能团队。组成团队的有护士、放射科医生、麻醉师、药理学代表，很可能还有社会工作者、康复治疗师和其他专家，沟通和协调的效率更高，降低了延误和错误。

在这些好处的对立面，由于团队成员需要持续的技能培训，团队式组织结构的维持将会产生昂贵的费用。在团队发展的初始阶段，团队式组织结构可能会比正式的等级协调需要的时间更长。随着工作不确定性的增加，雇员将会承受更大的工作压力。由于冲突的增加，职能权力的丧失和不清晰的职业晋升前景，也会增加团队领导者的压力。团队式组织结构还会引起资源的重复和潜在的跨部门的竞争（缺乏资源共享）。

11.3.5 矩阵式组织结构

ABB 集团是世界最大的电力自动化技术工程公司之一，它有五个生产部门，例如电力产品部门和工序自动化部门。他雇用了来自一百多个国家、总人数超过 140 000 名的员工，所以全球巨头也有八大区域性团队（北美、IMEA 等，见图 11-5）。哪种组织结构最适合 ABB 呢？举个例子，北美电力产品部门的领导者应该向位于瑞士苏黎世的全球电力产品总部的领导者汇报工作，还是应该向北美总部的执行总监汇报呢？

对于 ABB 来说，答案是区域性产品部的领导者应该同时向区域总监和在总部的产品部总监汇报。也就是说，ABB 采用同时具有区域性事业部组织结构和产品事业部组织结构优点的**矩阵式组织结构**（matrix structure）。

图 11-5 中的这些点代表了拥有两个上级的个体。举个例子，北美电力产品部的领导者同时向全球产品部领导者和北美总部的执行总监汇报。

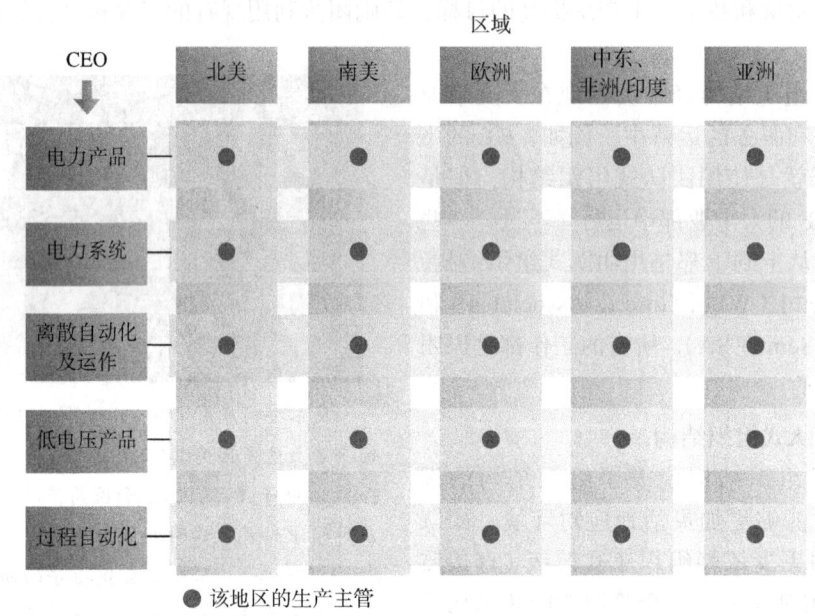

图 11-5　基于项目的矩阵式组织结构图

注：本图只用来展示。ABB 公司的架构有八个区域性组织而不是这里展示的五个。四个非矩阵职能团体直接向 CEO 汇报工作。同时，这个图假设 ABB 公司是单纯的矩阵式组织，产品领导者和区域领导者有同等的权力。

一个常见的误区是，在这种矩阵式组织结构中每个人都有两个上级。事实上，只有组织中处于某个层级的领导者（尤其是某国产品领导者）才有两个上级。举个例子，尽管北美负责电力产品的领导者同时对全球总部的产品领导者和北美地区的执行总监汇报工作，但是某国产品领导者以下的雇员只对北美的一个领导者负责。

在全球化企业之中，区域－产品矩阵结构可能是最普遍的矩阵设计之一。譬如，雀巢、宝洁和壳牌拥有矩阵结构的其他变异形式，因为这些公司意识到区域性组织和产品/服务组织是同等重要的。其他的变异形式经常出现在大型全球化组织中，然而麦格理集团（Macquarie）用四个职能型团体（风险管理、法律/行政、财务管理和公司治理）涵盖了客户团体（比如证券、投资基金和通货/商品）。

全球化组织倾向于采用融合不同形态的复杂组织结构，所以一个单纯的矩阵设计是不太常见的。一个单纯的矩阵组织结构给予两个团体（区域和产品）领导者同等的权力，但是一些企业给某一部分团体更大的权力，而其他团体只拥有咨询性的权力。所以，尽管 ABB 电力产品部领导者有两个上级，但是这两个中的一个可能比另一个有更大的决定权。一些企业只把矩阵式机构应用于某些地区，从而偏离了单纯的矩阵式结构。其中一个这样的例子就是康明斯（Cummins）公司。这家公司主要的组织结构为产品事业部形式，但是它在中国、印度和俄罗斯运用矩阵式结构。这些市场很大，有巨大潜力，但是对总部来说也更难直接控制，所以在这些国家的负责人作为产品领导者也拥有了更大的权力。优丽奇（Goodrich）公司的中国区负责人迈克尔·芭芭拉（Michael Barbalas）解释说："我认为为了获得更好的协同效应，在商业单位之间进行协调是针对中国市场的特殊手段。"

我们已经描述了全球化组织或者说是大型复杂组织的矩阵式结构。有另外一种存在于小型或大型企业之中的矩阵式组织，这种矩阵式组织用项目组覆盖职能部门。十年前，在加拿大电子游戏公司诞生不久之后，比奥威尔（Bioware）就采用了这种项目–职能型矩阵结构。大多数比奥威尔的雇员有两个领导者。一个领导者管理某个分配给雇员的特定项目，比如 Star Wars、Baldur's Gate 和 Dragon Age；另外一个领导者是雇员所在职能部门的负责人，比如艺术、节目制作、音频、质量保证和设计。雇员被分配到固定的职能部门，但是暂时性地在某个项目组工作。当项目快完成时，职能部门领导者就重新安排他们到另外的项目。

矩阵式组织结构的评价

职能–项目矩阵式组织结构能够很好地利用资源和专业，非常适合以工作负荷高低起伏的项目为基础的组织。如果管理得当，相比纯职能型和事业部制设计，它能够改善沟通效率、项目灵活性和创新。它使雇员专注于服务客户、创造产品，但也围绕雇员的专业进行组织，所以知识和资源共享也更有效率。当两种不同的维度（区域和产品）同样重要时，对全球化组织来说，矩阵式结构也是一个合理的选择，比如 ABB 公司。结构决定了管理者的地位和何者优先；当处于复杂的商业环境下，两个不同维度同样重要时，矩阵式组织结构的作用最大。在全球化矩阵组织中工作的管理者也认为他们更加自由，可能是因为他们的两个上级更加容易商量，而少一些命令和控制。

尽管有很多优点，但是矩阵式组织结构也有众所周知的问题。一个关注点是，会增加平等地共同领导的管理者之间的冲突，矩阵式组织结构中的雇员有两个上级，不能总是同等对待。项目领导者会因为分派雇员参加项目以及雇员的技术能力和职能领导者争吵。然而，成功的企业通过发展和推动在矩阵组织中高效工作来管理这一冲突。"当然，存在发生摩擦的可能。事实上获得 IBM 领导职位的一个先决条件是有能力在一个矩阵式组织中工作。"印度 IBM 人力资源部领导者 Chandrasekhar Sripada 表示。

矩阵式结构的另外一个挑战是责任界定模糊不清。在职能型或者事业部组织结构中，管理者负责所有的事情，即使是最意想不到的问题。在矩阵式组织结构中，异常的事情不会有人解决，因为没有管理者会为此负责。因为责任界定不清晰，矩阵式模型因为公司的不道德行为而饱受诟病，比如韩亚（Hana

韩亚银行采用矩阵式结构，这种结构融合了客户业务（小额银行业务、代理业务、保险）和产品业务（货币管理、投资、证券）。韩亚银行称这种新的组织结构能够显著提升业务之前的协同，产生更佳的财务业绩。然而韩国金融监督委员会（FSS）表示韩亚银行采用这种矩阵式结构是迫于 60 家支行缺乏赠送给游客的礼品券。"在矩阵式结构当中，营销、业绩评价和人事决定权取决于总部，但是内部控制和风险管理由分行的 CEO 负责，这可能导致管理上的盲点。"一位 FSS 的高管解释道。

金融集团挪用公款事件以及德国西门子重大贿赂事件。

几年前担任惠普 CEO 的马克·赫德（Mark Hurd）对这个问题也很警惕。"我给你的责任越多，你就越容易成为一个执行者，我使用矩阵式组织结构越多，我就越容易有机会去追究责任"，赫德声明。功能失调带来的冲突和含混不清的责任也可以解释为什么雇员感到压力越来越大以及一些管理者总是不满意工作的安排。

11.3.6 网状结构

宝马和戴姆勒并不急于让你知道，它们的一些以德国的严谨设计和精密构造著称的车辆，既不是由它们设计，也不是在德国建造的。例如，很多宝马 X3 系列的轿车，是由奥地利的麦格纳·斯泰尔（Magna Steyr）所设计。麦格纳也在奥地利生产车辆，直到宝马将这项工作转到它在美国的工厂。这家代工厂同样制造了戴姆勒 G 系列越野车。宝马和戴姆勒都是中心组织，拥有和营销它们的品牌，而麦格纳和其他的供应商就像辐条一样围绕着中心组织，给它们提供产品、设计和其他服务，能够让它们将豪华产品呈现给顾客。

宝马、戴姆勒和很多其他组织正向**网状结构**（network structure）发展，因为它们通过几个组织的联盟来设计和开发一个产品或者提供一项服务。如图 11-6，这种协作结构往往包括了几个卫星组织，如蜂窝一样围绕着一个枢纽或者中心企业。核心企业安排网状结构的进程并提供一种或者多种核心能力，如市场或者产品开发。在我们的例子中，宝马和戴姆勒就是枢纽，提供市场和管理，而其他企业则执行其他功能。核心企业可能是与客户接触的主体，但是大多数产品或服务的交付和支持工作则外包给世界各个地方的卫星组织。外联网（与合作伙伴之间使用的基于 Web 的网络）和其他技术使得核心企业和卫星企业的信息流动变得更加容易和公开。

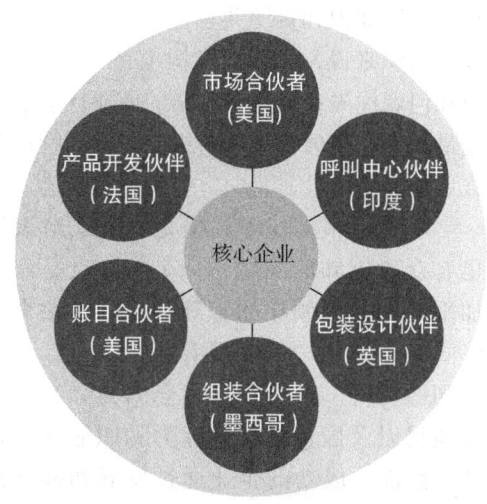

图 11-6　网状结构

推动网络结构的一个重要力量是承认一个组织只有很少的核心竞争力。核心竞争力是一个知识库，存在于整个组织中并且提供战略优势。如果一个企业发现自己的核心竞争力，就可以拆分其他非关键任务，分包给在执行这些任务上有核心竞争优势的企业。例如，宝马不久前决定它的核心竞争力不是设施管理，所以将英国发动机工厂的这项职能外包给擅长设施维护和能源管理的达尔凯（Dalkia）。

在技术飞速发展和运作流程日益复杂化和多样化的过程中，公司更倾向于建立网状组织结构。很多公司的信息技术没有跟上超高速的变化，因此它们将信息系统整个部门外包给 IBM、HP 等一些专门的信息系统服务公司。同样地，很多高科技公司与伟创力（Flextronics）、天弘（Celestica）等电子设备制造商形成网络，因为它们拥有多种生产流程的专业经验。

网状组织结构评价

近几年，组织行为学家认为组织领导者应该建立一个柔性组织结构而不是刚性的机器。网状组织结构就是这样一种结构，它能够根据环境的要求对组织结构进行重新调整。如果客户需要一个新的产品或者服务，核心公司就会和其他公司形成新的联盟，提供合适的资源。例如，宝马与麦格纳国际公司合作开发和推出宝马 X3 系，要比自行完成这项工作快得多。而且当宝马需要一个不同型号的配件，不需要背负不必要的设施。网状组织结构同样是有效率的，因为售卖世界范围最优秀人才、最高超的技术和最合理的价格的分包商的产品，具有全球竞争力。事实上，竞争全球化使得网状组织结构变得越来越重要，而且以计算机为基础的信息技术使网状组织结构得以实现。

网状组织结构的一个潜在缺点是核心公司将会暴露在市场当中。其他企业可能会哄抬分包商的价格，然而这些企业使用自己的工人去执行这一任务的短期成本比较低。另外一个问题是，尽管信息技术使得全球的合作成为可能，但是这永远无法替代组织在生产、销售和内部的其他功能一体化时的控制程度。核心公司可以利用奖励和合同规定去控制分包商的质量，但相对于维持内部员工执行工作的质量，这些规定一般来说作用不大。

11.4　组织设计中的权变因素

大多数的组织行为学理论和概念中都包含了权变思想：一个理念在某些状况下可以产生很好的作用，但在另一些情况下却不能。这种权变当然与选择最适合的组织结构相关。这里，我们将介绍组织设计中的四种权变因素：外部环境、组织规模、技术、战略。

11.4.1　外部环境

一个组织的最佳结构依赖于它所处的外部环境。外部环境涵盖了组织外部的所有因素，包括大多数的利益相关者（客户、供应商、政府）、资源（原材料、人力资源、信息、财务）以及竞争者。影响某种特定情形下的最适合组织结构的四个外部环境因素是动态性、复杂度、多样性和敌对性。

1. 动态环境与静态环境

动态性强的环境变化率高，这将导致环境新颖和低可识别度。有机组织结构可以更好地适应这种动态变化的环境，但要求雇员经验丰富而且组织协调较好，这样组织可以更快地适应快速变化的环境。相反地，稳定的环境具有固定活动循环以及供需变化较小的特征，事件可预测程度高，这将使公司采取固定的规则和流程。机械化组织结构在环境可预测时将变得更有效，所以在这种情况下它将比有机的组织结构更有利。

2. 复杂环境与简单环境

复杂环境比简单环境有更多的因素要监控。例如，一个大学的图书馆要比镇上的一个图书馆环境复杂得多。大学图书馆需要满足几种不同的服务——借书、在线书目数据库、学术中心、预定图书的保存，等等。一个小镇的公共图书馆需要满足的服务数量就很少。越是复杂的环境，权力分散就越有必要。分权对于复杂环境来说是必然的选择，因为这样决策将被下推至拥有做出决定的所必要的信息的子单位或个人身上。

3. 多样化环境与单一化环境

处在多样化环境中的组织拥有多种产品或者服务、客户和区域。相反地，单一环境中的组织只有一种类型的客户、产品和地区。环境的多样性越高，就越需要企业采取事业部制去适应这种多样化。例如，如果组织在世界范围内只销售一种产品，地域事业部制将最适于这种地域多样化。

4. 敌意的环境与和谐的环境

处于敌意环境中的组织在市场上面临资源的匮乏和激烈的竞争环境。敌意的环境是一种典型的动态环境，它降低了资源获得和产品需求的可预见性。有机组织适合这样的外部环境。但是如果环境趋于完全竞争——产品的供给和需求都较少，或者市场占有率很低，临时性的集权组织较为适合，决策能够很快地制定，管理者在管理过程中会觉得更加舒适。讽刺的是，集权会在紧要关头导致低质量的决策，因为管理者得到的信息较少，尤其是环境复杂时。

在过去的四十多年中，纽柯集团一直以拥有一个精简而扁平化的组织结构为傲，整个集团分为四个管理层：监事、执行经理、工厂经理、CEO。CEO可以直接管理二十多个工厂经理，因为他们是分别独立的运作。今天，纽柯成为了美国最大的钢铁制造商，在全球四五十个工厂中拥有 20 000 名雇员。直接管理如此庞大的组织将压垮大多数的管理者，所以纽柯时任CEO（现纽柯董事长）丹·迪米科（Dan Di Micco）不情愿地增设了五名执行副总裁，给公司的管理增加了一层。"我需要给自己一点自由空间，来面对商业战争做出正确的决策"，他怀着歉意地说道。

11.4.2 组织规模

大型组织和小型组织具有不同的组织结构，这并不是没有道理的。随着雇员的增加，工作专业化分工将加剧。更大的劳动分工要求更复杂的协调机制。因此，大型组织运用更多的标准（尤其是工作流程和产品）来协调组织工作。这些协调机制形成了行政等级和形式化。在过去，大型组织很少运用非正式沟通作为协调机制，但是信息技术的产生和授权增加导致了大型组织中非正式沟通的恢复。

大型组织倾向于分权化，随着组织业务的增加，管理者没有足够的时间和精力去处理影响公司业务的决策。因此，决策制定的权力交给下级，使得下级在他能够控制的业务范围内做决策。

11.4.3 技术

技术是影响组织结构设计的另外一个因素，技术涉及组织生产产品和服务的机制和程序。也就是说，技术不仅仅指生产产品中用到的某种设备，也包括了生产流程是如何安排的，以及生产任务是如何分配到每个员工的。技术的一种权变叫波动性——不符合标准程序的异常事件发生的次数。工作进程的波动性较低，工作也就较为常规，并根据常规的程序运行。另一种权变是可分析性——工作的可预测性或难度。工作的可分析性越弱，则越需要专家有足够的自由裁量去处理工作中的挑战。

当雇员执行高波动性和低可分析性工作时，有机组织结构要比机械组织结构更适合，如研究院。因为雇员每次都会碰到不同的问题，重复的可能性较小。相反地，机械制组织结构适合于技术变化性小、可分析性强的环境，例如装配线。常规化、可预见性高的工作是机械组织结构产生高效率的理想环境。

11.4.4　组织战略

组织战略（organizational strategy）是指在给定的组织资源、能力和使命下，组织对自己在利益相关者环境中的定位。换句话说，战略代表了应用于完成组织目标的决策和行为。尽管规模、技术和环境影响了组织结构的最佳选择，但是并不必然决定组织结构。公司领导者的构思和执行战略在塑造最终的组织结构时也影响了这些关键因素的特征。

这个概念可以简单地总结为"结构跟随战略"，组织领导者决定组织发展规模和技术的使用，他们逐渐地定义和调整组织所处的外部环境，而不是由外部环境完全左右组织命运。更进一步说，组织结构不是由这些环境条件自然反应的结果，它是有意识的组织决策的结果。组织战略影响了组织的权变因素和组织结构本身。

如果一个组织的战略是创新，有机组织结构是比较好的选择，因为它方便雇员分享知识和创造。如果一个企业的战略是低成本，机械组织结构是比较好的选择，因为它生产产品和服务的效率最高。总的来说，显而易见地，组织结构受到组织规模、技术和环境的影响，但是组织战略会反过来影响这些因素，而且可能会减弱这些因素对组织结构的影响。

本章概要

11-1　描述组织结构中的协调方式。

组织结构就是专业化分工和协调、沟通、工作流程和指导组织活动的正式权力的方式。所有的组织将劳动分为不同的专业，协调雇员去实现共同的目标。协调的基本方式是非正式沟通、正式等级和标准化。

11-2　讨论管理幅度、集权、标准化和部门化的角色和作用，并讨论这些因素与有机组织结构和机械化组织结构的关联。

组织结构的四个基本元素是管理幅度、集权、标准化和部门化。管理幅度是向上级直接汇报的人数。最优管理幅度依赖于协调机制而不是正式等级，同时也与雇员是否执行常规工作和部门中雇员工作的相互依赖程度有关。

当决策的权力集中在少部分人（往往是高级执行官）的手里的时候就是集权。当组织逐渐变大和变得复杂之后，很多企业会选择分权组织结构，企业一些部门选择分权的同时，另外一些部门会保留集权。标准化是企业将其规则、程序、正式培训和相关机制标准化的程度。企业变大、变老的过程就是企业标准化的过程。标准化会降低组织灵活性、组织学习、创造性和工作满意度。

管理幅度、集权和标准化组成有机和机械组织结构。机械组织结构具有较窄的管理幅度、高标准化和集权。有机组织结构和机械组织结构具有相反的组织特征。

11-3　辨别和评估部门化的六种类型。

部门化说明了雇员和活动是怎么样组合在一起的。它由指挥链建立起来，培养雇员具有相同的思维模式，鼓励部门员工以非正式沟通作为协调机制。一个智能型组织按照专业或其他资源组织雇员工作。部门化培养了专业化和直接监督，但是弱化了客户服务和产品开发。

事业部制组织结构按照地域、客户或者产品将雇员组织起来。这种组织适应成长,引导雇员的注意力集中在产品或者客户服务上而不是工作本身,但是这种组织结构造成了资源重复和筒仓知识。团队型组织结构趋于扁平化,用低标准化和自我指导的有机团队而不是专业职能指导自己的工作。矩阵式组织结构汲取了事业部制和团队组织结构两种组织结构的优点,但是这种组织结构比职能型和纯事业部制组织结构要求更多的协调,可能会导致双重责任和冲突。网状组织结构是几个产品和特定服务的几个组织的联合。

11-4 解释外部环境、组织规模、技术和组织战略在选择最优组织结构中的关联。

最好的组织结构依赖于公司的外部环境、规模、技术和战略。最好的组织结构依赖于外部环境是动态或者静态,复杂或者简单,多样或者单一,竞争激烈或者缓和。当组织规模变大,就会变得分权和标准化。工作单位技术——包括工作多样化和问题的可分析性,影响组织选择有机或者机械组织机构。这些因素影响但不是必然决定组织结构。反而是公司领导者的构思和执行组织战略的过程会塑造这些因素和组织最终的组织结构。

关键术语

集权

全球整合企业

组织战略

并行工程

矩阵组织

组织结构

事业部式组织结构

机械组织结构

管理幅度

标准化

网状组织结构

团队型组织结构

职能型组织结构

有机组织结构

复习思考题

1. 本章开篇提及了 Valve 软件公司,这种公司最常见的是哪种协调机制?描述其他两种在 Valve 软件公司能够适用的协调机制的范围和形式。
2. 想想你现在学习所在的学校或者其他组织,主要使用哪种协调机制作为控制和引导的手段?这种形式的协调机制为什么用在这里?
3. 管理理论认为,几十年前,效率最高的组织结构拥有较小的管理幅度。但是今天最大的几个制造公司拥有较宽的管理幅度,为什么?在这种情况下,哪种企业应该使用窄管理幅度?
4. 企业管理者希望找到集权和分权的最佳水平和类型,在决定分权程度的时候,哪些因素是企业必须考虑的?
5. DTI 公司制造四种类型的产品,每种产品销售给不同的顾客。例如一种产品只销售给汽车修理商,但是另外一种主要用在医院。客户的期望和需求在全世界是相似的。这个企业在亚洲、北美、欧洲和美国南部拥有分散的营销、产品设计和制造工厂。直到现在,每个管辖区都拥有独立的规章管理着这些产品的生产和销售。但是最近几个地区的政府已经开始对 DTI 产品设计和制造的产品解除管制，而且贸易协议使几个市场对国外产品开放。当产品管制解除并且贸易开放的时候，DTI应该选择哪种形式的部门化？
6. 机械化组织结构和有机化组织结构是两种组织结构形式。三种形式的协调机制是如何在这两种组织结构形式里面运作的？
7. 站在雇员的角度，分析矩阵式组织结构中的优点和缺点分别是什么。
8. 假设你作为一个顾问去测评你的学院或者学校所处的环境特征，你们学校的外部环境是怎么样的？你学校的组织结构是否和它所在的环境相匹配？

应用案例：中国电信运营商组织结构创新

从我国电信业的整个发展历程来看，组织的不断创新和变革是推动电信运营企业这样的大型国企前进的动力之一。自20世纪90年代以来，我国电信运营企业一直处于蜕变重生的变革历程之中，从一家独大走向六大并存，再到三足鼎立的态势。过去各大电信运营企业仅提供较为单一的通信业务，而如今则要求能够提供复杂的融合IT服务，市场地位从近乎垄断到与各方势力公平竞争。面对这种市场格局变化，仅仅对网络、资源、市场策略进行创新已经远远不够，电信运营企业需要从整体组织架构上进行创新变革，才能真正适应电信运营未来的发展趋势。

传统上电信运营企业组织结构的缺陷在于层级过多，信息链冗长，容易导致对外界的反应不够灵活。为了更好地迎接和适应转型带来的种种机遇，电信运营企业纷纷转变以往战略制定思路，开始努力朝着综合信息化服务提供商的方向而努力。强调以客户为中心，缩短战略制定者与市场之间的距离，同时确保在新的战略方向下企业强有力的执行能力。在这种情况下，就要解决由于组织机构的臃肿庞大而带来的一系列问题，所以近年来电信运营企业纷纷制定战略，进行了多次现代企业制度改革，实施了一系列的组织结构创新行为。2010年年初，三家电信运营企业就先后对整体组织架构实施了一系列的重组整合。

其中，2010年年初，中国移动成立终端部，新成立的终端部不挂靠在任何部门之下，而是一个独立的二级部门，这也是该公司第一次设立专门的终端部门；2009年12月，中国电信原个人客户部和家庭客户部合并成公众客户部，新成立客户服务部。与此同时，中国电信撤销国际部，成立海外协同拓展委员会、海外拓展事业部作为海外业务拓展跨职能的管理和运营支撑部门。此外，中国电信还将成立产品中心，统筹产品开发和管理工作。2010年元旦，中国联通在市场前端方面，整合市场部、个人客户部和家庭客户部，成立市场部和销售部；在后台支撑方面，合并固网建设部门、固网运行维护部门和移动网络公司，组建中国联通网络分公司。同时，合并管理信息系统部和业务支撑系统部，成立信息化部。

除此之外，在制度创新方面，电信运营企业也做出了很多努力和改变，比如主辅主附分离使得组织机构精简，生产效率得以大大提高；省市合一，实现了职能整合以及人员综合调度的可能；五项集中管理，致力于将组织朝规范化、集约化管理的方向努力。组织结构创新是电信运营企业近年来一直在努力不懈的方向。

诸如此类的转变将电信运营企业推向了另外一个发展阶段，即通过全方面的创新来实现企业的内涵式增长，可以概括为"创新先导的持续发展"。在这种背景下，如何更有效实现电信运营企业组织结构创新，使其具有灵活的、高度适应性的有机组织结构变得尤为重要。当企业在重新设计组织结构，或者改良原有结构进行局部调整时，应该如何进行有效的组织结构创新是目前摆在电信运营企业面前的现实问题。

资料来源：S.Cherry，《塔尔萨世界》，2001年4月13日，19；D.Blossom，《塔尔萨世界》，2002年10月28日，A7；M.Reyaolde，《现代烘焙》，2010年3月，39；《塔尔萨人》，2011年5月；同时也从公司主页搜集了相关信息。

讨论题

1. 思考中国各大电信运营商组织结构创新的影响因素是什么。
2. 假设你是电信运营商的管理层，请你分析如何才能在组织设计的过程中，制定出更有效的组织变革策略。
3. 结合实际谈一谈现阶段中国电信运营商的组织设计中存在什么问题，解决这些问题可以具体采取哪些措施？

小组练习：ED Club 练习

谢里尔·哈维（Cheryl Harvey）和金·莫罗尼（Kim Morouney）——劳瑞尔大学

目的：这个练习是为了帮助你理解成长过程中组织结构的设计需要考虑的问题。

具体细节：每个学生团队必须有足够的幻灯片或者演示活页纸，来展示几幅组织结构图。

说明：每个小组讨论给定的情节。第一个情节如下所示。老师会协助讨论，并在下一环节开始时通知团队。尽管有些情节会稍微减少时间，但是这个练习和任务大概需要90分钟。

1. 学生分组（大概4～5人一组）
2. 当阅读完第一个情景时，团队成员要画出最适合的组织结构图，要能够说出所画组织结构的类型，阐述为什么合适。这个组织结构在接下来的讨论中要展示给其他的成员，讲师会设定一个完成讨论的时间（如15分钟）

情景1，决定再也不去铲雪后，你们在加勒比海的一个小岛上建立了一个新度假村。这个度假村正在施工，并且预计一年后落成。你认为是时候为这个命名为Club ED 的新投资决定画出组织结构图了。

3. 在时间结束的时候，讲解者会给出情景2，每个小组会被要求画出适合情景2的组织结构图。同样，团队成员应该会阐述所画组织结构图，并且说出为什么合适。
4. 当本阶段时间结束后，解说者会给出情景3，每个小组会被要求画出适合本情景的组织结构图。
5. 如果时间允许，老师可以给出情景4。然后整个班级聚在一起，展示他们在每个情景下的组织结构图。在展示的过程中，每个团队必须阐述所画组织结构类型为什么合适。

资料来源：Adapted from C. Harvey and K. Morouney, *Journal of Management Education* 22 (June 1998), pp. 425–429. Used with permission of the authors.

个人评估：你更喜欢哪种组织结构

目的：这个练习主要是为了帮助你理解一个组织结构如何影响个人需求和这种组织结构下员工的工作评估。

说明：个人评估影响到你在不同组织结构中的舒适程度。你可能会喜欢具有清晰规范的组织结构或者没有一点规范。你可能会喜欢每个员工都可以制定重要决策的公司或者公司的所有决策都交给高层。

阅读表 11-3，指出具有哪种特征的组织结构是你喜欢的。这个自我测评必须是单独完成的，这样才能够排除社会因素测出你真实的想法。班级讨论的关注点是在组织结构设计的因素和他们与个人需求和评估的联系。

表 11-3　组织结构倾向评分

我想工作的组织结构	一点也不	一点	还有不足	喜欢	非常喜欢
1. 个人的职业发展有几个层级，通向更高的位置和责任	☐	☐	☐	☐	____
2. 执行工作时，雇员的自由度几乎不受规则限制	☐	☐	☐	☐	____
3. 工作责任下放给执行工作的雇员	☐	☐	☐	☐	____
4. 监督者有几个下属，使他们的工作更为紧密	☐	☐	☐	☐	____
5. 决策大多数由管理者执行来保证行动的一致性	☐	☐	☐	☐	____
6. 工作有清晰的界定，每个人负责的工作都非常清楚	☐	☐	☐	☐	____
7. 雇员有权利参与讨论，但是管理者制定大部分的决策	☐	☐	☐	☐	____
8. 工作被广泛地定义，或者根本就没有定义	☐	☐	☐	☐	____
9. 每个人的工作是和高层管理的计划紧紧联系的	☐	☐	☐	☐	____
10. 大多数的工作是由没有监督的团队执行	☐	☐	☐	☐	____
11. 通过员工非正式沟通而不是正规规范进行工作	☐	☐	☐	☐	____
12. 管理者有很多下属，因此他们不能仔细监督每一个人	☐	☐	☐	☐	____
13. 每个人都对目标、期望和工作规范有清晰的了解	☐	☐	☐	☐	____
14. 高层管理者制定总体目标，但是每天的决策留给一线团队	☐	☐	☐	☐	____
15. 即使在一个大公司中，CEO 距离最底层也只有 3～4 层	☐	☐	☐	☐	____

读完本章后，如果你需要更多信息，请登录 www.mhhe.com/mcshane7e 获得更多关于本章的深度信息和互动。

CHAPTER12 **第12章**

组织文化

学习目标

阅读完本章,你应该能够:

- 描述组织文化的要素,描述组织子文化的重要性。
- 列出用来解释组织文化的四类文化制品。
- 讨论组织文化的重要性以及在什么情况下组织文化的力量能增强组织绩效。
- 对照和比较融合组织文化的四种战略。
- 描述五种改变和加强组织文化的策略,包括吸引-挑选-摩擦理论的运用。
- 描述组织社会化的过程以及确定促进社会化过程的策略。

开篇案例:贯穿于 Zappos 的组织文化

谢家华(Tony Hsieh)在某个工作日早上醒来时产生了一个奇怪的想法:他不想去他联合创建的新兴网络广告公司工作。公司近年来迅速扩大,一些新员工将原本友好、重视团队合作的文化变得不太令人满意。谢家华和共同创办者把公司卖给了微软,并发誓要在他领导的下一个公司中更重视组织文化。

Zappos 这个新兴公司已经成为全世界最大的在线鞋子零售商以及强组织文化的榜样。"我们的信念是,如果你的文化正确,那么其他方面——比如大型客户服务,或建立一个长期品牌,或热情的员工和顾客——都会自然主动地发生。"谢家华解释道。

招聘和筛选是 Zappos 文化力量的核心。谢家华说:"只要我们招聘的人才,其个人价值观与公司价值观相匹配,那么你无须告诉他们如何表现,他们只需要做好自己。"求职人员能迅速了解这个在线零售商的核心价值观——比如"通过服务递送 WOW""拥抱并驾驭改变",以及"创造乐趣以及不可思议"——所以他们能判断这个公司是否适合他们。

同时,公司会谨慎地选择那些个人价值观与公司价值观相协调的求职者。生产线经理寻求有工艺技术和经验的求职者,然而人力资源管理部门是"单纯为了文化契合而实施一套单独的面试"。谢家华说,特殊方式有时适用于评估求职者的文化契合度。例如,为了确定一个求职者的谦卑(Zappos 的核心价值观之一),人力部门会问 Zappos 聘请的司机,求职者在去往总部的途中是如何对待司机的。

新成员会参加一个为期四周的顾客服务项目,这个项目同样强调公司的价值观以及员工作为文化载体的角色。Zappos 的培训经理雷切尔·布朗(Rachael Brown)说道:"我们和新成员谈论这些,是因为我们每一个人都要对我们的文化负责。"Zappos 还给新员工提供特殊的选择:公司会支付额外的 2 000 美元给任何一个在培训项目结束前提前退出的员工。这个举措的目的在于鼓励新员工在发现个人价值观与 Zappos 的组织文化不匹配时离开公司(少于 1% 的人接受了这个馈赠)。

Zappos 的组织文化很强势,并运用了一些策略,我们会在本章继续解释和证实文化贯穿于企业的急速增长过程。**组织文化**（organizational culture）是由一个组织内共同分享的价值观和假设组成。它定义了在公司里什么是重要的，什么是不重要的，因此也指导了组织中的每个人以"正确的方式"做事。你可能会认为组织文化就像是组织的 DNA——虽然肉眼不可见，但却是一个塑造工作场所大事小事的强大模板。

本章以定义组织文化的要素开始，然后描述文化怎样通过文化制品来解释，接着讨论组织文化和绩效的关系，包括文化的优势、匹配和适应性的作用，然后我们将考察改变或加强组织文化的方法。本章的最后部分将关注融合组织文化的挑战和解决方法，包括更进一步考察组织社会化的相关论题。

12.1 组织文化的要素

组织文化由价值观和假设组成。图 12-1 阐明了这些共享的价值观和假设是如何互相关联的，并阐明了它们与四类文化制品的联系，这些我们将在本章稍后讨论。价值观是指导我们在不同情况下选择行为的结果或过程的稳定的、可评估的信条。它是对好与坏、对与错的有意识的感知。在组织文化的环境中，价值观被定义为共享的价值观，是同一组织或工作单位中人们共有的价值观，并且被放在接近其价值观等级的最高层。例如，Zappos 雇员称他们拥有"WOW"顾客服务、寻找乐趣、成长与学习、谦卑等共享价值观。

组织文化的另一组成部分是共享的假设。一些专家认为这是组织文化更深层次的本质要素。共享的假设是无意识的、理所当然的感知和行为的理想原型，这些行为被认为是在面对困难和机遇时所想和所

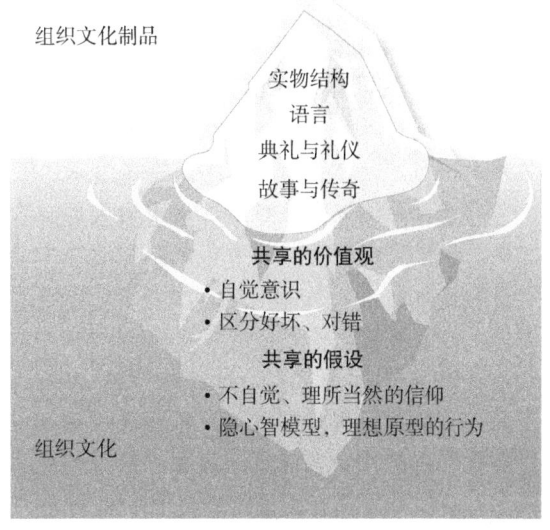

图 12-1 组织文化的假设、价值观及文化制品

做的正确方式。共享的假设非常根深蒂固，以至于你调查员工时很可能不会发现它的存在。只有通过观察员工，分析他们的决策，听取他们的行动报告才可能使这些假设显现出来。

确定并公开声明组织的共享价值观已经成为领导者广为流行的惯例。例如，Facebook这个社交网络公司，列出了其核心价值观，聚焦于影响、快速行动、勇敢、开放及建立社会价值观。"这里有一个真正的授权强大的文化，"一个 Facebook 员工说，"我们想要员工冒风险并且真正努力地去做出会有巨大影响的事情，因为这是公司正尝试去做的。"新西兰的 TrustPower 有六个核心"PRIDE"价值观——激情、尊重、正直、创新、传递与授权。"我们是非等级制度的完全扁平的结构，依赖少数网站，所以我们彼此之间有很多的理解和探讨。"文斯·霍克斯沃思（Vince Hawksworth）是水力风能发电公司的 CEO，他说："员工觉得他们能对 TrustPower 产生影响。我们不会过度使用资源，但是这也意味着每个人都得去试一试。"

12.1.1 信仰价值观和行动价值观

这些价值观真的代表了 Facebook 和 Trustpower 的文化吗？或许仅存在这两个组织的案例中，因为它们的组织文化在各自的国家都很有名。然而，大部分组织价值观的陈述未必能够反映它们在组织中广泛共享和例行的价值观。发生这种差别是因为组织管理者传统地描述信仰价值观——想让他人相信的、引导着组织决策和行动的价值观。信仰价值观通常是迎合社会期望的，因此它呈现出积极的公共形象。即使高层管理者的行动与信仰价值观一致，低层员工也可能不会共享这些价值观。员工给组织带来了多种多样的个人价值观，这些个人价值观中的某些观念可能会与组织的信仰价值观冲突。

组织文化不是靠信仰价值观来定义，而是由共享的行动价值观组成——大部分管理者和员工真正依赖的是引导他们决策和行动的价值观。这些"使用中的价值观"非常显著，通过观察管理者和其他员工的行动，包括聚焦着他们的注意力和资源的决策，以及对利益相关者的行为表现，如全球链接 12-1 所示。

全球链接 12-1 ——BP 的信仰价值观 vs. 行动价值观

BP，英国能源巨头，列出了其四大核心价值观——进取、负责、创新以及绩效驱动。该公司称这些价值观"引导了我们企业的行为"。换句话说，BP 声称这四个价值观是行动价值观。它们明显体现在公司的决策、资源分配以及公司雇员的日常行为中。

墨西哥湾以及阿拉斯加周围的大部分人会立马否决这个声称。特别是，BP 将"负责"价值观描述为"致力于我们的这个社会、团体以及我们的人员的安全和发展。我们的目的是没有事故，对人无害，对环境无害。"然而，这个能源公司在安全和环境保护上的记录则是另外一码事。

BP 是墨西哥湾石油泄漏的罪魁，这一事件现在被认为是近代历史上最严重的环境灾害。在泄漏的几个月前，根据美国的职业安全与卫生条例，得克萨斯城的炼油厂因未能充分提升安全而遭到历史上最大的处罚。四年前，15 名工人在那场工厂爆炸中死亡。一份美国政府报告提到英国石油公司"没有提供有效的安全文化领导"。

BP 的负责价值观存在了几年，但是公司环境和安全问题在墨西哥湾和得克萨斯造成的灾害事件之久就臭名昭著。在 2003 年挪威政府就推断"一个差的 HES（健康、环境和安全）文化"会造成一场 BP 石油平台的灾害。早年前，一家著名报纸就因 BP 在阿拉斯加地区一系列泄漏事故和所谓的封嘴钱问题得出结论："BP 的安全文化会产生严重问题"。总之，对安全和环境"负责"是 BP 的信仰价值观，但不太可能属于公司目前和最近的文化。

12.1.2 组织文化的内容

各个组织在文化内容上各有不同，具体体现在价值观的相对顺序以及不同形式的假设。Zappos 强调顾客服务、团队导向，以及充满乐趣的工作环境；Netflix 则优先关注内部竞争下的个人绩效，比如，这个在线媒体公司声称"我们是一个团队，不是一个家庭"，因此，"Netflix 的领导人掌控雇用、发展和裁员"，好的工作表现会得到好的回报。

公司的文化价值观有多少种呢？专家们尝试将组织文化分成少量便于记忆的类别。其中，一种模型如表 12-1 所示，定义了 7 种公司文化。另一个模型定义了 4 种组织文化，呈现在一个 2×2 表格中，分别代表关注内部与外部和灵活性与控制的 4 种组合。还有一种模型将组织文化分为一个有 8 种或者 12 种类型的圆形中，这些环状模型表明某些文化是彼此相反的，比如规避错误的文化与自我实现的文化，或权力文化和社团文化。

表 12-1 组织文化组合维度和特征

组织文化的维度	维度的特征
创新	乐于尝试的、寻求机会、承担风险、较少规则、较低谨慎
稳定	可预测性、安全、规则导向
尊重他人	公平、宽容
关注细节	精细、分析
团队导向	合作、以人为本
结果导向	行动导向、高期望、成果导向
有进取心	竞争性、较少强调社会责任

这些组织文化的模型，在公司管理者面对需要诊断他们公司文化和定义他们想发展的文化类型时很受欢迎。然而不幸的是，他们过度简化组织中文化价值观的多样性。事实上，组织里有多种个人价值观以及各种价值观的结合，所以这些模型描述的组织文化的数量很可能大大少于所有种类。另一个担忧是，我们应该记住组织文化包括关于正确做事方法的共同假设，不仅是共享的文化。极少模型考虑了文化的这种更隐性的方面。

第三个担忧是这些组织文化的模型和衡量方式主要采用一种"整体"视角，它们假设大多数组织有一个相当清楚的、统一的、易于解释的文化。在进一步假设一个组织的文化改变后，它会从一个统一状态转换到一个新的统一状态，而这个转变过程中仅仅伴随着暂时性的模糊或薄弱期。这些假设可能是不正确的，或者过于简化。一个组织的文化通常是模糊的，以至于它不能仅从员工调查中评估出来。正如我们接下来讨论的，组织包括各种子文化，因为组织中的员工有不同的经历和背景，这些经历和背景塑造了他们的价值观和优先权。甚至这些子文化簇也是不明确的，因为员工之间的价值观和假设完全不同。只要员工不同，一个组织的文化就有显著的变异性。因此，很多流行的组织文化模型和衡量方式过度简化了组织文化的多样性，并且错误地假设组织可以轻易地被划分在这些类型中。

12.1.3 组织的子文化

当讨论组织文化时，我们实际上是指主流文化，即被组织成员最一致、最广泛共享的价值观和假设。主流文化通常被高级管理层理解并内化，尽管有时高级管理者想要另一种文化，但是主流文化也可以存留。并且，组织是由子文化组成的，这些子文化是由组织的不同部门、地理区域以及职业团队决定的。有些子文化通过支持类似的假设和价值观来加强主流文化。一些子文化即使不同于主流文化，也不会与主流文化相冲突。还有一些被称为反文化，因为它们包含的价值观和假设直接与组织的主流文化相反。还有可能某些组织（根据一项调查表明，包括一些大学）只有子文化而识别不出任何的主流文化。

子文化，尤其是反文化，可能会引发员工之间的冲突与纠纷，但是它们有两个重要的功能。第一，它们维持了组织绩效和道德行为的标准。持有反文化价值观的员工是监督和批评主流文化的重要来源，他们促进了组织与其环境相互作用的建设性冲突，并使创造性的想法能够出现。子文化通过阻止员工盲目追随一类价值观，潜在地支持了道德行为。子文化成员持续质疑组织中大部分"明显的"决策和行动，因此使每个人对他们行动产生的后果更加警觉。

第二个功能是它们是生成新价值观的温床，这些价值观使公司与客户、供应商、社会以及其他利益相关者的进一步需求和期望保持一致。公司最终需要用更适合动态环境的价值观去代替主流价值观。如果子文化受到抑制，组织可能会花更多时间去发现和采取与新兴环境一致的价值观。

12.2 通过文化制品解读组织文化

共享价值观和假设无法通过调查来轻易测量，也可能无法在组织的价值观陈述中精确地反映出来。但如图 12-1 所阐述的，一个组织的文化需要通过对文化制品的详细调查来解释。**文化制品**（artifacts）是一个组织文化中可观测的符号和标志，例如迎接来宾的方式、组织的实际布置以及如何奖励员工。少数专家认为文化制品是组织文化的本质，而其他大部分专家（包括本书作者）认为文化制品是文化的标志或象征。换句话说，组织文化是认知的（人们脑中的价值观和假设），然而文化制品是组织文化可观测的表现。不管怎样，文化制品是重要的，因为它们可以加强并潜在地支持组织文化的变化。

文化制品提供了关于组织文化可评估的证据。一个组织的文化通常是模棱两可和复杂的，最好通过观察工作场所的行为，倾听员工与员工、员工与客户之间的日常对话，学习书面文件和电子邮件，观察实体结构和设置以及采访员工来了解公司情况。换句话说，为了真正理解一个组织的文化，我们需要从多种不同的组织文化制品中挑选信息。

梅奥医院（The Mayo Clinic）几年前做了这样一个评估，它聘请一名人类学家到位于明尼苏达州的总部解释这个医疗组织的文化，并确定给其在佛罗里达州和亚利桑那州两个新分部传递文化的方法。在六周时间里，这位人类学家尾随员工，在候诊室里装成病人，做了无数采访，并且还陪同内科医生给病人看病。最终的报告总结了梅奥的主流文化以及与主流文化有差异的分部文化。在接下来的讨论中，我们将回顾文化制品的四个大类：组织的故事和传奇、组织语言、仪式和典礼以及实体结构和标志。

1. 组织的故事和传奇

大卫·奥格威（David Ogilvy）是广告业的一个传奇，但是同样重要的是他逐渐灌输并且不断加强价值观的故事。有一个故事叙述了奥格威的董事会到达会场开会时，发现每个人的座位上都放有一个俄罗斯套娃。董事会成员打开每个套娃，一个套一个，直到他们发现里面最小的套娃里有这样一个信条："如果你们雇用比你们小的人，那么我们会成为一个全是矮子的公司。如果你们雇用比你们大的人，那么我们将成为一个充满巨人的公司。"俄罗斯套娃成为奥格威文化的一部分，它需要雇用天才而不是奉承。

像奥格威俄罗斯套娃这样的故事渗透在强组织文化中。有些故事叙述了英雄行为，其他故事则戏说了过去偏离公司核心价值观的事件。组织的故事和传奇为强有力的社会惯例服务，这些惯例决定了事情应该怎样完成。它们把人生现实主义加入公司期望、个人绩效标准以及解雇准则中。故事也会影响倾听者的情绪，这些情绪有助于提升倾听者对故事的记忆。当他们描述真人真事时，并被公司多数员工知道时，它便能对公司文化的传播产生重要影响。故事同样也是有规范的——它们建议人们什么该做什么不该做。

2. 组织语言

组织语言代表着公司的文化。员工们如何交谈、描述客户、表达愤怒、和利益相关者打招呼都是文化价值观的语言标志。家居零售商 Container Store 的语言文化就很明显，员工们互相赞美对方为"小绿人冈比"，意味着他们能像那个曾经流行的绿色玩具一样灵活地去帮助顾客或者其他员工。语言也突出了组织子文化持有的价值观。在惠尔普（Whirlpool）工作的咨询人员保持倾听员工谈论关于公司的"PowerPoint 文化"。这个短语是微软展示软件的名称，暗示着惠尔普有一个等级制度的文化，在这个文化中交流是单向的（从管理者到员工）。

3. 礼仪和典礼

礼仪（rituals）是组织日常生活的程序化规范，它也构成组织的文化。礼仪包括如何迎接来访者，上级视察下级的频率，人们之间怎样交流，员工的午餐时间有多久等。这些礼仪是重复的、可预测的，是组织文化价值观和假设中具有象征意义的本质事件。例如，宝马的快节奏文化通过员工在这个德国汽车制造商的办公室中走来走去的方式上体现得相当明显。"当你走过其他公司建筑的走廊和门厅时，你会发现人们走得很慢，有点像在爬。"宝马的执行官说道，"但是宝马的员工则走得快很多。"典礼是比礼仪更正式的文化制品。典礼是特别为了观众而做的有计划的活动，如公开奖励（或惩罚）员工或者为发行一个新产品或获得新合同来庆祝。

4. 实体结构和标志

温斯顿·丘吉尔曾说过："我们虽然在塑造建筑，但建筑也会重新塑造我们。"这位英国前首相是在提醒我们，建筑不仅反映也影响着一个组织的文化。它的形状、位置以及建筑的年龄都可能体现一个组织关于团队工作、环境友好、等级制度或任何其他的价值观。玛氏公司（Mars Inc.）是世界最大的食品制造商之一（本大叔大米、M&M 糖果、宝路宠物食品等），这家公司的低调外形（有人说是秘密的）文化在其大多数国家的分公司体现得很明显。玛氏在英国和加拿大的总公司设在制造工厂，只有很小的标识表明公司的名字，甚至更少有标识表示公司首领驻扎在此。它在弗吉尼亚州的全球总部会被认为是一个砖砌的普通仓库，根本没有企业识别，仅有一个"个人资产"的标志。玛氏的总公司外形太低调，以致当地人称其为克里姆林宫，并且雀巢的主席在参观他的主要竞争者时以为走错了地方。

即使建筑没有传达太多的意义，但它也保存了珍贵的实体文化制品。桌子、椅子、办公空间以及墙上的挂饰（或者缺少挂饰）都是可能反映文化意义的物品。当你参观 Mother 总部时，你可能注意到它的实体结构。这家创意公司坐落在伦敦艺术区的一个改建的仓库里，有一个很大的接待厅。这个接待厅一边连接着休息室，另一边连接着一个大咖啡厅，员工们可以在里面随时吃到免费水果、麦片、土司或类似零食。Mother 公司的办公室最顶层是由几十名员工围着一个巨大的混凝土桌子工作。这些实体文化制品单独不会表达很多意义，但把它们结合在一起，你会明白它们如何象征着 Mother 广告公司以团队为中心的创意文化。

12.3 组织文化重要吗

组织文化能改进组织有效性吗？金尼·罗梅蒂（Ginni Rometty）认为能。IBM 的 CEO 声明："文化是你公司的第一资产。"速贷公司的 CEO 比尔·爱默森也同意这个观点："第一要务就是文化"，为了解释这家底特律的金融公司为什么能比上一年增长 133%，他说道："组织文化让我们在做企业决策时能够行动迅速、反应迅速。"很多流行的管理类书籍的作者同样声称，最成功的公司往往拥有强大的企业文化。实际上，一本流行的管理书籍《基业长青》称成功的企业就像宗教信徒一样（虽然不是真正意义上的信徒——作者注）。

那么，当公司拥有强大的企业文化会更成功吗？或许如此，但调查结果显示这取决于特定条件。在讨论这些权变条件之前，让我们先考察一下组织文化的力量及其潜在的好处。

组织文化力量是指员工持有公司的主流价值观和假设的广度和深度。在强组织文化中，所有下属单位的大部分员工都能理解和拥护主流价值观。这些价值观和假设同时通过根深蒂固的文化制品制度化，而这些价值观和假设进一步巩固了文化。除此之外，强文化倾向于更长期地存在；一些甚至可以追溯到公司创立者建立的价值观和假设。相反，在弱文化的公司中，主流文化仅被少数的组织高层人士掌握，几乎不能被识别而且处于不断变化之中。

在本章前面，我们说过强文化组织可以通过三个重要的功能潜在地增加公司成功的砝码，见图 12-2。

（1）控制系统。组织文化是社会控制的一种根深蒂固的形式。文化是无处不在并潜意识地运转着。把文化看成一架自动飞机，它无意识地引导着员工，所以他们的行为和组织期望是保持一致的。因为这个原因，有些论者将组织文化描述成一个给每个人指引同一方向的指南针。

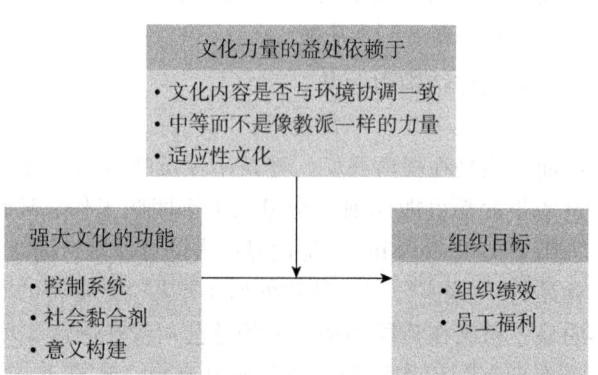

图 12-2　文化力量的潜在益处和权变因素

（2）社会黏合剂。组织文化是社会黏合剂，它将员工联系在一起，让他们产生组织归属感。员工会受到激励并内化组织的主流文化，因为它满足了员工对社会身份的需求。这种社会黏合剂作为吸引新员工和留住顶尖员工的方式变得越来越重要。

（3）决策意识。组织文化帮助员工了解公司的进展情况和事情发生的缘由，同样能使员工更容易理解公司对他们的期望。例如，调查发现，在强组织文化中，售货员有更清晰的角色认知以及更少的角色相关压力。

西农集团是澳大利亚最大的企业集团，并且是这个国家最受尊敬的企业之一，几年前收购了科尔斯（Coles）超市，从缺乏食品的零售商转变为一个蒸蒸日上的竞争者。随着新投资、想法、领导者的注入，西农集团对科尔斯同样灌输了自己的文化，使得其更加成功。西农集团首席执行官 Richard Goyder 认为："西农集团带给（科尔斯）最显著的东西之一就是一个非常强势的绩效文化"。负责科尔斯超市的高管斯图尔特·梅钦（Stuart Machin）也同意这个观点，"我们意识到转变计划中最重要的部分就是我们的人和文化"，他解释道。

12.3.1 组织文化和组织有效性的权变因素

研究发现文化力量和组织有效性仅存在小幅的正相关关系，因为受到三个权变因素的影响：①文化是否与环境协调一致；②文化是否没那么强大，以至于不会变得像教派一样；③文化是否是一种适应性的文化（见图 12-2）。

1. 文化与环境协调一致

第一个权变因素是组织文化（主流文化和假设）是否与外部环境协调一致。以员工为中心的组织文化，其成功主要取决于员工的天赋，而在有强大竞争对手和标准化产品的环境中，注重效率的文化可能对公司更重要。如果主流价值观与环境相一致，那么员工会对提高组织和环境有更大帮助。当主流价值观与环境不一致时，强文化就会鼓励员工破坏组织与利益相关者的联系行为。

例如，之前我们曾提到科尔斯被西农集团收购后，注入了围绕绩效和顾客服务的文化后，成为澳大利亚零售食品产业的一个成功竞争者。西农集团是非常成功的澳大利亚集团公司，但是它并未在旗下企业（食品、硬件、时尚零售商、办公室供应商、保险、肥料、矿产等）培育同样的文化。相反，西农集团确保每个公司保持围绕产业甚至与其利益相关者最重要的价值观。"如果我们试图将一种文化强加于所有的这些企业，那么这将是个很大的错误"，Goyder 解释道，"邦宁斯（Bunnings）和科尔斯必须是以顾客为中心的，而我们的煤矿企业必须绝对聚焦于安全。"

2. 避免企业教派

第二个权变因素是文化力量的程度。很多专家表示，拥有过于强势文化的公司（如企业教派）不如拥有中度强度文化的公司有效。其中一个原因是过于强势的企业文化会令决策者陷入心智模式中，使得他们看不到新的机会和罕见的问题。他们会忽视或错误判断组织活动与变化着的环境之间的细微偏离。

另一个原因是，过于强势的企业文化会压制与主流文化有差异的子文化价值观。组织领导者面临的挑战不仅是维持一个强文化，同样还要维持一个允许多元子文化的强势企业文化。子文化能激励建设性冲突，这个冲突能促进创造性思维并为主流文化提供一定程度的伦理觉醒。从长远来看，子文化的初期价值观随着环境改变可能会成为重要的主流价值观。拥有过于强势的企业文化的公司会压制子文化的发展，也因此削弱了这些益处。

3. 文化是一种适应性文化

第三个决定文化强度能否提升组织效果的权变因素是，文化内容是否包含了**适应性文化**（adaptive culture）。本章前文提到的 Zappos 公司，便拥有一个适应性文化，它的文化强调改变、创新、谦虚、成长以及学习。很多组织管理者逐渐将适应性文化视为组织取得长期成功的一个重要因素。

适应性文化是什么样的？拥有适应性文化的员工将组织的生存和成功看成是和持续变化的外部环境不断相适应的。员工认为他们的未来取决于对外部环境的监控以及利用可获得的资源为利益相关者服务。因此，适应性文化中的员工都以开放系统的观点看问题，并且会主动承担起组织绩效与外部环境相协调的责任（见第1章）。

在适应性文化中，对变化的接受能力延伸到内部流程和角色。员工认为需要持续改善内部工作流程，来满足利益相关者的需求。他们承认维持工作角色灵活性非常重要。只有在非适应性文化中才会出现"这不是我的工作"之类的话语。最后，适应性文化具有很强的学习导向，乐意接受变化在逻辑上包括了支持行动导向型的发现。拥有学习导向，员工会迎来新的学习机会，积极试验新想法和实践，将合理的错误视为学习过程中的一个自然部分，以及不断反省过去的实践。

> **争论点**　企业文化是一个过度使用的词语吗？
>
> 企业文化大概是现在组织中最常提到的词语之一。对于"企业"和"文化"这两个词来说，这是一个伟大的成就，因为在1982年之前它们从未组合成一个名词。管理者们说努力创建公司文化是为了吸引高端人才和更好地服务客户。应聘者也将组织文化列为是否加入这家公司的首要因素之一。
>
> 本章为组织文化提供了很多论据并解释了员工决策和行为。强文化是一个控制系统，它引导员工的决策和行为，是"我们在这里做事的方式"。企业文化的潜在假设无意识地进一步引导员工行为。强文化同样作为"社会黏合剂"为公司服务，这个黏合剂加强员工之间的内部凝聚力。换句话说，强文化下的员工有相似的信仰和价值观，这些信仰和价值观反过来增强了他们追随企业群体的动机。
>
> 组织文化是能较好解释工作活动的概念，但是有些专家认为这个短语被过度使用。首先，企业文化通常是由公司里某种单独的东西呈现：品牌、CEO 或文化。"在这个文化中每个员工都能理解和怀有同样的主流价值观"的假定是不存在的。每个组织都有一个不同程度的子文化。此外，很多员工表面上附和公司的价值观，但是实际上却并没有这么做，因为他们不信仰这些价值观。子文化和表里不一暗示着文化不是一个像操控无思想的机器人一样操控人的领域。与此相反，事实上员工基于各种各样的影响做出决定，组织的共享（信仰的）价值观和假设仅是其中之一。
>
> 另一个表明企业文化被过度用于解释工作场所的因素是组织价值观。组织价值观

并不像人们想的那样经常地驱动个体行为；相反，当个人价值观起作用或是产生了相当明显的冲突或决策受到质疑时，员工倾向于用个人价值观来引导行为。一线人员在大部分工作时间里，并没有对他们的价值观有太多想法。他们的决策通常是基于价值观的技术问题。同样地，企业文化在工作场所是相当次要的角色。

第三个问题是组织文化对于解释工作行为和解决行为缺陷是非常迟缓的。"把文化凝固"几乎无意义，因为这些问题引出的建议可归结于任何数量的文化制品。此外，有些因差的企业文化造成的问题可能由于更单调的事物和明确的功能紊乱（设计蹩脚的薪酬系统、无效的领导、有分歧的企业战略、有偏差的信息系统，以及许多其他条件的意外结果）。我们应该更注重明确的系统、结构、行为，关注我们走错了哪一步的解释，而不是单纯地指责企业文化。

12.3.2　组织文化和商业道德

一个组织的文化影响员工的道德行为。因为良好的行为是受道德价值观驱动的，而道德价值观扎根于组织的主流文化。评论家声称，很多年来新闻集团（News Corporation，拥有《纽约时报》《华尔街日报》、福克斯广播、20世纪福克斯以及世界上其他无数媒体的媒体巨头）的小报具有一个奖励攻击性、偏袒、哗众取宠策略的文化。这种文化可能揭露了新闻，但它同样将公司的某些部分推到道德界限之外，包括非法窃听名人、罪犯和政治家的电话。

虽然新闻集团的领导层声称这只是少数不道德员工的行为，但是英国议会总结这些错误做法是由一种任性的文化导致的，这种文化是"从组织上层渗透到全部组织的"。正如一个记者总结的："窃听电话这种事是'不惜一切代价'的文化下的员工做出来的。"因此文化和道德需要共同进步。为了创造一个更加道德的组织，领导者需要在引导员工的行动价值观上做出努力。

12.4　融合组织文化

4C（Corporate Culture Clash and Chemistry）是一家拥有不寻常的声誉和行动指南的公司。这家德国咨询公司帮助客户诊断它们的文化是否与一个潜在收购对象的文化协调一致或存在冲突。这家公司也运用战略分析企业文化。市场应该对4C公司的专长有大量需求。一项研究估计，仅有一半公司的收购附加了价值观，而另外两个研究表示只有30%的收购企业产生了金融收益。同时，合并对所牵涉的组织具有实质性的破坏影响，通常会导致忽略策略、员工压力和客户抱怨。

合并和收购失败的部分原因是公司领导者太注重合并企业的财务或市场营销，以致没有尽职地对其各自的企业文化进行调查。某些形式的整合可以促成拥有不同文化背景的公司合并成功。然而，研究表明，当有显著多元化企业文化的组织合并到一个高整合度的单一实体时，合并往往会出现问题。

例如，在金融危机期间，美国银行匆忙收购了美林证券（Merrill Lynch）。而美国银行的"主街"文化通过广泛的基础访问服务，服务于中产阶级美国人。美林证券针对富有客户，有一种非常独立的文化。虽然它们发展客户的方向一致，但美国银行采取钱要花在刀刃上的文化，而美林证券有更多的独家秘笈促使人们更多消费和更多奖励。例如，尽管在过去这些年里公司有惊人的损失，美林证券的首席执行官仍花了超过100万美元翻新他的办公室，用了2 500万美元的签约奖金雇用了一个执行官，并且分发了数十亿奖金。而美国银行的文化则更谨慎、更官僚主义，它要求更多的签名和更高的权威，而美林证券的"异乎寻常的群"文化则更积极主动、有创业性或者更容易进入道德有问题的领域。

12.4.1 二元文化调查

进行二元文化的调查可以最小化文化冲突以及尽到组织领导者审慎的义务。**二元文化调查**（bicultural audit）可以诊断出双方公司的文化关系，并判定发生文化冲突的可能性。二元文化调查首先识别即将合并的公司的文化差异。其次，二元文化调查的数据分析用于确定引发公司冲突的差异，以及哪种共同的文化价值可以为合并后的公司提供文化基础。最后一步是确定策略和准备行动计划，为两个公司的文化搭建桥梁。

SABMiller plc 和 Molson Coors Brewing 公司依靠二元文化调查组建前的合资公司 MillerCoors。虽然调查分析发现两个公司有不同的工作风格，但是有类似的员工目标。二元文化调查也帮助 SABMiller plc 和 Molson Coors 的高管们发现文化差异，从而预测合资企业潜在的文化冲突。

12.4.2 融合不同组织文化的战略

在一些案例中，二元文化调查的结果会由于两种文化差异较大而无法有效合并，因此导致合并谈判的终结。然而，即使存在巨大的文化差异，但是如果两家公司能采取适当的合并策略，也可以形成有效的联盟。融合不同企业文化的四种主要策略分别是同化、去文化、整合和剥离（见表12-2）。

表 12-2　融合不同组织文化的战略

融合战略	描述	最有效时段
同化	被收购公司员工拥护收购公司的文化	被收购公司拥有弱势企业文化时
去文化	收购公司把自身文化强加于被收购公司	很少奏效，只有当被收购公司的文化无法运转。但员工并没有意识到公司文化存在问题时，去文化可能是必要的
整合	合并的公司将两个或更多的文化整合成一种新的复合型文化	已有文化能够被完善
剥离	合并的公司保持个体独立性，并尽量减少文化或组织实践的移植	公司在不同产业中运营成功并且需要不同的文化

1. 同化

当被收购公司的员工愿意接受收购公司的文化价值观时，同化才能实现。通常，如果被收购公司的文化薄弱或不良，而收购公司的外部文化环境强大并且与外部环境协调一致时，这种战略运行最佳。运用同化策略很少会产生文化冲突，因为收购公司的文化被高度认同、尊重，而被收购公司的文化薄弱或与对方的文化相近。

西南航空公司一直保持着以客户为中心、乐趣满堂的文化，因此成为了美国国内旅行的最大航空公司。公司的成长在许多方面都是自然而然的，但是当最近西南航空对 AirTran 航空公司进行收购时，它必须面对员工的文化融入问题，即如何让并购公司的员工融入"西南文化"。西南航空公司的成功和鲜明的文化帮助了员工的同化进程，AirTran 航空公司执行副董事和首席商务官鲍博·乔丹（Bob Jordan）说："西南航空公司良好的文化声誉很有帮助。"

2. 去文化

文化同化很少奏效。员工通常会抵触组织变革，特别是当他们被要求放弃个人习惯和文化价值时。在这种环境下，一些收购公司会采取"去文化"策略，将自身文化和企业行为强加给被收购公司。收购公司对支持旧文化的员工采用剥离文化制品与奖励制度的战略。不接受或不信服新公司文化的员工通常会被解雇。然而，这种策略很难被有效运用，因为被收购公司的员工会抵触收购公司的文化入侵，从而延迟或削弱公司的收购进程。

3. 整合

第三种策略是把两种或更多的文化整合成一种新的复合型文化，以保留先前文化的最优特色。整合的过程是缓慢的且存在潜在风险，因为会有很多员工支持保留现有的文化。当公司文化相对薄弱，或公司间的文化有重叠价值观念时，这种整合战略可以考虑。当员工意识到他们公司现存的企业文化效率低下时，整合的效果最好，这会激励他们接纳一种新的占主导地位的价值观。

4. 剥离

当合并的公司同意保留双方的独立性并尽量减少文化或组织实践移植时，就会采用剥离策略。这种策略在两家合并公司处于不同行业或不同国家时最为合适，它适合企业文化价值在行业或国家文化趋于不同时使用。这个战略对于多元化的企业集团来说同样是有效的。然而，文化剥离的途径是很罕见的，收购公司的管理者们很难保证不干涉被收购公司。据估计，只有 15% 的并购保持了被收购企业的独立运转。

12.5 变革和强化组织文化

变革组织文化可能吗？答案是肯定的，但做起来并不容易。改革很难快速地进行，并且改革组织文化的过程经常会随着更换团队领导而中断。一些专家认为组织文化"不能被管理"，所以试图改变企业价值观的行为是在浪费时间。这或许是很极端的观点，但研究组织文化的专家普遍认为改革组织文化是巨大的挑战。外界环境会随着时间改变，所以组织必须改变其文化与新环境保持一致性。

在接下来的内容中，我们将提出在一定程度上能够成功变革组织文化的五种策略。虽然图 12-3 罗列得不够全面，但是每项活动在合适

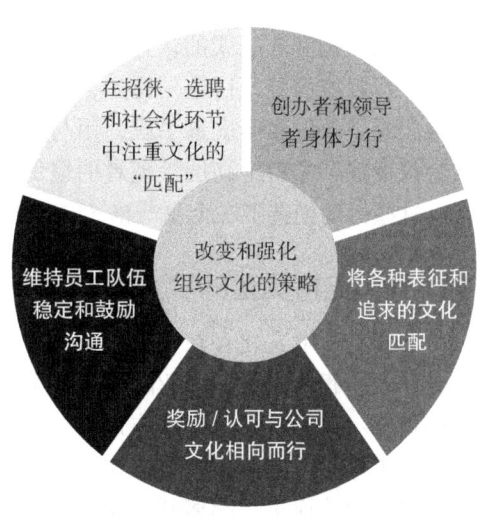

图 12-3 改变和强化组织文化的策略

的环境下运作良好。

12.5.1 创始人和领导者的行为

一个组织的文化起源于它的创始人和领导者。在本章的开篇你能看到 Zappos 的领导层是如何影响 Zappos 的文化的。谢家华十分关注公司的价值观，这些价值观能够反映出他和公司创始人的价值观念。在第 10 章关于变革性领导和诚信领导的讨论中，有领导者对于企业文化重要性的详细解答。在不同的情景，领导的言行是以个人价值观为基础，这些价值观有可能成为组织的价值观。可以说企业创始人是对组织文化影响最大的领导者。在早期阶段，创始人塑造企业文化，并引进使文化留存的方法。通常创始人具有远见卓识，是能让其他人追随并学习的榜样。有时候，企业文化反映了创始人的个性，而这种文化烙印会随着公司发展保持数十年。通过传颂创始人的事迹可加强这种文化。

然而，正如谢家华创办的公司里，后期的公司文化可能会背离创始人的意愿，所以领导者必须持续监测和加强文化期望值。最近，速贷的首席执行官比尔·爱默生提出："如果你不花时间在你的公司创建企业文化，会有人去创建他的，"他警告说，"并且创建这种企业文化的人一般都不会好到哪里去。"

12.5.2 保持文化制品与期望文化的一致性

文化制品不只是企业文化的可视指示器，也是重塑和巩固文化的机制。正如下一章关于公司变革、系统和结构的讨论是支持企业文化达到期望值的有效方法。这些系统和结构是人造产物，例如工作场所的布局、报告结构、办公室制度、信息描述类型和语言的加强或削弱。合资企业的文化通过一些故事和事迹进行强化或改变。根据赫曼·米勒（Herman Miller Inc）家具制造商的前首席执行官马克斯·德·普雷（Max De Pree）所说，每个公司都要有"企业故事"来传承公司历史和企业文化。领导者扮演一个难忘事件的角色，创造他们想要的象征文化价值并予发展和保持。

12.5.3 引进与文化一致的奖励机制

奖励机制和非正式的认知练习都是文化制品，它们对加强或重塑企业文化都有强大的影响，所以应该分开讨论。比如，要改变家得宝自由散漫的文化，罗伯特·纳德利引入了考察公司绩效的精密度量手段，用与之挂钩的每周业绩目标来训练经理。每周两小时的电话会议变成了家得宝高层管理者的惯例，在这个会议里高层管理者要为一周的业绩目标负责。这些行动创造了一个更严格（同时集中的）的以绩效为导向的文化。

12.5.4 支持员工的稳定和沟通

公司的企业文化存在于员工的心里。企业故事并不会被记载下来，礼仪和典礼通常也不会存在于程序手册，企业隐喻也不会记录在公司指南中，所以，强大的企业文化依靠稳定的员工。员工的高稳定性非常重要，因为员工需要花时间去充分理解组织文化以及如何在日常工作生活中运用文化。在高流动率和裁员的情景下，组织文化会被稀释，以前的公司记忆也随着雇员一起离开。随着员工数量的稳定，强文化取决于能使员工们经常交流的工作场所。持续的交流能使员工之间拥有共同语言、共同故事和其他文化制品。

稳定数量的员工和员工间的交流，是 Zappos 拥有强文化的关键因素。Zappos 的网上鞋店和服装店依靠良好工作环境的支持，使得它的员工流动率很低。部门经理周期性地参与团队建设活动。Zappos 经常开展全体员工会议和宴会（有时甚至会关闭呼叫中心），所以员工能够互相交流并且分享共有价值观。Zappos 甚至自己设计它的新总部（拉斯维加斯市政厅的前身），使员工能和其他部门的同事进行必要的交流。

12.5.5 吸引、筛选和社会化员工

本章的开篇案例强调了 Zappos 保持强势团队文化的最重要策略是吸引和选择适合 Zappos 文化的求职者，并且使员工进一步社会化。**吸引－筛选－归因**（attraction-selection-attrition（ASA）theory）理论解释了剔除不适应 Zappos 文化的人员的这个过程。ASA 理论认为组织对吸引、筛选和留住价值观和个性符合组织特点的人才有一种自然趋势，这导致了更加同质化的组织和更强大的文化。

（1）吸引。求职者为避免进入与个人价值观不符的企业，倾向于自主选择雇主。他们在面试前寻找精细的文化制品并通过公众信息了解企业文化。组织往往会主动展示自己的文化，从而鼓励这种自主选择。比如在利洁时（Reckitt Benckiser），求职者可以进行网上模拟测试来检测自己是否适合这家英国家用清洁用品公司的奋进文化。进行测试者需要回答他们对系列业务场景的反应。此模拟测试会计算出他们的文化适应分数，然后询问他们是否继续在利洁时求职。

（2）筛选。求职者能否很好地适应企业文化通常决定了他们能否被企业聘请。强势的企业文化经常让求职者进行几轮面试和其他选择测试，在一定程度上衡量求职者的价值观是否与企业价值观相似。比如在 Strangeloop Networks，多名成员会面试求职者，不仅仅只有 Strangeloop Networks 的创始人。"参与招聘流程的感觉很好，"一名在加拿大温哥华总公司的软件工程师说，"我对公司 CEO 所领导的文化氛围感觉很好，这里的每个人都会感觉很好并且想要保持它。"

（3）归因。人们会寻求与自己价值观契合的环境，离开与其价值观不一致的环境。这是因为个人和组织价值观的契合度能够使人们得到社会认同并且最小化内部角色冲突。与组织价值观严重不符的员工，即使没有被解雇，也会选择自动退出。

12.6　组织社会化

除了吸引、筛选和归因的作用外，公司还依靠**组织社会化**（organizational socialization）来保持强文化。文化是个体认知其价值，并且利用被期望的行为和社会知识去假定他们在公司角色的过程。这个过程会使员工的价值观与企业文化价值不知不觉地对齐。然而，改变一个人的价值观常常比想象中要难，因为一个青年的价值观是相对稳定的。有效的社会化更可能让新人清楚地了解公司的价值和怎样转化为具体的工作行为。

除了支持公司的企业文化，社会化也帮助新人适应同事，熟悉工作步骤。调查显示，如果员工能够有效地社会化，他们的表现就会更好，有更高的工作满意度并且能在公司更久地工作。

12.6.1 组织社会化是学习和适应的过程

组织社会化是学习和适应的过程。它是一个学习过程，因为新人会设法去理解公司的工作场所、社会动态、战略和文化环境。他们会学习到组织的业绩期望、权力动力、公司文化、公司历史和专业术语。他们也需要与其他人建立良好的关系。因此，有效的社会化可以使新人形成对组织的实体、社交以及战略和文化动态的认知地图，而不会信息超载。

组织社会化也是一个适应的过程，因为个体需要适应新的工作环境。他们要发展新的工作角色，重新考虑社会身份，接受新的工作规范，实践新的行为。对很多人来说，适应过程是比较快的，通常在几个月时间就可以完成。然而，有多元化工作经验的新人可能比过去经历有限的新人能更好地适应新环境，可能是因为前者拥有更广阔的知识面和技能。

12.6.2 公司社会化和心理契约

John Kolliopoulos 是信息科技方面的专家，曾经在一家大型连锁百货商店忠实地工作了 14 年。他很自豪可以在那里工作，所以很努力地去完成工作。有一天，他和另一个信息部门的员工了解到经理已经将整个信息科技部门外包了。Kolliopoulos 说："被扫地出门，我们感觉忠诚感消失了。"他现在在为一家信息科技公司工作，他回忆说，"现在员工之间我感觉不到任何信仰和信任。"

John Kolliopoulos 和他的同事经历了违背心理契约的震动。**心理契约**（psychological contract）与个人的信仰相关，而个人信仰是人们与另一个团体（大多数情况下是雇主）互惠交换的协议。心理契约是招聘和组织社会化过程对员工有权获得也有义务回报的一种感知。

应聘者通过对公司能提供给他们的资源，比如工作和学习机会、获取工作资源、付出和收益、管理质量、工作保障等等而建立认知。也对公司给予他们的期望有了认识，比如说工作时间、发展能力和忠诚度。例如，John Kolliopoulos 认为他的心理契约包括长期就业以换取努力工作和对雇主的忠诚。从应聘者变成员工后，心理契约不断发展和进步，但是它仍不断检验着老板对交换关系的满意度。

心理契约的类型

一些心理契约涉及更多的交易，而其他的心理契约涉及更多的关系。交易合同主要指短期经济交易。公司被很好地定义为一些相对狭窄的不会改变生活的义务。作为顾问这种临时职位的员工所形成的就是交易合同，在某种程度上，能确定继续留下去之前的新员工形成的也是交易合同。另一方面，关系合同更像婚姻；一系列广泛的主观共同义务是这种关系的附属品。员工数量的稳定也很重要，因为这需要花时间让员工充分理解企业文化，并且将它们融入到生活工作中。在高速运转和骤然缩小规模的周期循环中，企业文化可能会瓦解，因为公司的记忆离不开员工。短期内，除了员工的稳定，强大的关系型心理契约更能让员工付出时间和精力并且不期望公司的回报。关系合同也是动态的，这意味着短期内一方的容忍和相互的义务不一定是平衡的。不意外的是，员工行为更可能胜过交易合同。公司的固定员工也更倾向于拥有关系契约。

12.6.3 组织社会化的阶段

社会化是一个持续的过程，始于员工进入公司的第一天，并贯穿于员工在组织里的职业生涯。然而，当员工跨越组织界限时，例如他们初次加入公司或者转换职位时，组织社会化的感觉最强烈。每个这样的变迁过程都可以分为三个阶段。我们的重点是新员工社会化的阶段，所以这三个阶段分别是录用前社会化、碰撞和角色管理（见图12-4）。

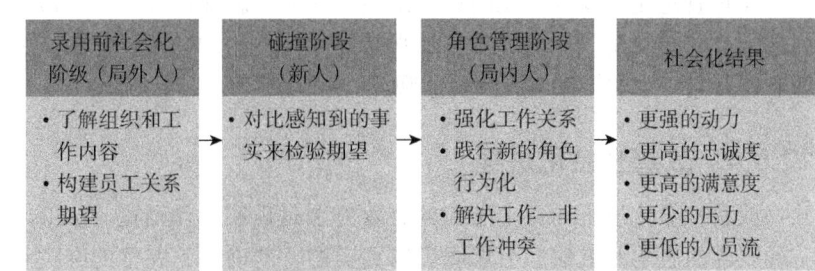

图12-4　组织社会化的阶段

这些阶段与个人从局外人到新人再到局内人的阶段是相对应的。

1. 阶段1：聘前社会化

回想一下你开始一份新工作（新学校）前的几周或几个月。你会积极地搜集公司的信息，假想在那里工作的情形，也对融入工作环境充满期待。录用前社会化阶段包含了职前的所有学习和调整。事实上，大部分社会化调整过程都发生在这个阶段。

聘前社会化的主要问题是，局外人依赖于间接的消息来了解在公司内的工作情形。雇主和求职者的职位供需之间有不可避免的冲突，所以这些消息常常是扭曲的。雇主的需要吸引有资格的求职者，求职者需要完整的信息去做正确的就业决定，因此双方产生了冲突。许多公司会采用"粘蝇纸"的方法，只阐明工作和公司的正面信息，这将使得求职者根据这些不完整或错误的信息接受了这份工作。另一个问题是当求职者为传达一个最佳印象给他们未来的雇主，而避免回答关于公司的重要问题时，就阻断了准确的信息交换。例如，求职者通常不喜欢被问到起薪和晋升机会，这会让他们显得贪婪和争强好胜。除非雇主提供此信息，否则求职者在填写遗漏的部分时，可能会抱有签订不准确心理契约的错误设想。

另外两类冲突是求职者向雇主隐瞒自己的真实信息。求职者在寻找工作时会极力维护自身的良好形象，这会促使他们隐瞒负面信息，掩饰真正的品行，甚至偶尔会夸大过去的成就。同时雇主不愿意问及某些问题或者使用有用的筛选工具，因为这样做可能会吓跑求职者。由此，夸大的简历和雇主不愿意问及重要的问题，雇主就更有可能招聘到不合适的人。

2. 阶段2：碰撞

工作的第一天标志着组织社会化的碰撞阶段开始。这一阶段新人会在实际工作中努力朝自己的预期目标奋斗。在许多企业中新人都会失败，并导致受到**现实冲击**（reality shock），即感知到入职前期望与现实工作的差距时产生的压力。现实对新人的冲击不一定会发生在工作的第一天，当新人对工作环境形成一定了解后，它可能爆发在几个星期或几个月后。

现实冲击在许多组织很常见。由于雇主经常不能兑现承诺，因此新人时常会感到预期得不到满足。例如，雇主没有给新人一些具有挑战性的项目，或者没有给新人足够的资源去完成工作。而如果有新人由于上述信息交换冲突而形成了扭曲的工作预期，那么他也会受到现实冲击。无论出于哪些原因，现实冲击迫使新人投入大量精力来应付工作中的压力，从而使新人不能全身心投入到对组织知识的学习和对组织角色的适应中去，妨碍了组织社会化进程。

3. 阶段 3：角色管理

角色管理是组织社会化的第三阶段，起始于就业前社会化阶段，突显于员工从新人到内部人员的转变阶段。内部人员加强与同事和上级的联系，熟悉新的工作岗位，采取符合新职位和新组织的工作态度及价值观。

12.6.4 改善社会化进程

改善社会化进程的一个潜在的有效方法是**现实工作预览**（realistic job preview，RJP），一种招聘的思想和方法，给求职者以真实的、准确的、完整的有关企业和职位的信息，包括正面和负面两个方面。不幸的是，正如前文所提到的，许多企业过度承诺，它们经常夸大某职位的优点而故意不提及此职位的缺点，导致即使是最优秀的求职者也会被困在组织某个位置而动弹不得。

相比之下，RJP 能够帮助求职者确定他们的技能、需求和价值是否与此组织和某个职位相匹配。虽然 RJP 会吓跑一些求职者，但它能够减少员工离职率，提高工作绩效。因为 RJP 能帮助求职者形成更加准确的就业前期望，最小化现实冲击。RJP 通过为员工展现工作里有挑战性、令人烦恼的方面来达到预防的目的。此外，也有证据表明 RJP 能够增加组织忠诚度。一种可能的解释是，提供真实信息的公司更容易得到信任。这也体现出公司对求职者心理契约的尊重和对员工福利的关心。

社会化的主体

当问及员工是什么帮助他们适应工作和抓住机会时，他们会提到乐于助人的同事、上司，甚至是在组织其他部门工作的朋友。事实上，社会化主要靠这些社会化主体推进。管理者主要提供技术信息、绩效反馈和工作职责信息。管理者也能通过为新人提供第一份合理的有挑战性的任务，减少过分的要求，帮助他们与同事建立社会关系纽带，为他们提供良好氛围的工作环境等方法来促进社会化进程。

同事是重要的社会化主体，也是容易接触到的，能帮助解决问题，是新人学习正确言行举止的榜样。当新人加入团队并获得团队里同事的欢迎时，新人就会得到足够的信息和支持。如果同事能够在与新人相处时表现得足够弹性和忍让，那么他们也推动社会化进程。

一些组织采用"伙伴机制"，即把新员工分配给老员工，这时老员工就是新员工的信息来源和社会支持。位于俄克拉荷马州静水城（Stillwater）的 Meridian 技术中心对新员工社会化就实行了"伙伴机制"。伙伴向员工们介绍新成员，员工会带新成员参观公司，让新成员基本熟悉工作环境。新成员在工作的第一天与员工们共进午餐，并在接下来的两个月与员工们相处。Cxtec，这个位于纽约州锡拉丘兹市（Syracuse）的网络与语音技术公司通过安排吃饭帮助新成员与老员工们相熟悉。在每个月的第一个周五，新成员负责甜甜圈车，并在向 350 名老员工分发甜甜圈时做自我介绍。总的来说，这些方法帮助新人构建自己的社交网络，对他们收集信息和在组织中扩大自己的影响是很有帮助的。

随着 Facebook 的流行程度与日俱增，其覆盖范围已经扩散至全世界。为了维持 Facebook 的独特文化，这家社交媒体公司由在职员工组成"着陆团队"并分派到各个站点。据一个在印度海德拉巴建立办事处的着陆团队成员讲，着陆团队的主要任务是"确保从世界各地的办事处向全世界传播 Facebook 独特的知识和文化"。着陆团队甄选适合的 Facebook 文化的求职者，并训练新人以 Facebook 的方式生活。

12.7 中国家族式组织文化

12.7.1 中国家族式组织文化的特征

中国是一个具有五千年悠久历史的文明古国,其深厚的文化积淀早已辐射到社会的每一个细胞,影响遍及国人的每一种思维方式和行动细节上。在中国传统文化中,占统治地位的是儒家文化,它特别强调"仁义""道德""信义",重视家庭,将"治国"与"齐家"并列为人生的责任。当这种家庭关系的模式被移植到企业中去,便形成了特有的中国企业的文化特征。

1. 家族利益是企业的发展动力

中国的传统社会是以家庭为核心的,一切单位都是由家的原型推而扩充形成,因此家庭在社会中的作用异常突出。儒家文化倡导在传统社会组织中,家族成员应该具有强烈的亲密感、归属感和由此产生的自我牺牲精神,所以家族成员要把家族利益看得高于一切,把家族利益看得重于一切。这种家族至上的群体意识,要求家族成员的个人利益要完全服从家族群体的利益,并为实现家族利益,为了光宗耀祖,产生出强烈的成就动机,从而促使人们不断追求家族事业的成功。

2. 血缘关系是企业组织架构的基础

我国著名的社会学家费孝通是这样表述我国的社会关系的:

> 在中国社会里,差序格局不是一捆捆扎清楚的柴,人与人之间的关系好像把一块石头丢在水面上所发生的一圈圈推出去的波纹,每个人都是他社会影响所推出去的圈子的中心,不像西方团体格局中的分子,一般大家立在一个平面上,而是像水中的波纹一般,一圈圈推出去,越推越远,也越推越薄。在这种差序格局中,先是父母,然后是兄弟姐妹,再次是亲戚朋友等,整个传统社会各种关系"一概家庭化之"。

因此在家族企业的组织结构中,很容易就形成了以企业为中心,按照血缘关系由亲及疏的权力职能结构,从而保证了家族对企业的实际控制权。

3. 家长制是企业的基本管理模式

在中国传统的家庭里,家长具有绝对的权威,他可以不受任何家庭成员的制约,而家庭的其他成员则必须绝对顺从和屈服于家长。在家族企业里,这些经历了成功创业的"家长们"往往也是大权独揽,因为"家长们"在昔日的创业过程中已经形成了难以撼动的权威,而且成功的经历也使其陷入对以往管理方式的依赖,在众多追随者的赞誉声中,企业主们在经营管理中必然会表现出很强的家长作风和个人主义色彩。因此家族企业的文化中充满了企业主的唯意志色彩。

4. 任人唯亲现象比较普遍

家族企业创办的初衷多是为家人的温饱找一条出路,或将家人的生活水平提高到一个新的层次。因此,企业主在任命和管理员工的时候很容易偏袒"家人"。企业的高级职位、重要部门一般也是由"家人"担任。对"家人"的管理也是"情大于法",有了矛盾就大事化小,小事化无;而对"外人"则会严格按照市场运作的常规来做取舍,尽力压低工资待遇。企业在最为艰难的创业阶段或危机阶段，这种用人方式可以保证充满亲情关系的管理层对企业绝对忠诚，从而有利于家族企业的生存和稳定发展。

5. 企业的传承方式往往是世袭制

正如历代王朝的王位继承一样，家族企业也存在着继承问题。在中国传统文化中，家庭结构以父子关系为主，为了维持家族的延续，儿子就要传承父辈的事业，并将之发扬光大以提高家族的社会地位。如今"子承父业"的模式依旧是中国家族企业继任的主流模式，家族企业的创立者希望企业能在家族中传递下去，而不希望像其他企业那样以资产或股权的形式产生继承人。因此家族企业在营运的过程中，少数的家族核心成员会牢牢控制住企业的大部分产权不放。

然而，文化是一柄双刃剑，我国家族企业文化得益于厚重的传统儒家文化的影响，表现出强大的凝聚力和稳定性，但同时传统儒家文化的一些弱点也显现于家族企业文化之中，体现出与现代经济环境的不相适应，并影响到家族企业的经营管理能力。

1. 家族企业文化的独断性不利于家族企业的科学决策

一个家族企业能够生存到今天，与创业者独到的判断、决策、经验、胆识是分不开的，在企业刚起步或出现危机的困难时期，企业非常需要集中领导、果断决策、统一意志、统一行动、节约讨论时间、提高办事效率，这样才能把握住市场上稍纵即逝的机会。然而，当企业发展到一定规模时，这种单凭企业主一人的经验、智慧、权威去做判断和决策的风险渐渐变高。

2. 家族企业文化的排外性不利于家族企业引进优秀人才

中国文化是一种低信任度的文化，这种信任只存在于血亲关系之中（高信任度文化是指信任超越了血亲关系）。因此，家族企业内部成员把自己的利益与企业的利益紧密相联，表现出极端的忠诚和凝聚力。而对非家族成员却有一种无形的隔阂，特别是当外族成员从企业中获得利益的时候，家族成员会很自然流露出抵触和戒备心理，所以即使是那些出类拔萃的人才通常也得不到企业主的信任和重用。由于在用人上家族企业背离了基本的公平原则，所以家族企业中的非家族成员如果能力得不到最大程度的发挥，就会产生与企业离心离德的情绪，并最终会选择离开企业，这也就产生了家族企业中员工的流动性特别大的现象。

3. 家族企业文化的封闭性不利于家族企业的创新

中国长期自给自足的自然经济形成了人们小富即安的意识特点。当一个家族企业取得一定成绩，做成一定规模的时候，一些企业主就开始停止追加投资、拓展市场和研发新产品了。刚刚完成了资本的原始积累原本是企业最好的发展时机，家族企业却为了不愿冒风险，跌入了封闭守旧的圈子里。而现代企业所处的是一个日益开放、竞争日趋激烈的环境，当非家族企业都在紧锣密鼓地筹建自己的研发中心，培养研发队伍时，家族企业者却还是以"一个产品打天下"的局面去应对，必然要与高端技术和前沿产品失之交臂，不但影响了企业做大做强，甚至将成为阻碍企业可持续发展的禁锢。

4. 家族企业文化的亲情性不利于家族企业的规范管理

家族企业文化是一种以亲情为基础、缺乏制度意识的文化，在家族企业中企业利益与家族利益是相互重叠的，家族企业作为一个经济组织在追求企业利润最大化的同时，还要兼顾到家族成员的利益，而且在感情和制度的天平上，明显偏向了感情这一边，对企业制度建设构成严重冲击。由于是凭感情做事，家族企业的生产经营行为就难免不受影响了，企业的制度对家族成员而言形同虚设，在制度的执行上亲情重于制度，人治大于法治。这种重人情、轻制度的文化使家族企业的管理失去了科学的尺度，也降低了企业的向心力和凝聚力。

12.7.2 中国家族组织文化的发展方向

1. 中国家族企业文化的方向是由信任型向契约型发展

这种以信任为基础的企业文化若能通过制度化，抛弃传统家族文化中非理性的血缘观念，转变成契约型的文化，则家族企业内的各种摩擦必会减少，企业中已有的一些良好的价值观念也会成为企业员工的自觉行动，不会由于创业者的日后退出而消失。

2. 将家族企业文化与员工个人奋斗目标相统一

家族企业在构建企业文化时多是从企业的发展需求出发，很少考虑到员工的可接受程度。许多家族企业的员工正是由于所在企业的文化与自己的职业规划不一致而离开企业。特别是那些对企业影响较大的中层骨干，往往是最不稳定的，他们既可以为企业主的一句贴心话而打动，也可以为了一点点的经济利益而另觅高枝。这也是家族企业想尽约束办法和激励机制却总留不住人才的原因之一。如果一个家族企业在构建企业文化时，既能够从企业发展角度考虑，更能够把企业员工的职业生涯规划作为出发点和依据，两者合二为一，这样就容易让企业文化为员工接受，企业员工也自然会产生同企业患难与共的心理，并把这种心理转化成他们日常工作中的自觉行为。因此，只要让企业员工感受到家族企业在做每样决定时都有一个共同的目的，那就是为了保障员工自己的利益，那么，企业所做的任何一种努力都会得到员工的支持。

家族企业主是企业的带头人，尤其是在家族文化中，企业主是文化的创造者、培育者、倡导者、组织者、示范者、激励者，企业主的素质决定着企业文化的类型与水平。在家族企业开始建立现代企业制度，转换企业经营机制的过程中，必然会遇到传统家族体制下形成的旧观念与新的价值取向相互碰撞的问题。如果这种旧观念不能及时得到修正，则现代企业制度的建立和经营机制的转换就难以进行。因此家族企业主应勇于自我否定，接受新的思想观念，努力提高自身的文化和专业水平。也只有企业主自身具备了适合企业发展要求的企业文化素质和正确的经营思想，才能在员工中倡导和推行，带动和建立起一种适应时代要求的新型企业文化。

3. 建设学习型组织，提高家族企业文化自适应力

家族企业想要超越自我地发展，仅靠提高企业主个人素质是不够的，我们只有把整个企业变成学习型组织才能最有效地提高企业竞争力。企业在前进的过程中要经常根据企业环境的变化适时地对企业文化重新进行评估，要及时对那些不适应企业发展的原有价值观、行为方式及时调整更新。当家族企业文化跟随环境不断发展变化时，企业员工相应的思想观念也要随之提高。因此，企业上下要树立起一种学习型的价值观，学会取他人之长补己之短，创建出有利于组织和员工学习的人事环境和组织机制，促使家族企业向学习型组织转变。

本章概要

12-1 描述组织文化的要素，描述组织子文化的重要性。

组织文化由组织共享的价值观和假设组成。共享的假设是潜意识的、理所当然的认知或者信仰，它在组织的过去起着很好的作用，所以将其视为在面对问题和机会时进行思考和行动的正确途径。价值观是稳定的、可估价的信仰，它引导我们在不同情境下对结果或行为的偏好。

组织的文化内容是不同的，即价值观的相对排序不同。组织文化可分为几类，但是它们都趋于过度简化文化的多样性，并且完全忽视了文化的潜在假设。组织在有主流文化的同时也会有子文化。子文化维持组织的绩效标准和道德行为。子文化同样也是替代过时核心价值观的新兴价值观的源泉。

12-2 列出用来解释组织文化的四类文化制品。

文化制品是一个组织文化的可视象征和标志。文化制品分为四大类，包括组织中的故事与传奇、礼仪和典礼、语言以及实体结构和标志。由于组织文化是微妙并且模棱两可的，因此想要了解一个组织的文化，需要对大量的文化制品进行评估。

12-3 讨论组织文化的重要性以及在什么情况下组织文化的力量能增强组织绩效。

组织文化有三个主要的功能：形成社会控制，"社会黏性"将人们聚集在一起，帮助员工了解工作场所。一般来说，拥有强势文化的公司业绩要比弱势文化公司好，但只针对文化内容适合自身环境的组织。同时，文化不应强势到排斥不同的价值观，以致完全没有在未来形成新兴文化的可能。组织应该拥有合适的文化，使员工支持组织的持续变化并扮演好自己的角色。

12-4 比较和对比融合组织文化的四种策略。

组织文化间的冲突在并购中很常见。这个问题可以利用二元文化调查诊断组织文化的相容性可以最小化这个问题。融合不同企业文化主要有四种战略，分别是整合、去文化、同化和剥离。

12-5 描述五种改变和加强组织文化的策略，包括吸引—挑选—摩擦理论的运用。

组织文化起源于创始人和领导者，他们向组织传播自己的价值观。创始人的事迹被作为组织故事在员工之间口口相传。企业也会讲解组织文化，利用企业机制来维持或改进企业文化。另一种与其相似的策略是向员工介绍符合组织文化价值观的成功案例。第四种策略是改变和加强组织文化去支持员工队伍的稳定和交流。组织文化扎根于员工之中，因此员工队伍必须稳定。交流活动有助于分享文化知识。最后，企业通过吸引和选择那些适合企业文化的求职者，鼓励不适合企业文化的员工离开企业，来致力于组织社会化。个体学习企业价值观、预期行为、必要的社会知识来保证成功扮演组织中某个角色的过程等方法，来加强和改变企业文化。

12-6 描述组织社会化的过程以及确定促进社会化过程的策略。

组织社会化是个体通过学习组织价值观、预期行为、必要的社会知识来扮演组织中某个角色的过程。这是一个学习和适应的过程。在这个过程中，个人与雇主基于互惠互利的原则发展和检测他们的心理契约。

员工通常会经历三个社会化阶段：录用前社会化阶段、碰撞和角色管理。为了管理社会化过程，组织应该提供现实工作预览（RJP），并充分认识到社会化中介在社会化过程中的作用。RJP 给求职者以真实的、准确的、完整的有关企业和职位的信息，包括正面和负面两个方面。社会化中介在社会化过程中提供信息和社会支持。

12-7 中国家族式组织文化。

在中国的家族式企业文化中，家族成员具有强烈的亲密感、归属感和由此产生的自我牺牲精神，家族成员要把家族利益看得重于一切。这种家族至上的群体意识，要求家族成员的个人利益要完全服从家族群体的利益，并为实现家族利益产生出强烈的成就动机，从而促使人们不断追求家族事业的成功。

家族企业文化的亲情性不利于家族企业的规范管理。家族企业文化是一种以亲情为基础，缺乏制度意识的文化，在家族企业中企业利益与家族利益是相互重叠的，家族企业作为一个经济组织在追求企业利润最大化的同时，还要兼顾到家族成员的利益；而且在感情和制度上明显偏向感情，对企业制度建设构成严重冲击。

如果一个家族企业在构建企业文化时，既能够从企业发展角度考虑，更能够把企业员工的职业生涯规划作为出发点和依据，两者合二为一，这样就容易让企业文化为员工接受，企业员工也会自然产生同企业患难与共的心理，并把这种心理转化成他们日常工作中的自觉行为。

关键术语

适应性文化
二元文化调查
心理契约
文化制品
礼仪
现实工作预览（RJP）

吸引—选择—归因理论（ASA）
组织文化
现实冲击
理论
组织社会化
典礼

复习思考题

1. 卓越咨询公司提出了一个分析你的组织文化的方案。这个方案表明卓越已经创造了一个革命性的新调查方法去探究企业真实的文化。这个调查只需 10 分钟就能完成，据专业人士所说，调查结果基于小型员工群体。讨论这个方案的优缺点。

2. 一些人认为最具影响力的组织拥有最强势文化。我们说的组织文化的"强度"是指什么？拥有强势文化的组织可能会存在什么问题？

3. 一位制造企业的 CEO 想要每个人都支持公司高效和努力工作的主流文化。这位 CEO 使用了新的奖励机制来加强公司文化，并且亲自面试每一个专业岗位和管理岗位的求职者，确保他们的价值观与公司相似。一些指责这些价值观的员工最后不得不离职。两个中层管理人员因为支持如劳逸结合这些相反的价值观而被解雇。基于你学到的关于组织子文化的知识，预测这位 CEO 的做法会导致哪些潜在的问题。

4. 选择你所在公寓或者学校中的至少两种文化制品进行分类。共有四类：① 组织故事和传奇；② 礼仪和典礼；③ 语言；④ 实体结构和标志。

5. "当采用适应性文化时，组织更容易成功。"

组织怎么做才能够培养出适应式文化?
6. 假设某一城市的行政管理者请求你去找出有利于提升团队和合作文化的方法,你必须说服组织里各个层次的人都支持他的价值观。请说出四种有助于大家接受这种价值观的活动。
7. 加入一个组织前,有办法获得该组织的文化特征吗?和组织的文化相契合是否很重要?
8. 当人们踏入某一组织的门槛后社会化便变得很迫切。其中一个例子就是你刚进入某一所大学所遇到的情况。当你从一个局外人变成一个新人,又变成一个局内人时,你学到了什么?你做了哪些调整?
9. 在第2章我们讨论了跨文化价值观,其中包括个人主义、集体主义、权力距离、不确定性回避,以及成就取向。这类国家文化与企业文化有什么异同?

应用案例:西安杨森

西安杨森制药有限公司是目前我国医药工业规模最大、品种最多、剂型最全的先进技术型合资企业之一。合资中方为陕西省医药工业公司、陕西省汉江制药厂、中国医药工业公司和中国医药对外贸易总公司,以陕西省医药工业公司为代表,外方为美国强生公司的成员比利时杨森制药有限公司。

强生公司是当今世界上规模最大、产品最多元化的生产消费者护理品、处方药品和医疗专业产品的企业,迄今为止在世界上50个国家拥有168个子公司,并向150个以上的国家销售产品。目前,强生公司在中国有7家合资、独资企业。比利时杨森公司创办于1953年,1961年加入美国强生公司。到现在,比利时杨森已成功研制出80多种新药,成为世界上开发新药最多的制药公司之一。

比利时杨森是以发明新药为主的公司,创始人杨森博士一生的主要追求是将更多更好的新药介绍给更多的人。他对中国怀有好感,说"如果我发明的新药不能供占全世界人口1/4的中国人使用,那将是莫大的遗憾。"于是,在中国改革开放之初,比利时杨森公司就主动到中国尝试进行合作。

经过3年的谈判,1985年10月,西安杨森制药有限公司成立了。总投资19亿元人民币,注册资本比例为外方占52%,中方占48%,合资期限50年。

严格管理,注重激励

合资企业的工人和中层管理人员是由几家中方合资单位提供的。起初,他们在管理意识上比较涣散,不适应严格的生产要求。有鉴于此,合资企业在管理上严格遵循杨森公司的标准,制定了严格的劳动纪律,使员工逐步适应新的管理模式,培养对企业和社会的责任感。

他们通过调查研究发现,在中国员工尤其是较高层次的员工中,价值取向表现为对高报酬和工作成功的双重追求。优厚的待遇是西安杨森吸引和招聘人才的重要手段,而不断丰富的工作意义、增加工作的挑战性和成功的机会则是公司善于使用人才的关键所在。在创建初期,公司主要依靠销售代表的个人能力,四处撒网,孤军奋战,对员工采用的是个人激励。他们从人员——职位——组织匹配的原则出发,选用那些具有冒险精神、勇于探索、争强好胜又认同企业哲学、对企业负责的人作为企业的销售代表。他们使用的主要是医药大学应届毕业生和已有若干年工作经验的医药代表。这两类人文化素质较高,能力较强,对高报酬和事业成就都抱有强烈的愿望。此时,西安杨森大力宣传以"鹰"为代表形象的企业文化,他们自己这样解释:"鹰是强壮的,鹰是果断的,鹰是敢于向山巅和天空挑战的,他们总是敢于伸出自己的颈项独立作战。在我们的队伍中,鼓励出头鸟,并且不仅要做出头鸟,还要做搏击长空的雄鹰。作为企业,我们要成为全世界优秀公司中的雄鹰。"

注重团队建设

在培养"销售雄鹰"的同时,西安杨森公司还特别注重员工队伍的团队精神建设。在1996年年底的销售会议中,他们集中学习并讨论了关于"雁的启示":

"……当每只雁展翅高飞时,也为后面的队友提供了向上之风。由于组成V字队形,可以增加雁群71%的飞行范围";

启示:分享团队默契的人能互相帮助,更轻松地到达目的地,因为他们在彼此信任的基础上携手前进。

"当某只雁离队时,它立即感到孤独飞行的困难和阻力。它会立即飞回队伍,善用前面同伴提供的向上之风继续前进";

启示:我们应该像大雁一样具有团队意识,在队伍中跟着带队者,与团队同奔目的地。我们愿意接受他人的帮助,也愿意帮助他人。

经过大力进行企业文化建设,员工的素质得到了不断的提高,对公司产生了深厚的感情,工作开展得更为顺利。特别明显的是,在80年代后期困扰公司的员工稳定问题得到了很好的解决。当时由于观念的原因,许多人到西安杨森工作仅是为了获得高收入,当自己的愿望得不到满足时就产生不满,人员流动性曾连续几年高达60%。如今,西安杨森已使员工深深地认同公司,喜爱公司的环境和精神,1996年和1997年人员流动率已处在6%～10%左右。

充满人情味的工作环境

西安杨森的管理实践,充满了浓厚的人情气息。每当逢年过节,总裁即使在外出差、休假,也不会忘记邮寄贺卡,捎给员工一份祝福。在员工过生日的时候,总会得到公司领导的问候,这不是形式上的、统一完成的贺卡,而是充满领导个人和公司对员工关爱的贺卡。员工生病休息,部门负责人甚至总裁都会亲自前去看望,或写信问候。员工结婚或生小孩,公司都会把这视为自己家庭的喜事而给予热烈祝贺,公司还曾举办过集体婚礼。公司的有些活动还邀请员工家属参加,一起分享大家庭的快乐。西安杨森办的内部刊物,名字就叫《我们的家》,以此作为沟通信息、联络感情、相互关怀的桥梁。

根据中国员工福利思想浓厚的状况,公司一方面教育员工要摒弃福利思想,另一方面又充分考虑到中国社会保障体系的不完善,尽可能地为员工解决实际生产问题。经过公司的中外方高层领导之间几年的磨合,终于形成共识:职工个人待业、就业、退休保险、人身保险由公司承担,有部门专门负责;员工的医疗费用可以全部报销。在住房上,他们借鉴新加坡的做法,并结合中国房改政策,员工每月按工资支出25%,公司相应支出35%,建立职工购房基金。这已超过了一般国有企业的公积金比例。如果基金不够,在所购房屋被抵押的情况下,公司负责担保帮助员工贷款。这样,在西安杨森工作4～6年的员工基本上可以购买住房了。

加强爱国主义的传统教育

1996年11月22日,西安杨森的90多名高级管理人员和销售骨干,与来自中央和地方新闻单位的记者及中国扶贫基金会的代表,一起由江西省宁岗县茅坪镇向井冈山市所在地的茨坪镇挺进,进行30.8公里的"96西安杨森领导健康新长征"活动。

他们每走3.08公里,就拿出308元人民币捐献给井冈山地区的人民,除此以外个人也进行了捐赠。公司还向井冈山地区的人民医院赠送了价值10万元的药品。

为什么要组织这样一次活动呢？董事长郑鸿女士说："远大的目标一定要落实在具体的工作中去。进行健康新长征就是要用光荣的红军长征精神激励和鞭策我们开创祖国美好的未来。"参加长征的员工说："长征是宣言书，宣布了我们早日跨越30.8（远期销售目标）的伟大誓言；长征是宣传队，宣传了西安杨森"忠实于科学，献身于健康"的精神；长征是播种机，播下了西安杨森团队合作、勇于奉献、敢于挑战的火种。"

1996年冬天的早晨，北京天安门广场上出现了一支身穿"我爱中国"红蓝色大衣的300多人的队伍，中国人、外国人都有，连续许多天进行长跑，然后观看庄严肃穆的升国旗仪式，高唱国歌。这是西安杨森爱国主义教育的又一部分。

前任美籍总裁罗健瑞说："我们重视爱国主义教育，使员工具备吃苦耐劳的精神，使我们企业更有凝聚力。因为很难想象，一个不热爱祖国的人怎能热爱公司？而且我也爱中国！"

资料来源：MBA智库百科，略有修改。

讨论题

1. 思考西安杨森企业文化中最大的特色是什么。
2. 西安杨森为什么要将爱国主义传统教育放在如此重要的位置？
3. 如果你是西安杨森的企业高管，在面对新时期的机遇和挑战时，会对组织文化做怎样的调整？

团队作业：组织文化隐喻

——巴特勒大学的 David L.Luechauer 和迈阿密大学的 Gary M. Shulman 提供

目的：这个作业的全部两个部分都是设计来用隐喻帮助你理解、评估和解释组织文化。

A 部分：评估你的学校的文化

说明：隐喻是演说的一个体现，这个演说包含着平常用来描述一件事但又能用于另一件事的词和短语之间的一个含蓄的比较。隐喻还携带了大量隐藏的意义；它说了很多关于我们对一个物体的所想与所感。因此，这个活动需要你用隐喻去定义你的大学、学院或机构的组织文化。（指导者或许会让学生评估另一个大家都熟知的组织。）

第一步：全班分为 4~6 人一组

第二步：每组在下面空白处填入的词或短语需达成一致。这个信息需要记录在浏览图表中以备做课堂展示。指导者会提供 15~20 分钟给每组来确定哪些词最好地描述了学校的文化。

如果我们的学校是一个动物，那么它会是（　　　　），因为（　　　　）。

如果我们的学校是一种食物，那么它会是（　　　　），因为（　　　　）。

如果我们的学校是一个地方，那么它会是（　　　　），因为（　　　　）。

如果我们的学校是一个季节，那么它会是（　　　　），因为（　　　　）。

如果我们的学校是一个电视节目或者电影，那么它会是（　　　　），因为（　　　　）。

第三步：全班将听每组展示的用来象征学校文化的隐喻。例如，一组选择了冬天这个季节，可能意味着他们感觉很冷或者觉得学校里和学校里的人很远。

第四步：全班讨论接下来陈述的讨论题。

Part A 的讨论题

1. 你们组关于这些隐喻达成一致的容易程度如何？它暗示了你的学校文化的什么？

2. 你怎么看实践中的这些隐喻？换句话说，一些关键的学校行为或者其他揭示了你学校的文化的用词是什么？
3. 想想你所属的其他组织（例如工作、教会）。它的主流价值观是什么，在实践中你怎么看，以及它们怎么影响组织效果？

Part B 分析和解释文化隐喻

说明：在前面，你已经完成了一个隐喻练习来描述你学校的企业文化。这个练习让你尝试了怎样去管理这样一个诊断工具以及从产生的结果中得出推断。这个活动是基于这个经历并且是设计来帮助提升你分析这样的数据和提出如何改善的建议的能力。一个坐落在辛辛那提的组织的五个工作团队（每组4~7个成员，并且每组都要有不同性别）也完成了与你在课堂上参与的练习（见 Part A）相似的隐喻练习。他们的回应在下表中列出。以组为单位，分析表中信息并回答这些问题：

Part B 的讨论题

1. 在你看来，这个组织中的主流文化价值观是什么？解释你的答案。
2. 这个类型的文化的积极面是什么？
3. 这个类型的文化的消极面是什么？
4. 在你看来，这个组织的主要业务是什么？解释你的答案。
5. 这些团队都报告给了一位经理。关于这个单元你将会给她什么建议？

表 12-3　辛辛那提的一个组织的五个团队的隐喻结果

团队	动物	食物	地方	电视节目	季节
1	兔子	巨无霸	俱乐部	48小时（电影）	春天
2	马	玉米卷	跑道	迈阿密风云	春天
3	大象	排骨	马戏团	罗珊娜	夏天
4	鹰	巨无霸	拉斯维加斯	CNN	春天
5	豹	中国菜	纽约	LA Law	赛马季

课堂作业：诊断组织文化

目的：这个练习旨在帮助你理解组织文化的重要性，以及在什么环境下组织会识别和讨论组织文化。

说明：这个作业是带回家的课外作业，虽然它可以在课堂上利用电脑和网络完成。指导者会将全班分为几个小组（一般4~5人一组）。给每个组布置一个具体行业——例如能源、生物技术或者计算机硬件。

每组的任务是去搜索选定行业的几个公司的网站，了解公司陈述的企业文化。用公司网站的搜索引擎（如果存在）去找到有关键短语，例如"企业文化"或者"公司价值观"等关键词的文档。

下节课中或本节课剩余时间，学生需围绕下列三个讨论题做汇报。

讨论题

1. 什么价值观主导着你所搜索的公司的企业文化？这些价值观在同一个产业的不同公司是相似的还是互异的？
2. 这些公司在网页上描述其企业文化时，用更多篇幅阐释的是什么？
3. 这个行业的公司是否比班上其他组搜索的其他行业的公司在网站上更多地提及它们的企业文化？

自我评估：你的企业文化偏好是什么

目的：这个自我评估旨在帮助你确定最接近你个人价值观和假设的企业文化。

说明：阅读企业文化偏好量表（表12-4），并圈出描述了你更愿意去工作的组织的陈述。然后，计算你的得分。这个评估不是企图去度量你对每一种企业文化的偏好，而只是度量众多通行文化的少数偏好。另外，记住这些企业文化本身没有好坏之分。重点是你与这些文化有多契合。独立完成这个练习，以便你在没有考虑社会比较的情形下真实地评估自己。课堂讨论将集中于求职者和组织主导价值观契合的重要性。

表 12-4　企业文化偏好量表

我更想在这样一个组织里工作		
1a. 团队里的员工能够一起愉快工作	或	1b. 产出高质量的商品或服务
2a. 高管能够维持工作场所秩序	或	2b. 组织能够听从顾客建议并对他们的需求快速做出反应
3a. 员工受到公正的待遇	或	3b. 员工会一直研究怎样工作才更有效率
4a. 员工能够快速适应新职位需求	或	4b. 领导工作努力，起到带头作用
5a. 高管能享受到其他员工没有的福利	或	5b. 员工会为组织完成绩效任务而感到骄傲
6a. 员工表现越好薪水越高	或	6b. 高管受到尊敬
7a. 员工周密安排自己的工作并完成	或	7b. 位于行业内创新前沿
8a. 员工有个人问题时大家都会帮助他	或	8b. 员工遵守企业规章
9a. 经常在市场试验新的想法	或	9b. 组织期望每个人都投入110%的精力到工作中
10a. 能够迅速抓住市场机遇	或	10b. 员工能即时了解到组织情况
11a. 能够迅速回应竞争威胁	或	11b. 高管敲定大多数决策
12a. 一切在管理人员的控制之下	或	12b. 员工互相照顾

读完本章后，如果你需要更多信息，请登录：www.mhhe.com/mcshane7e 获得更多关于本章的深度信息和互动。

第13章 组织变革与发展

CHAPTER 13

学习目标

阅读完本章，你应该能够：
- 描述勒温力场分析模型中的各个要素。
- 讨论人们抵制组织变革的原因和变革主体如何应对抵制。
- 列出六种将变革阻力减到最低的策略，并讨论如何创造一种变革的紧迫性。
- 讨论领导力、结盟、社交网络和试探性尝试是怎么促进组织变革。
- 讨论和比较行动研究、肯定式探询、大型团体干预和并行学习结构作为组织变革的方法。
- 讨论组织变革中的两种跨文化和三种道德问题。

开篇案例：LG 的变革——从三星的跟随者变为市场的领导者

韩国的一个笑话问，如果一条蛇爬进了办公室，LG 的总经理会怎么做？答案是他们会模仿三星在这种情况下的解决方法。即使 LG 在大多数的衡量标准上都很成功，但它却有个很明显的问题，就是韩国的第二大联合企业跟随着三星这个韩国第一大联合企业的脚步，从而不能发挥自己的潜能。

韩国政府官员说："我曾有机会与三星电子和 LG 电子的代表一起工作，然后发现这两家企业的文化是不同的。三星成员趋向于有一个清晰的未来期望和准备好冒险去获得管理权，而 LG 的员工则趋向于享乐和被管理。"

LG 的行政总裁具本茂（Koo Bon-moo）似乎听到了这些信息。在最近的一次对员工演讲中，具本茂强调了通过领导而不是跟随其他公司来变革的紧迫性。他说："不一定要有剧烈的和特别的变革来创造不同于其他公司的顾客价值。如果我们跟随着对手的脚步，那么我们是不可能创造出不同的价值。我们一定要比别人更早地开辟一个方向，就像以前的 3D 电视和第四代网络技术的长期进化。"

具本茂和他的经理团对一些计划提出了有意义的变革方案，以便于在组织内部培养下一代企业家。其中一个措施是给 400 个经理更多的自治权来领导更多的计划。另外一个措施是精心设计的企业家能力培训计划，100 名 LG 低级员工将会完成培训计划并且接受总经理的特别训练。具本茂在为期两天的马拉松会议上向 40 名高层经理强调："为了成为市场领导人，我们需要洞烛机先，为此我们承诺我们将会彻底地改变。"

LG 从三星的跟随者变成市场领导者这一改变说明了改变组织的策略和实践的重要性。LG 的总裁具本茂发出了一个清晰的信号，即变革是非常紧迫的。他和他的经理团队引进了相关的训练、指导和其他改变经营手段的方法，不仅让更多的员工承诺去改变，还能提高他们在 LG 未来创新导向执行中的能力。即使 LG 的改变似乎是平稳的，但是大部分的变革都是凌乱的，需要付出大量的领导工作和保持警觉。当领导者发现有需要去变革和阐明一些他认为能带来一个更好未来的想法时，变革的过程需要跨过大量的障碍和获得组织系统对这个变革的支持。

本章将从勒温的组织变革模型和它的组成部分开始。其中包括变革阻力的来源、最小化这种阻力的方法和稳定理想行为的途径。这一章将会调查四种组织变革的方法——行动研究、肯定式探询、大型团体干预和并行学习结构。本章最后一个模块将会考虑组织变革中的跨文化和道德问题。

13.1 勒温的力场分析模型

福特公司的亿万富翁总裁雅克·纳塞尔（Jacques Nasser）说："变革的速度非常迅速，以至于如果你不接受变革和顺着变革一起前进，你将会落后。"这反映了组织需要在外部环境中跟上改变的速度。组织总体来说是一个开放的体系，它需要保持外部环境（如消费者需求、国际竞争、技术、社会期望、政府规划和环境标准）的和谐。成功的组织管理者会监控他们的环境并采取合适的措施来使环境与新的外部情况维持和谐。成功的公司其员工把变革看成是组织生活中必需的部分，而不是去抵制变革。通用电气前任总裁杰克·韦尔奇说："我一直相信当一个制度的内部变化速度比外部变化速度慢时，这个制度将会崩溃，问题只是时间而已。"

我们意识到环境在用一种力来改变公司的行为方式，难的是了解这些力在组织的内动力学里是怎么复杂地互相影响。社会心理学家勒温提出了力场分析模型来解释变革过程（见图13-1）。即使这一模型是在很多年前被提出来的，但是最近有观点表明勒温**力场分析**（force field analysis）模型仍然是解释这一变革过程最为广泛接受的观点之一。

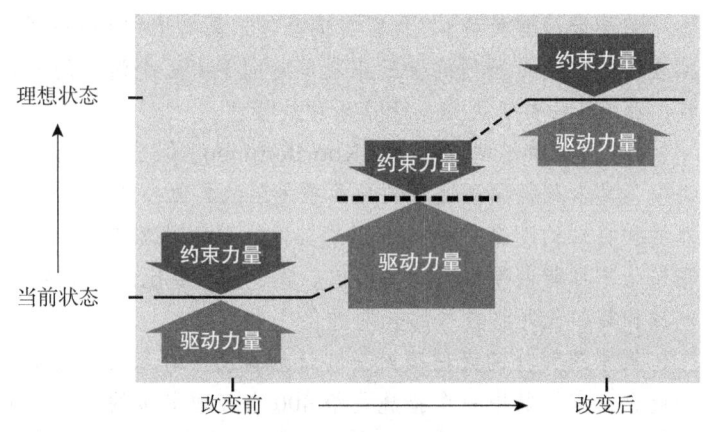

图13-1 勒温力场分析模型

力场模型的一边代表推动组织朝一个新态势发展的驱动力量。这些驱动力量或许包括新的竞争者和技术、组织成员变化的预期或一系列其他环境的变化。即使没有外部力量驱使变革，公司领导者也能创造驱动力。例如，一些专家把所谓的"神圣的不满"作为成功组织的关键要素，这意味着，即使一个公司比其他竞争者更优越，领导者也不停地催促员工为了更高的标准或更好的实践而努力。奥美广告公司（Ogilvy & Mather）提及公司文化时说："我们有着永远不满于自己表现的习惯，这是矫正骄矜的药方。"

模型另一边代表的是维持现状的约束力量。这种约束力量因表现为员工阻碍变革进行的行为而通常被称为"变革阻力"。当驱动力量和约束力量大致平衡时，稳定就出现了，也就是说这两种方向相反的力量几乎是一样大的。

勒温力场分析模型强调有效的变革应该是：**解冻**（unfreezing）现状，向理想状态转变，最后**再冻结**（refreezing）系统使它维持在理想的状况。解冻就是制造驱动力和约束力不均衡。稍后会介绍，这主要是通过增加驱动力或者减少约束力，或者是两者结合。当组织系统和框架与期望行为相一致时，再冻结就产生了。组织的系统必须要支持和加固新的角色模式，并防止组织倒退回到原有的行事方式上。

13.2 理解变革的阻力

罗伯特·纳德利（Robert Nardelli）花费了很大的努力把家得宝公司从某种松散的封地结构改善为能够提供前后一致的消费体验的绩效导向制度。变革的确是发生在这家世界最大的家居装饰连锁店，但是付出的代价也很大。大量有才能的经理和员工离开了这家公司，留下来的员工仍然继续抱怨纳德利的变革。不再抱有幻想的员工把这家公司称作"家

与美国大陆航空公司合并三年后，在美国最大的15家航空公司里，美国联合航空公司的运营服务排名与顾客服务排名已降至最低。美国联合航空的高层认为，造成这个坏结果部分是因为两家公司复杂的硬件设施和运营系统合并的困难。但他们也承认其中有着员工抵触合并的因素。大陆航空公司的一些员工反对联合航空公司的运营模式，同时联合航空公司也有员工不能接受大陆航空公司的顾客服务标准。"你要知道，文化的改变需要时间，"联合航空公司CEO杰弗里·史密塞克（Jeffrey Smisek）说，"并且人们通常不喜欢做出改变。人们一定程度上是我行我素的。"

霸王"，因为这个改变使他们丧失了自主权。另一些人称它为"家GE宝"，讽刺纳德利在公司的高管层大量聘用通用电气前管理人员。五年之后家得宝董事会决定替换纳德利，部分是因为他做出了一些不成功的战略决策，还有部分原因是纳德利的变革所带来的副效应。

罗伯特·纳德利在家得宝的经历显示了员工对于变革的抵制。一份调查说43%的美国管理者认为抵制变革是阻碍工作效率的原始障碍。在被调查的超过40多个国家的1 700个改革推动者中，有21%的人认为员工在一些特别重大的改革实施一到两年后仍然抵制。

抵制改革有多种形式，从公然采取罢工到暗地里继续沿用旧时的方法去不明显地抵抗都有。最近的一个对银行职员的研究表明，不明显的抵抗比明显的抵抗更加普遍。在这次研究中，一些职员通过改变工作来避免预期的变革。其他的员工，只要经理不注意，就会尽量运用原有的方式执行任务。有些员工甚至在执行新的任务时会表现出抗拒，让顾客看到变革强加于他们身上而失望。大多数改革推动者都理解他们的预定改变会遭到消极或积极的抗拒。抵制是普遍的，是人们的自然反应。就像经济学家约翰·肯尼斯·加尔布雷斯（John Kenneth Galbraith）嘲讽道："当面临要选择改变一个人的想法还是证明没有必要这么做的时候，几乎每个人都忙于去证明。"人们支持改革的原因甚至是，假设别人而不是他们自己需要做出改变。

抵制是冲突的一种形式，但不幸的是改革推动者有时把不认可当作是关系冲突。他们把抵制认为是一种对理想计划的不合理的、不良的以及荒谬的回应。这种观点塑造了变革推动者对抵抗者的回应，而且回应趋于逐步增强冲突，产生对变更方案更强烈的抗拒。一

个更有效的方法是把对改变的抗拒看作是任务冲突。从任务冲突的观点看，抗拒是改革推动者没有让员工为改变做好充分准备而发出的一种信号。员工可能还没充分感觉到改变的强烈和紧迫性，或者他们会感觉变革是计划不周的。甚至就算他们认识到需要变革和同意变革，他们还是有可能会抵制，因为他们缺乏自信去改变，或者认为改变会使他们变得比现在差。抵制有很多形式，变革推动者需要破译这些不同类型的抵抗来了解抵制的根本原因。

抵制也是一种声音，所以，正如之前介绍过的，它潜在地提高了过程的公平性。通过把最初形态的抵制导入建设性的情境中，变革推动者可以提高员工对公平性的感觉和认知。此外，抵制具有激励性，这会潜在地吸引人们去思考变革的决策与过程。变革机构可以驾驭这种激发性的力量，最终加强对变革计划的承诺。

美国 Umpqua 银行 CEO 雷·戴维斯（Ray Davis）说，除非改变公司系统和结构，否则员工喜欢依照他们的惯例和习惯做事。"当你组织生产时，你知道你将会打破舒适的常规路线并要求员工创新，并重新考虑事情的优先次序和学习新技能。"戴维斯说。他位于俄勒冈州的 Umpqua 银行被视为美国最具创新力的金融机构。"甚至当我们决定改变并付诸行动时，我们仍会习惯性地追求舒适，我们就像被套着橡皮筋一样回到原来舒适的环境。"

员工为什么抵制变革

变革管理专家给出了一大串人们不接受变革的原因。一些人由于他们的个性和价值观，与生俱来反对改变。排除这些意向因素，因为缺少充足的动力、能力、明确的角色或者周围环境的支持，所以员工通常反对组织变革，因为变革要改变他们的观点、决定和行为。六种被广泛认可的员工抵制变革的原因归纳如下。

1. 直接成本

员工运用成本—收益分析来衡量改变的效益，这是基于前面说过的期望理论。尤其是，对于改变的抗拒会在以下几种情况下变得更厉害：改变所带来的消极结果比积极结果多（比如失去地位、更低的回报、更差的工作环境）；消极的结果更有可能发生或者积极的结果更不可能发生。即使员工会考虑他们在改变后的成本和收益，他们对改变的抗拒或者接受也会取决于他们所认为的改变将会给公司或者团队所带来的好处与坏处。如果他们相信其他人会受损或者主动权对组织是无效的，即便是他们个人得到好处，在一定程度上员工也会反对改变。

2. 对于未知的害怕

所有的改变都包含一定程度的不确定性，人们没有能力去精准预测或者想象未来的情况。当员工不知道改变可能带来的结果是好的还是坏的时候，他们的预期会倾向于坏的结果而不是好的结果。不确定性还和缺少自我应变能力有关：缺少应变能力会催生消极的情绪，特别是当改变很有可能影响重要的事情，比如我们的工作、职业或自我概念。总的来说，作为组织变革一部分的不确定性相比于相似的确定的现状来说更令人不满意。

3. 爱面子

一些人把抵制变革当成一种政治策略。一些员工反对变革是因为改变的成功会威胁他们的自我价值。当这种改变是别人开展的时候，这种抗拒就会产生。即使这种实践包含在个人工作责任或命令中。由于这种"非我发明"的症状，员工有时候故意夸大不是他们创始的改变所存在的问题，只是为了"证明"这些主意没有他们的好。就像一个顾问说的："除非他们足够畏惧才会听你的，否则他们无法理解你是对的，并且你知道他们所不知道的一些事。"

几年前有个例子说明"非我发明"症状。加拿大黄金公司的总裁罗伯·麦克伊万（Rob McEwan）决定把煤矿公司的机密地质数据发上网，以及提供重赏给能帮忙找到更多金子的人。加拿大黄金公司由此取得非常大的成功，但是公司的地质员工在计划实施之前一直抱怨。他们和麦克伊万说："我们真的很担心，你将要告诉世界上其他人在我们的那个矿中找金子，并且我想他们肯定觉得我们公司的员工是傻瓜，因为你对我们一点信心都没有。"

4. 打破常规

人们非常抵制强迫他们离开自己舒适的环境，并要求他们花费时间和精力用于学习新的角色模式的倡议。在一次调查中，大多数员工承认他们不会彻底执行组织变革的任务，因为他们"喜欢保持事物的原状"，或者认为改革似乎太复杂或耗费时间。

5. 不一致的团队氛围

团队会按照一套具有指导作用的规范开发和执行团队的一致性。然而，现有的团队一致性可能会打消员工接受组织变革的积极性。例如，组织发起去提高售后服务可能会遭到反对，因为这将会需要比原定的团队配额更高的工作量来达到更高的售后服务标准。

6. 不一致的组织系统

薪酬、信息系统、授权模式、职业生涯路径、甄选标准和其他系统和框架，都既是组织变革的朋友也是组织变革的敌人。匹配适当时，这些系统可以强化理想的行为。匹配不当时，它们将会把人们拉回原来的态度和行为上。当它们未能打破过去框架的边界，即使是热情的员工也会因为无法克服原有结构的限制而失去冲劲。

13.3 解冻、变革与再冻结

根据勒温的力场分析模型，有效的变革应该是：解冻现状，向理想状态变革，最后重新冻结系统使之维持理想的状况。解冻发生于驱动力强于约束力的时候。这可以通过加强驱动力，减弱或消除约束力，或者两者结合来实现。

第一步是去增大驱动力，通过恐吓或威胁（真实或假装的）激励员工去改变。这个战略很难奏效，不管怎么样，因为增加驱动力的行动经常会一起等量和相反地增加约束力。公司的领导者越努力去推动变革，约束力就会越强力地推回来。这种对抗通过在组织中产生紧张感和冲突来威胁变革。

第二步就是减弱或消除约束力量的强度。变革战略的可能问题就是没有提供变革的动力。在一定程度上，减弱约束力量就像为变革清扫路径。一条没有阻碍的道路更容易到达终点，但是并没推动人们去走。

所以更优的方法是同时增强驱动力量和减弱或消除约束力量。增强驱动力创造了改革的紧迫性，同时减弱约束力量的强度会使变革的阻力最小化。

13.3.1 制造出变革的紧迫感

史蒂芬·埃洛普（Stephen Elop）在成为诺基亚总裁几个月后发给员工一封严厉批评的邮件，告诫他们变革的紧迫性。埃洛普写道："我知道我们现在就像在灼烧的舞台上，周围有不止一次的爆炸和多个炙热的火焰围绕着我们。"埃洛普这样来比喻来自三星和苹果的竞争。诺基亚的品牌偏好在减少，信用等级也在下降。他警告道："我们还在往这烧着的舞台上倒汽油。"——指出了公司责任和领导能力的缺乏。

诺基亚最近把手机部门卖给了微软，并且埃洛普成了微软总经理团的副主席。但是这次的事件说明了埃洛普强烈地相信诺基亚的未来依靠它的员工，增强了变革的紧迫性。这种变革的紧迫性会在以下几种情况下发生：告知员工竞争者的存在，正在改变的顾客倾向，即将公布法规和外部环境中其他形式的动荡。这些都是勒温模型中的驱动力。它们强迫人们离开舒适带，迫使他们去面对变革创造的风险。在很多组织，公司的领导者会保护员工不受到外部环境的影响，以至于高层管理者以下的员工几乎感受不到这些驱动力量。结果就是员工不理解他们为什么需要改革，领导者也惊讶于为什么变革计划没有产生多大的影响。因此，在变革开始时，保证员工的变革紧迫感是必要的。

1. 顾客驱动的变革

一些公司通过让员工直接和客户联系来刺激这种变革的紧迫性。不满意的顾客代表着一种对变革紧迫的驱动力量，因为他们对组织的生存和成功带来不利影响。顾客还充当着促使员工改变现有行为模式的人文因素。

当欧洲壳牌的高管们发现中层经理们似乎对于壳牌公司并没有达到最终目标，也没有满足顾客需求的情况浑然不知的时候，他们就应用了客户驱动的变革。因此，为了创造变革的紧迫感，这些欧洲的经理们坐上公车，去与顾客和每天接触顾客的员工谈话。壳牌把这个称为"公车之旅"。壳牌的零售副总裁这样解释道，"这个'公车之旅'，是为了激励人们从顾客的观点而不是从公司的角度重新思考，对于很多在职业生涯里从来没有与顾客谈过，没有从顾客的角度发现什么是对壳牌公司利与不利的人来说，公车之旅是很困难的。"

毫不夸张地说，摩根大通集团的高层每一年都会乘坐巴士去拜访顾客、分部员工、社区团体，和其他身处美国与摩根利益相关的人。这种巴士旅游使摩根大通高层直接了解到摩根大通可以在哪些方面进行改进，促使摩根大通公司发生快速变化。"我们询问人们作为一个公司我们可以在哪些地方做得更好，作为顾客的服务方我们可以在哪些地方做得更好。"

2. 不借助外力来制造变革迫切性

让员工体验到外部压力能加强变革的紧迫感，但是领导者通常需要在问题尚未到来之前就开始变革过程。研究发现当组织绩效不错时，决策制定者会对外部威胁不那么警惕，并且更抵触改变。"最大的风险是自满会随着成功而来"，西农集团 CEO Richard Goyder 警告道。"自满可能导致风险厌恶，或者员工会表现得不紧不慢，他们会放慢脚步，认为成功会不请自来。"

当组织在竞争中领先时，创造一个紧急的事件去改变，需要很多有说服力的影响来帮助员工设想未来的竞争威胁以及环境迁移。"即使组织并不需要这样一个平台，你也要为改变创造一个动荡的平台",金融软件公司 Intuit 的前 CEO 史蒂夫·贝内特（Steve Bennett）说道。

然而，专家提醒，员工可能会把动荡的平台策略视为操纵性手段，这一想法会使员工嘲讽变革并破坏对变革促进者的信任。幸运的是，变革的紧迫性不必总是源于"解决问题"。相反，正如我们之后会介绍的，有效的变革促进者可以通过一个更加吸引人的未来的愿景而采取积极的定位来促进变革。通过对一个更好的组织前景的勾勒，领导者可以有效地对比出组织现状的不足。当这种前景与员工的价值观和需求相关联时，即是外部的"问题"不那么严重，这也会成为激发变革的力量。

13.3.2 减弱约束力

如前所述，仅增加驱动力量的强度是不够的，因为员工经常努力往回退，以抵消相反的力量增加。但是，变革媒介需要清楚每个抵抗来源。六个主要战略在表 13-1 中列出。如果可能的话，沟通、学习、雇员参与以及压力管理应该首先被尝试。然而，当对待某些必然会在变革中失去一些东西的人以及变革的速度很关键时，谈判和压制是很必要的。

表 13-1 将阻力变得最低的策略

策略	例子	运用的时机	缺点
沟通	向员工展示消费者的投诉信	员工没有意识到进行转变的急迫性，不清楚转变会对他们造成什么影响，出于对未知的恐惧而拒绝转变	耗时耗力
学习	当公司采取基于团队的结构时员工学习怎样在团队中工作	员工需要打破常规并接受新角色模式	耗时耗力，一些员工学不会新技能
员工参与	公司建立一个课题小组推行新的顾客服务措施	转变需要更多的员工参与，一些需要保证自己的价值，员工可能为转变出谋划策	非常耗时，如果员工利益与公司的需求不一致可能会导致矛盾
压力管理	员工在会议上提出自己对转变的担忧	交流、学习、员工参与三个策略不能打消员工顾虑	耗时，花费大。一些方法可能无法减小所有员工的压力
谈判	员工同意用多种技能替换下严格的工作种类区分来提高工作保障	员工将因改变而失去某些有价值的东西，因此不支持转变。公司急需转变	可能会花费巨大，特别是员工支持转变谈判条件时。员工可能会只做出承诺而不在行动上支持转变
压制	公司董事长逼迫管理者强制执行转变，否则就开除	以上所有策略无效并且公司急需转变	可能导致更多形式的抵制，员工和转变推动者的长期敌对

1. 沟通

沟通是任何组织变革都会优先采用的最重要的策略。根据一项最近的调查，沟通（和员工参与一起）被认为是变革过程中让雇员参与进来的首要策略。沟通至少从两个方面改善了变革过程。一方面，我们在前面提到过，领导者通过直接告诉员工变革的驱动力量来制造变革的紧迫感。无论是通过和高级管理者的会议，还是直接和不满意的顾客见面，当他们理解并设想了那些外部力量，雇员都会受到激励去改变。

第二个方面就是沟通可以明显地减少对未知的恐惧。公司领导者和员工对于未来前景的沟通得越多，尤其是关于未来和已经达到的迈向未来的里程碑的细节，员工就越容易理解他们各自在未来的角色。"首要的就是总是沟通，沟通，沟通"，Calgon Carbon 公司的

CEO，兰德尔·迪尔思（Randall Dearth）建议说。"如果你引进变革，你需要有能力去制作一个非常吸引人的案例，这个案例是关于变革是什么样的，以及为什么变革是必需的。"

2. 学习

学习在大部分组织变革计划中是一个重要的过程，因为员工需要新知识和技能去适应组织日益发展的需求。学习不仅帮助雇员跟随变革表现得更好，还增加了他们对于变革的准备，因为形成了一个更强的自我效能感，能够对他们在遵循变革时起到有效作用的自信（称作变革的自我效能）。当员工形成了更强的变革的自我效能感，他们就具备了对变革相关的那些需要获得的技能和知识的更强的接受能力和承诺。

3. 员工参与

除非变革必须迅速发生或者员工的利益与组织的需求高度不一致，否则员工参与几乎是变革过程中的必要部分。第 7 章讲述了员工参与与组织变革相关的潜在收益。参与到变革决策中的员工倾向于对变革的成功执行更有个人责任感，而不是成为对别人决策那样漠不关心。这个责任感的拥有最小化了爱面子和对未知的恐惧的问题。并且当今工作环境的复杂性需要更多的人来提供对变革的最佳方向的想法。员工参与是如此重要的组织变革成分，以至于人们还开发出有利于大团队参与其中的特殊方法。这些变革的干预行为在本章稍后介绍。

4. 压力管理

对于很多人来说，组织变革是一次充满压力的过程，因为它对自尊造成了威胁，并且造成了未来的不确定性。沟通、学习和员工参与能减少一些压力因素。然而，研究表明组织也需要引进压力管理方法来帮助员工应对变革。特别是，压力管理通过消除一些直接成本和对未知的恐惧可以减小抵制。压力还会耗费精力，因此减轻压力可以潜在地增加员工支持变革的动力。

5. 谈判

只要人们抵制变革，组织变革策略就需要一些有影响力的战术。谈判是这样的一种影响形式，主导方会承诺，如果谈判对象接受他们所提出的要求，那么他们将会得到某些利益或资源。这一策略潜在地刺激和挽留了那些本会彻底离开变革的人。然而，谈判只是获得员工对变革的努力的顺从而不是承诺，因此长期看来或许不会有效。

6. 压制

如果上述所有策略都失败了，领导者只能采取压制策略来改变组织现状。压制可以包括持续提醒员工他们的职责，频繁地监控他们的行为以确保他们服从，与不接受变革的员工正面对抗，以及采用制裁威胁来强迫员工服从。替代或威胁替代那些不支持变革的员工是极端的做法，但是这一做法却相当常见。

在罗伯特·纳德利任职家得宝的 CEO 一年后，大多数零售商的高级主管团队自愿或非自愿地离开了公司。几年以前，StandardAero 的 CEO 鲍博·汉贝格（Bob Hamaberg）就威胁要开除那些反对他提出精干管理的主动权的高级管理者。"你必须有高级管理者的承诺"，汉贝格那时候坦率地说。"我碰到一些障碍。但我移除了这些障碍。"如今，StandardAero 在飞机引擎修理和彻底检修行业是一个世界领导者，很大程度上多亏了汉贝格提出的精干领导的变革。

替换员工是变革组织反学习的一个激进方式。然而，当效率是必要的以及其他策略无效时，解雇和其他形式的强制有时也是必需的。例如，从不愿意或不能改变他们现有的理想组织的心智模型的执行团队中，剔除几位成员。这也是组织"忘却"（见第1章）的基本形式，因为替换员工消除了对组织原有惯例的认识。同时，压制也是一种风险策略，因为幸存者（没有离开的员工）也许会减少对公司领导的信任，并且会为了保护他们自己工作的稳定性而参与到政治争斗中。

全球链接 13-1　与你的员工交流并影响或者改变他们

英国各地地方议会正承受着巨大的压力，在过去五年里英国政府拨给他们的资金削减了28%，英国政府还计划在未来几年进一步削减地方议会预算。地方议会对此的应对是减少服务并外包业务，这些变革使大部分地方议会受到员工和市民的强烈抵制。一名议会负责人因其将议会改造成一个"实际上的"政府（将所有议会活动外包）的计划未得到支持而下课。

伦敦的第二大地方议会朗伯斯区地方议会在变革过程中采取有效管理并尝试"合作经营"模式，在这场动荡中比大多数地方议会表现得更好。合作经营模式将提供特定服务（如运动场）的权力移交给当地市民团体或者组成了自己的商业化信托的员工们。朗伯斯的主要负责人德里克·安德森（Derrick Anderson）被英国《卫报》提名为年度公众领袖，理由是安德森带领伦敦朗伯斯区灵活地穿越变革雷区。

安德森是怎样引导议会变革过程的？最重要的，他说，是交流。"变革最重要的原则是交流，"安德森说，"我花费了大量精力与成员们对话，他们将为议会改革议程赢得大量团体的支持。"除此之外，安德森还是员工和市民参与议会活动的坚定支持者。例如，安德森的团队创建了合作议会模式后询问了超过130家当地和全国性组织以及3 000名朗伯斯市民的意见。

但是安德森坦言仅仅是交流和参与并不能使每个人工作。例如，一些区管理者试图避免他们的部门采取合作经营模式。"他们总会找些他们的组织不能采取合作模式的理由。"安德森抱怨说。

安德森强调他正努力让员工适应变化，但他也警告那些不参加议会议程的组织和个人。"我们将支持员工完成他们的工作。但如果他们不想完成工作，那么会让居民失望。"安德森说，"我有一条简单的座右铭：如果你没能改变你的员工，你将不得不去改变他们。"

德里克·安德森，英国伦敦朗伯斯区行政长官，相信交流与参与能使得员工支持组织变革，但对于那些顽固抵制的，他说："你不得不改变你的员工"。

13.3.3 理想状态的再冻结

通过改变组织的结构或环境，可以将想要的行为模式固定下来。也可以利用组织奖励去重塑行为。如果改变是为了鼓励高效率，那么组织的奖励就必须设计为激励和强化有效率的行为。信息制度在改变的过程中扮演重要的角色，要特别注意信息反馈的作用。反馈机制帮助雇员知道他们是否偏离公司的目标，并且长远来说，它是一个持久的支持新行为模式的机制。格言"所测即所得"，说的就是这个。当雇员持续地接收到自己实现目标的进展信息时，他们会懂得如何调整自己的优先次序。

新西兰银行（BNZ）通过在电话中心改变反馈和奖励机制，来实行这个改变策略。首先，电话中心的员工接受反馈，并因为回答和完成电话迅速而被奖励。然而，管理者发现，顾客希望更有效率的电话过程，而不是迅速接电话的人。新西兰银行负责直接销售和服务的管理经理要求"快速且高质量地接电话"，并且说，"当然，我们不希望浪费顾客的时间。但是如果我们问，他们最想从我们的电话中心得到什么，他们可能会说，他们想要快速地回应，但是我们却错误地理解为快速说话的人或急忙的对话。"现在，新西兰银行给员工以反馈，并以"高质量的对话"作为奖励标准，而不是多迅速地接完一个电话。员工因为关注顾客的需求而被认可，而不是看他们花了多少时间完成一个电话。

13.4 领导、结盟及试探性尝试

勒温的力场分析模型是解释组织变革动态发展的有效模型。但这一模型忽略了有效变革过程的三个组成部分：领导、结盟及试探性尝试。

13.4.1 转换型领导和转变

开篇案例描述了 LG 集团是怎样向着前瞻性组织而不是反应性组织转变的。或许 LG 的转变过程最重要的一个方面就是 LG 董事长具本茂的领导。他制定了符合未来预期的战略，经过与公司上下交流确认此战略有效，做的决定和他自己的行为与此战略相符，真心实意地根据此战略带领公司前进。

引导变革的一个关键因素是战略愿景。领导者的愿景是一种方向，它为评估的现实效果确立了关键的成功要素和评判标准。并且，愿景为变革提供了感情基础，因为它将个人的价值观与自我意识与理想的变革联系起来。战略愿景也能弱化员工对未知的恐惧，并帮助员工更好地理解需要学习何种行为来达到理想的未来。

全球链接 13-2　用"一个福特"战略驱动改革

几年前为了挽回福特汽车公司的颓势，艾伦·穆拉利（Alan Mulally）出任福特CEO。当时福特公司在销售方面蒙受巨大损失，信誉直线下降。而现如今，尽管遭受到了 50 年来最大的经济损失，福特的生产效率、顾客满意度和市场份额正在直线上升。超过 80% 的福特员工认为公司正在朝正确的方向前进。穆拉利因为带领福特转变为美国最成功和最具有竞争力的汽车制造商而被尊为转型王者。

这场卓越的企业转型是怎样发生的？大多数观察者认为关键在于穆拉利提出的转型战略（一个福特——一个团队、一个计划、一个目标），用几种全球模式将每个人的注意力集中到"一个福特"上。但福特公司的旧高层们谨慎地守着自家的汽车品牌并只愿意在北美市场进行销售活动，因此这种转型是十分困难的。"一个福特"战略威胁到这种歧视文化和大多数福特高层的权力。

曾任波音公司高管的穆拉利亲自操刀来改变福特的这种歧视文化。他加入员工的行列去拜访顾客和工厂。穆拉利主持了多次员工大会，向每个人宣传所有人都应该以"一个福特"为宗旨进行合作，更多地为顾客着想而不是自己。

穆拉利面对的最大困难是在公司高层团队中建立"一个福特"的战略思想。他通过每周举行商业计划评审会议来慢慢实现这个目标。在会议上他的16名直接属下被要求专注于其余15人准备的幻灯片，禁止私下讲话和注意力分散。"如果你觉得这样不舒服就离开公司"，穆拉利在一次会议上友好但意味深长地说。

为了证明他的"一个福特"战略，穆拉利建立了一个试点项目——一个致力于打造全新福克斯车型的特殊全球专题团队。现如今，福特福克斯成为穆拉利的"最好证明"——"一个福特"战略的象征。

艾伦·穆拉利的"一个福特"战略和他的领导是福特公司成功转型的关键。

13.4.2 结盟、社交网络和转变

组织转变的一个真理是：转变推动者最开始没有能力来独立领导转变。他们需要几个与其有相同看法的人的帮助。的确，最近一个研究表明，这种团体——通常被称为引导联合组——是公共部门组织转变项目成功的最重要因素。

引导联合组的成员可以是非高层人士。在理想状态下，引导联合组由各部门的员工和组织各级人员组成。在某些情况下，引导联合组由最初开始研究转变契机的特别课题组成员构成。引导联合组成员也应该是有威信的领导者，他们应该能够在专有领域得到高度尊敬。同时，最近的一个关于组织转变的报告表明，为了推动组织转变，不仅仅需要引导联合小组，还需要更多有奉献精神的人加入到推动行列中。

社交网络和病毒式转变

引导联合组是一个正式的结构化团队，与之相比在社交网络上进行的转变更加灵活自由的。联合组成员在一定程度上是通过网络平台来推动转变的过程。无论这个转变过程包不包括正式联合团体，社交网络在组织转变中是占有一席之地的。社交网络是一种社会结构，个人和社会单元通过它互相联系，构成形式上的相互依存。社交网络在人们的交流和互相影响中发挥巨大作用，而交流和互相影响是组织转变的两个关键因素。

社交网络的缺点是不容易控制。即使如此，一些转变推动者仍会进入社交网络去发起支持转变的公众风潮。病毒变化过程的核心是口碑营销和病毒营销。口碑营销和病毒营销将信息通过几个人向他们的朋友圈扩散。在组织中，社交网络是关于转变措施的消息和主张的传播渠道。网络上的参与者相对于管理者更加值得信赖，因此他们传播的信息更可信，他们的观点更有说服力。社交网络也为行为观察创造条件：员工们互相观察并学习他人长

处。所以,当转变的措施使部分员工行为发生改变时,网络能够把这种改变传播给更多的人。

13.4.3 试点项目和转变的推广

在过去的 10 年里,宝洁公司建立了"设计思维",认为灵感来自于对未知的探索而不是系统调查和基于旧认知的数据搜集。这种"溯因推理"方法对于大部分商业人士来说并不简单,所以宝洁公司首先在位于英国伦敦的护发业务上开展试点项目,迈出转变过程的第一步。项目参加者学习"设计思维"并将它运用到实际问题上,如在实际生活中,女性怎样使用造型产品的。参加者不仅仅要学会设计思维,还要学会教授同事们如何将这种独特的方法运用到商业决定中。渐渐地,宝洁公司有超过 150 名来自宝洁全球各地商业圈的员工受到了良好的训练,能够将"设计思维"运用到日常工作中。宝洁公司负责试点项目的高管说,"毫不夸张地说,转变每天都在发生,每时每刻,任何地点。"

宝洁公司以及其他许多公司都通过试点项目来试水新措施。这种谨慎的做法能测试转变是否有效,并可以在不承担巨大代价和风险的情况下使涉及公司上下的新措施得到员工支持。

与集中式或者全体式转变不同,试点项目更加灵活,风险更小。试点项目也能找出更适合转变的组织团体,增加试点项目成功的可能性。

但是我们怎样将试点项目的转变向组织其他部分推广呢?用 MARS 模型作为模板(见第 2 章),表 13-2 概括了几个推广试点项目的策略。首先,员工受到激励时更容易主动采取试点项目的措施。激励可以来自于试点项目的成功和试点项目的人员受到表扬和奖励。如果管理者全力支持转变措施,那么推广也能够更顺利地进行。如此一来就可以将试点项目人员分派到其他的工作单位作为榜样并传播相应知识。

下面一种策略是使员工对转变有一个清晰的认识——了解试点项目中的措施对他们有什么好处,即使一些人身处完全不同的领域。例如,会计部门员工不知道怎样从生产部门员工的有效转变案例中学到一些经验。困难在于转变推动者做出的引导不够明确(对于试点项目所在的环境来说足够了),因此这些举措看起来与组织其他部分无关。同时,向其他部门员工介绍试点项目时也不能过于宽泛简化,这会使相关信息和角色形象过于模糊。最后,员工需要了解试点项目的硬性条件,包括相应资源和试点过程所需要的时间。

病毒式转变是使工作单位和组织发生改变的更加新奇的方法之一。基于社交网络的力量和影响,病毒式转变在重要影响者的支持下发生。随着这些人改变自己的行为,网络中的其他人也会渐渐改变他们的行为。这种情况的发生一部分是因为影响者的榜样力量,另一部分是因为网络使同事们更容易观察和模仿影响者的行为。虽然病毒式转变过程难以管理,辉瑞制药、诺和诺德和其他几家公司已经相当成功地使用社交网络改变了员工们的工作态度和学习。

表 13-2　推广试点项目的策略

激励
• 广泛传播和庆祝试点项目的成功
• 奖励试点项目的工作人员和将变化传播给组织其他部门的人
• 确保管理者支持与试点项目成功相关的行为
• 查明进行改变的潜在阻力
能力
• 给员工与试点项目工作人员交流并向他们学习的机会
• 分派或暂时指派一些试点项目的工作人员到其他工作单位，他们作为榜样能指导那里的员工
• 对员工进行技术培训来完成试点项目实践
角色认知
• 告诉员工试点项目实践与他们本身能力区域有哪些关联
• 确保试点项目的意义不被夸大或泯灭
情景因素
• 给员工充分的时间和资源来学习试点项目并在他们的单位中完成相应的实践

13.5　组织变革的四种方法

到目前为止，本章已经探究了每天都会在组织中发生的变革的动态发展过程。然而，组织变革促进者和咨询顾问也采用了各种结构性的组织变革方法。本部分将介绍四种主要方法：行动研究、肯定式探询、大团体干预方法和并行学习结构。

13.5.1　行动研究方法

与力场分析模型一起，勒温也提出了组织变革的**行动研究**（action research）方法。行动研究的核心理念是有意义的变化是行为导向（改变态度和行为）和研究方向（检测理论）的一种结合。一方面，变革过程的最终目标是要带来变革，因此必须是行为导向的。行动导向涉及诊断当前问题并采取措施解决问题的干预措施。另一方面，变革过程是一种研究性学习，因为变革促进者要将一种概念性的框架（如团队动力或组织文化）运用在实际情境中。正如任何一项研究一样，变革过程涉及收集数据以确保更有效地诊断问题，并系统地评估理论在实践中运用的效果。

有行为和研究双重框架下，行为研究方法采取开放式的系统视角。由于组织许多部分是相互依赖影响的，所以变革推动者需要预见到意料之中和意料之外的干涉结果。行动研究也是一个拥有高度参与性的过程，因为开放式系统变化需要系统中人员有相应的知识和承诺。实际上，员工本质上就是干预过程的合作研究者和参与者。总的来说，行动研究是诊断变化的需求，引进干预过程，然后评估和稳定理想变革的基于数据的问题的导向过程。行动研究的主要阶段见图 13-2，详解如下：

（1）形成客户—咨询顾问关系。行动研究通常假设变革促进者产生于外部（比如说一个咨询顾问），所以变革过程开始于形成客户—咨询顾问关系。咨询顾问需要确定客户对于变革的准备程度，包括人们是否受到激励去参与这个过程，是否愿意接受有意义的变革，是否具备完成这一过程的能力。

（2）诊断变革需求。行动研究是一项通过系统地分析现状来仔细诊断问题的问题导向的活动。组织诊断通过对正在运行的系统进行数据的收集和分析以识别变革努力的方向，例如通过对员工和其他利益相关者进行面谈和调查。组织诊断还包括员工参与决定合适的变革方法，所涉及的行动安排及成功变革的预期标准。

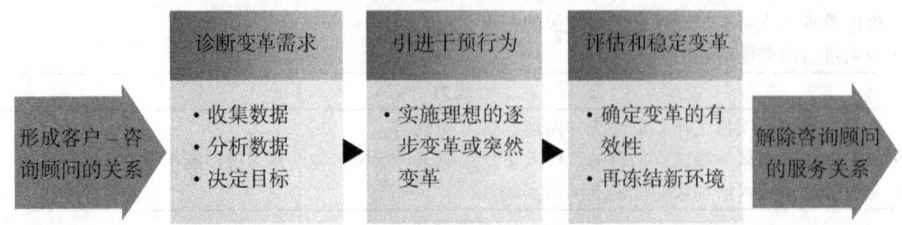

图 13-2　行动研究过程

（3）引进干预行为。行动研究模型中的这一步需要采用一次或多次行动来纠正问题。它包括本书所提到的任何一个方法，比如组建高效率团队、管理冲突、构建更好的组织结构或改变组织文化。一个重要的问题是变革应该要多迅速地推行。一些专家提倡逐步变革，这种变革是指组织微调系统然后小步地朝理想状态转变。其他的专家则主张突然变革是组织需要的变革，这种变革是指果断迅速地对系统进行彻底变革。

（4）评估和稳定变革。行动研究建议以在诊断阶段建立的标准为参照，评估干预行为的有效性。不幸的是，即使这些标准被清晰陈述之后，一项干预行为的有效性或许几年之后仍旧不明显或很难与其他的因素分开。如果此项活动达到了预期的效果，变革促进者和参与者就要稳定新的环境了，也就是之前提到的再冻结过程。薪酬、信息系统、团队规范和其他的一些条件必须被重新设计以支持新的价值观和行为。

行动研究方法自从 20 世纪 40 年代被提出来之后就一直主导着组织变革思想。然而，一些专家抱怨说行动研究的问题导向本质——某件事出了差错而必须被纠正——的关注点在于团体或系统的消极动态而不是积极的机会和潜力。关于行动研究的这一担心导致一种更加积极的组织变革方法——肯定式探询的产生。

13.5.2　肯定式探询方法

肯定式探询（appreciative inquiry）通过构造积极和可行的关系试图打破传统变革管理实践从解决问题出发的思维模式。这种方法寻找组织（或团队）的优势和能力，然后调整或运用这些认识以获得未来的成功和幸福。肯定式探询因此基于新兴的积极组织行为哲学。积极的组织行为哲学认为关注于生活中积极的而不是消极的方面会增加组织的成功和个人的幸福。也就是说，这种方法强调发展优势而不是直接地改正问题。

肯定式探询往往将探询直接指向成功的事件和成功的组织或工作单位。这种外部的关注成为行为塑造的一种形式，但它也对组织的关注点重新定向，将关注点从自身的问题上移开，从而增加公开的对话。当参与者很清楚自己的"问题"或正饱受"问题"之间消极关联的痛苦时，肯定式探询尤其有效。肯定式探询的积极导向使团体克服这些消极的紧张感，并通过关注于可能的方面构建充满希望的美好未来。

肯定式探询的积极关注能够很好地为美国米塔尔（Mittal）钢铁公司在数年前所实施的干预所阐明。尽管该钢铁工厂是全球最富有生产力的公司之一，然而它的安全性记录却很差。一组员工被组建起来开展肯定式探询方法以提高安全性。在数月时间里，该钢铁公司几乎所有 1 400 名员工都被私下采访以聆听他们对公司在安全性方面的愿景和渴望。采访者会在采访中问一些问题，如"请告诉我你在工厂工作时感到最有安全感的一个时刻。是什么让你感到安全？"以及"想象我们是无工伤的工厂，我们是整个全球系统里面最安全的钢铁工厂……这个工厂看起来怎么样？"这些采访信息被收集起来，之后成为由大约 200 名员工和其他利益相关者（顾客、供应商、社区领导者、全球母公司的领导）参与的肯定式探询峰会的基础。这个峰会形成了 12 个详细的改变倡议以提高该钢铁公司的安全性。一年内，该公司在安全行为和数据上都得到了巨大的改善。

1. 肯定式探询的原则

肯定式探询有五个关键的原则（见表 13-3）。其中一个是积极原则，即上面我们所描述的。第二个原则我们称之为诠释原则，认为谈话不要描述现实。也就是说，我们如何理解某事取决于我们所问的问题和我们所用的语言。因此，肯定式探询不仅需要有对谈话所用的文字和语言的敏感性及积极的管理，而且对于谈话背后的想法和感受也如此。这涉及第三个原则，称之为并发原则，即探询和变革是同步的，而不是相继的。当我们问别人问题时，我们同时在改变着这些人。此外，我们问的问题决定我们所收到的信息，进而影响我们选择哪一个变革干预。这个原则关键的学习点在于要注意探询对变革过程的方向的影响。第四个原则，称之为诗歌原则。即组织是打开的书本，因此我们可以选择它如何被感知、构造、描述。诗歌原则被反映在一杯水可以被视为半满还是半空这一概念中。因此，肯定式探询以为未来发展提供建设性价值的方式积极地构造现实。预想原则，肯定式探询的第五个原则，强调积极的未来集体的愿景的重要性。人们被他们所见和所坚信的未来愿景所激励和指引。平凡或消极的印象和激励或迷人的印象对现有的努力和行为的影响是不同的。我们之前在本章的变革代理以及第 12 章变革型领导的讨论中提及了愿景的重要性。

表 13-3 肯定式探询的五个原则

肯定式探询原则	描述
积极原则	关注积极的事件和可能性会产生更多积极、有效、持久的变化
诠释原则	我们如何感知和理解变革过程取决于我们在该过程中所问的问题和所用的语言
并发原则	探询和变革是同步的，而不是相继的
诗歌原则	组织是打开的书本，因此我们可以选择它如何被感知、构造、描述
预想原则	人们被他们所见和所坚信的未来愿景所激励和指引

2. 肯定式探询的 4D 模型

建立在这五个原则之上的是肯定式探询的"4D"模型（以这个方法的四个阶段命名的），如图 13-3 所示。肯定式探询开始于发现——识别被观察事件或组织的积极因素。这一阶段包括在组织的其他部门记录积极的客户经历，或者包括面谈另一个组织的成员以发现组织的基础优势。当参与者讨论他们的发现，展望理想组织的可能情形时，他们就进入了梦想（dreaming）的阶段。通过关注理论上理想的组织和形态，参与者通过表达他们的希望和渴望会比他们讨

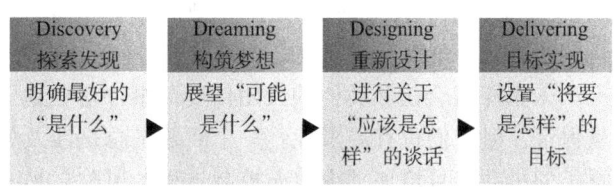

图 13-3 肯定式探询的"4D"模型

论自己的组织或困境时感到更加安全。

当参与者将他们自己的想法公之于众时，肯定式探询过程便进入了第三个阶段，称之为设计（designing）阶段。设计包括对话过程，参与者乐意接受地听取其他每个人的模型和假设，最终形成一个团队共同的模型。事实上，他们形成了未来应该是怎样的共同愿景。随着模型逐渐成形，团队成员又会将关注点转移到各自所遇到的情境。在肯定式探询的最后一步，实施（delivering）也被称实现，参与者在他们构建的模型的基础上建立具体的目标和组织方向。

肯定式探询是在 20 年前提出的，但它仅在过去的几年才开始流行。应用肯定式探询而成功进行组织变革的故事出现在各种公司体系中，包括英国广播公司、美国海德堡公司、嘉实多公司、加拿大轮胎公司、墨西哥雅芳公司、美国运通公司、绿山咖啡烘焙公司和亨特集团。然而，尽管肯定式探询能够提供许多好处，但它并不总是变革组织和团队的最好的方法，事实上，这一方法并不总是成功的。肯定式探询需要参与者愿意放弃问题导向方法，包括用来决定谁应该为过去的失败负责的"归咎游戏"。它还要求领导愿意接受肯定式探询不是很结构化的过程。另一个顾虑是研究并未考查这种方法的可能性。也就是说，我们并不知道在哪种情况下肯定式探询是组织变革的有效方法，而哪种情况下不是。总之，肯定式探询对于解释组织变革过程有很大的贡献，但我们要开始着手理解它的潜力和局限性。

13.5.3　大团体干预方法

肯定式探询在小的团队也可以发生，但这一方法经常适用于拥有大的员工规模的公司，像是数百名员工参与变革过程的美国海德堡公司。同样地，肯定式探询经常被认为是大团体组织变革干预行为之一。**大团体干预**（large group interventions）采取对变革过程的一种"全系统"视角。这意味着他们将组织看作公开的系统（见第 1 章），并认为当尽可能多的员工和利益相关者与组织系统联系起来时，变革会更成功。大团体干预是高参与度的事件，因为参与者互相讨论他们的经历、期望以及想法，尤其在小组内的大集体更是典型。

与肯定式探询相似，大团体干预采取未来导向的积极关注而非过去导向的问题关注。比如未来探索，是典型的大团体干预，未来探索会议往往是多天的会议，在会议上参与者识别趋势并为组织开发策略以认识在未来条件下的潜力。除了策略开发，大团体干预产生一种对组织及其未来的集体愿景或意义建构。这个"意义建构"过程对形成组织认同和参与者如何将自身与该组织认同联系起来十分重要。

大团体干预已经在许多公司与行业发生。例如，位于曼彻斯特与坎顿的爱玛森康明化学制造公司就依赖了一次将经理、管理员和生产工人编组成五个利益相关者团队的未来探索会议确定提高工厂安全，效率和合作的行为。劳伦斯公立学校发起了一次包括父母、教师、学生、社区伙伴和其他利益相关者在内的未来探索会议来帮助董事会更有效地分配资源。"未来探索会议上确定的目标反映了社区对学校的期望"负责人蓝迪·威斯曼说，这些目标此后成为董事会制定战略决策的依据。

未来探索会议和类似的大团体变革事件潜在地弱化了变革阻力，有助于变革过程的质量保证。但它们也有局限性。一个问题是总是涉及如此多的人参与可能会限制了人们做出贡献的机会，且增加了少数人控制过程的风险。另一个忧虑在于这些事件集中于找到共同的基础，这可能会阻止参与者发现那些会干扰未来进程的巨大差异。第三个问题在于这些事件产生的是对理想未来的高预期，而在现实中很难达到的。如果员工从会议当中看不到有意义的决策和行动，他们会更加嘲讽和抵制变革。

13.5.4 并行学习结构方法

并行学习结构（parallel learning structures）是高参与度的组织变革方法，它由跟随行动研究模型而进行有意义的组织变革的来自组织各个层级的员工组成。并行组织结构是以增加组织的学习为目的，是独立于正式的等级制度而建立的社交结构。理论上，并行学习结构中的参与者是非常自由的且不受更大组织的约束，可以更有效率地解决组织的问题。

荷兰皇家石油壳牌依赖并行学习结构建立了一个更加以顾客为中心的组织结构。不同于一次性地彻底改变整个组织，主管们和六个国家的一线员工（例如，加油站经理、卡车司机和营销专员）团队坚持持续一周的"零售训练营"。参与者了解到所在区域的竞争性趋势，并被教授能识别新机会的功能强大的营销工具。这些团队回去之后研究各自的市场并提出改进方法。四个月之后，训练营的团队回来参加第二次的研讨会，在研讨会上，每个方法都得到了荷兰皇家石油壳牌主管的评论。每个团队有 60 天的时间将他们的思想付诸行动，然后团队回来参加第三次的研讨会，分析哪项办法是有效的而哪项是无效的。并行学习的过程不只是能产生新的营销方法。它还使参与者在回到各自的国家之后饶有激情地向他们的同事也包括他们的上司宣传这些新的营销方法。

13.6 组织变革中的跨文化和道德问题

纵观全章，我们已强调变革是一种不可避免、时常连续的现象，这是因为组织需要与动态的外部环境保持一致。然而我们还需要注意在任一变革过程中的跨文化和道德问题。许多组织变革方法都是基于西方文化的假设和价值观建立起来的，在运用到别的国家时会和本国的文化产生冲突。一个可能的跨文化限制是西方组织变革模型，比如勒温的力场模型，认为变革从开始到结束是线性的（也就是，一条从点 A 到点 B 的直线）。然而变革在一些文化中更多地被认为是循环的现象，像是绕着太阳旋转或是钟摆来回地摆动。其他文化对变革更多地持一种相互联系的观点，凭借某一变革带动另一变革的产生（往往是计划外的），进而导致另一新的变革，如此下去直到变革目标以一种更为迂回的方式最终实现。

另一个存在于一些组织变革干预中的跨文化问题是，他们假设变革过程充满了紧张感和公然的冲突。确实，一些变革会产生这样的冲突。但这些假设和那些将变革看成是与目标保持和谐和平衡的自然循环过程的文化是不一致的。这一困境表明我们在全球化时代需要用更加权变导向的观点来看待参与者的文化价值观。

一些组织变革的实践也面临着道德问题。其中一个道德问题是侵犯个人隐私权的风险。行动研究模型建立在收集组织成员个人信息的基础上，这要求员工提供他们可能不愿意透露的个人信息和情感。第二个道德问题是一些变革活动通过在组织成员中提倡顺从和遵从行为潜在地增加了管理的权力。例如，行动研究要求全员参与而不允许成员自愿参加全系统的变革活动，第三个问题是一些组织变革方法伤害到了个人的自尊。解冻过程要求参与者否定他们已有的信念，有时甚至是在某项任务上的个人能力和人际关系。

组织变革通常比最初看起来的时候要困难得多。困难在于大多数组织要求在持续和快速适应的环境下运作。组织通过在这一持续的变革过程中同外部环境变化一样快地鼓动员工的复杂动态性来生存和增加竞争优势。

13.7 组织行为：进程仍在继续

大约100年之前，美国实业家安德鲁·卡内基说，"带走我的员工，只留下我的工厂的话，杂草很快就会在工厂的地面上长出来。带走我的工厂，但留下我的员工的话，我们很快就会有一个新的更好的工厂了。"卡内基的陈述反映了贯穿本书的思想：组织并不是指建筑物或机器或金融资产，而是组织中的人员。组织是人的实体——充满生机，有时是脆弱的，但却是令人兴奋的。

本章概要

13-1 阐述勒温力场分析模型的要素。

勒温的力场分析模型说明所有的系统中都存在驱动力量和约束力量。变革通过解冻、变革和再冻结过程而发生。解冻过程造成驱动力量和约束力量的不平衡。再冻结以理想的行为为基础对组织系统和结构进行重组。

13-2 探讨人们抵制组织变革的原因以及变革代理人应如何看待这种抵制。

约束力量表现为员工对变革的抵制。抵制应该被认为是变革的资源而不是变革所固有的障碍。人们抵制变革的主要原因有直接成本、爱面子、对未知的恐惧、打破惯例、团队变动的不一致和团队系统的不一致。对变革的抵制被看作是一种资源，而非是变革过程中的内在阻碍。变革代理人需要将抵制看作任务冲突而不是关系冲突。抵制是变革代理人还未充分使员工对变革准备就绪的信号。它还是一种发言的形式，因此讨论很可能会改进程序公正。

13-3 概述六种最小化对变革抵制的策略，并讨论有效创造对变革的紧迫感的方式。

组织变革也需要驱动力。这意味着员工通过了解需要组织变革的外部环境而产生变革的紧迫感。对变革的紧迫感也可以通过使员工与顾客直接接触而形成，领导常常需要在外在压力被感受到之前就创造对变革的紧迫感，而这可以通过构造一种更为吸引人的未来愿景而发生。

变革阻力可以通过使员工了解变革努力的预期（沟通），传授员工适合理想未来的有用技能（学习），让他们参与变革过程，帮助员工处理变革压力，同那些在变革努力中会失败的人谈判均衡，和运用压制（不常用，作为最后一种方法）。

13-4 探讨领导、合作、社交网络以及试点项目如何协助组织变革。

每一次成功的变革都需要变革促进者对理想的未来状态有一个清晰的、表达明确的愿景。他们还需要一些人的协助（领导性的合作），这些人遍布整个组织。变革还通过社交网络非正式地发生。病毒性般的变革通过社交网络中有影响力的人群产生。

许多组织变革都是由一个试点项目开始运行，而后试点项目的成功扩展到组织的其他领域。这通过运用MARS模型得以实现，包括激励员工采用试点项目的方法、培训员工掌握这些做法、阐明这些试点项目如何运用到不同的领域，同时提高时间和资源以支持试点项目的扩展。

13-5 描述和比较行动研究方法、肯定式探询、大团体干预以及并行学习结构等正式的组织变革方法。

行动研究方法是以一种结合行动导向（改变态度和行为）和研究导向（理论测验）的高参与度的、开放性的变革管理方法。它是诊断变革需求，引入干预行为，然后评估和稳定理想变革的基于数据的问题导向过程。

肯定式探询以积极的组织行为哲学为基础将参与者集中于积极的和可能的关联上。连同这一积极原则，这个变革方法还有诠释、并发、诗歌与预想原则。肯定式探询的四个阶段（4D流程）包括发现、梦想、设计和实现。

大团体干预，是将组织看作公开的系统（即尽可能多地纳入员工和其他利益相关者），同时对变革采用未来和积极的关注的一种高参与度方法。并行学习结构是以增加组织的学习为目的，是独立于正式的等级制度而建立的社交结构。它是由跟随行动研究模型进行有意义的组织变革的，来自组织各个层级的员工组成的高参与度的组织变革方法。

13-6 讨论组织变革中的两类跨文化和三类道德问题。

一个主要的忧虑在于以西方文化为导向而产生的组织变革理论潜在地会同其他国家的组织文化产生冲突。而且，组织变革实践会导致一个或多个道德问题，包括增加管理层对员工的控制，威胁个人隐私权，伤害个人自尊以及使客户依赖于变革顾问。

关键术语

行动研究
大团体干预
再冻结
肯定式探询

并行学习结构
解冻
力场分析模型

复习思考题

1. 假设你所在的学校正进行着一场变革，以求更好地适应其所在环境。讨论驱动变革的外部力量。内部还存在哪些驱动因素？
2. 运用勒温的力场分析模型描述福特汽车公司的组织变革的动态发展过程。全球链接13-2提供了一些关于福特变革的信息，但思考一些该插图外的其他支持或反对变革的因素。
3. 在组织变革过程中，员工抵制是一种症状，而不是问题，在员工抵制的背后真正的问题是什么？
4. 大型跨国公司的高层管理正计划着对组织进行重组。目前，组织在地理区域上是分散的，所以分区的主管负责人对于制造和销售有很大的自治权。新的结构将会把权力从主管负责人分散到不同的产品团体；分区的主管负责人将不再负责他们区域的制造活动，但仍会负责销售活动。描述在这种组织变革过程中高层管理可能会遇到的两种抵制类型。
5. 讨论组织变革过程中薪酬系统的作用。尤其是，明确薪酬系统和勒温的力场分析模型的关系以及薪酬系统是如何破坏组织变革过程的。
6. 网络电路公司是以马来西亚为基地的高科技公司定制生产厂商。高管想要引进精益生产实践来削减生产成本从而保持竞争性。一位咨询顾问建议公司先在一个部门运行试点项目,如果成功,再扩展到组织的其他部门。讨论这项建议的优点,并确定可以使扩展(而不是试点项目的成功)更加成功的三种方法。
7. 谁是在组织正式和非正式的关系网里对组织正经历的变革感兴趣的角色?
8. 假设你是东兰辛银行分行服务部的副经理。你注意到其中一些分公司有持续较低的服务排名,即使在资源和员工特征上没什么明显的不同。描述在其中的一个分公司可以解决这些问题的肯定式探询过程。

应用案例:陈春花与新希望六和

《财富》(中文版)正式发布了2015年"中国最具影响力的25位商界女性"排行榜,陈春花首次上榜,而且还是排在第二位。

2013年5月22日,新希望六和股份有限公司宣布,任命陈春花为联席董事长兼首席执行官。自此,身兼教授、作家、咨询专家等多重身份的陈春花又多了一种身份,企业高管。

六和之缘

2000年,六和集团创始人张唐芝来到新加坡国立大学学习,在商学院的一堂课上,作为授课教师的陈春花与张唐芝初相识,那一年陈春花36岁。

"2000年的时候,一个中国的民营企业就送人到新加坡国立大学学习,这让我感到很惊讶。"陈春花在接受《21CBR》记者采访时说道,当时中国民营企业出国学习的情况并不多见,在大量跨国企业、国有企业的"衬托"下,张唐芝的出现引起了陈春花的关注。

所以,当张唐芝抛出橄榄枝,邀请陈春花去青岛了解六和集团的业务时,对企业研究颇深的陈春花欣然接受。当时的陈春花没有想到,随着接触的增多,她对六和集团发展理念的认同感逐渐增强。

2003年,六和集团走到第十个年头,公司发展需要全新的模式来应对市场的变化,六和集团的三位创始人一致希望由陈春花带领改变,她接受了。

回顾往昔,陈春花坦言:"我非常钦佩唐芝先生的魄力和力量,也非常感谢三位创始人给予的信任和支持。"她也用实际行动回馈了这份信任。不到两年任期内,陈春花和团队一起创造了农牧行业的奇迹:走出原有的"六和模式",集团的年销售额从28亿元增长到74亿元,六和跑到了行业的最前端。

两年后,新希望入主六和,陈春花从总裁的职位转为企业战略顾问。只要有机会,新希望集团董事长刘永好总会找陈春花谈论重回公司任职的问题。2013年,新希望集团将经历艰难的战略转型,也需要找到全新的发展模式,这次陈春花终于接受邀请,她解释说:"因为责任。"

"新希望六和原来是以饲料为主的中国最大的农牧企业,并且饲料销量已经达到全球前三的位置。这样一家具有33年历史的公司,在农牧行业特别是饲料行业具有独特的地位和竞争力。但是今天整个市场和行业都发生了根本性的变化,因此我需要带领这家公司做出彻底的转型。"这是陈春花回归新希望六和时肩上扛着的担子。

让人惊讶的是,在刘永好的大力支持下,陈春花又用了两年时间带领这家公司走出低谷。目前,新希望六和业绩已恢复了增长,根据新希望六和去年发布的上半年业绩报告,公司实现营业收入超过320亿元,同比增长3.78%,净利润超过12亿元,同比增长12.61%。

变革者

互联网风口下,陈春花下过这么一个定论:"要么转型,要么灭亡。""转型对于很多人而言，并不是主动的选择，而是被动、不得而为之的选择，这是互联网经济造成的现实，我们公司也一样不能幸免。"陈春花对行业整体情况看得相当透彻，她认为造成中国农牧行业持续高成本、疫情、全球贸易以及环境苦战的原因正是转型动作过慢。

重回公司，陈春花着手从产业链、核心技术能力、海外布局及信息系统和数据库四个维度进行战略调整。

目前，新希望六和拥有15万养殖户和500多个合作商，采购规模可观；但传统农牧基于养殖户的评价来理解价值的评价体系，不能真实反映终端消费者的感受。让消费者感受到肉的安全而不是仅听农民评价饲料好不好，是陈春花调整公司产业链的根本所在。

陈春花说："仅仅是养殖环节，在很大程度上取决于经销商与资金、原料采购的协同效率，而非真正的养殖效率，更不用说对动物保健与福利、技术等这些关键要素的理解和把握。"

在核心技术能力方面，陈春花的理解不止于研发，她要让技术能力变成服务，为此新希望六和加大了调整和投入；同时，基于公司12年累积的海外经验，陈春花将抛向海外市场的网撒得更加广阔。目前，新希望六和在全球16个国家中建成或在建分子公司达47家。

而信息系统和数据库的建设，则从根本上改变了新希望六和的属性，整个养殖的过程和食品提供的过程已做到安全可控，陈春花说："我们已经从原来的'公司＋农户'的经营模式，转变为'基地＋终端'的经营模式。"

公司持久力专家艾伦·奈特说过，"不可持续是无法持续的"。陈春花对这句话的理解是，无论是对现实还是未来的判断，"一切照旧"的商业模式无法带来可持续发展。环境的变化让陈春花成为一个坚定的变革者，而她又在持续的变革中成为一个笃定的挑战者。

陈春花在挑战公司管理，也挑战自我。"有一天，发现别人在用'陈春花教授'开设微博时，我忽然明白，这个时代，你不去与别人沟通，别人会'帮'你沟通。"于是陈春花主动突破，不久她申请的微信公众号"春暖花开"顺利上线，取"春到浓时花自开"之意。陈春花相信："自己需要融入时代，才可与变化共舞。"

资料来源：《21世纪商业评论》，作者：袁晶莹，略有删减。

讨论题：
1. 陈春花带领新希望六和进行了哪些变革？
2. 新希望六和为什么能够转型成功？

小组练习：战略变革事件

目的： 这一练习用来帮助你识别在各种情形下促进组织变革的战略。

说明：
1. 指导者将学生分成小组，每一组都被分配给下面所展现的场景之一。
2. 每组成员都对所分配的场景进行诊断，决定最适合的变革管理实践。最合适的战略必须①使组织成员产生变革紧迫感，②最小化变革抵制，和③对新的状态再冻结以支持变革计划。每一场景都基于真实的事件。
3. 每组都要提出变革管理战略，并为所提出的变革战略进行辩护。在被分配给相同场景的所有的组对所分配的场景提出变革战略后，课堂将集中于对战略的适当性和可行性进行讨论。指导者随后会讲述这些组织在现实中是如何做的。

场景1：绿色电话公司 一家大型的

手机公司的董事会想通过要求各级执行主管鼓励员工在工作场所减少垃圾的制造来使公司更加环保。政府和其他的利益相关者都期望公司采取这一行动并获得公开的成功。因此,执行主管们想在公司的办公室里大量减少办公用纸的使用以减少废物和其他垃圾。不幸的是,调查显示,员工并不注重环境目标,也不知道如何去"减少,再使用和循环使用"。作为此次变革的执行负责人,你被要求制定一项会给这一目标带来有意义的行为改变的战略。你会怎么做呢?

场景2:航空公司前进 一个大型的航空公司刚刚经历了相当混乱的十年历程,包括了两次破产保护,十名高管和员工的士气很是低落,员工出于尴尬把制服上的公司标志都摘了下来。公司服务很糟糕,航班很少准时起飞或降落。这造成公司为旅客的中途停留花费了巨大的成本。管理者也被困扰着,他们中的许多人在公司工作很长时间了,但也不知道怎样制定有效的战略。20%的航班是亏损的。整个公司接近财务崩溃的边缘(近三个月的员工工资赊欠)。你和新聘请的CEO必须使员工尽快地改善运作效率和客户服务。你需要采取哪些行动来及时地实施这些变革呢?

自我评估:你能容忍变革吗

目的: 这个练习用来帮助你理解人们对于变革的不同的容忍度。

说明: 阅读下面的每一条陈述,圈出最符合你个人意向的答案。然后计算结果。你必须独立地完成评估,这样才能在不考虑社会对比的情况下诚实地评估你自己。课堂讨论将集中于量表中概念的含义以及它对于组织体系变革管理的意义。

你在多大程度上同意下列每一种说法?请在右侧的答案标出你的同意程度

完全同意 比较同意 同意 中立 不同意 不完全同意 完全不同意

1. 我一般偏向于不确定性而不是可预测性
2. 当我认识事件中的大多数人的时候我感到更加安心
3. 我不理会相对于熟悉的环境来说,新环境所带来的威胁
4. 我更加倾向于只有一个最佳解决方案的问题,而不是有很多可能答案的问题
5. 我不喜欢不确定的情景
6. 我避开对我来说不容易理解的复杂环境
7. 我喜欢有多种解读方式的情景
8. 我对出乎意料的情景应付自如
9. 通常,相对于不熟悉的环境,我更加倾向于熟悉的环境
10. 我很享受在不确定的环境里工作

读完本章后,如果你需要更多信息,请登录:www.mhhe.com/mcshane7e 获得更多关于本章的深度信息和互动。

第14章 新型组织

学习目标

阅读完本章，你应该能做到：
- 了解传统组织和新型组织的特征，通过简单的比较，认识传统组织和新型组织的不同。
- 了解学习型组织的概念、特征，论述如何建立一个学习型组织。
- 了解虚拟组织的概念、特征，认识虚拟组织的四种基本模式。
- 了解网络组织的概念、特征及其运行方式。

20世纪80年代以来，科技的迅速发展不但改变了人们的工作、行为方式，还改变了组织形式。由于市场竞争日益激烈、消费者需求日益变化等影响，当今的社会与经济环境充满了高度的不确定性、动态性和复杂性，而缺乏灵活性的传统组织形式逐渐受到了挑战。传统的组织形式的局限性也逐渐展露，其难以适应复杂多变的环境。高度不确定性和动态性的外部环境要求组织具有较强的灵活性和应变能力来适应新的形势，由此，传统的组织形式逐渐向新型的组织形式转化，一系列具有创新性质的新型组织应运而生，它们在管理理念、组织特征、组织运行模式等方面都具有一定的先进性和共同点。本章的开篇先了解传统组织和新型组织各自的特征，并对两者做简单的比较，其后将重点对三种主要的新型组织形式展开介绍，包括学习型组织、网络组织和虚拟组织，认识新型组织形式的内涵、特征及其基本模式等内容。

14.1 传统组织与新型组织

传统的组织形式一般包括直线式组织结构、职能式组织结构、事业部式组织结构和矩阵式组织结构。传统组织形式具有以下共同特征：
- 标准的专业分工，明确和详细的职责要求；
- 强调等级制管理，授权明确的层次结构，严格的职责、权限范围和清晰的指挥、控制系统；
- 正式规章制度和标准运作规程；
- 组织与外部环境之间，以及组织各个部门和下属单位之间分工明确的边界；
- 有专门的机构处理和协调跨越边界的事务，以隔离外部环境对组织内部运行的影响以及组织内部各个部门之间的影响。

传统组织的局限性：
- 信息传递的层次多，存在信息失真，运作效率低；
- 制度的僵死与机械化，缺少灵活性，无法适应环境的快速变化；
- 内部协调机制的不健全，部门主义倾向严重；
- 缺乏对人的信任，或只给有限的信任。

新型组织的特征：

（1）团队化
- 强调团队作为组织活动的基础单位，而不是以个人的专业活动为基础；
- 团队通常是由跨部门、具有多专业、多功能特征的人员组成；
- 创造跨越部门和功能边界的更广泛的、横向的信息共享与合作；

（2）结构扁平化
- 管理层级显著减少；
- 减少因过于复杂的控制导向的层级组织结构造成的延误；
- 扁平化有效提高组织的运行效率；

（3）具有灵活性
- 组织更快、更灵活地响应外部环境的变化；

（4）以知识为基础
- 注重组织内部信息的交流、知识的分享和每位成员参与决策过程。

随着信息社会的到来，僵化、缺乏灵活性的传统组织的局限性逐渐显现，而新型组织注重简化内部组织结构，弱化等级制度，促进组织内部信息的交流、知识的分享和每位成员参与决策过程，使得组织对外部环境的变化更敏感、更具灵活性和竞争实力，更能适应环境的变化和社会发展的需要（见表 14-1）。接下来，本章将简要地介绍三种主要的新型组织形式，包括学习型组织、虚拟组织和网络组织，从组织概念、组织的特征及组织的运行模式等方面来学习和认识新型组织。

表 14-1 传统组织与新型组织比较

传统组织	新型组织
个人化的职位/工作	以团队为基本单位
由专人处理与环境的关系	环境紧密结成网络
信息纵向向上传递	横向与纵向信息流
决策向下传递	信息持有者进行决策
层次多	组织结构扁平化
强调结构、规则、标准程序	强调流程与结果
单一的行为与文化规范	文化与行为的多样化
强调个人的专业化发展	强调组织的专业化发展

14.2 学习型组织

1. 学习型组织的概念

学习型组织的概念，是在 1990 年由美国麻省理工学院斯隆管理学院的高级讲师彼得·圣吉在其著作《第五项修炼——学习型组织的艺术与实务》中首次提出的。他认为学习型组织是一个"不断创新、进步的组织，在其中，大家得以不断突破自己的能力上限，创造真心向往的结果，培养全新、前瞻而开阔的思考方式，全力实现共同的抱负，以及不断一起学习如何共同学习。"

2. 学习型组织的五项修炼

彼得·圣吉认为企业要建成学习型组织，必须进行五项修炼

（1）建立共同愿景（building shared vision）：这是指针对我们想创造的未来，以及我们希望据以达到目标的原则和实践方法，发展出共同愿景，并且激起大家对共同愿景的承诺与奉献精神。

（2）团队学习（team Learning）：这是指转换对话及集体思考的技巧，让群体发展出超乎个人才华总和的伟大知识和能力。

（3）改善心智模式（improve mental models）：这是指要持续不断地厘清、反省以及改

进我们内在的世界图像,并且检视内在图像如何影响我们的行动与决策。

(4)自我超越(personal mastery):这是指学习如何扩展个人的能力,创造出我们想要的结果,并且塑造出一种组织环境,鼓励所有的成员自我发展,实现自己选择的目标和愿景。

(5)系统思考(system thinking):这是指思考及内容、了解行为系统之间相互关系的方式,帮助我们看清如何才能更有效地改变系统,以及如何与自然及经济世界中最大的流程相调和。①

3. 如何建立学习型组织

(1)评估组织的学习情况。认清企业当前基本情况,找出与目标的差距;具体了解组织成员的学习状况和内心想法以及建立学习型组织的障碍,为以后的工作打下基础。

(2)在正式实施"五项修炼"前,充分的准备工作是必需的,要结合实际认真学习和领悟学习型组织理论的真谛。系统的理论学习能让组织成员深刻理解建立学习型组织不是上级分配下来的硬性任务,而是组织发展的大势所趋和提升自我的内在要求。这在一定程度上能够消除来自内部的抵制。

(3)将观念落实到组织,搭建新的学习架构,设计学习过程,这是建立学习型组织的关键。具体要求包括:①保持共识建立完善的学习体制,有明确的规章制度,使之成为组织成员的行动标准;②引导组织成员认识终身学习的理念和机制,重在形成终身学习的习惯;③提高组织成员解决问题的能力,把学习引入工作;④通过学习由大家描绘出组织发展远景,并成为组织成员共同努力的方向与目标。

(4)建立多元回馈和开放的学习系统。学习组织要通过回顾、目标、规则、继续进步、反馈、落实到行动这六个方面的系统努力来实现。

(5)明示未来努力的方向。要成功建立起学习型组织,需要面对一切挑战带来的机会,不断确定未来的发展方向。②

4. 学习型组织的特征

(1)注重组织的学习能力。组织的学习能力是指组织处理无先例可循的问题的能力,也就是组织运用获得的知识和经验改变自身的内部结构,与急剧变化的环境相适应的能力。在当今的信息社会中,新型组织的基础是知识,组织中的每个成员都应该是知识性工作的专家,组织成员都需要通过不断学习来识别和解决问题。组织的学习能力是决定组织素质的最基本和最关键的因素,因此注重学习能力,是学习型组织最基本的特征之一。

(2)注重全员学习、全程学习和团队学习。全员学习指组织的全体成员都必须通过不断学习来获取知识,使其掌握的知识成为组织知识链的一部分。全过程学习即"做"与"学"合二为一,整个工作过程同时也是学习的过程。在工作中学习、创新知识和运用知识,边学边干,干中学、学中干。团队学习即在组织内部建立像彼得·圣吉所倡导的"团队",团队除完成技术创新、自主管理等一般功能外,要成为组织成员间知识和技能交流和沟通的通道。通过知识和技能的沟通及集体思考,让群体发展出超乎个人才华总和的知识和能力。③

---

① 俞文钊,吕晓俊.学习型组织导论[M].大连:东北财经大学出版社,2008.6-7.
② 金锡万,白琳.当代企业组织新模式——学习型组织[J].技术经济,2003(06):24-25
③ 王林秀.知识经济时代的新型组织——学习型组织[J].现代管理科学,2003(07):39-40.

（3）扁平化。传统组织的特点是多层次，在组织内由决策层通过多级中间管理层传递到执行层。学习型组织的特点是扁平化，在组织内由决策层不通过中间管理层而直接传递到执行层，由多层化向互动扁平化转变。⊖结构扁平化减少组织结构的层次数，缩短信息传递链，使面对面的领导和交流更易于实现，从而形成相互理解、相互学习、整体互动思考、协调合作的群体，充分发挥组织成员的主动性和创造性，增强组织的适应能力。

14.3 虚拟组织

14.3.1 虚拟组织的概念

虚拟组织是一种区别于传统组织的、以信息技术为支撑的人机一体化组织。其特征以现代通信技术、信息存储技术、机器智能产品为依托，实现传统组织结构、职能及目标。在形式上，没有固定的地理空间，也没有时间限制。组织成员通过高度自律和高度的价值取向共同实现所在团队的共同目标。

14.3.2 虚拟组织的特征

1. 组织成员核心能力和资源具有互补性

在资源有限的情况下，组织掌握核心竞争力，可以在竞争中取得优势地位，即把知识和技术依赖性强的高增值部门掌握在自己手里，而把其他低增值、非强势部门虚拟化，使组织资源得到最大化的利用。这样汇聚各组织成员的核心竞争力，从而提高总体的竞争能力，更好地应对外部环境的不确定性。

2. 组织边界的模糊性

在传统组织中，边界被视为稳定、一致和连续的地带，而虚拟组织是由一些独立组织联结起来的临时性的组织，打破了传统企业组织机构的层次和界限。因此，虚拟组织可以被认为是同时处于边界的内部和外部。这种情况下，同一性和差异性同时存在并被不断地修改和相互磨合，这就使得很难用固定的、类似实体的术语来考虑虚拟组织的边界。多个不同的功能甚至组织的交叉，使得虚拟组织的边界在形式上更像是"网络"。各成员组织出于某种战略考虑，为了共同的目标和利益组成某种松散型、虚拟化的网络合作关系，形成的是一种柔性的地位完全平等的伙伴关系，而不是从属关系。因此，虚拟组织的边界具有一定的模糊性。

3. 组织结构扁平化

与传统组织结构相比，虚拟组织通过社会化协作和契约关系，使得组织的管理扁平化、信息化，削减了中间层次，决策层更贴近执行层，对环境变化能够做出迅速反应。这种组织结构的优点在于层级控制少、灵活、民主，易于内部沟通、调动组织成员的创造性，对外界的反应快。

4. 组织构成的动态化

从组织构成成员的角度分析，虚拟组织中的成员进入或退出都比较自由，外部成员都

⊖ 俞文钊，吕晓俊.学习型组织导论[M].大连：东北财经大学出版社，2008.15-17.

可以以自身拥有的核心能力通过协商加入某一虚拟组织，成员的数量也没有限制，只要内部的协调成本小于市场交易费用即可。另外，从虚拟组织的持续时间上观察，虚拟组织的持续时间也容易变化不定。组织得以持续的基础便是组织成员的共同利益，一旦共同利益这个基础不复存在，虚拟组织也就随之解体。因此，虚拟组织的组织构成是动态的、暂时的，具有较大的灵活性。○

14.3.3 虚拟组织结构的具体模式及其特点

虚拟组织结构一般可以划分为四种具体模式。

1. 星形模式

在星形模式中，一般由一个占主导地位的核心团队和其合作伙伴组成，核心团队担负着虚拟组织主要的管理工作，制定运行规则，协调各方关系，是虚拟组织管理的主体。在星形模式下，虚拟组织的客体主要是盟主企业的其他合作伙伴。组成虚拟组织各部分的是处于不同地域的、有着自身独立性的多个企业的核心部分。显然，虚拟组织的高效运作，就依赖于整体优势的发挥以及各联结部分及其内部的协调运作与高效管理。

2. 平行模式

这种模式中不存在占主导、核心地位的盟主企业，虚拟组织的所有成员都在平等的基础上相互合作，没有核心层和外围层的区别。成员企业在保持自身独立的同时，为虚拟组织贡献出自己的核心能力和资源。该模式强调每个成员的作用，任何一个成员的核心能力的发挥强弱都会影响整个虚拟组织运作的好坏。由于平行模式中各成员企业的地位平等，于是决定了它们在虚拟组织管理中扮演的角色具有相同分量。每个成员企业既是管理的主体，也是管理的客体，管理的重点集中在伙伴关系管理、协调管理以及风险管理上。○

3. 互补模式

在互补模式下，虚拟组织是由地位平等、拥有的资源与核心能力相互补充的各方共同组成，在这种模式下，虚拟组织的组建与管理需要通过各方的协商来解决。

4. 混合模式

混合模式是指虚拟组织的不同层次、不同部分采用不同的组织模式。星形模式、平行模式和互补模式都有各自的特点和适用情形，混合模式可以更好地发挥各自的优势，使虚拟组织更有效。

14.4 网络组织

1. 网络组织的概念

网络组织是一个由活性结点的网络联结构成的有机的组织系统。信息流驱动网络组织运作，网络组织协议保证网络组织的正常运转，网络组织通过重组来适应外部环境，通过网络组织成员合作创新实现网络组织目标。

○ 特·海伦娜，朱雯吉.虚拟组织的特征及其结构模式[J].合作经济与科技，2010(2):44-46.
○ 邢永杰.虚拟组织[M].上海：复旦大学出版社.2008.56-57.

2. 网络组织的特征

（1）网络结点及其联结方式的多样性。构成网络组织的结点不仅数量众多、规模巨大，而且每个结点之间存在显著的内在差异性，主要表现在组成结构和功能差异两个方面。比如结点可以是个人、团队、团队联盟或者甚至是一个分网络，但无论其组成如何，作为每一结点都必须具有其独特的核心竞争力，唯有此，才使得网络组织有形成的动力基础。同时结点之间的联结方式呈现丰富多样性。

（2）网络组织的层次性。由于活性结点的复杂多样性，导致系统内部的子系统之间，子系统与要素之间，要素与要素之间，以及由它们组成的不同层次的子系统之间都存在着物质、信息、能量的交换。

（3）网络组织边界模糊性。网络组织是由活性结点通过各种联结方式而构成的一种立体空间结构，它是对单一的点、线的超越，形成大流通、大开放的资源共享的无边界的立体组织结构。○

（4）网络组织是一个动态开放的系统。网络组织本身就是环境变化的产物，它还将随着外界环境的不断变化做适时的调整，以丰富和完善它的功能结构。同时，系统每时每刻都在和环境进行着物质、信息和能量的交换，彼此之间的渗透能力不断得到加强。

（5）网络组织可以没有核心组织者。网络组织是为了特定目标或项目而由人、团队、组织构成的超越结点的组织，组织结点的构成会随着网络组织运作进程、目标完成情况或项目进展增减调整。因此网络组织可以不是一个独立的法人，这也正体现了网络组织的自组织特性。○网络组织由各要素通过信息网络自发结合，并因活性结点的相互协调、相互补充而得以顺利发展。

3. 网络组织运作流程

网络组织是一个由活性决策结点构成的具有非线性联结机制的、动态演化的复杂系统，具有自相似性、自组织性与自学习性特征，它由组织目标导引，由信息流驱动，推动网络组织的发展。网络组织运行的过程中，要进行环境匹配，向环境学习，适应环境变化。网络组织通过成员匹配及筛选结点，与组织文化构造组织内环境。网络组织在其运行过程中的信息沟通、交流、冲突、协调，是网络组织运作过程的重要环节。网络组织运行的整体过程可由图 14-1 表示。○

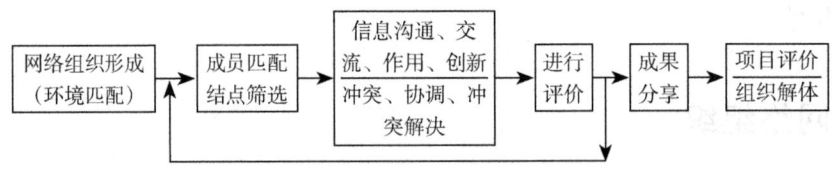

图 14-1　网络组织运行的整体过程

○ 何苏华. 企业网络组织的特征、成因及其运行机制 [J]. 商业研究，2005(20):11-13.
○ 何苏华. 企业网络组织的特征、成因及其运行机制 [J]. 商业研究，2005(20):11-13.
○ 林润辉，李维安. 网络组织——更具环境适应能力的新型组织模式 [J]. 南开管理评论，2004(3):4-7.

本章概要

14-1 随着信息社会的到来，僵化、缺乏灵活性的传统组织的局限性逐渐显现，而新型组织注重简化内部组织结构，弱化等级制度，促进组织内部信息的交流、知识的分享和每位成员参与决策过程，使得组织对外部环境的变化更敏感、更具灵活性和竞争实力，更能适应环境的变化和社会发展的需要。

14-2 与传统组织相比，学习型组织具有注重组织成员学习能力、结构扁平化等特点，学习型组织在内部建立起完善的"自学习机制"，将组织成员与工作持续地结合起来，使组织在个人、工作团队以及整个系统三个层次上得到共同发展，形成"学习——持续改进——建立竞争优势"的良性循环。创建学习型组织可以提高组织的学习能力，从而提高组织成员的能力，组织的学习能力越强，组织的适应性和成功性就越强。

14-3 与传统的组织结构形式相比，虚拟组织突破了组织边界、时间及空间的限制，它具备组织边界模糊、组织结构扁平化、组织构成的动态化等特点。虚拟组织具有多种模式，虚拟组织可以更有效地整合组织内外部资源，提高组织解决问题的能力。

14-4 与传统组织相比，网络组织是一种新型的组织形式，以强大的网络信息技术为平台，由于其活性节点的网络连接结构、信息流驱动特征、协作创新机制，加之具有自相似性、自组织性与自学习性特征，是一个自组织系统，由组织目标导引，由信息流驱动，通过有效的运作管理，使其能更好地应对复杂、不确定、持续变化的环境。

应用案例14-1：中国科学院高能物理研究所创建学习型组织

中国科学院高能物理研究所（以下简称高能所）是进行高能物理研究、先进加速器技术研究和开发、先进射线技术及其应用的综合性的实验研究基地。该所由科研技术人员、专家及研究生、博士后等流动人员组成。他们通过科研技术的集成与合作，进行综合实验物理、天体物理、理论物理等基础物理的研究，属于"大科学工程"型基础研究和范畴。面对科学技术发展的学科综合化和研究复杂化，基础物理研究的实施过程中强调科研力量和技术集成，高水平技术与大规模相结合，更强调科研管理创新。为此，高能所引入学习型组织的先进管理理念，优化和改革科研管理机制，在明确组织共同愿景，优化组织结构的基础上，建立了促进各科研室之间、研究室内部成员之间的知识与资源共享机制，转化个人知识资本为组织资本，提升了组织的创新力。

高能所通过凝练和提升本所的科研发展方向和国家战略需求，确定了"踏踏实实地搞好本单位承担的国家基础科学研究，持续科技创新，达到世界先进水平"的组织发展愿景，还确立了"团结、唯实、创新、奉献"为高能所的所风。

开放式科研氛围是科研人员创新科研的"鲜活氧气"，是创新灵感和增长技能的温床。因此，高能所重视并建立了科技前沿知识交流机制，即定期组织与本单位科研方向相关的国际研讨会或学术会议等，并鼓励员工积极参加和学习，意在让科技精英们有机会了解、探讨和发现科技前沿问题，改进和创新自身的科研项目。为了加速组织成员的学习速度和深度，还打破部门间交流的隔阂，促进交叉学科的沟通和发展。高能所利用先进的信息技术，建立了信息网、共享知识库，对于一些专业知识性强的知识信息需求与相关专家栏建立链接，确保信息质量；并定期举办科技论坛，鼓励员工就科技前沿问题、创新过程中产生的新问题、科研管理过程中需要更新的制度以及常规工作方式提出有参考价值的挑战性措施，群策群力，积极鼓励广大员工参与到组织建设中。

其次，优化扁平式组织结构，努力营造上下级之间开放的沟通交流环境。由于知识型员工削弱了"命令—支配型"管理模式存在的基础，因此，科研组织的组织结构应是精简、扁平化的。高能所实施所长负责制，本着科研工程需要集成与合作的发展要求和优化综合物理学科划分的原则，划分为10个研究室，6个管理部门，由所长直接负责。这种扁平式的组织结构能给予基层提出问题和实施变革的有效工作空间，增强了组织对科技发展变化的适应能力和应变能力。

在实施了前3个条件的基础上，高能所还加强研究室内部建设，整合与提升各研究室资源，并与组织文化相融。各研究室在明晰了组织的共同科研目标后，明确地向各成员分配具体的科研任务及目标。结合团队学习的理念，重点强化各成员间的科研知识交流、沟通和共享，促进团队学习。

"BEPC Ⅱ"工程部的运作就是一个微型的科研组织有效学习的范例。"BEPC Ⅱ"工程即是对北京正负电子对撞机和北京谱仪进行重大改造，使我国继续拥有世界上在该领域性能最好的高能物理实验装置，为我国在今后相当长的时期内继续保持高能物理研究的国际领先地位、取得重大物理研究成果奠定基础。为此所里专门组建了 BEPC Ⅱ 工程部，在人员组成上，聘任了大批优秀的青年科技人才，引进了国内外优秀人才，还聘请了国内外优秀专家。在改进正负电子对撞机实验装置的设计过程中，集成各学科的先进核心技术，创新地进行改造设计。主要采用深度会谈和讨论的方式，如成员们自由而有创造性地探究复杂而重要的 Lattice 设计难关，相互交流个人的设计成果，借鉴思维方法，不断触发和启迪科研创新点，设计出了与原方案不同的6个新的优化方案。同时，让参与者反思到自己思考逻辑的欠缺与不足，也让参与者再次体会到个人思考的局限性，也领悟到"集思——集体思考"的精义所在，还避免了团队学习智障。

采用深度会谈方式的具体操作要求为：①所有参与者真实地公开他们的假设；②所有参与者必须视彼此为科研伙伴；③由资深的学术骨干，来掌握深度会谈的方式技巧和科研问题的深入展开；④成员们总结、发现每次深度会谈的成果和技巧。

以上措施把团队的深度学习、知识共享和科研创新紧密结合在了一起，提升了团队在面临重大科研任务时，进行自我管理和自我控制的能力。

另外，加强培训和继续教育是创建学习型组织的一个重要举措。高能所首先制定实施了"在职员工继续教育72小时制度"，保证、支持和鼓励员工学习。在基础培训中，突出员工基础知识技能的提高和普及型教育的特点，以"干什么学什么，缺什么补什么"为原则，全方位、多层面地组织员工开展学习、培训，从源头上提升其岗位竞争力。其次，建立外知识内化机制。定期邀请专家来讲解和培训最新的业务技术、管理技术和经营思想，推行圆桌会议机制、午餐会议机制、科技论坛等深化交流学习的机制。结合岗位轮换制，促进员工把学习的知识应用于岗位实践中，使外部知识内化为员工和组织的知识。

在科研组织中，知识主要体现在基层，体现在专家的脑海里，因此，激励制度激励的对象重点是基层员工和专家。为此，高能所全面实行"基本工资、岗位津贴、绩效奖励"三元结构分配制度。另外，将单位岗贴总量的15%~30%作为绩效激励奖，并在年度考核的基础上，对于在科技和管理工作中具备很强的学习能力并取得优异成绩的员工和团体，实行年功津贴制度，即适当调整岗位津贴和增加绩效激励奖。让广大员工和先进团队，特别是年轻员工认识到，知识就是力量、是财富，是个人和组织共同发展的原动力。

资料来源：董晓燕,周寄中.科研事业单位创建学习型组织的案例研究[J].科技进步与对策,2003, 20(6):73-75.

讨论题：

1. 中国科学院高能物理研究所是如何建立学习型组织的？
2. 从中国科学院高能物理研究所建立学习型组织的过程中带给我们哪些启示？

应用案例14-2：斯德恩斯公司的虚拟团队

斯德恩斯公司是美国一家税务会计公司，主要为个人提供税务服务。公司的优质服务建立在优质建议和出色服务上。得到这些声誉的关键在于，公司拥有不断更新的电脑资料和分析工具，员工们都是运用这个工具为客户提供咨询服务的。而编写这些程序的几个人都受到过相当专业的培训。他们编写的程序技术含量很高，无论是设计的税务法律内容，还是使用的编程语言。

完成这项工作需要高超的编程技能，以及对法律的透彻理解。它要求人们迅速整合新的法律内容并对已有法律做出解释，然后准确无误地把它们编入已有规则和分析工具中。

这些程序的编写由四名分布在大波士顿地区的成员组成的虚拟团队完成。四个人都是在家里工作，相互之间以及与公司的联系通过电子邮件、电话和会议软件进行。所有程序员之间的正式现场会议一年之中只有几次，不过他们有时会在工作之余进行非正式的见面。以下是四个人的背景资料。

安德鲁是一名税务律师，缅因大学毕业生，曾是学校棒球队队员，单身，35岁。安德鲁从事该项目已经6年，是小组里工作时间最长的成员。除了编写程序的责任外，他主要担任与公司的联络工作，还负责对新成员进行培训。安德鲁在南新罕布什尔自己的农场里工作，业余时间喜欢打猎和钓鱼。

克兰是一名税务会计师，毕业于麻省理工大学计算机系，32岁，已婚，有2个孩子，分别是4岁和6岁。他的太太在波士顿宜家法律公司全职工作，克兰在业余时间喜欢骑车和钓鱼。

玛吉是一名税务律师，毕业于宾州大学，38岁，已婚，有2个孩子，分别是8岁和10岁。她的先生在当地一家国防部指定公司做电子工程师，玛吉最大的爱好是高尔夫和冲浪。

迈根是一名税务会计，毕业于印第安纳大学，26岁，单身。她最近搬来波士顿，并在一所公寓里办公。

四个人每天交换大量邮件。事实上，对他们来说，为了登录和查询邮件而不见客人或家人是正常的事。他们的邮件里除了工作相关的内容之外，还有些有趣的事。

有时，如果工作的最后期限临近，而玛吉的孩子却生病了，那么其他人会帮助她完成工作。安德鲁也会偶尔邀请其他成员来自己的农场；玛吉和克兰好几次带着家人共进晚餐。差不多一月一次，小组成员会在一起共进午餐。

薪酬方面，与公司惯例一样，每个人需要单独而且秘密地和管理层谈判。尽管在工作日每个人都会受到定期检查，但他们在受雇时就被告知，他们可以在任何时间里工作。显然，工作弹性是这些人工作的优势。当四个人聚在一起时，他们常常开那些办公室里的管理人员和员工的玩笑，称那些定点上班的人是"面部计时器"，而自己是"自由代理人"。

因被要求对程序做出更大改动，他们开发了一种名为"macros"的编程工具。这个工具可以极大提高程序编写方面的速度，尤其是克兰，他非常喜欢使用macros。例如，在最近一个项目中，他非常着迷于使用这一工具来节约时间。一周之后，他交给公司他的编程以及编程记录。克兰向安德鲁夸耀说，他编写了一个新版的macro，可以在一周内节省8个工作时，安德鲁半信半疑，不过试用之后，他发现确实节省了很多时间。

斯德恩斯公司有一个员工建议方案，对那些可以节省公司资金的革新建议进行奖励。公司将革新项目在三个月内为公司产生的效益的5%作为给提出建议的员工的收入提成。公司还有一个利润分成计划。但安德鲁和克兰都觉得公司奖励的钱太少了，还不够抵消他们使用这一工具节省的时间呢。他们希望把时间用于休闲或者咨询。他们还担心，公司管理层如果了解了这项革新后会对小组不利，说不定会让三个人来工作，一个人可能会失去工作。所以，他们并没有将这项革新告诉公司。

结果安德鲁和克兰没有与管理层分享这个革新，但他们知道马上要进入紧张的工作季，而且小组中的所有人都会承受巨大压力，他们觉得应该告诉小组其他成员这一工具，但要求他们保密。

一天午餐过后，小组共同确定了一个生产能力水平，这样不至于引起管理层的怀疑。几个月过去了，他们利用更多的时间改进工作质量，还可以花更多时间在个人兴趣上。

戴夫是这个小组的管理者，在这项革新项目实施的几个星期后看到了它的成果。他很奇怪，为什么团队的工作时间在减少，但工作质量却在提高？当他看到玛吉给克兰的一封邮件时，他有点明白了。他不想让团队成员尴尬，于是暗示安德鲁他希望知道所有的事，但是他什么也没有得到。他没有向自己的上司报告这一情况，因为这个团队无论是工作质量还是效率都很不错，他没有必要进一步深究。

但是戴夫不久听说克兰向公司中另一个虚拟团队成员夸耀自己的技巧。突然，情况失控了。戴夫决定请克兰吃午餐，吃饭时，戴夫请克兰解释一下所发生的事情，克兰只是说有一些革新做法，但他坚持指出团队决定保密。

戴夫知道，自己的老板很快会听说这件事，而且会询问他。

资料来源：周瑜弘.组织行为学案例精选精析[M].北京：中国社会科学出版社，2008.

讨论题

1. 在这个团队中，有哪些特点可以表明它是虚拟团队？
2. 戴夫是一个有效的领导吗？请解释。
3. 戴夫接下来应该怎样做？

应用案例 14-3：微软的网络型组织结构

微软是一个较早采用网络型组织结构的公司。形成微软的网络型组织结构有两方面的原因：一是微软公司早期是由比尔·盖茨和十几位电脑黑客组成，当时公司内部没有什么正规的组织结构，完全是由程序员们相互协作共同完成软件开发；二是由公司产品的特性导致的。生产系统软件不同于生产轿车，生产轿车的过程可以分解为零件的生产过程和随后的总装过程，各个过程可以相互独立进行。系统软件虽然也可以分解成许多特定的功能，但是各项功能间必须保持兼容，并且可以相互调用。所以各程序员的工作需同时进行，且应能够及时了解其他程序员的工作进展。经过十几年的磨合，在微软公司内部已经形成了一套以计算机联网为基础的网络型组织结构。

在微软公司内部还保留有行政职位，然而与科层制下由行政级别而产生的职务权威不同，在微软公司权威来自于个人的技术能力。微软公司将内部的人员分为若干个技术级别，刚毕业进入微软的大学生是9级或10级，特性小组组长一般是11、12级，开发经理一般是13、14级，在整个公司达到15级的只有五六个人。在微软由14、15级的设计工程师组成的"智囊团"对公司的产品开发与经营活动拥有绝对的权威。微软公司在挑选管理人员时，首先考虑的因素是技术能力，只有拥有相应的技术级别的人才有资格担任管理职务。

为开发一个新的系统软件，如 Windows、Office 等，往往需要几千名技术精英的通力协作。在新产品开发过程中，微软公司针对新系统中的每一个功能组成一个"特性小组"，每个小组的人数视程序开发难度而定，一般不到十人。公司又为每个特性小组配备一个人数相等的测试小组，以检验源代码的正确性。编程工作开始后，每个程序员须将自己当天编写的程序在每天的某一个固定时间输入中央主版本，由计算机融合成新的代码。程序员在第二天开始编程前，先从中央主版本上拷贝下更新的源代码，然后在此基础上再编写当天的程序。这样通过每天的构造过程，几千名程序员同时工作，并且能够及时了解其他特性小组的编程情况，在需要的时候加以调用。每个特性小组有一名小组长，整个项目有一名项目经理，他们的职责不是监督程序员的工作，而是协调各小组间的同步与兼容，同时他们还要负责编写系统中最难解决的部分。在微软公司内部，员工有很强的流动性，编写 Word 的程序员可以去编写 Excel，程序管理经理可以去做产品策划，测试人员也常常有机会加入到程序员的行列。微软公司鼓励人员在部门间的流动，比尔·盖茨认为这种流动有利于部门间知识和信息的交流，也有利于发掘员工的潜能。由于微软内部实行的是技术等级而非行政等级，这使得人员在部门中的流动不会导致人事上的障碍。

资料来源：MBA智库百科，网络型组织结构。

讨论题

1. 微软公司具备网络型组织的哪些特点？
2. 网络型组织结构的优缺点？

应用案例 14-4：华为的"学习型组织"是如何炼成的

日前，世界经理人正在做一项"构建学习型企业"的调查。初步的调查结果显示，55%以上的受访人认为华为是最符合"学习型组织"的企业。

创立于1987年的华为，历经30年的成长，从寂寂无闻成长为领头羊。截至

2014年年底，华为公司掌握的技术专利数量已在行业内处于领先位置。这显然是组织学习与创新学习的结果。有人说，正是学习型组织的构建，使华为公司成长为有竞争实力的世界级公司。

学习的主体是人

"人力资本增值的目标优先于财务资本增值的目标"一条明确写进了《华为基本法》。这也成为华为培训人才的宗旨和目标。任正非说："在华为，人力资本的增长要大于财务资本的增长。追求人才更甚于追求资本，有了人才就能创造价值，就能带动资本的迅速增长。"

华为强调，人力资本不断增值的目标优先于财务资本增值的目标，但人力资本的增值靠的不是炒作，而是有组织的学习。

而让人力资本增值的一条途径就是培训，华为的培训体系经过多年的积累已经自成一派。

任正非对于培训有一个精辟的见解，他说："技术培训主要靠自己努力，而不是天天听别人讲课。其实每个岗位天天都在接受培训，培训无处不在、无时不有。成功者都主要靠自己努力学习，成为有效的学习者，而不是被动的被灌输者，要不断刻苦学习提高自己的水平。"可见，华为培训的本质或许并不单单是让员工具有某种技能，而是培养他们具备自我学习的能力。

华为旨在把自己打造成一个学习型组织，因此建立了一套完善的以华为大学为主体的华为培训体系。集一流教师队伍、一流教学设备和优美培训环境于一体，拥有千余名专、兼职教师和能同时容纳3 000名学员的培训基地。

华为的培训对象很广，不仅包括本公司的员工，还包括客户方的技术维护、安装等人员；不仅在国内进行，也在海外基地开展。同时还建立了网络培训学院，培养后备军。

学习动力

如何才能让新员工主动学习、提高自己呢？华为采取的办法是全面推行任职资格制度，并进行严格的考核，从而形成了对新员工培训的有效激励机制。

譬如华为的软件工程师可以从一级开始做到九级，九级的待遇相当于副总裁的级别。新员工进来后，如何向更高级别发展，怎么知道个人的差距，华为有明确的规定，比如一级标准是写万行代码，做过什么类型的产品等，有明确的量化标准，新员工可以根据这个标准进行自检。

任职资格制度的实施，较好地发挥了四个方面的作用：一是镜子的作用，照出自己的问题；二是尺子的作用，量出与标准的差距；三是梯子的作用，知道自己该往什么方向发展和努力；四是驾照的作用，有新的岗位了，便可以应聘相应职位。

除任职资格制度外，华为还通过严格的绩效考核，运用薪酬分配这个重要手段，来实现"不让雷锋吃亏"的承诺。即使考核结果仅仅相差一个档次，可能收入差别就是一二十万甚至更多，所以在华为不存在"大锅饭"问题。华为就是通过这样的方式，来识别最优秀的人，给他们更多的资源、机会、薪酬和股票，以此牵引员工不停地向上奋斗。

导师制

华为是国内最早实行"导师制"的企业。华为对导师的确定必须符合两个条件：一是绩效必须好，二是充分认可华为文化，这样的人才有资格担任导师。同时规定，导师最多只能带两名新员工，目的是确保成效。

华为规定，导师除了对新员工进行工作上指导、岗位知识传授外，还要给予新员工生活上的全方位指导和帮助，包括帮助解决外地员工的吃住安排，甚至化解情感方面的问题等。

岗位轮换、人才流动

华为员工"之"字形个人成长,即一个员工如果在研发、财经、人力资源等部门做过管理,又在市场一线、代表处做过项目,有着较为丰富的工作经历,那么他在遇到问题时,就会更多从全局考量,能端到端、全流程地考虑问题。任正非一直强调干部和人才的流动,形成例行的轮岗制度,并要求管理团队不拘一格地从有成功实践经验的人中选拔优秀专家及干部;推动优秀的、有视野的、意志坚强的、品格好的干部走向"之"字形成长的道路,培养大量的将帅团队。

授权与决策

华为强调"让听得见炮声的人来呼唤炮火",就是要求"班长"在最前线发挥主导作用,让最清楚市场形势的人指挥,提高反应速度,抓住机会,取得成果。这要求上级对战略方向的正确把握,平台部门对一线组织的有效支持,班长们具有调度资源、及时决策的授权。其基础是组织和层级简洁而少(比如3层以内),决策方式扁平、运营高效。这样战争的主角——优秀"班长"就在战争中主动成长,从而成为精英中的精英。

按照"学习型组织"的概念,整体提升组织的"创造未来的能力"就是提升组织未来发展的竞争力,取决于三个核心能力:理解复杂性、开创性交谈、滋育热情。"学习型组织强调从整体系统的观念上来重新思考组织的学习行为,从而解决传统组织学习无效率的问题。从个体学习到组织学习,学习动力、学习环境、学习资源等方面的全盘考虑是必要的,否则就不能称之为"学习型组织"。

资料来源:人力资源网,略有修改。

讨论题

1. 华为是如何建立学习型组织的?
2. 华为建立学习型组织的过程带给我们哪些启示?

读完本章后,如果你需要更多信息,请登录:www.mhhe.com/mcshane7e 获得更多关于本章的深度信息和互动。